湖北省学术著作出版专项资金资助项目

数字信息资源与服务创新研究丛书

本书是由周耀林、朱玉媛主持的教育部人文社会科学重点研究基地重大项目"面向公众需求的档案资源建设与服务研究"（项目批号为2009JJD870001）的结题成果

面向公众需求的档案资源建设与服务研究

Study on Public-oriented Archival Resources Constructions and Services

周耀林 赵 跃等 著

WUHAN UNIVERSITY PRESS
武汉大学出版社

图书在版编目(CIP)数据

面向公众需求的档案资源建设与服务研究/周耀林等著. —武汉：
武汉大学出版社,2017.6
数字信息资源与服务创新研究丛书
　ISBN 978-7-307-18494-7

　Ⅰ.面… 　Ⅱ.周… 　Ⅲ.档案工作—研究—中国 　Ⅳ.G279.2

中国版本图书馆 CIP 数据核字(2016)第 188080 号

责任编辑:程牧原　　　责任校对:李孟潇　　　版式设计:马　佳

出版发行:**武汉大学出版社** 　（430072　武昌　珞珈山）
　　　　　（电子邮件：cbs22@ whu.edu.cn　网址：www.wdp.com.cn）
印刷:武汉中远印务有限公司
开本:720×1000　　1/16　　印张:37.25　字数:535 千字　插页:1
版次:2017 年 6 月第 1 版　　2017 年 6 月第 1 次印刷
ISBN 978-7-307-18494-7　　　定价:78.00 元

前　　言

　　档案除了"凭证作用"和"参考价值"①外,还具有"综合贡献力"。冯惠玲认为,"这种贡献力在社会发展进程中是不可缺少的,也是其他资源不能替代的"②。国际档案理事会(International Council on Archives,ICA)提出,档案是"构成国家信息资源建设的基本要素和重要成分"③。正因为如此,档案自从产生后,一直备受重视,并作为珍贵的文化遗产得以保存和传承。

　　档案起源很早,在不同国家出现的时间存在差异。在中国,结绳和刻契被认为是档案的前身,是史前时期的档案④。公元前 25 世纪出现的甲骨文被认为是最早的档案。在西方,叙利亚发掘的古代埃勃拉的王宫档案库出土了公元前 2 400 多年前的泥

　　① 吴宝康.档案学概论[M].北京:中国人民大学出版社,1988: 57.
　　② 冯惠玲.档案信息资源在国家经济社会发展中的综合贡献力[J]. 档案学研究,2006(3):16.
　　③ [美]詹姆斯·B.罗兹.档案管理和文件管理在国家信息系统中的作用的调研报告[G]//中国档案学会外国档案学术委员会.文件与档案管理规划报告选编.北京:档案出版社,1990 :276.
　　④ 吴宝康.档案学概论[M].北京:中国人民大学出版社,1988: 3.

版档案,其历史可以追溯到公元前 30 世纪①。此后至今,档案载体不断变革,档案工作不断变化,档案事业不断发展,汇成档案资源建设与服务的漫长画卷。

在西方国家,古代的档案工作只为少数享有特权的人提供服务。15—16 世纪,随着欧洲文艺复兴运动的兴起和发展,历史学家开始关注原始文献,不断地要求档案馆对外提供服务。然而,在 18 世纪以前,档案一直处于一种封闭的状态,被看作是王室或贵族的私人财产,由此限定档案的流传与使用。1789 年法国大革命胜利后,法国国民议会于 1790 年颁布了世界上第一个国家档案馆条例,明确提出了档案馆要实行向社会开放的原则,规定了法国公民可以在开馆的时间到档案馆查阅档案。这为全球档案工作奠定了新的起点,开创了面向公众需求的档案工作新方向。此后 200 多年来,尽管不同国家在不同时期的档案开放程度存在着差异,但总体上看,档案开放程度越来越高,档案工作越来越走近公众。进入 20 世纪 60 年代后,美国、澳大利亚、加拿大、法国等 50 多个国家和地区制定了专门的信息公开法,公民利用档案的"信息权"成为一项基本的民主权利。20 世纪 70—80 年代,全球 30 多个国家制定了档案法,规定政府文件保存期满后向公众开放,公众可以自由地利用开放的国家档案资源。20世纪 90 年代以来,由于信息技术的深入推进以及政务信息公开制度的不断完善,全球档案资源建设和服务不断发展,在满足公众的档案信息需求方面取得了明显的成效。

档案资源建设方面,首先体现为实体档案资源建设的发展。成立于 1872 年的加拿大国家档案馆(现加拿大国家图书与档案馆:Library and Archives Canada,LAC),在 20 世纪 90 年代拥有总长达 32 千米(线性)书写于纺织品上的文献,1 100 万张照片,20万份缩微胶卷,占地面积达 41 000 平方米之多的书籍②。现在,该馆已经拥有 241 千米的政府和私人文字记录,超过 300 万张建

---

① 吴宝康.档案学概论[M].北京:中国人民大学出版社,1988:10.
② 建宜.加拿大国家档案馆[J].国际展望,1994(6):81.

筑图纸、设计图和地图,约 450 万兆电子信息,近 3 000 万张摄影图像,超过 9 万部电影,超过 55 万小时的音频和视频录制,超过 42.5 万件艺术作品,大约 55 万张乐谱等①。另外一个例子是,欧美的公共档案馆开始接收私人档案,以满足公众对于私人档案的需求。

其次,进入 21 世纪后,数字档案资源的建设格外引人注目。以 ICA 的资源中心为例,它列出了档案法、排列、描述与分类、艺术档案、声像档案、公司记录、医学与健康记录、公证档案、在线藏品与网上服务、口头历史与传统、公告项目等 40 余个类目,构成了一个丰富的资源导航库②。在美国国家档案与文件署(National Archives and Records Administration,NARA)2007—2017 年战略规划中,国家档案馆的数字资源建设被提高到了显著的位置,该馆于 2006 年与哈里斯公司和洛克希德·马丁公司签订了数字档案建设与保存系统合同,其目的是为了管理预计 2022 年将收到的 34.7 万万亿份数字档案,被喻为档案界的"曼哈顿计划"③。英国国家档案馆(The National Archives,TNA)面向公众需求,开设了"家庭历史档案馆"(Family History Archives),进行家庭档案资源建设。澳大利亚国家档案馆的重要职责之一是"确保公众能够利用存放在该馆的保存 30 年以上的档案"④,公众不仅可以直接查找藏品、观看展览,而且可以通过数据库查询该馆的收藏、订购印刷品或数字化复制件等。截至 2014 年年初,NARA 馆藏资源已有约 100 亿页文字记录,1 200 万张地图、图表和建筑工程图纸,2 500 万张静态照片和图形,2 400 万张航拍照

---

① About the Collection [EB/OL].[2014-01-21].http://www.bac-lac.gc.ca/eng/about-us/about-collection/Pages/about.aspx.

② Centre de Ressources en Ligne[EB/OL].[2014-02-05].http://www.ica.org/9541/centre-de-ressources-en-ligne/centre-de-ressources-en-ligne.html.

③ 张孟军.档案馆里的"曼哈顿计划"——美国国家档案馆将实施新的保存系统[N].科技日报,2005-06-14(1).

④ 付晓春.澳大利亚国家档案馆教育资源体验记[N].中国档案报,2012-07-20(3).

片,30 万卷电影胶片,40 万份录像和录音以及 133T 电子数据①。新加坡国家档案馆(The National Archives of Singapore,NAS)负责收集、保存和管理国家的包括政府文件、个人回忆录、古地图和图片以及口述历史访谈和视听资料在内的公共和私人档案记录。从 1989 年起,NAS 执行收集历史档案的五年计划,主要是征集散失在英、美等海外的档案②。目前,该馆拥有 455 万条公共机构的记录,2 362 册海峡殖民地记录,43 598 份政治演讲稿和新闻稿,683 万张照片、幻灯片和底片,246 120 张地图和建筑规划图,6 082 张海报,12.2 万条音视频记录(78 000 小时)和 3 552 份口述历史访谈(18 904 小时)③。上述数例表明,各个国家档案馆在实体档案资源和数字档案资源建设方面体现为正增长,展示了档案资源建设不断增强的现状。西方国家档案馆的档案资源建设为档案信息资源开发提供了基础,形成了档案信息资源的开发特色④。

　　档案服务方面,美国政府运用公共权力,直接配置社会公共资源,这导致了国家档案馆公共服务方面的变化,包括公众可以直接从网站上下载档案文件。此外,NARA 主页上推出基于 Web 2.0 技术的个性化服务平台,广泛利用 Twitter、YouTube、Facebook、Flickr、Blog 等社交媒体与公众交流,促进了档案资源的利用,取得了良好了效果,见表 1⑤。

---

①　About the National Archives of the United States[EB/OL].[2014-01-21].http://www.archives.gov/publications/general-info-leaflets/1-about-archives.html.

②　李奕南.外国档案管理概述——以加拿大、澳大利亚、新加坡为例[J].北方经贸,2011(10):130.

③　Accessing Our Collections[EB/OL].[2014-01-21].http://www.nas.gov.sg/collections1.htm.

④　章燕华,徐浩宇.国外档案信息资源开发现状及特点分析[J].浙江档案,2006(2):7.

⑤　Social Media Statistics Dashboard. May FY2013 Summary[EB/OL].[2013-12-15].http://www.archives.gov/social-media/reports/social-media-stats-fy-2013-05.pdf.

表 1　　　　　　　　　　NARA 社交媒体工具的使用情况统计①

社交媒体工具	2011 年浏览量	2012 年浏览量	2013 年浏览量	2014 年浏览量	2015 年浏览量
Archives.gov Blogs	520 572	471 283	761 590	64□ 494	799 759
Tumblr Blogs	97 949	360 189	615 629	50□ 398	345 274
Facebook	15 585 752	15 891 750	39 491 534	88 139 965	147 266 835
National Archives You-Tube Channel	601 517	571 280	872 926	1 127 103	1 668 093
Flickr (US Nat Archives & Archives News)	2 911 601	3 331 194	11 258 709	45 024 298	98 872 250
Our Archives Wiki	160 899	117 854	262 114	16□ 891	—

近年来,欧美国家的商业性文件中心不仅通过立法将委托式管理规范化,而且开始实施单项业务服务的"外包"。比利时国家档案馆(State Archives of Belgium,SAB)的网站上,提供了详细的数字档案资源目录及其寻找索引,并提供了各个分馆的服务联系电话、传真、邮箱和联系人。NARA、TNA 等除了提供每周 7 天、每天 24 小时不间断服务外,还通过定期举办展览等活动,为公众提供特色服务。概括起来,国外档案服务呈现新的趋势,即以数字化产品为主体,通过档案服务的标准化、法制化,提供公共休闲服务、网络服务,其实质是落实以人为本。

在我国,档案开放也同样经历了一段非常漫长的历史时期。在封建社会,档案为封建统治者专有,档案利用也只为统治阶级服务,档案机构是一种档案收藏和保管机构,不向公众开放②。这种情况的改变,要追溯到新中国的成立。中华人民共和国成立后,人民翻身做主人,档案资源才真正成为人民的财富。1954 年,国家档案局成立,成为我国档案工作的统一领导机关,档案工作开始了新的起点。

---

① NARA 网站 statistics 部分公布的统计数据.[2016-02-15].
② 李萍.中西方封建社会档案工作比较研究[J].兰台世界,2006(3):24.

1956 年国务院常务会议通过的《关于加强国家档案工作的决定》明确指出:"国家的全部档案包括中华人民共和国成立以来各机关、部队、团体、企业和事业单位的档案,中华人民共和国成立以前的革命历史档案和旧政权档案,都是我国社会政治生活中形成的文书材料,都是我们国家的历史财富。档案工作的任务就是要在统一管理国家档案的原则下建立国家档案制度,科学地管理这些档案,以便于国家机关工作和科学研究工作的利用。"①该《决定》尽管在当时起到了一定的作用,但从当前的眼光来看,带有明显的时代局限性。例如,认为档案仅仅是便于为国家机关工作和科学研究工作提供服务,忽视了档案更应为社会生活的各个方面、各个领域、各个阶层服务的内涵,从某种程度上造成了档案工作的相对被动和封闭。特别是从 20世纪 60 年代初至 70 年代末,由于"左"倾思想的泛滥,加上十年"文革"期间,在档案工作领域中片面强调档案和档案工作的阶级性和机要性,片面强调档案工作是阶级斗争和政治斗争的工具,认为"以利用为纲"是修正主义的方针,是阶级斗争熄灭论的产物,致使全国的档案利用工作遭受到巨大破坏,我国档案利用服务基本处于停滞甚至倒退状态②。1978 年之后,顺应改革开放的历史潮流,档案利用服务工作获得"新生",但是受传统档案利用服务观念的影响,档案工作仍以为政府机构服务为主,离面向公众服务尚有很大的距离。

　　改革开放后,国家政务活动越来越民主,信息传播越来越公开透明,公众对档案信息资源的需求越来越迫切,使得我国档案界在档案信息资源建设与服务如何面向公众方面开始了探索。及至 1987 年,《中华人民共和国档案法》颁布与实施,提出了"档案工作实行统一领导、分级管理的原则,维护档案完整与安全,便于社会各方面的利用"的基本原则,档案服务面向公众的大幕正式开启,公众利用档案才有了法律依据。

　　进入 20 世纪 90 年代后,档案在组织机构、学术研究和公民个人

---

① 国务院关于加强国家档案工作的决定[Z].档案管理,1986(1):1.
② 马仁杰,张胜春.论我国档案利用理论的形成与发展[J].档案学通讯,2002(5):29.

的利用方面呈现并驾齐驱之势。近年来,随着民生工程的不断推进,公民个人利用档案的比率在不断提高,出现了公民利用档案比例大幅上升的新局面。例如,2006—2008 年,北京市民出于个人利用而查档的人数占查阅总人数的 68%,上海杨浦区档案馆 2008 年个人利用查档占利用总量的 85%,哈尔滨档案馆的个人利用率占到 90%,浙江省档案馆个人利用查档占利用总量的 50% 以上……①

　　2002 年,国务院《政府工作报告》提出"加强图书馆、博物馆、文化馆、科技馆、档案馆等公共文化和体育设施建设"的要求,公共服务理念开始冲击档案馆,档案馆跃进了公共服务的历史新阶段。

　　2007 年党的十八大提出的社会主义文化事业机构改革方面的要求,2008 年《政府信息公开条例》的正式实施,以及 2013 年十八届三中全会等一系列重大会议的召开,政府管理体制的变化,科学发展观下社会主义文化体系建设的要求,以及民生工程的发展,对档案工作的发展产生了冲击,促使政府工作服务转向以公众需求为重心的服务。

　　近年来,随着 Web 2.0 技术、移动互联网技术的发展,加上移动终端的广泛使用,新媒体构成了一种新的档案利用途径。上海、山西、浙江、福建、河南等省的综合档案馆开通了博客或微博,力行"织博为民"。统计表明,全国 173 个公共档案馆已经开设了 203 个微博账户②,档案馆通过微博、微信以及 App 提供档案服务成为一种新的趋势。此外,各级档案馆都通过"办事流程""网上办事""网上留言""网上检索""网上沟通""档案解密"等形式,为档案服务提供了新的方式。这种变化,是当代信息技术发展的必然结果,也是档案馆为公民服务的重要举措,对于推动档案信息资源建设和服务,推动公众利用档案信息,产生了积极的影响。

　　通过上述简短的分析不难看到,两个多世纪以来,国内外档案工作的总体发展趋势是,档案工作越来越开放,越来越走近公众。一方

---

①　本课题组根据相关会议材料整理。

②　本课题组朱倩等统计,截止时间为 2014 年 4 月 20 日。

面,这是国际档案开放的大环境所致,另一方面是国家政治民主化发展的趋势使然。这也表明,如何更好地贴近民众、服务公众已经成为档案工作发展的时代主旋律。

为了切合档案开放的总体发展趋势,呼应国际档案工作面向民众的现实,落实以人为本的科学发展观,原国家档案局局长杨冬权在2007年全国档案局(馆)长会议上提出,在全国档案系统"实现两个转变、建立两个体系",即:转变过去重事轻人、重物轻人、重典型人物轻普通人物的档案价值观念,重视所有涉及人的档案的建立和留存,建立覆盖全国人民的档案资源体系;转变过去轻个人利用、轻为普通群众服务的档案利用观念和服务观念,重视广大人民群众的档案利用与服务需求,建立覆盖并方便全国人民的档案利用和服务体系。同年12月29日,国家档案局印发《关于加强民生档案工作的意见》,要求各级档案机构要努力建立覆盖人民群众的档案资源体系和服务人民群众的档案利用体系①。

2008年年初召开的"全国档案工作暨表彰先进会议"上,杨冬权再次重申了"两个体系建设":要以"以人为本"为核心,重点实现"两个转变",建立"两个体系",并指出了"我国档案工作面临着新的发展"。"新的发展"表明了我国档案工作即将踏入新的阶段,以公众需求为导向的档案资源建设与服务的局面将逐渐形成,公众是档案资源建设和服务的出发点和落脚点。同年年底召开的"全国档案工作者年会"上,杨冬权提出了推动"两个体系"建立的方法,即:第一,要进一步转变观念;第二,要抓紧修改和制定有关法规;第三,要重视过去已形成档案中民生档案资源的整合与开发;第四,要时刻关注并重视新形成的民生档案;第五,要眼光向下,重心下沉,注重做好基层档案工作;第六,要创新工作手段,改进服务形式;第七,要推进家庭档案工作②。

---

① 伊部.建立覆盖人民群众的档案资源体系和服务人民群众的档案利用体系 国家档案局印发《关于加强民生档案工作的意见》[N].中国档案报,2008-02-07(1).

② 杨冬权.档案机构怎样进一步贯彻以人为本 建立"两个体系"——在2008年档案工作者年会上的讲话[J].档案学研究,2008(6):6-7.

　　2012 年 11 月,党的十八大明确了中国特色社会主义事业的"五位一体"总体布局,这给档案工作提出了新要求:档案工作不仅要服务于经济建设、政治建设,还要服务于文化建设、社会建设、生态文明建设①。档案机构在"为党管档、为国守史、为民服务"的过程中,必须转变观念,建设面向公众、面向社会的"五位一体"的公共档案馆,落实"两个体系",不断提升档案工作服务大局、服务社会、服务公众的能力和水平。

　　2014 年,中共中央办公厅、国务院办公厅联合印发了《关于加强和改进新形势下档案工作的意见》(以下简称《意见》)。该《意见》中对档案工作的"三个体系"建设进行了详细的阐述②。这是 1994 年以来中共中央办公厅、国务院办公厅印发的第一个关于档案工作的文件,是新中国历史上党中央、国务院全面系统指导档案工作的又一个纲领性重要文献,体现了党中央、国务院对档案工作的高度重视和巨大支持。这一文件高瞻远瞩,总揽全局,着眼改革,把握重点,适应全面深化改革的新需要和档案工作发展的新变化,对档案和档案工作的重要性作出了新概括,对各级党委政府和各地区各部门各单位如何重视、支持档案工作提出了新要求,对如何进一步完善档案工作体制、健全三个体系、加大支持力度提出了一系列明确而具体的措施,吸收了新阶段、新环境下全国档案部门正确解决了问题所获得的新经验,创造新话语、新体系,更新、发展、丰富了中国特色档案工作理论与体系,为我国档案事业规划了新格局,画出了新蓝图,建立了新坐标,树起了新标杆,也为我们如何深化档案工作改革、建设档案强国画出了路线图,对做好新形势下档案工作、建设档案强国具有重要的指导作用和强大的推动作用,将使各级党委政府和各地区各部门各单位更加重视和支持档案工作,使各级档案部门更有方向、更有目标、更有动力开展档案工作,从而推进我国档案事业进入新境界,

──────────

　　①　黄国华.十八大"五位一体"语境下的档案管理和服务[J].上海档案,2013(6):29.

　　②　中共中央办公厅 国务院办公厅印发《关于加强和改进新形势下档案工作的意见》[N]. 中国档案报,2014-05-05(1).

迈上新台阶。《意见》是我国档案事业发展历史上又一个具有里程碑意义的重要指导文献①。就在《意见》印发之后,全国各地以及中国科学院、国家测绘地理信息局、国家交通运输部、水利部、中国国电集团公司等相继出台相应的实施意见,我国档案工作进入崭新的发展阶段。当前,"三个体系"在"两办"意见中得到了最大的肯定,正式将"三个体系"建设纳入国家战略,并进行顶层设计。2015 年年底,国家档案局局长李明华在《全国档案工作暨表彰先进会议上的讲话》中提出了"十三五"时期全国档案事业发展的指导思想、总体目标和具体任务,尤其是深入推进"三个体系"建设②。

2016 年 4 月,《全国档案事业发展"十三五"规划纲要》发布。该纲要的指导思想是:"全面贯彻党的十八大和十八届三中、四中、五中全会精神,以马克思列宁主义、毛泽东思想、邓小平理论、'三个代表'重要思想、科学发展观为指导,深入贯彻习近平总书记系列重要讲话精神,紧紧围绕协调推进'四个全面'战略布局,牢固树立和贯彻落实创新、协调、绿色、开放、共享的发展理念,坚持档案事业依法管理、走向开放、走向现代化,深化'两办'《意见》落实,继续实施'以人为本、服务为先、安全第一'战略,深入推进'三个体系'建设,加快完善档案治理体系,提升档案治理能力,为夺取全面建成小康社会决胜阶段的伟大胜利作出积极贡献。"③上述规划纲要再次突出了"三个体系"建设的指导思想,并在发展目标中提出了"档案资源多样化""档案利用便捷化""档案安全高效化"等要求,重复凸显了"三个体系建设"的重要性。

不难看到,档案工作的新形势、新环境、新需求、新发展,为面向公众需求开展档案资源建设与服务提供了良好的机遇。然而,需要

---

①　杨冬权. 做好新形势下档案工作、建设档案强国的纲领性指导文献——学习《关于加强和改进新形势下档案工作的意见》体会[J]. 中国档案,2014(3):9.

②　国家档案局局长李明华在全国档案工作暨表彰先进会议上的讲话(2015 年 12 月 28 日)[N].中国档案报, 2016-01-11(1).

③　国家档案局印发《全国档案事业发展"十三五"规划纲要》[EB/OL].[2016-04-02]. http://saac.gov.cn/news/2016-04/07/content_136280.htm.

明确的是,国内关于以公众为中心的档案资源建设与服务尽管可以追溯到新中国成立初期,然而,真正的发展却是近年来的事情,尤其是关于民生档案的提出与不断落实。正因为如此,整体来看,关于如何以公众需求为导向进行档案资源建设与服务尚存在问题,例如,如何理解公众的档案需求? 如何面向公众需求进行档案资源建设? 如何处置面向公众需求的高度分散的档案资源? 如何利用现代技术将档案的封闭、被动服务转为主动服务? 档案资源建设与服务过程中国家层面如何整体规划和控制? 如何建立相应的组织、制度、标准规范进行保障? ……简言之,从面向政府机关到面向公众的转型过程中,我国档案工作不仅面临着体制变革的问题,而且需要新的理论进行指导,优选新的方法进行建设和服务,这些问题都亟待解决。因此,如何针对以公众为导向的"新的发展",对档案资源建设与服务进行全面系统的研究,不仅具有重要的理论意义和学术价值,而且具有重要的实践价值。

　　鉴于公众需求与档案资源建设、档案服务之间的关系,构建本书的总体框架时必须思考如下两个方面的问题:第一,公众需求影响着档案资源建设,并进一步影响档案服务;反过来,档案资源建设的质量和服务的水平也会影响公众的档案需求。这种内在的逻辑决定了本主题研究的理论体系的构建及应用体系的形成,即突出了从"公众需求"到档案资源建设、档案服务的内在逻辑构建。第二,档案具有原始凭证作用,这决定了实体档案资源建设的重要性;同时,当代信息环境下档案信息的传递与利用的趋势,决定了档案信息资源建设的必要性,由此决定了档案资源建设中实体资源与信息资源建设两者"共存互补"的必然性,进而决定了相应的档案服务方式。如前所述,鉴于实体档案管理理论与方法的成熟以及数字档案资源建设的迫切性,本书以后者作为研究重点。

　　由此,本书的思路是:从调查出发,分析当前我国档案资源建设和服务的现状,分析存在的问题。基于调研,构建面向公众需求的档案资源建设与服务的动力机制,形成面向公众需求的档案资源建设与服务的基础理论,这是本研究报告的"总述"部分。在此基础上,采取"分述"的方法,依次分析档案资源建设与服务的问题,前者包括档案资源建设的规划、实施、资源整合,后者包括与档案资源建设联动的服务机制、新媒体下档案服务的拓展。最后,采取"总述"的方法,阐述面向公众的档案资源建设与服务的评价体系构建及其保障体系建设。研究过程中,通过理论研究与实践的有机结合,强调理论在实践中的应用。见图1。

本主题研究从面向公众需求、档案资源建设、档案服务三个基本概念入手,通过调查分析,明确了当前我国档案资源建设与服务的现状,在此基础上,分析了面向公众需求的档案资源建设与服务的动力机制,对面向公众需求的档案资源建设与服务理论进行了系统深入的研究,取得了如下成果:

第一,形成了一个动力机制理论。针对面向公众进行档案资源建设与服务理论的不足,本书系统地分析了面向公众需求的档案资源建设与服务的动力机制,阐释了面向公众的档案资源建设与服务的动力机制形成的影响因素、动力机制的主体、动力机制形成的方式,形成了面向公众需求的档案资源建设与服务的动力机制理论。

第二,确立了一套规划与实施方案。针对我国档案资源建设从基层开始、缺乏顶层设计的现状,提出了面向公众的档案资源建设与服务的原则、重点,并从传统档案数字化、电子文件管理、网络资源存档管理三个方面剖析了实施方案。

第三,提出了一个整合机制。针对当前档案资源建设各自分散、缺乏整合的现状,本书提出了"数字档案资源整合联盟制",为行业、区域内协作进行档案资源建设提供了依据。

第四,构建了一个联动模型。针对当前社会公众、档案资源建设、档案服务之间存在的相互剥离的现象,本书提出了"面向公众的档案资源建设与服务的联动模型",并对联动平台建设进行了深入研究。

第五,跟进了切合时代发展的新媒体服务方式。针对国内才开始起步应用的新媒体,本书分析了新媒体下档案服务创新的理念,从意识、体制、方式、平台等方面,分析了拓展新媒体档案服务的路径。

第六,创建了一个满意度评估模型。本书基于公众、档案资源建设、档案服务三个主要维度,构建了一个公众档案资源建设与服务的

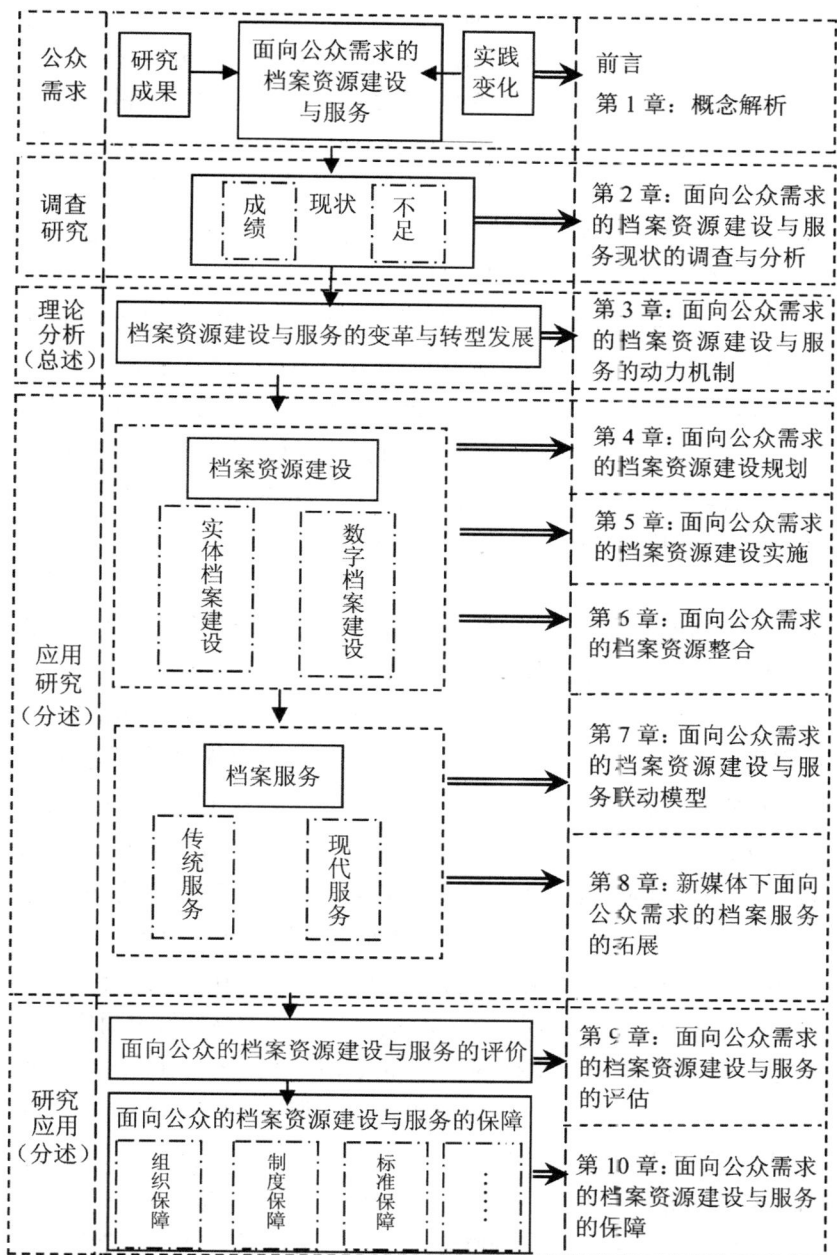

图 1　本书内容组织与框架

满意度评估模型,并进行了实证研究。

第七,建立了一个保障机制。本书在比较全面地分析了面向公众需求的档案资源建设与服务的保障机制后,重点从组织保障、制度保障、标准保障、技术保障四个主要方面,构建了面向公众需求的档案资源建设与服务的保障机制。

与此同时,本书研究涉及的内容广泛,难以面面俱到,在进行系统研究的同时,也存在着不足,包括:

第一,具体化的研究有待加强。本书旨在实现宏观指导层面和微观操作层面的有机结合,档案资源建设与档案服务的有机结合,档案资源建设、档案服务与公众需求的有机结合,但毕竟上述各个层面都有着非常丰富的内容,本书难以做到面面俱到。例如,"数字档案资源整合联盟制"的实施,尤其是面向行业的或跨机构的档案资源整合联盟制的实施,缺乏具体的案例研究。

第二,实践应用有待加强。由于本项目完成的时间不长,在实践部门的应用还有待加强,尤其是联动机制、满意度模型还需要在更多的实践机构进行应用,以便完善研究结果。

本书由周耀林、赵跃等撰著。周耀林制定了总体的写作框架,并审定了全书内容。具体分工如下:前言、第 1 章由周耀林执笔;第 2 章由周耀林、黄川川、骆盈旭执笔;第 3 章由柳丽执笔;第 4 章由夏雪执笔;第 5 章 5.1 节、5.2 节、5.4 节由戴旸执笔;第 5 章 5.3 节、5.5 节,第 7 章,第 8 章 8.1 节,第 9 章,第 10 章 10.1 节由赵跃执笔;第 6 章由李姗姗执笔;第 8 章 8.2 节由朱倩执笔,8.3 节、8.4 节由路江曼执笔;第 10 章 10.2 节由叶鹏执笔,10.3 节、10.4 节、10.5 节由杨智勇执笔。文末参考文献由赵跃从各章节的参考文献中挑选编辑而成。本书是由周耀林、朱玉媛主持的教育部人文社会科学重点研究基地重大项目"面向公众需求的档案资源建设与服务研究"(项目批号为2009JJD870001)的结题成果。项目的立项与完成,得到了武汉大学信息资源研究中心的支持。从项目开题到完成,马费成、胡昌平、李纲、曾建勋、夏立新、方燕、刘晓春、王新才、张晓娟、肖秋会、颜海等专家学者给予了热忱的帮助,提出了宝贵的意见。朱玉媛参与了项目的指导和研究工作,并对项目的结题以及本书的出版给予了真切的关心。王平对本书中用户满意度模型提出了参考意见。李姗姗、黄川川、骆盈旭、任涛等参与了调研的设计与实施。武汉大学信息管理学院档案学专业 2010 级、2011 级的本科生和硕士生参与了上述课题的调研。写作过程中，参考了大量的前人研究成果。出版过程中，得到了湖北省出版基金的资助和武汉大学出版社的支持。在此对上述机构、个人和文献著述者一并表示感谢。

　　由于水平有限，加之档案管理理论与实践发展很快，错误和疏漏之处难免，敬请读者批评指正。

CONTENTS 目　录

第1章　概念解析

　　德国社会学家马克斯·韦伯(Marx Weber)认为,"人类对外物的认识是通过概念和范畴获得的,外物的性质只有经过概念化后才能成为认识的对象"。因此,对面向公众需求的档案资源建设与服务相关概念的界定,既是研究的基础,也是形成新理论与方法的前提。

1.1　档案资源建设

1.1.1　档案资源

　　目前在中国档案界,"档案资源"一词使用并非十分普遍。与之相关的名词中,"国家档案资源""档案信息资源"的使用相当广泛。为了解析"档案资源"的含义,有必要对相关的概念进行简要分析。

　　(1)国家档案资源

　　2002年,时任国家档案局局长毛福民在《以"三个代表"为指导,全面加强国家档案资源建设》中提出了"国家档案资源"这个概念,认为国家档案资源"是指过去和现在的国家机构、社会组织和个人在社会活动中形成的对国家和社会有保存价值的档案的总和"[1],首

---

　　[1]　毛福民.以"三个代表"为指导全面加强国家档案资源建设[J].中国档案,2002(2):5.

次对国家档案资源的基本内涵进行了界定。此后,学者们对"国家档案资源"一词提出了各自的见解:

2004年,黄存勋认为,国家档案资源是在一个国家范围内,过去、现在和将来,所有组织(含国家机构和其他社会组织)和个人形成的,对国家和社会有保存价值的档案的总和①。

2005年,傅华、冯惠玲提出,"国家档案资源指的是过去和现在的国家机构、社会组织及个人产生的具有国家和社会保存价值的档案","就是需要由国家管理的全部档案资源"②。

2008年,刘大江等认为,"国家档案资源是指过去和现在的国家机构、社会组织和个人在社会活动中直接形成的,对国家和社会有保存、开发利用价值的各种文字、图表、声像等不同载体形式的历史记录"③。

2011年,潘玉民梳理了国家档案资源理论在国家档案全宗理论基础上发展的历史轨迹,认为国家档案资源理论是对国家档案全宗理论的继承、扬弃和超越。同时,从法律维度对国家档案资源进行界定,认为国家档案资源,是指一切公民、法人和其他组织形成的,对国家和社会有保存价值的档案的集成④。

通过上述代表性界定,可以看到"国家档案资源"所包含的基本要素:

第一,价值要素。

"国家档案资源"包含对档案保存价值的判断,即档案的价值取向既针对国家机构,也针对其他社会组织和公众⑤。"档案资源,是指过去和现在的国家机构、社会组织和个人在社会活动中形成的对

---

① 黄存勋.论国家档案资源建设的理念与体制创新[J].档案学通讯,2004(2):76.
② 傅华,冯惠玲.国家档案资源建设研究[J].档案学通讯,2005(5):41.
③ 刘大江,陈祯祥,等.对国家档案资源优化配置的思考[J].档案时空,2008(10):13.
④ 潘玉民.论国家档案资源的内涵及其构成[J].北京档案,2011(1):18.
⑤ 黄项飞.对国家档案资源建设的创新思考[J].秘书,2005(11):5.

国家和社会有保存价值的档案的总和。"①

"国家档案资源"代表着档案对国家和社会有保存价值,这也是我国档案法确定的国家依法管理的档案范围。"国家档案资源不仅应具备有用性(对国家和社会有保存价值),即见证历史——维护党和国家历史真实面貌,传承文化——为人类的物质文明和精神文明建设提供参考;而且应具备可用性(可开发性)。"②"国家档案资源"指对档案保存价值的判断,包括档案的价值取向既针对国家机构,也针对其他社会组织和公众。换言之,在加强国家档案资源建设时,既要注重国家机构、社会团体、学术机关的利用需求,更应关注社会各阶层、广大群众的利用需求;既要关注档案的现实功利价值,也要重视其历史价值;既要关注档案的凭证作用,也要考虑档案的文化休闲作用③。

第二,来源要素。

"国家档案资源"是过去和现在的国家机构、社会组织和个人在社会活动中形成的。这涉及三个方面:①形成国家档案资源的主体,不仅包括中华人民共和国成立以来的,而且包括中华人民共和国成立以前的;不仅包括国家调控范围之内的机关、企业、事业单位,而且包括国家调控范围之外的机关、企业、事业单位和个人。②主体的社会活动,不仅活动的内容和领域包罗万象,而且反映活动信息的记录方式和载体形式层出不穷。③主体活动的时空范围,不仅包括已经形成的,而且包括正在形成的;不仅包括国内,而且涉及国外④。简言之,国家档案资源涵盖了时间和空间两个方面:时间上,国家档案资源不仅有历史上形成的,也包括现在形成的,具体而言,它既包括档案馆(室)中的历史档案,也包括当代的电子档案;从空间上,不仅包括国家调控范围之内的机关、团体、企事业单位

　　①　薛匡勇.论档案资源建设[J].浙江档案,2002(12):6.

　　②　戴志强.国家档案资源整合的涵义及其运作机制探讨[J].档案学通讯,2003(2):4.

　　③　黄项飞.对国家档案资源建设的创新思考[J].秘书,2005(11):5.

　　④　戴志强.国家档案资源整合的涵义及其运作机制探讨[J].档案学通讯,2003(2):4.

所形成的档案,也涉及国家调控范围之外的机关、团体、企事业单位和个人所形成的档案……国家档案资源应是整个社会的活动记忆①。国家档案资源包括档案机构收藏的档案资源、社会其他机构收藏的档案资源、民间收藏的档案资源、流失海外的档案资源、口述档案资源五个部分②。

第三,载体形式要素。

国家档案资源概念所透出的还有一种多元载体的理念,不仅要有纸质,也要有磁性、电子,甚至木质、丝质的载体;不仅要有文字,还要有图片、声音、影像、印章、像章等③。

简要考察"国家档案资源"词义的发展可以发现,它源自"国家全部档案"的界定。1956年《国务院关于加强国家档案工作的决定》提出:"国家的全部档案,包括中华人民共和国成立以来各机关、部队、团体、企业和事业单位的档案,中华人民共和国成立以前的革命历史档案和旧政权档案,都是我国社会政治生活中形成的文书材料,都是我们国家的历史财富。"④这个界定,以及1987年颁布实施的《中华人民共和国档案法》关于"档案"的界定,即"档案是指过去和现在的国家机构、社会组织以及个人从事政治、军事、经济、科学、技术、文化、宗教等活动直接形成的对国家和社会有保存价值的各种文字、声像等不同形式的历史记录",都对"国家档案资源"概念的形成起到了重要的作用,导致了学界侧重于在广泛的范围内界定"国家档案资源"。从内容上考察,学者们较多地借鉴了"档案"的定义,容易混淆两者的关系。这种现象已为部分学者所关注,并对"档案"与"国家档案资源"两个概念进行了简要的区分:"档案通常表现为个体,而国家档案资源则反映档案整体,指全部档案的集成,不是指某种或某类档案。"⑤

---

① 黄项飞.对国家档案资源建设的创新思考[J].秘书,2005(11):5-6.
② 潘玉民.论国家档案资源的内涵及其构成[J].北京档案,2011(1):18.
③ 黄项飞.对国家档案资源建设的创新思考[J].秘书,2005(11):5-6.
④ 国家档案局.中华人民共和国档案法规汇编(1949年10月—1992年6月)[C].北京:法律出版社,1992:17.
⑤ 潘玉民.论国家档案资源的内涵及其构成[J].北京档案,2011(1):18.

（2）档案信息资源

从词源上考察，"档案信息资源"与"档案信息"关系密切。20世纪80年代，"档案信息"一词产生，此后便产生了诸多认识。有的学者认为，档案信息就是指来源于档案本身的内容信息，是档案的一部分；有的学者认为，档案信息不仅包括档案内容，还应包括档案载体的信息、形成者的信息、保管场地的信息等，应该是与档案相关的信息的集合。有的学者直接把档案等同于档案信息；有的学者把档案信息的概念分成狭义与广义两种。这种争论一直持续至今，仍然没有得到统一的认识。可以说，当信息资源的概念被人们所熟知时，档案信息资源也因此受启发而自然产生。同样，档案资源也不例外，此后很多文章便开始用"档案资源"或者"档案信息资源"来代替"档案"一词①。

"档案信息资源"来源于"档案信息"，但不同于"档案信息"。"档案信息资源有狭义和广义之分，狭义的档案信息资源主要是指档案信息内容本身；而广义的档案信息资源则既包括档案信息本身，又包括有关提供档案信息的设施、设备、组织、人员、资金等其他资源。"②

从理论上分析，无论是档案实体资源还是档案信息资源，都应该属于档案资源这个大的范畴。但通过相关文献内容以及档案工作实践表现的分析，档案信息资源侧重于档案内容中所包含的知识或信息，档案资源则侧重于档案实体本身③。

从实际工作出发，档案实体资源就是档案实体、档案本身，是可以看得见、摸得着的，也是在"档案信息资源"一词出现后才广泛使用的词汇，目的是为了区别于"档案信息资源"的概念。后者则来源于信息资源的界定，由此产生了广义和狭义的界定。

"档案资源"除了与上述"国家档案资源""档案信息资源"存在

---

① 刘婵娟.21世纪初中国档案资源整合的研究[D].沈阳:辽宁大学,2012:3.

② 潘连根.档案信息资源相关概念[J].档案与建设,1998(5):9.

③ 吴艺博.面向服务的高校档案信息资源建设研究[D].郑州:郑州大学,2011:3.

着密切的联系外,还往往与"数字档案""电子档案"存在一定的关联。

　　"数字档案"是"数字档案馆概念的产物,是数字档案馆馆藏数字资源的总称,包括电子档案、传统载体转换生成的数字化档案和有价值的数字信息资料,数字档案强调其数字特征,其中的数字化档案、数字信息资料并不具备原生的档案特性"①。"数字档案"概念强调了两个方面的内容:一方面,强调了档案以数字形式存储和利用;另一方面,强调了它存储的信息是用电磁介质,按 0 和 1 二进制编码的方法加以存储和处理,把原来用纸质存储的信息转变为用计算机和多媒体技术存储和处理的信息②。简单地理解,档案数字资源是指以数字形式存在于档案馆中的各种信息资源的集合③。结合实践工作的需求,数字档案包括归档的电子文件和经过数字化的传统档案④,这样更易于理解,并便于实践操作。

　　"电子档案"多指纸质档案经过数字化转换后形成的电子化档案。2014 年发布的 DA/T 58—2014《电子档案管理基本术语》中指出"电子档案"是指"具有凭证、查考和保存价值并归档保存的电子文件"⑤。基于这种理解,电子档案的实质是电子文件转换为档案的过程,即电子文件经过归档保存与管理所形成的符合档案定义的电子化文件。虽然电子文件运行中对应于文件生命周期理论的各个阶段之间的界限越来越不明显,电子文件转化为电子档案的过程并不如传统载体文件转化为传统载体档案那么明显,但基于档案工作尤其是归档整理实践工作的考虑,可以将电子文件划分为现行电子文件、归档电子文件两个相互衔接的部分,不仅便于理解文件和档案的关系,也便于实践操作。在国外,直接将电子档案称为电子文件,或

---

　　① 蔡学美.档案工作中使用"电子档案"概念的基础和作用[J].档案学研究,2011(1):12.
　　② 中国人民大学信息资源管理学院[EB/OL].[2013-12-23].http://ere-cord.irm.cn/doc-view-203.
　　③ 赵雪芹.档案数字资源发现服务研究[J].档案学通讯,2013(1):43.
　　④ 李国庆.数字档案馆概论[M].北京:中国档案出版社,2003:2.
　　⑤ 国家档案局.电子档案管理基本术语:DA/T 58—2014[S].

者"归档电子文件";即使是具有档案性质接收的电子文件,也称为"电子文件",而非"电子档案"。

本书中,与档案资源密切关联的三个概念——电子文件、电子档案、数字档案之间存在着差异,在不同的场景下,代表着不同的含义。之所以采取三者并用,究其实质,是让本书与当下的档案工作实际接轨,使其具有更强的应用性。此外,在学界和业界,有时候也用到"虚拟档案""机读档案""机读文件""电子公文""电子文件""数字文件"等词汇。这些词汇往往是"档案资源"相关概念发展过程中的产物,大多是"档案资源"属概念之下的子概念,或分述、阐释,由于研究主题的限制,在此不再赘述,读者可以参考相关论著。

根据上述梳理,我们认为:档案资源是指机构和个人在活动中形成的具有保存价值的档案的集合。这个界定包含:

第一,档案资源形成的主体既可以是机构,也可以是个人;可以是国家机构形成的,也可以是其他组织或个人形成的。

第二,档案资源是具有价值的。这种价值体现在多个方面,包括档案资源的社会经济价值。

第三,档案资源是一种集合,并非单个的全宗、案卷或文件,或者说,单个的全宗、案卷或文件是档案资源,但档案资源更侧重于从整体来加以看待。

第四,档案资源既可以指档案实体资源,也可以指档案信息资源,还可以是档案实体与档案信息资源的统称。

第五,档案资源的内涵非常丰富,现实工作更加关注如下三个方面,即:实体档案数字化后形成的档案资源、电子文件归档形成的档案资源、网络资源归档形成的档案资源。由此聚焦了本书研究的主要对象。

第六,档案资源具有如下特点:原生性;多样性;稀缺性,即大多数档案是唯一的。

根据上述理解,档案资源可以采取不同的标准进行分类:

①基于形成时间的分类。

基于形成时间的档案资源分类方法,最简单的是年度分类法,即根据形成和处理档案所属年度进行分类。借鉴历史分期,档案资源可以分为新中国成立前的档案资源、新中国成立后的档案资源,也可以分为历史档案资源、近代档案资源和现代档案资源。这种分类方法与档案学相关著作中档案的分类方法相同①,不再赘述。

②基于档案资源来源的分类。

档案资源来源于组织机构,所以组织机构往往是档案资源分类的重要依据。这里的组织机构,是依据档案管理方法、按立档单位的内部组织机构进行档案资源组织的一种分类方法。此外,也可以按照文件的作者进行分类,或者与立档单位有较稳定的来往通信关系的机构或个人进行分类。

③基于档案管理体制的分类。

基于档案管理体制,档案资源可以分为体制内档案资源和体制外档案资源②。体制内档案资源针对各级各类综合档案馆、国家机关、公共事业单位、国有企业档案机构以及集体组织档案机构负责管理的档案,受我国档案管理体制规范和约束的、在严格管理和控制下的档案资源,具体表现为国家档案馆网体系内的全部档案。体制外档案资源则指除了上述档案之外的所有档案,大致分为三类:第一类是私营企业、民办非企业单位、公民个体或家庭(家族)形成和所有的档案;第二类是图书馆、博物馆、文化馆等非档案机构保管的历史档案;第三类是流失海外的珍贵档案。体制外档案资源立足于国家档案管理体制,从文化发展的角度关注处于自在、分散状态的有价值的档案群体,是一个更加具有包容性和概括力的概念,与体制内档案资源共同构成国家档案资源体系。

④基于档案资源形式的分类。

基于档案资源形式,尤其是从是否可以目击、触摸的角度,档案资源可以分为档案实体资源和数字档案资源或档案信息资源。档案实体资源是档案馆(室)收藏的传统档案,以纸质档案为主体,包括纸质的文书档案、科技档案、专门档案,以及实物档案,是肉眼可见

---

① 吴宝康.档案学概论[M].北京:中国人民大学出版社,1987:13.

② 王萍.基于文化认同视角的体制外档案资源建设思考[J].档案学通讯,2013(1):25.

的,可以触摸的实体。数字档案资源,正如前文剖析的那样,广义上,既指档案信息内容本身,也指生成档案信息内容相关的设施、设备、组织、人员、资金等其他资源;狭义上,传统档案的数字化转换、办公自动化系统接收的电子文件、征集和收集到的网络数字信息和社会散存数字信息,以及档案机构自身生成与保存的数字信息等,都是数字档案信息的主要来源。

⑤基于档案资源存储载体的分类。

基于档案资源存储载体,档案可以区分为不同形式。例如,存储在各种载体上的档案,包括甲骨档案、简帛档案、竹简档案、磁性载体档案等。这些分类也通常划分为传统档案载体和新型档案载体①,由此形成了传统档案载体资源和新型档案载体资源。依据档案资源存储载体的形态与大小也可以进行分类,例如胶片、录像带、光盘等形成的不同大小的盘、卷等。

⑥基于档案资源内容的分类。

在档案馆(室),档案资源依据全宗原则进行管理。在一个全宗内容,往往还进行进一步的分类,即一个全宗内的档案,按照其时间、来源、内容、形式等特征划分为若干类别,使之系统化、条理化,由此产生了不同的分类方法,包括:事由(问题)分类法,按文件内容所说明的事由(问题)分类;实物分类法,按文件内容所涉及的实物(粮食、棉花等)进行分类;专业分类法,按档案内容所反映的专业性质分类。

鉴于目前学界关于档案资源及其相关概念的关联性以及部分概念尚未形成共识,我们认为:

第一,档案资源是建立在"档案是资源"的前提之上的,但"不能简单地把档案等同于档案资源","档案成其为档案资源的充分条件是档案的有用性与可开发性"②。档案资源的界定来源于"档案"概念,没有档案,也就没有档案资源。档案资源是通过资源观的相关理

---

① 周耀林,戴旸,林明.档案文献遗产保护[M].武汉:武汉大学出版社,2012:23.

② 薛匡勇.论档案资源建设[J].浙江档案,2002(12) 6.

论与方法,从新的角度进行的一种认识。

第二,档案资源包含的内容丰富,正如前文所述,它可以从档案资源形成的时间、来源、机构、形成、载体、内容等方面进行全面的认识。只有从上述角度立体化分析和认识档案资源,才能够明晰档案资源的丰富内涵。

第三,学术研究以及档案工作中,"档案资源"有时与"档案信息资源"等同使用。我们认为,有必要将它们两者区分开来。

第四,档案资源是一种复合的存在形式,但是,从实际工作出发,档案资源更加注重于如下方面:档案馆(室)的档案实体和档案信息资源。它们是当前我国档案资源建设的主体。当前更加强调档案信息资源,这应当成为研究的重点。

第五,档案信息资源存在着广义和狭义的界定,本书采取狭义的界定,即档案信息内容。从档案界的实际出发,基于档案信息内容的档案信息资源主要来源于如下方面:实体档案数字化后形成的数字档案(或称电子档案);电子文件(含电子公文)归档形成的电子档案(或称数字档案);网络资源归档保存的网络档案资源。

鉴于上述分析,本书需要研究的对象主要包括实体档案数字化、电子文件归档、网络资源归档形成的档案资源,而不论其来源、形式或体制。与之相对应,实体档案资源也是档案资源的重要组成部分,但由于学界已经有很多的研究成果①,本书并未将其作为重点展开论述。

1.1.2　档案资源建设

"建立覆盖人民群众的档案资源体系是我们党为人民服务和执政为民宗旨在档案工作中的具体体现,是一项功在当今、利及后世的长远性工作,是一项光荣而艰巨的历史性任务,是中国特色档案事业

---

① 早期的档案管理著作,例如陈兆祦《档案管理学》(中国人民大学出版社 1980 年版),王传宇《科技档案管理学》(中国人民大学出版社 2009 年版),邓绍兴、陈智伟《新编档案管理学》(档案出版社 1986 年版)等,都是从实体档案(文书档案、科技档案等)资源方面进行研究的。

新的伟大工程。"①建成覆盖人民群众的档案资源,离不开对档案资源建设的理解。

"档案资源建设"的相关界定中,"国家档案资源建设"得到了较多的关注,档案行政管理部门和档案学界取得了一定的成果。例如,毛福民认为:"国家档案资源建设是以建立一个门类齐全、结构合理、管理科学、能为社会主义现代化建设有效服务的、具有中国特色的档案资源体系为目的,依据国家有关法律法规开展的档案积累、移交、接收、整理,档案资源开发利用等一系列档案工作。"②"以各级各类档案室为基础,各级国家档案馆为主体,其他档案所有者为补充,是国家档案资源建设的基本构成。"③傅华认为:"国家档案资源建设指的则是国家档案资源的形成、收集和加工、整合的过程。"④这代表着国家档案行政管理部门对于国家档案资源建设的认识。

学界对于档案资源建设也出现了一些认识。例如:"档案资源建设是指档案机构对本区域、本部门的档案信息资源进行合理配置、分工协调,形成档案信息资源库而开展的一系列创造性工作。"⑤"档案资源建设泛指档案资源的形成归档、价值判断、收集积累、结构体系、资源整合等。"⑥国家档案资源建设则有广义和狭义之分。广义的国家档案资源建设是以建立档案资源体系为目的,"依据国家有关法律法规开展的档案积累、移交、接收、整理,档案资源开发利用等

---

① 中国档案事业新的伟大工程——对实现"两个转变"、建立"两个体系"的研究[EB/OL].[2013-11-26].http://www.idangan.com/Literature_info.asp?id=222.

② 毛福民.以"三个代表"为指导全面加强国家档案资源建设[J].中国档案,2002(2):5.

③ 毛福民.以"三个代表"为指导全面加强国家档案资源建设[J].中国档案,2002(2):5.

④ 傅华,冯惠玲.国家档案资源建设研究[J].档案学通讯,2005(5):41.

⑤ 徐欣.浅谈档案馆档案资源的建设[J].档案学通讯,2006(1):82.

⑥ 王天泉.为了记忆不再缺失——专家学者研讨国家档案资源建设[J].中国档案,2006(12):41.

一系列档案工作"①;狭义则是指"国家档案资源的形成、收集和整合过程"②。显然,这些关于国家档案资源建设的阐释有利于解释档案资源建设的概念。

也有人对档案馆资源建设进行了探讨,认为"档案馆档案资源建设发展历程分丰富馆藏数量、优化馆藏结构、建设馆藏特色阶段,及新世纪档案资源建设的新发展四个阶段,其中,新世纪档案资源建设的新发展阶段包括数字化档案资源建设、档案信息资源整合、公共服务功能拓展下的档案资源建设三部分"③。这个界定分别从流程和分期两个角度出发进行定义,为全面认识档案资源建设奠定了基础。

我们认为,档案资源建设就是档案资源从产生之时起,为利用奠定基础和准备的全部工作。从建设主体上看,档案馆(室)是主体;从建设过程看,档案资源建设包括档案产生、流转、保存的全部过程。档案资源建设这个过程具有如下特点:建设周期长,并非一蹴而就;数字档案资源建设与实体档案资源建设同步,且数字档案资源建设愈来愈重要,并逐渐占据主导地位;建设过程中,安全问题越来越凸显。

从历史上考察,档案一旦产生,便由专门的机构进行保管,这种档案从产生到积累的过程便是档案资源建设。20 世纪 80 年代电子档案(电子公文、电子文件)出现以前,档案资源建设就是实体档案的建设。20 世纪 80 年代以后,档案资源建设出现了新的趋势,既包括传统的实体档案的建设,也包括由计算机技术、通信技术发展带动的电子档案的建设,形成了实体档案建设与电子档案建设共存互补的局面。顺应档案资源的发展,档案资源建设理应包括对档案实体资源、数字档案资源及其信息、知识和价值的挖掘。如前文所言,传

---

① 毛福民.以"三个代表"为指导全面加强国家档案资源建设[J].中国档案,2002(2):5.

② 陈姝.国家档案资源建设的途径、问题与策略[J].北京档案,2011(6):13.

③ 饶露.我国档案馆档案资源建设发展历程探析[J].兰台世界,2013(2):85.

统档案资源建设硕果累累,本书聚焦在数字环境下的档案资源建设,因此,研究重点集中在数字档案资源的建设方面。

1.2 档案服务

《中华人民共和国档案法》指出:"档案工作实行统一领导、分级管理的原则,维护档案完整与安全,便于社会各方面的利用。"档案利用服务是档案工作的根本目标。在档案工作的各个业务环节中,档案服务处于主导和支配的地位,直接体现档案工作的根本目的。

"档案服务"作为一个概念,在档案学界有相应的解释。例如:"档案服务是档案界通常所说的利用工作,档案服务研究就是档案利用工作研究,档案服务与档案利用工作的内涵基本一致"[①];"档案服务是指档案机构,利用馆藏优势,指导用户利用档案、获取档案信息的过程"[②];"档案服务工作是在一定的社会环境中进行的,它既是一项具体的工作活动,也是档案工作的指导思想,档案服务思想来自于档案实践工作,但又高于档案利用工作实践"[③]。显然,档案服务是档案机构满足用户的需求(包括现实需求和潜在需求)的活动过程,也就是在特定的环境下,通过与档案机构的交互,用户的档案需求得到满足的过程。

在我国,档案服务的发展基本经历了封闭、半封闭到开放的变革。在漫长的封建时期,从殷商时期甲骨档案产生后,无论朝代如何更替,档案是统治阶级的私有财产,一直限于为统治阶级服务,且为历朝历代统治者所沿袭[④]。官方编修史书、典籍和方志,王朝政务处理中也会利用档案,而普通老百姓并没有机会接触和认识档案,档案利用与服务并不在公众的视线。

清末、北洋政府、国民政府开始重视档案的利用。例如,通过档

---

① 王李苏.档案服务的经济收益论[J].档案,1986(2):23.

② 张卫东,王萍.档案用户需求驱动的个性化服务模式研究[J].档案学通讯,2007(3):82.

③ 丁志民.论档案服务的实现[J].档案学通讯,1986(10):64.

④ 杨小红.中国档案史[M].沈阳:辽宁大学出版社,2002.

案编纂工作,形成档案汇编,如《光绪政要》《通商各国条约》《清史稿》等;另一方面,一些学术团体和高等学校对明清历史档案进行收集、整理和利用。如:北京大学的"明清史料整理会"通过对清内阁大库档案的整理和保管,编辑出版了《嘉庆三年太上皇起居注》《顺治元年内外官署奏疏》等;社会科学研究所曾利用清内阁大库档案,进行经济史、财政金融和人口等方面的研究,编辑出版了《中国劳动年鉴》《中国厘金史》等①。档案为政府工作服务,为学术服务,是这一时期档案服务的主要特点。档案仍然徘徊在公众的视线之外。

中华人民共和国成立后至 20 世纪 80 年代前,档案利用开始出现。尤其是 1980 年,中央书记处做出"开放历史档案"的重要决定②。随后,我国档案馆走出了从封闭到开放的第一步。随着全国档案馆网的建立,历史档案的收集、整理和保管工作有序展开,编辑出版了大量档案史料和专题资料。然而,这一时期的档案利用尚未遍及全体公民,利用范围也仅局限于人事档案和文书档案③。档案利用服务体现了很强的"国家意志",基本局限于机关内部,对社会而言,国家档案馆无疑是封闭的、不开放的④,档案资源建设与服务之间呈现一种特殊的"藕断丝连"关系,因为除了为国家服务,档案资源建设与档案服务几乎完全处于"脱节"的状态。

1987 年《中华人民共和国档案法》的颁布和实施为公众利用档案提供了法律凭证。尤其是该法规定的"国家档案馆保管的档案,一般应当自形成之日起满 30 年向社会开放"的规定,为档案馆开启大门、走近公众提供了基本保障。在这一阶段,档案开放程度、管理理念等方面仍缺乏公共服务的理念,档案工作处于半开放半封闭的状态⑤。这一时期,档案服务形式主要包括:借阅服务、咨询服务、档

---

① 周雪恒.中国档案事业史[M].北京:中国人民大学出版社,1994.
② 裴桐.当代中国的档案事业[M].北京:中国社会科学出版社,1988.
③ 杨小红.中国档案史[M].沈阳:辽宁大学出版社,2002.
④ 郭红解.论我国公共档案馆建设的实践基础和理论准备[J].档案学通讯.2008(5):26.
⑤ 周蕾.浅谈档案开放 30 年来档案馆功能的拓展[J].湖北档案,2010(7):14.

案宣传、编研服务和对外交流等①。尽管如此,档案逐渐从深宫密室走向寻常大众,从为极少数人服务逐步开始走上公众视野。尤其是21世纪初,遵循2002年国务院《政府工作报告》提出的"公共文化""公共服务"后,档案馆开始踏上了公共服务之路。档案在为党和政府提供支持的同时,也为公众更多、更快、更好、更省地利用档案铺平了道路。

随着信息技术的发展,档案馆纷纷利用现代信息技术、网络通信技术为公众服务。因此,公众不仅可以走进档案馆提出档案服务要求,而且可以通过档案网站提供在线咨询服务、邮件查询,也可以利用微博、微信、手机App等新媒体进行主动服务。同时,上海市档案局、天津市档案局、青岛市档案局等还率先开启了一种"跨馆服务"的模式。青岛市的13个综合档案馆从2010年年初开始部署"民生档案馆际联动远程查阅服务"。上海市按照"就近查阅、就地出证,馆际联网、全市通办"的目标,正在建设市档案馆与区县档案馆、档案馆与档案室、档案馆与社区事务受理服务中心"三联动"的档案远程利用服务体系。上海市档案馆在此模式前采用的远程服务体系,仅在2010年9—12月期间就提供远程协同服务625人次,包括跨馆档案查询服务186人次、馆藏之内档案查阅服务439人次。武汉市档案馆甚至在全国率先开始提供手机档案信息服务,为公众利用档案信息开辟了新的渠道②。这拓宽了档案服务的范围,更新了档案服务的方式,提升了档案服务的能力。此外,近年来国家档案局支持的项目中,涉及云服务的研究内容,档案云服务也开始在有些地方试点③。

总体来看,我国档案资源建设与服务过程中,"面向公众"便是档案从封闭走向开放的必然。从馆藏服务到档案信息服务,从一馆服务到跨馆服务,从档案服务到政务信息服务,从微服务到云服务,

---

① 杨小红.中国档案史[M].沈阳:辽宁大学出版社,2002.

② 武汉建全国首个"指尖上的档案馆"[EB/OL].[2014-01-06].http://news.ifeng.com/gundong/detail_2013_06/10/26292813_0.shtml.

③ 中国档案云服务高峰论坛在京胜利召开[EB/OL].[2013-12-10].htp://www.dajs.gov.cn/art/2012/5/11/art_1230_37742.html.

这是历史发展的必然。

通过前文所述的档案服务的简要发展不难看出,我国档案服务经历了一个从封闭到半封闭、开放的历史过程。从时间上看,我国档案开放的时间不长,倡导档案馆的公共服务也是近 10 年来的事情。然而,档案工作不断开放,档案越来越走近公众,确实是一个不争的事实,见表 1-1①。

表 1-1 **2000—2012 年我国国家综合档案馆基本情况表**

年份	馆藏档案 （万卷、万件）	照片档案 （万张）	开放档案 （万卷、万件）	利用档案 （万卷、万件次）	档案馆建筑面积 （万平方米）
2001	13 756.6	624.8	4 129.7	575.4	342.0
2002	14 790.7	720.5	4 301.1	548.8	351.0
2003	15 945.9	797.4	4 618.4	602.6	361.4
2004	17 601.5	827.9	4 868.3	813.9	376.8
2005	18 688.7	908.8	5 132.3	868.0	393.1
2006	21 656.5	1 277.2	5 746.3	1 166.4	406.1
2007	23 675.3	1 393.3	5 875.5	1 244.9	421.9
2008	25 051.0	1 505.3	6 072.2	1 257.4	465.4
2009	28 089.2	1 646.3	6 687.4	1 308.0	473.3
2010	32 198.6	1 809.2	7 428.6	1 417.3	504.4
2011	35 445.5	1 965.8	7 828.4	1 564.5	551.1
2012	39 076.0	1 762.8	7 957.4	1 467.4	601.9

通过前文对"档案资源建设""档案服务"的简要分析可以看到,档案资源建设经历了一个漫长的历史时期,而建立档案开放、

---

① 档案馆机构和人员情况［EB/OL］.［2014-03-05］.中华人民共和国统计局网 http://www.stats.gov.cn/.

走近公众的档案服务的时间并不长,两者之间并没有存在必然的关联。因此,有必要进一步梳理在这个过程中公众、档案资源建设与服务的关系。

新中国成立直到"文化大革命"后、《中华人民共和国档案法》颁布之前,全国档案行政管理部门和业务部门开始接收历史档案,同时积累和管理现行档案。客观地讲,当时的档案资源建设工作是主动的,服务工作以机关工作为重,辅助科研服务,能够收齐、管好就已经是一件了不起的事情,因此,离为公众服务显得遥远。

《中华人民共和国档案法》1987 年颁布实施后,档案开放的步伐加快了,为公众服务的意识加强了,但由于档案资源建设与档案服务尚未形成一定的机制,公众对于档案馆的神秘感尚未消除,公众利用档案的情况寥寥无几。

进入 21 世纪后,在国家大力倡导"公共文化"' 公共服务"后,档案馆的公共服务得以加强,开始探索面向档案用户的档案资源建设与服务模式,不断拓展档案资源建设的深度和广度,完善档案服务的功能,并根据自身档案资源的特点与优势,开展各具特色的档案服务活动。与此同时,档案资源建设与服务也成为档案理论界研究的热点①。

近年来,由于信息技术的发展,"信息"观念逐渐深入人心。档案用户的信息需求呈现出网络化、多样化等诸多新的特点,其利用目的也出现了多元化发展态势②。档案资源建设与服务的对象也呈现出前所未有的广泛性,"面向社会公众"成为新时期档案资源建设与服务的重要出发点。2000 年,全国档案馆工作会议提出,要把档案馆建成保管党和国家重要档案的基地和爱国主义教育基地,建成为改革开放和现代化建设事业提供档案信息服务的中心。2002 年,《全国档案信息化建设实施纲要》提出档案信息资源建设是档案信

---

① 郭红解.论我国公共档案馆建设的实践基础和理论准备[J].档案学通讯.2008(5):26-27.

② 马仁杰,张胜春.论我国档案利用理论的形成与发展[EB/OL].[2013-10-16].http://www.archives.sh.cn/dalt/daxjcl/201203/t20120313_9211.html.

息化建设的核心,档案信息资源建设成为衡量档案信息化发展水平的一个重要指标。2006 年,《全国档案事业发展"十一五"规划》提出"以国家档案资源建设为核心,以档案信息化建设为重点,以为党和国家中心工作和各项建设事业有效服务为目标"的指导思想。2011 年,《全国档案事业发展"十二五"规划》提出了"推进覆盖人民群众的档案资源体系、方便人民群众的档案利用体系和确保档案安全保密的档案安全体系建设,更好地为党和国家各项事业服务,为人民群众服务"。从这两个规划的指导思想可以看到,国家层面上的观念转变,就是档案资源建设与档案服务应处于同等重要的地位,不仅要为党和国家服务,更要为人民群众服务。2012 年,在全国档案局长会议上,档案工作者的职责"为党管档、为国守史、为民服务"被官方郑重提出,"面向社会"保存档案信息资源并将服务的触角延伸到社会的每一个普通公众,让档案机构成为社会记忆的承载者与传播者①。

不难看到,"面向公众"进行档案资源建设与服务是近年来的事情。然而,"面向公众"进行档案资源建设与服务的机制是什么、如何"面向公众"进行档案资源建设与服务等理论与实践问题,并没有得到很好的解决。

1.3　面向公众需求的档案资源建设与服务

档案资源建设、档案服务过程中形成了比较成熟的方法:

在档案资源建设方面,档案的收集、整理、鉴定、保管、利用等"六阶段论",或者"八阶段论",都表明了档案资源建设的成熟性。当代数字档案资源建设,已成为档案资源建设的主体,从规划到实施,在我国已经开始形成了规模。

在档案服务方面,从服务内容上考察,常见的档案服务主要可以概括为:档案阅览服务、档案外借服务、档案展览与陈列服务、制

---

①　周林兴,周振国.面向社会的档案信息资源规划实现机制研究[J].档案学通讯,2013(5):11.

发档案复本服务、制发档案证明服务、档案目录信息服务、档案咨询服务①。档案服务可分为主动服务和被动服务②。其中,主动服务主要包括档案文献汇编和档案目录的公布和发行、档案的定题服务、档案的陈列展览、档案网站服务等;被动服务主要包括档案的阅览服务、外借服务、复制服务、函调服务、咨询服务等。也可以将档案服务分为两种:提供文献服务和提供资料服务③。前者包括提供各种形式的档案文献为利用者服务,包括一次文献、二次文献和三次文献;后者主要是提供与档案馆(室)收藏档案、与本机构中心工作有关的各种资料。从服务方式来看,传统的档案服务方式较为单一,包括馆内服务、电话咨询和邮件服务等,其中以馆内服务为主。一般来说,如果用户需要利用档案,必须亲自到档案馆进行办理或委托办理,所以,对于公众来说,如果不是必要需求,很少会花费时间、精力去档案馆查阅资料信息④。

问题是:当前的档案资源建设与服务的方法是否就是"面向公众"的? 逻辑上,档案资源建设与服务是档案机构的事情,并非一定要与公众需求相结合。从现实来看,档案资源建设并不以公众需求为转移,换言之,无论公众当下是否需求,从长远的、潜在的价值考察,档案都是需要收集、整理和管理的。从这个层面来看,档案资源建设与公众需求并非具有一致性,档案服务也并非仅指现实的服务,今后潜在的服务也是不可疏忽的。

如何使公众需求与档案资源建设与服务保持一致? 为了回答这个问题,对"面向公众需求"进行必要的解释。

(1)"面向公众需求"与"民生档案"

"面向公众需求"首先想到的是"民生档案"。2006 年 3 月,"民生档案"一词开始见诸报端⑤。2007 年 9 月,时任中共中央政治局候

---

① 冯惠玲.档案管理学[M].北京:中国人民大学出版社,1999.

② 朱玉媛.档案学基础[M].武汉:武汉大学出版社 2008:182.

③ 朱玉媛.档案学基础[M].武汉:武汉大学出版社 2008:183.

④ 潘玉明,何宏甲.论电子时代档案信息资源利用的新特点——利用者的视角[J].上海大学学报(社会科学版),2009(3):213.

⑤ 施芳.档案:服务百姓生活[N].人民日报,2006-03-12(9).

补委员、中央书记处书记、中央办公厅主任的王刚同志对做好民生档案工作作出重要批示:"近年来,各级档案部门积极指导建立民生档案,大力推动档案工作为人民群众服务,取得了良好的社会效益。希望国家档案局进一步总结经验,加强业务指导,把服务人民群众的档案工作做得更加富有成效,为积极构建社会主义和谐社会作出应有的贡献。"王刚同志批示中所用"民生档案"一词可视为政府高层对民生档案的认可。

为贯彻党的十七大精神,全面落实科学发展观,国家档案局于2007 年 12 月印发了《关于加强民生档案工作的意见》,正式使用了"民生档案"一词,并明确提出:新时期要把档案工作的重点转移到服务民生上来,以"以人为本"为核心,重点实现"两个转变",建立"两个体系",不断扩大服务民生的广度和深度。官方的肯定和国家档案局文件中对该词的使用,说明了"民生档案"具有旺盛的生命力和普遍性①。此后,国家档案局领导多次强调:档案工作要"以民生需求为导向","各级档案部门要以服务民生为重点","创造性地开展民生档案工作","把涉及民生的档案及时建立并完整收集起来",并提出"民生所想,就是档案工作之所向;民生所需,就是档案工作之所趋"。各省市档案管理部门也根据本地区档案工作情况,制定相应的规章制度,保证档案服务民生工作的有序进行。自此,"民生档案"响彻业界。当前,服务民生已成为档案工作服务大局的一个新亮点,也成为档案工作出现重大变化的一个新拐点。

由于《关于加强民生档案工作的意见》并没有对"民生档案"进行科学的定义,因此,档案界对民生档案的定义进行了广泛的讨论,仍未达成共识,总结起来,主要有以下几种理解:

①民生档案是指国家机构、社会组织或个人在社会活动中直接形成并保存备查的、与民生有关的各种形式的历史记录②。

②民生档案是与百姓生活密切相关的各类档案的统称③。

① 张会超.民生档案认识误区的辨析[J].山西档案,2009(4):18.

② 曹航.民生档案建设的理论诉求与路径选择[J].档案,2009(3):8.

③ 李广都.民生档案体系建设的探讨[J].档案时空,2008(12):26.

③民生档案是各级党委、政府和有关部门在办理各项涉民事务过程中形成的、与社会公众利益密切相关的各种专门档案的总称①。

④民生档案是指机关、社会组织和个人形成的与人民群众利益直接相关的档案,是解决民生问题和维护广大群众合法权益的原始凭证和真实记录②。

⑤民生档案实际上是指国家机构、社会组织在从事社会管理活动中涉及民生范围的直接形成的对国家和社会有保存价值的各种文字、图表、声像、电子数据等不同形式的历史记录③。

⑥民生档案是指社会组织与个人在民生建设过程中所形成的反映民生状况的档案,具体包括社会意义上的民生档案与个人意义上的民生档案。两类民生档案共同构成民生档案体系。其中,个人意义上的民生档案反映了具体民众的民生现状,是社会民生建设成果的具体、生动体现。对个人而言,自身所形成的民生档案是自身民生状况的真实反映,具有鲜明的个性意义。同时,个体民生档案在一定范围与程度上也是社会民生建设的缩影,具有一定的社会意义。社会意义上的民生档案的意义则在于从根本上揭示了社会民生建设的内在性,即揭示了现实民生状态的社会根源。民生建设的社会性、价值性与政策性决定了,系统地形成与管理社会意义上的民生档案更有助于从宏观、根本上推动社会民生建设④。

⑦从广义上讲,民生档案是指在就业收入、福利保障、文化教育、健康医疗、居住交通、社会安全、资源环境等民生工作领域中直接形成的,与社会公众利益直接相关的,具有一定保存查考价值的各种原始记录的档案集合体。从狭义上讲,民生档案是涉及劳动就业、社会保障、收入分配、教育卫生、居民住房、社会管理等各项民生工作的机关、企事业单位直接形成的与社会群众利益直接相关的,具有一定保

① 南京市档案局联合课题组.民生档案资源管理与利用对策思考[J].档案与建设,2011(5):64-66.
② 杨芳展,张良俊,裴艳.关于民生档案资源体系建设的几点思考[J].湖北档案,2009(7):12.
③ 曹航,宗培岭.民生档案:概念质疑与思考[J].浙江档案,2009(2):20.
④ 倪丽娟.民生档案及其管理辨析[J].档案学研究,2009(4):10-11.

存查考价值的各种原始记录的专门档案①。

与此同时,档案界对"民生档案"的概念也存在争议和质疑②。但是,一味去争论民生档案的定义是没有必要的。在实践中厘清民生档案的内涵与外延,弄清民生档案究竟产生在哪些领域、包含哪些内容,明确民生档案的类型,这是开展民生档案资源建设的基础。

理解民生档案的内涵与外延,首先需要明确以下几点③:

第一,民生档案是一个集合概念。民生档案并不是单独的一种或一类档案,而是涉及民生问题的方方面面档案的总称,包括社会保障档案、医疗卫生档案、房产档案、招工与就业档案等。

第二,民生档案应该是与普通民众的生计有直接关系的,老百姓关注度高的,人民群众需要查阅利用的档案,如养老保险档案、医疗保险档案、失业保险、婚姻档案、知青档案、公证档案、企业改制档案、房屋拆迁档案等。这些档案人民群众需要经常查阅,作为凭证材料,解决各种纠纷和生活困难,落实福利待遇,保障私有财产的安全。而有的档案如环境监测档案、物价管理档案等,更多的是政府工作部门作为备案和工作参考、决策之用,对人民群众来讲,他们基本上不需要查阅利用这些档案,就不应划入民生档案之列。

第二,民生档案的形成者是涉及民生工作的各级教育、工商、医疗、劳动人事、民政、司法、税务、房地管理等机关、企事业单位。民生档案的形成范围是劳动就业、社会保障、收入分配、教育卫生、居民住房、社会管理等民生工作领域。

第三,民生档案的内容是不断发展的。随着社会的发展,民生的

① 胡家文,吴海琰.民生档案种类及特点浅析[J].北京档案,2011(8):23.

② 严永官.论"民生档案"[J].档案管理,2009(1):22;曹航,宗培岭.民生档案:概念质疑与思考[J].浙江档案,2009(2):25;张天佩.从"泛档案"到民生档案——对民生档案概念的质疑[J].山西档案,2009(1):23;于英香."民生档案"研究"冷"与"热"现象阐释[J].档案与建设,2009(2):27-28;严永官.论"民生档案"[J].档案管理,2009(1):21-24.

③ 曹航,宗培岭.民生档案的概念解析与价值指向[J].档案管理,2009(2):20;胡家文,吴海琰.民生档案种类及特点浅析[J].北京档案,2011(8):23-24;张卫东.档案服务民生:理念与模式[J].档案学通讯,2009(5):78.

领域和范围也要发生变化。随着物质文化生活水平的不断提高,民生不仅包括吃、穿、住、行等基本的生存保障,食品安全、公共安全、环境质量、大众文化等问题也更为人们普遍关注。民生档案的内涵也要随之变化。

第四,民生档案主要由专门档案构成。与文书档案不同,民生档案体现了更强的专业性,而且种类更为丰富。教育、医疗卫生、社会保障等专门领域形成的大量专门档案构成了民生档案的主体。

根据上述理解,可以进一步探讨民生档案的范围:

《关于加强民生档案工作的意见》给出了一个宏观的范围——"民生档案包括各类与民生有关的专门档案",但具体包括哪些专门档案,此《意见》没有明确规定。杨冬权同志在浙江省民生档案工作座谈会上的讲话中,一次性列举了房地产档案、土地承包档案、林权制度改革档案、农村税费改革档案、婚姻档案、知青档案、改制企业档案、城市低保档案、农民工档案、劳模档案、学籍档案、移民档案、拆迁档案、社保档案、复退军人档案 15 种类型,还分散列举了收养登记档案、民营企业档案、银行档案、农业农村档案、社区档案、环保档案、生产事故档案、贫困户档案、失业登记档案等类型。

此后,围绕民生档案的范围出现了许多不同的观点。有的把三农档案、社区档案、家庭档案纳入民生档案的范畴;有的认为生产事故档案、环境保护档案、医疗卫生档案、食品安全档案也是民生档案的重要组成部分;还有的主张把民主政治建设档案、社会公共服务档案涵盖在民生档案之中①。学界有民主政治档案、社会保障档案、企业改制档案、教育卫生档案、安居乐业档案、公共服务档案 6 类②,就业档案、教育档案、劳动与社会保障档案、村街与社区档案、住房档案、食品安全档案、医疗卫生档案、其他档案 8 类③等多种分类方法。

---

① 杨芳展,张良俊,裴艳.关于民生档案资源体系建设的几点思考[J].湖北档案,2009(7):12.

② 商兆鑫.对做好新时期民生档案工作的思考[J].档案与建设,2009(2):55.

③ 张卫东.档案服务民生:理念与模式[J].档案学通讯,2009(5):78.

在实践工作中,对民生档案的分类更是五花八门。武汉市档案局在 2008 年对全市民生档案现状进行了详细摸底调查,发现:民生档案的种类可细分为 80 多种①,涉及 20 多个系统②,并且民生档案的种类、数量呈快速增长的趋势。例如,工伤保险档案、生育保险档案、大病医疗救助档案、低收入劳模档案、志愿者档案、新型合作医疗档案、农产品质量安全档案、市民道德档案等都是 2005 年以后产生的民生档案种类。生育保险档案形成只有短短三年,数量已经达到 1 425 225 卷 17 663 件,足以说明民生档案增长快速。另据《武汉市人民政府办公厅关于认真做好社会保险扩面征收工作的通知》,武汉市 2008 年五险(养老、医疗、失业、工伤、生育保险)共净增参保 34.5 万人,居民医疗保险参保率将由 45% 提高到 80%,这说明社保类民生档案还将巨量增长③。南京市将民生档案分为三个领域:第一个层面的内容,主要是关于民众基本生存状态的档案,包括社会救济、最低生活保障、义务教育、基础性卫生服务、住房保障等;第二个层面的内容,主要是关于民众基本发展机会和发展能力的档案,包括

---

①　包括:职工养老保险档案、职工医疗保险档案、居民失业保险档案、职工工伤保险档案、职工生育保险档案、离退休人员档案、企业改制档案、城镇居民医疗保险档案、农村社会养老保险档案、下岗失业人员再就业培训档案、城镇登记失业人员培训档案、农村劳动力转移培训档案、劳动仲裁案件档案、劳动投诉案件档案、消费者权益保护档案、企业登记档案、个体工商户登记档案、民间组织管理档案、婚姻登记档案、复退军人安置档案、收养档案、地名档案、劳模档案、低收入劳模档案、妇女维权档案、婚姻纠纷档案、家庭暴力档案、志愿者档案、房产档案、病历档案、出生档案、户政档案、治安案件档案、机动车辆管理档案、职工(人事)档案、社会人才人事档案、离休干部档案、仲裁案件档案、调解案件档案、交通事故赔偿档案、中小企业征信档案、个人征信档案、计划生育档案、残疾人档案、市民道德档案、未成年人道德档案、人寿保险理赔案件档案、公证档案、家庭档案、农村新型合作医疗档案、家庭健康档案、居民健康档案等。
②　包括劳动与社会保障部门、消费者协会、民政部门、总工会、妇联、社区、房地产部门、医疗机构、公安部门、公安交管部门、用人单位、人才交流部门、老干部部门、仲裁委员会、计划生育部门、残联、社区卫生服务机构、合作医疗办、司法局、人寿保险公司等。
③　武汉市档案局民生档案调研组.武汉市民生档案工作调查报告[J].湖北档案,2008(9):9-10.

24

职业培训、就业、社会流动渠道、消除歧视问题等;第三个层面的内容,主要是关于民众基本权益保障的档案,包括民众的劳动权、财产权、社会事务参与权、社会保障权、公民的精神文化需求权利等①。宿迁市档案局提出,民生档案的范围十分广泛,比较重要的民生档案包括房产档案、村建档案、信访档案、就业档案、公证档案、新型合作医疗档案、社会保险与养老保险档案、劳动仲裁档案、残疾人档案、婚姻档案、计划生育档案、农业科技档案、出生档案、学籍档案、移民档案、地籍档案、重大项目建设档案、药品食品监督档案、企业登记档案等②。宜兴市档案馆在 2009 年年底,涉民档案达 161 608 卷,占馆藏总量的 46%。民生档案包括民事诉讼档案、破产企业档案、兵役档案、婚姻档案等八类③。

正是因为理论和实践两个层面对于民生档案的不断探讨,逐步明晰了民生档案的范围。2011 年,国家档案局先后印发了两批《国家基本专业档案目录》,将民生档案确认为五大类基本档案之一,并将满足我国各项民生建设和人民群众基本需求的 14 种专业档案划入民生档案范畴,见表 1-2④。

表 1-2　　　　　《国家基本专业档案目录》之民生类

序号	名称	专业主管部门	批次
1	农村五保供养档案	民政部	第 2 批
2	城镇廉租住房档案	住房和城乡建设部	第 2 批
3	拆迁档案	住房和城乡建设部	第 2 批

①　南京市档案局联合课题组.民生档案资源管理与利用对策思考[J].档案与建设,2011(5):64-66.

②　熊建文.开展民生档案建设的一些思考[J].档案与建设,2008(6):17.

③　潘永平.民生档案的建设与利用[J].中国档案,2010(8):35-35.

④　国家档案局关于印发《国家基本专业档案目录(第一批)》的通知[EB/OL].[2015-05-20].http://www.saac.gov.cn/xxgk/2011-10/14/content_14221.htm;国家档案局关于印发《国家基本专业档案目录(第二批)》的通知[EB/OL].[2015-05-20].http://www.saac.gov.cn/xxgk/2011-11/07/content_14220.htm.

续表

序号	名称	专业主管部门	批次
4	就业失业登记档案	人力资源和社会保障部	第 2 批
5	工伤鉴定档案	人力资源和社会保障部	第 2 批
6	公积金档案	住房和城乡建设部	第 2 批
7	城乡居民最低生活保障档案	民政部	第 1 批
8	伤残抚恤人员档案	民政部	第 1 批
9	殡葬服务单位业务档案	民政部	第 1 批
10	婚姻登记档案	民政部	第 1 批
11	社会保险业务档案	人力资源和社会保障部	第 1 批
12	城乡居民健康档案	卫生部	第 1 批
13	病历档案	卫生部	第 1 批
14	移民档案	水利部、三峡办、南水北调办	第 1 批

从全国范围来看,基层民生档案工作的对象并不仅限于国家档案局公布的 14 种,至少还有知青档案、房产档案、公证档案、土地承包档案、林权档案 5 类专门档案应该纳入民生档案的范畴[①]。2015 年,安小米等人对 80 个信息惠民城市的民生档案现状的调查结果表明,样本城市提供服务的民生档案在类型上存在较大差异。据不完全统计,地方城市提供的民生档案的种类多达 100 多种,涉及 20 多个系统和部门,体现了民生档案所具有的地域性、广泛性及多样性等特点。按其功能不同,这些民生档案的种类可大致归为 17 类,见表 1-3[②]。

---

① 肖秋会,张欣.基层档案馆民生档案工作:现状、问题与对策研究[J].档案学通讯,2014(2):96.

② 安小米,加小双,宋懿.信息惠民视角下的地方民生档案资源整合与服务现状调查[J].档案学通讯,2016(1):50.

表 1-3 民生档案类型汇总

序号	民生档案大类	民生档案小类
1	人事类档案	军转干部、军转人员、专业技术干部、人员调动、特种作业人员、军人入退伍、危险品从业人员资格认定、干部派遣证、军烈属、毕业生分配、劳动人事、死亡干部、人口普查、招工、企业职工个人、安置(知识青年上山下乡、城镇居民下乡返城、复转退军人安置)、职称、干部职工人事、劳模、表彰先进、优抚、烈军属、残疾军人、抗美援朝、自卫反击战立功人员等
2	保险档案	机关事业单位保险、社会保险、医疗保险、农村社会养老保险等
3	住房档案	公积金贷款、房地产登记、农民造房、房产、建设工程规划许可、私有房屋施工许可、商品房开发、预售和资质、房契、土地流转合同、土改、竣工、房屋拆迁等
4	户籍档案	公民出生、出国人员审批、独生子女、劳动保障、计划生育类、移民、收养、涉外收养等
5	公共安全档案	食品、税收、养老、环保等
6	医疗档案	入院儿童、医师资格认定、医疗机构资质认证、病历、病残儿医学鉴定、大病医疗统筹等
7	教育档案	教师资格认定、学籍、撤销学校学籍、教师等
8	知青档案	知青安置、知青子女回沪等
9	就业档案	会计从业资格认定、物业服务企业三级资质认证、特种作业人员、大中专生分配、企业职工、工资等
10	文娱档案	社会团体档案等
11	工商档案	工商登记、企业法人登记、建筑业企业资质认证、个体工商户、破产企业、海洋渔业船员资格认定、民办非企业单位、物价管理、破产改制企业、基建、规划等
12	法律档案	劳动仲裁、法律援助、仲裁、法院诉讼、检察院诉讼、信访等

续表

序号	民生档案大类	民生档案小类
13	公证档案	行政复议等
14	婚姻档案	婚姻登记、涉外婚姻登记等
15	林权档案	山林权属、林权登记等
16	交通档案	机动车辆管理等
17	旅游档案	—

总的说来,民生档案问题涉及整个档案管理领域,解决民生档案问题必须有大档案视野,而不能就民生档案谈民生档案①。尽管在研究与实践当中,对民生档案的分类有不同的标准,国家档案局所列出的14种民生类专业档案只是最基本的,不能完全涵盖和体现各地民生档案的工作需求。各地、各级档案馆根据馆藏及利用需要对民生档案的归类有所侧重和特色,也是正常的。与此同时,民生档案的保管和提供利用并非是档案局(馆)的专利,民生档案工作实际上是以档案部门为核心,但又需要社会广泛参与的一项工作。只有社会不断重视和陆续参与,才能共同做好这项惠民亲民的工作。造福民生,不是某个部门和某个人的事情,而是一个有机的整体,需要社会的关注和参与。民生档案亦不例外②。民生档案必须是直接面向公众的,这是毫无疑问的。应通过加强民生档案资源的建设,在各级档案行政管理机构的主导下,开展广泛的合作,共建共享,服务社会,服务公众。

(2)"面向公众需求"的理解

"公众"即"public"。在民主社会中,"public"一词从其诞生之日起就有反对贵族、反对特权的含义,它是富有主动性、独立性和责任感的公民的代表。"公众"不同于"大众",后者通常指对事物无鲜明主体意识的、无差别特性的群体的总称。在公共服务领域,"公众"

---

① 倪丽娟.民生档案及其管理辨析[J].档案学研究,2009(4):10.

② 张会超.民生档案认识误区的辨析[J].山西档案,2009(4):19.

出现的频率较高,公众服务属于公共服务的范畴,它特指对公民的公共服务,是狭义上的公共服务①。

　　与"公众"相近的概念还包括"公民""市民"。"公民"是"具有或取得某国国籍,并根据该国宪法和法律规定享有权利和承担相应义务的人";市民是"泛指住在城市的本国居民";"公众"则指"社会上大多数的人"②。"公众"与"公民"相比较,"公民"更具有法律意义,多用指个体;"公众"则更具有社会性,多用指群体,可以区分为"核心公众"和"普通公众"③。广义的公众不仅包括常住居民,还包括流动人群,其中有的公众仅仅在城市发展中发挥一般作用,如普通的外来务工人员;有的则发挥重要作用,如各类专家学者和外来投资者。"公众"是包括科学家在内的大众,但主要是指非科学人士④。可见,公众是一个集合名词,是由自然人形成的合集,表现为各项社会实践活动中对档案资源有需求的个人或团体,见图1-1。

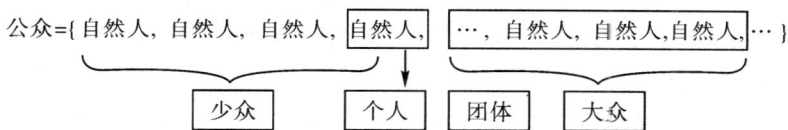

图1-1　"公众"概念图解

　　公众,包括个人和团体,在档案需求方面,表现为多个方面的需求特征,例如:

　　①基于民生工程的角度⑤,档案工作"面向公众需求"就是要求

　　①　钱丽丽.电子政务公众服务需求及其对系统成功的影响路径研究[D].复旦大学,2010:20.
　　②　中国社会科学院语言研究所词典编辑室.现代汉语词典[M].北京:商务印书馆,2012:451-452.
　　③　陈强,尤建新."公众"内涵辨析与公众满意战略[J].上海管理科学,2006(4):15.
　　④　李秀.公众理解科学概念梳理[J].湖北经济学院学报,2008(3):8.
　　⑤　国家档案局关于印发《关于加强民生档案工作的意见》的通知(档发[2007]12号)[Z].

档案工作为公众提供档案支撑服务,以"有利于维护党和政府的威信,有利于维护公民权益,有利于维护社会稳定"①。服务民生是加快推进以改善民生为重点的社会建设的根本要求,是档案机构贯彻落实科学发展观的具体体现。

②基于信息需求的角度,档案工作"面向公众需求"就是要求档案工作为公众提供信息服务。例如,公众对国家政策、法律法规,以及涉及切身利益的婚姻、财产、医疗、劳保等档案利用的频率也不断攀升。

③基于司法公正的角度,档案工作"面向公众需求"就是要求档案工作为公众提供证据服务。

④基于公共服务的角度,档案工作"面向公众需求"就是要求档案工作为公众提供公共服务。

⑤基于知识时代的角度,档案工作"面向公众需求"就是要求档案工作为公众提供知识服务。档案机构将工作的重心从面向馆藏的实体管理转向为用户的知识服务,实现对档案信息资源的科学管理和有效使用,满足用户的知识需求。

⑥基于保护遗产的角度,档案工作"面向公众需求"就是要求档案工作为公众保存并展示档案实体。

⑦基于大众教育的角度②,档案工作"面向公众需求"就是要求档案工作为公众提供零距离接触的平台。

⑧基于休闲的角度,"美国利用者除了为了解决实际问题外,还会把档案作为一种休闲的方式,从中了解社会、历史及其他和日常生活息息相关的知识与文化"③,这种情形在上海等地已经开始出现。

……

简言之,"公众需求"从内容上加以具体化,往往表现为多方面,既有单一的服务需求,也有多元化的服务需求;既有社会化的档案需

---

① 国家档案局.关于加强民生档案工作的意见[Z].

② 谭必勇:如何拉近档案馆与公众的距离——解读西方公共档案馆公众教育职能的演变[J].图书情报知识,2013(4):113.

③ 郑玉梅.中外档案利用工作之比较研究[J].黑龙江档案,2012(1):34.

求,也有个性化的档案需求;既有维护社会稳定的档案需求,也有基于业务参考的档案需求;既有满足求知性的档案需求,也有满足求真性的档案需求……对上述某一方面或某些方面的需求,不论其具体内容如何,都称为"公众需求"。这样处理的目的,减少了研究某一方面或某些方面的公众需求所带来的研究成果的专指性,提高本书的通用性和普适性。

同时,"公众需求"还可以从路径上加以具体化,也就是公众走进档案馆(室)的途径、要求档案馆(室)提供利用的途径发生了变化:

传统手段,通过利用相应的全宗目录、案卷目录等档案检索工具,查阅档案原件来获取相应的档案信息,仍然是档案需求的主要方式之一。这种方式为档案用户所习惯,在一定程度上和一定时期内是远程的档案服务所不能取代的。

现代手段,通过邮件、微博、微信、数据库、手机 App 等利用档案,已逐渐成为档案需求的重要方式。大多数档案机构,通过电话、邮件、传真方式完成简单的远程服务。不少机构可以通过网上咨询和网上目录查询进行远程服务。有的机构,可以通过远程方式利用该机构的目录数据库和全文数据库。这些利用方式,在当前档案机构都存在,形成了比较复杂的档案利用途径。

公众对档案信息需求的变化,除了体现在档案信息数量和质量上外,还体现在对档案信息服务理念、服务行为和服务视觉等方面最大程度的心理满足[1]。现代通信技术和网络技术的普及与渗透,使得公众对档案服务的方式寄予了更高的期望,他们渴望告别传统的以手工为主的服务方式,代之以网络信息的服务,通过在线访问、智能化检索、便捷的导航、人性化的系统界面,以及即时的咨询服务更快更高效地获取信息资源[2]。

① 唐艳芳.基于数字档案馆的档案信息用户研究[J].档案学通讯,2006(4):43.

② 沈扬,董慕生.网络环境下的图书馆信息服务初探[J].图书馆学研究,2002(3):78.

　　不可忽视的是,公众需求的产生受个人因素、环境因素、文化因素和情势因素的影响。其中,个人因素主要包括遗传、生活背景、身心状态等;环境因素主要包括政治环境、法律环境、伦理环境等;文化因素主要指个体生存的社会文化背景、习俗、道德等;情势因素主要包括权威、胁迫、压力、操纵、合作等①。这些影响因素使得公众的档案需求呈现出复杂性的特点,见图 1-2。

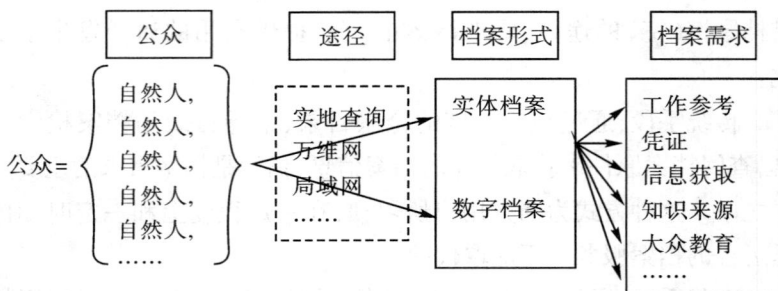

图 1-2　公众的档案需求示意图

　　综上所述,面向公众需求的档案资源建设与服务就是档案机构通过实体档案资源和数字档案资源的建设,以满足公众提出的内容多样性、途径复杂化的档案需求,促使档案机构从"面向机构"的封闭式服务到"面向公众"的开放式服务,从坐等利用者上门的"被动服务"到主动吸引用户的"主动服务",实现档案开放的历史使命和服务公众的现实使命。

---

　　①　李春阁.政府信息公开的动力机制研究[D].长春:吉林大学,2011:56.

第 2 章　面向公众需求的档案资源建设与服务现状的调查与分析

　　"没有调查,就没有发言权"①。档案开放以来,档案资源建设的成果和档案开放服务的效果如何,是否能够满足公众的档案需求,目前尚没有系统、专门的调研成果。实践出真知,调查显民意。为此,本书从公众和档案机构两个层面设计调查问卷,并展开实地调查,以全面地了解和掌握我国档案资源建设、档案服务、公众档案需求以及我国档案资源建设能否满足公众需求的总体情况。

2.1　调查概述

　　2012 年与 2013 年暑假,武汉大学档案学专业的本科生、研究生通过实地访问和发放调查问卷的形式,分赴全国各地开展调查。对于本科生,本次调查与他们的社会实践课程结合在一起,是一次正式的调研活动和课外学习。对于研究生,本次调查与相关课程学习相结合,是他们走向档案工作岗位的前一站。因此,同学们都做了认真的准备。鉴于问卷涉及内容的广泛性与调查地区选择的代表性,课题组早在 2010 年就启动了该项工作,2012 年开始付诸实践。

　　问卷设计:调研前,课题组成员经过了充分讨论,从公众和档案

---

　　① 　毛泽东.反对本本主义[M].北京:人民出版社,1964:1.

机构两个层面设计了调查问卷。

问卷试用:课题组成员在湖北省范围内对问卷进行了初步试用,通过试用发现问题,并从术语通俗化、内容系统化、答案穷尽化、问题合理化等方面进行了改进。

正式调查:调查阶段,课题组对学生分组、调研方式与调研对象的确立等进行了选择和规定。

学生分组:参与调查的师生总计 115 人,以分组形式进行。为了调查方便,主要依据师生住居地所在的省、市进行分组,每组人数不等,但每组不超过 4 人。

调研方式:采取小组落实到省、个人落实到单位的调查方式。个人调查时,要求以实地调查为主,也可以通过邮件、电话调查等形式抽样进行,要求独立完成个人调研。

调研对象:实地走访了 2 000 余个单位和个人,发放调查问卷 2 512 份(含机构调查问卷 1 809 份,个人调查问卷 703 份),收回有效问卷 2 318 份(含实地调查、电话调查问卷)。

调查文件的分布:从调查对象的来源看,机构调查问卷 1 683 份、个人调查问卷 635 份;从调查对象涉及的行政区划看,共计 20 个行政区划单位,含 3 个直辖市、2 个少数民族自治区和 15 个省。调查范围涵盖了全国近一半的省、少数民族自治区和直辖市,包括发达地区和不发达地区,基本能够代表全国概貌。不同行政区划单位的有效问卷数量见表 2-1、图 2-1。

表 2-1　　　　　　　　有效调查问卷的区域分布

地区分布	行政区划单位	数量
华东地区	上海	68
	山东	57
	江苏	187
	安徽	207
	浙江	201

地区分布	行政区划单位	数量
华南地区	重庆	205
	广东	98
	广西	86
华中地区	湖北	298
	湖南	104
	河南	91
	江西	109
华北地区	北京	68
	河北	87
	内蒙古	62
西北地区	青海	67
	陕西	81
	甘肃	89
东北地区	辽宁	85
	吉林	68

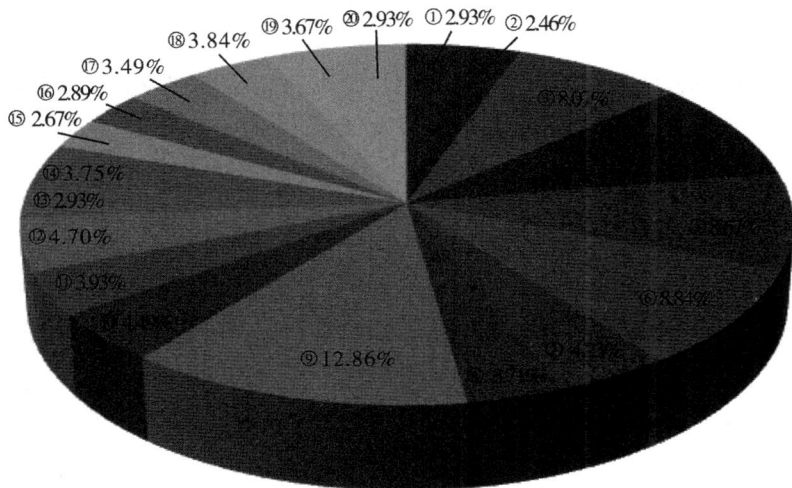

①上海　②山东　③江苏　④安徽　⑤浙江　⑥重庆　⑦广东　⑧广西
⑨湖北　⑩湖南　⑪河南　⑫江西　⑬北京　⑭河北　⑮内蒙古　⑯青海
⑰陕西　⑱甘肃　⑲辽宁　⑳吉林

图 2-1　有效调查问卷的区域分布

　　取得有效问卷的机构：主要来自综合性档案馆、企事业单位的档案馆，它们是档案资源建设与服务的主体，也是调查的主要对象。对于未设立档案馆机构的企事业单位，数据的取得来源于上述单位下设的档案室、办公室、信息中心或其他相关机构，见图 2-2。

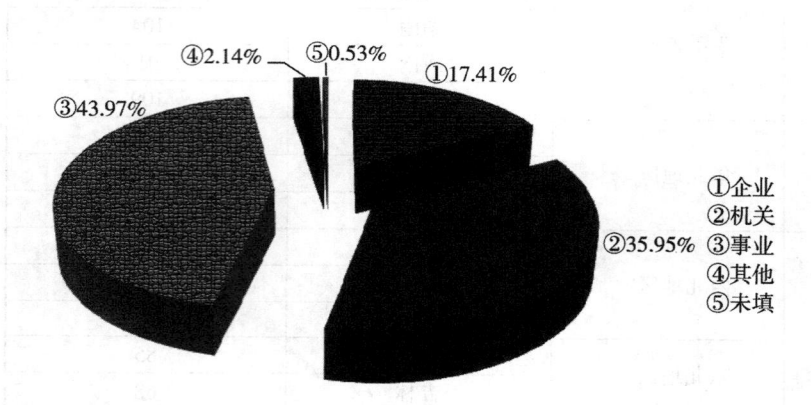

图 2-2　有效问卷的机构分布

　　取得有效问卷的个人：本课题调查对象主要是 20 岁以上的公民，其中，男性公民占 59%，女性公民占 41%。调查时，也有超过 60 岁以上的查档人员。取得有效问卷的个人年龄组成见表 2-2。

表 2-2　　　　　　　　　有效调查问卷的个人年龄分布

年龄	20 岁以下	20~30 岁	31~40 岁	41~50 岁	51~60 岁	60 岁以上
调查人数	0	84	119	186	233	13
比例（%）	0%	13.39%	18.74%	29.13%	36.69%	2.05%

　　进一步按照行业进行区分，被调查人员广泛地分布在政府、事业单位和企业，见表 2-3。

表 2-3   个人有效调查问卷的机构分布

机构分布		人数	比率(%)
党政机关	教育	17	2.68
	文化	12	1.89
	宣传	11	1.73
	税务	15	2.36
	发改委	5	0.79
	司法	24	3.78
	科技	8	1.26
	环保	8	1.26
	城建	10	1.57
	民政	6	0.94
	广电	7	1.10
	其他	24	3.78
企业单位	国有企业	86	13.54
	集体所有制企业	28	4.41
	私营企业	37	5.83
	股份制企业	8	1.26
	其他	8	1.26
事业单位	研究院(所)	16	2.52
	档案馆	25	3.94
	图书馆	14	2.20
	博物馆	9	1.42
	医院	45	7.09
	新闻	26	4.09
	交通	33	5.20
	其他	24	3.78
其他类型		63	9.92
无单位		45	7.09
单位未填		21	3.31

2.2　调查的主要内容与结果

调查侧重于从公众和档案工作（相关机构）两个层次展开,涉及公众的档案需求、档案资源建设和档案服务三个方面。

2.2.1　公众档案需求的调查

公众的档案需求侧重于档案用户的调查,共得到 635 份用户的调查结果,涉及的主要内容包括:

(1)公众利用档案的目的

调查结果显示,从进馆(室)查档的情况看,100%的用户具有明确的目的。其中,为了工作参考的占 87%,通过档案机构取证的占 46%。从档案馆网站来看,出于仅仅浏览网页、寻找自己感兴趣内容的占 56.62%,真正有目的地查找档案目录的用户所占的比例不足 40%。

(2)公众利用档案优选的机构

用户在查档时,最容易想到的机构是综合性档案馆和本机关档案馆(室)。近年来,随着各地政务中心、市民中心的成立,公众也开始在这些机构查找档案,后者占调查人数的 14.80%。

(3)公众利用档案的途径

统计表明,公众利用档案主要靠实地查询和网站查询两种方式。其中,到馆实地利用是主要途径,占 87.27%。网站利用以年龄较轻的群体为主。在 40 岁以下的用户里,86.14%的用户首先选择网站查找,再考虑选择其他的利用方法。

(4)公众利用的主要档案类型

用户利用档案的类型,主要是纸质档案。电子档案目录利用频率较高,占 92.28%,对电子档案全文(由纸质档案转化的数字档案)的利用仅占 13.70%。调查显示,利用政务中心查找和利用电子文件(公文)的数量较大,占 66.61%。

(5)公众利用的档案内容

从利用内容考察,查找政策文件(档案)、工作参考文件、民生档案、学籍与毕业证明、婚姻档案的用户较多,分别占 54.49%、47.40%、42.36%、17.48%、13.54%。此外,编研、学术研究、专业档案咨询等,也占有一定的比例。

（6）公众期待的档案服务方式

80.63%的被调查者认为,档案服务方式需要改进,希望利用网络查找档案、利用档案。此外,也有用户提出,希望了解特色档案,尤其是具有地方特色的档案推送服务。

（7）公众获取档案的成功率

93.40%的用户反映,他们到档案机构实地查档的要求得到了满足。90.23%的用户获取了他们希望查找的档案,查档成功率较高。也有用户反映,部分档案无法提供利用,包括那些质地较差的开放历史档案、未开放档案。网络查找档案当前还存在一定困难,用户反映,难以通过网络找到自己想查找的档案资源或档案线索。

（8）公众对档案资源有效性的评价

90.71%的档案用户认为,从查证角度看,档案馆收藏的档案很有用,也能够发挥作用。然而,60.79%的用户提出,网站提供的档案资源并不丰富,无法或难以获取自己想要的档案资源。

（9）公众对档案服务时效性的态度

利用实体档案的用户,认为档案服务到位、比较到位的,占93.44%;认为档案服务不到位的,仅占 6.56%。利用档案网站查找档案的用户则提出了相反的意见,认为档案服务不到位、不满意的占65.51%,主要理由表现在:网站响应速度慢甚至无响应,档案内容无法在网上浏览利用。

2.2.2 档案资源建设情况

关于档案资源建设,课题组通过调查,得到的主要调查数据如下:

（1）档案资源结构

从载体角度看,在所调查机构中,纸质档案、声像档案、电子档案所占的馆(室)藏资源超过了 50%;缩微档案、机读档案、实物档案所占的比率也不低,占了 10%以上;部分省级综合性档案馆、图书馆、博物馆收藏有少量的古代载体档案,见表 2-4。

表 2-4　　　　　　　　　　调查对象的馆藏构成(载体)

资源类型	馆(室)数量	所占比重(%)
甲骨档案	5	0.30
金石档案	25	1.49
简牍档案	22	1.31
绵帛档案	28	1.66
纸质档案	1683	100.00
声像档案	1540	91.50
电子档案	906	53.83
微缩档案	185	10.99
机读档案	179	10.64
实物档案	226	13.43
其他档案	97	5.76
图书资料	616	36.60

　　从档案内容属性来看,传统的文书档案、财会档案、人事档案、科技档案四大类占据主导地位,拥有相应馆藏的对象分别占 86.51%、80.57%、65.78%、47.95%。见图 2-3。

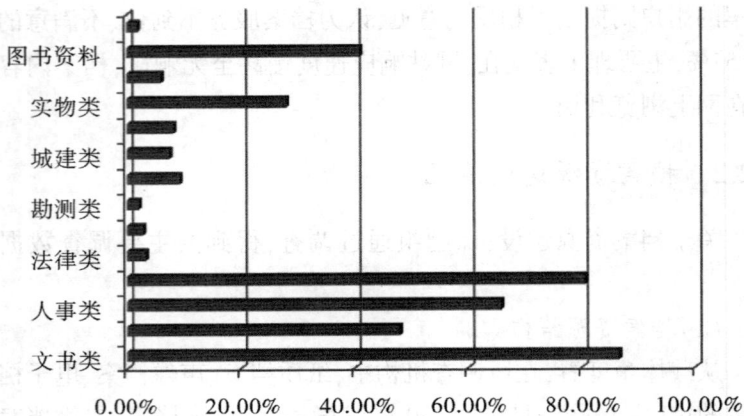

图 2-3　调查对象的馆藏构成(内容)

上述调查是针对全部调查机构的一个总体统计,对于各个馆(室)而言,它所收藏档案的载体、类型以及比例并不相同。

（2）档案资源形式

从调查对象来看,各个机构都涉及了电子档案资源和纸质档案资源。其中,以纸质文件为主、电子文件为辅的档案资源管理形式为主导的机构占总数的70.37%,以电子文件为主、纸质文件为辅的单位仅占总数的4.41%。

（3）档案信息化水平

档案信息化水平的测度指标体系很多①。本课题组依据当前档案工作的实际,侧重于从档案管理软件应用、网络化利用、数据库建设三个主要方面进行了考察。调查表明,除了75家单位(占统计机构的4.46%)未反馈调查结果外,211家机构反馈了本机构的档案信息化水平,包括实现了网络化管理、信息系统的运用,建立了目录数据库、全文数据库,可以通过广域网提供利用,体现了很高的档案信息化建设水平;456家机构利用了档案管理软件,建立了目录数据库,可以通过广域网利用档案目录,体现了较高的档案信息化水平;695家机构采用了档案管理软件,并建立了目录数据库,可以通过局域网开放利用;246家机构采用了档案管理软件,但无法提供网上利用。由此,档案信息化水平分布见图2-4。

上述调查中,课题组将档案管理软件的使用情况进行了专门的分析。目前,88.39%的单位使用了电子档案(文件)管理系统,7.15%的单位没有利用电子文件管理系统,4.46%的机构没有回答此问题。可以看出,电子档案(文件)管理的过程中,大部分单位还是选择了专业的电子文件管理系统对本单位的电子文件加以管理。已经使用电子档案(文件)管理系统的单位中,89.32%的单位是购买使用的,自行开发相关管理系统的机构不到10%。

---

① 关于档案信息化、档案信息化建设的指标体系的研究出现了很多成果,为本调查提供了依据。这些成果主要包括:张照余.档案信息化指标体系研究[J].中国档案,2007(9);郑丽.档案信息化建设测度指标体系探索[J].档案与建设,2007(2);刘菁.档案信息化指标体系研究[D].杭州:浙江大学,2009.

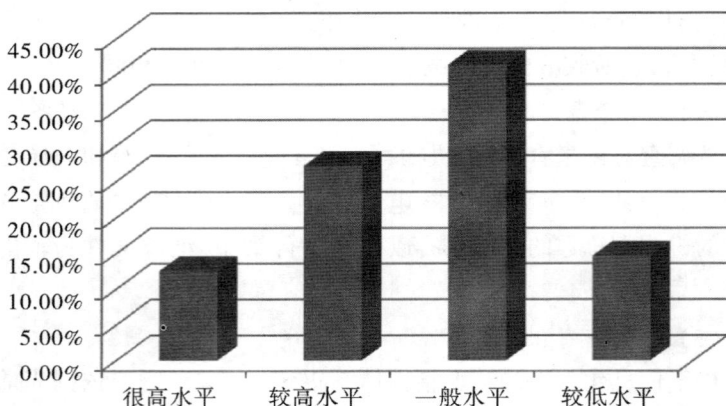

图 2-4　机构的档案信息化工作程度

（4）档案数据库建设

在档案信息化过程中,建立目录数据库、全文数据库是"十五"以来的重要任务, 为此, 课题组进行了调查。由图 2-5 可以看出,除 11.24% 的机构没有反馈信息外,其余的机构,34.83% 的机构建立了完整或较为完整的目录数据库,近 15% 的机构还没有建立目录数据

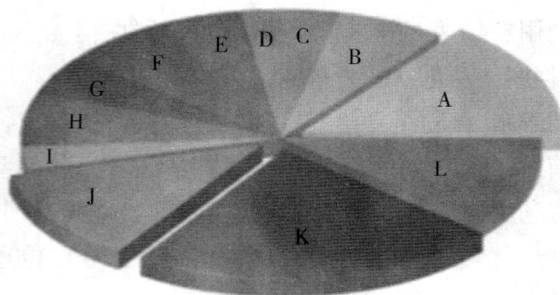

A.没有目录数据库,14.61%　　　　B.1%～10%目录数据库,6.74%

C.11%～20%目录数据库,3.93%　　　D.21%～30%目录数据库,2.25%

E.31%～40%目录数据库,5.06%　　　F.41%～50%目录数据库,6.74%

G.51%～60%目录数据库,5.06%　　　H.61%～70%目录数据库,6.74%

I.71%～80%目录数据库,2.81%　　　J.81%～90%目录数据库,11.8%

K.91%～100%目录数据库,23.03%　　L.未反馈,11.24%

图 2-5　目录数据库建设情况

库。绝大多数机构开始了目录数据库的建设,但建成的目录数据库
并不完整。

在全文数据库建设方面,接近1/3的机构还没有建立全文数据
库,大约1/4的机构所建全文数据库的完整度低于20%。完成全部
全文数据库建设任务70%以上的机构为近9.55%,近1/10,主要集
中在综合性档案馆以及少数政府机关,见图2-6。

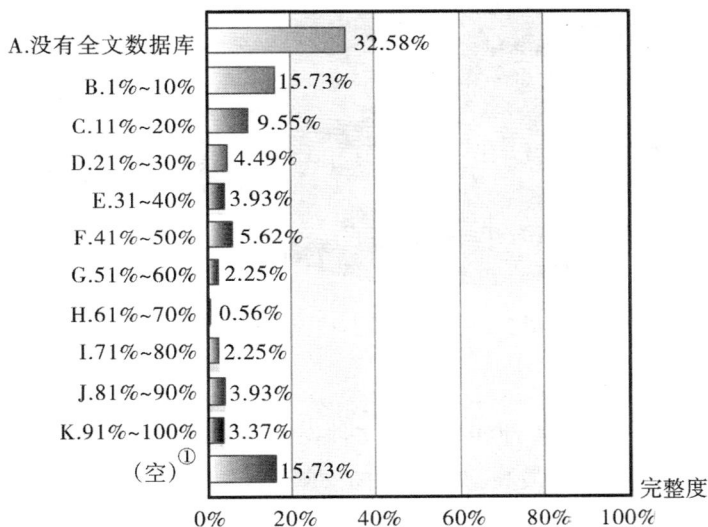

图2-6　全文数据库建设情况

(5)档案数字化程度

从调查对象来看,已经开展档案数字化、文件数字化工作的机构
占85.32%。其中,有些机构是自行数字化,有些单位是外包数字化。
目前来看,档案数字化工作外包超过了一半,为67.44%。

外包档案数字化主要有两种情况:一是外包给机构外的公司数
字化,二是有些机构(包括政府组织)聘请档案馆机构进行数字化。

_____

①　图中"空"代表被调查单位或个人没有填写相关内容。下同。

（6）电子文件归档管理

电子文件归档管理的内容,主要集中在行政事务、业务往来等方面。参与调查的机构中,除了 56 家单位未回答外,余下的机构,以行政事务处理过程中留存的电子文件归档的比率最高,达 69.21%;其次是业务往来、技术性工作的归档,见图 2-7。

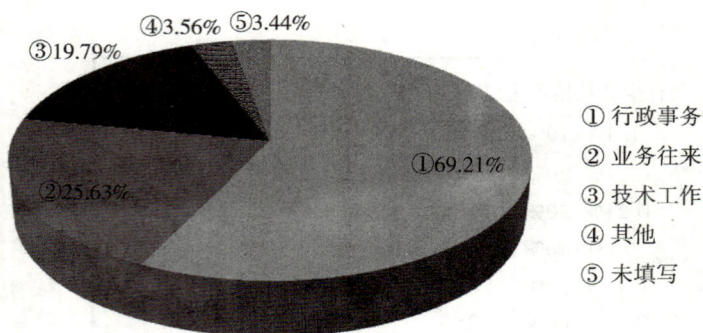

④3.56%　⑤3.44%
③19.79%
②25.63%
①69.21%

① 行政事务
② 业务往来
③ 技术工作
④ 其他
⑤ 未填写

图 2-7　电子文件归档管理的内容

电子文件归档管理涉及电子文件保管机构。统计发现,现阶段档案机构所占比例最高,为 38.62%;办公室部门占 1/3;业务部门、技术部门、信息中心等也有一定的分布,见图 2-8。

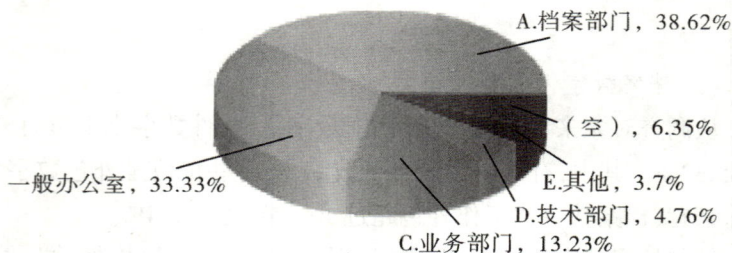

A.档案部门, 38.62%

（空）, 6.35%

E.其他, 3.7%
D.技术部门, 4.76%
C.业务部门, 13.23%

一般办公室, 33.33%

图 2-8　电子文件归档管理的部门

（7）电子文件(电子档案)管理的格式

在调查单位中,电子文件管理的格式主要分为文本格式、图像格式、视频格式和音频格式四种。其中文本格式和图像格式较多,视频和音频格式的电子文件数量较少,只有少数单位保存有视频和音频格式的文件。在工作过程中,最常见的格式主要有 DOC、TXT、JPEG等。有些单位采用 PDF 格式,也有用 CEB 或其他格式。

(8)电子档案(电子文件)的移交

调查发现,51.72%的单位不会将电子文件移交到档案机构,仅有 39.66%的单位会将电子文件移交到档案机构,见图 2-9。有的单位在电子文件管理流程中,并未将电子文件移交作为档案保存,电子文件从产生、整理到保管的整个过程,都由本部门完成。

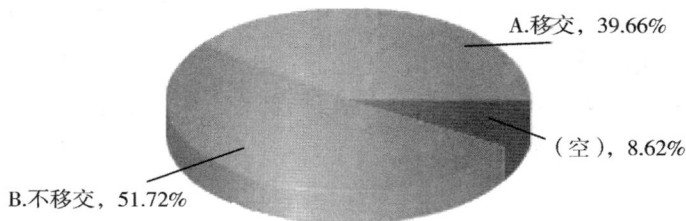

图 2-9 电子档案(文件)移交的调查

在进行电子档案(文件)移交的部门或机构中,常见的移交方式主要有逻辑移交、物理(介质)移交两种。那些移交电子档案(文件)的机构中,采用最多的方式是物理(介质)移交,占总数的 76.55%;逻辑移交则占 25.01%。

各个机构根据工作的需要,制定了电子文件的移交时间。48.28%的机构采用一年移交一次的办法进行管理,有些机构半年移交一次,极少数机构一个季度移交一次。也有部分机构对电子文件移交的时间没有做出明确的规定,这种状况不利于电子文件的有效管理。

电子文件移交过程中的加密工作关系到电子文件的安全性,图2-10 显示,40.52%的机构没有在移交过程中加密,39.66%的机构在移交过程中加密。

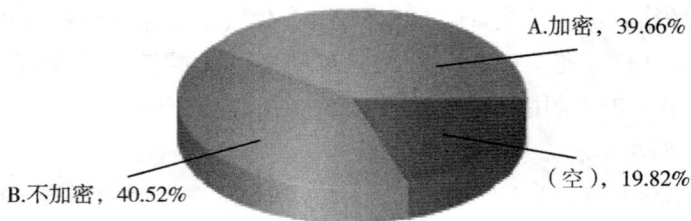

图 2-10　电子文件移交过程加密情况的调查

（9）电子文件（电子档案）"双套制"管理

对于归档的电子文件,92.21%的机构采取"双套制",5.24%的机构仅采用电子文件进行归档,且这部分电子文件主要是非涉密的日常事务性公文。对于涉密的电子文件,都没有采用电子文件存档,仅将纸质版文件作为档案保存。

（10）电子文件（电子档案）的备份

对电子文件采取备份制度的机构高达 93.14%。其中,大部分是数据库较大的单位,例如综合性档案馆、气象部门、民政部门等。

（11）档案网站的建设

调查对象中,所有的档案馆（含综合性档案馆、企事业单位档案馆）都建设了网站,通过网站展示档案馆的形象,也借此介绍本馆收藏的档案,达到宣传的效果。部分行政机构档案室或办公室,企事业单位信息中心、业务部门,尚未建立专门的档案网站,通过相关的政务网站、业务网站展示档案业务。

2.2.3　档案机构提供的档案服务

对于机构提供的档案服务,本课题组进行了统计分析。

（1）电子文件的利用

电子文件利用途径方面,目前各单位使用最多的是在单位保管部门,占总利用途径的 44%,其次是利用局域网网络查阅和互联网网络查阅。在实际电子文件的利用工作中,网络方式查询和到单位保管部门利用所占比例相当。

（2）数字档案的利用

数字档案的利用越来越普遍。近年来,78.25%的机构提供了档案数字化成果的利用,95.60%的机构有提供档案数字化成果的打算。

（3）数据库的利用

利用档案数字化成果做成的目录数据库、全文数据库、特色数据库存在不同的情况。对于目录数据库,从调查对象看,74.12%的机构完成了目录数据库,综合性档案馆100%利用目录数据库提供服务。有的机构提供馆际间目录互查询;有的机构可以提供目录App终端查询服务,公众可自主上网查询目录数据库。通过全文数据库提供利用的机构占46.59%,提供特色数据库服务的机构占13.68%。后者主要体现在民国目录库、现行文件原文库、馆藏历史档案目录库等。

（4）网站提供的档案信息服务

通过网站提供档案信息服务目前在各馆都很常见,尤其是馆藏目录。调查显示,65.73%的机构建立了门户网站,通过门户网站提供档案信息服务,主要是信息咨询服务。不足6%的单位提供了诸如信息打包、信息推送、信息代理和移动终端服务,所占比例很小。

（5）开放档案网上查询

仅有38.98%的机构开放了电子文件及电子档案全文网上检索、查询利用服务。54.24%的单位不提供该项服务。

（6）档案服务的方式

目前来看,主流的档案服务方式是借阅、查阅、复制、开具档案证明和提供咨询服务。被调查机构中,82.02%的机构提供档案查阅;为用户复制档案和开具证明的机构分别占67.98%、61.80%,见图2-11。综合性的档案馆还会定期举办档案展览活动。被调查的机构对档案的开放利用都是有限制的,这源于档案的特殊性质,部分档案资源仅对特定利用者开放,还不能完全向社会公开。

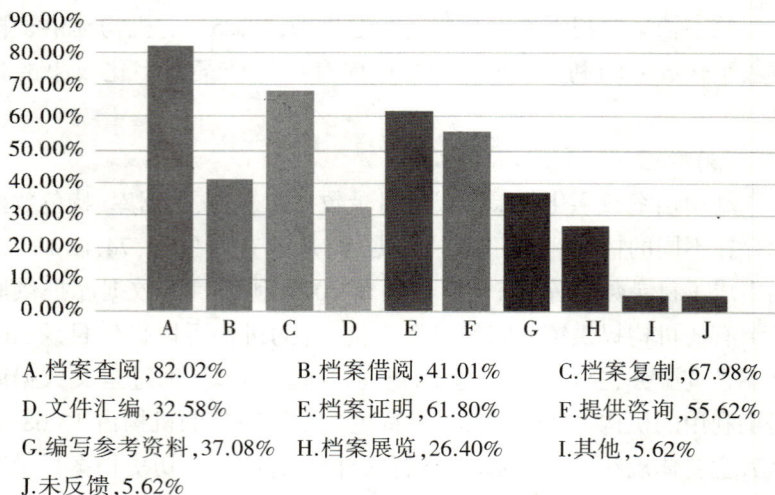

A.档案查阅,82.02%　　　B.档案借阅,41.01%　　　C.档案复制,67.98%

D.文件汇编,32.58%　　　E.档案证明,61.80%　　　F.提供咨询,55.62%

G.编写参考资料,37.08%　　H.档案展览,26.40%　　I.其他,5.62%

J.未反馈,5.62%

图 2-11　提供档案开放利用的形式

特藏档案主要是指各个机构收藏的重要档案、高龄档案、特色档案等,综合档案馆特藏室收藏的档案便是典型的例子。图 2-12 针对

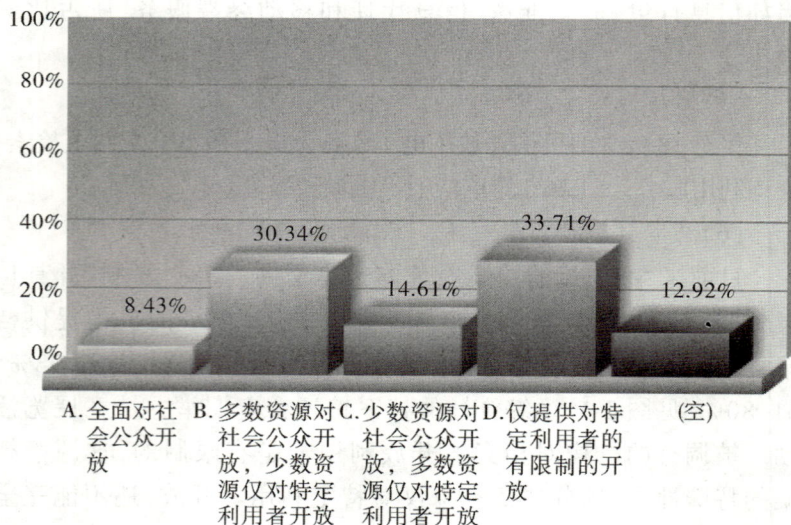

A.全面对社会公众开放　B.多数资源对社会公众开放，少数资源仅对特定利用者开放　C.少数资源对社会公众开放，多数资源仅对特定利用者开放　D.仅提供对特定利用者的有限制的开放　(空)

图 2-12　特藏档案的对外开放状况

调研单位特藏档案的对外开放情况做了调查:12.92%的机构对此问题没有回复,选择仅提供对特定利用者的有限制开放的机构所占比例最大。有的档案机构的保密要求较高,特藏档案不宜全面开放。还有一部分单位选择了多数档案资源对公众开放,少数资源仅对特定利用者开放。

(7)档案服务频率

档案服务频率是指单位时间内利用档案的人次。调查对象中,最多的利用频率高达 15 万人次/年,最低的只有 8 人次/年,波动范围较大。总体来看,机构提供服务的档案占该机构全部档案的 5%~30%,公众利用的档案占提供利用档案的 2%~70%。

(8)档案服务的内容

从图 2-13 可以看出,提供人事信息查阅服务的机构最多,占67.98%。其次是历史信息查询,其利用超过了 50%。再次是经济信息、技术信息和其他类信息。

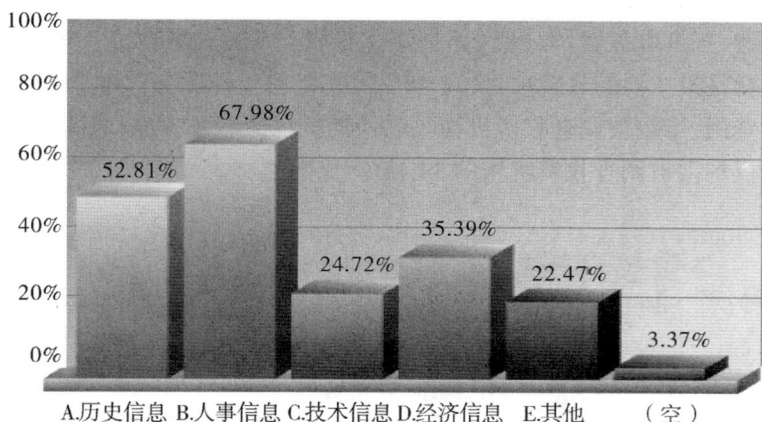

图 2-13 为利用者提供的档案信息的种类

从图 2-14 可以看到,被调查机构提供的服务产品类型中,档案原文涉及的比例最大,超过了 3/4。这表明,大多数档案馆信息产品的开发还处于起步阶段,产品类型以档案原件为主。

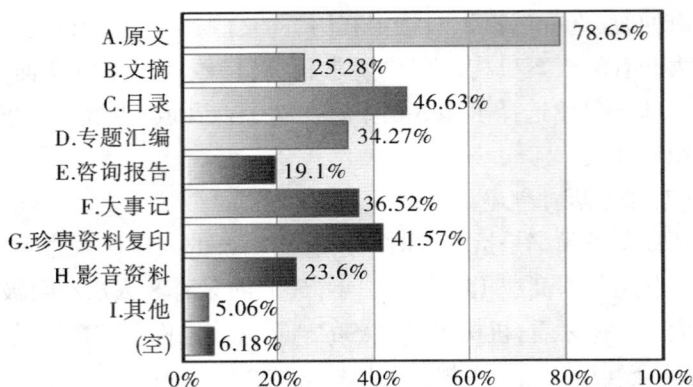

图 2-14　提供档案信息产品的类型

（9）档案服务收费

44.38%的被调查机构设置了收费服务，51.69%的被调查机构在档案利用过程中没有收费。档案服务收费项目主要包括复制费、证明费、咨询服务费及其他（如档案保护费）。在上述收费机构中，复制费是最主要的收费项目，78.48%的收费单位在服务过程中产生该项费用；半数被调查收费机构收取档案材料证明费；收取咨询服务费的机构占被调查收费机构的 34.18%，见图 2-15。

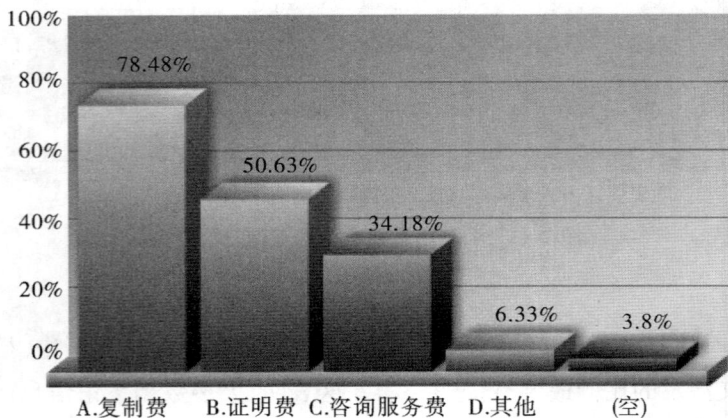

图 2-15　档案服务收费

被调查机构中收费方式多种多样,同一单位可能采取多种不同的收费方式,例如按页收费、按件收费、按次收费等。其中,一半以上的被调查机构(占被调查机构的 56.96%)采取按页收费的方式,按件收费和按次收费的机构分别占总数的 30.38% 和 27.35%。有的档案馆还根据服务内容的不同,制定了按分钟、按盘、按张、按份收费的方式。

高达 91.14% 的被调查机构参照相关政策制定收费标准。有 3.8% 的单位表示以市场需求为向导制定收费标准。仅有 1.27% 的机构根据用户的反馈来调整相关标准。

被调查单位进行档案开发利用和服务的资金来源包括:国家经费调拨、地区经费、自筹经费。其中国家经费调拨占到 41.57%,地区经费和自筹经费的比例相当。

(10)档案服务信息反馈

从图 2-16 可以看到,被调查机构与档案用户之间建立了多种多样的沟通渠道,如利用效果反馈表、电子邮件、网站在线和留言板、联系电话和传真等。此外,有的单位与用户通过信件、信函的方式进行联系,还有的单位采用了网络社交平台与用户进行沟通。

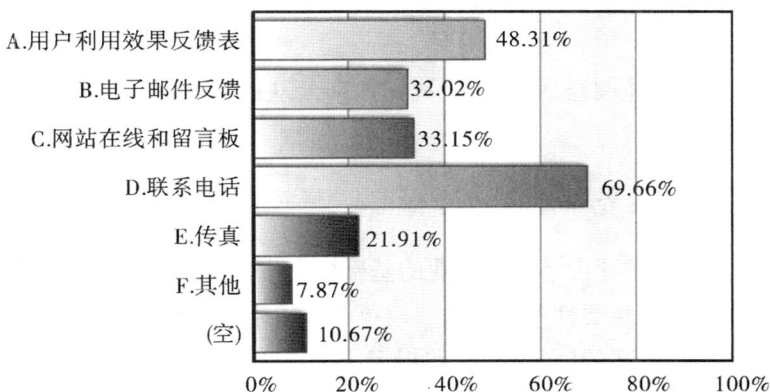

渠道	百分比
A.用户利用效果反馈表	48.31%
B.电子邮件反馈	32.02%
C.网站在线和留言板	33.15%
D.联系电话	69.66%
E.传真	21.91%
F.其他	7.87%
(空)	10.67%

图 2-16 档案机构与用户的沟通渠道

目前,一半多(53.39%)的受访机构提供目录公开。较多机构能够提供的在线服务,依次是:在线咨询、新闻服务、现行文件服务和电子档案全文服务等。有些机构利用档案用户在浏览网站时留下的日志记录收集反馈信息,更好地了解用户的利用情况,及时调整档案信息服务内容,提高档案信息服务的效率。

(11)档案网上展览

从调查情况看,85.12%的综合性档案馆开通了档案网上展览,即通过网上展览档案文献遗产。有些机构甚至将档案网上展览时档案内容的丰富性、独特性作为网站评估的内容之一。办公机构、信息中心开展网上档案展览的则很少,仅占7.8%。

(12)档案信息推送服务

能提供诸如信息打包、信息镜像、信息推送、信息代理和移动终端挂钩等信息服务的机构所占比例很小。调查对象中,仅有武汉市档案馆提供推送服务,且仅限于档案目录的推送服务。其他的被调查机构,尚未实现档案信息推送服务。

(13)档案服务制度

受访机构反馈的信息表明,绝大多数(占91.96%)机构都制定并执行了档案服务的制度,仅有7.55%的单位尚未制定相关制度。

2.3　调查结果的分析

通过上述调查,可以分析我国面向公众的档案资源建设与服务的特征与现状。

2.3.1　档案资源建设的特征

档案资源建设是档案事业的基础性工作,是档案利用、服务和开发的前提,其重要性不言而喻。改革开放以来,随着档案工作制度的不断完善,档案的征集、接收和规定移交等工作都有章可循,各级政府机关都如期向档案机构移交档案,各地档案馆局档案征集接收工作也有序进行,各级国家档案机构的档案资源建设成就突出①。

---

① 中国档案学会档案整理鉴定学术委员会.十一五期间全国档案资源建设与整理鉴定概况〔EB/OL〕.〔2014-02-13〕.http://www.idangan.com/Achievement_info.asp? id=270.

本课题组调研的数据显示,我国档案资源建设已经形成了如下特征:

(1)档案资源建设体系中,档案馆(室)是主体

课题组调查表明,当前我国档案资源建设的主体是档案馆(室),尤其是综合性档案馆和专业档案馆,在档案资源积累、保存和管理的过程中,起了主要作用。在我国,档案资源建设能力不断得到加强,与档案馆(室)数量不断增加密切相关。

以国家综合档案馆为例,1991 年综合档案馆 2 957 个,2010 年增加到 3 194 个,增幅 8%;与此同时,专门档案馆从 211 个增加到 252 个,增幅 19.4%;部门档案馆从 128 个增加到 167 个,增幅 30.5%;文化事业档案馆从 19 个增加到 160 个,增幅 742%;科技事业档案馆从 28 个增加到 111 个,增幅 296%[①]。各类档案馆种类和数目的增加说明了档案接收范围的扩大和接收种类的齐全,增强了档案资源建设能力。

(2)档案资源建设中,"主动"色彩愈加浓厚

课题组调查表明,档案资源建设已经形成了惯性,由原来的被动接收变为主动接收,由原来的"收资源"到当下的"抢资源","主动性"逐渐成为档案资源建设的主旋律。

主动开展档案资源建设的例子很多。2011 年,广州市档案局修订并重新印发《广州市国家档案馆接收与征集档案范围的规定》,将企业、基层单位的文书、音像、照片实物等多门类和载体档案以及与市民切身利益密切相关的、对国家和社会有保存价值的档案接收进国家档案馆。同年,该市各级各类档案馆共接收档案 56 万多卷、近 19 万件,照片 25 万多张,光盘近 5 000 张,内容包括各级领导政务活动,广州市的民俗风情,亚运会、亚残运会等重大活动档案,关于广州亚运会的口述历史档案,广州对口援建威州镇灾后重建档案,民生档案,城市规划档案,波罗诞、乞巧节民间工艺品档案,中山纪念堂的历史照片和市、区、县级

① 档案馆机构和人员情况[EB/OL].[2014-03-05].华人民共和国统计局网 http://www.stats.gov.cn/.

市直单位获得的荣誉、实物等①。云南等地也都做出了很好的成绩②。

（3）信息化背景下，实体档案资源建设与数字档案资源建设"齐步走"

课题组调查表明，随着档案信息化的推进，档案网站建设、档案数字化建设、档案软件开发等方面的工作不断发展，形成了档案工作的时代特征，且得到了公众和档案工作者的欢迎。

数字化工作已经成为不少档案馆加强数字档案资源建设的首要手段。调查表明，北京市档案馆的数字化档案已经超过了馆藏量的一半，湖北省档案馆档案数字化年度计划为 180 万页，且出现不断增加的趋势。与此同时，档案实体资源建设并没有停步。国家统计局的数据显示，1991 年我国综合档案馆馆藏档案为 9 637.4 万卷，其中照片档案为 371 万卷，到 2010 年国家综合档案馆馆藏档案数量为 32 198.6 万卷，照片档案 1 809.2 万卷，分别增长 234% 和 387.7%③。截至 2014 年年底，全国综合档案馆馆藏档案近 5 亿卷（件），比"十一五"末增长 42%。在"十二五"期间，各级档案馆（室）积极开展传统载体档案的数字化，中国第一历史档案馆、中国第二历史档案馆档案数字化工作取得决定性成果，全国副省级市以上综合档案馆已数字化的档案占馆藏总量的比例大幅提高，解放军档案馆，部分中央和国家机关、部分市县档案馆馆藏档案已全部数字化。另外，稳步实施电子文件归档和电子档案移交与接收工作，印发《电子档案移交与接收办法》《电子档案长期保存办法》，启动国家电子档案接收长期保存系统建设和试点工程并通过国家验收，持续推进数字档案馆与数字档案室一体化建设。开通的"全国开放档案信息资源共享平台"，目前已有 39 个档案

---

① 广州年鉴 2012.档案资源建设［EB/OL］.［2014-02-03］.http://www.guangzhou.gov.cn/node_450/node_724/2012nj/html/1250.htm.

② 黄凤平.抢抓机遇　奋力推进档案馆库建设　乘势而谋　积极拓展档案资源领域——在全国档案工作会议上的交流发言［J］.云南档案,2011(1):1.

③ 国家综合档案馆基本情况［EB/OL］.［2014-03-05］.中华人民共和国统计局网 http://www.stats.gov.cn/gjsj/ndsj/2010/html/v2126c.htm.

馆上传数据 88 万条①。总体来看,我国现阶段档案资源建设形成了
"实体档案资源建设"与"数字档案资源建设"并行不悖的双轨制度。

(4)档案数字化推动下,我国已经形成了非常丰富的档案资源
体系

从"十五"规划时期至今,通过档案数字化工作,我国已经形成
了非常丰富的档案资源体系,体现在以下几个方面。

①从数量上看,我国档案资源非常丰富。

至今,我国省级档案馆的存量档案数字化不断发展,数字化档案
数量不断增加。"十二五"规划时期末,北京市档案馆档案数字化
100%完成。目前,不少省市级综合档案馆数字档案资源达到 TB 数
量级,充分反映了档案数字化的成效。

②从类型上看,我国档案资源类型十分全面。

我国档案资源主要体现在如下两个方面:实体档案资源方面,以
纸质档案为主,胶片、光盘等档案相对较少;以文字型档案为主,多媒
体档案逐渐增多。数字档案方面,数字档案储存的光盘、磁盘、数据
磁带等已经成为数字档案的典型载体,各种类型的数字档案格式
(文字格式如 DOC、TXT、XML 等,声音格式如 MP3、WAV 等)并存。

③从内容上考察,我国档案资源种类繁多,覆盖了过去、现在和
未来的工作、生活的各个方面。

档案馆馆藏构成以文书、人事、财会档案为主。随着文化事业的
发展,也出现了新的档案类型。例如,2011 年 10 月 14 日,国家档案
局印发的《国家基本专业档案目录》(第一批)中,不仅单列了文化类
基本专业档案,而且专门列出了非物质文化遗产档案②。

(5)档案资源建设不断贴近公众,以公众需求为导向的档案资
源建设越来越受到关注

在档案资源建设过程中,满足公众需求的局面逐渐占据主导地

---

① 李明华.在全国档案工作暨表彰先进会议上的讲话[J].中国档案,2016
(1):18.

② 国家档案局关于印发《国家基本专业档案目录(第一批)》的通知(档
函〔2011〕261 号)[Z].

位,并形成了一种动力机制,不断引导档案资源建设更加贴近公众,尤其是民生。

《国家基本专业档案目录》从满足各项事业和人民群众基本需求、建立人民群众的档案资源体系出发,加大各专业主管部门和各级档案行政管理部门对重点专业档案项目的监管力度,引领、规范专业档案的管理,出台了 5 类 50 种的基本专业档案目录,其中,"民生类"作为专门的一类基本目录,其下分为城乡居民最低生活保障档案、伤残抚恤人员档案、殡葬服务单位业务档案、婚姻登记档案、社会保险业务档案、城乡居民健康档案、病历档案、移民档案,涉及民政部、人力资源和社会保障部、卫生部、水利部、三峡办、南水北调办等多个部门①,是档案资源建设贴近民生的重要体现。

当然,站在全国档案工作一盘棋的角度,目前我国档案资源建设也存在一定的问题,突出地表现为:"现有的国家档案资源质量总体并不高,档案资源的流向也不合理,档案资源的保管条件也并不理想"②;档案资源建设的各个流程都存在问题,相关法律法规建设也并不完善③;我国档案资源规划实施中存在战略规划薄弱、内容建设失衡和规划模式封闭等问题④。结合本调查的结果分析,档案资源建设工作存在的主要问题有:

①档案资源建设速度与质量之间的矛盾。

早期的时候,国家档案行政管理部门尚没有出台档案信息化、档案数字化的政策与标准,各个机构在档案资源建设过程中各行其是,形成的档案资源质量存在着差异。例如,档案案卷的规范化没有严格的质量把关,不少数字档案的元数据不全、存储格式不规范、管理平台不统一等。随着 2002 年《电子文件归档与管理规范》、2005 年

---

①　国家档案局关于印发《国家基本专业档案目录(第一批)》的通知(档函〔2011〕261 号)〔Z〕.

②　傅华,冯惠玲.国家档案资源建设研究〔J〕.档案学通讯,2005(5):41.

③　陈姝.国家档案资源建设的途径、问题与策略〔J〕.北京档案,2011(6):13.

④　周林兴,仲雪珊.以公众需求为导向的档案信息资源规划探讨〔J〕.档案学通讯,2012(5):46.

《纸质档案数字化技术规范》等一系列标准的问世与执行,档案资源建设的质量不断提高,但由于各地对于这些标准的不同理解以及执行力的不同,档案资源建设的质量仍然存在差异,资源质量良莠不齐,数据异构、系统异构大量存在。同时,档案信息资源缺乏深层次的加工和组织,如档案编研材料以一次性编研成果居多,深层次综合性编研成果较少①。

②档案资源建设的数量与利用率之间的矛盾。

在数量上,档案馆馆藏以为党和政府服务的政府信息资源为主,而涉及民生的馆藏数量匮乏,地方档案、名人档案等特色档案及科技档案、专业档案馆藏贫乏。这种馆藏结构反映了档案资源建设能力的低下,是造成利用率低下的重要原因。

档案工作的重点往往是推动档案资源建设的一股重要力量。有些地方档案馆形成了专题资料汇编,尤其是结合中国档案文献遗产工程、世界记忆工程的需要编纂了相关的专题汇编,如湖北的《汉冶萍档案专题汇报》。在档案不便提供利用的情况下,这些专题汇编有助于缓解利用的矛盾,但档案利用的矛盾依然存在。同时,有的机构自行开发特色专题档案数据库,为网络档案信息咨询提供有效的、可持续发展的信息服务,但由于档案信息组织方面存在的问题,导致了对这些数据库的利用并不充分。

③档案资源建设方式与公众需求的矛盾。

从全国角度看,我国档案资源建设,尤其是档案信息化、档案数字化建设的主体多元化,既有档案机构的开发,也有 IT 行业、外包机构的参与,形成了封闭式的分头建设局面,造成了信息孤岛现象,使得档案资源"碎片化",由此影响了档案的利用。例如,专题档案往往涉及多个馆(室),而由于档案资源建设过程中这些馆(室)缺乏必要的标准的统一,数据无法共享,造成公众利用档案的困难。此外,不同馆藏档案存在档案的重复、冗余现象,也在一定程度上增加了档案利用的难度。

---

① 宋慧敏.档案信息资源利用中存在的问题及对策[J].兰台世界,2008(8):41.

④档案资源的结构与公众需求之间的矛盾。

档案资源的结构主要指档案的类型。现阶段,我国档案资源结构存在"四多四少"现象①:行政类档案多,经济、文化、科技、民生类档案少;红头公文类档案多,非公文类档案少;文字单媒体档案多,音像多媒体档案少;纸质档案多,电子档案少。这种档案资源建设的现状,或多或少给部分档案用户带来了失望的体验,影响了档案机构在档案利用过程中应有的形象。

2.3.2　档案服务的特征

当代档案服务具有如下特征:

(1)档案服务不断推动档案开放的力度

与早期以"藏"为主、以"用"为辅的档案工作相比较,当代环境下,在国家关于档案开放的政策下,档案工作由"收藏资源"转变为"展示资源"加"利用资源"的局面。这种局面的出现,推动了档案服务范围的扩大和档案数量的大幅度提升。统计表明,国家综合档案馆 1991 年开放档案 2 000 万卷,到 2009 年年底开放档案 7 000 余万卷,到 2013 年年底开放档案 13 000 万卷,充分表明了档案开放的增幅。

(2)档案服务越来越依赖档案资源的建设

"巧妇难为无米之炊",档案服务离不开档案资源的积累。数字档案出现以前,档案服务基于档案机构的收藏。数字档案出现以后,借助档案网站等信息化工作的成果,各地在进行新建特藏库(室)的实体档案建设的同时,加大了网上"晒档"、目录数据库、全文数据库、特色数据库的建设,这些档案资源建设为档案服务提供了保障。

(3)档案服务的复杂性不断增强

档案馆从"五位一体"出发,服务对象的组成越来越复杂,服务的内容越来越多样化,服务方式的选择越来越多,服务的要求越来越高,这些都增加了档案服务的复杂性。

---

① 李金海.试论馆藏档案的优化[J].浙江档案,2004(5):21.

(4)档案服务着眼于公众的需求

早期的时候,档案服务主要表现为机关服务、为科研服务。当代的档案工作中,在档案服务继续履行上述职能的同时,人事信息的查询日渐增长,民生信息、经济信息等与民生相关的档案信息服务要求的呼声渐高。公众在内容需求发生变化的同时,还在利用途径方面提出了新的要求,包括网上展览、网络查询、调阅数字档案以及微博服务等网络服务需求日渐突出,用户与档案机构的交流日趋频繁,这些都是当代档案服务必须面对的。

然而,从调查结果看,我国当前的档案服务也存在不足,主要体现在:

①档案利用以实体馆藏为主,数字档案的远程利用有待加强。

课题组调查表明,用户利用档案的主要目的在于"求证""取证",档案馆仍以提供实体档案、复印为主。信息化环境下,用户对于数字档案的利用尚未引起高度重视。对于档案机构而言,数字档案在不断积累,但远程服务的准备不足。

②档案服务以用户主动要求为主,档案机构被动服务的色彩依旧浓厚。

档案工作重"保管"、轻"利用"的习惯根深蒂固,重点更多的是在于如何保管好库房中的档案,然后通过查卷、借阅、复印等手段提供档案服务,形成了一种坐等上门、被动服务的惯性和定势。信息化环境和公共服务的要求推动了档案工作的改革,档案信息服务已经成为档案工作的一个不可分割的部分,但目前的档案信息服务部门提供的是简单、浅层的服务,离当代网络化环境下的信息服务需求差别很远,难以充分地满足用户对信息、知识的需求。

③档案服务按部就班,档案机构的信息供给与公众的需求不平衡。

由于近年来国家档案行政管理机构对于档案数字化的重视,各个机构(尤其是国家综合档案馆)形成了数量巨大的数字档案,为公众做了大量的数字资源准备。但是,公众需求的内容是多个方面的,包括法律取证、信息参考、资料编辑、工作查考、娱乐休闲、个人教育等。同时,公众需求也存在当前需求和长远需求、个体需求和大众需求、现实需求和潜在需求之分,这决定了档案机构加工档案信息、提供数字档案产品的优先次序,也决定了档案机构信息供给的难度。正是因为公众需求的复杂性,造成了公众的需求难以完全满足,影响了档案信息供需之间的平衡。

④公众信息反馈处理不及时,档案服务质量缺乏评价。

公众利用邮件、网络查询档案越来越普遍。然而,公众对于档案机构的信息反馈并不满意。从档案机构来看,查收公共邮件、档案微博、网站浏览日志等做法,尚未引起重视。这些都影响了公众对于档案服务的满意度。

2.3.3　档案资源建设与服务特征产生原因的分析

当前,我国档案资源建设与服务之所以产生了如此巨大的进步,主要归因于档案机构的内部驱动力和外部推动力。

（1）内部驱动力

内部驱动力是指为了适应档案工作发展的要求,档案机构通过自身觉悟、优化机构、开发资源、拓展新业务等途径,提升自身的核心能力,自觉地适应档案服务需求而产生的合力。归纳起来,推动面向公众需求的档案资源建设与服务不断发展的内部驱动力主要表现在:

①国家档案政策的导向力。

随着"十五"期间开始的档案信息化建设,尤其是 2005 年起步的"金档工程"建设,我国档案资源建设取得了很大的成就。2011 年实施的国家档案局 9 号令和 2013 年实施的国家档案局 10 号令,对于推动全国范围内档案资源建设起到了很大的政策导向作用,进而为档案服务奠定了坚实的基础。

②档案机构增加产生的势能。

2010 年我国综合档案馆、专门档案馆、部门档案馆、文化事业档案馆、科技事业档案馆较 1991 年增加了 541 个,增幅 12.12%[1]。随

---

① 档案馆机构和人员情况[EB/OL].[2014-03-05].中华人民共和国统计局网 http://www.stats.gov.cn/.

着档案事业体量的增加,档案机构运行产生的势能不断增加,其档案资源建设与服务的能力随之增加。

③档案不断开放的惯性力。

随着《中华人民共和国档案法》规定的"国家档案馆保管的档案,一般应当自形成之日起满30年向社会开放"的规定的实施,我国各级各类档案馆依法开放的档案数量也不断增加,从1991年的2 094.3万卷,增加到2010年的7 428.6万卷,增长了2.5倍,平均年增长35.5%。这种依法不断开放档案所产生的惯性力,为服务广大公众提供了丰富的档案资源。

(2)外部推动力

外部推动力是指档案机构所处的环境中所产生的力量,促使档案工作不断提升自身的业务水平,踏上新台阶。归纳起来,推动面向公众需求的档案资源建设与服务不断发展的外部推动力主要表现在:

①公共服务的牵引力。

公共服务是21世纪政府改革的核心理念,目的是通过一系列的手段和方法,保护个人最基本的生存权和发展权,为实现人的全面发展提供所需要的基本社会条件①。提高政府公共服务能力最根本、基础的出发点就是转变政府职能②。在政府职能转变的牵引下,档案机构(尤其是档案局[馆])通过组织变革,必然会形成一股为公众服务的力量,推动档案机构公共服务意识的形成和公共服务行动的产生和发展。

②信息产业发展的拉力。

信息产业是与信息的生产、搜集、存储、加工、传播和服务相关的多种行业的总称。计算机和通信行业的发展,各种硬件、软件、数据库、通信服务、在线信息服务等,产生了一种无形的拉力,推动了各行

---

① 中国(海南)改革发展研究院.基本公共服务与中国人类发展[M].北京:中国经济出版社,2008:11.

② 沈荣华.提高政府公共服务能力的思路选择[J].中国行政管理,2004(1):30.

各业的发展,包括档案资源建设与服务在内的档案事业的发展。

③相关机构发展的竞争力。

相关机构发展的竞争力主要来源于同属于文化事业机构的图书馆、博物馆等。与数字图书馆的发展相比较,数字档案馆的发展显得非常落后。与虚拟博物馆的发展相比较,虚拟档案馆的发展尚未起步。这些机构产生的竞争力,尤其是在当前我国文化事业机构多馆合一、集中设置的情形下,档案馆承受的压力是可想而知的。因此,面对竞争和压力,通过管理自身独特的资源,形成特色化的服务,提升服务质量,是档案馆发展的必由之路。

④向国外同行看齐的追赶力。

数字档案馆在美国、英国等国家的发展较快,利用新型方式加大档案服务已经是欧美档案馆提升核心竞争力的重要方法[①]。因此,如何吸收国外的先进理念,优化我国档案资源建设与服务,对这些问题的思考会使我国档案机构在追赶国外同行的过程中产生一种力量,推动档案工作的发展。

⑤公众利用的压力。

公众利用档案资源越来越普遍,对于档案服务的内容、途径、方式等都提出了较高的要求,这使档案机构产生了很大的压力。出于应对这种压力的需要,档案机构不知不觉地产生了一种力量,以提升自己的服务质量。

正是因为内部推动力和外部推动力的双重作用,推动着以面向公众需求为目的、以档案资源建设与服务为主要表达方式的档案工作不断发展,从而实现档案工作的服务职能。

在分析成绩产生原因的同时,也不能讳言,我国档案资源建设与服务存在着不足,究其原因,主要有:

①档案行政管理的顶层设计不足。

国家档案行政管理部门在档案信息化、档案资源建设等工作方面存在着顶层设计不足的情形。以档案信息化为例,我国档案信息

---

① 马仁杰,谢诗艺,等.美国 NARA 网站的小众化服务特色解析及其启示[J].档案,2012(5):42.

化率先起步于基层,由基层档案机构、地方档案馆先行试点,缺乏整体发展角度的宏观规划和干预。一旦开始顶层设计,便造成了已经起步的基层档案机构档案信息化与顶层规划之间的差异。当前,档案信息鸿沟、数字档案异构等现象的产生,与档案机构的条块管理、独行其是相关,也与国家层面的顶层设计不足相关。

②相关政策与标准的滞后。

这在档案信息化、数字化方面表现得相当明显。2005 年《纸质档案数字化技术规范》出台之前,国内相关机构,尤其是综合档案馆,实施数字化已经多年,形成了档案数字化流程、格式等方面不同的做法,在此过程中出台的标准的约束力是有限的,对于企业档案机构更是如此。

③档案资源的把控能力不足。

调查数据表明,档案机构产生的数字档案资源量已经很大,综合性档案馆表现尤甚。然而,可通过网络查询、利用的档案,尤其是数字档案全文是很少的。究其原因,是档案管理部门对于档案资源的把控能力有限所致。

④档案开放的措施不足。

档案机构已经养成了档案开放的意识,但开放的措施尚显不足,尤其是在网络环境下开放档案方面,包括开放档案类型、内容和时间的确立,档案开放利用模式的选择等,导致了"开放档案'老龄化'和开放时间滞后性"[①]。档案机构在网上档案展览方面取得了很大的成功,但通过档案网站开放的档案以政务公开文件、档案目录为主,数字档案全文很少能够查到。

上述四个方面都会产生阻力,阻碍着面向共享需求的档案资源建设与服务的发展。

以上是根据调查得出的基本结论。虽然调查取得的样本并非涉及全国各地所有机构,但覆盖了全国的大部分(发达与不发达)地区,调研结果具有一定的代表性。鉴于此,我们认为,今后的档案资

---

① 陈永生.从开放法规的实际执行反思档案开放——档案开放若干问题研究之一[J].浙江档案,2007(6):16.

源建设与服务如何发挥优势、克服不足,是值得思考的问题。尤其是针对当前档案机构在数字档案建设与服务中存在的不足,总结经验,形成具有参考价值的理论、方法,是今后需要关注的重点,尤其是需要关注如下方面的问题:

第一,针对档案机构已经开始形成的面向公众需求进行档案资源建设与服务的现状,如何总结和提炼面向公众服务的档案资源建设和服务机制并形成具有时代特征的理论?

第二,针对以往基层档案工作机构在档案资源建设方面各行其是、缺乏顶层设计和总体规划的现状,国家档案行政管理部门如何进行档案资源建设的规划?

第三,针对各个机构当前已产生的大量数字档案缺乏整合的现状,如何整合档案资源、为档案服务提供资源支撑?

第四,针对当前档案资源建设与服务需求存在脱节的情况,如何使得档案资源建设与服务形成一个有机的、不可分割的、动态平衡的整体?

第五,针对部分地区已经开始涌现的远程服务现状,如何创新服务机制,系统地运用档案远程服务,综合运用传统和现代两种服务方式?

第六,针对当前的档案资源建设与服务现状,如何建立以推动、保障档案资源建设与服务质量为目标的评估体系?

上述问题,不仅是当前实践工作关注的重点,也是学界正在关注的问题。对于这些问题的回答,不仅具有理论指导价值,而且富有实践应用价值。为此,本书希望对这些问题进行进一步的解答。

第3章 面向公众需求的档案资源建设与服务的动力机制

　　档案资源建设与服务经历了一个很长的发展过程,目前已经过渡到了面向公众的阶段。这个过渡的完成,其实是档案工作的动力机制在发挥着作用,究其原因,是社会发展的动力机制使然。关于档案工作的动力机制问题,最早一篇文献出现在 1984 年,为袁光州的《经济责任制是推动科技档案工作的动力》一文,他指出"经济责任制的实行是加强企业管理,搞好科技档案工作,调动广大职工生产、工作积极性的好办法,它对生产和工作的开展既是压力,也是动力"①。此后有些学者进行了一些初步探讨②,但成果并不多见,也

---

　　① 袁光州.经济责任制是推动科技档案工作的动力[J].四川档案,1984(1):78.

　　② 相关的文章有 10 篇,包括:王洛曼.创新是企业档案工作发展的内在动力[J].机电兵船档案,2014(6):31-33;王运彬.政府建设档案信息资源体系的动力、效果及困境分析[J].档案学通讯,2014(1):60-65;王协舟.中国档案学的动力机制[J].档案学研究,2009(3):11-13;范世清.民营企业档案工作动力机制研究[J].档案学通讯,2006(3):53-56;陆阳.中外企业档案工作动力与控制机制比较研究及启示[J].上海大学学报(社科科学版),2005(5):108-122;关逾.民营企业档案工作动力机制的构建[J].黑龙江档案,2010(6):52;王晓.图书、情报、档案一体化动力机制研究[J].国家图书馆学刊,2010(2):78-80;高永新.浅论档案工作的发展动力[J].辽宁档案,1992(1):10-12;李云鹏.当代档案利用服务的动力源分析[J].兰台世界.2012(2):30-31;姚建平.增强档案管理(转下页)

未见从"公众需求"角度探讨档案工作的动力机制的著述。因此,有必要系统地探讨面向公众需求的档案资源建设与服务的动力机制。

3.1　面向公众需求的档案资源建设与服务动力机制的概念

"动力机制"一词是由"动力"和"机制"两个词语组成的合成词。定义"动力机制",就需要对"动力"和"机制"进行分析。

"动力"即一切力量的来源,主要源于机械类和管理类。其中,机械动力是机械相对运动做功所产生的力量;管理动力主要指人的精神层面的动力。"动力"也指行动力,顾名思义就是目标或结果有多大的吸引力促使行为个体来实施行动①。

"机制"一词是从希腊文的"mechane"演化而来的,其原始的意思是机器的构造原理和运转原理。把握"机制"的概念,需要明确以下三个方面:第一,各部分的存在。机制的存在是以各部分的存在为前提的,没有那些结构与功能属性的组成部分,"机制"作为一个整体就不会存在。第二,各部分之间的链接。组成"机制"的各个部分并不是随意、杂乱无章地堆砌在一起的,而是按照一定的内在逻辑相互连接、相互联系、相互作用。只有具有一定内在逻辑,才能构成完整的"机制"。第三,"机制"之所以能够实现,还必须具有一定的体制和制度来进行管理和制约②。

"动力机制"是在分析主体行为动力的基础上, 系统构造各个部

（接上页）内在动力[J].上海档案,1988(4):20。此外,相关学科的研究有:李利.数字环境下图书馆信息服务的动力机制研究[J].图书馆学刊,2008(2):92-94;贾春海.我国社会转型时期档案工作发展的动力系统分析[J].机电兵船档案,2000(6):7-9;王元立,等.数字图书馆信息服务动力机制研究[J].农业图书情报学刊,2010(1):211-214,等等,在此不再一一列举。

①　动力的含义[EB/OL].[2012-12-21].http://baike.baidu.com/view/48912.htm#3.

②　李春阁.政府信息公开的动力机制研究[D].吉林大学,2011:16.

分间的相互作用关系。即从机制构建入手,寻找影响系统行为方向和行为强度并最终影响行为结果的核心要素,并进一步分析各要素在影响系统行为方面的差异及其相互作用机制①。

根据上述理解,面向公众需求的档案资源建设与服务的动力机制是指推动档案资源建设与服务的力量或因素,以及各力量或因素之间相互联系、相互作用的方式和原理。科学分析和全面认识面向公众需求的档案资源建设与服务动力机制,主要包括两个方面:第一,动力源分析,即哪些是促进档案资源建设与服务的动力;第二,动力作用方式和原理分析,即各因素在动力系统中发挥着怎样的作用,各要素之间又有怎样的联系及他们之间如何相互制约、相互作用。

通过分析面向公众需求的档案资源建设与服务的动力机制,不仅可以清晰地认识档案资源建设与服务的动力因素及其相互关系,便于在今后的档案工作中灵活运用,而且有助于通过发挥动力机制的理论指导作用,更好地促进档案资源建设与服务,推动档案工作的发展。

3.2 面向公众需求的档案资源建设与服务动力机制形成的影响因素

分析档案资源建设与服务的动力机制,首先必须清楚其动力构成——动力源。动力源是一切事物发展的源泉。档案资源建设与服务只有具备了动力源,才能不断发展与完善。档案资源建设与服务动力源来自两个方面:内部动力和外部动力。其中,内部动力是档案资源建设与服务发展的根本,外部动力是推动档案资源建设与服务进一步发展的重要因素。

3.2.1 内部动力

面向公众需求的档案资源建设与服务的内部影响因素源自档案机构内部,是直接促进档案资源建设与服务的主要因素,包括档案自

---

① 李春阁.政府信息公开的动力机制研究[D].吉林:吉林大学,2011:24.

身价值实现的要求、档案管理制度改革与完善的推动、档案馆功能的转变等。

(1)档案自身价值实现的要求

档案作为社会记忆的承载体,是国家机构、社会组织或个人在社会活动中直接形成的有价值的各种形式的历史记录,具有原始记录性、知识性、信息性、政治性、文化性、社会性、教育性、价值性等特点[1]。档案资源是人类活动积累下来的重要财富,真实地记录了人类的历史发展、科学进步和文化发展,直观地反映了历史的进程,是重要的信息资源,对我国政治、经济、文化、社会建设都有巨大的参考使用价值。而档案的价值是不可能自动实现的,需要将收藏在档案馆(室)的各种档案资源进行整理加工后加以公布,才能为广大公众所接触、所使用,也只有被广大公众所需要,才能实现档案的价值。

而档案工作人员的工作价值、档案馆存在的必要性也需要通过档案被利用来加以肯定。从档案在现行机关形成到进入档案馆,中间各个环节都需要档案机构与人员进行指导、监督。进入档案馆后,档案人员又需要对其进行收集、整理、保管、编研等。所有这些工作的目的都归结于为公众提供更好的档案资源与服务,使档案的价值得到实现,同时也促进档案工作人员个人价值的实现。

档案只有真正被公众所利用,才能实现其功能发挥的最大化。档案作为公共文化产品没有排他性,使用也不会对其资源带来损耗,因此只有每份档案尽可能多地被利用,其价值才能得到实现。在过去,档案机构作为政府行政的附属机构,主要为政府机关服务,档案多保管在档案馆(室)的高阁之中,难为普通公众所利用,档案价值的实现有限。20世纪七八十年代,随着改革开放的提出,社会各界思想开始解放,尤其是学术界引发了各种学术研究热潮,对档案的需求日益显现,也是在这个时候,档案才真正开始对公众开放。但那时档案开放数量有限,国家对档案保密要求较高,能为公众利用的档案

---

① 从吴宝康主编的《档案学概论》至今,关于档案的价值与作用有多种表述,本书进行了综述。

仍然有限。而随着社会的进一步发展,档案保密与开放关系的妥善处理,开放的档案资源越来越丰富,我们需要对这些档案资源进行系统的加工与整理,建立统一的资源管理利用平台,使其能方便地为公众所获得与使用,才能实现档案的价值。

(2)档案管理制度改革与完善的推动

制度是国家机关、社会团体、企事业单位,为了维护正常的工作、劳动、学习、生活的秩序,保证国家各项政策的顺利执行和各项工作的正常开展,依照法律、法令、政策而制定的具有法规性或指导性与约束力的应用文,是各种行政法规、章程、制度、公约的总称①。

档案管理制度是档案行政管理体制、档案机构设置和档案行政关系的集合体,是档案各项工作正常进行的保障,是关乎档案事业持续、健康发展的核心问题。

新中国成立以来,党和国家非常重视档案管理制度的完善,先后进行了多次调整,改变了以前分散管理的状态,确立了"统一领导、分级管理"的档案工作原则和"局馆合一"的档案管理体制,档案资源结构也得以丰富,由单一型向资源整合转变。

随着我国经济体制改革,社会主义市场经济体制不断完善,对档案服务机制、服务对象、服务内涵及服务方式都产生了深刻的影响。虽然档案由于本身保密性、公共性等问题不可能走市场化发展的道路,但市场经济中以公众需求为导向的理想却值得借鉴。此外,随着现代化的发展,网络的普及,档案资源的数字化、信息化建设也提上了日程。这些变化客观上要求我们改革现有的档案管理体制,改变以往的政府服务导向,以公众需求为目标,建立覆盖人民群众的档案资源体系和档案利用服务体系,确定了未来档案工作的重点。

(3)档案馆功能的转变

档案馆是收集、保管档案的地方,也是提供档案资源与服务的主体。我国各级综合档案馆即公共档案馆,是由国家或各级人民政府

---

① 百度百科.制度的含义[EB/OL].[2014-01-20].http://baike.baidu.com/view/78391.htm.

设置的,保存公共档案资源为公众服务的主体。

我国的公共档案馆起步较发达国家晚,到20世纪50年代,新中国成立后,国家各级综合档案馆相继建立。我国的综合档案馆经历了封闭性阶段和半开放性阶段,在此期间,其公共服务性不强,主要满足党政机关工作的需要。

随着时代的发展和社会的进步,以及政府职能的转变,服务公众成为政府和社会公共组织的目标导向。公共档案馆作为重要的公共文化事业机构,也应跟随时代的步伐不断改革创新,使其不仅仅是政府行政的附属机构,更应该是面向社会、满足公众需要的公共事业组织。档案馆功能的转变迫在眉睫,也是大势所趋。

2002年,国务院《政府工作报告》中提出要"加强图书馆、档案馆、文化馆、科技馆等公共文化和体育设施建设"。之后,公共档案馆在我国开始逐步发展起来,档案馆开始逐渐向公共服务领域延伸。随后,深圳、上海、山东、浙江、陕西、辽宁等省市的档案馆先后响应国务院指示,重视加强公共档案馆建设,揭开了我国公共档案馆建设新的篇章。

我国各级综合档案馆在向公共档案馆转型的过程中,重点要突出服务性、公共性和开放性以及社会参与程度,包括参与的高度、频度和力度。社会参与是人民群众的权利,只有社会各阶层广泛参与,公共档案馆才能不断发展进步。面向公众需求的档案资源建设与服务,就是要以公众为导向。积极呼吁公众参与、监督的资源与服务体系建设,是我国公共档案馆建设的主要任务之一。

虽然目前我国各级各类综合档案馆建设仍然存在一定的问题,如馆藏资源单一、文件公开时间滞后、公开数量有限、配套设施不全、服务模式有限等,但是以公众为导向进行档案资源建设与服务已成为档案馆发展的方向。作为档案工作的主力军,档案馆功能的转变,对建设面向公众的档案资源与服务体系具有巨大的推动作用。

3.2.2　外部动力

外部动力源自档案机构外部,包括社会档案意识的提高、政务公开、科技支持以及相关行业的发展的影响等,是影响面向公众需求的档案资源建设与服务的不可忽视的环境因素。

(1)社会档案意识的提高

在计划经济时代,公众对档案资源的获取利用受到了严格的限制,公众利用档案资源创造财富也就很不普遍。随着我国加入世贸组织,经济体制由计划经济向社会主义市场经济转变,公众对自身权利的追求越来越突出,档案作为一种珍贵的信息资源,对促进政治、文化、社会,尤其是经济发展具有重要作用,这种作用逐渐被公众发现、重视,他们要求建立完善的档案资源利用与服务体系,为社会发展服务。而政府对档案开放利用的政策也促进了档案资源的重新配置,社会各界都可利用档案信息维护自身经济利益。

此外,教育的普及,尤其是高等教育的发展,使得人们的文化水平不断提高,公民整体素质提高和民主意识增强,这使得他们一方面对精神文化建设提出了更高的要求,档案资源作为文化财富的重要组成部分,理所当然地成为其精神食粮;另一方面,他们对于档案和档案馆的了解逐渐增多,希望利用档案提高自身文化修养,维护自己的合法权益。

(2)政务公开的推动

随着现代公共行政民主化的发展以及人们政治民主意识的不断增强,人们的政治参与积极性不断提高,传统的管理模式与运行方式需要进行改革,构建法治型、责任型的阳光透明政府成为我国政府改革的主要任务之一。公众对政府行政有参与权、知情权和监督权,政府信息公开是实现民主行政、依法行政、服务行政和维护公众权利的必然要求,也是关系政局稳定和和谐社会创建的重大问题。

我国政务公开可以追溯到1993年启动的"三金"工程,其重点是信息化基础设施建设,为后来的政务公开奠定了基础。此后20世纪末"政府上网年"工程的开展,进一步推进了政府信息化建设,使其进入全面发展时期,也为政务公开做好了准备。2007年《政府信息公开条例》的颁布将政务公开正式推上了舞台,也对政府信息公开工作提出了具体要求。

档案是政府的一种信息资源,档案工作势必会受到政府信息公开的影响。一方面,政府信息公开直接将与政府工作相关的部分档案资源公之于众,客观上加强了档案的开放力度。借助政府网站,增加了档案资源的获取渠道与方便性。另一方面,政府职能转变对档案管理部门来说是一个改变自身形象的良好契机。政务公开的理念、方式等给了档案机构很好的启示。政务公开显示了公众导向服务的重要性,档案机构通过参与政府信息公开的具体工作,既认识到了服务公众,维护公众知情权、信息权的必要性和重要性,也增强了服务公众的能力,使其对面向公众需求的档案资源建设与服务体系建设具备足够的认识和能力。

(3)科学技术的发展提供技术支持

科学技术的发展,为档案保管、利用等提供了更多方式与渠道。现代社会,人们通过互联网进行信息的传播与利用,其将人与信息联系起来,而物联网则采用 RFID 等技术将物与物、物与人联系起来,互联网与物联网的融合形成的泛在网络将人、信息、物进行无缝连接,是信息环境、信息处理技术和信息服务模式的巨大变革。在这样的信息环境下,利用各类智能终端设备,利用"无所不在""无所不包""无所不能"的网络结构,人们能在任何时间(Anytime)、任何地点(Anywhere)与任何人(Anyone)、任何物(Anything)进行顺畅通信[①]。

这种无所不在、覆盖各个层面、各网络之间的无缝连接、快速传输为公众提供了一体化的智能信息处理平台,可以实现数字档案、多媒体档案随时随地的快速传递,使用户不论在何时何地都能在最短的时间内获得档案服务,获得需求的档案信息资源,实现档案资源之间、档案资源与公众之间的有机联系,方便档案信息的发布、处理和获取。

网络技术的发展以及网络覆盖范围的不断扩大,为档案资源与服务建设提供了技术支持,更为公众获取档案资源提供了畅通的渠道。

---

① 朱玉媛,柳丽,吴佳鑫.论新信息环境下档案行业的发展[J].档案学研究,2011(2):13.

（4）相关行业发展的推动

档案工作是一项独立的工作，有自身的特殊性。但是，档案工作的发展并不是孤立的。从档案学科发展来看，档案学与文书学、秘书学、图书馆学、情报学等学科相互联系、相互影响，尤其是图书馆学、情报学与档案学属于同源学科，具有同源共性的基础，因此档案工作与图书、情报工作也是相互影响的。档案工作与图书工作在收集、分类、整理、编目、鉴定、保管检索、开发、利用等方面，虽然在具体操作上有所区别，但两者存在相近或通用的方法。同时档案馆与图书馆在发展过程中存在一定的差异，档案工作的发展可以借鉴图书馆的成功经验。例如，我国数字档案馆的产生受数字图书馆的影响，数字档案馆与数字图书馆产生之后经历的发展阶段大致相近，但从各个阶段主要的建设内容和取得的成果来看，数字档案馆开始逐渐落后于数字图书馆，数字图书馆的建设无论是理论研究还是实践水平都较数字档案馆更为成熟。因此我国档案行业的发展应该打破僵局，向图书情报相关行业学习，尤其是借鉴图书馆行业的成功经验，打破传统档案馆单一的服务环境和服务手段的局限，转变服务理念、服务对象和服务方式，以用户为中心，以网络技术为平台，提供个性化的档案服务。

除了对比国内相关行业的发展状况外，还需要进一步了解国外档案行业发展，包括 LAC、NARA 等国家档案馆的先进做法，并以此为我国档案资源建设与服务工作的开展提供借鉴。

（5）社会主义文化建设的客观要求

档案的本质属性是原始记录性。它不仅仅是简单地对社会活动进行记录，更是人类知识智慧的结晶，是人类生产生活经验的积累，甚至可以说是思想的一种储存承传方式，是存储、积累文化的一种手段。丰富的档案文化资源履行着记忆、存储、传播、发展文化的职责，是社会文化的重要组成部分。在大力发展社会主义文化的形势下，建设面向公众需求的档案信息资源与服务体系，发挥档案的文化功能，为广大公众提供丰富的文化食粮，是促进社会主义文化建设的重要方面。

3.3 面向公众需求的档案资源建设与服务动力机制的主体和类型

面向公众需求的档案资源建设与服务是以档案馆的资源整合建设为基础、以公众需求为导向、以提供档案服务公众为目标的系统化工程。该工程的实施,档案机构(档案工作人员)、公众是其两个重要行为主体。此外,档案机构作为国家管理档案的专门机构,受各级政府领导,档案管理制度、工作规范的设立都受到政府的制约,因此政府也是面向公众需求的档案资源建设与服务的主体之一。档案机构(档案工作人员)、公众、政府三大主体在这个动力系统中各司其职,各自发挥着不可替代的作用。

3.3.1 动力机制的主体

(1)义务主体——档案机构(档案工作人员)

档案机构(档案工作人员)是动力系统的义务主体,由档案行政管理部门和档案业务机构组成。我国的档案行政管理部门是档案机构的管理和领导部门,负责全国档案事业的发展与规划。档案业务部门,例如档案馆(室),是保存档案资源的场所,承担着档案业务指导、收集、整理、保管、编研、公开利用等任务,最终目的是提供档案资源为社会建设服务,满足公众档案利用的各种需求。档案行政管理部门及各级各类档案业务机构是面向公众需求的档案资源建设与服务的主体,作为档案资源的保管者,理所当然承载着建设面向公众需求的档案资源与服务体系的任务,而其工作人员作为档案工作的具体实施者,则是具体工作的承担者。档案行政管理部门和各级各类档案业务机构在面向公众需求的档案资源与服务体系建设中要充分发挥其各自职能作用,互相协调。行政管理部门要做好行政指导和规章制度规范工作,档案业务部门则要做好档案资源收集、整理、数字化等工作,建设全面的档案资源与服务体系。

(2)监督主体——政府

政府是档案资源与服务体系建设动力系统的监督主体。首先,

政府作为整个社会的管理者,需要考虑公众的需求制定各项措施以
保证其得到满足,公众对档案资源的利用需求随着社会的发展日益
显现,政府要做好服务工作,维护社会的稳定和持续发展,就必须重
视这些需求。其次,档案机构作为管理档案的社会公共组织,受政府
的领导,政府要对其进行管理,协调其在整个社会系统中的作用,保
证其功能得到有效发挥,以满足公众的需求。政府作为整个社会的
管理者,有权要求档案机构(档案工作人员)重视广大公众的需求,
依法履行其义务,建设面向公众的档案资源与服务体系。

(3)权利主体——公众

公众是档案资源与服务体系建设动力系统的权利主体,是档案
的利用者。公众是一个完整的、内部各部分相互联系而又不可分割
的群体,是在政治、经济、文化等各种活动中利用档案的个体和团体。
我国公民依法享有档案使用权,《中华人民共和国档案法》第 19 条
规定:"中华人民共和国公民和组织持有合法证明,可以利用已经开
放的档案。"第 20 条规定:"机关、团体、企业事业单位和其他组织以
及公民根据经济建设、国防建设、教育科研和其他各项工作的需要,
可以按照有关规定,利用档案馆未开放的档案以及有关机关、团体、
企业事业单位和其他组织保存的档案。"①此外,公民有知悉、获取国
家机关掌握的社会信息和个人信息的权利和自由,即公民有知情权。
档案信息中包含有许多典型的公共信息及个人信息,且我国的档案
信息中有相当一部分由政府公共信息转化而来,公众有权依照法律
规定获取这些信息,以满足自身需求。当政府及档案机构没有按照
要求进行档案资源建设与服务时,公众有权利要求其履行义务。

(4)动力机制的主体间博弈关系

档案机构(工作人员)、公众、政府这三大主体在面向公众需求
的档案资源建设与服务的动力系统中各有分工,各司其职,但它们并
不是独立的、互不干涉的三个部分,它们之间一直围绕档案资源建设
与服务进行着冲突与合作的博弈,呈现出一种动态的复杂关系,见图
3-1。

---

① 中华人民共和国档案法[Z].1996.

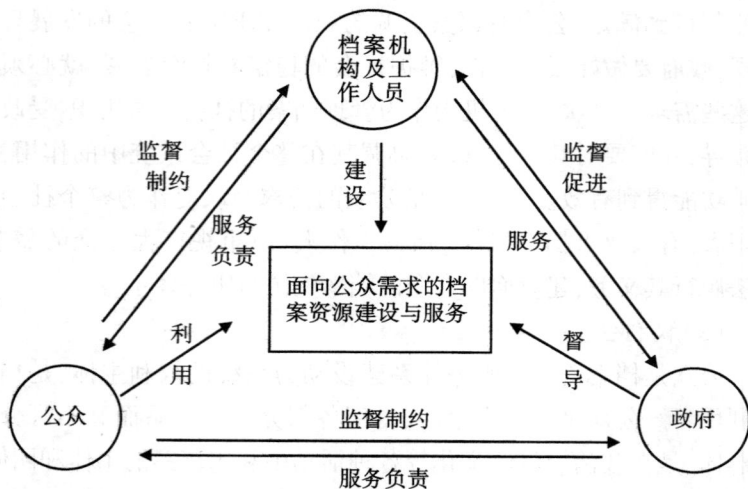

图 3-1 面向公众需求的档案资源建设与服务动力系统三大主体关系示意图

从图 3-1 可以清楚地看出,档案机构(档案工作人员)作为义务的主体,承担着建设面向公众需求的档案资源与服务的义务;公众作为权利的主体,拥有利用档案资源、接受档案服务的权利;政府作为监督管理的主体,一方面督导档案机构进行资源与服务体系的建设,另一方面也监督公众正确合法地利用档案资源。围绕着"面向公众需求的档案资源建设与服务"这个中心,三者之间又彼此联系,互相博弈。

①档案机构(档案工作人员)与公众的博弈。此二者之间属于权利与义务的博弈,档案机构的义务履行是为了公众的利益得以实现。档案机构是档案资源的保管者,理应承担档案资源建设与服务的任务,而档案资源建设的广度与深度、档案服务质量的高低,不仅仅取决于档案机构的工作人员,还受到公众对自身权利实现的追求程度。如果公众的权利意识较强,主动寻求权利的充分实现,其对档案工作就会带来一定的压力与推动力,促进档案机构建设资源更加丰富、覆盖范围更加广泛的档案资源体系,积极主动地为公众服务。总而言之,档案机构与公众之间的博弈决定了面向公众需求的档案

资源建设与服务动力系统的半径大小,公众的利用意识越强,要求权利实现的愿望越明显,档案工作人员的动力越大,动力系统的半径就越大,资源建设与服务就更完善;相反,如果公众对档案利用的认识水平较低,而工作人员也怠于档案资源的建设,缺乏积极主动的服务意识,动力系统的半径就会变小,档案资源建设与服务就会缺乏长久动力。

②档案机构与政府之间的博弈关系。政府利用自己的权利对档案机构的发展与规划起到管理与规范的作用。政府通过对整个社会发展规划、对档案管理制度制定的参与,划分了档案在社会中的角色地位,指导档案机构发挥作用为社会建设服务,而档案机构则通过对自身资源的运用,为政府提供服务并在一定程度上影响政府的决策。

③公众与政府之间的博弈关系。公众是赋予政府权力的主体,是政府工作服务的对象。政府的一切权利都是人民赋予的,政府是管理国家社会事务的主体,有义务为广大公众服务,且受公众的监督制约,以使其权力得到正确的运用。当政府不能有效发挥职能时,公众就会对政府施加压力,要求其职能转变或者完善,以更好地管理社会事务。在面向公众需求的档案资源建设与服务动力系统中,公众主要通过对自身需求的表达,促使政府制定政策保障档案机构建设的规范,加大建设的力度。同时政府也通过法律规章的制定约束公众在利用档案资源、享受档案服务的同时,不会对其他团体、个人造成困扰和损失。

正是上述三者之间的这种错综复杂的关系,使得档案动力系统的各主体之间保持平衡制约,保证各主体各司其职,发挥各自的作用。

3.3.2 动力机制的类型

面向公众需求的档案资源建设与服务的动力机制,按照不同的标准可以划分为不同的类型。根据动力形成的原因,划分为内生动力和外生动力;根据动力对事物运动与发展的作用方式,划分为直接动力和间接动力;根据动力对事物运动与发展产生作用的层次,划分为表层动力和深层动力。

（1）内生动力和外生动力

事物的发展变化受到内因和外因的共同影响,内因是决定事物发展的主要因素,外因则通过内因起作用。内生动力是从事物内部产生的动力,其在事物发展过程中起主导作用;外生动力则是指从事物外部产生的、转化为内部力量以后才能够导致事物运动和发展状态发生变化的力量。

动力具有动态性,它在事物发展的过程中不是一成不变的,而是随着时间的变化而发生变化。内生动力与外生动力均表现出不同的动态性的特质。内生动力随着时间的增加而增加,呈正增长趋势,而外生动力则随着时间的增加而减少,呈负增长趋势。也就是说,作用于档案资源建设与服务的内生动力是关于时间的增函数,这种增加包含两种过程:其一是原有内生动力不断积累的过程,其二是外生动力内化的过程。外生动力随着其不断内化的过程以及新的外生动力的替代效应,导致外生动力会随着时间的变化而递减,内生动力、外生动力与时间的关系见图 3-2。

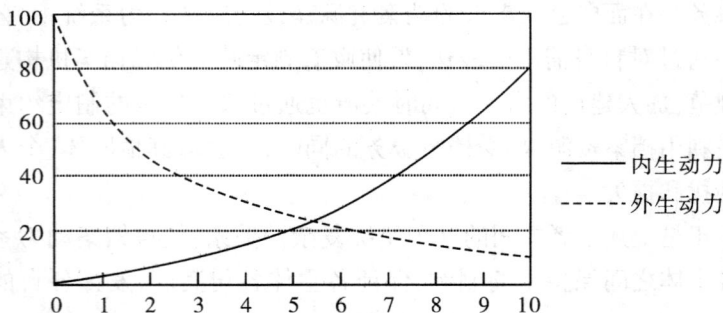

图 3-2　内生动力与外生动力随时间变化规律图

（2）直接动力和间接动力

根据动力对事物运动与发展的作用方式,动力可划分为直接动力和间接动力。直接动力直接作用于事物之上,对事物的运动或发展状态产生影响;间接动力也是直接作用于事物之上的,但它不是直接而是间接地影响事物的运动或发展状态。

（3）表层动力和深层动力

根据动力对事物运动与发展产生作用的层次不同,动力可划分为表层动力和深层动力。表层动力作用于事物表面,在较低层次上改变事物运动或发展的转态,对事物的作用有限。通过时间的发展和由表及里的传递方式,它逐渐发展为深层动力。深层动力是对事物的发展产生持久、深厚的影响的力量。

3.4　面向公众需求的档案资源建设与服务动力机制的构建

3.4.1　面向公众需求的档案资源建设与服务动力机制构建的原则

构建面向公众需求的档案资源建设与服务动力机制时,需要依据下列原则:

（1）整体性原则

系统的整体性原则是系统思维方法的一条基本原则。如前所述,动力机制涉及各个部分组成的整体,因此,面向公众需求的档案资源建设与服务的动力机制构建是一个整体性的问题,要遵循整体性原则。整体性原则认为,世界上任何一个有机整体系统,不但内部各组成要素之间是相互联系的,而且系统与外部环境之间也是有机联系的。在处理与解决问题时,应当从整体出发,从分析整体内部各组成部分的关系及整体与外部环境之间的关系入手,去揭示与掌握其整体性质①。面向公众需求的档案资源建设与服务的动力机制构建,应该在整体原则的指导下进行,强调以综合为基础,在综合的控制与指导下,对各子系统及其之间的关系进行分析,并且要对分析的结果进行恰当的综合,即把综合既作为处理问题的出发点,也作为处

---

① 系统的整体性原则[EB/OL].[2014-01-25].http://blog.sina.com.cn/s/blog_49516bfe0100058w.html.

理过程的归宿,并把分析和综合贯穿于动力机制构建的整个过程之中。

（2）动态性原则

组成动力的各种力量或因素不是一成不变的,均具有动态性的特征,由此,动力的大小会随着时间和空间的变化而变化。例如,内生动力随着时间的增加而增加,而外生动力却刚好呈相反态势。不论是内生动力还是外生动力,其随着时间变化改变力的大小的特征,也影响着面向公众需求的档案资源建设与服务动力系统的运转,因此,在构建其动力系统时我们要注重其动态性的特点,注意各动力的变化,协调各子系统间的制约平衡关系,只有如此才能保证整个动力机制有效运转。

（3）效率性原则

面向公众需求的档案资源建设与服务的动力机制构建要追求效率的提升。效率是衡量面向公众需求的档案资源建设与服务的动力系统优劣的一个重要因素,档案机构(档案工作人员)对效率的追求不能够简单地用对利益的追求来进行解释,其对效率的追求,更多的是由政府的管理制度及社会公众的需求所推动的。因此,在动力机制的构建中,需要注意调节制度动力系统与需求动力系统以及需求动力系统内部的各种关系,使其完美地结合,使动力机制充分发挥作用,达到效率提升的效果。为此,可以通过绩效评估工作(详见本书第9章)强化组织的激励机制,提高动力机制的有效性和工作的效率。

（4）科学性原则

面向公众需求的档案资源建设与服务是一项系统的工程,构建一种有效的动力机制需要科学地进行规划和引导,以及全社会作出全方位的努力。科学性原则主要体现在对面向公众需求的档案资源建设与服务动力机制内涵的正确理解、对动力因素的正确分析,以及体系设计的完备性、逻辑严密性等。通过构建科学的动力体系来鼓励工作人员和有关政府部门积极参与,取得社会公众的认同,从而将外部压力转化为自觉的内部动力。

3.4.2 面向公众需求的档案资源建设与服务的动力剖析

3.4.2.1 需求动力

需求指的是一种内部状态,它使人感到某种结果具有吸引力。当需求未被满足时就会产生紧张感,进而激发个体的内驱力,这种内驱力会导致个体寻求特定目标的行为。如果最终目标实现,则需求得以满足,紧张感得以解除①。

根据马斯洛的需求层次理论,每个个体都存在生理需求、安全需求、社交需求、尊重需求和自我实现需求五个层次。涉及面向公众的档案资源建设与服务的需求主要是尊重需求和自我实现需求。其中,尊重需求,包括内部尊重因素(自尊、自主和成就感等)和外部尊重因素(地位、认可和关注等);自我实现需求指的是个体成长、发挥自身潜能、实现理想的需要。

需求是各种行为产生的最深层次的原因,不论是组织还是个人,其行为产生都有一定的动机,为了满足特定的需要。在面向公众需求的档案资源建设与服务中存在着档案组织与公众两个方面的需求实现问题。

(1)组织内的自我实现需求

组织内的自我实现需求包括档案价值的实现和档案工作人员自我价值的实现。其中,档案价值的实现也是通过档案工作人员的需求与行为表现出来的。作为一种重要的信息资源,档案具有巨大的社会价值,但是作为一种物,它没有主动性来追求自身价值的实现,而是通过人——档案工作者来实现。

档案工作者作为管理档案的行为主体,有义务做好档案管理工作,提供档案利用与服务,实现档案价值。另外,档案工作者通过档案价值的实现也能满足实现自身价值,获得社会尊重的需求。尤其是档案工作者自身成就感、社会认同感需求的强烈与否,对其是否能够更好地在自己的岗位发挥作用有很大影响。档案工作者素质高、

---

① [美]斯蒂芬·P.罗宾斯,[美]玛丽·库尔特.管理学(第7版)[M].孙健敏,等,译.北京:中国人民大学出版社,2007:452.

觉悟高,对档案资源建设与服务重要性的认识就更深刻,而通过资源体系建设与服务成果获得个人认同感、价值实现感的愿望就越强烈,这种愿望反过来又会促进其进一步做好面向公众需求的档案资源建设与服务的工作。这样一个良性的需求动力系统是促进档案工作有序进行、促进档案资源建设与服务的有力保障。

(2) 组织外的公众需求

公众的需求是档案资源建设与服务的根本动力,是引发档案资源建设与服务的动力源。只有存在公众对档案的需求,档案资源建设与服务才存在意义。当公众对档案的需求较少或者只有少数人有需求时,档案的价值必然得不到充分发挥,档案工作者也没有足够的动力去提升档案服务。当公众的需求增多,档案用户量增加时,档案工作者就会进一步认识到档案资源的价值,公众的需求动力就会推动他们做好面向公众的档案资源建设与服务。

需求动力在整个面向公众需求的档案资源建设与服务的动力系统中属于直接的、深层次的动力,不管是组织内生的需求动力,还是组织外生的公众需求动力,都是促进档案资源建设与服务的最根本的动力,是持久不竭的动力。

(3) 需求动力系统作用机制模型

需求动力系统的主要构成因素为档案价值实现需求、公众需求、成就动机需要、组织目标、个人目标、目标导向行为等。动力表现形式主要是需求激励、强化作用和外化为目标导向行为,其动力系统的作用机制见图 3-3。

需求有显性和隐性之分,只有被意识到的需求才有可能被激励、强化为目标导向行为。不论是档案组织还是公众个人,其需求都有未被发觉的部分,要想使得需求的动力被充分发挥出来,不仅需要注重显性需求的满足,还需要不断挖掘隐性的需求。需求——包括档案价值实现需求、档案工作价值实现需求、档案工作人员成就需求以及公众利用档案的需求显现以后,经过进一步的驱动和强化,成为组织和个人目标。目标确立以后,为了达到目标,档案工作人员就会发挥其能动性,借助各种科学技术、管理制度等完成面向公众需求的档案资源建设与服务,这时候组织和公众的需求就转化为了满足需求

进一步促进

公众需求　→（激励强化）→　个人目标　（推动）

档案价值实现需求　→（激励强化）→　组织目标　（转化）→　需求动力　（外化）→　目标导向行为　→　面向公众需求的档案资源建设与服务

档案工作价值实现需求

档案工作人员成就需求

进一步促进

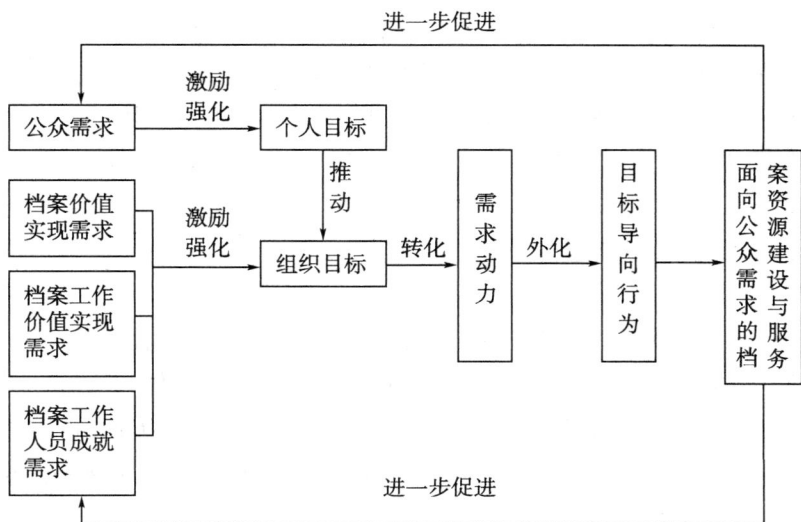

图 3-3　面向公众需求的档案资源建设与服务的需求动力系统作用机制

的目标导向行为。但由于档案资源的特殊性,尤其是其保密性,档案资源的建设不可能由公众参与进行,公众的个人需求只能通过档案组织的行为来满足。为了使个人目标得以实现,顺利获取需要的档案资源,公众会用自身的力量推动档案组织建立目标,促使其进行面向公众的档案资源建设与服务。

总而言之,档案资源建设与服务的动力系统中,动力的发挥主体是档案组织和档案工作人员。动力的来源一部分是组织内认识到的自身价值实现的需求和公众对档案资源利用的需求,另一部分是通过公众对自身需求的表达使档案组织及工作人员认识到这种需求,进而促进其需求转化为档案工作人员的行为。这种组织和公众的需求表现得越充分,档案工作人员对其理解得越深刻,就越能调动其工作的积极性,转化为的动力就越充足、越长久,对于面向公众需求的档案资源建设与服务的推动作用就越大。

此外,档案资源建设与服务的成果也会部分转化为需求的动力。一方面,对于档案工作人员来说,成果是对其工作的肯定,是其获得成就感的源泉。但对于成就感的需求不会就此得到满足,反而会因为对已获得成就感的享受而进一步加深对成就感的需求,这部分需求就会进一步转化为动力。另一方面,公众通过对档案资源的不断利用,需求不断得到满足,对档案的认识也越来越深刻,公众原来未被发现的档案需求也会不断显现出来,对档案资源的利用也会越来越多,涉及生活的各个方面,这种需求就会促进档案资源的全面建设。

3.4.2.2 科技创新动力

(1) 科技创新动力概述

科学技术是一种特殊的人类活动和社会现象,随着社会的发展,其逐渐从个人对自然现象的探求,转化为企业、社会团体和政府有意识的活动。科学技术与社会发展的关系越来越密切,一方面,科学技术对社会发展的推动作用日益凸显;另一方面,社会发展为科学技术的发展提供基础和动力。

21 世纪是以科技创新为主导的世纪,以信息技术、生物技术、纳米技术为代表的新科技革命正深刻地改变传统的经济结构、生产组织和经营模式,推动生产力发展出现质的飞跃,尤其是信息技术的发展,对档案行业的发展产生了重大影响。

信息技术是人们用来获取信息,传输信息,保存信息和分析、处理信息的技术,是可扩展人的信息器官功能,协助人们进行信息处理的一类技术[1]。

科技创造工具,档案科技创造档案的载体工具、保管与管理工具、信息传递工具等,并进一步影响着档案工作的模式、社会关系与地位。科技的发展,使档案自身的存在形态发生了根本性的变化,增加了档案载体的多样性,电子文件数量逐渐增多,进一步的档案管理不仅仅局限于传统的纸质文件管理,逐步从物理管理转向了逻辑管理,注重档案资源的整合利用。

随着信息技术的发展,档案资源的传播与利用具备了更方便、畅通的传输与获取渠道。1990 年,施乐实验室的计算机科学家马克·

---

① 刘家真.电子文件管理——电子文件与证据保留[M].北京:科学出版社,2009:3.

威瑟尔(Mark Weiser)首次提出"泛在计算"(Ubiquitous Computing)的概念,指出未来的计算模式将是泛在的,用户拥有的计算设备将嵌入其生活空间中,协同地、不可见地为用户提供计算、通信服务。其后,日本、韩国早在2004年提出了U-Japan和U-Korea计划,为公众建设无所不在的"泛在网络"。紧随其后,欧盟提出"环境感知智能"(Ambient Intelligence),北美提出普适计算(Pervasive Computing),新加坡发布"下一代I-Hub"计划,中国提出"感知中国"战略等,全球掀起了一股构建"泛在网络"的热潮,把建立无所不在的"泛在信息社会"作为各国信息化建设的重点之一。在这样的信息环境下,利用各类智能终端设备,利用"无所不在""无所不包""无所不能"的网络结构,人能在任何时间(Anytime)、任何地点(Anywhere)与任何人(Anyone)、任何物(Anything)进行顺畅通信。

泛在网络融合了电信网、互联网以及各种有线无线宽带等,形成了一个无所不在,覆盖各个层面、各网络的无缝连接、快速传输的网络。利用这样的网络,可以实现数字档案、多媒体档案随时随地的快速传递,使用户不论在何时何地都能在最短的时间内获得档案服务,获得所需的档案信息资源,从而为数字档案服务提供了新的途径。

简而言之,科学技术对面向公众需求的档案资源建设与服务的动力集合起来,就形成了科技力。科技力从性质上来讲,属于外生动力与表层动力,其对资源与服务体系的建设能够产生直接的影响。运用科学技术,档案工作人员能够更好地管理档案资源,为公众提供更全面的服务。

(2)科技创新动力系统作用机制模型

科技创新动力系统的主要构成因素是科技创新组织、档案组织、技术等,动力的表现形式主要为推动力,其是推动面向公众的档案资源建设与服务的决定性力量之一,其动力作用机制见图3-4。

"科学技术是第一生产力",是推动经济和社会发展的决定性因素。科技动力的主要形成者为各科技企业、高等院校和科研院所,这些科技创新的力量致力于用科技的力量促进社会的发展进步。科技力量对面向公众需求的档案资源建设与服务的推动作用主要表现在档案载体、档案管理手段、档案传播渠道和档案利用方式四个方面。

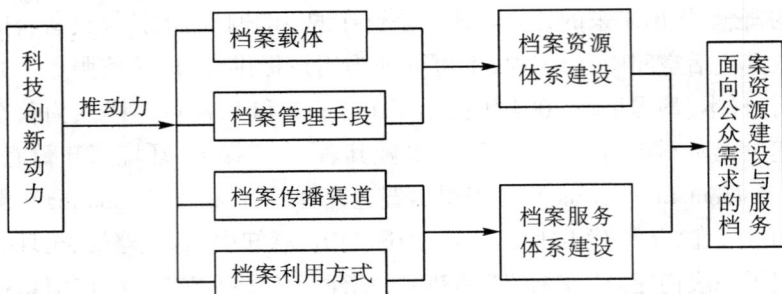

图3-4　面向公众需求的档案资源建设与服务的科技创新动力系统作用机制

计算机网络的发展,对档案载体产生了重大影响;电子文件的产生,使得档案管理手段、传播渠道、利用方式都发生了变化;档案数字化、信息化建设也随着科技的发展被提上了日程,成为档案资源建设与发展的主要趋势。计算机网络的普及促进了信息化的进程,网络技术、数据库技术、数据存储等各种信息技术的迅猛发展,为档案信息资源的科学保管和开发利用创造了前所未有的技术条件;网络基础设施不断改进完善,也为档案信息化建设创造了良好的硬件环境;同时实现档案信息资源共享,为社会提供全面、准确、快速、方便的档案信息服务提供了保障①。正是科技力量的推动,才使得档案资源的整合更加方便,利用更加便捷;正是由于网络覆盖范围的不断扩大,才使得面向公众的档案资源的建设与传递成为可能;正是物联网与互联网的不断发展,才使得公众随时随地获得档案资源成为可能。

3.4.2.3　制度创新动力

（1）制度创新动力概述

制度是规范人们行为的规则,制度安排与创新对于各个行业的发展都有着十分重要的意义。

制度是在一定的历史条件下形成的政治、经济、文化等方面的体

---

① 中国档案学会档案自动化管理技术委员会.中国档案信息化发展的现状与趋势［BE/OL］.［2014-01-20］.http://www.idangan.com/Achievement_info.asp? id=273.

系,是要求大家共同遵守的办事程序和行为准则。一般地,制度由三个部分组成,即正式约束(正式制度)、非正式约束和实施机制①。其中,正式约束是人们有意识创造的一系列政治规则、经济规则和契约的总和,以及由这一系列的规则构成的一种等级结构,从宪法到成文法和不成文法,再到特殊的细则,最后到个别契约,它们共同约束着人们的行为。非正式约束,即通常所说的文化习俗,是指在社会发展和历史演进中自发形成的、不依赖于人们主观意志的文化传统和行为习惯,是人们在长期交往中无意识形成的,具有持久的生命力,并构成代代相传的文化的一部分。它主要包括价值信念、伦理规范、道德观念、风俗习性、意识形态等因素。实施机制就是保证制度得以实行和发挥作用的手段、工具、政策和措施,包括相应的机构、人员、惩罚措施等,其作用在于保证非正式约束和正式约束的实施和落实②。

本课题组认为,制度动力主要指法规政策这一正式约束,其对规范人们在面向公众需求的档案资源建设与服务中的行为的功能,可以称为制度功能,其结构见图 3-5③。

简要地回顾我国档案管理制度的发展,可以分为以下几个阶段:

第一阶段:新中国成立至 1954 年,各自为政、分散管理阶段。这一时期为新中国成立伊始,档案事业缺少专门的行政管理机构,全国各机关、部队和企事业单位的档案工作尚没有形成统一的管理体制。

第二阶段:1954 年至 1978 年党的十一届三中全会以前,档案制度基本形成阶段。1954 年,国家档案局成立,成为我国档案工作的领导机构,负责集中统一管理档案工作以及国家档案工作规章制度的制定。1956 年,国务院讨论通过了《关于加强国家档案工作的决定》,确立了我国"集中统一管理国家档案""维护档案的完整与安全""便于国家各项工作的利用"的档案工作基本原则。1959 年,中

---

① 李松龄.制度创新与经济发展[J].中共云南省委党校学报,2004(11):93.

② 谷国锋.区域经济发展的动力系统研究[M].长春:东北师范大学出版社,2008:214-215.

③ 张宇燕.经济发展与制度选择——对制度的经济分析[M].北京:中国人民大学出版社,1992:213.

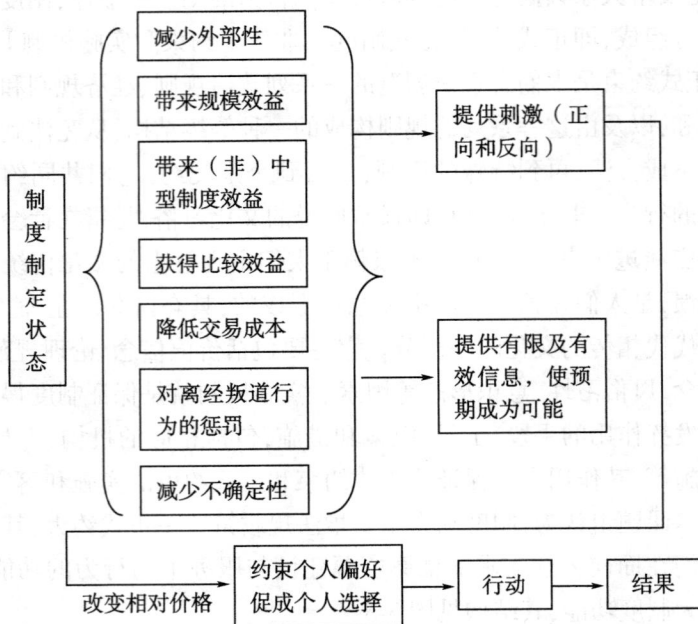

图 3-5　制度功能结构图

共中央又决定将党和政府的档案工作进行统一管理,国家档案局为全国党和政府档案工作的统一领导机构,我国党、政档案工作集中统一管理的体制基本形成。

第三阶段:1978 年党的十一届三中全会后,档案管理制度的发展改革阶段。1987 年《中华人民共和国档案法》正式公布,明确规定了国家档案行政管理部门统一掌管全国档案事业,统筹规划、组织协调我国档案事业的发展。1993 年,配合国家政治体制改革,加强对档案事业的统一领导,档案工作实行了"局馆合一"的管理方式。2007 年,杨冬权提出覆盖全国人民的档案资源体系和覆盖并方便全国人民的档案利用和服务体系的"两个体系"建设,要求档案工作要转变过去重事轻人、重物轻人、重典型人物轻普通人物的档案价值观念,要转变过去轻个人利用、轻为普通群众服务的档案利用观念和服务观念,重视广大人民群众的档案利用与服务需求。

经过一系列制度改革,档案工作的方向发生了变化,由原先的机关内部的业务性工作转变成为一项与社会经济、政治、科学、文化等活动紧密结合、协调发展的社会性工作。制度力属于外生动力与深层动力,对面向公众需求的档案资源建设与服务起到直接的促进作用。它的作用主要体现在以下几个方面:

①为实现面向公众需求的档案资源建设与服务创造制度条件,促进档案机构之间、档案机构与其他组织之间进行有效的合作,并用相关的规范保障合作的顺利进行。

②制度提供给人们关于行为约束的信息,规范人们之间的相互关系,降低信息成本的不确定性。制度除了规范档案资源建设与服务的行为外,还需要规范公众的利用行为,使得公众个人的利用行为不妨碍、侵犯他人的权利,并保障档案资源尤其是有保密性质的档案资源的安全。

③提供持续的制度化激励机制,激励面向公众需求的档案资源建设与服务的持续、长久发展与运行。

(2)制度创新动力系统作用机制模型

制度创新动力系统的主要构成因素是政府、档案管理机构、制度供给、制度变迁等,面向公众需求的档案资源建设与服务的动力的表现形式主要有约束力、竞争力、合作力、引导力、政策力等,在动力发挥作用的过程中,强制性是它的一个显著特点,其动力机制见图3-6。

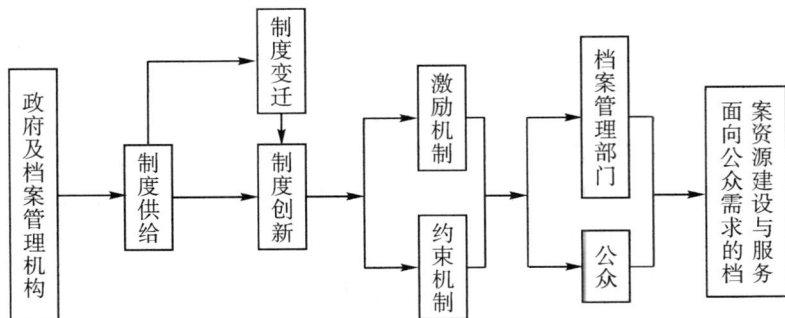

图3-6　面向公众需求的档案资源建设与服务的制度创新动力系统作用机制

　　制度的基本功能是对行为起到规范作用,主要通过两种途径发挥:一种是直接的激励和约束作用,通过对当事人行为的奖励和惩罚来实现;另一种是间接的示范和警示作用,通过对当事人以外的其他主体奖励和惩罚的过程加以实现。但由于不同制度的性质、层次等存在差异,各种制度的激励、约束、示范和警示的具体表现不同。

　　政府及档案行政管理机构是档案制度的供给者和改革者,通过制度的供给与创新,他们对面向公众需求的档案资源建设与服务形成了约束机制与激励机制。

　　制度创新动力系统的约束机制即通过制度约束档案组织及公众的行为,使其符合面向公众的档案资源建设与服务的要求。对于档案组织,政府及档案行政管理部门通过制度的制定,强制要求其履行档案资源建设与服务的义务,以满足社会发展与公众的需求。对于公众,主要是通过法律的规定,要求其在档案资源利用中要遵守法律法规的规定,不得泄露国家秘密,不得对档案资源造成损害,不得侵犯他人权利等。因为档案资源属于公共文化资源,面向社会公众开放,我国公民都可持有效证件登记后利用。如果没有一定的规章制度对公众行为进行管理,公众的档案利用行为就会毫无秩序,可能对其他公众与社会造成危害,也会妨碍档案工作者的档案服务工作。

　　激励机制主要是档案组织对档案工作人员所期望的努力方向、行为方式和应遵循的价值观的规定,是指可以调动档案工作人员工作积极性的各种诱导因素的集合。档案行政管理的各种规章制度,包括各种精神激励、薪酬激励、荣誉激励、工作激励等,会将档案工作人员符合档案组织期望的行为——建设面向公众的档案资源与服务体系反复强化,促进档案资源建设与服务。

　　不管是制度的约束机制还是激励机制,在制度的实施过程中都具有强制性,这是制度创新动力系统与其他子系统的最大区别,也是制度创新动力的优势所在。其强制性保障制度创新动力的发挥,尤其是档案法规,更是对违反制度的行为提出了相应的惩罚措施,这就会对档案工作人员的工作行为起到示范和警示作用,强制规范其行为符合面向公众的档案资源建设与服务的要求。

3.4.2.4　文化动力

文化动力,顾名思义是指文化的作用和力量。文化动力一词最早由日本学者名和太郎提出,20 世纪 90 年代后我国学者开始重视文化动力研究。从性质上来看,文化动力是指渗透在人类活动中的一种以价值为中心、以创新为目标,经过人们交往活动整合而构成的一种综合的、深层次的力量,其具备推动或制约经济、政治、军事等发展的巨大能量①。

面向公众需求的档案资源建设与服务的文化动力可以分为两种:组织文化和社会文化。

(1)组织文化

组织文化是成员共有的价值体系和信念体系,代表了组织成员所持有的共同观念,这一体系在很大程度上决定了组织成员的行为方式。面向公众需求的档案资源建设与服务的组织文化动力即档案文化,是档案工作人员对于建设面向公众的档案资源体系与服务体系所持有的价值观、世界观等观念,是档案机构在实现面向公众需求的档案资源建设与服务这一目标任务的过程中形成的价值理念、管理策略、服务理念和各种行为规范,由广大工作人员共同遵循,体现了广大档案工作者的精神风貌、文化素养和良好形象②。

(2)社会文化

社会文化是与基层广大群众生产和生活实际紧密相连,由基层群众创造,具有地域、民族或群体特征,并对社会群体施加广泛影响的各种文化现象和文化活动的总称③。它是社会的意识形态以及与其相适应的文化制度和组织机构,其核心是各种文化载体所宣传的价值观念和人生态度。

社会文化的重要作用主要体现在三个方面:第一,社会文化的发

---

① 谷国锋.区域经济发展的动力系统研究[M].长春:东北师范大学出版社,2008:247.

② 方煜东.对档案文化建设的思考[EB/OL].[2014-02-05].http://cjb.ne-wssc.org/html/2008-04/15/content_89708.htm.

③ 社会文化[EB/OL].[2014-02-06].http://baike.baidu.com/view/78452.htm.

展提高人民群众的生活质量,使广大人民群众逐步增长的文化需求不断得到满足;第二,社会文化的建设保障了基层群众的基本文化权益,促进人的全面发展;第三,社会文化能够巩固文化大发展大繁荣的群众基础,促进了我国特色社会主义政治、经济和文化的协调发展。

社会文化通过一定的社会环境因素影响政府、档案管理部门和个人的行为,从而影响面向公众需求的档案资源建设与服务:第一,社会文化通过对社会共同理想的确立,把社会发展的内在要求转化为广大人民群众的奋斗目标,使文化成为动员和组织人民群众为理想而奋斗的精神力量,从而为档案资源体系与服务提供强大的精神动力;第二,社会文化通过对社会制度建构的指导,实现社会经济体制和政治体制的优化,从而为档案资源建设与服务提供一定的制度保障;第三,文化的发展促进了人的全面发展,为档案资源建设与服务提供了智力支持,也使人们认识到档案资源建设与服务的重要性,使他们积极参与到建设中来,积聚社会各方面的力量建设档案资源与服务体系。

总之,文化是人们行为取向的重要方面,它不仅决定了人们的价值观念,而且构成了人们的行为准则,它既影响人们的活动方式,又影响人们的活动结果。

(3)文化动力系统作用机制模型

在文化动力系统中,主要构成因素是组织文化和社会文化,其通过对人们思维方式、行为方式、道德观念和价值观念的影响产生作用,其动力的主要表现形式为激励力、导向力、凝聚力。面向公众需求的档案资源建设与服务的文化动力系统功能的实现过程见图3-7。

文化动力首先作用于人的思想观念,进而影响人的行为活动、人的智力、人的精神动力,能为面向公众需求的档案资源建设与服务提供无限的动力,并形成长久促动效应。文化动力除了具有非强制性、多样性的特点外,还具有长效型和渗透性的特点,这使得文化动力成为一个内涵十分丰富的复杂系统,其对面向公众需求的档案资源建设与服务的作用主要通过文化的激励力、导向力和凝聚力来实现。

①文化的激励力。道德信仰可以激发人们的牺牲精神,科学信

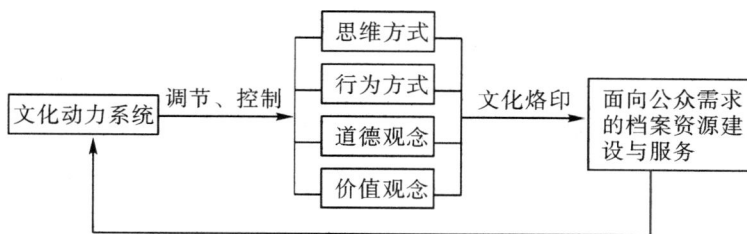

图 3-7 面向公众需求的档案资源建设与服务的文化动力系统作用机制

仰可以激发人们的创造热情。在特定条件下,人们巨大的精神能量的释放与创造力的爆发都与文化的激发有着密切关联。面向公众需求的档案资源建设与服务,首先要能激发人们的潜能,尤其是档案工作者的潜能。另外,要最大限度地调动人们的积极性,没有积极能动的主体,就不可能建立起有活力的档案资源与服务体系;没有有效的人文激发力,也就不可能建立起具有活力的、积极能动的档案资源建设与服务主体。

②文化的导向力。人是有目的、有意志的主体,人的主体性赋予面向公众需求的档案资源建设与服务以人的价值与意识,引导其向着符合人的目的、意志的方向发展。档案组织文化的建设与深化,使档案工作人员认识到档案工作的意义,尤其是面向公众提供各种档案资源与服务对满足公众需求的重要作用。这种认识的加深,对引导档案工作人员进行面向公众需求的档案资源建设与服务具有重要意义。

③文化的凝聚力。文化的凝聚力是人的社会性的体现,它使主体间互相沟通,并形成合力,使经济生活与社会生活中的组织成为可能。通过组织文化和社会文化的影响,可以增强档案组织内工作人员的团结合作程度,以及组织外档案工作人员与公众和谐相处、共同建设的可能。团结就是力量,面向公众需求的档案资源建设与服务不是一个局部的、单层次的简单工程,它涉及全国各地各类档案资源的整合和覆盖全国人民的档案服务体系的建设。其工作量之大、建

设之难不是一个部门、一个地区能够完成的,它需要全国范围内档案组织系统的团结合作才能做到。这种全国范围的档案组织的合作,一方面需要国家档案局的统一协调和组织规章制度的规范,另一方面还需要在整个档案界内形成一种合作的精神文化,引导档案工作人员凝聚起来,共同合作,发挥"一加一大于二"的效用,做好这项巨大工程。

总之,文化是人们的行为取向的重要方面,也是人们生活质量的重要因素,它既影响人们活动的方式,又影响人们活动的结果。在文化的三种作用力中,激发力赋予档案资源建设与服务以活力,导向力赋予档案资源建设与服务以价值意义,凝聚力则赋予档案资源建设与服务以组织效能。缺乏其中任何一种作用力,或者其中任何一种作用力不适应,都会给档案资源建设与服务的发展带来负面影响。

3.4.3　面向公众需求的档案资源建设与服务动力机制的形成

3.4.3.1　面向公众需求的档案资源建设与服务动力机制形成的方式

(1)自下而上:基于公众需求充分表达与公众充分参与的动力机制构建

面向公众需求的档案资源建设与服务主体的科学配比是保证其建设服务有效性的一个重要因素,多元主体充分参与下的动力机制的构建是档案资源与服务体系建设取得重大成果的必要条件。面向公众需求的档案资源建设与服务应坚持以公众需求为导向,呼吁广大公众的参与,充分吸收民众意见,通过制度安排让人民群众对档案资源建设与服务具有发言权,对建设进度有监督权,对建设成果有评估权,保证档案资源建设与服务为民所用。

面向公众需求的档案资源建设与服务,可以采取听证会、问卷调查、网络调查、电话调查等多种方式收集公众的意见与需求,加强政府、档案机构与公众的交流,只有这样才能为档案资源与服务体系建设带来持久的活力与动力。

广大公众参与所象征的社会的智慧是档案资源建设与服务开展的动力所在;大众参与是构建面向公众需求的档案资源建设与服务

的基本原则。公民满意是评估档案工作的最高标准。所以,我们必须调动公众参与的积极性,不断拓宽参与渠道,让社会公众可以通过多种途径和渠道与档案机构、与政府互动,保证公民能够公正地行使表达个人意见的权利,避免和消除由于主观性、干扰性而导致的偏差,使公众需求得到充分表达,公众力量得到有效发挥。

(2)自上而下:政府及档案管理机构职能履行推动下的动力机制构建

面向公众需求的档案资源建设与服务动力机制的构建,需要政府部门和档案管理机构从领导层到基层工作人员全体的参与和支持。政府与档案管理机构高层领导的高度重视和支持,是面向公众需求的档案资源与服务体系建设能够顺利进行的首要条件,在其建设初期需要高层领导了解面向公众需求的档案资源建设与服务的紧迫性和必要性,制定科学可行的政策并提供强有力的制度保障,积极营造良好的氛围,并利用激励机制和利益机制提供强有力的动力来保证工作的顺利推进。中层干部承担着向工作人员传播和解释政策意图,帮助工作人员认识档案资源建设与服务的意义,对基础信息进行收集,充当评估者的任务。基层工作人员自身积极参与档案资源建设与服务,同时通过加强宣传力度来引导公众对档案资源建设与服务的参与,以此来保证档案资源建设与服务以公众需求为导向正确前进。因而政府及档案管理机构职能履行推动下的动力机制构建的直接动力,就是政府与档案工作人员的责任心和进取心。组织需要制定各种管理制度,采取各种管理措施,保障各级领导与工作人员认真负责地履行职能,并加强彼此之间的合作,保证建设的顺利进行。

(3)综合方式:档案机构、政府与公众充分互动下的动力机制构建

自下而上的动力机制构建强调公众需求的表达与公众的参与,自上而下的动力机制构建则主要要求政府与档案机构发挥职能。两者并不是孤立、相对的,在面向公众需求的档案资源建设与服务中,仅靠其中之一是不可取的,而是需要将两者综合,在档案机构、政府、公众充分互动产生的推动力下构建动力机制。

　　档案机构发挥职能是动力机制运行的主体,同时要紧紧围绕人民群众的需求,使档案资源建设与服务真正将"公众"放在顾客的角度来审视,充分发挥人民群众在建设中的重要作用,让广大人民群众参与到档案资源建设与服务中来,增强人民群众对档案利用的迫切愿望,从而使得社会公众对档案机构活动的约束更加到位,建设与服务工作取得更好的效果。此外,政府也要对档案机构的工作进行适当的监督与干预,在其职能发挥不到位时要求其改正,利用法律法规约束其行为。

3.4.3.2　面向公众需求的档案资源建设与服务动力机制的合成

　　前文分析了面向公众需求的档案资源建设与服务的各动力系统,但动力的发挥还需要机制保证其沿着正确方向有效地运行。各动力子系统由于其结构和功能的差异,产生的动力不同,由于其构成要素、动力表现形式和动力实现过程不同,动力机制也各不相同。分析各动力系统的作用机制,是构建面向公众需求的档案资源建设与服务的整体动力机制的基础。

　　面向公众需求的档案资源建设与服务的各动力子系统内部机制控制其内部的运行,保证各种动力的形成,不仅如此,在各系统之间还存在着相互促进、相互制约的关系,只有如此才能使得各动力形成合力,共同致力于面向公众需求的档案资源与服务体系建设,否则,各动力子系统自成一家,各自用力,反而不能有效发挥作用甚至制约动力的总体效果。将各动力子系统整合成为一个总体的动力系统,其运行机制如图 3-8 所示。

　　图 3-8 表述了面向公众需求的档案资源建设与服务的合成动力机制。其中,对各个参与合成的动力机制子系统表述如下:

　　在面向公众需求的档案资源建设与服务的动力系统中,需求动力处于核心地位,这主要是由动力系统的动力主体决定的。公众和档案工作者是需求动力系统的主体,而他们是动力的直接产生者和直接使用者,尤其是档案工作者,是面向公众需求的档案资源与服务体系的建设者,因此不论是其工作产生的动力,还是其他子动力系统产生的动力,最终都需要归结到档案工作者身上,由其发挥作用。

　　文化动力系统、制度创新动力系统和科技创新动力系统在面向

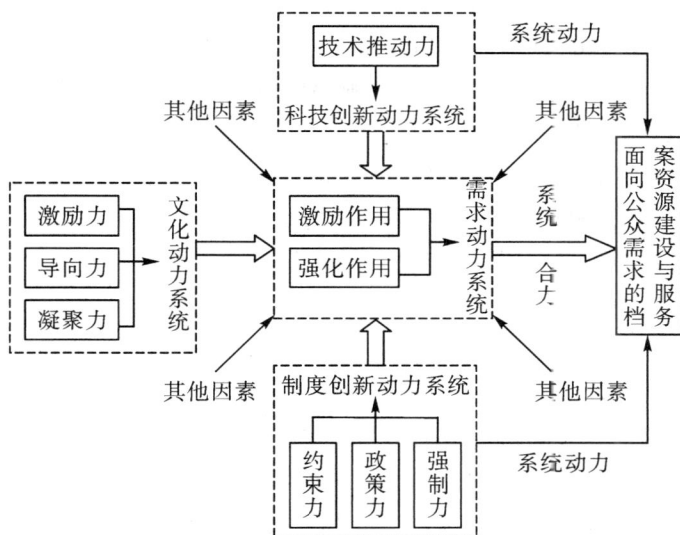

图 3-8 面向公众需求的档案资源建设与服务的合成动力机制

公众需求的档案资源建设与服务的动力系统中处于次要地位,但并不表示其产生的动力比需求动力小,而是由于其动力并非直接地、全部地作用于档案资源与服务体系建设上。文化动力系统产生的动力属于表层动力,其不直接作用于主动力系统,而是主要通过需求动力来发挥作用。文化动力的激发、导向和凝聚作用,使公众认识到自身的需求,使档案工作者认识到其义务,并将档案工作者团结起来发挥需求的动力作用。

科技创新动力和制度创新动力直接作用于面向公众需求的档案资源建设与服务。科技通过提供各种技术推动资源与服务体系的建设,制度通过其强制性保障资源与服务体系建设的合理、合法性与其顺利进行。此外,科技的发展与制度的完善也会促进需求的发展。例如网络的发展、传播的进步、信息沟通的顺畅,使得人们之间的交流增多,而与他人交流又会使自己认识到一些未被挖掘的需求等;而制度则可以通过明确的规章制度将各种需求变为具有法律效应的权利,增加了需求的权威性,进而满足这种需求成为必须的作为。

在文化动力系统、科技创新动力系统和制度创新动力系统之间又存在着相互影响。文化动力系统通过文化的深层次的、长久的影响，潜移默化地影响着人们的思想观念和行为方式，通过对人们的价值观、世界观以及文化素养的影响，对科技进步的速度、制度的形成产生微妙的影响。

制度创新与技术创新在内在机制上存在着强烈的互动关系，两者相互制约，相互促进，使得两者的均衡发展表现出对面向公众需求的档案资源建设与服务的无处不在的影响力。制度创新能够为技术创新创造条件，并且使技术创新的直接收益得到保障；技术创新在一定情况下能够引发制度创新，甚至可以降低某些制度创新的成本。这是技术创新与制度创新互动关系的机理所在。

正是通过各动力子系统相互制约、相互促进的关系，才形成了面向公众需求的档案资源建设与服务的动力机制，保证各子系统形成的动力合力能有效作用于档案资源与服务的建设上，发挥其最大效用。面向公众需求的档案资源建设与服务动力系统中存在着需求动力系统、科技创新动力系统、制度创新动力系统和文化动力系统四个子系统。这四个子系统各司其职，发挥着自己的效用。

当然，面向公众需求的档案资源建设与服务动力机制的有效发挥，还需要档案工作人员具备较高的综合素质。档案工作者是面向公众需求的档案资源与服务体系的直接建设者和服务者，也是动力系统的最终承担者，不论是需求动力、制度创新动力、科技创新动力，还是文化动力，其最终都需要档案工作者来发挥效用，因此档案工作者综合素质的高低与面向公众需求的档案资源建设与服务发挥动力的大小息息相关，只有档案工作者具备较高的综合素质，才能有效吸收各种动力。

总而言之，构建面向公众需求的档案资源建设与服务的动力机制是一个复杂的问题，其出发点是阐释当前档案工作尤其是档案资源建设与发展的新动向，其落脚点是为当代档案资源建设与服务走向公众提供理论指导。通过理论的指导，档案部门将国家档案局提出的"两个体系"落到实处。

第4章 面向公众需求的档案资源建设规划

"规划"（Planning）一词通常是指"比较全面的长远的发展计划"①。在档案学领域，它常被解释为一种"全局性、长远性计划文书"②。在国外，它一般是指"制订计划的行动或过程"③。"规划"的实质是某一主体针对其未来发展目标，制订的行动计划。据此，档案资源建设规划可以表述为：国家或地区档案行政管理机构为实现一定时期档案资源建设目标，结合档案资源、人力资源、技术、资金等现有条件，进行可行的活动策划和行动设计。

20世纪80年代，美国信息资源管理学家 F.W.霍顿（F.W.Horton）和马钱德（D.A.Marchand）等人率先提出了"信息资源规划"概念，并将其应用于企业信息资源管理活动中，以疏通企业内外信息流。这一概念被引入信息管理学科领域后，引起了档案学界和实践部门一定的关注，不仅出现了一系列研究成果（详见本章各节内容），欧美国家还出台了专门的档案资源建设规划。

以往，尤其是20世纪90年代以前，源于档案机构的业务责任和

---

① 中国社会科学院语言研究所词典编辑室.现代汉语词典［M］.北京：商务印书馆，2012：489.

② 吴宝康，冯子直.档案学词典［M］.上海：上海辞书出版社，1994：100.

③ OED Online. "planning" ［EB/OL］.［2014-02-25］.http://www.oed.com/view/Entry/145134？redirectedFrom＝Planning.

社会责任,档案资源建设以实体资源建设为主,常处于被动"接收"状态,档案资源建设即使缺乏总体规划也能够比较正常地运作。20世纪 90 年代以后,档案资源建设形成了实体资源建设与数字档案资源建设并重的局面,档案机构除了继续履行这些责任外,还需要协调这两种不同资源建设的关系;既要站在全局的角度,又要站在用户需求的角度,处理好档案资源变"藏"为"用"的关系。显然,当今的档案资源建设的任务更艰巨,面临的问题更复杂,迫切需要做好规划工作。

4.1　国外档案资源建设规划

截至目前,以国际档案理事会为代表的国际组织,以及美国、英国、加拿大、法国、澳大利亚、日本、新加坡等国家,都制定了档案资源规划或档案资源战略规划、业务规划以及配套的政策策略和行动计划。深入分析这些规划,不仅有助于了解各国档案资源建设规划的内容,而且有助于发掘它们对于我国档案资源建设规划的参考价值。

4.1.1　国际档案理事会档案资源建设规划

国际档案理事会(International Council on Archives,ICA)不仅形成了战略规划,还出台了业务规划。

4.1.1.1　国家档案理事会战略规划

ICA 作为档案工作领域的国际组织,致力于宏观上为全球的档案事业发展提供合作与参考。其中,ICA 提供的重要文件之一便是战略规划。

2008 年 7 月 26 日,ICA 理事会年度大会讨论通过了新的《国际档案理事会 2008—2018 年战略方向》(ICA Strategic Direction 2008-2018),阐明了 ICA 的愿景、使命、核心价值、战略目标(核心活动)及预期成效①。其中:

---

① ICA Strategic Direction 2008-2018[EB/OL].[2014-02-25].http://www.ica.org/sites/default/files/AGM_2008-07-25_strategic%20direction_EN.pdf.

　　愿景:通过 ICA 的一系列活动,让国内和国际组织的决策者、全世界的人对有效的档案管理的作用达成共识,它是好的政府管理、法规约束、政务信息透明化的基本前提,保存了人类收集的记忆,为公众利用信息提供途径。

　　使命:ICA 担任保管档案的重要角色,体现在保护国家和个人的权利、支持民主和有效政务管理方面。它致力于对他们创作出的档案进行有效管理,将民族和社会的记忆性文档进行永久保存,并且为公众提供尽可能广泛的档案利用途径。它努力在尊重语言与文化多样性的前提下,通过培养国际合作建立一个更好的社会沟通渠道。

　　核心价值:在完满实现 ICA 使命的过程中,其成员努力坚持信息获取的平等性、多样性和自由化,跨国界、文化传统的公开和相互尊重的价值观。它尽可能使每一位成员获得的回报透明,并与其对组织的贡献对等。

　　当前 ICA 战略规划需要完成的任务有:

　　①成为包括国际上和国家组织之间记录保存以及档案工作的有效提倡者,提升档案在公众中的形象。

　　②在记录管理者和档案工作者掌握新技术的时候,给予他们更多的支持。

　　③寻求提高项目成果和服务质量的新路径,以自发努力的方式补充传统过程中的依赖。

　　④重振网络的作用,使它仍是一个真实的、全世界参与的多文化组织。

　　⑤提高 ICA 内部的透明度和沟通性,致力于发展重要的和长期的专业项目。

　　⑥寻找包括政府津贴和赞助在内的更多的外部资金可选项,以便 ICA 能够吸引更多成果和估价已发展成熟的成员。

　　ICA 对应的六大战略目标(核心活动):①提高对档案重要性的认知;②提高新技术引进和使用的影响力;③增强档案专业能力;④强化 ICA 网络建设;⑤改善 ICA 的绩效与责任;⑥建立合作伙伴关系。

4.1.1.2　ICA 业务规划

在上述战略规划的导向下,ICA 出台了一系列的跨年度业务规划:2008 年 7 月在吉隆坡举行的 ICA 年度大会上推出了《国际档案理事会 2008—2010 年业务规划》(ICA Business Plan 2008-2010)①;2010 年 5 月发布了《国际档案理事会 2009—2010 年业务规划》(ICA Business Plan 2009-2010)。

以《国际档案理事会 2009—2010 年业务规划》(ICA Business Plan 2009-2010)为例,该业务规划揭示了 ICA 的核心目标、三大业务目标和三大机构目标,清晰地勾勒了 ICA 未来业务的发展定位。

（1）核心目标(Key Objectives)

ICA 在下一个十年将注意力集中于上述六大战略目标上。其中,三大业务目标是关于项目以及规划委员会的积极性管理,三大机构目标是关于改变 ICA 的工作方式以及强化绩效。同时,与业务规划和管理周期相一致,ICA 将会每两年对这六大战略目标进行再评估。

（2）三大业务目标(Programme Objectives)

①提高对档案重要性的认知。

该目标下,ICA 的主要工作包括:

a.说服主要决策者在管理档案问题时,加强行政透明度,实行民主问责制;

b.强调档案作为一种信息管理资产的战略重要性;

c.为机构关键决策者提供有效的信息和档案管理工具;

d.帮助说服决策者保存公众档案,以免社会集体记忆受到不可弥补的损失;

e.鼓励公众增加对档案和知识的使用;

f.提高国家、地区和国际的档案管理和信息立法水平。

②提高新技术引进和使用的影响力。

---

① ICA.Reference Documents Business Plan 2008-2010[EB/OL].[2013-12-20]. http://www. ica. org/4096/reference-documents/business% 20-plan% 20-20082010.html.

主要目标：

a.支持档案工作人员迎接文档管理过程中大量电子表格的挑战；

b.协助行政过程中电子政务档案改革计划的进行，以增强档案的影响力；

c.促进长期保存具有历史价值的电子文件记录的解决方案的提出；

d.利用新的数字技术改善档案管理；

e.塑造新的与电子媒体相关的知识产权法律，以便档案可以被尽可能多的人访问。

③增强档案专业能力。

该目标下，ICA 的主要工作包括：

a.开发和推广最佳实践和标准的专业活动（档案宣传、档案管理、档案评价、档案保存和档案防灾、档案描述、档案访问、档案参考服务及推广和教育方面）等主要领域；

b.通过研讨会、课程、奖学金项目和在线资源，促进档案人员的培训；

c.生产印刷和在线出版物，专注于会议成员既定的需求。

（3）三大机构目标（Organizational Objectives）

①强化 ICA 网络建设。

该目标下，ICA 的主要工作包括：

a.认识和支持国家档案机构在推进行业利益的过程中的重要作用；

b.鼓励部分专业协会，以便其更多地参与 ICA 管理；

c.开展会员活动，吸引更多的机构和个人；

d.推出网络加强计划；

e.组织年会和四年一度的代表大会，关注最新的专业发展、主要趋势成果，快速传播全球社区档案；

f.改变 ICA 网站，使其成为协作成员之间对感兴趣的话题进行交流的工具；

g.设计方法确保互联网条件较差的成员的接入，使其享有 ICA

知情和参与权益;

　　h.完善 ICA 主体之间的直接通信(分支机构、工作组),使其不受 ICA 秘书处任何干预;

　　i.创建特殊的 ICA 利益集团,处理非正式、短期或长期关心的问题。

　　②改善 ICA 的绩效与责任。

　　该目标下,ICA 的主要工作包括:

　　a.确保 ICA 的决策是完全文档化的、可审计的和完全透明的;

　　b.理清各种管理机构关系,以确保组织高效运行;

　　c.推行一个灵活的业务规划框架,并保持灵活的反应能力;

　　d.提高 ICA 网站的服务质量,使主要成员受益。

　　③建立合作伙伴关系。

　　该目标下,ICA 的主要工作包括:

　　a.开发更多的与其他非政府国际组织的联合项目;

　　b.与区域合作组织合作以获得项目资助,实现共同目标;

　　c.恢复与联合国教科文组织的长期关系,使其他组织在联合国系统中建立全球可见性档案;

　　d.与发展组织形成新的关系;

　　e.探索与 ICA 主要的私营部门共同开发产品;

　　f.与频繁使用档案国际关系网络的其他专业建立联系。

　　据此,ICA 完成了一系列业务。仅以上述三大机构目标之一"强化 ICA 网络建设"为例,据 ICA 执行委员会统计,该目标下的 9 项具体业务内容的完成情况详见表 4-1。

　　从表 4-1 可以看到,ICA 所做的并不是专门的档案资源建设规划,但它所从事的业务活动中,部分就是档案资源建设与服务的内容,例如在线资源建设等。有些是专门的数字档案资源建设项目,例如 PCOM 项目和 FIDA 项目,见表 4-2①。总体来看,ICA 的业务活动中和档案资源建设规划相关的内容,对于全球的档案资源建设具有

————————

　　①　ICA Professional Programme [EB/OL]. [2013-12-24]. http://www.ica.org/134/ica-professional-programme/our-professional-programme.html.

表 4-1 ICA"强化 ICA 网络建设"业务规划及其完成情况

项目名称	责任机构	主要内容	状态	目标	结果	完成时间
新的 ICA 网站	秘书处	f, h, i	中央财政预算	提供一个汇集世界各地专业人士的档案信息中心网站，提升 ICA 的通信网络	一个强化功能与性能的新网站	2010 年
改进通信	秘书处	g	中央财政预算	做出通信内容和设计上的改进，同时使用其他语言传播	重新设计的通信，提供更多的语言文本	2010 年
年会	CITRA 局，秘书处	a, d, e	中央财政预算	与渠道国合作，增加 CITRA 参与 ICA 相关的战略和计划	CITRA 年会	2010 年
MIGAN——记忆的岛屿:档案网络网关	CARBICA(ICA 的加勒比分支)	d	E, F	MIGAN 项目鼓励拥有共同遗产的国家通过信息技术，以及利用 UNESCOs 指南，特别是世界记忆和读写程序分享档案资源	启用访问加勒比的档案网络资源门户	2012 年
使用法国档案探究波斯湾和阿拉伯国的历史	沙迦大学(阿拉伯联合酋长国)	c, d	E	旨在汇集东西方历史学家，开发一种利用法国档案研究波斯湾和阿拉伯语半岛历史的新的反射	平台之间争论的历史学家论的档案	2009—2014 年
孪生档案项目	ICA 部分政党和议会合作(ICA/SPP)	c, d	E, F	旨在创建一个档案结构来促进和维护 SPP 和 Nature 之间的特殊双边关系。这种结构可能会使 SPP 更好地吸引来自发展中国家和年轻民主党的活跃会员	孪生档案模型；3 个双品的具体经验	2010 年
非洲大西洋:从记录到知识，可追溯至 17—19 世纪	外洋历史档案柜(葡萄牙)	d	F	当前研究的目的是在 1833 年全球背景下，加强对 17 世纪中叶到 19 世纪关于研讨统制海外历史档案(摘要)的利用	在线访问；科学出版物；组织专门的研讨会和会议	—

备注:a,b,c,d,e,f,g,h,j 对应"强化 ICA 网络建设"9 项业务目标各项;E= "endorsed",表示"已批注";F= "funded",表示"已提供资金"。

很重要的指导作用。

表 4-2 **ICA 数字资源建设的专业项目**

项目 名称	项目内容	内容描述
PCOM 项目	数字记录保管项目	该项目的目的是通过创建、积极维护、评估,实现档案记录的长期保存。它的范围将包括可信的数字存储库、电子记录(ICA-Req)和档案处理工具,如 AtoM 项目活动是在一个特定 PCOM 领域,调查包括参与 ICA 专业会议和报告,来确定最佳实践和正在进行的项目和,并与会员分享研究成果和经验
	紧急管理项目	该项目的主要目的是协调行动和交流最佳实践,提高档案灾备意识,认识档案专业问题,增强机构的专家干预
	良好治理项目	旨在开发工具和传播指导方针,使档案组织帮助其政府部门提高档案管理水平。节省人力、财力成本,实现跨国界、跨文化、跨语言环境的全球通用档案管理方法
FIDA 项目	瓦努阿图:登记和保护殖民国家档案记录	准备建立一个新的国家图书馆和档案馆来确保档案记录的保存
	莫桑比克:莫桑比克历史档案保存培训	建立主管档案保护的国家中心部门和政府机构
	黎巴嫩:阿拉伯档案灾备规划	收集、保存和研究北非和中东的摄影档案
	柬埔寨:新的档案机构研究中心	建立国家权威的、具有文档一体化存档功能的档案中心
	喀麦隆:开发项目区域档案	支持地区档案分散后的重组

4.1.2 美国档案资源建设规划

NARA 是美国联邦政府档案工作的最高管理机构,作为美国档案资源建设规划的重要主体,其以战略为纲、以业务规划为翼、辅之以行动策略的综合性档案资源建设规划体系,是国家档案资源规划体系建设的典范。

表 4-3　　　　　　　**NARA 和 SAA 的战略规划**

NARA	战略规划	《美国国家档案与文件署 1997—2007 年战略规划》(The Strategic Plan of NARA 1997-2007)
		《美国国家档案与文件署 2006—2016 年战略规划》(The Strategic Plan of NARA 2006-2016)
		《美国国家档案与文件署 2014—2019 财年战略规划》(The Strategic Plan of NARA FY 2014-2019)
	信息资源管理战略规划	《NARA 2006—2016 财年信息资源管理战略规划》(The Strategic Information Resources Management Plan of NARA FY 2006-2016)
		《NARA 2013—2016 财年信息资源管理战略规划》(The Strategic Information Resources Management Plan of NARA FY 2013-2016)
	开放政府规划	《2012—2014 年开放政府规划》(Open Government Plan 2012-2014)
	绩效规划	《2013 财年年度绩效规划》
	资产计划	资产计划(Capital Planning)
	综合性规划	绩效预算制度、业绩与责任报告投资计划、信托基金委员会年度报告、联邦库存检查活动行动报告、商务报告、电子政务实施行动报告、年度员工调查、环境评估、可持续发展计划等①

① National Archives. NARA Plans & Reports [EB/OL]. [2013-12-11]. http://www.archives.gov/about/plans-reports/.

107

续表

SAA	战略规划	《2010—2014 财年战略优先目标与活动规划》 (Strategic Priority Outcomes and Activities FY 2010-2014)
		《2013—2018 年战略行动规划》 (Strategic Plan 2013-2018 with Proposed Actions)
		《2014—2018 年战略规划:目标和策略》 (Strategic Plan 2014-2018:Goals and Strategies)

（1）NARA 战略层面的规划

NARA 早在 1997 年就开展了与档案资源建设与服务相关的战略规划活动,制定了一个十年战略规划《美国国家档案与文件署1997—2007 年战略规划》(The Strategic Plan of NARA 1997-2007)。该战略规划形成后,分别于 2000 年、2003 年进行了修订。距离初次制定的战略规划十年后,NARA 再次出台新的十年战略规划《美国国家档案与文件署 2006—2016 年战略规划》(The Strategic Plan of NARA 2006-2016),并于 2009 年进行了修订①。2014 年 2 月,NARA发布了中长期的五年战略规划即《美国国家档案与文件署 2014—2019 财年战略规划》(The Strategic Plan of NARA FY 2014-2019)②。该规划分析了数字政府、云计算与服务等影响 NARA 的主要趋势,阐释了 NARA 的任务、愿景与价值观,涵盖了数字模拟档案信息、网络档案信息深度挖掘等热点问题。

NARA 较早开始信息资源管理战略规划。最早的规划为 2006年 9 月发布的 5.0 版本《NARA2006—2016 财年信息资源管理战略规划 》(The Strategic Information Resources Management Plan of NARA

---

① NARA.Presserving the Past to Protect the Future[EB/OL].[2013-12-10]. http://www. archives. gov/about/plans-reports/strategic-plan/2007/nara-strategic-plan-2006-2016.pdf.

② National Archives.U.S.National Achives and Records Administration Fiscal Year 2014-2019 Strategy Plan[EB/OL].[2014-02-03].http://www.archives.gov/about/plans-reports/strategic-plan/2013/nara-strategic-plan-2014-2019.pdf.

FY 2006-2016)①,旨在确保档案的证据性和可获取性,确立了五项战略目标:基础证据、电子记录、可访问、空间和保存、基础设施。此后,NARA 每年制定相应的规划版本,最新的版本是 2013 年 5 月发布的 5.6.4 版本《NARA 2013—2016 财年信息资源管理战略规划 》(The Strategic Information Resources Management Plan of NARA FY 2013-2016)②。最新的规划以保存过去、保护未来为主旨,明确了信息资源管理战略的 6 项任务:确保联邦政府文件的连续性和有效性;确保公众访问的合法性;克服数字时代保存电子文件的挑战;提供简单、安全的实时控制;增加文件查询的方式,通过博物馆、拓展活动、资助和教育项目等,进一步提高美国公民素养;优化 NARA 配备以满足多变的客户需求。尽管该规划中用的是"信息资源"一词,通过其条款,最终仍然落实到"文件""电子文件",最终归属于档案、数字档案建设的范畴。从这个角度来看,NARA 的信息资源管理战略规划其实就是档案信息资源规划或档案资源规划,涵括了档案资源建设与服务的范围,虽然具体的档案资源建设与服务规划归属于 NARA 的业务层次。

(2)NARA 业务层面的规划

在政府开放信息资源建设方面,NARA 于 2012 年 6 月最新编制的 2.0 版本《2012—2014 年开放政府规划》(Open Government Plan 2012-2014)③,内容包括:开放政府档案;加强国家文化在档案开放中的体现;旗帜性倡议;创新数字化利用和策略;提高政府透明度;提高领导和服务能力以满足 21 世纪的需求。这种资源建设体现了国家档案透明、开放、合作的文化理念。

---

① Reading Access to Essential Evidence[EB/OL].[2014-02-03].http://www.archives.gov/about/plans-reports/info-resources/nara-irm-strategic-plan-2006.pdf.

② NARA.Preserving the Past to Protect the Future:The Strategic Information Resources Management Plan of the National Archives and Resources Administration[EB/OL].[2013-12-10].http://www.archives.gov/about/plans-reports/info-resources/nara-irm-strategic-plan-2013.pdf.

③ National Archives.Open Government Plan[EB/OL].[2013-11-25].http://www.archives.gov/open/open-government-plan-2.0.pdf.

　　NARA重视在资本投资和绩效评估方面的工作,在政府文件管理、电子政务法律实现以及整体投资项目管理等方面出台了相应的资产计划(Capital Planning)①。当前的资产计划涉及开发电子记录归档程序、病例管理和报告系统、资产管理系统(HMS)、信息技术基础设施、档案和记录中心信息系统、描述和权威服务(DAS)等项目。NARA自1999年起每年编制《绩效规划》(Performance Plan)②,以检验某一财年完成任务计划与长期战略规划目标之间的关联。2013年4月修改完成的《2013财年年度绩效规划》③,以报表形式将2013年度信息资源建设业绩与NARA2013—2016年信息资源管理长期业绩目标进行对比,检验并确认任务完成情况,分析成果和影响。

　　NARA的规划有不少内容与档案资源建设密切相关。例如,2013年6月开始起草、2014年2月发布的中长期五年战略规划《美国国家档案与文件署2014—2019财年战略规划》(The Strategic Plan of NARA FY 2014-2019)④,该规划分析了数字政府、云计算与服务等影响NARA的主要趋势,阐释了NARA的任务、愿景与价值观,涵盖了数字模拟档案信息、网络档案信息深度挖掘等热点问题。

　　2013年5月发布的5.6.4版本《NARA2013—2016财年信息资源管理战略规划》(The Strategic Information Resources Management Plan of NARA FY 2013-2016)⑤是直接关系到档案信息资源建设与

---

　　① National Archives. Captal Planning[EB/OL].[2013-12-15].http://www.archives.gov/about/plans-reports/capital-planning.

　　② National Archives. Annual Performance Plans[EB/OL].[2013-12-21].http://www.archives.gov/about/plans-reports/performance-plan/.

　　③ National Archives. Fiscal Year 2013 Annual Performance Plan[EB/OL].[2013-12-05].http://www.archives.gov/about/plans-reports/performance-plan/2013/2013-performance-plan.pdf.

　　④ National Archives. U.S.National Archives and Records Administration Fiscal Year 2014-2019 Strategy Plan[EB/OL].[2014-02-03].http://www.archives.gov/about/plans-reports/strategic-plan/2013/nara-strategic-plan-2014-2019.pdf.

　　⑤ NARA.Preserving the Past to Protect the Future:The Strategic Information Resources Management Plan of the National Archives and Resources Administration[EB/OL].[2013-12-10].http://www.archives.gov/about/plans-reports/info-resources/nara-irm-strategic-plan-2013.pdf.

服务的专门规划。该规划以保存过去、保护未来为主旨,明确了6项任务:确保联邦政府文件的连续性和有效性;确保公众访问的合法性;克服数字时代保存电子文件的挑战;提供简单、安全的实时控制;增加文件查询的方式,通过博物馆、拓展活动、资助和教育项目等,进一步提高美国公民素养;优化 NARA 配备以满足多变的客户需求。为达此目标,NARA 的主要业务活动见表4-4。

表4-4　　　　**NARA 档案资源建设规划相关条款**○

业务活动	内容描述	支持 IRM 投资
电子文档（ERA）	一个实例:新的总统执行办公室 EOP 被要求支持当前的总统	ERA；EA 项目；IT 基础设施
文本加工	处理所有未办条目的 10%（HMS）的记录、待办事项列表,以便客户可以有效地访问控制	HMS
数字化	在更广泛领域实现数字化	当前的业务办公营业预算投资
国家解密中心（NDC）	推进跨部门解密进程,提高政府文档涉密标准	ADRRES/URTS
政务信息服务（OGIS）	回顾《信息自由法》的政策、过程及合规机构	当前的业务办公营业预算投资
评估文档管理项目	优化 RM 的监管、培训、永久保存和重设时间进程	当前的业务办公营业预算投资
FRCP 电子化服务	扩大电子文档服务范围	FRCP 文件转换工程
保存	HMS:部署新特征	HMS
SDLC 同步资料链路控制	关注收购单个项目或系统开发活动、SDLC 规定的流程步骤、交付和退出标准。一个 IT 系统的项目必须作为信息构建的一部分	OMB 通知 A-11；NARA805

① NARA.Preserving the Past to Protect the Future:The Strategic Information Resources Management Plan of the National Archives and Resources Administration[EB/OL].[2013-12-10].http://www.archives.gov/about/plans-reports/info-resources/nara-irm-strategic-plan-2013.pdf.

（3）SAA 战略规划

除了 NARA 制定战略规划和业务规划外,作为档案学术机构,美国档案学会(Society of American Archivists,SAA)自 2003 年开展战略目标、战略重点等规划活动,相继出台《美国档案学会战略目标(2003 年)》《美国档案学会战略重点(2006—2007 年)》等文件。在此基础上,SAA 委员会(SAA Council)不断完善规划内容,经反复修订,于 2010 年 5 月采用《2010—2014 财年战略优先目标与活动规划》(Strategic Priority Outcomes and Activities FY 2010-FY 2014)[1]。该规划进一步强化 2005 年 SAA 首次提出的三大战略重点内容——技术、多样性和公众意识与宣传,并细化实施步骤和实现时间表。

SAA 最新的战略规划是 2013 年 5 月推出的《2014—2018 年战略规划:目标和策略》(Strategic Plan 2014-2018: Goals and Strategies)[2]。经广泛征集意见,并结合 SAA 委员会的核心组织价值、愿景、任务和目标,经 SAA 委员会大会关键绩效指标核准后,于 2014 年 1 月 24 日取代《2013—2018 年战略行动规划》(Strategic Plan 2013-2018 with Proposed Actions)[3]。该规划展示了 SAA 未来三至五年关注的领域,提出四个主要目标:拥护档案和档案工作者、强化职业化成长、拓展专业知识领域、满足成员需求。作为美国档案学术界的重要代表,SAA 提供了源源不断的专业资源以促进档案事业和档案工作者的多样性并确保其价值。

4.1.3　英国档案资源建设规划

TNA 是英国国家档案资源规划的政府执行机构,该馆保存的档

---

①　SAA. Strategic Priority Outcomes and Activities FY 2010-FY 2014[EB/OL].[2014-02-03].http://files. archivists. org/governance/strategicplan/0510-Strat-Plan_PublicPosting_FINAL.pdf.

②　SAA. Strategic Plan[EB/OL].[2014-02-03].http://www.www2. archivists. org/governance/strategic-plan.

③　SAA. Strategic Plan 2014-2018 as Adopted in Jannuary 2014[EB/OL].[2014-02-03]. http://www2. archivists. org/sites/all/files/2014-2018Strategic Plan_v012414.pdf.

案可追溯至 1000 多年前。进入 21 世纪后,英国国家档案馆定位自身角色任务为:收集并确保政府文件记录(包括实物版和电子版)的世代相传,实现未来的有效读取,成为全世界最成功的档案机构。

英国同样重视战略规划与业务规划,见表 4-5。

表 4-5 英国的战略规划

英国国家档案馆	战略规划	《发展战略规划》(Strategic Plan 2007-2008、Strategic Plan 2008-2009、Strategic Plan 2009-2010、Strategic Plan 2010-2011)
	业务规划	《2011—2015 年业务战略规划》(For the Record. For Good.Our Business Plan for 2011-2015)
	政策和策略	"21 世纪档案馆"政策
		《国家商务档案策略》(National Strategy for Business Archives〔England and Wales〕)
		《国家收集战略》(The National Collections Strategy)
		《宗教档案支持计划》(Religious Archives Support Plan)
博物馆、图书馆与档案馆理事会	合作规划	《2008—2011 年博物馆、图书馆、档案馆合作规划》(Museums,Libraries and Archives Corporate Plan 2008 to 2011)

(1)战略层面

英国国家档案馆十分重视机构建设。2009 年 11 月,英国博物馆、图书馆与档案馆理事会(Museums,Libraries and Archives Council,MLA)推行的"21 世纪档案馆"发展政策①为未来档案馆的发展提出了五个推荐建议——加强部门合作、增强领导力、提高数字信息管理、完善在线访问目录与内容、促进团体内文化合作伙伴的身份属地意识,以支撑国家档案馆建设成为一个有效的、相关的、可持续的部门。为了反映档案机构工作环境的变化和英国国家档案馆新的领导

———————

① The National Archives.Archives for the 21st Century〔EB/OL〕.〔2014-02-03〕.http://www.nationalarchives.gov.uk/archives-sector/archives-21-century.htm.

角色,英国国家档案馆先后修正并更新《21 世纪档案在行动》(Archives for the 21st Century in Action Produced by March 2010)①、《21 世纪档案在行动:2012—2015 年》(Archives for the 21st Century in Action:Refreshed 2012-2015)②两个版本,展示了他们与政府政策保持一致的各项活动。

秉承"为了更好地记录"这一主题,英国国家档案馆制定了一个长期的《2011—2015 年业务战略规划》(For the Record.For Good.Our Business Plan for 2011-2015),描述了其四年期间的战略重点及 2013—2014 年的业务重点,同时公布了其部门支出、公共领域的花销、信息战略和透明度方面的内容③。数字化战略是英国国家档案馆业务规划的重心,因此开展了许多数字化项目并取得了一些成绩。2006 年,英国国家档案馆开展了"国家档案馆全球搜索""国家档案馆数字化项目""国家档案馆学习网站"三个项目。截至 2013 年,英国国家档案馆已实施完成项目约 25 个④。

(2)业务层面

收集是档案资源建设的前提性基础工作,英国国家档案馆为特定主题和格式的档案信息集合工作制定发展策略,从而应对重大领域保存文档的编目缺口、访问缺口等问题。2009 年 5 月,英国国家档案馆出台了《国家收集战略》(The National Collections

---

① The National Archives and the Museums,Libraries & Archives Council.Archives for the 21st Century in Action[EB/OL].[2014-02-04].http://www.nationalarchives.gov.uk/documents/information-management/archives-for-the-21st-century-in-action.pdf.

② The National Archives.Archives for the 21st Century in Action:Refreshed 2012-2015[EB/OL].[2014-02-04].http://www.nationalarchives.gov.uk/documents/archives/archives21centuryrefreshed-final.pdf.

③ The National Archives.For the Record.For Good.Our Business Plan for 2011-2015[EB/OL].[2014-02-04].http://www.nationalarchives.gov.uk/documents/the-national-archives-business-plan-2011-2015.pdf.

④ The National Archives Digitisation Programme 2009-2013[EB/OL].[2014-02-04].http://www.nationalarchives.gov.uk/documents/digitisation-programme-2009-2013-revised-march-2010.pdf.

Strategy)①,明确了作用域、多样性、可协商、综合性、可存取、有效性、信息权利、概括性、社会参与、易合作、灵活性、可保存的收集原则,规范了收集的对象,包括艺术档案、社区档案、视听档案、慈善组织和志愿者团体档案、科学档案、体育档案、文物档案、医疗档案八大类。在该策略的指导下,英国国家档案馆积极参与诸如 2012 年奥运会、残奥会和文化奥林匹克等活动的记录收集工作。在数字化方面,目前为止超过 5% 的档案记录实现了数字化收藏,且将持续完善档案在线利用的工作。

此外,英国国家档案馆对商务领域和宗教领域形成的不同主题的档案资源也制定了相应的政策和策略以加强建设与管理。为了使商务档案信息在英国经济活动中发挥效用,英国国家档案馆联合商务档案委员会、社会档案团体、MLA 等合作伙伴于 2009 年 7 月制定了《业务档案国家策略》(National Strategy for Business Archives [England and Wales])②。采取的四项战略行动,包括:提高商务活动档案保存意识;商务档案鉴定与评估;加强网络建设、发展伙伴关系;领导、教育和专业培训。2009 年,英国国家档案馆曾做过一个关于宗教档案的调查,于 2012 年 10 月开始任命高级顾问和私人档案团队推进执行《宗教档案支持计划》(Religious Archives Support Plan)③,并将扩展和更新的宗教档案信息公布到网站上以备查找利用。

其他档案组织或机构,如英国博物馆、图书馆及档案馆理事会在促进三馆业务集成与创新、可持续发展方面也制定了一系列行动规划。2008 年 4 月,该理事会编制了《2008—2011 年博物馆、图书馆、档案馆合作规划》(Museums, Libraries and Archives Corporate Plan

---

①　The National Collections Strategy [EB/OL]. [2014-02-04]. http://www.nationalarchives. gov. uk/documents/information-management/ncs-vision-strategy-and-principles.pdf.

②　National Strategy for Business Archives (England and Wales) [EB/OL]. [2014-02-04]. http://www.businessarchivescouncil.org.uk/materials/national_strategy_for_business_archives.pdf.

③　The National Archives.Religious Archives [EB/OL]. [2014-02-04]. http://www.nationalarchives.gov.uk/archives-sector/religious-archives-survey.htm.

2008 to 2011)①,体现了 MLA 对博物馆、图书馆和档案馆三大机构的愿景、角色定位和优先策略,在增强英国国家文化力量乃至扩展国际关系方面发挥了积极作用。MLA 还与英国国家档案馆联手实施一些具体的档案建设计划,如《档案馆行动计划》(Archives Action Plan)等。

4.1.4　加拿大档案资源建设规划

LAC(Library and Archives Canada)于 2006 年 6 月制定了战略规划"变革的方向",提出形成未来发展愿景的五大方向:新型的知识型组织;真正成为国家级的机构;与其他部门合作,加强加拿大文献遗产的完整性;成为人们学习的主要目的地;成为政府信息管理的引领性机构②。其中,关于档案资源建设,LAC 有意识地加强对数字化影响的认识,结合数字访问、数字信息长期保存、数字资源传递、数字馆藏管理等现实,将数字化作为战略建设的核心内容和 21 世纪服务于用户的主流业务。

2007 年、2008 年、2013 年,LAC 分别制定了为期四年的业务规划:《2007—2010 年 LAC 业务规划》(Library and Archives Canada Business Plan 2007-2010)、《2008—2011 年 LAC 业务规划》(Library and Archives Canada Business Plan 2008-2011)、《2013—2016 年 LAC 业务规划》(Library and Archives Canada Business Plan 2013-2016)③,凸显了 LAC 在当前和未来发展需求下所做出的努力和优先建设领域,在阐释机构职能和政府意志的基础上,强调社会档案信息资源整合、文化遗产保护、数字技术和数字格式模拟等重点问题,这些都是

---

① Museums, Libraries and Archives Corporate Plan 2008 to 2011 [EB/OL].[2014-02-04]. http://webarchive. nationalarchives. gov. uk/20101215185832/http://www.mla.gov.uk/what/~/media/Files/pdf/2008/corporate_plan_2008.ashx.

② 初景利.未来,为我而来——解析国外若干图书情报机构战略规划[N].新华书目报·图书报,2009-12-05(16).

③ Library and Archives Canada Business Plan 2013-2016[EB/OL].[2014-02-04]. http://www. bac-lac. gc. ca/eng/about-us/business-plans/Pages/business-plans.aspx.

数字档案资源建设的重要方面。2013 年 3 月,LAC 发布的《2013—2014 年重点规划报告》[Report on Plans and Priorities (RPP) 2013-2014]①又以图表的形式对比了项目实施、人力资源和经费开支方面的规划与实效。LAC 相关的规划见表 4-6。

表 4-6　　　　　加拿大国家图书与档案馆战略规划

战略规划	2006 年 6 月制定了战略规划"变革的方向"
业务规划	《2007—2010 年 LAC 业务规划》(Library and Archives Canada Business Plan 2007-2010)
	《2008—2011 年 LAC 业务规划》(Library and Archives Canada Business Plan 2008-2011)
	《2013—2016 年 LAC 业务规划》(Library and Archives Canada Business Plan 2013-2016)
地区性规划	《安大略档案馆 2010—2013 年战略规划》(Archives of Ontario Strategic Plan 2010 to 2013)
	《萨斯喀彻温档案馆战略规划》(Strategic Planning for the Saskatchewan Archives)

同时,在加拿大一些州的档案机构也保存着具有独特价值的历史档案、家庭档案和遗产档案等,收集广泛且内容多样。由此,也编制了一些地区性的档案战略规划以利于更好地记录和保存丰富的历史、共享经验,例如《安大略档案馆 2010—2013 年战略规划》(Archives of Ontario Strategic Plan 2010 to 2013)、《萨斯喀彻温档案馆战略规划》(Strategic Planning for the Saskatchewan Archives)等②。

---

① Report on Plans and Priorities 2013-2014 [EB/OL]. [2014-02-04]. http://www. bac-lac. gc. ca/eng/about-us/report-plans-priorities/rpp-2013-2014/Pages/rpp-2013-14.aspx.

② 马海群.国外档案战略规划的发展现状及特点分析[J].档案学通讯,2012(4):10.

4.1.5　澳大利亚档案资源建设规划

澳大利亚国家档案馆（National Archives of Australia，NAA）于 2012 年 9 月制定了《2012—2013 年至 2016—2017 年澳大利亚整体规划》（National Archives of Australia Corporate Plan 2012-2013 to 2016-2017）①，阐述了 NAA 的愿景、业务职责以及未来五年的战略重点和实施路径，提出了长期规划的四项战略落脚点：人力建设、档案资源安全存储、政府信息数字化过渡、业务和服务创新。同时，NAA 以年度报告的形式向委员会汇报计划实施成效②。

2008 年 7 月，澳大利亚档案工作者学会（Australian Society of Archivists，ASA）通过的《2008—2012 年 ASA 战略规划》（ASA Strategic Plan 2008-2012）③，致力于提高 ASA 的专业素养和职业追求，开展教育培训，提供适宜的服务和加强组织管理。ASA 为澳大利亚档案专业机构的主体，该规划的编制对其形成和保管的社会成长档案、档案遗产等方面的建设与服务行动起到指导作用。NAA 和 ASA 相关的规划见表 4-7。

上述整体规划、战略规划都与档案资源建设与服务密切相关。NAA《2012—2013 年至 2016—2017 年澳大利亚整体规划》的四个战略重点中，"战略重点 2"到"战略重点 4"分别是：确保档案资源存储能力，维护联邦档案的安全；提高澳大利亚政务信息的数字化程度，增强政务文件管理能力；为公众提供利益相关的档案信息服务，提高档案业务工作效率。

---

① NAA. National Archives of Australia Corporate Plan 2012-2013 to 2016-2017［EB/OL］.［2014-02-04］. http://www. naa. gov. au/about-us/organisation/accountability/corporate-plan/index.aspx.

② NAA. National Archives of Australia Corporate Plan 2012-2013 to 2016-2017［EB/OL］.［2014-02-04］. http://www. naa. gov. au/about-us/organisation/accountability/corporate-plan/index.aspx.

③ ASA Strategic Plan 2008-2012［EB/OL］.［2014-02-04］. http://www. archivists.org.au/icms_docs/110861_Strategic_Plan_2008_-_2012.pdf.

表 4-7　　澳大利亚国家档案馆和档案学会的档案工作规划

NAA	整体规划	《2009—2012 年整体规划》(Corporate Plan 2009-2012)
		《2012—2013 年至 2016—2017 年澳大利亚整体规划》(National Archives of Australia Corporate Plan 2012-2013 to 2016-2017)
ASA	战略规划	《2005—2008 年 ASA 战略规划》(ASA Strategic Plan 2005-2008)
		《2008—2012 年 ASA 战略规划》(ASA Strategic Plan 2008-2012)

具体工作层面,自 1992 年开展电子文件管理项目以来,澳大利亚相继颁布了《文件管理标准》《数字文件管理指南》等,这些都是其数字档案资源建设的重要依据。

4.1.6　法国数字档案资源建设

法国对于档案资源建设非常重视。早在 20 世纪 90 年代,就开始实施了档案数字化项目。1996 年,法国仅实施了地图数字化项目一个项目;次年,全国 28 个档案馆申请并着手档案数字化项目,包括纸质档案、声像档案的数字化[1]。

法国是近代意义档案事业的开创者,其档案工作历史悠久,因此国家档案馆馆藏资源十分丰富。鉴于地图、照片档案所占面积较大、载体材料特殊,法国国家档案馆制定了《国家地图计划》(Cartes et Plans— Photographies),对地图档案的保管在来源原则的基础上提出两点原则:尊重和利用原有基础;保持同一来源档案不可混淆[2]。这就给移交归档的地图和照片档案鉴定保管、编号入库、定期保护等工作带来了便利,提高了档案管理效率。

进入 21 世纪后,法国加强了电子文件管理,尤其是从顶层设计

---

[1]　周耀林.法国档案文件数字化实践[J].北京档案,2002(4):36.

[2]　Cartes et Plans-Photographies[EB/OL].[2014-02-04].https://www.archives-nationales.culture.gouv.fr/sia/web/guest/cartes-plan-photographies.

方面开始考虑电子文件管理的问题。2000 年,法国国家档案局和法国国家现代化管理局联合推出电子数字化办公计划,目的在于构建一个数据及文件数字化的标准存储模式和框架,具体措施包括:构建一个标准参考框架,规定及详细说明标准参考的技术支持,筹备建立国家档案馆电子档案平台。2006 年 3 月初,标准参考框架建成并在试点进行检测,至 2007 年该标准框架已在法国政府办公中被广泛推行及使用①。

4.1.7　日本和新加坡的档案资源建设规划

日本国立公文书馆(National Archives of Japan)是日本的国家公共档案机构,主要负责管理国家行政档案和其他文书档案、古籍文献资料。在馆藏资源数字化建设方面,为满足更多用户的数字档案利用需求,日本国立公文书馆每年制定纸质档案数字化项目规划。2013 年 9 月推出的《2013—2014 年纸质材料数字化项目复制规划》(Digitization Program 2013-2014 for Paper-Based Materials Replication Plan)②,编列了从规划实施之日起到 2014 年 2 月末所需完成数字化的纸质档案目录和编目号码,是典型的数字档案资源建设的范畴。

新加坡国家档案馆 NAS(The National Archives of Singapore)隶属于新加坡国家文物局 NHB(The National Heritage Board),负责收集、保存和管理包括政府文件、个人回忆录、古地图和图片,以及口述历史访谈和视听资料在内的公共和私人档案记录。从 1989 年起,NAS 开始执行收集历史档案的五年计划,主要是征集散失在英、美等海外地区的档案。NHB 历时 4 个月搜集公众反馈意见用于修改相关草案,2013 年 9 月提出了《文档和网站管理计划》(Document and Site Management Plan),以此作为提名世界遗产委员会花园城市遗产地的申请材料。日本和新加坡的相关规划见表4-8。

---

①　李萍.论现代法国档案事业的创新与发展[J].档案学研究,2009(2):57.

②　Digitization Program 2013-2014 for Paper-Based Materials Replication Plan [EB/OL]. [2014-02-04]. http://www. archives. go. jp/english/news/pdf/130913_01.pdf.

表 4-8　　　　　　　　日本和新加坡的档案工作业务规划

日　本	日本国立公文书馆	业务规划	《2013—2014 年纸质材料数字化项目复制规划》（Digitization Program 2013-2014 for Paper-Based Materials Replication Plan）
新加坡	NAS	业务规划	收集历史档案的五年计划
	NHB	业务规划	《文档和网站管理计划》（Document and Site Management Plan）

　　总体来看,国外档案资源建设规划的主体有国际档案组织、国家或地方档案馆、档案学术机构。这些主体在对当前档案事业发展的总趋势进行合理预测之后,以社会公众需求和馆藏资源结构为主要依据,制定了相应的档案工作长期规划。在各项具体业务活动开展前期编制业务规划与行动计划,并且对规划项目实施绩效定期进行考察评估,以数据和图表等形式形成评估报告。这样就构成了由战略规划、业务规划、行动计划以及绩效评估报告组成的一套完整的工作规划体系,见图 4-1。通过前文的分析,这些战略规划、业务规划和行动计划不仅含有面向公众需求的成分,而且覆盖了档案资源建设的内容。例如,国外档案资源建设规划主题广泛涉及国家历史档案数字化、文化遗产档案收集、政务网站建设、档案教育工作等业务领域,涉及广泛的公众需求;在兼顾收集并丰富馆藏资源的同时,重

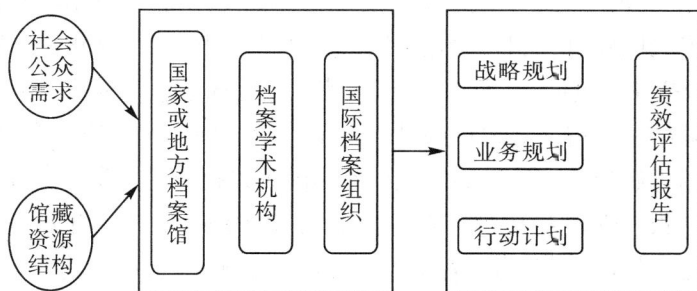

图 4-1　国外档案资源建设规划体系

视档案数字化、档案网站建设与数字档案利用工作。同时,国外档案界十分重视在各类规划实施过程中,逐步细化和量化规划管理,这对于科学审视规划项目实际发挥的效益是十分有利的。

4.2　我国档案资源建设规划

　　面向公众的档案资源建设规划是对即将开展的档案资源建设工作所作出的较为全面、长远的建设计划和系统建设方案,是档案资源建设前期的准备性工作。2006 年 9 月,《关于加强档案信息资源开发利用工作的意见》实施后,全国各地关于档案资源建设的活动如火如荼地开展,各省市也纷纷开展"档案资源建设年"活动,是我国档案资源建设规划的成功案例。面向公众的档案资源建设,是一项庞大的社会性系统工程,其影响因素众多,涉及面也较为广泛复杂,只有科学、合理地作出档案资建设规划,统筹安排,合理布局,才能有效避免档案资源建设的低水平重复和无序竞争。

4.2.1　我国档案信息资源建设规划的背景

　　(1)全国信息化发展的推动

　　"信息化"的概念来源于日本。1963 年,日本学者梅倬忠夫预测了"信息革命"和"信息化社会"的前景,预见了信息科学技术的发展和应用将会引起一场全面的社会变革,并将人类社会推入"信息化社会"。1967 年,日本政府的一个科学、技术、经济研究小组在研究经济发展问题时,依照"工业化"概念,正式提出了"信息化"概念,并从经济学角度给它下了一个定义:信息化是向信息产业高度发达且在产业结构中占优势地位的社会——信息社会前进的动态过程,它反映了由可触摸的物质产品起主导作用向难以捉摸的信息产品起主导作用的根本性转变①。随着信息化研究的深入,学者们针对信息化的概念各抒己见,有的学者认为信息化就是知识化,即人们受教育程

①　转引自:谢阳群.信息化的兴起与内涵[J].图书情报工作,1996(2):36-40.

度的提高以及由此而引起的知识信息的生产率和吸收率的提高过程;有的学者认为信息化是指国民经济发展从以物质和能源为基础向以知识和信息为基础的转变过程,或者说是指国民经济发展的结构框架重心从物理性空间向知识性空间转变的过程,当然还有很多不同角度的定义。信息化是指整个社会以信息为中心①。而我国对"信息化"的概念有较为正式的界定,2006 年中共中央办公厅、国务院办公厅印发的《2006—2020 年国家信息化发展战略》指出:"信息化是充分利用信息技术,开发利用信息资源,促进信息交流和知识共享,提高经济增长质量,推动经济社会发展转型的历史进程。"②

从 20 世纪 50 年代开始,一些有远见的学者就已敏锐地洞察到,随着信息科学技术的发展和应用,以开发和利用信息资源为主的信息活动将会逐渐成为人类的一项主要社会活动,而且随着时间的推移,这一变化将会演变为一场巨大的社会经济变革,并且最终使人类从工业时代迈入信息时代。信息化作为社会发展中的一个阶段,如同农业化和工业化一样,将会对社会的发展起决定性作用。它不仅会从整体上改变社会的经济结构,而且会对人类社会生活的所有其他领域产生重大影响,因而是社会进步的必然结果。这种社会整体的变化,即"社会信息化",而社会信息化的结果就是形成信息化社会。

随着"信息经济"的崛起,加快信息资源的开发和利用成为促进社会经济发展的必由之路。从 20 世纪 60 年代以来,许多国家一直致力于推行"信息资源化"政策,在经济领域掀起了一股"经济信息化"的浪潮。20 世纪 90 年代,信息化的浪潮进一步高涨。大力发展信息产业、加快社会经济信息化进程受到了世界各国的高度重视。美国、日本、欧盟、加拿大、韩国、新加坡、印度等国家和地区相继提出

---

① 于根元.现代汉语新词词典[M].北京:北京语言学院出版社,1994:413.

② 中共中央办公厅、国务院办公厅关于《2006—2020 年国家信息化发展战略》的通知[EB/OL].[2014-01-05].http://www.gov.cn/gongbao/content/2006/content_315999.htm.

各自的"信息高速公路"计划,期望通过信息高速公路的建设来加快本国、本地区的信息化进程。

20 世纪 80 年代初,我国开始重视信息化的问题。1983 年,在全国范围内开展的"新技术革命的挑战与我们的对策"大讨论,使人们意识到新技术革命的核心是信息革命,而信息革命的目的就是要提高信息资源的开发利用水平,扩大信息资源的开发利用规模。1984 年,邓小平为国家信息中心题词:"开发信息资源,服务四化建设。"这说明信息化问题已引起了国家的高度重视。在国外信息高速公路计划的影响下,我国也提出了自己的信息化基础设施建设计划,即一系列以"金"字为标志的应用性工程,如"金桥""金关""金卡"等。20 世纪 80 年代以来,国家相继成立了"国家经济信息中心"(1988 年更名为国家信息中心)、"国家经济信息化联席会议"、"信息产业部信息化推进司"、"国务院信息化工作办公室"、"国家信息化领导小组"(2014 年更名为中央网络安全和信息化领导小组)、"工业和信息化部",它们在推进我国信息化进程中起到了重要的作用。

党的十五届五中全会(2000 年 10 月)《关于制定国民经济和社会发展第十个五年计划的建议》指出:大力推进国民经济和社会信息化,是覆盖现代化建设全局的战略举措。2002 年 7 月 3 日,中共中央政治局常委、国务院总理、国家信息化领导小组组长朱镕基主持召开了国家信息化领导小组第二次会议,会议讨论通过了《国民经济和社会信息化专项规划》。该规划是我国第一个信息化发展规划①。党的十六大(2002 年 11 月)提出,把大力推进信息化作为我国在新世纪头 20 年经济建设和改革的一项主要任务。中共中央办公厅、国务院办公厅《关于加强信息资源开发利用的若干意见》(中办 2004〔34〕号文件)从宏观上指出了信息资源开发的路径。2006 年中共中央办公厅、国务院办公厅印发的《2006—2020 年国家信息

---

① 　朱镕基主持国家信息化领导小组第二次会议,讨论通过《国民经济和社会信息化专项规划》《关于我国电子政务建设的指导意见》,讨论了振兴软件产业的问题.中国信息导报[J],2002(7):13.

化发展战略》①确定了我国信息化发展的战略目标是：综合信息基础设施基本普及，信息技术自主创新能力显著增强，信息产业结构全面优化，国家信息安全保障水平大幅提高，国民经济和社会信息化取得明显成效，新型工业化发展模式初步确立，国家信息化发展的制度环境和政策体系基本完善，国民信息技术应用能力显著提高，为迈向信息社会奠定坚实基础。随着信息化发展战略的深入，有关信息化的规划成为国民经济与社会发展规划的重要组成部分。党的十七大（2007 年 10 月）提出：工业化、信息化、城镇化、市场化、国际化。我国关于信息化建设的宏观举措推动了档案信息化建设。此后至今，国家对于信息化的重视一波盖过一波，推动着我国信息化的发展。

此后至今，我国信息化蓬勃发展。国家信息基础设施的建设、Internet 的迅速推广与普及、办公自动化与电子文件急增、"政府上网工程"的开展，"政府信息化先行"战略的实施，以及国外数字档案馆的发展和我国数字图书馆的发展等，都构成重要的外部力量，推动着我国档案信息化的发展。

信息化进程中，推动信息化建设的决定因素有三个：一是信息技术，二是信息设备，三是信息资源。其中，信息资源建设是信息化的核心。在我国，信息资源建设滞后于信息基础建设，存在着"重硬件，轻软件""重信息基础设施建设，轻信息资源建设"的倾向，信息资源建设发展缓慢②。信息化社会信息资源建设面临很多新形势，都不同程度地制约了信息资源建设的发展。因此，为了更有效地利用信息资源，必须重视和加强对信息资源的规划。

对信息资源规划的研究始于 20 世纪 80 年代。20 世纪 80 年代初，由于信息系统开发失败的案例很多、应用积压严重、开发效率低、系统维护困难等原因，社会信息化需要寻求新的信息系统开发指导方法。以詹姆斯·马丁为代表的美国学者，总结了这一时期数据处

---

① 中共中央办公厅、国务院办公厅印发《2006—2020 年信息化发展战略》[EB/OL].[2014-02-10].http://www.gov.cn/jrzg/2006-05/08/content_275560.htm.

② 赵文广.信息资源建设的 5 个新视角[J].中国信息界,2005(21):20.

理发展的正反两方面经验①。信息资源规划的概念是 20 世纪 90 年代初期由西方学者提出的,它的初衷是减少信息资源的重复冗余建设,解决信息孤岛问题,实现信息共享。在我国,高复先最早提出信息资源规划的概念,在其《信息资源规划—信息化建设基础工程》一书中,他认为信息资源规划的主要内容可概括为"三种模型和一套标准"——功能模型、数据模型、系统体系结构模型和信息资源管理的基础标准。罗晃等在《信息资源规划的协同策略与方法》一文中提出了信息资源规划的概念,他们认为信息资源规划是对信息资源的获取、处理、存储、传输和利用等环节的规划,是对信息资源生产消费的产品和过程进行的全面规划②。在这个过程中,信息资源规划已由最初的企业信息资源规划拓展到政府、文化、数字等领域的信息资源规划,档案信息资源规划研究也开始进入人们的视线。应当说,国家信息化发展的规划,是推动档案资源建设规划的重要外部力量。

(2)档案信息化发展的需求

何谓"档案信息化"? "档案信息化是指档案机构运用现代信息技术,加强档案信息资源的收集、整理、开发和利用。"③档案信息化具有以下两方面含义:一方面,档案信息化是一种社会发展形态,是档案工作发展到某一特定社会进程的概念描述,而不是某一时刻的结果。在这一过程中,档案信息化在其自身发展过程中要作用于社会的各个方面,因此,要把其作为整个社会信息化进程中的一个方面或是缩影来看待,它属于社会信息化中的应用性工程之一。另一方面,档案信息化又是一个不断完善和发展的过程,在这一过程中信息技术的发展与广泛应用是推动档案信息化进程的动力,提高开发与有效利用档案信息资源的能力、进而实现资源共享是目的,为此,这一过程需要多种社会力量的参与和良好的档案工作内部条件和外在

　　① 夏柏成.信息资源规划研究[D].无锡:江南大学,2005.
　　② 吴雪飞.社会记忆视域下的档案信息资源规划研究[D].南昌:南昌大学,2013.
　　③ 陶碧云.论档案信息化内涵及其相互关系[J].档案学通讯,2002(6):31.

环境。总之,档案信息化作为一个运动过程,它是一个动态概念,它的内涵在不同的历史发展阶段会呈现出不同的特点①。还有学者认为档案信息化是指档案管理模式从以面向档案实体保管为重心,向以档案实体的数字化信息这种主要形式向社会提供服务为重心的转变过程。在这样的转变过程中,要实现档案信息的数字化和网络化,要实现档案信息接收、传递、存储和提供利用的一体化,要实现档案信息高度共享,而这必将引发档案管理模式的变革。总之,所谓档案信息化,就是在国家档案行政管理部门的统一规划和组织下,在档案管理活动中全面应用现代信息技术,对档案信息资源进行处置、管理和为社会提供服务,加速实现档案管理现代化的进程。换句话说,档案信息化是指档案管理模式从以档案实体为重心向以档案信息为重心转变的过程。这是一个长期的发展过程,在这一过程中,要不断地采用现代信息技术装备档案机构,从而极大地提高档案管理和利用的现代化水平。

在国家信息化发展的宏观背景下,档案信息化也不断在推进。

1979 年起,中央档案馆、解放军档案馆、国家档案局科研所等陆续购置计算机设备,开始了档案管理自动化课题的研究和实验,开始了档案信息化进程。至 1985 年年底,全国已有 20 多个档案馆成功开发并运行了计算机档案管理系统。

1996 年,国家档案局成立了"电子归档研究领导小组",档案信息化逐步由自发进行转向自觉开展。2000 年,国家档案局提出推进档案信息化建设的任务。同年 5 月,深圳市数字档案馆建设以及全国大规模的档案数字化工作开始启动。同年 9 月,时任国际档案理事会主席王刚深刻论述了档案信息资源在世界从工业社会向信息社会转型的历史进程中的重要作用,并且要求全世界档案工作者"深入思考新千年档案工作与信息社会的密切联系,激励我们学习和运用当代先进的科学知识和技术手段,加快档案工作融入信息社会的

---

① 孟世恩,王颖,等.对我国档案信息化建设实施的理论思考[J].档案学研究,2004(5):30.

步伐"①。2002 年《全国档案信息化建设实施纲要》(档发〔2002〕8 号)发布,国家层面开始对档案信息化建设的宏观组织。这是"十五"期间全国档案事业发展的唯一一个专项规划,是第一个全国档案信息化建设规划。2004 年 11 月,国家信息化领导小组会议纪要明确将档案信息列入国家信息化基础信息库的建设计划。《国家档案局中央档案馆关于加强档案信息资源开发利用的意见》(国档发〔2005〕1 号文件)为档案信息服务提供了指导。2005 年 12 月,在北京召开的全国档案局馆长会议审议通过了《档案事业发展"十一五"规划》。"国家数字档案建设与服务工程"(简称"金档工程")作为"十一五"重大建设项目正式启动,其总体目标是:以 3 127 个国家综合档案馆为建设对象,以分布式档案数据库建设为核心,重点建设涵盖全部馆藏档案的全国性、超大型、分布式、规范化、可共享的档案目录数据库、纸质档案全文数据库和多媒体档案数据库;建立适应国家经济建设和社会发展需要的档案信息资源共享体系;建立适应各级党委政府电子政务建设需要的电子文件归档管理和电子档案接收管理系统。该项目的实施,标志着我国档案资源建设与服务工作进入了高潮。

此后,档案资源建设与服务的相关工作得以启动。例如,全国档案信息资源开发利用试点工作由国家档案局和国务院信息化工作办公室于 2006 年 9 月共同启动,包括省以上档案馆、中央国家机关和中央企业档案机构在内的 16 个单位作为试点,对传统载体档案数字化、政务信息资源管理、已公开现行文件利用、企业档案信息资源开发利用、公共文献基础数据库建设和档案信息资源社会化服务进行了探索。

简要地回顾档案信息化发展过程可知,我国档案信息化是在外部的压力和内部的动力两者共同的作用下产生的。在内部,办公自动化的普及与政府上网工程的全面实施,促使人们对档案的需求方式发生了深刻的变化,档案的形式、特征、类型要求档案工作必须变革其工作模式与方法,已经实施的部分档案信息化进程必须得到应

① 杨公之.档案信息化建设导论[M].北京:中国档案出版社,2001:2.

有的规范,信息资源共享、信息资源优化配置和信息一体化管理,都迫切需要档案信息化。可见,档案信息化是国家信息化建设的一个重要组成部分,加强档案信息化是档案事业适应时代和社会发展的必然选择,是加速档案管理现代化的客观要求,是提高档案信息服务水平的必由之路。这决定了档案信息化的必然,也决定了档案信息化规划的必然。

从我国档案信息化起步至今的 30 余年的时间里,我国在档案信息化,包括数字档案馆建设、纸质档案数字化、电子文件管理等方面不断地进行实践探讨和理论研究,取得了不少成绩。尤其是在相关标准方面,例如《数字档案馆建设指南》以及《电子文件归档与管理规范》(GB/T 18894—2002),为档案资源建设与服务奠定了很好的基础。

然而,我国档案信息化毕竟是从机构层面、地方层面开始的,是从局面到整体的发展过程。在这种情况下,档案信息化发展在取得成绩的同时,也暴露出了不少问题,例如:

①各自为政,自行研究系统并开始应用,形成了各种档案(文件)管理系统并存的局面。

②档案数字化并未得到规整。国家档案行政管理部门于 2005 年年底出台了相关的规范,但对于全国不少地方早已开始的档案数字化而言,明显滞后。

③电子文件归档移交方面,已有的标准对于移交格式、方式、载体等进行了规定,但毕竟时间晚,无法为此前已经进行的移交工作提供指导;同时,相关标准仅仅为脱机移交提出了要求,对于当前已经广泛开展的档案在线移交工作而言,明显滞后。

……

为了使得已经实施的部分档案信息化进程得到应有的规范,为了保证数字档案资源共享、数字档案资源优化配置和数字档案一体化管理的需要,就必须对过去的档案信息化工作进行规范,也就是在国家档案行政管理部门的统一规划和组织下,在档案管理活动中全面应用现代信息技术,对档案信息资源的接收、鉴定、保存、管理和提供利用服务进行规范,推动档案信息资源规划的发展。

4.2.2　档案资源建设规划的层次与内容

在档案资源建设发展中,尚未出现专门的档案资源建设规划的内容,但相关的研究成果已经涉及这个主题。例如,从档案工作面向公众的角度来看,周林兴、王婷婷从公共文化服务体系建设的角度探讨档案信息资源规划,指出当前规划工作中存在权力化的规划理念、单一化的规划内容、局部化的规划政策以及内敛化的规划模式等问题,强调从管理体制、资源建设、法规制定等层面开展规划工作以配合公共文化服务体系建设①。从宏观上看,周林兴提出了面向社会的档案信息资源规划理念,并从价值取向、问责机制、路径选择、政策与机制研究等方面开展了面向社会的档案信息资源规划研究②。与之不同的是,王新才等基于微观信息资源规划方法探讨了档案信息化建设中档案信息资源规划的实施,并且详细讲述了规划前期准备工作、规划主体以及规划后期任务③。可见,档案资源建设规划及其内容存在着不同的视角。

不难看出,面向公众需求的档案资源建设是一项庞大的社会性系统工程,其规划离不开对这个复杂的系统工程的简要划分。为了更好地剖析我国档案资源建设规划的层次与内容,有必要了解和分析信息资源规划的层次与内容。

信息资源规划具有不同的层次,有宏观层次、中观层次和微观层次④。据此,面向公众需求的档案资源建设与服务也可以相应地划分为三个层次,即面向公众需求的档案资源建设的宏观规划、中观规划和微观规划。其中,面向公众需求的档案资源建设宏观规划是国家层面上档案资源建设的战略规划,是在全面分析面向公众需求的

---

① 周林兴,王婷婷.基于公共文化服务体系建设的档案信息资源规划研究[J].档案学通讯,2012(2):83.

② 周林兴.面向社会的档案信息资源规划研究——研究现状、意义及主要内容、观点[J].档案,2011(6):10.

③ 王新才,李雯,等.论档案信息资源规划的实施[J].信息资源管理学报,2011(1):91.

④ 马费成.信息资源开发与管理[M].北京:电子工业出版社,2004:3.

档案资源建设战略环境的基础上,围绕档案资源建设战略目标,宏观调控思路、方式与手段,以及档案资源建设整体模式和政策法规制度体系所作的建构与规范。面向公众需求的档案资源建设中观规划侧重于从行业、地区的档案资源建设与发展入手,解决档案资源建设与发展的重要问题,以推动行业、区域的档案资源建设与发展。面向公众需求的档案资源建设微观规划是指档案机构的计划,即具体的档案机构如何落实国家、地区或行业的档案资源建设与服务的规划内容,从而实现本机构的档案信息化服务,提高档案资源的共享程度和利用率。具体来说,档案资源建设的微观规划包括档案资源建设现状与需求的分析,这是档案资源建设规划制定的基础,进而规划档案资源结构,明确档案资源建设的标准与方法,规划数字资源和网络资源的采集与开发等。

此外,我国档案资源建设规划也可以划分为一般规划和重点规划两大类别。其中,一般规划是针对档案事业提出的中长期发展战略目标方面的规划,重点规划侧重于档案资源建设各项业务提出的实施层面的规划。

值得注意的是,无论是宏观还是中观、微观,也无论是一般规划还是重点规划,档案资源建设的规划都需要一切从实际出发,以公众需求和利用为最终目标。

4.2.2.1 面向全国的档案资源建设规划

面向全国的档案资源建设规划,是根据各时期档案发展的外部环境和内部经济政治发展纲要,国家档案局和部分省市档案行政管理机构从档案事业发展宏观层面出发,制定的一系列档案资源建设发展规划。这个规划又往往体现在档案工作或档案事业发展的规划中。

十一届三中全会之后,我国档案事业开始走向"复苏"。在党中央〔1980〕16号文件、国务院〔1980〕246号文件以及中央书记处关于"开放历史档案"的方针指导下,我国档案事业开始冲破长期"左"倾错误的严重束缚,进行拨乱反正,使我国档案工作从十年"文革"所造成的严重破坏情况下很快得到了恢复,并在某些方面有了新的提高和发展,出现了新中国成立以来少有的好形势。但档案工作中存在的机构不健全、制度不完善、物质条件差、管理水平低等问题影响着档案事业的进一步发展。为了改变这种落后的状况,国家档案局1983年印发了我国档案事业的首个规划——《一九八三年至一九九〇年档案事业发展规划》,涉及诸多档案资源建设与服务方面的内容①。1986年起,国家档案局开始结合国民经济和社会发展五年计划,制定相应的档案事业发展计划。特别是在1987年颁布的《中华人民共和国档案法》中明确规定:"各级人民政府应当加强对档案工作的领导,把档案事业的建设列入国民经济和社会发展计划。"从1986年至今,国家档案局先后制定了《档案事业发展"七五"计划(1986—1990)》②《全国档案事业发展十年规划和"八五"计划纲要》③《全国档案事业发展"九五"计划》④《全国档案事业发展"十五"计划》⑤《档案事业发展"十一五"规划》⑥《全国档案事业发展"十二五"规划》⑦,这一系列的计划(规划)体现出国家对档案资源建设与服务工作的"调控"历程,突出了档案资源建设与档案服务在档案事业发展中的关键性作用,详见表4-9。

上述宏观规划为各地的档案资源建设提供了导向,也为各地制定自己的规划或年度计划提供了参考。

---

① 国家档案局办公室编.档案工作文件汇集 第二集[M].北京:档案出版社,1985:27.

② 国家档案局办公室编.档案工作文件汇集 第三集[M].北京:档案出版社,1988:13.

③ 国家档案局办公室编.档案工作文件汇集 第五集[M].北京:档案出版社,1997:3.

④ 国家档案局办公室编.档案工作文件汇集 第六集[M].北京:档案出版社,1997:6.

⑤ 国家档案局办公室编.档案工作文件汇集 第八集[M].北京:中国档案出版社,2003:8.

⑥ 国家档案局.档案事业发展"十一五"规划[J].中国档案,2007(2):9-11.

⑦ 国家档案局.国家档案局中央档案馆关于印发《全国档案事业发展"十二五"规划》的通知[EB/OL].[2014-02-25].http://www.saac.gov.cn/zt/2011-01/14/content_12721.htm.

表4-9 我国档案资源建设相关的宏观规划

规划名称	时间(年)	总体目标	涉及档案资源建设与服务的内容
《一九八三年至一九九〇年档案事业发展规划》	1983—1990	在国家第六和第七个五年计划期间,在全国范围内初步建立起一个门类齐全、结构布局合理、管理科学,为社会主义现代化建设有效服务的、具有中国特色的档案事业体系	县级以上党、政领导机关档案室应做好档案的鉴定工作,机关档案室应开始编印本机关的重要文件汇集或目录,为机关工作服务;从1983年开始应该向档案馆移交的档案逐步进行移交;1985年以前,各企业、事业单位科技档案机构应编制好科技档案汇集引卡片等必要的检索工具;大到企业、事业单位科技档案的分类目录、专题索引卡片等必要的检索工具;大型企业、事业单位应编制科技档案的数据分析资料汇编,加强内部业务建设;积极开展利用工作,为提高企业、事业的经济效益服务 各综合档案馆要加强历史档案和资料的接收与征集工作,要改进业务基础工作;要逐步建立起全国和省级历史档案、资料检索中心。中央各专业档案馆,在1990年以前应建成本专业系统的档案、资料目录中心,积极开展档案的利用工作。1986年至1990年期间逐步建立起全国和省级历史档案、资料检索中心
《档案事业发展"七五"计划(1986—1990)》	1986—1990	在全国范围内初步建立起一个门类齐全、结构布局合理、管理科学,为社会主义现代化建设有效服务的、具有中国特色的档案事业体系	在主要任务中明确指出要"以档案馆工作为重点,以档案室工作为基础,大力加强基础工作,提高科学管理水平,进一步开放档案,积极开发档案的利用水平,多渠道开发档案信息资源,为社会主义物质文明和精神文明建设服务" 在档案馆工作方面,强调要"加强档案馆建设,馆藏丰富,并粗具现代化科学管理手段,为社会主义建设事业提供档案信息的档案馆网"

133

续表

规划名称	时间(年)	总体目标	涉及档案资源建设与服务的内容
《全国档案事业发展十年规划和"八五"计划纲要》	1990—2000 1991—1995	到2000年,建成一个与我国国民经济和社会发展相适应的,门类齐全、结构合理、管理科学、有效服务的、有中国特色的社会主义档案事业体系	指导思想中明确指出要"有效地为社会主义现代化建设服务"。主要任务中明确指出要"普遍健全各机关、团体等各项工作决策和领导决策服务,把国家档案馆网建设成为档案工作的有机整体,具有现代化科学管理手段,馆藏丰富,分工明确,布局合理,为国民经济和社会发展建设提供优质服务的有机整体"。此外,档案馆工作的任务得到了明确:"进一步调整全国档案馆网布局,协调馆际关系,加强国家综合档案馆安全保护,以省以上国家综合档案馆为重点,把各级国家综合档案馆建设成为开放型的,为社会主义现代化建设事业全面提供档案服务的文化事业机构。"
《全国档案事业发展"九五"计划》	1996—2000	努力建设一个与我国国民经济和社会发展相适应的,符合档案工作发展规律的,门类齐全、结构合理、管理科学、有效服务的,有中国特色的社会主义档案事业体系	将现代科学的管理思想、方法、技术和手段用于档案的管理,使档案管理现代化水平有很大的提高。开发档案信息资源,实现档案价值,最大限度地满足社会各方面利用档案的需求,充分发挥档案和档案工作的社会效益和经济效益。加强档案馆基础建设和档案利用服务。扎扎实实地做好档案的收集、整理、编目、鉴定和编纂工作,熟悉馆(室)藏,完成零散文件的整理,全部零散档案都要做到有目可查,有规可循,要采取多种形式开发档案信息资源,积极为社会各方面服务

续表

规划名称	时间（年）	总体目标	涉及档案资源建设与服务的内容
《全国档案事业发展"十五"计划》	2001—2005	全面建设与我国国民经济和社会发展相适应的、符合档案工作发展规律的、有中国特色的社会主义档案事业体系	积极开展多种形式的档案开发利用工作。采用先进技术和手段加强档案信息资源的开发利用，最大限度地满足各方面对档案利用的需求。 加快档案信息化建设。研究制定电子文件和电子档案管理的制度与办法，积极推广国家标准《CAD电子文件光盘存储、归档与档案管理要求》，试点接收电子档案方面取得明显进展。加快现有档案的数字化建设。 档案馆工作任务：首先要加强档案馆藏永久保管档案工作的基础上，国家档案馆逐步实行馆藏永久保管档案的分级管理。国家档案馆要做好各级各类档案价值鉴定工作的专业档案进馆，适时调整档案接收档案的范围。各级各类档案馆要接收部分有价值的专业档案 3 700 万卷（件）。继续做好全国重点档案的征集工作，完成 400 万卷（件）档案重点档案的抢救。其次，要大力开发档案信息资源。加快档案开放步伐，规范档案目录的公布形式，充分发挥档案馆的优势，采取多种形式，通过多种途径，积极主动提供档案各项工作中心工作及经济建设的热点问题，开展深层次档案史料编研工作，为广大人民群众服务。围绕党和国家中心工作，举办各种形式的档案展览或陈列，发挥档案馆在文化建设中的作用。此外，还要加强国家档案目录中心建设，完善全国清档案目录概览丛书的编辑工作。组织各级国家档案目录建立区域性档案资料中心，实现档案信息资源共享。第一，要围绕电子文件归档和电子档案管理，积极吸收、采纳，各级机关档案机构要保证各级机关文件的各类存存档的数字化要求，加强对本单位电子文件归档等工作的监督、指导，保管电子档案接收、加快现有档案的数字化进程。第二，各地开展试点工作，上海、广东、深圳等地积极做好电子文件及社会教育功能的展厅，举办各种形式的档案编研工作。第三，探索地开展档案工作应用数字化和网络技术实现馆藏开放档案目录的网上查询和浏览服务。第四，加快现有档案的数字化和网络技术的试点，在北京、天津、辽宁、陕西、青岛等有条件的地方档案馆要实现馆藏开放档案目录的网上查询和浏览服务。建设完善一批

续表

规划名称	时间(年)	总体目标	涉及档案资源建设与服务的内容
《档案事业发展"十一五"规划》	2006—2010	各级各类档案馆设施完备，功能完善，技术先进，馆藏丰富，利用方便；各级国家档案馆成为分布于全社会的档案安全保管基地、已公开现行文件提供利用中心、爱国主义和社会主义教育基地、档案信息服务中心"四位一体"的功能；机关、团体、企业事业单位的档案工作机制健全、规范，档案收集工作整齐划一，移交及时；建设较大规模的全国性、系统性、分布式的档案信息电子资源库群，建立一批电子文件中心和数字化档案馆，实现档案信息资源社会共享；各级档案行政管理部门依法行政能力进一步增强，全社会档案意识明显提高，社会主义和谐社会事业相协调的档案事业体系不断完善，为社会主义物质文明、政治文明、精神文明建设与和谐社会建设服务	档案信息化建设：加大管理力度，全面整合各类档案资源，促进档案信息资源总量增加、质量提高、结构优化；加强档案工作信息化，推进服务多层次多形式共享平台建设，推进服务开发机制创新，促进档案信息资源开发利用水平，加快档案信息资源开发利用能力；加快档案信息资源开发利用，充分利用信息先进手段，对现行文件加工和数据资源整合，有序推进档案数字化进程。根据"统一领导、统一标准、分级实施"的原则，按照数据库等各类数据库要求，建立与完善国家数据库，适时启动电子档案数字目录数据库，机关、企业事业单位互联互通与接收档案数据库，管理与接收工作，建立电子文件数据传输、存储，规范电子政务系统整理与归档，建立健全网上数据传输。字档案建设与社会化服务，纸质和相机制和档案发布。进一步推进电子政务中心和数字档案馆建设。案接收、集成和档案发布。利用电子政务中心档案资源工程。进一步推进电子政务中心和数字档案馆建设。 档案实需求合理确定档案收集范围：国家综合档案馆加大档案资源建设力度，结合历史、和现实基础建设；使馆藏档案的收集力度，扩大档案收集范围，有重点地征集散失在国内外的珍贵档案，进一步丰富和优化馆藏，使保存的档案资源语言社会各方面利用的需求。加快国家级综合档案馆馆藏1980年以前现行文件开放的划控解密及鉴定工作。完成各级国家档案馆提供社会服务，进一步完善档案开放制度，简化利用手续，推动政府现行文件公开利用工作，公共档案开放利用社会化，公益性档案利用工作。要档案提前开放公布体系，探索并逐步开展各类未到馆开放利用的途径和方法。加强档案信息服务网站建设，充分利用互联网，开办档案信息服务，最大限度地满足各方面利用需求。加强档案信息的社会共享，实现档案信息资源全国主义教育基地，拓展档案馆的公共服务功能。将已公开现行文件利用工作纳入档案利用社会化，各级档案馆提供文化产品，实现档案信息资源深度开发与利用，高品位的档案信息资源，加强社会团体、企业事业单位性档案的开放与利用，充分利用社会力量和市场手段，对可以开放档案信息资源增值服务社会化。位高质量档案资源开发与利用工作，举办有影响、有教育意义的档案文化活动，对外开放档案资源进行深度加工和开发，促进档案信息资源增值服务社会化

续表

规划名称	时间(年)	总体目标	涉及档案资源建设与服务的内容
《全国档案事业发展"十二五"规划》	2011—2015	建立与国家经济和社会发展相适应的档案工作体制与机制,充分发挥档案和档案工作服务各项建设事业、服务人民群众的作用 进一步丰富并优化各级档案馆馆藏,确保应进馆的档案依法接收进馆,逐步实现馆藏档案资源的优化配置;加快档案整理鉴定的进度,依法开放应开放的档案,利用先进技术,为社会各界提供快捷、便利的档案利用服务;加强档案事业自身的科学发展,提高档案工作为国家科学发展服务的能力和水平	档案信息化工作:贯彻落实国家有关电子文件管理、数字档案馆建设的文件精神,加强以计算机网络设备和数据库为主要内容的档案信息化基础建设;根据电子文件管理和数字档案馆建设的功能要求,配备和开发档案数据库管理系统、电子文件归档管理系统、电子档案移交管理系统,数字档案信息发布利用系统等;加快推进传统载体档案数字化、电子文件和各类电子档案长期保存格式、重要数字信息采集等数字资源建设;制定文件类档案长期保存格式标准,研发文件类档案长期保存格式产品和转化工具并组织试点和示范;实施公共档案信息资源共享工程项目,打造"一站式"档案信息资源共享和服务平台,为社会提供全方位的档案信息服务;搞好电子文件(档案)备份中心建设,落实电子文件的异质异地备份制度。各级国家档案馆加快数字档案馆建设步伐,有条件的要完成数字档案馆建设,并提供网络信息服务 档案馆工作:加强国家档案馆馆藏资源建设,各级国家档案馆要在"摸清家底"的基础上,运用各种形式,开展档案馆资源整合。搞好县(市)级国家档案馆资源测评工作,为建设文明城市服务。依法及时接收应进馆的全部档案,加大档案收集、征集人民群众关心、社会关注的重要档案,尽快建立大的档案资源体系;及境外对散存在民间的具有保存价值的重要档案资源征集力度,做好为档案馆服务和谐社会建设提供档案资源支撑;加强档案管守工作,依法加大档案管守的开放力度,充分发挥档案价值。拓展档案利用服务范围,改善服务条件,提高服务水平,做好政府信息查阅工作和已公开现行文件利用工作,提炼档案信息,挖掘档案信息资源,开发、提炼具有特色的档案信息产品,出版档案史料汇编,使"死档案"变成"活资料",努力把"档案馆"建成具有特色的"思想库"。通过网络平台延伸,逐步开展档案远程共享服务。全面加强档案爱国主义教育基地建设工作向基层延伸,逐步开展档案远程共享服务

4.2.2.2　面向地域的档案资源建设规划

《上海市档案事业发展"十二五"规划》指出,"十二五"时期全市档案数字化全文覆盖率平均达到 60%~70%;50% 的区县档案馆建成数字档案馆,以复制件形式提供档案利用的比例超过 90%;同时要推进档案资源建设,完善"上海城市记忆"①。

深圳市档案局制定的《深圳市档案事业发展"十二五"规划》指出:各级综合档案馆要依法接收应进馆的全部档案,加强对本行政区域内专门(专业)档案、特色档案、重大活动(事件)档案、重点企业档案、著名人物档案、公务礼品档案以及散存在社会的其他珍贵档案的收集工作;不断完善重大政务、外事、重大突发事件以及反映城市变化的声像档案采集机制,进一步丰富声像档案内容,建设以人为本、服务民生的档案资源体系。同时,要深度挖掘馆藏档案信息资源,围绕党委、政府中心工作编印有关档案参考资料,主动为党政领导和有关部门决策服务;积极与有关部门和社会机构开展合作,举办档案展览,制作档案文献电视片、动漫节目、网络视频节目,出版档案史料汇编,更好地为社会主义文化大发展、大繁荣服务;加强馆藏档案常设展览工作,创新爱国主义教育基地和社会实践基地的活动形式和内容,塑造档案馆亲民、开放的形象②。

天津市档案局制定的《天津市档案事业发展"十二五"规划》提出了"着力构筑档案资源高地"的目标:确保应进馆的档案依法接收进馆,市档案馆馆藏达到 170 万卷,市和区县档案馆馆藏总量达到504 万卷。扩大社会征集和境外征集,加强资源整合,民生档案资源体系形成规模,占全市档案总量的 30%,各级国家综合档案馆馆藏结构显著优化③。

---

① 市政府关于印发上海市档案事业发展"十二五"规划的通知[EB/OL].[2014-02-25].http://www.shanghai.gov.cn/shanghai/node2314/node2319/node10800/node11407/node25262/u26ai28869.html.

② 深圳市档案事业发展"十二五"规划[EB/OL].[2014-02-25].http://www.sz.gov.cn/sdaj/xxgk/ghjh/fzjh/201208/t20120830_1989569.htm.

③ 关于印发天津市档案事业发展"十二五"规划的通知[EB/OL].[2014-02-25].http://www.tjzfxxgk.gov.cn/tjep/ConInfoParticular.jsp?id=29253.

重庆市档案局制定的《重庆市档案事业发展"十二五"规划》确定了"加强档案馆馆藏建设,加大档案接收、征集工作力度,确保三峡工程移民档案按期移交进馆,不断丰富和优化馆藏档案资源"的目标和"加快档案信息化建设步伐,扎实推进电子文件(档案)备份中心和数字档案馆建设,力争馆藏档案数字化率市档案馆达30%以上、区县档案馆达40%以上,不断增强档案信息社会共享和远程服务功能"的目标。同时,该规划还明确了从"抓好档案资源体系的源头建设""加大进馆档案接收、征集工作力度""加快推进三峡工程移民档案资源建设""进一步加强档案资源整合"四个方面开展档案资源建设的主要任务;明确了从"加快推进数字档案馆建设""推进档案信息共享工程"两个方面开展档案信息化建设的主要任务①。

湖北省档案局制定的《湖北省档案事业发展"十二五"规划》确定了湖北省"十二五"时期档案工作的发展目标:编辑出版档案史料2 100种,25 000万字,拍摄一批声像档案资料专题片;村级建档数超过25 000个,建档率达到95%以上。其中规范化建档14 000个,规范化建档率达到50%以上;社区规范建档2 500个,规范化建档率达到60%以上;全省各级各类档案馆馆藏档案达到1 680万卷,其中国家综合档案馆馆藏档案达到1 300万卷,比"十一五"末增长38.6%;县以上综合档案馆全部建立馆藏档案文件级目录数据库,30%馆藏档案实现全文检索;省直机关实现电子文件离线归档进馆;省档案馆及武汉市档案馆基本建成数字档案馆;建立全省综合档案馆电子档案容灾体系。同时,该规划还明确了大力开发档案信息资源的任务,要求档案编研工作要充分利用馆藏资源,加强与社会有关部门的合作,有针对性地编印出版一批高质量的编研成果。"十二五"期间,各级档案馆要充分利用馆藏档案资源,拍摄影视专题片、资料片,办好特藏展室。要围绕党和政府中心工作、社会热点问题及重大活动、重要事件纪念日,开展具有档案特色的专题展览活动。全省各级国家综合档案馆要进一步拓展服务功能,努力把档案馆建设成为符

---

① 重庆市档案局关于印发《重庆市档案事业发展"十二五"规划》的通知[EB/OL].[2014-02-25].http://jda.cq.gov.cn/zwgk/gkxx/ggl/22866.htm.

合"五位一体"要求的公共档案馆。认真履行省部协议,以实现馆际间的民生档案目录交换为突破口,建立武汉城市圈区域"1+8"城市档案目录中心,实现档案信息资源的共建共享,更好地为武汉城市圈"两型社会"建设服务①。

浙江省档案局制定的《浙江省档案事业发展"十二五"规划》同样明确了要以"浙江记忆"工程为抓手,大力推进档案文化建设的任务以及从"创新档案资源整合模式""加大优质资源建设力度""统筹推进档案资源建设"三个方面积极开展档案资源体系建设的任务②。

武汉市档案局制定的《武汉市档案事业发展"十二五"规划》明确了"十二五"期间要重点加强档案信息资源建设,要求市、区国家综合档案馆要根据数字档案馆的建设要求不断充实馆藏档案的目录数据库、全文数据库和多媒体数据库,各类数据库数据增长幅度每年要达到现有数据量的 10%。根据社会需求建立民生档案等专题数据库③。

温州市档案局制定的《温州市档案事业发展"十二五"规划》明确指出要实施历史记忆保护与展示工程,落实"浙江文献遗产"和"百项编研精品"工程,拓展档案资源集聚渠道,创新档案资源整合模式,转变档案资源增长方式,强化档案资源建设,加快共建共享档案资源体系建设④。

江苏省阜宁县档案局制定的《阜宁县档案事业"十二五"发展规划》明确了通过"加强业务指导,拓展服务领域""加大收集力度,丰富馆藏资源""加强基础业务工作"三个方面来加强档案资源体系的

① 湖北省档案事业发展"十二五"规划[EB/OL].[2014-02-25].http://www.hbda.gov.cn/manage/upload/html/20130717155533_5801.shtml? netyId=159&newsId=5801.

② 浙江省档案事业发展"十二五"规划发出台[EB/OL].[2014-02-25].http://www.zjda.gov.cn/jgzw/zwgk/fzgf/201207/t20120706_1091_3.html.

③ 武汉市档案事业发展"十二五"规划[EB/OL].[2014-02-25].http://info.wuhan.net.cn/pub/2013/0606/189168.shtml.

④ 温州市档案事业发展"十二五"规划[EB/OL].[2014-02-25].http://www.wenzhou.gov.cn/art/2011/11/30/art_4244_194468.html.

建设①。

　　福建省宁化县档案局制定的《宁化县档案事业发展"十二五"规划》指出要运用现代信息技术开发利用档案信息资源,初步建成档案电子目录中心、电子文件中心和数字档案馆,实现档案信息资源社会共享的目标。同时,还明确提出要加强档案文化遗产保护,不断创新管理体制,整合档案资源,积极开展档案接收和征集工作,实施档案文化精品工程,加强信息资源的开发利用,加强档案信息化建设,完成馆藏2000年以前形成档案的文件级目录数据库建设和重要全宗档案原文、照片、录音录像档案数字化工作②。

　　我国地方的档案资源建设规划或与之相关的规划见表4-10③。

4.2.2.3　面向内容的档案资源建设规划

　　基于业务内容的档案资源建设与服务规划是档案工作专项规划,是从战略发展角度和业务指导领域分别制定一般性规划文件和重点规划文件,国家档案局和省市档案机构在档案事业发展总体规划的基础上也编制了档案资源建设相关的业务规划内容,重点包括档案数字化、数字档案馆(电子文件中心)建设、档案馆网站建设等方面。

　　(1)档案数字化规划

　　档案信息化建设过程中,档案信息资源建设是最有价值的投入,而数字化则是实现档案信息资源建设的必经之路。国家档案局于2005年颁布的《纸质档案数字化技术规范》(DA/T 31—2005)和2009年颁布的《缩微胶片数字化技术规范》(DA/T 43—2009)将"数字化"定义为:"用计算机技术将模拟信号转换为数字信号的处理过程。"档案数字化是现阶段数字档案资源建设的重要途径,通过数字化工作可以实现对馆藏档案的全面梳理。档案数字化工作是一项涉

---

　　①　阜宁县档案事业"十二五"发展规划[EB/OL].[2014-02-25].http://www.funing.gov.cn/ycapp/nrglIndex.action?type=2&messageID=5e3c857232f5b26b0132fabae3d80270.

　　②　宁化县档案事业发展"十二五"规划[EB/OL].[2014-02-25].http://www.fjnh.gov.cn/xxgk/xx_Show.asp? InfoID=2822.

　　③　数据来源:笔者根据相关网站资料整理,数据截至2014年3月底.

表 4-10　我国部分地区地方档案资源建设规划文件一览表

地域	规划文件	信息化建设重点规划内容
北京市	《北京市"十二五"时期档案事业发展规划》	建设数字档案馆系统,加快档案数字化步伐,加强电子文件归档和接收工作,推进资源共享和网络化服务
	《北京市"十一五"时期档案事业发展规划(2006—2010年)》	档案信息资源建设工程,档案馆建筑建设工程
	《北京市"十五"时期档案事业发展规划》	继续完善馆藏档案检索体系,开展档案数字化工作,加强对电子档案的管理,开发档案信息资源,加强档案馆网络建设
	《北京市电子文件管理工作纲要(2013—2015年)》	集约化建设全市统一的电子文件中心
天津市	《天津市档案事业发展"十二五"规划》	加强各项业务建设,档案文化研究,境外档案征集,档案信息资源共享建设,档案安全体系建设,档案人才培养等
	《天津市河东区档案局(馆)"十二五"规划》	加强基础设施,电子文件归档,档案数字化和档案馆资源建设方面的建设,实现档案信息资源社会共享
	《天津市档案事业发展"十一五"规划》	重点解决档案馆库建设和档案资源建设方面的瓶颈问题
	《天津市档案馆事业发展"十一五"规划》	推行档案现代化管理,使用档案专业系统软件,实现文档一体化
	《区县档案馆建设规划》《全市档案信息化建设规划》《档案资源建设规划》《市档案馆服务设施建设规划》《档案抢救修复规划》《档案人才队伍建设规划》	馆藏资源优化,档案基础设施建设,数字档案馆建设,电子文件标准制定,档案保护工作建设,档案人才队伍建设

续表

地域	规划文件	信息化建设重点规划内容
上海市	《上海市档案事业发展"十二五"规划》	推进档案资源建设,完善"上海城市记忆"数字记忆工程;建立"上海市电子文件(档案)备份中心";组织实施并继续开发覆盖全市的"城市信息资源分布利用"的服务平台,利用信息收集,推动档案馆际、馆室联动的公共服务
	《上海市档案事业发展"十一五"规划》(沪档发〔2006〕95号)	上海市档案馆库房改造建设项目,"城市记忆开发工程"项目
	《上海档案事业"十五"计划》	政府公开信息查阅,加强档案馆藏建设
	《上海市政协机关建设数字档案室工作规划(2011—2015年)》	机关档案室藏档案全文数字化扫描和案卷级、文件级目录著录,从制度完善,机制健全,规范细化,技术创新,流程再造等方面将电子文件归档与机关文件材料归档同步推进
	《上海市数字档案室建设指南》	数字档案室管理系统建设,网络平台及软硬件设备建设,数字档案资源建设和保障体系建设
	《上海市档案干部培训中心2014年培训计划》《上海市档案干部培训中心2013年档案人员培训计划》	档案人员岗位业务知识培训,档案专业技术人员继续教育,全国专业技术人员计算机应用能力辅导班,档案专题知识培训
	《上海市2006年档案法制宣传教育工作计划要点》(沪档发〔2006〕51号)	部署档案普法工作,贯彻《上海市档案条例》等,拓展普法途径,开展普法宣传活动
	《1960—1967年上海科学技术发展纲要》《1963—1967年上海新技术和高精尖产品发展规划》《1963—1972年上海科学技术发展规划》	发展"高精尖"工业产品,发展尖端科学技术研究,加强基础理论研究

续表

地域	规划文件	信息化建设重点规划内容
重庆市	《重庆市档案事业发展"十二五"规划》	以网络化建设为平台，以计算机网络设备和档案数据库建设为基础，以信息资源开发利用为引擎，以建设数字档案馆为目标，全面提高档案信息化水平，不断增强档案信息社会共享和远程服务能力
	《重庆市档案事业发展"十一五"规划(2007年)》	优化并丰富馆藏，对重点档案进行抢救，整合档案资源，加强已公开现行文件利用工作，提升档案工作地位，适应"数字重庆"要求，加快数字档案馆建设，加强档案信息网络系统的管理
	《重庆市机关档案信息化建设规划纲要(2004—2007年)》	电子政务建设，电子文档管理，数字化档案馆建设和国家公文立卷制度改革
河北省	《河北省文化事业数字化规程》	明确数字化范围，技术标准和管理方式
	《河北省文化事业发展"十二五"规划》	推动公共文化服务数字化建设，改善服务方式，提高服务效率
	《河北省档案事业发展"十一五"规划》	以档案信息网络化建设为基础，以档案信息数据库建设为核心，以档案信息资源数字化为目标，加快推进档案信息资源数字化，档案信息管理标准化，档案信息服务网络化进程
	《河北省档案事业发展"十五"规划》	馆藏目录数字化，档案网站建设，加强电子文件管理

续表

地域	规划文件	信息化建设重点规划内容
山西省	《山西省档案事业发展"十二五"规划》	构建法制工作体系,加强基础设施建设,丰富并优化各级档案馆藏,国家重点档案抢救和保护工作,数字档案馆及电子文件(档案)备份中心建设,档案利用与服务工作,档案安全体系建设
	《山西省档案事业发展"十一五"规划》	要加快档案信息化建设步伐,依托电子政务平台,争取将档案信息化,与电子政务建设协调同步发展。到2008年,省市级及县分级级档案综合档案信息要全面完成馆藏案卷级和文件级档案目录数据库的建设,力争到2010年,建成一部分数字档案馆和数字档案室
	《山西省档案事业发展"十五"规划》	加强档案法制建设,拓展国家档案馆功能,档案基础业务建设,开展多种形式的档案开发利用工作,加强档案信息化建设,档案学基础理论研究和档案科技成果的推广,优先发展档案教育
	《山西省农村档案信息资源共享"十二五"发展规划》	改善农村档案工作基础设施建设,发展基础业务,取得农村档案信息资源体系,利用体系和安全体系建设的全面发展
	《山西省城建档案事业"十二五"发展规划》	制定电子文件归档和电子档案管理规范,加强建档案数字化建设和电子档案管理;全面实施城建档案网络化管理;建成1~3个数字城建档案馆示范馆;筹划建设全省城建档案信息(目录)中心、城建档案信息备份中心

续表

地域	规划文件	信息化建设重点规划内容
山东省	《山东省档案事业"十二五"发展规划》	积极实施全省档案信息资源共享工程;搞好全省范围内的电子文件(档案)备份中心建设;加强全省档案网站建设
	《山东省档案事业发展"十一五"规划》	实施数字档案馆建设与服务"金档工程";实施档案室数字档案工程
江苏省	《江苏省"十二五"档案事业发展规划》	实现档案信息资源数字化,信息管理标准化利用服务网络化,构建档案工作服务公众、服务社会的开放体系
	《江苏省"十一五"档案事业发展规划》	加强档案数字化建设;加强档案网络管理,加强电子档案管理;加强档案馆数字化管理,建成1～3个数字城建档案示范馆;筹划建设全省城建档案信息(目录)中心,开展省际、馆际异地数据备份
	《江苏省"十五"档案事业发展规划》	完成馆藏档案卷级目录输录工作;建立档案信息网站,为档案利用开辟了新的途径;建设多媒体数字档案管理系统
	《江苏省档案信息化建设规划纲要(2005—2010年)》	加强档案目录数据库建设,积极推进档案数字化建设进程,积极推进档案全文数据库和多媒体数据库建设,加快电子文件中心建设
	《江苏省城建档案事业"十一五"规划(苏建档[2006]114号)》	加强档案数字化管理;加强档案网络管理,加强电子档案管理;加强档案馆数字化管理,建成1～3个数字城建档案示范馆;筹划建设全省城建档案信息(目录)中心,开展省际、馆际异地数据备份
	《江苏省"十二五"档案教育培训规划(2012年)》	完善档案教育培训规范制度,加强档案教育培训设施建设

续表

地域	规划文件	信息化建设重点规划内容
	《安徽省"十二五"档案事业发展规划》《徽州区"十二五"档案事业发展规划》	档案资源体系建设,档案利用体系建设,档案安全体系建设,档案信息化体系建设,档案人才体系建设
安徽省	《安徽省"十一五"档案事业发展规划》	建成省电子文件中心,推进分布式档案基础数据库建设,加快档案工作由传统方式向信息化方式的转变
	《数字安徽建设规划纲要(2008—2012年)》	信息基础设施建设,应用体系建设,支撑体系建设
	《安徽省县级综合档案馆建设规划》	综合档案馆基础设施建设,标准建设,馆藏建设
江西省	《江西省档案事业发展"十二五"规划》	加强以计算机网络设备和数据库为主要内容的档案信息化基础建设,逐步把各档案馆建成数字档案馆,推广运用数字档案管理应用平台,加快推进纸质载体电子档案数字化,电子文件接收,重要数字信息采集等数字档案资源建设
	《江西省档案事业发展"十一五"规划》	全面启动各级国家档案馆馆藏档案数据库建设,包括档案目录数据库建设,档案局全部多媒体建设档案数据库建设;各设区市县档案局全部建立起局域网;各设区市档案信息门户网站,逐步建成档案馆在线接收同级机关电子公文系统
	《江西省档案事业发展"十五"规划》	丰富并优化馆藏,加强电子文件管理

续表

地域	规划文件	信息化建设重点规划内容
浙江省	《浙江省档案事业发展"十二五"规划（2011年9月）》	推进档案与电子文件登记备份，开展档案资源体系建设，档案安全监管，档案文化建设，档案基础建设，推进数字档案馆（室）建设，档案公共服务能力建设，档案事业发展环境新突破
	《浙江省档案事业发展"十一五"规划》	档案服务利用社会化，档案管理法治化，档案基础设施建设现代化，档案资源结构多元化，档案基础工作信息化
	《浙江省档案事业发展"十五"计划》	加强对电子文件归档和电子档案管理的研究与探索，加强档案检索数据库建设；加快档案数字化进程
	《数字浙江建设规划纲要（2003—2007年）》	网络系统和数据库建设，应用系统建设，数字城市建设，对信息资源的全面整合、开发和利用
福建省	《福建省档案事业发展"十二五"规划》	各级各类档案馆馆藏量增加40%，新增开放档案30%，完成30个以上市、县（区）档案馆新建（改造）项目，新增各级档案馆建筑面积20万平方米；省档案馆和30%的市、县（区）档案馆初步建成数字档案馆
	《福建省档案事业发展"十一五"规划》	努力完成福建省分布式档案基础数据库建设数字化；努力实现增量档案电子化；完善档案基础网络建设；完成档案信息应用平台建设；建立和健全档案信息保障体系
	《福建省档案事业发展"十五"规划》	丰富并优化馆藏，加强电子文件管理

148

续表

地域	规划文件	信息化建设重点规划内容
湖北省	《湖北省档案事业发展"十二五"规划(2011—2015年)》	加强档案服务功能建设,开发档案信息资源,加强政府信息公开工作,加强档案法规标准体系建设,加强档案信息化制度建设,推进数字档案馆建设,加强档案信息化设施和网络建设,推进档案馆项目建设
	《湖北省城建档案信息化建设规划与实施纲要》	提高全省城建档案信息化发展水平,加强城建档案数字化工作,城建档案馆藏资源的优化与丰富
	《全省档案系统2011至2015年法制建设暨"六五"法制宣传教育工作规划》	增强全社会档案法律意识和法治观念,加大档案行政执法力度
湖南省	《湖南省"十二五"档案事业发展规划》	建设数字档案馆系统,加快档案数字化步伐,加强电子文件归档和接收工作,推进资源共享和网络化服务
	《湖南省"十一五"档案事业发展规划》	加强档案信息化标准规范建设,加强档案馆(室)信息资源建设,加强档案信息安全保障体系设施和网络建设,加强电子文件管理
	《湖南省"十五"档案事业发展规划》	丰富并优化馆藏,加强电子文件管理

续表

地域	规划文件	信息化建设重点规划内容
河南省	《河南省档案事业发展"十二五"规划》	加快档案数字化与网络化建设,河南省档案馆建成全省历史档案资料目录中心;加强省档案资料目录中心数据库的建设与维护,实现全省历史档案资料数据库的资源共享;全面落实《电子文件管理暂行办法》,规范电子文件归档、管理与接收工作
	《河南省档案事业发展"十一五"规划》	档案服务利用社会化,档案管理法治化,档案基础设施建设现代化,档案资源结构多元化,档案基础工作信息化
	《河南省档案事业发展"十五"规划》	丰富并优化馆藏,加强电子文件管理
	《河南省档案信息化建设"十二五"规划》2010年	档案信息化标准规范建设,档案信息化基础设施建设,国家综合档案馆档案资源信息化建设,机关(团体、企事业单位)档案资源信息化建设,档案信息网站建设,数字档案馆建设,档案信息安全保障体系建设,档案信息人才队伍建设
广东省	《广东省档案事业发展"十二五"规划》	档案法制建设,监督指导,科研教育,档案宣传,档案编研,网站建设,档案展览、声像拍摄服务、公共服务,档案抢救建设,馆库建设,馆藏建设,安全保护建设,档案基础设施建设现代化,档案资源结构
	《广东省档案事业发展"十一五"规划》	档案服务利用社会化,档案管理法治化,档案基础工作信息化
	《广东省档案事业发展"十五"计划(2001—2005年)》	大力开发档案信息资源,档案信息化普及馆的服务网络化,建立和完善档案信息利用服务体系;建立广东省档案目录中心
	《广东省档案信息化建设实施意见》	档案信息资源数字化,档案信息管理工作自动化,信息管理法制化

续表

地域	规划文件	信息化建设重点规划内容
四川省	《四川省档案事业发展"十二五"规划》	档案馆建设、档案资源建设、数字档案馆建设、安全体系建设、基础业务建设
	《四川省档案事业发展"十一五"规划》	档案馆库房建设项目、重点档案抢救和保护项目、档案数据库建设项目、建立在线的已公开现行文件查阅中心、对省档案馆和市州县级档案馆所藏国家重点档案进行数字化处理和数据资源整合
	《四川省档案事业发展"十五"规划》	丰富并优化馆藏、加强电子文件管理
	《四川省档案信息化建设实施意见(2011—2015年)》	数字档案馆建设、档案网络平台建设、数字档案资源建设、档案应用系统软件开发应用、数字档案馆保障体系建设
贵州省	《贵州省档案事业发展"十二五"规划》	加快电子文件(档案)备份中心建设;积极打造"一站式"档案信息资源共享和服务平台
	《贵州省档案馆"十一五"发展规划》	加强馆藏档案信息目录数据库、重要纸质档案全文数据库和多媒体档案数据库建设
	《贵州省"十五"期间档案信息化建设实施意见》	以档案信息化基础设施建设和档案资源基础数据库建设为基础,以档案管理标准化、档案信息资源数字化、档案服务网络化为内容,以扩大档案信息资源开发利用为目标,充分运用计算机与网络通讯技术,实现档案的信息化管理与服务,整体提升各级国家综合档案管理现代化水平

续表

地域	规划文件	信息化建设重点规划内容
云南省	《云南省档案事业发展"十二五"规划》	加快馆藏档案数字化,推行档案电子化,数据异地备份化,以档案数字化和电子文件归档管理为重点,建成一批电子文件(档案)管理中心和数字档案馆
	《数字档案馆建设规程》《机关数字化档案室建设规范》《机关文书档案数字化扫描规范》	建设各级数字档案馆(室),加强机关文书档案数字化工作
陕西省	《陕西省档案事业发展"十二五"规划(2011—2015年)》	加快档案信息化基础设施建设,加强档案资源数字化建设,积极推进全省数字档案馆建设,加强数字档案馆章制度建设,积极开展电子文件(档案)备份中心建设与电子档案的移交与接收工作
	《陕西省"十一五"档案事业发展专项规划》	加快档案信息化基础设施建设,加强档案资源数字化建设,推进档案信息规范化、标准化建设
	《陕西省"十五"档案事业发展专项规划》	丰富并优化馆藏,加强电子文件管理
	《全省城乡建设档案工作发展规划》	档案信息化基础设施建设、馆藏资源数字化建设、档案资源数字化建设、电子文件标准建设
甘肃省	《甘肃省档案事业发展"十二五"规划(2011—2015年)》	加强馆(室)藏档案资源数字化工作;加强数字化档案资源的开发利用工作

续表

地域	规划文件	信息化建设重点规划内容
青海省	《青海省"十二五"档案事业发展规划》	加快馆藏档案数字化,推行档案电子化,数据异地备份化,以档案数字化和电子文件归档管理为重点,建成一批电子文件(档案)管理中心和数字档案馆
	《青海省档案系统"五五"法制宣传教育规划》	深入学习档案法律法规,深入组织学习《中华人民共和国档案法》,通过学习和广泛宣传档案法律法规,努力把档案事业的发展纳入法制化的轨道。
黑龙江省	《黑龙江省档案事业发展"十二五"规划》	加快推进数字档案馆建设,高度重视电子文件(档案)备份中心建设,努力推进以"三网三库"为主要内容的档案信息化建设
	《黑龙江省档案事业发展"十一五"规划》	省档案局(馆)完成"三网""两站"和"五个档案数据库"的信息化建设;市地县档案局(馆)基本完成数字档案馆和"三网"建设,机关、企事业单位数字档案室建设
	《黑龙江省城建档案事业"十五"发展计划和2015年远景规划》	丰富并优化馆藏,加强电子文件管理
吉林省	《吉林省档案信息化建设"十一五"规划》(吉档发〔2006〕3号)	加强全省档案信息网络建设,加强电子文件归档与管理,电子文件接收工作
	《吉林省县级综合档案馆建设规划(2009年)》	贯彻落实国家档案局关于中西部地区县级综合档案馆建设的规划编制工作
	《吉林省档案"六五"法制宣传教育规划(2011年)》	突出涉及经济、民生领域档案法律法规的宣传贯彻,提升依法治档水平,开展档案法制宣传教育主题活动

续表

地域	规划文件	信息化建设重点规划内容
辽宁省	《辽宁省档案事业发展"十二五"规划》	加快馆藏档案数字化,推行档案电子化,数据异地备份化,以档案数字化和电子文件归档管理为重点,建成一批电子文件(档案)管理中心和数字档案馆
	《辽宁省档案事业发展"十一五"规划》	加快档案信息化的基础设施建设,建成基础的软、硬件设备。加大档案信息资源管理力度,结合政务信息化档案工作发展需要网站建设纳入地方政务网建设,配备适应建设加强电子档案的接收与管理工作
	《辽宁省档案事业发展"十五"规划》	建设档案网络平台,建立纸质、缩微胶片以及音频视频档案数字化转换平台,实现档案的数字化转换
内蒙古自治区	《内蒙古自治区档案事业"十二五"发展展望》	加强档案馆库建设,加强档案信息化工作,完成国家重点档案抢救任务,完成机关、团体、企事业单位文件归档范围和保管期限表的编制审批工作,加大农村档案信息资源共享力度等
	《内蒙古自治区档案事业"十一五"发展规划》	推进档案管理自动化、网络化和数字化
广西壮族自治区	《广西壮族自治区档案事业发展"十二五"规划》	推进档案信息资源的有效整合;各级档案馆要进一步加强基础业务建设,大力提高档案管理标准化、规范化,信息化水平
	《广西壮族自治区档案事业发展"十一五"规划》	重点建设"一个中心"(全区档案资源信息中心),两个平台、应用系统平台),三个数据库(档案目录数据库、重要纸质档案全文数据库,音视频档案数据库),四个数字化系统(纸质档案扫描系统、照片档案扫描系统、缩微档案转换系统、音频档案转换系统)
	《广西壮族自治区档案事业"十五"规划》	机读目录数据库建设的组织与实施,自治区档案局要求市(地)、县档案局馆成立档案目录中心

154

续表

地域	规划文件	信息化建设重点规划内容
西藏自治区	《西藏自治区档案事业发展"十二五"规划》	逐一将各级综合档案馆库建设起来，改变部分县级国家综合档案馆面积不足的现状；无馆库和馆库被鉴定为危房的档案馆要建设符合标准的馆库，使档案得到安全妥善的保管，使档案馆"五位一体"的功能得到真正发挥
	《西藏自治区"十一五"时期档案事业发展规划》	整合各类档案信息资源，全面推进档案信息化建设快速有序发展
宁夏回族自治区	《宁夏回族自治区档案事业发展"十二五"规划》	以加快档案信息化建设为重要手段，全面提升档案管理现代化水平
	《宁夏回族自治区档案事业发展"十一五"规划》	加强档案信息化
新疆维吾尔自治区	《新疆维吾尔自治区"十二五"档案事业规划》	不断提高档案管理水平，扎实推进档案信息化建设，加快传统档案管理模式向现代档案管理模式的根本转变，实现全社会档案资源的共享
	《新疆维吾尔自治区"十一五"档案事业规划》	抓住主体（档案馆），发展两翼（机关团体、企事业单位），整体推进"的工作思路，档案基础业务建设稳步推进
苏州市	《苏州市档案信息化建设规划（2005—2010年）》	将档案基础数据库建设作为重要政务信息资源库建设，建立已公开的现行电子文件中心，建设安全和永久保存国家档案信息资源的数据备份基地，建成以苏州市为龙头的全市数字档案馆网络

地域	规划文件	信息化建设重点规划内容
扬州市	《社会主义新农村建设档案工作五年规划（2013 年）》	推进规范化建档，积累档案服务资源，深化开发利用
	《扬州市数字档案馆规划建设方案（2012 年）》	建设档案服务平台，促进档案管理信息化，档案资源标准化，档案服务网络化
嘉兴市	《嘉兴市民生档案资源建设规划（2013—2015 年）》	民生档案的收集，民生档案信息资源的整合，民生档案管理制度的完善，民生档案远程利用的推进
杭州市	《杭州市"十二五"信息化发展规划》	国家电子档案接收和长期保存系统试点工程项目
十堰市	《十堰市档案事业发展"十二五"规划》	基本建成数字化档案馆；全市综合档案馆建立电子档案容灾体系
	《十堰市档案信息化建设"十二五"规划》	设立了电子文件管理中心、档案技术服务中心、音视频档案采集室等内设机构，与市电子政务、经济信息等部门建立档案信息化联席工作机制
	《十堰市数字档案馆建设方案》	优化软硬件环境，规范电子文件归档，确保档案信息安全，专门成立了数字档案馆建设领导小组

156

续表

地域	规划文件	信息化建设重点规划内容
乐山市	《乐山市档案信息化建设"十二五"规划》	档案馆硬件建设,档案资源的数字化建设,电子文件(档案)备份中心建设,网络及网站平台建设
东莞市	《东莞市召开档案信息化建设规划(2010—2014年)》	档案馆硬件建设,档案资源的数字化建设,电子文件(档案)备份中心建设,网络及网站平台建设
国家环境保护总局	《全国环境保护档案事业发展"十五"计划》	加快环保档案现代化管理的进程,提高现代化管理水平;强化档案开发利用,研究环保档案信息的深层次开发,为重要环保活动服好务;筹建环保专业档案馆
中华人民共和国建设部	《全国城乡建设档案事业"十一五"规划》	"三网一库"建设,建成全国性的城乡建设档案网站,积极参与当地政务网建设,发达与沿海地区的市级城建档案馆应积极参与数字化城市管理建设,与档案信息网的建设结合好,数字信息资源建设

157

及档案鉴定、保管、模数转换、存储、保护、检索利用等多个环节的系统工程,因此需要进行科学规划,按步骤实施。

数字化工作起源于 20 世纪末,经过"九五""十五"期间的尝试后,各个数字化机构普遍感到,数字化工作需要宏观地进行规划,突出表现在数字化技术流程、数字化产品要求方面。同时,针对不同的档案数字化业务范围,也需要制定相应的标准规范,例如纸质档案、照片档案、缩微档案、音像档案等传统载体(模拟信号记录)的档案。截至目前,档案数字化工作标准规范有:《纸质档案数字化技术规范》(DA/T 31—2005)、《缩微胶片数字化技术规范》(DA/T 43—2009)。

《纸质档案数字化技术规范》(DA/T 31—2005)阐述了纸质档案数字化的基本要求,同时对档案整理、档案扫描、图像处理、图像存储、目录建库、数据挂接、数据验收、数据备份、数字化成果管理等纸质档案数字化的各个环节提出了明确的技术要求。

《缩微胶片数字化技术规范》(DA/T 43—2009)阐述了缩微胶片数字化的基本要求,并对缩微胶片检查、缩微胶片扫描、图像处理、图像存储、目录建库、数据整合、数据验收、数据备份、成果管理等档案数字化加工的各个环节都提出了明确的规范要求,为档案的缩微胶片进行数字化及数字化成果管理提供了依据。

在数字化相关标准的引导下,各个机构在档案资源建设过程中有了一定的方式,也形成了不同的策略。限于篇幅,本书以长春为例,说明其档案数字化规划与策略①。

从 2000 年开始,长春市档案局(馆)就积极开展档案数字化的有益尝试。2004 年正式实施传统载体档案数字化工程;2006 年被国家档案局和国务院信息化工作办公室列为全国传统载体档案数字化工作试点单位,从此步入了数字化科学规划与实施阶段,并形成了鲜明的特点:

第一,指导思想明确。在制定档案数字化规划的过程中,以优化

---

① 长春市档案局.档案数字化的长春模式[M].北京:中国档案出版社,2008:1,10,13,23.

理论为指导,以用户需求为导向,以利用档案为目的,充分应用计算机软硬件功能,最大限度地发挥人力资源和数字化加工设备的能力,兼顾保护档案原件的要求,保证数字化档案的真实可靠,更好地发挥档案信息资源的作用。

第二,人、财、物的倾斜。将档案信息化带动作为首位战略,其实质是在人力、财力、精力上重点倾斜,把战略赋予行动的内涵。

①人力方面的倾斜:该馆把档案信息化定为"一把手工程、班子工程、全员工程",成立了领导小组、业务组织、流程团队,形成了核心领导层、技术指导层、数据加工层、资源利用层高效运转的组织体系。

②财力方面的倾斜:随着设备更新和扩容的需要,该馆在购置服务器、微机、扫描设备等方面实行重点倾斜。

③精力方面的倾注:该馆有一批专业人员探索信息技术与管理实践结合创新,把新的管理理念、管理流程浓缩为软件功能、固化创新,用新技术和新方法解决实践中的诸多难题,将复杂问题简单化,精力投入得到高回报。

第三,设法降低成本。为了降低数字化成本,先从 20 万件档案原件中剔除 24.7%,留存档案占 75.3%;留存的 75.3% 档案中,全文数字化占 25.6%,现用现扫占 49.7%,比全部扫描节省费用 40% 以上。利用三年时间建成数据库 50 个,文件级数据库 120 万条(包括 20 万件全文),专题数据库 120 万条,照片数据库 2000 张,资料数据库 5000 条,案卷级目录数据库 23 万条,现行文件和政府公开信息 1 万余件(条)。局域网运行档案目录数据 260 万余条,20 万件全文;互联网运行档案目录数据 120 万条,8 万件全文。完成如此规模的数据库建设,全部人工费只有 58.4 万元(包括流程团队档案干部的工资),经济成本很低,时间成本很少。

第四,"五个同步"技术策略。①数字化转换与档案鉴定同步推进。鉴选档案数字化对象的过程实际上也是盘点馆藏的过程。以档案数字化工作为契机,对现有馆藏再次鉴定,全面筛选、优化馆藏,剔除无需继续保存的档案,减轻库房压力、降低管理成本,充分挖掘应予开放的档案,及时公之于众。②数字化转换与档案利用同步推进。档案数字化的根本目的是更好、更便捷地提供利用。根据利用需求确定优先数字化的范畴,及时将数字化的成果进一步转化为利用成果,实现数字化转换与档案利用工作互为支持、同步推进。③数字化转换与数据库建设同步推进。加强数据库建设是网络时代档案提供利用的重要基础性工作,也是实现数字化档案便于检索、在线利用的必要前提。长春市档案馆采取了在数字化转换的同时,分期分批建设数据库的做法,即:首先建立文件级目录数据库满足一次检索和管理的需要,适时建立专题数据库满足特殊检索需要,优选建设全文数据库满足全文检索和利用的需要,为上网利用打下了良好的基础。④数字化转换与网站建设同步推进。网站是网络时代档案提供利用的新方式,也是服务公众的新平台,更是数字化档案发挥效用、实现信息增值的重要途径。及时将数字化档案上传网站是扩大利用范围、提高利用效率的重要途径,也是迅速体现和凸显数字化成果的最高效的方式之一。长春市档案馆充分利用局域网、互联网和档案网站,通过 CA 证书等安全手段实现了数字化档案的远程查询、下载和打印,为 CA 用户远程提供档案证明,实现了数字化档案的法律效力,实现了档案数字化与上网利用的低成本、高效率、高效益。⑤数字化转换与电子文件的归档同步推进。档案数字化的建设不能仅仅盯住历史档案、传统环境中生成的档案,许多单位不惜花费大量人力、物力大规模扫描纸质档案,却不曾考虑如何妥善管理每天大量生成的电子文件,不考虑如何予以有效管理、如何做好归档工作,其结果将导致日后更大规模、不堪重负的扫描。毕竟现在文件的数量较之过去大大增加。长此以往,档案机构不仅会陷入无休无止、数量越来越惊人的扫描漩涡之中,而且难以履行应当肩负的对电子文件进行全程监控的管理职责,导致在信息化建设中再次落伍、失去契机。数字形式生成的信息,或从现有的类似模式转化成数字形式的信息。《数字遗产保护章程》特别指出:"数字生成的材料显然应优先保护。"①所以,档案数字化应与电子文件的归档统筹规划、同步进行,

①　UNESCO. Charter on the Preservation of the Digital Heritage[EB/OL].[2014-01-02]. http://www.unesco.org/new/en/communication-and-information/access-to-knowledge/preservation-of-documentary-heritage/digital-heritage/.

早抓早受益,不能顾此失彼。这一点已为实践所证明,吉林省白城市档案局在市直机关通过实行"档案局超前指导、档案馆提前接收电子档案"的改革,在一定程度上实现了纸质文件与电子文件双套制归档的目标,跳出了许多单位存在的电子文件打印成纸质文件之后便任其自生自灭、日后又重新扫描"还原"(实际上元法全部还原)成数字化文件的恶性循环,为档案馆健康开展档案数字化工作奠定了良好的基础①。

第五,数字化过程的精细管理。该馆坚持"细节决定质量,质量决定成败"的理念,把精细化管理贯穿于档案信息化全过程。主要集中在重组业务流程、细化操作方法、完善管理制度、坚持流水作业四个方面。

①重组业务流程。在网络环境下,录入、鉴定、扫描、整理、利用实行一条龙的流程管理。

②细化操作方法。制定了各项工作实施细则和操作规范,使档案信息化各个操作层面的人员有章可循。

③完善管理制度。包括档案数字化、人员管理、岗位责任、网络安全、数据管理五个方面15种制度、28个数据管理审批单。

④坚持流水作业。集中档案鉴定、文件级目录数据录入、全文数字化、实体整理四个环节,坚持流水作业。在此集中流水线上,目录数据录入岗位安排业务人员和技工7名、档案鉴定岗位安排5人,档案数字化加工安排4人,档案实体整理安排4人,在网络环境下实行集中办公和流水作业。

第六,工程式管理。该馆实施三个工程,建立了一个团队,把信息化带动作为首位战略,视为"一把手工程、班子工程、全员工程"突出抓,并创新管理机制,打破行政分工,在计算机网络环境下,建立了行政领导、指导专家(技术业务总负责)、专业人员、外聘技工20人的长期流程团队,并与现有计算机和扫描设备进行合理搭配。该团队由局(馆)党组直接领导,馆技术部门提供支持,管理部门提供档

---

① 王健.关于档案数字化优化模式的探讨——档案数字化对象之优化鉴选[J].档案学通讯,2007(1):56.

案,专家提供指导,创立了高效的组织体系,搭建了投入小、产出大的机制框架。

也正是因为长春市档案馆提出了可供部门实际操作的经验材料,为其他地区,尤其是欠发达地区的档案数字化提供了范例,形成了档案数字化的"长春模式",得到了国家档案行政管理部门的肯定。原国家档案局副局长、中央档案馆副馆长李和平认为,"长春在档案数字化方面探索的意义已经超过了他们进行这项工作的本身,将随着时间的流逝逐渐彰显出它的价值",高度评价了"长春模式"的探索意义①。事实上,随着"长春模式"的出台,各地的档案数字化也摸索了经验,形成了一些档案数字化的"优化模式",遵循"五个优先"的档案数字化优选分层原则,即常用优先、目录优先、急用优先、孤本优先、特色优先②。这些模式和原则的形成,极大地推进了档案数字化的实践工作,树立了各地档案数字化建设的楷模,推动了档案数字化工作的开展。

北京市档案数字化规划实行"全面数字化"战略,充分发挥数字化带动作用,通过数字化建设全面提升档案管理工作水平。北京市"十二五"时期档案事业发展规划将建设区域性数字档案馆列入工作目标。规划明确提出"至 2015 年年底,市和区县档案馆实现机读文件级目录 100%覆盖馆藏档案,市档案馆馆藏纸质档案数字化率达到 100%,区县档案馆馆藏纸质档案数字化率达到 50%以上"的档案数字化工作目标。在建立目录数据库的过程中,除了遵循《档案目录著录规则》《中国档案主题词表》《中国档案分类法》《机读档案目录数据库格式》等标准外,其主要的依据是《北京市综合档案馆档案目录数据库结构与数据交换格式》(京档发〔2007〕3 号)。在建立全文数据库时,遵循"利用优先、分步实施"的原则,注重从"实用性、开放性、特色性、价值性"四个方面进行。

---

① 王萍.一种模式内涵着一种精神——《档案数字化的长春模式》读后感[J].兰台内外,2010(5):64.
② 王健.关于档案数字化优化模式的探讨——档案数字化对象之优化鉴选[J].档案学通讯,2007(1):58.

2011 年,武汉市档案局以国家档案局《数字档案馆建设指南》为指导,草拟了《武汉数字档案馆建设规划方案》,经市信息产业办公室组织专业论证通过后予以发布①。该方案认为,要强化数字档案资源建设为政府机构和社会公众服务的功能,必须推进传统载体档案的数字化转化和电子文件的接收管理,尝试引入区域合作机制,资源内容突出武汉地方特色。

档案数字化是指把现有馆藏档案通过键盘输入、扫描等手段转化成能够在计算机及其网络上运行的数字信息。"十五"期间,国家档案局明确提出"加快现有档案的数字化进程,在北京、天津、辽宁、陕西、青岛等地开展档案工作应用数字化和网络化技术的试点"②。2002 年,《全国档案信息化建设实施纲要》再次强调要"积极推进档案数字化进程……分阶段、分步骤实施",并扩大了试点的范围③。"十一五"期间,国家档案局提出"根据'统一领导、标准先行、利用优先、分步实施'的原则有序推进传统载体档案数字化进程"的要求,并作出了"适时启动国家数字档案建设与服务工程('金档'工程)"的总体部署④。时至今日,我国档案数字化工作已经取得了可喜的进展,深圳、青岛等地的数字档案馆相继建成,北京、天津、上海、江苏、浙江、福建、山东、广东、重庆、云南、宁夏、哈尔滨、杭州、厦门等省市的数字档案馆建设规划也纷纷立项,全国档案数字化工作呈现出从东部向中西部,从省一级向地县整体推进的良好态势。四川省计划,到 2020 年全省各级综合档案馆传统载体档案数字化的数量比 2010 年翻两番⑤。

---

① 《武汉数字档案馆建设规划方案》通过专家论证[EB/OL].[2014-02-10].http://www.whdaj.gov.cn/8/421/442/31109.html.

② 全国档案事业发展"十五"计划[N].中国档案报,2000-12-14(1).

③ 本刊编辑.全国档案信息化建设实施纲要[J].中国档案,2003(3):35-37.

④ 中国国家档案局网站.国家档案局中央档案馆关于印发《档案事业发展"十一五"规划》的通知(档发[2006]4 号)[Z].

⑤ 传统载体档案数字化提速[EB/OL].[2014-02-10].http://sichuandaily.scol.com.cn/2013/03/12/20130312608563994564.htm.

（2）数字档案馆建设规划

时任国家档案局局长杨冬权 2009 年在全国档案工作会议上指出，数字档案馆是信息时代档案馆的发展方向，是档案信息化整体水平的集中体现。档案机构从业务应用、资源平台、基础设施、政策标准等方面编制数字档案馆建设规划，为完成数字档案馆标准规范建设、应用系统平台建设、档案资源数据库建设、档案资源网络信息平台建设等工作提供指导和规范。

其实，数字档案馆建设项目起源于 2000 年，深圳市档案馆为全国树立了标杆。2012 年，《深圳市档案事业发展"十二五"规划》实施的第二年，深圳市档案工作计划中明确了要进一步完善数字档案馆系统，推进文件档案平台数据库建设及电子文件管理，加快馆藏档案数字化和缩微进度，提高档案目录管理和档案数字化应用水平①。这表明，数字档案馆的建设仍处于发展之中。

数字档案馆的发展引起了学界的关注。2007 年 7 月，由中国档案学会主办，清华大学信息技术研究院和北京大学档案馆联合承办了"2007 数字档案馆建设研讨会"。研讨会的主题为数字档案馆定位及其与传统档案馆之间的互动关系、数字档案资源永久保存、电子政务与数字档案馆建设、数字档案馆建设及管理和发展。2009 年 7 月，国家档案局技术部于青岛召开了"数字档案馆建设工作研讨会"，就数字档案馆建设项目的立项、建设思路，数字档案馆的功能模型、数据模型、核心技术，数字档案的接收、分类及其真实性、完整性、可用性保证的方法与措施等方面，进行了深入的交流与探讨。这些理论研究工作推进了数字档案馆的建设。

2010 年 6 月，国家档案局发布了《数字档案馆建设指南》，从国家层面上对我国数字档案馆建设予以了理论指导与规范要求②。该指南提出了我国数字档案馆总体建设目标是实现馆藏档案资源数字

---

① 2012 年深圳市档案工作计划［EB/OL］.［2014-02-10］.http://www.szdaj.gov.cn/xxgk/ghjh/ndjh/201209/t20120907_2014581.htm.

② 国家档案局.数字档案馆建设指南［EB/OL］.［2014-02-10］.http://www.gzdaj.gov.cn/daywzd/daxxhgz/201012/t20101224_54362.htm.

化、增量档案电子化,逐步实现对数字档案信息资源的网络化管理以及分层次、多渠道提供档案信息资源利用和社会共享服务。同时,对数字化管理系统功能、应用系统开发和服务平台构建给出了规范化建设指标。

2014年2月,国家档案局数字档案馆(室)建设领导小组成立,由杨冬权任组长。领导小组成立不久,便相继印发了《2014年数字档案馆(室)建设重点工作》《国家档案局数字档案馆(室)建设领导小组工作规则》。其中《工作规则》确定了该领导小组的主要职责有五项:一是负责全面领导数字档案馆(室)建设,协调、监督局属各部门在开展这项工作上的分工,统筹规划指导数字档案馆(室)建设相关工作;二是负责贯彻中央信息化建设和电子文件管理工作的方针政策,审定数字档案馆(室)建设相关法规、标准、管理办法;三是负责审定数字档案馆(室)建设发展规划和分阶段实施方案,并负责监督、检查规划和方案的落实情况;四是研究解决数字档案馆(室)建设中重大共性问题和难题;五是协调中央有关部门对数字档案馆(室)在政策、资金上的支持,建立激励机制①。

与此同时,地方的数字档案馆建设规划也得到了加强。例如,2012年5月,上海市政协办公厅编制了《上海市政协机关建设数字档案室工作规划(2011—2015年)》②,该规划明确了市政协机关数字档案室建设目标,开拓档案开发领域,分步实施室藏档案全文数字化扫描和案卷级、文件级目录规范著录、电子文件同步归档等工作任务。

(3)电子文件中心建设规划

电子文件中心是建立在电子政务网上的一种集中式的电子文件管理平台,它能够避免政府各个部门对电子文件的分散、多头管理,对于电子文件的集中归档、长久保存和有效利用具有十分重要

---

① 韩冬.国家档案局数字档案馆(室)建设领导小组近日成立[EB/OL].[2014-02-18].http://www.saac.gov.cn/news/2014-02/14/content_33761.htm.

② 上海市政协办公厅积极推进数字档案室建设[EB/OL].[2014-02-10].http://www.archives.sh.cn/zxsd/201206/t20120607_35220.html.

的意义。

北京市非常强调电子文件的规划。早在 2003 年,北京市档案局就颁发了《关于加强电子文件和电子档案管理的意见》(京档发〔2003〕3 号)。2004 年,颁发了《北京市电子文件归档与管理暂行规定》(京档发〔2004〕4 号)。2006 年,颁布了《办公自动化系统电子文件归档工作规定》(京档发〔2007〕2 号)。2009 年,颁布了《北京市档案馆电子文件接收办法》(京档发〔2009〕1 号)。北京市委、市政府办公厅在其印发的《北京市电子文件管理工作纲要(2013—2015年)》中提出"集约化建设全市统一的电子文件中心"[1],突出市区两级局馆、立档单位的区域性和云架构技术基础。

2004 年 12 月,江苏省常州市建成国内最早的电子文件中心。随后,国内多个省、市陆续展开电子文件中心项目建设。其中,江苏省在《江苏省档案信息化建设规划纲要(2005—2010 年)》明确提出了加快电子文件中心建设的重要任务,并从苏南地区 7 个市县开始试点,提出 2007 年苏南地区全面建设网上电子文件中心,2010 年前苏中、苏北地区全面实现网上电子文件中心。要在 2008—2010 年,实现全省 100% 的国家综合档案馆全面建成与电子政务相配套的电子文件中心的目标[2]。在 2007 年召开的"全国电子文件中心建设经验交流会"上,国家档案局明确提出了"以建立电子文件中心为突破口,全面建立具有中国特色的电子文件管理体系"的战略思想,极大地推动了全国电子文件中心的建设[3]。当前,安徽省、天津市、上海市、江苏省、山东省、广东省、四川省、陕西省等数十个省市都已经建立了电子文件中心,形成了电子文件中心建设的多种模式,如"安徽模式""江苏模式""青岛模式""天津模式"等。限于篇幅,本书以电

---

① 北京市数字档案馆建设实践[EB/OL].[2014-02-10].http://www.cngs-da.net/art/2013/11/14/art_57_27510.html.

② 曹建峰.电子文件中心建设现状、难点及建设思路研究[J].北京档案,2013(8):31.

③ 杨冬权.贯彻王刚同志重要批示精神 以建设电子文件中心为突破口全面建立有中国特色的电子文件管理体系——在全国电子文件中心建设经验交流会上的讲话[J].中国档案,2007(6):6.

子文件中心建设的"安徽模式"为例加以介绍。

2005年10月,安徽省在全国率先启动了省级电子文件中心建设,中心建成后将成为省级电子文件集中管理、永久保存、在线利用的基地,是实现政务信息资源共享、寻求信息资源最大效益的重要平台。安徽电子文件中心从技术路线上,着眼于国际统一标准,借鉴了国外标准(VERS)作为技术参考,VERS是澳大利亚维多利亚档案馆提供的电子文件策略,它基于文件连续体理论、XML技术、封装、可扩展方案、电子签名、包容多文档内容、通过描述构建单个文件的关联等,是世界领先的电子文件解决方案。安徽省电子文件中心建设中,非常重视组织架构、技术架构,在项目人才库建设上,突破地区选人,突破行业选人。从技术路线上,采用"标准引导型",基于知识体系,基于广域的经验总结与升华,基于历史、现实、未来的连续考量,形成具备普适性、可持续、可维护的标准体系①。

安徽省电子文件中心历经3年攻坚克难,如期完成了基础设施建设,应用系统开发完成并已投入试运行,接收、管理部分省直单位电子文件。2009年,黄玉明等在总结安徽省电子文件中心的建设时,概括了电子文件中心目标定位,分别是:保存数字遗产;保障电子文件的完整性、真实性、有效性;实现资源共享;协助打造透明政府和问责政府。在电子文件中心建设中,坚持标准先行,起草了《文书电子文件元数据方案》《版式电子文件存档格式需求》《基于XML的电子文件封装规范》3个国家行业标准,配套起草了《电子文件移交与接收一致性要求》《电子文件中心功能需求》《电子文件中心业务流程》等地方标准和企业标准。认为电子文件中心的信息系统设计应该遵从国际标准《空间数据和信息传输系统开放档案信息系统参考模型》(ISO14721,OAIS),编制了《安徽省电子文件中心应用系统需求说明书》,旦子文件中心系统功能模型将整个系统除公共服务功能外,分解为捕获、数据管理、档案存储、利用、保存规划、综合管理六个子系统。通过对OAIS

---

① 黄玉明.安徽省电子文件中心建设的思路与做法[J].中国档案,2006(12):6.

信息模型的研究,认为基于 XML 技术,将同一电子文件的元数据与文件编码封装在一个计算机文件中,是解决电子文件对系统依赖性的最有效方法。安徽省电子文件中心的 EEP 文件,实现了信息的自包含、自描述和自证明。在此基础上设计的电子文件递交信息包(SEP)和电子文件分发信息包(DEP)则分别用于同文件移交单位和用户进行数据交互。电子文件封装策略规避了电子文件依赖于特定信息管理系统、操作系统和数据库的风险,使得电子文件的长期保存、可用成为可能。在国际范围来说,这是继 METS、VERS 之后的重要研究成果。坚持标准先行,集全国之力,完成了 3 个国家行业标准的起草、征求意见和验证工作,并在江西、宁夏等多个省(区)得到应用。坚持开拓创新,吸收和借鉴国际标准和成功经验,结合我国实际,创新了电子文件管理体制机制,探索了一条有中国特色的电子文件管理之路[①]。

(4)档案馆网站建设规划

档案馆网站建设是档案馆主体根据自身发展形势,通过丰富馆藏档案资源,建立档案管理系统和应用平台,为政府机构和社会公众提供方便快捷、安全可靠的档案信息网络化服务。具体规划内容包括档案网站各方需求调查、建设网站的目的及功能定位、网站技术解决方案、网站内容规划、网站建设费用、网站维护及网站推广等各个方面[②]。

全国档案事业发展"十二五"规划在信息化建设任务中提出,要实施公共档案信息资源共享服务工程项目,打造"一站式"档案信息资源共享和服务平台,为社会提供全方位的档案信息服务。各级国家档案馆、专业档案馆在丰富并优化馆藏资源的基础上,加快数字档案馆建设步伐,加强档案馆网站建设,提供网络信息服务。

苏州市档案局按照全市电子政务建设格局,推出《苏州市档案信息化建设规划(2005—2010 年)》,把苏州市档案馆网站建设作为

---

① 黄玉明,等.安徽省电子文件中心设计与建设[J].中国档案,2009(8):13.

② 张江珊.档案馆网站建设必须重视规划[J].北京档案,2008(5):25.

重要建设任务提出①。该规划指出要以"苏州市档案信息网"为平台,建设面向社会、服务公众的档案网站群;建成以苏州市为龙头的全市数字档案馆网络,加强数字档案资源建设,推动馆藏档案数字化和分布式数据库建设持续稳步发展。大连市城建档案工作一直走在辽宁省前列,市档案局 2010 年编制了《城市建设档案馆"十二五"发展规划(2011-2015 年)》,明确加强城建档案网站建设,档案预审和进馆要实行网站公告。作为广州市城市建设的专业档案馆,广州市城建档案馆对该馆网站建设做出未来构想,结合"文化凝聚工程"为建设专业性门户网站规划了长短期目标,采取具有现代感的形象网站设计方案,逐步建立城建档案网络图片库和网上办公的窗口②。

档案网站建设是指使用标识语言,通过一系列设计、建模和执行的过程将数字档案和电子文件通过互联网传输,最终以图形用户界面的形式提供查询和利用。1996 年,北京市档案局开通我国第一个档案网站。截至 2011 年,我国各级各类档案馆网站已经开通 200 多家,30 多个省级档案馆都开通了自己的网站③。仅经过 20 年,我国档案网站建设就取得了长足发展,省级综合档案馆都已建立集各项档案资源服务于一体的档案网站,大量县级、区级档案馆开始积极谋划档案网站建设,许多规模性企业也已开始把档案网站建设列入中长期发展规划。与此同时,湖北等地开展了档案馆网站建设评估,并以此开展和推进各级档案馆网站建设④。然而,有些档案网站在建设过程中存在着盲目跟风、缺乏规划、功能不健全、信息更新慢、互动性差、特色不明显等问题,在一定程度上影响了为公众服务,亟待发

---

① 苏州市(2005—2010 年)档案信息化建设规划[EB/OL].[2014-02-10]. http://www.bjma.gov.cn/Index/dadt/dadtxsy.ycs? GUID=101569.

② 翁敏嫦.构建网上城建档案馆——广州市城建档案馆网站建设随想[EB/OL].[2014-02-10]. http://www.gzuda.gov.cn/news/view.asp? id=XW200307251726095193&fdID=CL200303051534051295&KeyWord=.

③ 陈选.我国政府档案网站建设的现状、问题及对策研究[D].合肥:安徽大学,2011:13.

④ 曾智.地方档案网站评估指标体系研究——以湖北省地市级档案网站为例[J].湖北档案,2010(6):8.

展和改进。

　　总而言之,在对档案事业各项业务发展进行规划的过程中,一些国家如美国、英国、加拿大、澳大利亚等,包括我国在内,形成了各具特色的档案资源建设规划体系。比较中外档案资源建设规划体系的异同,有益于我国在发挥自身体系优势的前提下,吸收国外规划体系的长处,更加明晰未来档案资源建设规划事业的立足点和发展方向。

　　我国档案资源建设规划主体为国家和地方各级档案行政管理部门,目标逐步由满足政府行政管理需要为主向满足社会公众需求为主转变,国家宏观经济发展规划始终是档案事业发展专项规划制定的风向标。在我国档案资源规划体系中,国家级、地市级两级规划层次鲜明,按照档案事业发展和档案业务发展各自的要求,又分别编制一般规划和重点规划。在规划项目实施过程中,档案行政管理部门以开展中期评估工作作为规划完成的保障,由此形成了包括档案事业发展规划、档案业务重点规划、中期评估在内的档案资源建设规划体系,见图 4-2。

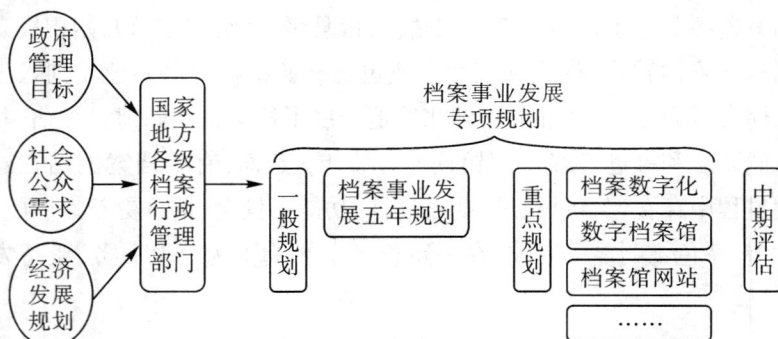

图 4-2　我国档案资源建设规划体系

　　我国的档案资源建设规划体系层级清晰、集中程度较高。档案资源建设规划项目实施范围和实施力度由国家到地方呈阶梯状分布,国家级档案资源规划依附于丰富的馆藏资源与配套的数字化技术、网络共享平台,而地市级档案资源规划则以地域范围或特色馆藏资源为基础,依靠上级行政扶持和经济支持。规划项目的有序开展和绩效评估的顺利实施,得益于这种集中式的规划体系。可以借鉴国外规划经验,更多的关注与公众生产生活息息相关的各类专门档案领域,并逐步量化绩效评估指标。

4.2.3 面向公众需求的档案资源建设规划的原则

档案资源建设与档案资源建设规划是两个不同的概念,因此,档案资源建设的原则与档案资源建设规划的原则也存在着不同。

档案资源建设原则方面已经取得了不少研究成果,例如:将档案资源建设原则表述为集中原则、面向需求原则、渐进原则、数质量统一原则①,或职能决定原则、需求导向原则、地域性原则、公共性原则、系统性原则、突出特色原则②。也有学者提出,国家档案资源建设是在"统一领导,分级管理"的体制下,通过整理与组合,使档案资源结构合理、配置优化,以适应经济全球化,增强区域综合竞争力的需要的社会系统工程③。截至目前,在档案资源建设规划原则方面,尚未见到表述。

在制定面向公众需求的档案资源建设规划原则时,需要考虑如下方面:第一,满足公众的需求,这是制定档案资源建设规划的目的和出发点;第二,参考国内外已有规划,探讨这些规划形成的方式。为此,面向公众需求的档案资源建设规划原则包括:

①公众需求优先原则。

制定档案资源建设规划,包括各个机构开展的档案数字化建设、电子文件管理以及电子文件中心建设、数字档案馆建设中的数字档案资源建设工作,都不可能是一蹴而就的,必须循序渐进。在这个过程中,公众需求多的、满足公众当前需求的,尤其是服务民生的,都需

---

① 杨浩.档案馆档案资源建设原则和方式探讨[J].兰台世界,2010(3):37.

② 潘积仁.国家档案馆资源建设宏观思考[EB/OL].[2014-02-01].http://www.idangan.com/Literature_info.asp? id=257.

③ 戴志强.国家档案资源整合的含义及其运作机制探讨[J].档案学通讯,2003(2):4.

171

要优先考虑,放在近期、短期规划中;而公众远期的、潜在的需求,则需要放在长期规划中。

②特色档案资源建设优先原则。

每个档案机构都有自己的特色资源,从文化建设的角度来看,服务于当代公共文化建设的档案资源需要优先建设,从而为档案机构提供档案文化资源服务大众奠定基础。特色档案资源,可以是公众需求量较大的内容,也可以是服务于生产、社会或某一领域、某一行业的档案资源,这些资源的建设体现了该机构的特色性。

③档案资源建设规划体系化原则。

档案资源建设规划不仅需要长期规划,也需要短期规划,还需要年度规划;既要有策略规划,也要有业务规划,逐渐形成档案资源建设规划的体系,为不同时段、不同内容的档案资源建设服务。

4.2.4　面向工作需求的档案资源建设规划的重点

我国档案资源数量极其庞大,且长期分散存储,整合度和共享效率都不高。在政府信息公开环境下,制定以公众需求为导向的档案信息资源建设与服务过程中的长期战略规划或业务规划,在档案资源建设体系研究中占据重要位置。做好规划是面向公众需求的档案资源建设的前期性和基础性工作。截至目前,我国档案资源建设规划工作在数字化建设、数字档案馆建设、电子文件中心建设、档案馆网站建设等领域取得了一些进展,对于构建怎样的档案事业格局、如何实施档案信息化在一定程度上作出了回答。但也存在着目标定位不够完善、规划体系不够健全、缺乏配套的绩效评估、公众需求难以满意等问题。结合国外档案资源建设规划经验,目前我国档案资源建设规划的重点应放在以下几个方面:

（1）明确规划主体目标定位

我国档案事业发展规划和档案信息化业务规划,是由国家档案行政管理机构和各类专门档案机构制定的。这类专项规划是在科学发展观思想的指导下,确立较长时期内档案事业各类业务的发展目标和主要任务,制定发展战略以分步实施规划内容。规划主体立足于我国档案信息化建设的实际,以国家级档案事业发展规划为纲领,涉及的主题主要围绕档案馆基础设施建设、档案资源数字化、档案资源数据库建设、数字档案馆(电子文件管理中心)建设、档案信息网络建设这类档案馆自身发展方面的问题。

国外在研究档案资源建设规划方面目的明确,是以社会需求为导向,充分运用信息技术,建立网站、开发各种档案信息数据库,开展在线服务。典型的例子,国外档案数字化,并非全盘(全馆档案)数字化,而是对公众需求大、年代久远的档案实行数字化。国外档案界已经更多地关注到与普通百姓、妇女组织等相关的信息资源的收集①,开始利用档案信息资源解决一些全球性的社会问题。这为我国档案信息资源建设规划主体明确未来发展目标提供了参考。近年来,随着档案信息化建设的深入发展,档案资源建设规划主体逐渐将自身目标定位于从以馆藏建设和发挥档案馆管理职能为主,转变为以公众需求为导向和发挥档案馆服务功能为主。

(2)明确规划方向与实现路径

档案资源建设规划是档案信息化工作科学发展的纲领和依据,并对各专项档案信息化业务规划提出具体的建设意见,需要各级档案行政管理机构和档案工作人员进一步增强自身职业责任感和使命感,不断加强规划的完善和修订。档案工作职业意识的强烈与否,直接关系到档案资源建设的规划方向。当前我国档案工作人员的业务素质和职业修养较早期有了很大提升,档案管理各环节工作更加精细,但仍缺乏足够的档案业务技能、档案专业研究能力和档案工作标准执行能力。不少地方也难以做细致的工作,例如难以考察哪些档案为公众所急需,这样,规划往往出于对政策的响应,难以落实到公众的需求上。

国外档案界制定的战略规划大多体现出国家或组织档案机构通过具体档案资源开发行动服务于社会公众、服务于政务建设的强烈职业使命感。例如,NARA 在其战略规划中提出②:作为国家文件的

---

① 周林兴.面向社会的档案信息资源规划研究[J].档案,2011(6):10.

② 丁枫.美国国家档案与文件署 2007—2017 年战略规[J].中国档案,2007(6):58.

管理者,NARA 将通过加强对政务文件管理的领导与服务,确保联邦政府工作的连续性和高效性;将应对电子文件的挑战,以确保在数字时代成功履行自己的使命;必须重新将注意力和资源投入到使尽可能多的文件提供给公众利用上去。因此,档案机构在履行自己的职责时,需要将公众档案需求目标落到实处,形成完整的可操作性的实现路径,并增强保障体系的建设。就正如国外当前在档案资源建设规划时所做的,"以社会需求为导向,充分运用信息技术,建立网站、开发各种档案信息数据库,开展在线服务"①。

(3)完善资源建设规划体系

我国档案资源建设规划侧重于宏观、中观和微观三个层次以及一般规划、重点规划两个层面,鲜有档案资源建设方面的年度发展计划、专项活动规划或相关综合性行动计划。我国信息资源建设在规划体系、政策实施、项目管理、社会参与和国际交流等方面较国外仍有一些差距,需要借鉴国外先进经验和成果发展②。

当前,我国档案资源建设可以借鉴国际档案理事会(ICA)、美国档案与文件管理署(NARA)、英国国家档案馆等国外档案机构的档案资源建设规划,以战略规划为纲、业务规划为翼,辅之以配套的综合性行动计划,构建符合我国档案资源建设实际的规划体系。在宏观层面要改革档案管理体制和运行机制;在微观层面要建立统一的档案资源管理协调机构,对档案资源的整合、开发、利用进行合理的规范与科学的布局③;在此基础上,充分挖掘档案文化资源,开发档案文化产品,改善档案资源公共文化服务质量。浙江省 2011 年开展了"浙江方言音档"建设活动规划④,丰富了

---

① 周林兴.面向社会的档案信息资源规划研究[J].档案,2011(6):10.

② 裴雷,马费成.公共数字信息资源开发利用现状与对策[J].情报理论实践,2008(1):28.

③ 周林兴,王婷婷.基于公共文化服务体系建设的档案信息资源规划研究[J].档案学通讯,2012(2):83.

④ 浙江省档案局关于开展浙江方言语音档案建档工作的通知(浙档发〔2011〕18 号)[Z].

地区特色档案资源。

(4)实施规划项目绩效评估

随着档案信息公开程度的加大和档案资源建设规划实施效果的展现,规划主体如国家档案局和省市档案机构等开展了对于档案资源规划工作实施项目的定期评估工作,考核一定时期内的规划实施绩效。例如,浙江省档案局于 2013 年 7 月开展全省档案事业发展"十二五"规划中期评估工作,以规划中期执行情况统计表、规划重点项目中期评估调查表等统计表单为依据,考察 2011 年至 2013 年 6 月底前浙江省在档案信息化建设、档案基础设施建设、档案保障体系建设等方面完成的工作实绩,评估结果以通报或表彰的形式公布①。

国外档案界非常重视对战略规划实施绩效的跟踪和评价,以便于对后续规划实施的调整,通常以编制年度报告、财年报告、月度报告等方式,作为对档案建设规划体系的另一种补充。报告中以图表、数字,配以说明性文字等较直观的形式列举战略规划期间的目标、测评指标、业务绩效和经费开销。这种公开、透明、高效的绩效评估指标与方法值得借鉴。我国在档案资源建设规划中可以引入程式化的项目管理方法,从项目规划编制、项目实施、项目成果验收的整个流程对档案资源建设规划的执行力度、项目开展成果进行定期考核与评估。

为了实现上述档案资源建设规划的重点,档案机构仍需要从两个层面进行努力:其一,借鉴我国信息管理领域发展的经验,尤其是信息资源建设政策、信息管理领域实践做法、信息技术应用等方面的经验;其二,借鉴国外关于档案资源建设规划方面的经验,包括战略规划和业务规划的经验,从而推进档案资源建设规划。

总而言之,档案资源建设规划是有效管理和开发利用国家档案资源的前提和基础,国外档案界和国内的信息资源管理领域已经积

---

① 浙江省档案局关于开展全省档案事业发展"十二五"规划中期评估的通知(浙档发〔2013〕18 号)〔Z〕.

累了比较丰富的经验,形成了各具特色的档案资源建设规划体系。实现"档案强国"的战略目标,从满足不断增长的公众档案利用需求出发,加强档案资源建设规划必须放在重中之重。只有落实档案资源建设规划,档案资源建设、档案服务才有了根基,"面向公众需求"进行档案资源建设和服务便不会成为一句空话。

第5章　面向公众需求的档案资源建设实施

　　档案资源建设是一项系统工程,它是对我国现有经济和社会发展资源基础的充实与丰富,实现档案资源由分散到集中、由无序到有序的转变,也是在"统一领导、分级管理"的档案工作原则指导下,通过科学整合、合理配置和结构优化,推进档案资源的深层次开发和远距离获取,提升公众档案资源利用效率和效益。我国政府和档案机构一贯重视档案资源建设工作。2010 年 12 月 14 日,全国档案局长馆长会议上,杨冬权提出了"两个体系建设",档案资源建设体系居首①。2011 年 1 月 14 日,国家档案局颁布的《全国档案事业发展"十二五"规划》中,"加强档案馆馆藏资源建设"也被作为"十二五"期间档案工作的重要内容再次得到强调②。此后至今,档案资源建设(尤其是数字档案资源建设)得到了加强,并开始了实施,在以公众需求为导向,构建优质的档案资源方面进行了有益的探索。然而,从现实情况来看,我国档案资源规划实施中存在内容建设失衡

---

　　①　中华人民共和国国家档案局[EB/OL].[2014-02-27].http://www.saac.gov.cn/news/2010-12/25/content_4501_3.htm.

　　②　中华人民共和国国家档案局[EB/OL].[2014-02-27].http://www.saac.gov.cn/zt/2011-01/14/content_12721.htm.

等问题①。如何科学地实施面向公众需求的档案资源建设,尽管是
业界的事情,但仍然需要学界的关注。

5.1　面向公众需求的档案资源建设实施概述

5.1.1　面向公众需求的档案资源建设实施的原则

对于档案资源建设的原则,潘积仁将其总结为"职能决定、需求
导向、地域性、公共性、系统性、突出特色"六大原则②;也有人将其阐
述为"集中、面向需求、渐进式、数量质量统一"四大原则③。黄存勋
对国家档案资源理念进行了系统论述,指出国家档案资源理念是对
国家档案全宗理论的扬弃,围绕国家档案资源建设,档案行政工作的
范围必须拓展,手段应该调整,属地管理原则应该强化,档案馆网布
局也要进一步调整,中间性档案机构的变革与创新也要进一步推
进④。这些原则具有宏观性,可以用于档案资源建设的指导,而面向
公众需求的档案资源建设的实施,就是要在以上档案资源建设原则
的基础上,各个机构从本单位的实际出发,制定切实可行的实施准
则,包括以下几个方面。

（1）循序渐进,防止冒进

档案资源建设(尤其是数字档案资源建设)并不是在短短的时
间内就可以完成的事情。以北京市档案馆为例,该馆从"十五"开始
进行模拟档案的数字化,到"十二五"末完成全部馆藏的数字化工
作。这只是档案资源建设的一个部分,从这个角度来看,档案资源建
设不可冒进,尤其是不切合实际的做法,都是应该克服的,各个机构
需要有计划地、循序渐进地推进档案资源建设工作。

---

① 周林兴,仲雪珊.以公众需求为导向的档案信息资源规划探讨[J].档案
学通讯,2012(5):45.

② 潘积仁.档案资源建设:原则 实践 策略[J].中国档案,2009(7):16-17.

③ 杨浩.档案馆档案资源建设原则和方式探讨[J].兰台世界,2010(3):37.

④ 黄存勋.论国家档案资源建设的理念与体制创新[J].档案学通讯,2004
(2):76.

（2）遵循标准，保证质量

档案资源建设涉及诸多的标准，包括数字档案资源类型、格式等，都需要在统一的规范下进行。早些时候，我国档案行业标准中并未规定 PDF 为数字档案格式，在国际标准的推动下，PDF 逐渐成为一种被纳用的格式，这说明，数字档案资源的格式标准是变化的。除了数字档案资源格式外，档案资源建设的其他方面也存在格式方面的变化，因此，在数字档案资源建设过程中必须遵照相关的标准，从而保障数字档案资源的质量。

（3）三个优先，形成特色

面向公众需求的档案资源建设，最为理想的方式是全面的数字化建设方案。但在现实的档案工作中，这种方案的实施是有难度也有限制的。首先，档案密级的限制决定了并非所有的档案都可经数字化而向公众开放；其次，从经济的角度考虑，所有馆藏档案的数字化也不符合成本效益的原则，一些利用率较低和内容陈旧的档案信息，其受众面较小，这些资源的数字化只会增加数字档案资源管理和维护的负担。因而，实施档案资源的数字化，应坚持"三个优先"原则，即特色档案优先、珍贵档案优先、高频利用档案优先，这不仅是档案资源建设的重点，而且有利于形成馆藏特色。

（4）边建边用，以用促建

数字档案资源建设过程是一个长期的过程，往往面临着建设与利用之间的矛盾，例如，正在使用或利用频率高的档案未能数字化，而那些利用频率低的档案却在进行数字化，造成了档案利用与数字档案建设的脱节现象。因此，利用频率高或正在提供利用的档案需要优先数字化，一边建设数字档案资源，一边提供利用，以利用促进建设，尤其是通过公众的利用需求促进档案资源建设，推动数字档案资源建设的实施。

5.1.2　面向公众需求的档案资源建设的内容

关于档案资源建设的内容，可以从不同角度加以区分：

①依据档案资源的内容，档案资源建设可以分为丰富馆藏数量、

优化馆藏结构、突出馆藏特色三个部分①；

②依据档案资源的归属,档案资源建设可以划分为档案室资源建设、各级国家档案馆资源建设和各类档案所有者资源建设三个方面②；

③据实施过程的划分,包括档案材料的形成、收集、整合加工三个基本环节③,也可以区分为档案资源的评价、选择、采集、组织、长期保存与维护、开放存取等。

④依据公众的档案需求,档案资源建设主要集中在民生档案方面,尤其是劳动、人事、民政、房地产等部门形成的档案。

全面地分析档案资源建设,就必须分析档案资源的来源及其存在状态。毕竟,档案资源的存在状态决定了档案资源建设的方式。

档案资源建设的主要来源包括两大方面:一方面源自长期积累下来的馆藏档案资源,另一方面源自对新形成档案资源的接收、对社会(包括个人)散存档案资源的收集以及对网络数字档案资源的采集。因此,要保证档案资源内容的丰富和优化,既要对现存档案资源了如指掌,对已有档案资源进行有效组织和管理,更要重视新增档案资源的接收和征集,尤其加强对社会公共服务部门的民生档案、特色档案的建设,及时接收和广泛征集与社会大众密切相关的、社会大众喜闻乐见的档案资源,如谱牒档案、官府文件、名人日记、手稿、书信、证状、珍贵的照片、影像资料、历史地图、会计报表(账簿)、领导人题词真迹,以及地方特色民间档案、非物质文化遗产档案等。还要加强对网络数字档案资源(包括政府网站、政务新媒体网站、其他有采集价值的网站等)的采集,通过网络链接政府信息网、社会公共服务网站、个人网站及政府信息资源库、各行业专业数据库等,动态地采集所需的数字档案信息④,如各网站和数据库的历史照片、新闻报道、网页、统计数据、历史事件的声像资料等,通过一定信息技术把有档

---

① 饶露.我国档案馆档案资源建设发展历程探析[J].兰台世界,2013(2):85.

② 胡小琳,薛匡勇,等.论档案资源的社会共享[J].档案学通讯,2003(5):26.

③ 马学强.新时期档案资源建设的思考[J].档案学研究,2004(5):32.

④ 金波.论数字档案信息资源建设[J].档案学通讯,2013(5):46-47.

案价值的网络信息下载到本地,经过一定的整理、组织、加工,形成本地的现实资源。通过对存量档案资源的组织优化和增量档案资源的丰富完善,不断建立满足社会公众需求的内容丰富和优化的档案资源体系①。

综上所述,档案资源建设主要集中在如下方面:

第一,传统档案的数字化转换,包括各个综合性档案馆进行的纸质档案数字化、音像资料数字化等。究其实质,是将模拟记录的档案转换成为计算机能够识别的数字信息。

第二,电子文件的归档,包括办公自动化系统或其他业务系统接收的电子文件(尤其是电子公文)的归档,是文件向档案转换的过程(尽管这个过程中,电子文件与档案的界限越来越模糊)。

第三,网络数字信息,包括数字新闻、网上信息、重大活动公告等,都是网络上的档案资源,个人和社会上散存的网上档案信息也是档案资源建设过程中不得不面对的。

从细节上考察,这三个方面的档案资源建设的流程也存在着差异,详见本章第2~4节。

5.1.3 面向公众需求的档案资源建设的流程

2005年,国家档案局、中央档案馆,依据2004年的《中共中央办公厅 国务院办公厅关于加强信息资源开发利用工作的若干意见》(中办发〔2004〕34号文件),制定并颁布了《国家档案局中央档案馆关于加强档案信息资源开发利用工作的意见》(国档发〔2005〕1号文件),提出档案资源建设应坚持"流程管理"思想,并将档案资源建设的流程依次划分为"建设规划、资源评价、资源选择、资源采集、资源组织、资源长期保存与维护,以及开放存取"七个方面②。以该文件精神为基础,结合面向公众档案资源建设的需求,我们认为,面向

---

① 杨冬权.在全国档案局长馆长会议上的讲话[N].中国档案,2010-12-24(1).

② 国家档案局中央档案馆关于加强档案信息资源开发利用工作的意见[Z].

公众需求的档案资源建设实施流程,从阶段上应包括建设前的规划阶段,建设过程的资源评价、选择、采集和组织,以及建设后期的长期保存、维护和开放存取,这些方面是相互联系的,也是相辅相成的,从整体上反映了档案资源建设的流程。

上述流程中,在制定面向公众需求的档案资源建设规划(详见本书第 4 章)后,档案机构需要通过流程化,开展档案资源建设的系列工作,简洁地加以概括,主要包括:

面向公众需求的档案资源评价是对现有档案资源的评价,以及对即将开展起来的资源建设作出的评估和计划。档案资源评价的目的,从表面上看是为了了解、认识并优化馆藏,而从更深层次上看,则是为了考察当前的馆藏或是档案机构能否实现其目标并满足用户的需求,因为档案资源建设,其最终目的仍是服务用户,满足用户的需求。因此,面向公众需求的档案资源评价,需要以公众的需求为依据,以服务公众为目的,对档案资源自身和档案资源管理两个方面展开评价。其中,对档案资源自身的评价集中在资源内容和形式上,其指标主要有内容范围、内容质量和内容适宜度。档案资源主题的覆盖情况、资源数量和主要类型属于档案资源的内容范围;档案资源的真实性、完整性、准确性、有效性、规范性属于档案资源的内容质量;而用户对档案资源的接受程度、利用频次等,则直接反映出现有档案资源内容上的适宜度。

档案资源管理的评价则涉及现有档案资源总体结构、档案资源整合状况、档案资源利用分布、档案资源主要使用功能、档案资源的共享状况,以及档案资源相关服务的发展。对档案资源的评价建立在对档案资源深刻认识的基础上,这既是一次对现有档案资源的普查,也是下一步对档案资源建设重点的考察和调研,其目的是改变现有馆藏档案资源结构失衡、质量缺失,不能全面反映社会历史发展的基本面貌,也不能适应公民对于档案信息资源利用的内容、目的、层次、方式等方面的需求不断增长的状况,建立覆盖人民群众的档案资源体系。

在评价现有档案资源的基础上,需要开展档案资源的选择,这是直接影响档案资源结构和档案服务内容的重要环节。我国档案资源种类繁多、数量巨大,如何从中鉴别和选择最富价值的资源并进行有效的建设,将是档案资源建设的重要方面。面向公众需求的档案资源建设,其资源的选择应当直接指向公众的实际需求。目前来看,这种需求的多方面的(详见本书 2.3 节),但可以简单地划分为现实需求和潜在需求。从现实需求的角度来看,档案机构提供给公众的资源应当是公众需要而非闲置的资源,这些资源应当可以广泛覆盖公众多层次、多方面的信息需求,确保真正能为公众所利用,并对公众产生有益的影响;从潜在需求的角度来看,即便公众对当前的部分资源没有利用需求,档案机构仍应将其认为具有高质量的信息资源推介和展示给公众,使之产生教育、引导作用,提升公众的利用品位,改善公众的利用习惯,并对公众的思想和态度产生建设性的影响。

开展档案资源的选择,其主要程序是:确定科学的档案资源选择目标与标准,制定合理的档案资源选择计划,组织待选档案资源,通过试用了解公众对其接受与反馈的情况,依据档案资源选择标准开展档案资源的比较与遴选,进而实现档案资源体系的更新与完善。

档案资源的采集是通过一定的方式与途径,搜集并获取各种档案信息,将其纳入档案馆藏体系的过程,这种方式与途径可以是人工的,也可以是自动化的。档案资源的组织则是针对采集到的档案资源开展的加工、整序、标引、著录等系列活动,这是对档案资源内容的总结,也是对其特征的发掘与提炼,旨在找出其中最富现实性和潜在价值的信息,以确保公众的有效利用。在档案资源采集的途径上,可以是对纸质档案转换而成的数字档案的采集,也可以是对办公系统或业务系统形成的电子文件的采集,还可以从网上采集档案信息,不同的档案资源存在形式不同,其采集的方式也存在差异。

首先,要完善档案收集工作,加强对各种门类、各种记录内容、各种载体形式档案的收集和整理,尤其对那些具有国家价值、地方价值、民生价值、社会价值的档案资源,要加强收集力度,并且加强对各种形式数字档案资源的转化和收集;其次,要处理好综合与特色的关系,既要保存一般性的档案,又要保存具有地方特色和民族特色的档案;再次,要注意质量与数量的统一,即通过对档案信息内容的入库鉴定和到期鉴定,决定是否归档和及时销毁那些已经丧失保存价值的档案,保证存量档案和新增档案的合理取舍,维持档案资源结构的稳定;最后,要体现在档案资源建设与公众利用需求的一致性上,既要符合当前需要,又要兼顾长远需求①。

　　档案资源是我国重要的信息资源,它是记录历史发展、时代演变的珍贵的"社会记忆",也是施政参考、大众教育、科学研究的主要渠道。但是,众多历史档案在岁月迁延、历史磨砺之后日渐老化的现实状态,实体档案保存、利用过程中遭受的来自各方面安全隐患的威胁,以及数字档案自身的脆弱和不稳定,都使得我国档案信息资源的保存面临着很大的威胁与困境。如何选择科学合理的技术与方法,长期保存与维护我国档案信息资源,将是关系档案资源永续利用,保护珍贵文化遗产的重要任务。因此,面向公众需求的档案资源建设,除了要探索档案资源的评估、选择、采集、组织,还应落实档案资源的保存、维护及利用。开展档案资源的长期保存与维护,涉及的内容很多,重要的是制度与技术方面。制度方面是对档案资源长期保存与维护的宏观指导和方向规划,技术方面则是对具体措施和实施细则的探索与实践。档案资源的长期保存与维护,需要政府层面的支持,需要国家档案局的引导与推进,同时需要相关法律法规的保障、具体管理制度的规范和实施标准的引导。在档案资源长期保存与维护的过程中,国家、省、市县各级综合档案馆、专门档案馆等都应成为实施档案资源保存的主体。而在保护对象的选择上,也应以濒危、有价值档案优先。当然,现代信息技术的发展,计算机技术、通信与网络技术以及多媒体技术、数据库加速的发展,使得档案信息的生产、存储和传递方式发生了革命性的变化,仅仅依靠制度层面的管理是无法实现长期保护的目的的,只有不断总结和发现先进适用的技术,才能真正实现档案资源的长期保存与维护,仿真技术、更新技术、转换技术、迁移技术和再生性保护技术都是当前较为常用的档案资源长期保存和维护技术。

　　保存档案是为了利用,这也是面向公众需求的档案资源建设的

---

　　①　吴艺博.面向服务的高校档案信息资源建设研究[D].郑州:郑州大学,2011:13.

最终目的。档案数字化建设的推进,数字资源的递增,以及网络技术的发展和成熟,使得公众利用档案的活动日益频繁,其利用形式也日益多样化。开放存取(Open Access,OA)已经在国际学术界、出版界、图书情报界得到了广泛的运用与推进。能否依托互联网的自由传播,实现档案资源的在线利用与共享,最大限度提高档案资源的公共利用程度,保障档案资源的长期保存,也成为面向公众档案资源利用的一个重要命题。美国开放社会研究所(Open Society Institute,OSI)2001年12月颁布的《布达佩斯开放存取先导计划》(Budapest Open Access Initiative,BOAI)将"开放存取"界定为"在互联网公共领域里可以被免费获取,并允许任何用户阅读、下载、复制、传递、打印、检索该文献,或实现其全文链接,为之建立索引、用作软件的输入数据或其他任何合法用途"①。伴随着档案数字信息的增多,"开放存取"中公众免费、无限制使用资源,以及充分共享的理念无疑为档案资源的建设带来新的契机。对于部分不受经济、法律、技术或保密限制的档案资源,在保持其存取时文献的完整性的基础上,完全可使其成为互联网上能被免费获取的公共资源,任何公众均可通过互联网进行资源阅读、下载、复制、传递、打印和检索,而档案机构所拥有的对该作品的发布权、管理权并未因此受到影响。档案资源"开放存取"模式的采用,可以在很大程度上减轻档案资源建设带来的经费压力,档案开放存取资源也将成为档案机构现有馆藏体系的新组分,它在推进档案资源建设的同时,也有助于加快档案资源的共享,提升档案信息服务的质量和效率,拓宽档案信息服务的对象范围。面向公众需求的档案资源建设"开放存取",需要在档案开放的广度和深度、档案开放的时间与方式上进行科学的选择,让公众有更多的机会接触档案。例如,北京市档案馆主办的"北京商品票证回顾展"在全市巡回展出,展览地点从档案馆来到民众身边。再如,NARA除了提供在线展览服务之外,还向用户提供了全国范围内馆藏目录、特色馆藏文件数据库、联邦文件数据、缩微胶片目录数据库以及军事文件数

---

① 肖希明.数字信息资源建设与服务研究[M].武汉:武汉大学出版社,2008:212.

据库信息等,信息丰富、检索便捷、交互性强①。

5.1.4 面向公众需求的档案资源建设的路径

针对现有档案资源建设存在的问题,很多学者也提出强化档案资源建设的主张:

第一种观点是与文化事业机构合作进行档案资源建设。这种做法,应强化档案馆与博物馆、展览馆、纪念馆等机构的合作,将档案资源建设从单一行政手段转变为行政与经济相结合,加大档案征集力度②,丰富档案资源建设。

第二种观点认为,档案资源建设要加强国家层面的宏观部署,构建公众需求实现的档案信息资源体系和创新档案信息资源的开发模式和发展机制③。

第三种观点是以书目控制思想为指导,构建全国档案目录中心,从而实现对全国档案资源的“书目控制”,强化国家档案资源的整合④。

第四种观点提出,建设档案资源应做到资源整合、合而有度,制定有弹性的档案接收期限,辩证地看待档案的价值,处理好国家收藏与社会收藏的关系⑤。

第五种观点的主旨是要赋予档案馆更多收集档案的权利,加强客观规划与协调,档案馆也要坚持原则性与灵活性的统一,充分发挥主观能动性⑥。

此外,还有学者提出,针对档案实体整合和信息资源整合的不

---

① 美国档案与文件署网站[EB/OL].[2014-02-12].http://www.archives.gov/.

② 陈姝.国家档案资源建设的途径、问题与策略[J].北京档案,2011(6):60.

③ 周林兴,仲雪珊.以公众需求为导向的档案信息资源规划探讨[J].档案学通讯,2012(5):46.

④ 谭必勇,王新才.国家档案资源整合与共享的控制机制探讨[J].档案学研究,2006(4):18.

⑤ 潘积仁.档案资源建设:原则 实践 策略[J].中国档案,2009(7):17.

⑥ 焦东华.对加强档案馆档案资源建设的思考[J].档案学通讯,2004(4):85-86.

同,采取差异化的实现形式与实施策略①。

从目前档案资源建设的现实来看,纸质档案数字化是国内档案机构形成数字档案的普遍策略,目录数据库优先建设,馆际联合目录的形式业已开始形成,全文数据库、特色数据库建设也在不断发展中。从满足公众需求的角度考虑,优先建立目录数据库,逐步推动公众需求量大的、有特色的数据库建设,是一条普适的档案资源建设道路。

5.1.5　面向公众需求的档案资源建设的规范化

保障档案资源的质量,不但体现在内容上的丰富与优化,而且体现在档案信息形式与档案资源建设上要符合规范化、标准化的要求。加强档案形式上的规范化和标准化管理,是提高档案资源质量的有效途径,是由传统的档案管理方式向现代化科学管理方式的转变,有利于建设优质的档案资源体系和有效满足公众的利用需求。

规范化是指在经济、技术和科学及管理等社会实践中,对重复性事物和概念,通过制定、发布和实施标准(规范、规程和制度等)达到统一,以获得最佳秩序和社会效益②。标准化是指为了在一定范围内获得最佳秩序,对现实问题或潜在问题制定共同使用和重复使用的条款③。规范化和标准化是科学管理的基础,能够促进各项工作的顺利开展,保证资源的质量并促进其合理开发和利用,避免浪费和提高效率。

规范化与标准化是档案资源建设和管理的基础,它有利于在整个建设过程中统一管理,避免分类不一、格式不一、系统不一,使各方面协调发展;有利于节约管理和转化成本,为档案信息的分类和著录标引、信息加工与检索利用等创造良好的条件。要保障档案资源能

---

①　刘婵婵.21世纪初中国档案资源整合的研究[D].沈阳:辽宁大学,2012:16.

②　规范化[EB/OL].[2014-01-16].http://baike.baidu.com/view/176713.htm.

③　中华人民共和国国家质量监督检验检疫总局,中国国家标准化管理委员会.标准化工作指南:GB/T 20000.1—2014[S].北京:中国标准出版社,2002.

有效满足公众的利用需求，无论是早期的收集、转化，还是中期的著录、标引、存储，以及后期的检索、输出、利用等方面，都需要按照国家档案局制定的国家标准和行业标准进行规范化和标准化处理，保证接收或征集的文书、录音、录像等各门类档案资源收集齐全、整理有序、命名科学、格式规范、元数据合理有效，真正建立齐全完整、标准规范的优质档案信息资源体系。

以上是对面向公众需求的档案资源建设实施的简要诠释。不难看到，面向公众需求的档案资源建设涉及多方面的工作。因篇幅所限，本书无法对其一一深入阐述，仅能在简述其概念与内容的基础上，选择面向公众需求的档案资源的三个主要方面，即传统档案的数字化建设、电子文件归档和网络信息资源归档进行研究。

5.2　传统档案的数字化建设

传统档案数字化已经是全球化趋势。美国国家档案馆和世代网络公司曾共同制定了为期五年的、对海量馆藏中部分文件进行数字化的协议：允许对历史文件进行数字化，由世代网络公司的"祖先"网站以"签名"方式针对其提供服务，提供网上免费利用平台。英国《2008—2013 年数字化计划》(Digitalization Programme 2008-2013)等，都是全球传统档案数字化的典型案例。

5.2.1　纸质档案模数转换概述

将纸质档案数字化，转换为数字档案是当前档案资源建设中最普遍的一种形式，主要依赖的是模拟-数字转换技术(Analog-Digital Conversion，A/D，简称模数转换技术)。模数转换技术是指将模拟信号转换成相应的数字信号，再将数字信号送入计算机，由计算机进行处理和运算。

(1)纸质档案模数转换的组织方式

针对纸质档案模数转换，国家档案局于 2005 年年底出台了《纸质档案数字化技术规范》(DA/T 31—2005)。其中，关于组织方式方面，要求成立一个纸质档案数字化小组，由分管领导任组长，统一管理数字化工作的组织方式将有利于保证档案数字化的质量。纸质档案数字化小组应制定本馆室在数字化工作中所使月的数字化处理表单、交接登记表单、质量验收表单等各种工作记录单,以保证数字化工作有序、保质、高效地进行。

国家档案局办公室于2014年印发的《档案数字化外包安全管理规范》(档办发〔2014〕7号)也要求"成立由主要领导或分管领导同志参加的档案数字化外包管理组织,明确档案数字化管理的部门、人员及其职责"。此外,当前国家档案局正在报批的《纸质档案数字化规范》(修订版报批稿),对档案数字化工作的组织与管理进行了详细的规范①,指出"应建立纸质档案数字化工作组织,对数字化工作进行统筹规划、组织实施、协调管理、安全保障、技术保障、监督检查、成果验收等,确保数字化工作的顺利开展。应配备具有相应能力的工作人员,包括熟悉档案业务并具有较高的调查研究水平和良好的组织领导能力的管理人员,熟悉相关标准规范并能够为纸质档案数字化工作各环节提供技术支持的技术人员,掌握一定数字化基础知识并熟悉本职工作的操作人员等。应通过科学规范的管理制度,对工作人员进行规范化管理。为强化数字化工作的安全性,应加强对外聘工作人员的审核"。

(2)纸质档案模数转换的对象选择

纸质档案模数转换的对象显然是纸质档案,在实际工作中,数字化对象的选择存在不同的标准。根据公众利用、涉密等不同的情况,需要从不同的角度对要数字化的纸质档案进行选择:

以利用为目的的纸质档案数字化,应优先数字化本馆室的优势馆藏资源及利用率较高的档案。

以保管为目的的纸质档案数字化,应优先考虑高龄档案及纸张保存时间短的档案。

对于那些不能公开的档案,出于长期保管的目的,尤其是替代性

---

① 该标准将替代已有的 DA/T 31—2005。其中"组织与管理"包括机构及人员、基础设施、工作方案、管理制度、工作流程控制、工作文件管理、档案数字化外包等方面的内容。

保管的目的,同样需要做数字化处理,并且在管理上要视同于有密级的电子文件。

(3)纸质档案模数转换的模式

从数字化档案的数据存储格式来看,数字化模式可分为文本模式和图像模式。其中,文本模式是指数字化后的档案以文本方式存储,其存储的格式为 XML、TXT 或 RTF 三种通用存储格式;图像模式是指数字化的档案以图像方式存储,其存储格式为 TIFF 或 JPEG 格式①。在《纸质档案数字化规范》(修订版报批稿)中指出"纸质档案数字图像长期保存格式为 TIFF、JPEG 或 JPEG2000 等通用格式",并指出"纸质档案数字图像利用时,也可从网络浏览速度、易操作性、存储空间占用等方面进行综合考虑,将图像转换为 PDF 等其他格式。"

从实现过程上看,数字化模式可分为直接模式与间接模式。其中,直接模式是指用数字化设备直接将纸质档案转为数字化档案;间接模式是指先将纸质档案转化为另一种非数字化形式,然后再将其转化为数字化形式,例如先将纸质档案制作成缩微胶片,然后将缩微胶片进行数字化。

(4)纸质档案模数转换的基础设施

首先,应配备专用加工场地,并进行合理布局,形成档案存放、数字化前处理、档案著录、档案扫描、图像处理、质量检查等工作区域。其次,加工场地的选择及温湿度等环境的控制不应不利于档案实体的保护。场地内应配备可覆盖全部场地的防火、防水、防有害生物、防盗报警、视频监控等安全管理的设施设备。另外,应合理规划、配备和管理纸质档案数字化设施设备,确保设施设备安全、先进,能够满足数字化工作的需要②。而数字化的设备通常有扫描仪、数码相机等。若使用间接模式进行数字化,还需要缩微设备等。常用的扫描仪有平板式扫描仪、高速(文件)扫描仪、手持式扫描仪。扫描仪的选择依档案纸张状况及工作要求而定。

---

① 国家档案局.纸质档案数字化技术规范:DA/T 31—2005 [S].北京:中国标准出版社,2005.

② 《纸质档案数字化规范》(修订版报批稿)。

（5）纸质档案模数转换的具体操作

图像扫描数字化是纸质档案转换为数字档案的常用形式,运用扫描仪等设备对纸质档案原件进行光学扫描,形成光学图像传送到光电转换器中变为模拟信号,进而将模拟信号转换为数字电信号,并通过计算机接口送至计算机中,形成数字图像。《纸质档案数字化技术规范》(DA/T 31—2005)就对纸质档案图像扫描数字化的操作规程和实施细则作出详细的规范①。总体而言,纸质档案图像扫描数字化主要包括档案整理、档案扫描、图像处理、图像存储、数据建库与挂接、数据验收与备份等环节,见图5-1②。

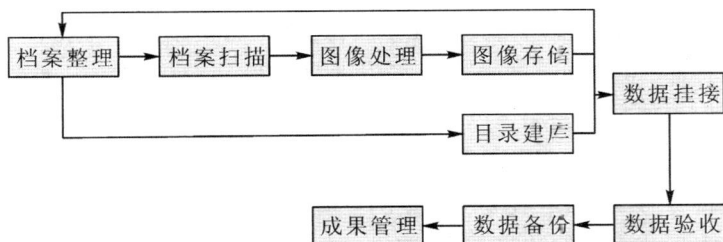

图 5-1　纸质档案数字化主要操作环节

档案整理是纸质档案图像扫描数字化的前期准备工作,需要从内容和形式两个方面对档案进行适当整理,并作出标识,以确保纸质档案扫描数字化的质量。内容上的整理包括档案目录和内容的规范,著录项的明确,档案中错误或遗漏之处的核查与纠正等。形式上的整理则体现在对纸质档案物理形态的规范与整序上,如为保证扫描效果,先拆除档案上的装订物,筛选并剔除无关或重复的档案,修复破损、无法直接扫描的档案,并对折皱不平的档案

---

① 《纸质档案数字化规范》(修订版报批稿)将纸质档案的数字化分为档案出库、数字化前处理、目录数据库建立于元数据采集、档案扫描、图像处理、数据挂接、数字化成果验收与移交、档案归还入库八个主要流程。由于该标准还未正式出台,本书仍参照 DA/T 31—2005 中规定的流程进行阐述。

② 国家档案局.纸质档案数字化技术规范:DA/T 31—2005 [S].北京:中国标准出版社,2005.

先期压平或熨平等。

　　档案扫描是纸质档案图像扫描数字化的主要环节,需要借助扫描仪来进行,扫描的效果也将直接影响整个工作的质量。依据扫描速度的快慢,扫描仪可分为高速扫描仪和平板扫描仪两类;依据颜色的不同,扫描仪又被分为黑白扫描仪和彩色扫描仪。适合档案机构的主要是平板扫描仪和黑白扫描仪①。为确保扫描效果,扫描仪的扫描分辨率应选择 300×600 dpi,色彩分辨率为 24bit,灰度级为1 024 级,扫描模式为黑白二值模式。纸质档案扫描完成后,需对数字图像的偏斜度、清晰度和失真度等进行质量检查,及时加以处理和纠正,以最大限度地展现档案的原貌。

　　纸质档案扫描后得到的数字图像,既可直接以图形文件的形式加以存储,也可以通过光学字符识别(OCR)系统识别成文本文件,以文本形式加以存储。以图形文件存储的数字图像,可以再现档案原件的真实面貌,其中印章、签字、批注等信息均可给利用者比较直观的视觉感受,加之避免了大量的校对工作,因而转换费用较低。而以文本形式存储的数字图像,有助于缩小存储空间,实现全文检索,但失去了原件的视觉效果,特别是对手写字迹的辨识增加了校对的工作量,费用也较高。为保证档案检索和利用的效率,可以将两种形式一并保存,从而为后期图像数据库和全文数据库的建设提供条件。

　　当前,图像文件的存储格式,主要有 BMP 格式、PNG 格式、JPEG格式、TIFF 格式、PDF 格式、CAJ 格式和 CEB 格式等,参照《纸质档案数字化技术规范》(DA/T 31—2005)的规定可知,纸质档案扫描后,如果是采用黑白二值模式扫描得到的图像文件,一般采用 TIFF(G4)格式存储;采用灰度模式和彩色模式扫描的文件,一般采用JPEG 格式存储;提供网络查询的扫描图像,也可存储为 CEB、PDF或其他格式。同时,在确保扫描图像清晰可读的前提下,应尽量减小图像文件存储的空间。

　　纸质档案扫描存储后,需要对图像文件和纸质原文进行核查。每一份纸质档案都有一个与之相对应的唯一文号,因此可以该文号

---

① 　杨公之.档案信息化建设实务[M].北京:中国档案出版社,2003:163.

作为该文件扫描后得到的图像文件的名称。有的纸质档案一份中有多页文件,也可以文号为名称建立文件夹,按页码顺序对每个图像文件进行命名。在确保图像文件的文件名与纸质档案的文号或页号一致和唯一对应的基础上,可以尽快建立起纸质档案的目录数据库,并采用人工校对或软件自动校对的方式,对目录数据库的建库质量进行检查,对不合格的数据及时进行修改或重录。

目录数据库经质检合格后,可以通过网络将档案信息及时记载到数据服务器端汇总,并通过编制程序或借助相应软件,实现目录数据对相关联数字图像的自动搜索,并加入对应的电子地址信息,实现批量、快速挂接。此外,仍需要以抽检的方式对模数转化所得的数据进行检查,以保证目录数据库、图像文件及数据挂接的总体质量,其抽检比率应大于或等于5%,只有抽检合格率达到95%及以上时,才能予以通过。

验收合格的数据,应及时进行备份。备份的载本应多样化,并可以在线、离线或异地保存的形式实行多套备份。备份后的数据同样需要检验,以确保其真实性、完整性与可读性。

各地在执行上述规范的时候,形成了更加详细的做法,见图5-2。

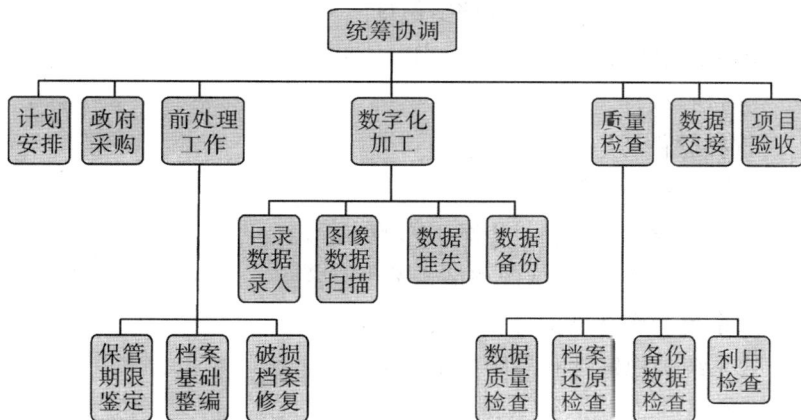

图 5-2　纸质档案数字化操作环节①

———————

① 笔者根据湖北、湖南、陕西等地相关资料归纳。

依据图 5-2,纸质档案模数转换的基本操作环节包括:

①基础鉴定。

a.对馆藏长期保管的档案进行鉴定,将其中经鉴定变更为永久保管的档案纳入馆藏档案数字化范围之中。

b.对目录与档案二者保管期限不一致的进行鉴定处理。

c.对永久档案中明显错划保管期限的进行鉴定处理。

②案卷整编。

a.处理重份文件。

b.标注省(市、县)级领导审改的文件。

c.标注破损文件。

d.理顺文件排列顺序。

e.编制张(页)号。

f.编制卷内文件目录。

g.完成基础考证。

h.规范案卷信息。

③技术修复。

a.修裱、加固破损档案载体。

b.稳定、恢复出现退变、扩散的档案字迹。

c.迁移载体濒临灭失的档案信息。

d.对珍贵档案进行去酸和复制处理。

④选择软件。

选择软件考虑以下因素:

a.技术开发水平。

b.功能设计是否满足档案工作的实际需要。

c.数据库的设计、结构和格式是否符合国家规范、标准的要求。

d.系统操作和维护是否方便。

e.系统的稳定性和后续技术服务保障能力。

f.价格。

g.与以往建立的档案数据进行交换、汇总,保持一致性和便利性。

h.上级主管部门的技术导向。

⑤案卷处理。

a.清点核对档案。

b.拆开档案装订。

c.分开扫描件与非扫描件。

d.分出大幅档案和特殊档案,并确定其处理方式。

⑥建立目录数据。

a.原来已有目录数据的,通过导入建立相关目录数据库。

b.对导入的数据进行审核、补充、完善。

c.原来没有目录数据的,通过录入建立相关目录数据库。

d.根据需要,打印出相关目录(如:卷内文件目录)。

⑦建立图像数据。

a.准确设置技术参数,选择正确的扫描方式(一般应用黑白方式扫描)。

b.进行数据扫描。

c.检查图像质量,纠正错误。

d.对分幅扫描文件进行技术挂接处理。

e.对以黑白方式扫描质量达不到清晰度要求的,改用灰度或彩色方式重新扫描。

⑧数据检查。

a.确保文件目录与案卷目录准确关联。

b.确保每件档案的图像文件与该档案在数据库中的文件目录准确对应。

c.确保图像文件的内容、数量和排列顺序与档案原件一致。

⑨档案还原。

a.去掉档案中的金属物。

b.将档案按原样还原。

c.按国家规范要求装订档案。

⑩数据挂接。

a.确保文件目录与案卷目录准确关联。

b.确保每件档案的图像文件与该档案在数据库中的文件目录准确挂接。

c.确保图像文件的内容、数量和排列顺序与档案原件一致。

⑪数据检查。

a.检查图像文件与档案原件排列顺序的一致性。

b.检查图像文件与相关目录对应的正确性。

c.检查大幅文件图像挂接的完整性。

d.检查扫描图像数量的准确性(不可多扫,也不可少扫)。

e.检查图像质量的清晰度与规范性。

f.抽检率不得低于59%,合格率不得低于95%。

g.统计新建和修改目录的条数、扫描图像的幅数。

h.在运行大数据条件下,检查软件工作是否正常。

⑫档案还原检查。

a.对照原目录清点档案,检查是否所有档案都已还原。

b.检查档案排列顺序是否正确。

c.检查档案是否有被破坏现象。

d.检查档案装订是否符合国家规范要求。

e.统计新打印目录的页数。

⑬数据备份。

a.数据检查合格后,承包方按照合同规定的方式、格式要求备份数据。

b.委托方组织对备份数据的检测。

⑭数据交换。

a.委托和承包双方按照合同规定的时间、介质、格式、方式和套数要求交换已经验收合格的数据。

b.备份数据首先用于在数据服务器中进行合库处理,提供在线服务。

c.全部备份数据都应整理编号,存入档案库房。

d.备份数据应当按套集中,实行异地存放保存。

⑮销毁外部数据。

承包方移交数据后,在档案馆有关人员的监督下,销毁所有存放介质中的档案数据。

⑯项目验收。

验收内容：

a.完成时间。

b.完成数据。

c.完成质量：查看数据和档案还原检查记录。

d.数据交换情况。

e.数据在利用部门恢复运行的情况。

f.外部数据销毁情况。

g.合同规定的其他要求事项。

付款结项：

a.图像质量抽查检查合格签字。

b.档案还原装订验收合格签字。

c.档案数字化成果数据备份,再检查及接收签字。

d.财务核算签字。

e.局(馆)领导在总体验收合格后签字。

5.2.2 影像缩微数字化

影像缩微技术是一项成熟、稳定、安全的技术,自1984年全国图书馆文献缩微复制中心成立以来,影像缩微技术就被广泛运用于各种档案、图书或期刊的缩微复制。20世纪以来,伴随着数字影像技术的产生与发展,原本存储在缩微胶片的模拟信号,又可经过电子扫描,以离散的"1"和"0"存储于电子存储介质上,从而形成数字信息,实现公共信息资源的共享。1991—1995年,美国耶鲁大学就开展了"开书计划"(Project Open Book)的研究工作,旨在探索将大规模的缩微胶片转化为数字影像存储的可行性,并探讨如何在现有技术条件下,以最符合成本效益的方式创造数字化影像,这不啻为纸质档案向电子档案的模数转化提供了另一条新的途径,即先将纸质档案缩微拍摄于胶片之上,再对缩微胶片进行数字化转化。

(1)纸质档案的影像缩微

纸质档案的影像缩微是指通过照相设备、缩微摄影机或其他摄影方法,将原始的纸质档案按照一定的缩小比例,经光学成像、图像分解和光电转变等过程摄录在胶卷或平片上,形成模拟信号的过程①。国家档案局 1992 年颁布的档案行业标准《缩微摄影技术在 16mm 卷片上拍摄档案的规定》(DA/T 4—1992)、《缩微摄影技术在 A6 平片上拍摄档案的规定》(DA/T 5—1992),以及国家质量监督检验检疫总局 2008 年颁布的国家标准《技术图样与技术文件的缩微摄影 第 1 部分:操作程序》(GB/T 17739.1—2008)等,均可为纸质档案的影像缩微提供技术指导和行为规范。

纸质档案进行影像缩微之前,同样也需要对档案原件逐件逐份地从内容和形式上加以检查和整序。纸质档案在幅面、纸张、字迹、信息内容等方面均有不同,决定了在进行影像缩微时也应相应地选择不同规格的胶片和不同的缩微方法。常见的情况有以下三种:

①从纸质档案的幅面上看,A3 幅面以下的档案主要采用 DR1600—16mm 缩微卷片拍摄机进行拍摄;A3 幅面以上的档案,包括较大幅面的图纸,采用 SMA—135mm 缩微卷片拍摄机进行拍摄;而对于珍贵的历史档案,无论其幅面多大,均应采用 S105C—A6 缩微平片拍摄机进行拍摄。

②从纸质档案的记录载体上看,使用透明纸张,如硫酸纸、玻璃纸和聚酯薄膜等作为记录载体的档案,缩微翻拍时可以采用底灯照明的方式;无底灯照明时,亦可在原件下紧贴衬放白纸。对于纸张较薄且双面有字的档案,需在原件下衬托深色的纸张,防止正反面字迹在胶片上形成重叠影像。而对于以蓝底白条的蓝图纸作为记录载体的图纸类档案,缩微翻拍时可适当降低曝光量,以增大反差。当出现蓝图底色深浅不均、无法兼顾的情况时,则需采用两种或多种曝光量各拍一幅,并插入"影像重叠"的图形符号。

③从纸质档案的记录材料上看,当纸质档案上有扩散的印章字迹、复写纸字迹和圆珠笔字迹时,需要适当增加曝光量以增强字迹清晰度;复写纸正面字迹消褪而背面尚存时,可在背面衬以白纸以提高反差,也可拍摄档案背面,冲洗时将胶片反转以获取正面信息,但这种情况需添加说明。当纸质档案上有褪色的纯蓝墨水字迹、红色墨水字迹、彩色水笔字迹或铅笔字迹时,需在摄影机前加上与字迹颜色

---

① 杨公之.档案信息化建设实务[M].北京:中国档案出版社,2003:162.

互为补色的滤色镜,以提高纸张与字迹颜色的反差。同时,降低曝光量,减慢冲洗速度,将胶片背景密度值控制在 0.8 左右。此外,部分纸质档案还有立体凹凸的钢印字迹,拍摄时需用纸板等物遮挡一侧部分光源,采用侧光照明,并适当增加曝光量,以荻取较为满意的效果。

依据纸质档案的实际情况,选择合适的缩微设备与缩微方法后,还需严格按照相关标准的规定,设置缩微胶片的区段,具体分为片头、正文前标识区、正文区、正文后标识区和片尾五个区段。每盘胶片的片头和片尾均应留下不少于 700mm 的空白片作为护片和引片。正文前标识区需首先拍摄"卷片开始"字样,如果是承接上盘,则须拍摄"接上盘"的图形符号。此后,需依次拍摄出测试标板、凭证标板、识别标板和著录标板四项,以保存纸质档案的相关辅助信息。正文区是记录纸质档案原件内容的核心部分,需依据"文号—档案封面—文件目录—卷内文件"的顺序依次拍摄,拍摄完毕后,同样需要拍摄"卷片结束"的图形符号标板,以保住整卷胶片的完整与完全①。

（2）缩微影像的数字化

纸质档案经影像缩微技术转化为模拟信号后,仍然需要通过数字影像技术,进一步由模拟信号转化为数字信号,以实现档案信息的海量存储和高度共享。这种方法早已在欧美、日本、新加坡等国得到广泛应用,同时,也成为我国档案界的惯常做法。国家档案局制定的《缩微胶片档案数字化技术规范》为档案缩微影像的数字化提供了指导与规范。

纸质档案缩微影像的数字化,主要通过缩微胶片扫描仪来实现。目前常用的是美能达 MS7000 缩微胶片扫描仪。美能达 MS7000 缩微胶片扫描仪是当前全国档案和公共图书馆系统使用较为普遍的缩微影像数字化设备,主要由扫描和阅读两部分系统组成,扫描系统实现的是对缩微胶片的数字化扫描,阅读系统实现的是缩微胶片的屏

---

①　中华人民共和国国家质量监督检验检疫总局,中国国家标准化管理委员会.缩微摄影技术在 16mm 和 35mm 银-明胶型缩微卷片上拍摄文献的操作程序（GB/T 16573—2008）[S].北京:中国标准出版社,2008.

幕阅读。

　　缩微胶片扫描数字化过程中,缩微胶片的质量直接决定着扫描数字化的质量与效果。事实上,用于扫描的缩微胶片多为缩微胶片的副本,即清洁过的第二代银负片复制品,因此在清晰度、解像力等方面均会稍逊于原件。因此,扫描过程中,需要结合胶片的不同实际情况,科学选择扫描的性能指标,以弥补缩微胶片自身的不足,最大限度地提高扫描的质量与效果。

　　一般而言,扫描缩微胶片多采用黑白二值扫描,以单色调(黑白)为主。《台湾缩微资料数位化工作流程(初稿)》中对扫描的技术规格作出了具体的设置:其分辨率一般为 400dpi,色彩位深度为 1bit,存储格式为 TIFF6.0 无压缩;或者分辨率为 300dpi,色彩位深度为 8bit 的灰阶等级①。而重庆市制定的《重庆市电子档案管理技术标准》则将转化分辨率定为 200dpi;字符较小,或是需要运用 OCR 软件进行识别的档案,可将扫描分辨率提高至 400dpi;部分效果较差、原始幅面较大的材料,也可采用 600dpi,但不宜再增高,否则电子文件放大后将会出现不同程度的重影,影响读取效果。

　　同时,对于反差较低的胶片,需要适当提高对比度,以增加其反差;对于同一文件中有不同反差的胶片,应尽量照顾低反差的信息部分,也可采用以不同亮度和对比度分别扫描、多幅存储的方法,以保证胶片不同区域的清晰度。此外,扫描过程中,还需根据画幅的大小,适当调整变焦镜头的倍率,确保画面的完整和美观,调整镜头焦距,确保影像字迹的清晰。

　　缩微影像的数字化流程主要包括扫描准备、胶片扫描、图像的质检与修改、图像的处理四个环节②。

　　缩微胶片扫描的前期准备工作,既需要保证基本硬件设施,也需要全面了解和掌握缩微胶片的内容和形式。缩微胶片扫描的基本硬

---

① 刘江霞.CIM 与 COM 的应用与发展研究[J].数字与缩微影像,2009(4):40.

② 国家档案局.缩微胶片档案数字化技术规范:DA/T 43—2009[S].北京:中国标准出版社,2010.

件设施,至少需要两台计算机,一台用于缩微胶片的扫描,另一台则用于图像的同步处理,并以网线将两台计算机连接起来。在全面了解胶片所拍摄的档案内容、年度、纸张与字迹颜色等质量状况后,还需要制定出缩微胶片的扫描计划、扫描顺序和扫描等级,科学选择曝光量、对比度等技术参数,对照纸质档案缩微翻拍时的操作记录或纸质档案的原件,合理确定每盘胶片扫描的次数。

胶片扫描是缩微影像数字化扫描的主要环节,需要科学选择扫描的方式,合理调整扫描的技术参数。以美能达 MS7000 扫描仪为例,它的扫描方式有三种,分别是连续扫、分段连续扫和单幅扫。连续扫只需根据缩微翻拍时的操作记录,掌握每盘胶片拍摄的总画幅数,进而依此设定扫描次数,使整盘胶片的扫描一次性完成。分段连续扫是指根据所拍档案的内容将纸张、字迹颜色相对集中的一段影像,分段设定所扫的次数,经若干次扫描后完成对本盘胶片的扫描。分段扫描比一次性连续扫描质量要好,但需要先期确定扫描的段数和每段扫描的胶卷数,且需要人员的监督,防止出现操作的紊乱。最后一种是单幅扫,这种方式扫描出的文件质量较好,但扫描速度较慢,效率不高,可以作为对连续扫或分段连续扫的补充。

在扫描参数的选择上,美能达 MS7000 扫描仪也有两种方式。一种是在扫描前,将图像尺寸、自动对焦、自动纠偏、胶片极性、图像存储格式和分辨率等参数一次性设定好,不再逐盘更改,从而提高扫描速度。一般而言,为保证取得较好的扫描质量,扫描分辨率多设定在 300dpi,如果档案纸张和字迹都很清晰,还可降低至 200dpi,从而节省更多的存储空间。另一种则是灵活地设定扫描参数,主要体现在对比度和曝光量上。每盘胶片的密度是不同的,因而对比度和曝光量的设定也应不同。扫描时可以先选择几个影像进行试扫描,观察扫出图像的亮度和质量,以此为参照进行微调,直至扫描出的图像清晰且边框没有黑边为止,并以这一组数值作为整盘扫描的对比度和曝光量数据。一般来说,扫描仪扫描的速度是每分钟 16 个画幅,因此整盘缩微胶片的扫描时间约为两个半小时,在进行扫描的同时,也可配合图像质检等其他工作同时进行。

需要说明的是,美能达 MS7000 缩微胶片扫描仪主要适用于

16mm 和 35mm 两种规格缩微卷片的扫描加工。其制造商汉龙公司还专为其开发了 DrageFilm 软件。DrageFilm 软件界面部分包括菜单、文件属性窗口、FileList 的属性窗口、图像显示窗口,以及多页 TIFF 文件预览窗口,从而保证了缩微胶片上的影像一经扫描到计算机上后即可被转化成电子档案,并可进行各种操作处理,以便满足不同用户的使用需求。

缩微胶片扫描数字化的目的是为了档案信息资源的共享和利用,因此要求图像应具有较高的质量,并由专人逐页地进行检查,及时剔除质量存在问题的图像文件,如字迹模糊、画面发黑的图像文件,并及时做好记录,以便扫描完成后根据记录及时地进行补扫。

补扫图像文件时,可以采取两种方法,一种是继续使用美能达 MS7000 胶片扫描仪重扫,通过调整曝光量和对比度达到更好的效果;另一种则是采用普通扫描仪扫描档案原件。一般而言,只有在缩微胶片扫描仪无法满足补扫要求时,才使用后一种方法。图像文件补扫后,要及时替换之前质量较差的文件。

缩微胶片影像转化成数字文件后,需要对数字文件和目录数据库进行挂接、分发,这个过程主要通过 eFilmArchive 软件实现。eFilmArchive 软件是对扫描形成的数字文件进行挂接、分发处理的专门软件,由图像处理、图像质检、光盘发布三个独立模块组成。缩微影像与电子档案挂接之前,需要先录入胶片扫描图像所在目录、原始数据库文件,以及片轴缩微信息,通过系统自动生成缩微胶片的案卷信息,进而开展图像的处理。

处理图像时,先将需要处理的目录添加到目录列表中,再进行文件的检查与处理,重点检查每份文件的次序是否正确,第一张图像是否在开头位置,最后一张是否正常结束,如果目录对应的文件不在相应的位置,则需更改数据库中对应的缩微号,重新排列图像顺序。如果单张图像文件质量存在问题,则需借助 eFilmArchive 软件中的多页 TIF 编辑操作界面,对图像文件进行剪切、复制、粘贴、删除、旋转、纠偏等修改操作,继而将处理记录与结果录入到指定文件夹下。

图像检查处理完毕后,需要借助"光盘发布"模块对图像文件进行保存。eFilmArchive 软件的"光盘发布"模块实际是一套光盘刻录系统,可以将处理好的图像文件整理并刻录到光盘上,并采用硬盘和光盘双重备份,做好档案数据信息的同步保存,以确保档案数据的安全。

综上所述,直接扫描纸质档案和先缩微后扫描,是纸质档案转化为数字档案的两种主要形式。直接扫描法获取的数字档案较为清晰,而先缩微后扫描的方法对纸质档案二次损坏最少,因此,需要根据纸质档案实际保存状况和信息需求,选择适宜的转化方法。总体而言,对于脆弱破损或纸张质量较差的历史类档案,我们主张采取先缩微后翻拍的方法,以最大限度地延长纸质档案的保存寿命。

5.3　电子文件归档

20 世纪 90 年代以来,计算机辅助设计(Computer Aided Design,CAD)、计算机辅助制造(Computer Aided Manufacturing,CAM)、办公自动化(Office Automation,OA)、电子邮件(E-mail)、电子政务(E-government)、电子商务(E-commerce)、新媒体(New Media)等在我国逐渐兴起,各类型电子文件不断出现,并呈现快速增长的趋势。在此环境下,电子文件的归档与管理问题也逐渐成为我国档案界关注的焦点问题。

20 多年来,我国在电子文件归档与电子档案管理方面取得了重要的理论突破和实践进展。"十二五"期间,按照"存量数字化、增量电子化"的要求,推动各级档案馆(室)实现由传统管理向现代管理转型升级,稳步开展电子文件归档和电子档案移交与接收工作,印发《电子档案移交与接收办法》《电子档案长期保存办法》,持续推进数字档案馆与数字档案室一体化建设①。2014 年,在中共中央办公厅、国务院办公厅印发的《关于加强和改进新形势下档案工作的意见》中明确提出要"完善归档制度:各单位档案机构要认真履行职责,建立健全文件材料归档制度,及时制定或修订本单位各类文件材料的

---

① 国家档案局局长李明华在全国档案工作暨表彰先进会议上的讲话(2015 年 12 月 28 日)[N].中国档案报,2016-01-11(1).

归档范围和保管期限表,报同级档案行政管理部门审核后实施,做到应归尽归、应收尽收。凡是应归档的文件材料(包括应归档的电子文件及传统载体的照片、录音、录像等),要向本单位档案机构移交,任何部门和个人不得据为己有或拒绝归档"①。因此,在电子邮件、政务新媒体文件等新型文件不断出现的背景以及数字档案馆建设浪潮的推动下,做好电子文件归档工作对于健全档案资源体系建设有着重要影响。

5.3.1　电子文件归档概述

1996 年 9 月,在北京召开的"第十三届国际档案大会"发出要迎接电子文件挑战的呼吁。这次大会对我国档案界产生的影响是巨大的,对于推进我国电子文件管理进程起到了重要的作用。1996 年 9 月 18 日,国家档案局便成立了以刘国能为组长的"电子文件管理、归档研究领导小组",开始着手制定有关电子文件管理和归档的具体管理办法和标准。随后,原国家科委又与国家档案局、国家质量技术监督局、原建设部、原机械工业部等政府部门联合组织力量共同对电子文件管理、归档及其形成电子档案的管理进行研究。这两次大的研究活动相继出了许多的研究成果,同时也编制出有关的管理标准。

此后,档案界针对电子文件归档的研究项目不断涌现。如上海市科委项目"电子文件归档及管理方法研究"、国家档案局科技攻关基金支持项目"集成网络环境下电子文件归档系统的开发和应用研究"、国家档案局科技项目"多媒体电子文件归档技术与方法研究"与"电子文件实时归档与'双套制'保管模式研究"、国家社会科学基金重点项目"基于 XML 的电子文件管理元数据标准研究"、国家自然科学基金项目"我国电子文件管理国家战略的基础理论与框架体系研究"等。这些项目对电子文件归档与管理问题进行了全面、系统的研究,成为推动我国电子文件归档与管理的重要力量。国家档

---

①　中共中央办公厅、国务院办公厅印发《关于加强和改进新形势下档案工作的意见》[N].中国档案报,2014-05-05(1).

案局在国家科技项目立项当中也一直号召开展电子文件领域的相关研究,仅近五年来就批准了电子文件归档、电子档案移交与接收、三维电子文件归档与管理办法、电子文件在线与离线归档平台技术、电子档案长期保存方法、电子档案长期保存的载体选择、档案备份方法与策略等相关课题50余项,推动了我国电子文件归档与管理的研究工作。

在CNKI当中,简单以主题=电子文件+归档,进行跨库检索(检索时间为2016年4月10日),共检索到2 126条记录,其中期刊文献最多,占到总数的89.23%,其次为会议论文,占5.60%。详细分布情况如表5-1所示。

表5-1　　　　　　　　　　**电子文件归档研究文献分布**

数据库名称	命中记录数(篇)	占比例(%)
中国学术期刊网络出版总库	1 755	82.55
特色期刊	142	6.68
中国博士学位论文全文数据库	2	0.09
中国优秀硕士学位论文全文数据库	62	2.92
中国重要会议论文全文数据库	119	5.60
国际会议论文全文数据库	7	0.33
中国重要报纸全文数据库	32	1.51
中国学术辑刊全文数据库	7	0.33
总计	2 126	100

(注:比例值保留了两位小数)

通过对文献的年度分布的统计(见图5-3),可见,从1997年开始,电子文件归档研究开始呈现增长的趋势,从2004年开始,研究文献数量开始突破100篇,并在2007年达到年发文量186篇的高潮,这也反映出档案界对电子文件归档研究的热度。从已有的研究成果来看,档案界对电子文件以及电子文件归档的基本概念、归档类型、归档范围、归档方式、归档时间以及归档电子文件的管理、移交等方面进行了系统研究,取得了不俗的成果。

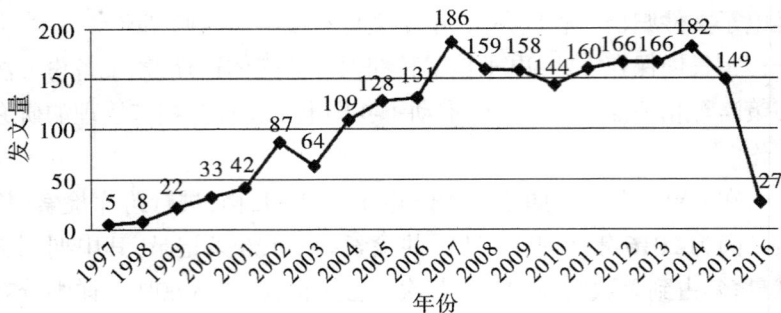

图 5-3　电子文件归档研究文献年度分布

纵观我国电子文件归档实践,从 1999 年至今,国家档案局陆续制发了包括《CAD 电子文件光盘存储、归档与档案管理要求》(GB/T 17678.1—1999)、《CAD 电子文件光盘存储归档一致性测试》(GB/T 17679—1999)、《CAD 电子文件管理》(GB/T 17825—1999)、《电子文件归档与管理规范》(GB/T 18894—2002)、《电子公文归档管理暂行办法》(国家档案局令第 6 号,2003 年 7 月 22 日公布)、《基于 XML 的电子公文格式规范》(GB/T 19667—1999)、《公务电子邮件归档与管理规则》(DA/T 32—2005)、《电子文件归档光盘技术要求和应用规范》(DA/T 38—2008)、《电子文件管理暂行办法》(国家档案局 2009 年 12 月 8 日发布)、《电子档案移交与接收办法》(国家档案局,档发〔2012〕7 号)、《数字档案室建设指南》(国家档案局 2014 年印发)等一系列标准规范。尽管这些规范性文件的出台对于实践工作的开展起到至关重要的规范指引作用,但在具体实践工作开展中却不尽如人意,从已有的调查研究来看,我国电子文件归档与管理的水平呈现出参差不齐的状况。

2000 年,吴雁平等人对河南省开封市部分单位收集保管的电子文件格式、数量、载体等情况进行了抽样调查,发现如下 6 个问题:①标准不统一,文件命名方式及文件格式较为混乱;②标签说明过于简单,不符合国家有关规定的要求;③使用软磁盘品牌多而杂,存在质量隐患;④软磁盘无包装裸盘保管,不利于电子文件的长期保存;⑤软磁盘在无防写状态下保存,不利于电子文件的安全;⑥文件数量与文件起止号不符,存在缺件现象①。

2005年,吴雁平、于红英对河南省的32所高校电子文件归档管理情况进行了调查,调查内容包括电子文件的数量、电子文件的管理、电子文件的格式、电子文件管理制度等。从调查了解的情况来看,高校中电子文件的形成已经十分普遍,并且已经有了一定的数量规模,但电子文件管理与电子档案归档管理工作的开展则相对滞后。在被调查的学校中,表示各主要职能部门形成有电子文件的占到了75%,但对形成数量有了解的只占13%。档案馆(室)保存有电子文件(档案)的只有一个单位,不到该省现有高校的5%。就是已经开展这项工作的学校,其档案馆(室)保存的电子文件(档案)数量与该校实际形成的电子文件(档案)之间也存在相当大的差距②。

2006年,韩艳玲对开封市23个企业CAD电子文件归档管理情况进行了调查(调查内容包括:使用CAD的种类、使用CAD的部门及环节、CAD文件的保管条件、CAD文件的格式种类、CAD文件形成后的保存地、CAD文件的管理负责人、CAD文件的形成数量、CAD文件的收集范围、CAD文件的完整性、CAD文件的主要存储介质、CAD文件的整理与归档、CAD文件的利用)。从被调查的23个企业来看,企业CAD电子文件的管理工作总体上处于无序、无规范,甚至无有效管理的阶段③。

2007年,中国人民大学信息资源管理学院"电子文件管理机制研究"课题组对我国153家中央直属机关、省级档案机构、企事业单位的电子文件状况进行了点面结合的系统调查。其中在电子文件归档方面:①在数量上,在中央机关及直属企事业机构,电子文件生成

① 吴雁平,张金娜,王杰.开封市2000年度归档电子文件抽样调查及分析[J].档案学研究,2002(2):45.

② 吴雁平,于红英.河南省部分高校电子文件归档管理情况的调查[J].档案管理,2005(3):50.

③ 韩艳玲.企业CAD电子文件归档管理情况调查与分析[J].档案管理,2006(1):59.

量与归档量的比例远远低于传统状态。调查数据表明,42.2%的电子文件没有以任何方式留存;74.4%的机构没有采用任何措施存留数据库、电子邮件、多媒体文件、网页文件等类型的电子文件,电子文件处于严重流失的状态。②在归档方法上,由于尚未出台电子文件保管期限表,大多数机构仍按照纸质文件保管期限表执行;电子文件的归档流程要么只是沿用纸质文件的定期集中移交(占40.8%),要么就是简单的系统自动转存(占40.8%)。缺少适用的电子文件归档规则和科学的方法、流程,很难在集中归档的状态下保证归档电子文件材料的完整,所以,各机构电子文件归档的有效性很难认定。③在归档范围上,大部分档案机构只关注电子公务文书的归档,25.6%的机构只接收党政文件(公文)和部分业务文件;而剩下74.4%的机构由于电子文件管理系统不完善,无法接收和管理数据库、电子邮件、多媒体文件、网站文件等,导致这些最能够反映机构业务职能的电子文件长期分散保管在业务部门或者信息部门。这些统计数据意味着这些机构的电子文件很难及时、准确和完整地收集到档案部门的手中,难以实现有效的集中统一管理,导致大部分机构将面临电子文件严重失存的风险。④档案馆的调查统计数据表明,自2000年以后,各档案馆才开始接收电子文件进馆,而且37.9%的档案馆迄今仍未开始接收工作。即便在已经开始接收工作的档案馆中,3.4%档案馆的电子文件管理系统只能够接收本地区各机关现行、半现行的业务电子文件(包括数据库),6.9%档案馆的电子文件管理系统能够接收本地区各机关现行、半现行和非现行的业务电子文件(包括数据库)。其他89.6%基本上没有关注电子业务文件①。

2009年,韩振英对河南省高校电子文件管理与归档技术情况进行了调查,调查内容包括电子文件基本情况和电子文件归档管理两大部分。电子文件基本情况调查又包括8项具体内容,即电子文件总量、电子文件在现行文件中所占比例、电子文件计算机操作系统、电子文件来源、电子文件的格式、电子文件的模板、电子印章使用、电子文件管理责任部门。电子文件归档管理细分为15项内容,分别为

①　张宁.我国电子文件管理现状调查与思考[J].档案学通讯,2008(6):16.

信息系统功能、归档电子文件总量、电子文件归档时间、电子文件归档方式、电子文件移交部门、电子文件背景信息、归档电子文件种类、电子文件归档实时记录情况、电子文件加密情况、电子文件归档的制度建设、电子文件的保管期限、电子文件归档责任部门、电子文件统一存储格式、电子文件存储方式、电子文件存储载体类型。调查结果显示,河南省高校电子文件管理与归档技术得以普遍提升,但也存在明显的不足或问题。例如,已经有72%的受访高校建立有电子文件的归档制度或规范,在归档制度中均设置有不同内容的电子文件的保管期限;有30%的受访高校电子文件元数据和背景信息不归档,但归档高校中使用电子政务系统的只占30%,更多高校在对电子文件背景信息归档时借助办公自动化系统,电子文件归档专业化技术利用比例不高①。

2010 年,中国人民大学信息资源管理学院课题组对全国 30 个省级档案馆和 16 个副省级档案馆的电子文件移交进馆和管理情况进行了问卷调查,涉及移交比例、时间和原因,移交数量、范围和方式等方面的内容。调查发现:超过一半的档案馆开始接收电子文件;大多数档案馆在进入 21 世纪之后开始接收电子文件;常规性接收电子文件工作正在成为常态;进馆文件数量各地差别明显;进馆电子文件以行政文书为主;进馆文件格式多样,各地差别较大;脱机移交是主要的移交方式;进馆电子文件的价值缺乏控制;双套制文件同时进馆现象普遍;大多档案馆元数据移交尚欠完整②。

2011 年,田丹对辽宁省 10 个省直单位电子文件归档管理情况进行调查,发现:有90%的单位制定了电子文件归档制度或规范,有90%的单位实行了电子文件归档,但是,没有一家归档元数据和背景信息的③。

---

① 韩振英.河南省高校电子文件管理及归档技术调查分析[J].档案管理,2009(6):64.

② 刘越男,等.我国省级、副省级档案馆电子文件移交进馆及管理情况调查分析[J].档案学通讯,2011(4):8-9.

③ 田丹.辽宁省部分省直机关电子文件归档管理调查[J].档案管理,2011(1):59.

　　2012 年,中国人民大学信息资源管理学院课题组对全国 23 个省级档案馆和 11 个副省级档案馆的电子文件移交、接收和管理情况进行了第二轮问卷调查,发现与两年前的调查相比,已经接收电子文件、常规性接收电子文件的档案馆比例均大幅提高,规范制定工作有所改进,长期保存方法有所发展。然而,进馆文件种类有限、质量把关不严、管理机制不顺、基础性长期保存措施仍不普及等问题依然存在①。

　　2015 年,冯馨雨、李珂对河南省直单位电子文件形成与归档情况进行了调查,调查内容涉及 OA 系统使用情况、OA 系统中电子文件归档功能、电子文件数量、电子文件来源、电子文件种类、电子文件的格式、电子文件归档方式等方面。调查发现:不论是目前的电子文件归档还是电子档案的移交,从系统设计、技术层面、制度建设、现实状况方面,都表现出对电子文件归档和电子档案移交意识淡薄,对电子档案移交进档案馆,许多单位还持消极态度。主要有以下几点困难:一是涉密文件较多,上级要求对外保密,移交存在风险;二是对于电子文档的移交归档工作,既缺少政策层面的约束,又缺少主管部门的业务指导;三是电子文件的形成、管理、归档缺乏统一规范和要求,各单位电子文件归档分别采用本系统标准,没有明确的移交归档标准;四是各省直单位业务量大,专职档案工作人员少,信息化技术人才匮乏②。

　　上述的调查研究当中,从时间跨度来看,从 2000 年到 2015 年,可以反映出我国电子文件归档的历史发展进程;从调查范围来看,既有在全国范围展开的调查,也有在某一个省或者市展开的调查,可以反映出我国电子文件归档与管理的整体水平;从调查的机构来看,既有政府机关、也有高校、企业、档案馆等企事业单位,可以反映出我国不同性质单位电子文件管理的水平;从调查内容来看,涉及电子文件

---

　　①　刘越男,祁天娇.我国省级、副省级档案馆电子文件接收及管理情况的追踪调查[J].档案学通讯,2014(6):10-15.

　　②　冯馨雨,李珂.河南省直单位电子文件形成与归档情况调查报告[J].档案管理,2015(2):61.

归档与管理的方方面面,可以反映出电子文件归档与管理的范围。

结合上述调查结果以及本书第 2 章的相关调查结果,我们基本上可以把握进入 21 世纪以来我国电子文件归档工作的实践进展情况。总的来说,十多年来,我国电子文件归档与管理工作取得了较快的发展,无论是电子文件的形成机构还是电子文件归档移交后的管理机构,都开始重视电子文件的归档管理问题,电子文件归档已经成为机构开展数字档案资源建设的重要组成部分。但同时必须认识到的是,我国电子文件归档工作中仍存在诸多问题,有的地方(或机构)已经形成了一套成熟的电子文件归档管理制度,但也有的地方(或机构)仍未将电子文件归档纳入议事日程,这种参差不齐的现象依然严重影响着我国电子文件归档管理整体水平。与此同时,大多数地区所归档的电子文件主要集中在 CAD 电子文件、电子公文或者说 OA 系统中产生的电子文件,而对于电子邮件、新媒体文件等类型的电子文件没有重视。

正如张宁对我国电子文件管理现状调查的总结,"电子文件归档方法的不恰当,直接危及文件信息资源的有效收集;电子文件管理理念的不正确,直接影响文件信息资源的质量;电子文件管理方法的不科学,直接威胁文件信息资源的长期留存;电子文件管理制度的不健全,直接损害文件信息资源的整合与利用;电子文件管理系统功能的不完善,直接影响文件信息资源的管理水平"[1]。因此,在新时期,面对电子文件管理的新形势,明确电子文件归档的动因(Why)、主体(Who)、内容(What)、方式(How)、时间(When)等问题,对于档案部门开展档案资源建设显得十分重要。

5.3.2　电子文件归档的动因

CAD 文件、电子公文、电子邮件、新媒体文件等的相继出现,已经对一个机构或组织的文件管理工作带来巨大影响。数字时代的到来对档案理论与实践带来的变化将会是革命性的。一方面,信息技术的飞速发展正在改变档案的形成、管理和利用方式;另一方面,数

---

① 　张宁.我国电子文件管理现状调查与思考[J].档案学通讯,2008(6):15.

字时代对以纸质档案为主建构起来的档案理论与知识体系同样是巨大的冲击。对于文件与档案管理机构而言,为什么要归档电子文件,是需要明确的首要问题。

（1）电子文件的"文件"地位

在信息记录技术的不断变革之中,尤其是网络、新媒体等平台出现后,如何定义文件,是归档问题探索的起点。2001 年发布的文件管理国际标准 ISO 15489-1 将文件定义为"机构或个人在履行其法定义务或开展业务活动过程中形成、接收并维护的作为凭证的信息"。美国《信息自由法》（Freedom of Information Act, FOIA）中将"文件"定义为机关所保存的符合该法案要求的各种格式（包括电子格式）的任何信息；美国《联邦文件法案》（Federal Records Act）将其阐述为"所有被记录的信息（不论何种形态和特征）,包括联邦机构依法制定或接收的信息、与公务处理相关的信息、作为组织凭证而值得本机构或相关机构保存的信息,以及反映美国政府机构职能、政策、决策、规划、行动等活动中因具有信息价值而值得保存的信息"①。

我国文件管理国家标准 GB/T 26162.1—2010 等同采用了国际标准 ISO 15489-1,将文件定义为"机构或个人在履行其法定义务或开展业务活动过程中形成、接收并维护的作为凭证和具有查考作用的信息"②。行业标准《电子档案管理基本术语》（DA/T 58—2014）将电子文件（Electronic Document；Electronic Record）定义为"指国家机构、社会组织或个人在履行其法定职责或处理事务过程中,通过计算机等电子设备形成、办理、传输和存储的数字格式的各种信息记录"③。

---

① U.S.National Archives and Records Administration.Disposal of Records（44 U.S.C.Chapter 33）［EB/OL］.［2016-02-03］.http://www.archives.gov/about/laws/disposal-of-records.html#def.

② 中华人民共和国国家质量监督检验检疫总局,中国国家标准化管理委员会.信息与文献 文件管理第 1 部分:通则:GB/T 26162.1—2010［S］.北京:中国标准出版社,2011.

③ 国家档案局.电子档案管理基本术语:DA/T 58—2014［S］.北京:中国标准出版社,2015.

从上述定义可看出,文件的判定要素和规则包括:①属概念是信息;②是在处理事务过程中形成的;③是有价值的信息;④形成者包括国家机构、社会组织和个人;⑤判定以文件的信息内容为依据,与其存在的外部形态或特征无关;⑥机构产生、使用和存储信息的地点和方式并不影响文件的判定。因此,站在这个视角,除了 OA 系统产生的文件、CAD 文件,电子邮件、网站、新媒体平台当中产生的信息也属于文件的范畴,也是电子文件的一种类型。2011 年以来,美国、澳大利亚等国家开始注意到政府新媒体信息的文件属性,号召联邦机构将新媒体文件纳入文件管理当中,并通过一系列政策措施来促进新媒体文件的管理。可见,电子文件的正确"定义"是推动机构归档工作的内生动力。

(2)电子文件的价值属性

价值,是定义文件的重要因素,也是归档电子文件的内生动力之一。当前,电子文件不仅成为新的信息源,归档之后的电子文件,还将成为重要的历史信息源,为很多事件提供证据,为许多研究与分析提供数据支撑①。电子文件的价值主要体现为:凭证价值、记忆价值、历史研究价值和情报价值。

①凭证价值。凭证性是文件的基本属性,电子文件是在机构、组织或个人在履行其法定义务或开展业务活动过程口形成、接收并维护的,与之相关的背景信息、元数据和结构信息来源是完整和可靠的,因此电子文件具有潜在的凭证价值②。归档之后,归档电子文件(或称电子档案)的凭证价值会在查考利用中得以显现。新媒体文件的凭证价值还体现为一种证据效力。实践当中,新媒体文件的证据效力已经在欧美一些国家的法律当中得到认可。我国 2012 年修订的《中华人民共和国民事诉讼法》将"电子数据"认定为证据的一种。在 2015 年实施的《最高人民法院关于适用〈中华人民共和国民

---

① 彭晖.为网络内容留存"记忆"——美国密歇根大学本特利历史图书馆网络内容归档工作的经验与启示[N].中国档案报,2015-11-26(3).

② 黄世喆,李春阳.论电子文件信息流程及其凭证价值[J].档案学研究,2011(4):22.

事诉讼法〉的解释》中进一步明确"电子数据"是指通过电子邮件、电子数据交换、网上聊天记录、博客、微博客、手机短信、电子签名、域名等形成或者存储在电子介质中的信息。可见,各类电子文件的证据效力已经在我国法律中得到认定。

②记忆价值。记忆是人类最宝贵的精神财富,但它极易被遗忘。档案被认为是建构集体记忆重要且不可替代的要素①。随着电子政务、移动政务的开展,政府网站信息、政务新媒体文件成为新的政府记忆媒介。丁华东认为,"电子文件的产生为人类第三次记忆力革命浪潮的结果,自然地融入人类记忆之流中。所有的记忆媒介,尤其是电子媒介,既不是单纯地反映集体记忆,也不是单纯地决定集体记忆,但它们却不可摆脱地被卷入集体记忆建构和演变之中"②。数字时代,面对日益增加的电子文件,如果忽视其记忆价值(或者保存不善),未来记忆将出现断层。2015年召开的"数字记忆国际论坛"上,国家档案局局长李明华指出:"档案工作者要积极顺应新时代的要求,改变传统的记忆保存、再现、分享模式,让这个伟大时代的鲜活记忆与数字世界同在同行。"③集体记忆的构建须强调文件的妥善保存,因此文件与档案工作者重视电子文件的记忆价值,积极通过自身的业务活动参与集体记忆的建构、维护与传承也是推动归档的内因。

此外,电子文件潜在的历史研究价值,以及在大数据背景下所具备的情报价值都是归档的重要内因。一般而言,价值的实现往往会推动需求的产生,因此,价值成为电子文件归档的内生动力之一。

(3)文件管理政策法规的推动

政策法规在文件管理当中具有强制、规范和引导的作用。20世纪90年代以来,国家档案局开始注重对电子文件的归档与管理,并陆续发布了一系列电子文件归档与管理的标准规范,如《电子文件

---

① 冯惠玲.档案记忆观、资源观与"中国记忆"数字资源建设[J].档案学通讯,2012(3):5.

② 丁华东.档案记忆观的兴起及其理论影响[J].档案管理,2009(1):17.

③ 魏智武."数字记忆国际论坛"热议社交媒体[J].档案学研究,2015(6):94.

管理暂行办法》《电子档案移交与接收办法》《数字档案馆建设指南》《企业文件材料归档范围和档案保管期限规定》《机关文件材料归档范围和文书档案保管期限规定》《各级各类档案馆收集档案范围的规定》《金融企业业务档案管理规定》《国土资源业务档案管理办法》等。

此外,近些年来,国家档案局在政策方面给予了电子文件归档高度的重视。如2014年中共中央办公厅、国务院办公厅印发的《关于加强和改进新形势下档案工作的意见》强调"要完善归档制度:各单位档案机构要认真履行职责,建立健全文件材料归档制度,及时制定或修订本单位各类文件材料的归档范围和保管期限表,报同级档案行政管理部门审核后实施,做到应归尽归、应收尽收。凡是应归档的文件材料(包括应归档的电子文件及传统载体的照片、录音、录像等),要向本单位档案机构移交,任何部门和个人不得据为己有或拒绝归档"①。

2016年4月,国家档案局印发的《全国档案事业发展"十三五"规划纲要》中同样提出要"加快提升电子档案管理水平。积极参与国家政务信息化工程建设,制订相关标准和规范,明确各类办公系统、业务系统产生的电子文件归档范围和电子档案的构成要求;加强对业务系统电子文件归档管理,通过推进电子会计档案管理促进电子政务和电子商务文件归档管理工作;制订和完善信用、交通、医疗等相关领域的电子数据归档和电子档案管理的标准和规范;在有条件的部门开展电子档案单套制(即电子设备生成的档案仅以电子方式保存)、单轨制(即不再生成纸质档案)管理试点:探索电子档案与大数据行动的融合;研究制定重要网页资源的采集和社交媒体文件的归档管理办法;加强电子档案长期保存技术研究与应用;扶持中西部地区档案信息化建设项目"②。

---

① 中共中央办公厅、国务院办公厅印发《关于加强和改进新形势下档案工作的意见》[N].中国档案报,2014-05-05(1).

② 国家档案局印发《全国档案事业发展"十三五"规划纲要》[EB/OL].[2016-04-13].http://saac.gov.cn/news/2016/04/07/content_136280.htm.

　　总之,政策法规是推动电子文件归档的重要动力因素。因为在机构改变对"文件"的识别和分类的方式之前,机构需要依据现有的相关要求来进行文件的管理。要更新机构文件管理系统,除了承认电子文件的"文件"地位,还需要有相关的政策法规进行规范和指导,以引导机构文件管理部门有序管理电子文件。

　　(4) 信息文化背景下的文件管理自觉

　　信息文化是信息通信技术作用下,国家、组织以及个体所体现出来的对待信息的态度、价值观、行为等①。信息文化背景下,一个组织及其决策者对待文件以及文件管理的态度、价值观对于组织文件管理行为有较大影响。在文化领域,有学者一直呼吁"文化自觉",强调生活在一定文化中的人对其文化有"自知之明",而自知之明是为了加强对文化转型的自主能力②。而文件与档案工作者同样需要在信息技术快速革新的时代,提升对新型载体文件的反应速度和识别能力,以自觉自发应对新时期的文件管理挑战,保存证据和数字记忆。一来,健全的文件管理是一个开放和负责任政府的支柱,机构应该高度重视文件管理,树立管理自觉③;二来,如冯惠玲所言,档案工作者要做到"记忆自觉",他们有责任通过自身的业务活动积极主动地参与集体记忆的建构、维护与传承,而档案工作者的观念、工作原则与方法对于集体记忆的真实、完整与鲜活产生正面或负面的影响④。总之,信息文化背景下,文件与档案工作者的"文件管理自觉"或"记忆自觉"都体现出一种面对新时期文件管理挑战的共同的态度和价值观念,而这种态度和价值观念正是推动积极应对电子文件归档挑战的外部动因。

　　①　赵跃,周耀林.国外信息文化研究综述[J].中国图书馆学报,2015(2):115.

　　②　费孝通.反思·对话·文化自觉[J].北京大学学报(哲学社会科学版),1997(3):22.

　　③　Franks P C.How Federal Agencies Can Effectively Manage Records Created Using New Social Media Tools[M].Washington,DC:IBM Centre for the Business of Government,2010:33-34.

　　④　冯惠玲.档案记忆观、资源观与"中国记忆"数字资源建设[J].档案学通讯,2012(3):5.

5.3.3 电子文件归档的主体

日益增加的电子文件应该由谁来归档,是实践工作者关心的问题。从电子文件的形成到电子文件的归档,从归档电子文件的保存、管理与维护到电子档案的移交、接收,涉及机构的业务部门、文件与档案管理部门、档案行政管理部门(国家综合档案馆)等主体。当然,随着公务电子邮件、新媒体文件的出现,电子文件归档的主体还涉及公务电子邮件的发送者(接收者)、电子邮件服务提供商、新媒体(社交媒体)平台提供商等主体。因此,面对愈发复杂的电子文件归档工作环境,明确其归档主体十分必要。

一般而言,机构各个业务部门通过电子计算机网络系统联成一个有机的整体,有时工作互有交错,职责界限难以区分清楚。所以,有人提出:应当由单位的综合主管部门或主要负责人统一协调,指定专门机构或专人负责。电子文件的形成、承办、归档等工作应当由电子文件形成部门负责,档案保管部门予以指导监督,并对保管方法提出意见和建议。对归档后形成的电子档案的管理工作,应由档案保管部门负责,电子文件形成部门提供协助和支持①。这一论述,很好地阐释了一个组织在应对电子文件归档中的分工与合作。

当然,对于归档电子文件的管理主体,在早期也有不同的声音,实践中主要有两种意见:一是由计算机站(或信息中心)来管,二是由档案部门来管。前者的理由是计算机部门控制着网络服务器或多终端系统的主机,有利于对归档电子文件进行登录、转储、后备、共享等技术处理;技术部门配备有经验丰富的计算机专业人员,有利于解决计算机应用中复杂的技术问题。因此有的计算机部门不放心将这项职能交给档案部门,档案部门由于缺乏计算机专业设备和计算机专业人员,也对胜任这项工作缺乏信心,存有疑虑。但也有人表示:按照档案集中统一管理的原则,归档电子文件从一开始就应当明确由档案部门统一管理。其理由是,归档电子文件管理虽具有很强的

---

① 国家档案局.电子文件归档与电子档案管理概论(第2版)[M].北京:中国档案出版社,1999:46.

技术性,但更具有一般档案管理的共性。搞好这项管理首先不是技术问题,而是方法问题,档案部门目前缺乏技术条件,这个问题确实需要解决,也是可以解决的。由档案部门统一管理至少有以下优越性:一是有利于从档案专业的视角出发,对本单位各类归档电子文件的管理进行统筹规划,并将其纳入规范化、专业化的轨道;二是有利于对电子文件的档案价值进行准确鉴别,统一进行档案电子文件的收集、存储、保管、保护,确保归档电子文件的安全;三是有利于对归档电子文件的科学整理,建立归档电子文件之间,以及归档电子文件和其他载体档案之间的自然联系,进行统一规范的著录标引,以利于档案的系统化查找利用①。还有人指出了档案部门管理电子文件的客观必要性:第一,可以及时规范各单位、各部门向档案室、馆移交电子文件的格式,最大限度地减少浪费和重复劳动;第二,有利于维护电子文件的准确性、可靠性;第三,有利于档案管理的现代化,早日实现信息共享;第四,能及时地采取必要的保护措施,通过再生性保护手段延长电子文件寿命,通过数据备份、防磁、温湿度控制等措施保证电子文件在它的生命周期内能够更好地查阅及提供利用②。

在国家档案局之后相继发布的标准规范当中,也进行了相应的说明:

①《电子文件归档与管理规范》中指出"文件形成部门或信息管理部门应定期把经过鉴定符合归档条件的电子文件向档案部门移交,并按档案管理要求的格式将其存储到符合保管期限要求的脱机载体上"。

②《电子公文归档管理暂行办法》的第 3 条规定"电子公文形成单位应指定有关部门或专人负责本单位的电子公文归档工作,将电子公文的收集、整理、归档、保管、利用纳入机关文书处理程序和相关人员的岗位责任",第 18 条规定"档案部门应加强对归档电子公文的管理,提供利用有密级要求的归档电子公文"。

③《电子文件管理暂行办法》第 8 条规定:"电子文件形成单位

① 张大伟.关于制定归档电子文件管理办法[J].中国档案,1999(6):29.
② 胡远谋,陈薇.电子文件归档管理探讨[J].档案学研究,2002(3):55.

应当对本单位电子文件管理工作进行统筹规划,建立管理制度,明确管理职责,规范工作流程,落实保障措施。各单位文秘和业务部门负责电子文件日常处理;档案部门负责归档电子文件管理;信息化部门负责为电子文件管理提供信息化支持;保密部门负责涉密电子文件的保密监督管理。"第15条规定:"电子文件形成单位应当根据国家有关规定明确电子文件归档范围和保管期限,并对具有保存价值的电子文件及时进行归档,由本单位档案部门负责管理。"

④《电子档案移交与接收办法》中指出"各级档案行政管理部门负责对电子档案的移交、接收工作进行监督和指导。档案移交单位和各级国家综合档案馆应当切实履行电子档案移交和接收职责"。

从以上相关规定可以看出,电子文件的归档主体主要包括:电子文件的形成机构以及各级档案行政管理部门。电子文件的形成机构是归档工作的直接责任主体,负责本机构形成的电子文件的归档与管理工作,属于国家档案局规定的需要移交的电子文件,需要适时向同级国家综合档案馆移交。在实践当中,由于各个机构的部门设置有所不同,在电子文件管理当中的分工也有所不同,一般而言是文秘或业务部门负责归档,文件与档案部门或者信息部门负责归档电子文件的管理。而档案行政管理部门是指导监督主体,负责从宏观层面对地区电子文件管理进行指导与监督。当然,同级国家综合档案馆应参与到电子档案的移交与接收工作当中。

此外,随着公务电子邮件、政府网站、新媒体等的出现,新型电子文件的归档主体更加复杂。

《公务电子邮件归档与管理规则》中对"鉴定归档责任归属"的阐述如下:对外发送的邮件由发送者进行鉴定归档;接收到的外部邮件,由接收者进行鉴定归档;内部电子邮件应由邮件的发送者或邮件讨论的发起者进行鉴定归档;公共邮箱文件夹或共享邮箱的邮件由文件夹或邮箱的责任人进行鉴定归档。个人邮箱内邮件的鉴定,由邮箱拥有者负责。各单位档案部门必须对需要归档的公务电子邮件进行真实性、完整性、有效性鉴定。真实性鉴定是指认定邮件是否为当时当人收发的,检查公务电子邮件的内容、结构和背景信息经过传输、迁移等处理后是否与收发时的原始状况一致。完整性鉴定是指利用有效的技术手段,检查公务电子邮件的内容信息、背景信息、结构信息等要素是否完备。有效性鉴定是指检测公务电子邮件是否具备可理解性和可用性,包括载体的完好性、信息的可识别性、存储系统的可靠性、载体的兼容性等。

　　但尽管如此,文件形成单位仍然是归档的直接主体。对于新媒体文件的归档,黄霄羽和钱红梅认为可采用合作共管模式,即文件形成者、新媒体提供商、文件档案机构各自明确主体职责,协同互补,实现文件的有效管理①。我们认为,在新型电子文件归档工作中,文件形成机构、第三方服务提供商以及档案管理机构都是利益相关者,无论是否采取合作共管的模式,三者都应相互支持,才能更好推进归档工作的开展。

5.3.4　电子文件归档的范围内容

　　在归档中,除了对文件内容进行捕获,还要对相关的背景、结构与元数据信息进行捕获。然而不同类型的电子文件,以文字、图片、音频、视频等不同的形式呈现。因此,到底哪些电子文件应该纳入归档范围,哪些内容应该被归档,都是需要思考的问题。

　　(1)电子文件归档范围

　　电子文件的归档范围是归档制度的重要内容,归档范围是否科学,不仅仅决定着电子文件的去留问题,而且对得以保存下来的电子文件未来的命运及利用状况都有着重要的影响。归档范围过宽会加大管理的难度和成本,降低管理效益。归档范围过窄,则会要么漏掉有价值的文件,给相关工作造成损失;要么漏掉保障性或安全性文件,给有价值的电子文件的长期维护造成困难。

　　对于电子文件的归档范围,《电子文件归档与管理规范》指出"电子文件的归档范围参照国家关于纸质文件材料归档的有关规定执行",《电子公文归档管理暂行办法》指出"电子公文参照国家有关纸质文件的归档范围进行归档并划定保管期限",《电子文件管理暂

---

　　①　黄霄羽,钱红梅.你的网上记忆安全吗?——社交媒体文件权属问题的思考[J].中国档案,2014(4):69.

行办法》指出"电子文件形成单位应当根据国家有关规定明确电子文件归档范围和保管期限"。这种规定十分抽象,将电子文件的归档范围等同于纸质文件的归档范围,而对于纸质文件的归档范围的确定,又需要参考以下规范:

①《机关文件材料归档范围和文书档案保管期限规定》(国家档案局令第 8 号,2006 年 12 月 18 日发布)中的第三条规定了"机关文件材料归档范围",包括:(一)反映本机关主要职能活动和基本历史面貌的,对本机关工作、国家建设和历史研究具有利用价值的文件材料;(二)机关工作活动中形成的在维护国家、集体和公民权益等方面具有凭证价值的文件材料;(三)本机关需要贯彻执行的上级机关、同级机关的文件材料,下级机关报送的重要文件材料;(四)其他对本机关工作具有查考价值的文件材料。

②《企业文件材料归档范围和档案保管期限规定》(国家档案局令第 10 号,2012 年 12 月 17 日发布)中的第四条规定了"企业文件材料归档范围",包括:(一)反映本企业在研发、生产、服务、经营、管理等各项活动和基本历史面貌的,对本企业各项活动、国家建设、社会发展和历史研究具有利用价值的文件材料。(二)本企业在各项活动中形成的对维护国家、企业和职工权益具有凭证价值的文件材料。(三)本企业需要贯彻执行的有关机关和上级单位的文件材料,非隶属关系单位发来的需要执行或查考的文件材料;社会中介机构出具的与本企业有关的文件材料;所属和控股企业报送的重要文件材料。(四)有关法律法规规定应归档保存的文件材料和其他对本企业各项活动具有查考价值的文件材料。

通过以上两项规定可以看出,凡是有价值的文件都应纳入归档范围。原则上看,电子文件的归档范围的确定,应参照纸质文件归档范围,同时应结合本单位信息化实际,将计算机系统已经覆盖的各类业务文件尽量纳入归档范围,并将反映电子文件背景、结构信息的公文处理单、日志文件或目录信息都列入归档范围,使其与主文件一并归档。但在实际操作当中,存在很多问题,尤其是对于那些"可以归档,也可以不归档的"文件,一般机构都选择不归档。尤其是对于电子邮件、网站文件以及新媒体文件等新型的文件,一般机构都采取不归档的做法。正如《数字档案室建设指南》所指出的,"数字档案室的数字档案资源应包含文书、声像(照片、录音、录像)、科技、专业等各门类电子档案、传统载体档案数字副本和数字资料等,若条件成熟,公务电子邮件、网页等门类的电子档案也应作为数字档案资源建设内容"。很多机构对于归档新类型电子文件存在"条件不成熟"的现象,所以对于这些类型的电子文件的归档,仍然需要加强研究和指导。

(2)电子文件归档内容

与传统文件的鉴定与处置有所不同,对电子文件归档内容的鉴定与选择更加复杂。总的来说,电子文件归档内容的确定要遵循以下原则:①价值原则。只有有保存价值的电子文件才能列入归档范围,经内容鉴定确认具有保存价值的电子文件是归档范围的主体。这个原则及其实施与纸质文件的归档范围类似。②技术维护原则。电子文件的管理必须具有相应的技术支撑条件才能保证长期保存的真实性和可读性,这一点基本上已经形成了共识。因此,电子文件的归档范围就不能只有电子文件的主文件,还必须要有确保这些主文件得以正常运行的支持性、辅助性文件,同时还需要保障电子文件真实性、可读性的技术数据。依据以上原则,可以确认电子文件的归档内容原则上应该包括:主文件+支持性、辅助性软件+元数据。

关于文件的元数据,国际上有很多可供参考的标准与方案,在我国出台的《信息与文献 文件管理过程 文件元数据 第 1 部分:原则》《文书类电子文件元数据方案》《照片类电子档案元数据方案》等国家和行业标准,以及《数字档案室建设指南》等规范性文件,同样对创建与维护文件(电子文件)的元数据进行了规定。如前者就规定"创建与维护文件时,文件管理人员应该确认哪些元数据需要创建与捕获","为了确定文件和任何文件组合的内容以及它们的逻辑和物理结构、技术属性,并为了记录文件之间的关系,关于文件的元数据应该包括文件创建时的日期和时间、确认和描述文件创建时所涉及的责任者、记录文件的结构、记录文件的格式等 13 项内容"。《数字档案室建设指南》中对文书类、照片类、录音类、录像类电子档案基本元数据集进行了规定,其中文书类电子档案元数据至少应包括聚合层次、来源、立档单位名称、电子文件号、档号、年度、保管期限、内容描述、题名、日期等 20 项。

5.3.5 电子文件归档的方式方法

从管理的目标与职责来看,电子文件的归档与非电子文件的归档在本质上没有区别,都是将文件的实体保管权限、信息控制权限及法律保管权限移交给档案管理部门。当前,我国机构电子文件的前端控制水平、生成状况、积累模式、系统运行特点等差异很大,国家也尚未有严格的标准或者指导性方法来指导电子文件的归档,造成目前电子文件归档从制度的设计到归档的方式、方法五花八门,给归档后电子文件的管理、利用、长期维护造成了许多的障碍,进而影响到依据凭证作用的发挥及信息资源的共享与开发。

由于电子文件的形成系统(或平台)不同,采集归档方式各一,必须遵循一定的方式方法。例如:在机构 OA 系统或专业平台上(CAD、GIS)形成的电子文件,可以由系统设计时的采集模块自动进行采集,并将电子文件导入数据库积累存储;在基于事务系统(OA、CAD)开发的,或者与事务系统集成的电子文件管理(软件)系统上,事务系统生成的电子文件经由逻辑归档模块自动导入至事务系统的数据库及电子文件管理系统的数据库中实现积累;单机平台、电子邮件、新媒体文件及外单位移交来的电子文件大多需要人工(辅助)或第三方采集工具来进行采集,并将电子文件保存至相关载体上的文件夹中实现积累。

5.3.5.1 电子文件的归档方法

对于电子文件的归档方法,学者们在很早就进行了探索。例如,有人提出电子文件的"网络归档"和"介质归档",其中"网络归档"就是文件形成或承办部门通过网络向档案部门传输电子文件,"介质归档"就是电子文件脱机保存在某种具有一定稳定性的介质实体上,存放在档案部门①。也有人主张电子文件的"在线式归档"和

---

① 何嘉荪.电子文件"网络实时归档"性质初探[J].北京档案,2000(8):10.

"卸载式归档"。其中,"在线式归档"指按一定要求,将运转在主机或具有一定规模网络中的电子文件,经过归档处理,集中存放在主机或指定的网络服务器中的规定区域,并向档案部门移交的过程;"卸载式归档"指"按一定要求,把数字计算机中的电子文件经过归档处理卸载至规定的可脱机保存的载体上,并向档案部门移交的过程"①。

2002—2003 年,我国先后出台的《电子文件归档与管理规范》与《电子公文归档管理暂行办法》,对电子文件的"物理归档"和"逻辑归档"进行了阐释。随后依据归档的特点,电子文件的归档方法也被概括为逻辑归档和物理归档两种。

(1)逻辑归档

逻辑归档指在计算机网络上进行,不改变原存储方式和位置而实现的将电子文件的管理权限向档案部门移交的过程。逻辑归档的实质是文件生成部门将需要归档的定稿电子文件的登记著录信息(包括元数据)及物理存址传送给档案机构,并将这些信息保存在电子文件管理系统相关的数据库中,但是,归档文件的物理实体仍然保存在生成系统中。此外,逻辑归档在理论上同时移交了文件的控制权,生成部门除了依据相应流程和权限查看阅览该文件外,不能再对该文件进行非授权操作,尤其是修改、删除及非法拷贝等行为。

电子文件完成逻辑归档后,档案管理部门及其合法用户就可以在档案管理系统的利用平台上查阅浏览该文件了,实现同步归档与同步利用。采用分布式电子文件管理模式的机构,逻辑归档后归档工作即告结束,归档电子文件实体保存在事务系统中,档案管理部门对电子文件进行宏观控制与管理。采用集中式电子文件管理模式的机构,逻辑归档只是电子文件管理的第一个阶段,后期工作结束或者告一段落,或者文件办理完毕,出于安全管理和资源开发利用的需要,仍然要将文件的物理实体传输至档案机构的电子文件管理系统或者档案管理系统之中,实现对电子文件的集中管理。我国的电子

---

① 电子文件归档及管理方法研究课题组.电子文件的归档及其管理方法[J].上海档案,2000(3):3.

文件管理基本上是采用集中管理模式的,所以电子文件实现逻辑归档后,仍须在合理的时间将电子文件实体传输至档案管理部门保存与维护。

(2)物理归档

所谓物理归档,就是指把电子文件集中下载到可脱机保存的载体上,向档案部门移交的过程。物理归档依据数据传输方式的不同分为在线式归档(网络移交与传输)、卸载式归档(脱机介质移交)两种方式。在线式归档是通过计算机网络或者其他通信网络将电子文件传输至档案管理部门,仅仅利用网络来传递文件与数据。在网络上,凡是可以实现文件转移的方法都支持在线式归档。当然,档案管理部门也需要具备在线接收的条件与能力。卸载式归档是将需要归档的电子文件拷贝至脱机的存储介质上,并将存储介质移交给档案机构,档案机构再将脱机介质上的电子文件审核鉴定后读入到档案机构的计算机系统上。

物理归档不同于逻辑归档的主要表现就在于,它是将电子文件的物理实体向档案机构进行移交,实际上是传统纸质文件归档方法在电子文件归档上的延伸。此外,物理归档由于没有电子文件管理系统归档模块的支持,因而基本不具备提前归档、提前鉴定、自动归类、同步利用等特点,因此,物理归档相对于逻辑归档来说是一种低水平模式的归档方法,或者说是一种过渡的方法。也由于没有应用先进的管理理论与理念,物理归档对电子文件归档质量的控制难度远大于逻辑归档,归档验收审核的工作量也很大,归档效率也较低。

5.3.5.2 电子文件的归档方式

传统文件规范的归档方式是将文件组织整理成相对独立的保管单位后向档案机构移交。行政文书是以"件"为单位进行整理,最后装"盒"形成保管单位,科技文件是依据特定的关系将一组紧密联系的文件组织成案卷,形成"案卷"式保管单位。这种以保管单位为单元进行归档的方式构成传统档案的基本逻辑体系。电子文件的属性和形成特点与纸质文件不同,其管理更具有多维性,因此其归档方式自然就具有新的特点。从电子文件管理的实践来看,电子文件的归档方式依据归档单元的不同,可以划分为以下几种方式:

(1)单份文件归档

单份文件归档实际上就是逐份文件归档,即在系统上待每一份归档文件定稿签署后由归档模块将该文件归档至档案机构。单份文件或逐份文件归档通常只能在电子文档一体化管理系统上实现,它由逻辑归档模块实时完成。

(2)逻辑卷归档

逻辑卷就是文件夹,这个文件夹就是一个保管单位。逻辑卷归档通常是用物理归档的方法完成的,既可以采用在线式归档,也可以采用卸载式归档。逻辑卷具备传统案卷的特征,采取类似传统保管单位的组织方法,将一组具有某种有机联系的电子文件组成一个逻辑卷,即文件夹。文件夹的名称类似传统的案卷标题,文件夹的组织可以采用机构档案分类的逻辑秩序。逻辑卷依据电子文件形成规律及管理需要确定,可以是一个问题、一个年度、一个课题(或专题),可以是一个项目,可以是一个机构,甚至可以是一个类别。

逻辑卷以传统的案卷组织理论与逻辑方法为基础,不失为电子文件管理的一种有效方式,也为后期的数据建库准备了基础。目前在许多基层单位,电子文件的归档就是采取这种以文件夹为基本单元的逻辑卷归档方式的,归档后也以这种逻辑卷为管理的逻辑基础。

(3)数据(信息)包归档

当一个机构的档案管理系统或者电子文件管理系统是基于OAIS 模型(Open Archival Information System,OAIS,即"开放档案信息系统参考模型")开发的,那么它采取信息包的方式实现电子文件归档将是一个必然的选择。

OAIS 参考模型主要包括功能模型、信息模型和互操作模型。其中,功能模型包括归档收集、档案存储、数据管理、保存规划、访问、系统管理六大功能实体,对每个功能实体的具体情况以及功能实体之间的联系,OAIS 都给予了较为详尽的描述;信息模型是揭示数字保存仓储中信息对象及其信息结构的模型,它直接影响着在数字保存系统中选择什么作为存储对象,以及怎么描述这些对象。

OAIS 中,信息包(Information Package,IP)作为其信息模型的基本要素,是实现 OAIS 功能的基本保障。OAIS 功能模型定义了三类信息包:SIP(提交信息包)、AIP(档案信息包)、DIP(分发信息包)。每个信息包包含以下四类信息对象:内容信息、保存描述信息(PDI)、封装信息、描述信息。

在电子文件归档中,归档电子文件是以 SIP 进入 OAIS 系统的。归档时,电子文件的形成部门或者系统,将归档电子文件及其元数据封装为归档信息包 SIP 提交给 OAIS。OAIS 收集功能模块收集 SIP,对 SIP 进行质量确认及数据解析,生成符合档案系统数据格式和文件标准的存档信息包 AIP。OAIS 模型并没有制定数据包的存在形式,因此对数据包的封装技术可以考虑采取 XML、数据表、交换格式等方式。

XML 的出现大大地方便了数据的交换和传递,因此也被国家电子政务标准化总体组确定为电子文件封装首选技术。电子文件归档时,将内容文档、对象元数据、签名块作为一个电子文件对象,按照洋葱结构,通过 XML 技术进行封装。每次封装对象的修改都进行电子签名,所有层次的电子签名形成证书链,保证修改后封装对象的有效,实现电子文件法律证据价值。基于 XML 的电子文件对象封装格式,是适用于各种类型电子文件长期保存的记录格式,具有良好的自描述和自我证明性,保证了电子文件的真实性、完整性、有效性和长久可读性。

(4) 数据库归档

随着时间的推移和技术的不断进步,电子文件以数据库形式归档的情况将逐渐增多,也许是未来电子文件归档的重要方式。一个机构或者档案馆将来要接受各种不同的技术系统在业务及管理活动中形成的数据库,这些数据库的架构各不相同,那么档案管理部门必然面临着异构数据库的合库问题。

引入数据仓库技术来处理数据库归档问题是一种主要技术选择。数据仓库是一个面向主体的、集成的、不可更新的、与时间相关的数据集合。档案机构面对归档移交来的各种数据库,采取诸如 ORACLE 等对其进行鉴定、抽取、转换、加载,形成一个数据仓库。数据仓库中的数据不是自身生成的,而是来源于其他数据库系统。数据仓库技术是数字档案馆(室)的核心技术。

（5）双套制归档

早期,档案界人士从我国具体国情出发,提出在现有科技条件和档案管理水平下电子文件归档的过渡方式,即实行"双轨制"①"双套制"②归档。他们认为在电子文件长期保存的过程中,基于技术与法律的原因必须制作至少一套非电子文件同步管理。由于非电子文件是由电子文件转换而成的,何时转化制作为非电子文件在许多单位有各种模式,同时这种转换制作工作量大、经济投入也比较高,并且具有一定的风险,因此许多档案机构把这项工作分解前移至归档时,演化为双套制归档。即由归档部门在归档电子文件的同时,再依据电子文件制作至少一套非电子文件,将电子文件与非电子文件一起归档移交给档案机构,档案机构对该工作进行指导,并对两套文件进行审核验收。当然,也有很多学者不主张实行双套制归档,认为这是档案界应对数字时代的一种"不自信"的体现,限于篇幅,我们不作深入探究。但从美国、英国、澳大利亚等国家的发展态势来看,随着信息社会的深入发展,电子文件归档必然淘汰双套制的做法。

5.3.5.3　电子文件的归档时间

传统行政文书、科技文件及其他专业文件一般都是定期归档的,归档时间要依据机构活动的性质及特点来确定,行政文书与科技文件在归档时间的选择上存在较大的差异。因此,传统的定期归档实际上是适时归档,也就是选择恰当的时间归档。

电子文件由于自身性质及技术环境的原因,在归档时间上区分为实时归档和定期归档两种形式。

实时归档就是形成后立刻归档。逻辑归档就是典型的实时归档的形式。

定期归档是参照纸质文件归档时间规定,在工作结束或者电子文件处理完毕后再向档案机构移交。物理归档基本上是定期归档。当前,有些机构在次年 3 月底前提交电子文件归档,这也是一种定期归档的做法。

---

① 刘东斌.论电子档案的"双轨制"[J].档案管理,1999,119(4):8.
② 方莹芬.试论电子文件归档的双套制[J].浙江档案,2000(11):30.

由于电子文件可以任意备份,因此只要电子文件完成定稿签署等必要的处置程序,构成证据价值的信息齐备,就可以实施归档,归档后也不影响到形成部门的使用。实时归档有利于档案机构对电子文件的质量与安全控制,因此是电子文件归档的发展趋势。

5.4 网络信息资源归档

5.4.1 网络信息资源概述

学术界关于网络信息资源的定义有很多种:网络信息资源即网络信息,是"以数据库和网络为基础,以磁盘、光盘为存储介质,通过联机系统及网络向用户提供服务的"[①];网络信息资源也称网络文献,是"通过计算机网络发布、传递和存储的各种信息资源的综合"[②],"是经过计算机网络利用的多种信息资源的总和"[③],是"以电子资源数据的形式,将文字、图像、声音、动画等多种形式的信息存储在光、磁等非印刷质的介质中,利用计算机通过网络进行发布、传递和存储的各类型信息资源的总和"[④]。也有学者认为,"网络信息资源"有广义和狭义之分。广义的网络信息资源不仅包括在网络上发布的信息资源,还包括与这些信息资源的产生、发布、传播有关的技术、人员、设备、资金等;狭义的网络信息资源指的是一切可以利用的网上信息资源,能够满足人们日常生产生活以及科研需要的网络资源[⑤]。本书所指的网络信息资源归档是基于狭义的网络信息资源的

---

① 张绍武.数字信息资源长期保存研究[M].昆明:云南科技出版社,2009:7.

② 陈力,郝守真,等.网络信息资源的采集与保存——国家图书馆的 WICP 和 ODBN 项目介绍[J].国家图书馆学刊,2004(1):2.

③ 宛玲.数字资源长期保存的管理机制[M].北京:北京图书馆出版社,2006:1.

④ 陈泉.网络信息资源检索与利用[M].北京:清华大学出版社,2010:14.

⑤ 魏佳.我国网络信息资源永久保存策略研究[D].沈阳:辽宁师范大学,2012:15.

含义。

网络信息资源形式多样,内容丰富,依据不同标准可以划分为以下类型:

(1)依据信息的网络传输方式

可分为:

①WWW信息。它依托于超文本和多媒体,通过超文本传输协议(HTTP)传输文本、声音、图像等信息,并以网页形式表现出来。

②FTP信息。它建立在文件传输协议(FTP)的基础上,用户通过在本地计算机上安装客户端程序,从而将计算机与全球运行FTP的服务器相连,实现对服务器上信息和程序的访问。

③Gopher信息。在Web出现之前,Gopher曾是互联网上最流行的信息查找系统,它为用户提供互联网文件索引,帮助用户检索和利用信息。

④Telnet信息。它曾是众多图书馆检索联机公共检索目录(0PAC)的主要方式,它允许用户在授权情况下使用远程计算机的各种开放式的资源(包括硬件资源和软件资源等)。

(2)依据信息的交流方式①

可分为:

①非正式出版信息,指流动性、随意性较强的,信息量大、信息质量难以保证和控制的动态性信息,如电子邮件、专题讨论小组和论坛、电子会议、电子公告板等工具上的信息。

②半正式出版信息,指受到一定产权保护但没有纳入正式出版信息系统中的信息,如各种学术团体和教育机构、企业和商业部门、国际组织和政府机构、行业协会等单位介绍宣传自己或其产品的描述性信息。

③正式出版信息,指受到一定的产权保护,信息质量可靠,利用率较高的知识性、分析性信息,用户一般可通过万维网查询到,如各种网络数据库、联机杂志和电子杂志、电子图书、电子报纸等。

---

① 董小英.网络环境下的信息资源管理[D].北京:北京大学,1997:1.

（3）依据信息的组织形式

可分为：

①文本信息，主要指静态的信息，包括文本、图像等多种形式，如 Web 网页信息、FTP 信息等。

②超媒体信息，即通过非线性网状结构对块状的多媒体信息（包括文本、图像、视频等）进行组织和管理，从本质上来说，它是超文本的延伸，在完成超文本全部功能的基础上，进一步实现对多媒体信息和流媒体信息的处理。

③数据库信息，它是 Web 网页与数据库相结合而形成的网络数据库，用户可以通过使用检索工具和检索语音，实现对所需信息的检索和利用。

（4）依据信息的内容层次①

可分为：

①指示信息，即一个信息单元的地址，如一个超文本链接（以 URL 表示）、数据库名、书目参考、特殊的关键词间联系等。

②信息单元，可以指示信息表达的最小单元，如文献中的某一行、某一段、某一章、一个目次页或一份统计表等。

③文献，是相关信息单元的集合，如 FTP 文件、Web 网页、数据库的记录、电子邮件、信件、文章、照片等，文献由若干信息单元以及一些特定的指示信息构成。

④信息资源，指相互关联的文献集合，如一个数据库、一份杂志、一本书、一本电话簿、一张光盘等。

⑤信息系统，指一组相关的、经过标引和建立了交互参见的信息资源的集合，如一个虚拟图书馆、一部百科全书。信息系统还包括了不同信息资源之间的相互关联的指示信息。

从上述网络资源类型的划分可以看到，与传统媒介的信息资源相比较，网络资源具有复杂性特点，主要表现在：

①数量庞大，增长与传播迅速。截至 2015 年 12 月，我国域名总数为 3 102 万个，其中".cn"域名总数年增长 47.6%，达到 1 636 万

---

① 张晓娟.网络信息资源:概念、类型及特点[J].图书情报工作,1999(2):10.

个,在中国域名总数中占比为 52.8%。此外网站总数为 423 万个,年增长 26.3%①。可见,我国的网络资源正以迅猛之势逐年剧增。随着互联网技术的迅速发展,网络资源已经成为一个海量的信息资源库。信息传播呈现出动态性和实时性的特点,依托于无线电通信技术和卫星通信技术,网络资源的传播速度非常快,任何存在于互联网的网络资源都可在短短数秒内传递到世界每个角落②。

②内容丰富,形式多样。从内容上看,网络资源的内容基本覆盖了人类知识的全部领域,既包括人文、社会、自然和技术等学术资源,也包括各类社会服务、休闲娱乐等非学术资源;从形式上看,网络资源在传统文献资源的数字、文字和图像等表现形式的基础上,音频、软件和数据库等形式增加迅猛。

③数字化存储,数据异构严重。网络资源在存储形式上由纸质载体的模拟信息转变为磁性载体的电磁信息或光载体的光信息,以数字化形式存储,存储的容量大、密度高。同时,由于网络资源以文本、图像、音频、软件和数据库等多种形式存在,各种数据之间存在着严重的异构现象。

④广泛分布,状态无序。由于互联网具有共享性和开放性的特点,任何人可在任何时间、任何地点在网络上存取信息,这些信息往往未经过科学的整理和编排,形成一个丰富而繁杂的海量资源库,为用户利用网络资源带来了众多不便。

⑤信息易变,真实性难以保障。互联网是一个实时更新的动态系统,其网络资源也是处于不断变化和更迭之中。同时,由于互联网的开放性和共享性,网络资源的质量和真实性都难以保证。这些都是网络资源存档面临的重大难题。

由于网络的规模巨大及上述特点,没有任何一个组织能独立完

---

① 第 37 次中国互联网络发展状况统计报告[EB/OL].[2016-03-01].http://www.cnnic.cn/hlwfzyj/hlwxzbg/hlwtjbg/201601/P020160122444930951954.pdf.

② 于明佳.图书馆网络信息资源保存的风险管理[D].广州:华南师范大学,2007:31.

成对所有网页的收集和保存,因此,世界上网络资源归档项目大多只针对部分网页进行。另外还有法律方面的挑战,主要是与网页内容相关的版权、责任和隐私等问题。此外,国际上没有专门的组织对网页收集和保存标准或者策略进行规范和指导,导致收集的网页数量和保存情况千差万别。表5-2显示了截至2013年年底全球已经归档保存的Web资源的规模①。其中,美国的Internet Archive自1996年成立起就定期收集并永久保存全球网站上可以抓取的信息,网页超过了1 500亿个,存储容量达5.5PB,已成为全球最大的网络信息资源存档项目。

表5-2　　　全球主要国家网络资源档案归档项目概况

项目	国家	网页	占用容量	创立时间(年)
Internet Archive	美国	150 billion	5 500TB	1996
Bnf Web Legal Deposit	法国	14 billion	200TB	2006
Netark.dk	丹麦	7.9 billion	230TB	2005
PANDORA	澳大利亚	3.1 billion	105TB	1996
Web Info Mall	中国	3 billion	100TB	2001
Sweden	瑞典	1.7 billion	72TB	1996

据中国互联网络信息中心(CNNIC)在2016年1月的报告称,截至2015年年底,中国国家顶级域名".cn"总数为1636万,".cn"域名已超过德国国家顶级域名".de",成为全球注册保有量第一的国家和地区顶级域名(ccTLD)。中文网络信息资源归档的重要性不言而喻。由于网页数量巨大,网络信息资源归档通常采用网络爬虫自动采集,中国两个大型的Web归档项目,北京大学的Web Info Mall和中国国家图书馆的WICP都采用此方法。Web Info Mall是中文网络资源收集和保存规模最大、最全面的存档站点,它提供长久存储和访

①　刘华,赵国俊.中文网络资源(Chinese Web Archives)归档及统计分析[J].情报资料工作,2013(4):57.

问历史信息等功能。截至 2010 年年底,Web Info Mall 归档了自 2001 年以来的 30 多亿个中文网页、800 多万域名的 2 000 万个网站。WICP 保存了自 2003 年以来所有的中国政府网页(gov.cn),它们来自 8 万多个政府网站,还有电子期刊和电子报纸等,容量超过 18TB。本书基于 Web Info Mall 向全球提供的两个中文网页测试数据集,分析中文网页、网站以及域名的大小,中文网页、网站中主要顶级域名的分布以及在中国国家码顶级域名".cn"中二级域名的分布情况。

　　通过 Web Info Mall 提供的中文网页测试集,对我国现有网络信息资源的总量、分布与类型进行了抽样分析,见表 5-3[①]。

表 5-3　　　　　　　　**中文网络资源测算基数分析表**

中文网页测试集	时间(年)	容量	主机总数	网页总数	网页数/主机
cwt100g	2004	90GB	17 045	4 737 349	278
cwt200g	2013	197GB	29 184	32 223 479	1 104

　　结合表 5-3 可知,cwt100g 收集了 2004 年 6 月的 17 045 个主机和 4 737 349 个网页,容量约 90GB。通过抽取链接分析这组数据,得知 69% 的网页都链接到相同站点,链接到其他网站的网页中有 81% 链接到本地(省)网站,平均每台主机上的网页数为 278 个。cwt200g 收集了 2013 年 5 月的 29 184 个主机和 32 223 479 个网页,容量约 197GB,平均每台主机上的网页数是 1 104 个。通过对上述网络资源的数据挖掘与整体分析(表 5-4、表 5-5、表 5-6、表 5-7)[②],可以得出以下结论:统计数据表明,经过多年的高速增长,中国网络信息资源的总量高速增长,与世界先进水平的差距越来越小。其中,虽存在发展不均衡的问题,但与全球网络信息资源相一致的是,商业类网站的比

---

　　① 刘华,赵国俊.中文网络资源(Chinese Web Archives)归档及统计分析[J].情报资料工作,2013(4):58.
　　② 刘华,赵国俊.中文网络资源(Chinese Web Archives)归档及统计分析[J].情报资料工作,2013(4):59.

重独大。此外，在中文网站中".com"和".cn"的网络域名占了大多数，其次".com.cn"和".gov.cn"的比重也在增加，说明我国在商业领域和政府信息化方面取得了长足的进步。

表 5-4　　　　　　　　　网页顶级域名的分布统计

顶级域名	cwt100g		cwt200g	
	数量	百分比	数量	百分比
.com	2 646 480	55.86%	20 078 413	62.13%
.cn	1 545 828	32.63%	7 799 689	24.21%
.net	430 892	9.09%	3 821 660	11.86%
.org	53 016	1.12%	455 799	1.41%
.tv	9 594	0.2%	0	0
.cc	2 859	0.06%	0	0
.info	1 762	0.03%	52 351	0.16%
总计	4 737 349	99%	32 223 476	99.8%

表 5-5　　　　　　　　　主机顶级域名的分布统计

顶级域名	cwt100g		cwt200g	
	数量	百分比	数量	百分比
.com	10 886	63.87%	19 132	65.56%
.cn	4 032	23.66%	6 987	23.94%
.net	1 850	10.85%	2 621	8.98%
.org	277	1.62%	323	1.11%
.edu	0	0	0	0
.gov	0	0	0	0
.mil	0	0	0	0
总计	17 045	100%	29 184	99.6%

表5-6 网页在国家码顶级域名下(.cn)的二级域名分布统计

顶级域名	cwt100g		cwt200g	
	数量	百分比	数量	百分比
.com.cn	556 820	36.02%	2 724 857	34.94%
.org.cn	415 809	26.89%	511 784	6.56%
.gov.cn	235 818	15.25%	372 310	4.77%
.edu.cn	167 119	10.81%	280 094	3.59%
.net.cn	55 316	3.57%	172 068	2.21%
其他	114 946	7.43%	3 738 576	47.93%

表5-7 主机在国家码顶级域名下(.cn)的二级域名分布统计

顶级域名	cwt100g		cwt200g	
	数量	百分比	数量	百分比
.com.cn	2186	54.22%	1 993	28.52%
.org.cn	704	17.46%	832	11.9%
.gov.cn	398	9.87%	821	11.75%
.edu.cn	201	4.99%	204	2.91%
.net.cn	117	2.9%	185	2.64%
其他	426	10.57%	2 952	42.24%

5.4.2 网络信息资源归档概述

网络信息资源归档是指对互联网上具有长远保存价值的网络信息资源进行收集、整理、保存等流程处置,真实地反映网络资源存在状态,以满足社会或个人的利用需求。20世纪90年代以来,许多国家开展了关于网络信息资源归档的实验项目,例如美国的Minerva项目、澳大利亚的PANDORA项目、欧洲NEDUB合作项目等;与此同时,我国国家图书馆也于2003年正式开展了网络信息资源归档项目。至今,全球范围内已完成或正在进行的网络资源归档项目已达近百项,分别对涉及网络资源存档的技术、法律、合作机制等多方问题展开研究,并取得了丰富的经验和研究成果。

5.4.2.1 国外的网络资源归档研究

（1）全面收集——PARADIGMA 和 Kulturarw3 项目

2001 年,挪威国家图书馆开始实施网络信息保存项目 PARA-DIGMA（Preservation, Arrangement and Retrieval of Assorted DIGital Materials）,该项目旨在确定收集和保存网络信息资源的技术、方法和组织,使国家图书馆能够在呈缴制度的框架下提供存取服务。PARADIGMA 项目的主要活动集中在技术、法律和书目描述上,由于挪威国家图书馆认为"首先不能预测哪些文件在未来具有研究价值,其次数字存储越来越便宜,最后未加过滤地进行收集会节省很多人力选择的时间和收集的时间",因此采用了全面自动保存的方法。按照项目组的建议以及文化部的批准,国家图书馆收集所有挪威的网络空间（域名为 no）中可以获得的数字文献,有时也收集域名为 com、org 或 net 的网络文献①。

1996 年,瑞典皇家图书馆设立网络信息资源收集项目——Kulturarw3 项目。这个项目的目标是进行瑞典现在以及未来的电子资源基础建设,收存瑞典的网络信息资源,并提供网上获取。该项目通过网络机器人进行数据收集,采取网络信息全面自动收集的策略。其主要目标是采集和保存具有历史意义的瑞典网站,为网络出版物建立电子馆藏。在实施初期,采集范围只局限在特定的域名下,但随着项目的进展,其抓取范围已扩大到其他域名。在利用方面,由于法律的规定,用户只能在瑞典皇家图书馆提供的专门计算机上访问该项目的存档资源②。

（2）选择收集——PANDORA 项目和 UKWAC 项目

1996 年,澳大利亚国家图书馆开始保护和存取澳大利亚网络信

---

① 赵俊玲.挪威网络信息保存项目 Paradigma[J].山东图书馆季刊,2004(3):120.

② 吕艳飞.中美网络信息资源长期保存项目比较研究[D].成都:西南大学,2012:34.

息资源项目(Preserving and Accessing Networked Documentary Resources of Australia ,PANDORA)的研究,主要目的是为了建立一个基于选择的澳大利亚网络信息资源归档系统,并为澳大利亚电子资源的保护和存取制定政策。该项目选择澳大利亚在线出版物中具有长期保存价值的信息进行存档,存档信息涉及澳大利亚的文化、社会、政治、社会团体活动等各个方面。PANDORA 项目的总体模式包括5个工作环节:出版物选择收集(Publication Selection),主要是控制整个收集过程的质量;同版权所有者进行协商,获得存取权利;同信息生产者和出版者发展一种合作伙伴关系;跟踪网站设计特征和文件格式方面的指标,从而为将来的管理服务;记录所有为将来保存用的元数据;保持对多样和复杂的各种文件的长期存取。检索(Access),主要处理和用户相关的活动。存储管理(Archival Management),主要负责添加出版物到归档系统,更新、修改和删除系统的出版物。报告生成(Report Generation)主要是为项目管理者、出版者等生成各种统计数据。提交(Filing),主要记录和出版者交流的情况[①]。

　　2003 年 10 月,英国6个具有影响力的机构组成联盟提出一个实验性的项目——英国网络信息保存联盟计划(UK Web Archiving Consortium Project,UKWAC),它是英国第一个公众网络信息保存计划,旨在对英国网站信息进行选择性的保存。该项目以大英图书馆为主要组织者,各联盟成员共同分担网络站点信息保存的成本和风险,分享经验和软硬件设施。同时,该项目采用澳大利亚国家图书馆开发的 PANDAS 系统,于 2005 年开始保存一些与本机构相关的站点,并在他们的联盟站点提供对已保存站点内容的免费检索服务[②]。

　　(3)专题收集——美国国会图书馆 MIERVA 项目

　　美国国会图书馆把保存开放式数字信息资源作为国会图书馆的

---

①　赵俊玲.澳大利亚网络信息保存项目 PANDORA 及其启示[J].情报理论与实践,2004(5):553.

②　徐健.英国网络信息保存联盟计划(UKWAC)及其启示[J].图书馆论坛,2007(2):81.

主要任务之一,并从 2000 年开始了 MIERVA(Mapping the Internet E-lectronic Resources Virtual Archive)项目,该项目运行初期主要是对几个选定的网站进行归档,以期为更大规模的网络信息存档提供经验。如今已发展成为一个持续的专题数字归档项目,保存内容十分丰富,如"9·11"事件和"9·11"周年纪念网站、2002 年冬季奥运会的网站等。MIERVA 项目主要包括以下几项活动:使用镜像程序下载网络快照,并对这些快照进行检查(查找错误、反常情况);使用 OCLC 的资源编目软件生成编目数据,并集成到国会图书馆的系统中;建立一个试用网站供用户检索;同美国版权局进行有关法律方面的协商①。

5.4.2.2　国内的网络信息资源归档项目

(1)中国国家图书馆的 WICP 项目和 ODBN 项目

2003 年年初,中国国家图书馆正式启动网络资源的采集与保存试验项目。2003 年 11 月,我国国家图书馆建立了网络信息资源收集与保存实验项目主页,并开通服务。该项目的目标是通过试验项目来查找网络信息资源在采集、保存等方面的问题,同时确定问题的解决方案,确保保存对象的准确无误和完整性,确保网络信息资源永久保存工作的有效进行。该项目致力于研究与网络信息资源采集和保存有关的技术标准和法律等问题,在进行网络信息资源收集与保存时,针对表层网络和深层网络的不同特点,在试验中分别采取了不同的技术策略:对于表层网络,实施"Web 资源采集与保存试验"(Web Information Collection and Preservation,WICP),对归档网站进行有选择地采集;对于深层网络,实施"网络数据库导航"(Online Database Navigation,ODBN)②。

截至 2010 年年底,WICP 保存了 8 万多个中国政府网站中的所有网页、315 种电子期刊和报纸。WICP 对网络资源的保存按照专题

①　吕艳飞.中美网络信息资源长期保存项目比较研究[D].成都:西南大学,2012:1.

②　魏佳.我国网络信息资源永久保存策略研究[D].沈阳:辽宁师范大学,2012:23.

进行分类,目前保存的网络资源有 100 多个专题,如 2008 年北京奥运会、"非典"、载人航天工程等,在线数据库导航可以访问约 2 万个服务项,如政府信息、国内外图书馆的服务项目、电子期刊和所有专题内容等。

(2)北京大学图书馆网络实验室的"中国 Web 信息博物馆"系统

2002 年,在我国"985"和"973"项目的支持下,北京大学图书馆网络实验室主持开发了中国 Web 信息博物馆(Web Information Mall,简称 Web Info Mall)系统①,即我国历史信息存储网页与展示系统。该系统是对我国因特网上最主要的网络信息资源进行采集和归档,旨在将我国的网页信息资源完整地保存下来。该系统主要实现以下功能:输入有效的网址,就可以浏览到以往已经保存下来的网页;能够通过超级链接,在以往已经保存下来的网页中随意浏览;可以浏览到一个个完整的历史事件。

2002 年 1 月,首批中文网页保存归档在 Web Information Mall 中,此后每天增加约 150 万页的数量。截至目前,Web Information Mall 已保存超过 30 亿的中文网页,在线数据总量约为 100TB。通过它能访问以前的网络信息和浏览以前的历史网页。Web Information Mall 的目标是获取和保存尽可能多的中文网页(在网页消失之前)。互联网上的数据普遍具有多变的特征,据统计网页的平均生命周期为 100 天左右,".com"域名的网页生命周期较短,".gov"则较长。50%的当前浏览网页将在 1 年左右后消失。

(3)清华大学图书馆保存方案

2001 年,清华大学图书馆与德国哥廷根大学图书馆、美国康奈尔大学图书馆、法国奥赛图书馆合作展开了数字资源长期保存系统的研究与开发。在借鉴美国国会图书馆长期保存音像资料的经验的基础上,清华大学图书馆制定出了一个完整的保存元数据框架,并确定了使用这个元数据框架进行实际标引时的标引机制以及元数据的编码方案。这个元数据框架除了可以实现数字资源的长期保存外,

---

① 　魏佳.我国网络信息资源永久保存策略研究[D].沈阳:辽宁师范大学,2012:5.

还重点解决了资源结构的表达问题①。

5.4.2.3　国内外网络信息资源归档的关注点

（1）网络信息资源归档面临的问题与挑战

英国联合信息系统委员会在关于网络资源长期保存的专题讨论会上提出"复杂可视化资源长期保存正面临着可视化和模拟、软件艺术、游戏环境和虚拟世界这三个难题"；Michael Day 认为网络信息资源长期保存面临的问题可归结为四个方面，即网络是一个非集中化的组织，网络的动态性，网络技术的快速发展以及法律方面的问题②；John Philips 认为网络资源的管理机构也是不可忽视的重要因素③；Lioyd Sokvitne 则认为网络资源的多样性是其存档面临的重大挑战④。

国内的学者对这个问题也有一定的研究，形成了不同的观点。有学者认为，网络资源存档面临的挑战集中在技术、法律和责任体系三个方面⑤，有学者则认为集中在政策、技术、经济、法律四个方面⑥，以及内容选择、技术问题、资金保障、责任者和法律问题五个方面⑦。有的学者剖析了当前我国网络资源存档面临的问题集中在信息的采集方式与采集频率、组织与管理机制、著作权和资金等方面，并对中

---

①　牛金芳,郑小惠,等.清华大学图书馆保存元数据方案[J].大学图书馆学报,2003(2):22.

②　Day M.Collecting and Preserving the World Wide Web:A Feasibility Study Undertaken for the JISC and Welcome Trust[EB/OL].[2014-4-13].http://www.jisc.ac.uk/uploaded_documents/archiving_feasibility.pdf.

③　Phillips J T.The Challenge of Web Site Records Preservation[J].Information Management Journal,2003(1):34.

④　Sokvitne L.Our Digital Island:Web Preservation Issues and Solutions at the State Library of Tasmania[EB/OL].[2014-4-13].http://ausweb.scu.edu.au/aw99/papers/sokvitne/paper.html.

⑤　赵俊玲.国外关于网络信息资源保存的研究[J].中国图书馆学报,2004(3):80.

⑥　郎玉林.数字信息长期保存影响因素分析[D].哈尔滨:黑龙江大学,2009:1.

⑦　张珍连.Web 资源保存面临的挑战及其对策[J].图书馆学研究,2005(9):42.

文网络信息档案馆的建立提出了初步构想①。

（2）网络信息资源归档的系统模型

目前，各国对网络资源长期保存的系统框架还没有统一的标准，但是 OAIS（Open Archival Information System）模型应用于网络信息资源保存的可能性已经得到了众多学者和专家的论证，并在该模型的基础上进行了修正，例如，OCLC（Online Computer Library Center, Inc）和 RLG（The Research Library Group）分别提出了关于"可信赖的保存系统"②和"保存元数据方案"③的研究报告。此外，丹麦、荷兰等国家也分别对 OAIS 的环境模型、功能模型和信息模型进行了一定的修正和实现。

（3）网络信息资源的采集工具

网络信息资源采集工具的设计和完善也是国外部分学者研究网络信息资源归档的重要方面④。在众多网络信息资源归档项目中，一些项目自行设计采集工具⑤，如澳大利亚国家图书馆的 PANDORA 项目和欧盟的 NEDLIB 项目；一些项目则是对当前较为常用的采集工具进行分析、评测并完善。

（4）网络信息资源归档的技术问题

目前，网络信息资源归档技术主要包括数据更新、封装、迁移和技术仿真等，国外关于这方面的研究较为深入，关注焦点集中在机构仓储领域、长期的保存系统、网络关联数据的格式保存、元数据保存研究、保存系统共享技术和互操作技术研究等方面。各国的网络信

---

① 杨道玲.中文网络信息资源保存问题探讨［J］.档案学研究,2006（3）：42.

② OCLC.Preservation Metadata for Digital Objects：A Review of the State of the Art［EB/OL］.［2014-4-13］.http://www.oclc.org/research/projects/pmwg/pm_framework.pdf.

③ RLG. Trusted Digital Repositories：Attributes and Responsibilities［EB/OL］.［2014-4-13］.http://www.rlg.org/longterm/repositories.pdf.

④ 吕艳飞.中美网络信息资源长期保存项目比较研究［D］.重庆：西南大学,2012：5.

⑤ 吕艳飞.中美网络信息资源长期保存项目比较研究［D］.重庆：西南大学,2012：5.

息资源存档项目已经采用了较为先进的保存技术,如澳大利亚的PANDORA 项目中的机器人技术,挪威的 PARADIGMA 项目中的Crawling 技术,以及 CEDARS 的网络信息资源永久保存技术体系等①。

元数据在网络信息资源归档中的作用引起了学者们的关注。有学者认为,利用元数据建立信息交互机制是长期保存合作管理有效进行的重要措施②,论述了数字信息长期保存的元数据体系与单元③。此外,有学者在介绍国内外部分网络资源备份保存系统的基础上,分析并测试了 Internet Archive 和 Web Info Mall 的功能、特点与应用④。

(5)网络信息资源存档的法律问题

在项目实践的基础上,各国纷纷制定了网络信息资源存档的相关制度。目前,丹麦、加拿大、美国、挪威等国家都将网络信息资源纳入呈缴制度之中;日本、澳大利亚、芬兰等国家也正在进行筹备,计划通过法律把网络信息资源列为呈缴对象。在网络资源的知识产权和隐私权保护方面,各国也采取了相应措施:美国的缴送制度规定,缴送到国会图书馆的 CD-ROM 出版物只能在国会图书馆使用;荷兰国家图书馆与 Elsevier 签订的长期保存协议规定,该馆可向到馆读者提供所保存的 Elsevier 数据服务;澳大利亚国家图书馆则选择与网络资源的所有者和出版者进行合作,在不损害网络资源所有者和出版者利益的前提下探讨存取条件⑤。

总体来看,国内外关于网络信息资源归档都面临着实际问题,包括:网络信息资源归档的管理制度缺失,网络信息资源归档的法律体

---

① 杨友清.网络信息资源长期保存机制研究[D].南京:南京大学,2013:1.

② 宛玲,张晓林.数字资源长期保存中的合作管理元数据设计探讨[J].图书情报知识,2004(1):55.

③ 盛小平.数字信息长期保存的元数据研究[J].情报学报,2002(4):453.

④ 朱天慧.中文网络资源备份保存的调查与思考[J].图书馆理论与实践,2010(7):19.

⑤ 杨友清.网络信息资源长期保存机制研究[D].南京:南京大学,2013:13.

系尚不完善,网络信息资源归档的标准化建设欠缺,网络信息资源归档的技术制约和资金短缺等。如何解决这些问题,是网络信息资源归档面临的关键挑战。

5.4.3　网络信息资源归档策略

针对网络信息资源归档面临的挑战与问题,制定网络信息资源归档策略需要重点关注如下方面:

5.4.3.1　组织管理

(1)建立集中—分布式的管理机制

联合国教科文组织在2003年颁布的《保存数字遗产宪章》中指出:尽管数字资源保存必须在合作的基础上进行,但必须有相应的机构来承担领导职责[①]。网络信息资源归档的组织管理是决定归档工作能否顺利并持续进行的主要动力。目前,国际上网络信息资源归档工作的组织模式主要分为分散式和集中式两种[②]。美国、澳大利亚的多数保存项目均采用分散保存模式,英国的艺术与人文科学数据服务部则采取集中式保存策略。基于我国的基本国情,建立“集中—分布式”的管理机制是推进网络信息资源存档工作的最佳选择,即建立国家层面的网络信息资源归档保存中心,在此基础上将全国的网络资源归档系统划分为中央级归档机构和地方级归档机构。其中,国家网络信息资源归档保存中心是我国网络资源归档工作的领导机构,组织、领导和协调全国的网络信息资源归档工作,制定归档工作的相关政策法规,负责全国网络信息资源归档的标准化建设,负责部分归档工作的财政支出;中央级归档保存机构负责对全国范围内的重要网络信息资源进行永久保存,并集中保管全国的网络资源,对地方级存档机构有指导和监督义务;地方级归档保存机构负责对本地域内的重要网络信息资源进行归档,接受国家网络资源保存

---

① UNESCO. Guidelines for the Preservation of Digital Heritage [EB/OL].[2014-04-13].http://unesdoc.unesco.org/images/0013/001300/130071e.pdf.

② 钟常青,杨道玲.中文网络信息保存体系探讨[J].图书馆杂志,2008(4):23.

中心的领导和中央级归档机构的指导、监督,并定期向中央级保存机构提供归档资源的备份数据。

(2)制定科学合理的责任体系

《澳大利亚数字文件管理策略》中规定:"如果数字文件原载体移交给另一个机构保管,那么接收该数字文件的机构应承担保护数字文件长期存取的职责。如果某机构仅仅拷贝了另一机构的数字文件,而尚未接收该数字文件的原载体,那么机构之间必须签订协议,由被拷贝机构负责保护该数字文件的长期可存取性,而由拷贝该数字文件单位承担控制该拷贝被存取的责任。"①从各国开展的网络资源存档项目可以看出,图书馆、档案馆作为传统的信息保存机构,无疑将继续承担网络资源保存的重任。因此,我国必须加快制定科学合理的责任体系,以制度的形式确定图书馆、档案馆等机构的网络资源存档的责任主体地位,从而明确应该由哪些机构担负网络信息资源归档的职责。

(3)建立长期合作机制

综观近年来国际上的网络信息资源存档工作,多数国家的归档项目均是以机构合作的形式进行的,合作机制已经成为网络信息资源存档工作的主要形式和发展趋势。要建立长期合作机制,必须从国际和国内两个方面出发,在国际合作方面,要积极与相关的国外网络信息资源归档机构建立合作沟通管理,参与国际网络信息资源保存项目,参与国际网络信息资源归档标准、政策的制定,充分吸收和借鉴国际先进技术、管理模式和成功经验。在国内合作方面,其一,加强信息保存机构之间的项目合作,促进图书馆、档案馆等主要档案文献收藏机构合作开展网络资源存档工作,共同参与归档技术研究、归档制度建立、归档标准化建设等;其二,推进保存机构和网络资源出版商、学术团体等相关机构的合作关系,建立一个多方参与的网络资源辅助归档机制,集合全社会力量共同完成网络信息资源归档工作,探讨相关的法律、管理和技术问题。

---

① 刘家真.维护数字信息长期存取的管理策略[J].中国图书馆学报,1999
(5):57

5.4.3.2 政策保障

（1）制定网络信息资源归档政策

我国参与网络信息资源归档工作的管理机构已经开始研究网络信息资源归档的相关政策，已有部分机构开始了实施，这对我国的网络信息资源存档工作起到了很大的推动作用。例如，2006 年，CALIS（China Academic Library and Information System）颁布了《CALIS 引进资源工作规范》，规定网络信息资源保存工作可以采用两种方式：CALIS 归档或成员馆自行归档；数据库商为 CALIS 成员馆提供永久访问的权利①。然而，已经实施的政策尚不能解决网络信息资源归档工作中存在的诸多问题，网络信息资源归档政策涉及归档工作的组织管理、合作机制、归档技术等多个方面，相关机构和部门应首先明确我国网络信息资源归档的工作目标，完善网络信息资源归档的管理机构，确定网络信息资源归档的责任体系，并结合地方机构和相关参与组织的意见，制定支撑网络信息资源归档工作的法律体系，从法律上保证网络资源的采集、存档、访问等工作的有效性、合法性和执行性。

（2）加强网络信息资源的知识产权保护

网络信息资源存档工作中往往会涉及知识产权保护的问题，尤其是在网络信息资源采集过程中。目前，国际上普遍认可的是，网络信息资源应该和其他出版物一样，受到知识产权法的保护②。在我国现有法律条文中，涉及网络信息资源知识产权的法律主要有《中华人民共和国著作权法》和《信息网络传播权保护条例》，但这些法律尚未明确归档工作中网络信息资源合理使用范围和网络信息资源使用制度，导致在网络信息资源归档的实际工作中面临着诸多著作权纠纷问题。国外网络信息资源存档的知识产权保护方面有很多值得借鉴的地方，如澳大利亚进行的 PANDORA 项目在进行网络信息资源采集时，会主动联系网络信息资源出版者，协商网络信息资源的

① 姚晓霞，陈凌.CALIS 数字资源保存的现状和发展策略[J].图书馆工作研究,2010(8):68.
② 郝明.网络信息资源保存制度探析[D].哈尔滨:黑龙江大学,2007:34.

检索范围和检索时限;美国的 NDIIPP 项目采取与版权办公室沟通的方法,通过对网络信息资源版权问题的商讨,明确网络信息资源归档工作中各使用主体应承担的责任。基于国外的成功经验,我国应当在现有的相关著作权与网络传播保护法律的基础上,进一步明确归档工作中网络信息资源的使用范围,制定网络信息资源使用的法定许可制度,并加强与网络信息资源版权人的合作。

(3) 完善网络信息资源呈缴制度

目前,我国尚未对网络信息资源的呈缴问题作出明确规定,在国际上,丹麦、挪威、南非等国家已经将网络信息资源纳入呈缴范围中,法国、澳大利亚等国也制定了关于网络信息资源的呈缴制度。网络信息资源的呈缴制度是实现归档资源永久保存的有效手段,只有从法律上规定网络信息资源的呈缴,才能使网络信息资源的版权人自觉地将网络信息资源呈缴给法定的存档机构,从而保证所有重要的网络信息资源都能及时归档,并集中于国家网络信息资源中心。网络信息资源的呈缴制度,应当明确规定网络信息资源的呈缴范围、呈缴方式、呈缴版本和格式等,制定网络信息资源的呈缴标准,支持并推进我国网络信息资源归档工作的顺利展开。

5.4.3.3 标准化建设

国际互联网保存联盟(International Internet Preservation Consortium, IIPC)曾对网络信息资源保存的标准建设进行研究,并制定了多个工作标准,包括 API 标准、元数据标准、存储标准和通用标准等。与此同时,各国也纷纷制定了网络信息资源归档的相关标准,如澳大利亚 PANDORA 项目的元数据标准、美国的 OAIS 模型(开放档案信息系统模型)等。在国际和各国的成功经验的指导下,我国应当制定符合我国国情的网络信息资源归档工作标准,主要包括:其一,网络信息资源采集标准,包括网络信息资源的保存范围、网络信息资源的采集技术、网络信息资源的采集方式以及网络信息资源的采集频率等;其二,网络信息资源的组织标准,包括网络信息资源的著录标准、网络信息资源的描述标准、网络信息资源的格式标准等;其三,网络信息资源的保存标准,包括元数据标准、网络信息资源的归档标准、网络信息资源的保存技术、网络信息资源的安全控制等。制定网络信息资源存档的工作标准,有利于保证网络信息资源的长期可存取性,保证网络信息资源的真实性和完整性,对于网络信息资源保存具有十分重要的指导价值和规范作用。

5.4.3.4　技术支持

　　技术因素是网络信息资源归档工作持续进行的基础和关键,主要涉及网络信息资源采集和网络信息资源保存两个方面。在网络信息资源采集方面,主要包括采集技术、挖掘技术和过滤技术;在网络信息资源保存方面,现有的保存技术主要包括迁移技术、仿真技术、更新技术、封装技术等。目前,国际上已经形成了主流的网络信息资源归档的工具和技术,并得到各国的广泛认可。因此,我国网络信息资源归档工作可以充分借鉴国际广泛使用的采集工具和技术标准,依据我国的实际工作情况做出相应的调整和优化,在网络信息资源归档的关键技术方面,可以借鉴和利用智能检索、网络存储、个性化服务等相关技术推进网络信息资源的长期存取。尊重国际技术标准,可以减少网络信息资源归档工作的技术研究成本,降低开发风险,缩短技术开发周期;创新关键技术,可以解决我国网络信息资源存档面临的技术困境,满足我国网络信息资源存档工作的具体需求,推动相关技术标准的制定。

5.4.3.5　资金投入

　　网络信息资源归档是一项持续进行的大规模任务,不仅需要法律、组织、技术等因素的支持,更需要充足的财政资金才能保证工作的顺利展开。目前,各国主要采取国家财政支撑的方式来保证网络信息资源归档工作的进行,并将社会融资作为重要的资金来源之一。我国的网络信息资源归档工作主要是由图书馆、档案馆等文献收藏机构承担,受单位经费的制约,往往很难持续有效地展开。针对这一情况,我国可以借鉴国外成功经验,在国家财政拨款的支持下,鼓励社会融资,通过捐赠、基金、合作等多种形式,充分利用民间资金,建立一个持续的资金支撑体系。同时,也要对归档的网络信息资源进行利用开发,充分挖掘信息的潜在价值,通过向相关组织或个人提供归档资源的有偿服务,来增加归档工作的资金来源,确保归档工作的持续进行。

5.5 数字档案资源的长期保存

在我国档案资源体系中,纸质实体档案因其较强的稳定性、较好的耐久性,一直是记录、保存和传递档案信息的主要载体,但是,纸质档案缓慢的传递速度、低下的传递效率,使其难以满足快速准确传递信息的需求。同时,伴随着办公自动化程度的提高,以及电子政务建设的深入,数字档案逐渐成为档案资源体系中又一重要组成部分,它们将工作人员从重复繁琐的手工录入和人工流转的诸多环节中解脱出来,以快速、简便、高效的方式实现着档案的形成与流转。但是,数字档案的易修改性、对软硬件较强的依赖性、载体材料较短的保存寿命,以及使用过程中面临的技术和法律上的难题,使得数字档案并不能完全代替纸质档案,因此,纸质档案与数字档案并存,两者相关转换、保存,将是当前及未来很长一段时间内档案资源建设需要坚持的主要模式。数字档案资源长期保存涉及的问题很多,既有政策方面的问题,也有标准、技术等方面的问题。我们认为,现阶段,长期保存需要形成立体的态势,将与长期保存相关的各种因素包含其中,尤其是数字档案资源长期保存的载体选择、格式选择和相关的制度建设方面。

5.5.1 数字档案资源长期保存的载体选择

传统的档案资源保存的载体经历了"龟甲兽骨—简牍—缣帛—纸质—胶片—磁介质—光介质"的变化,形成了多种载体共存的局面①。

世界范围内,电子文件移交载体存在着差异。例如,英国国家档案馆推荐使用的介质主要是:WORM 技术的 CD-ROM 和 CD-R、4mm 的数字音频磁带(DAT tape)、DVD 驱动器、ZIP 驱动器、软磁盘。在移交时,档案馆只接受软件可识别的磁带和磁盘,各单位在移交前应进行咨询②。

---

① 周耀林.存档载体的历史变革与现实思考[J].城建档案,2003(2):17.

② Our Digital Colletion [EB/OL].[2014-01-12].http://www.nationalar-chives.gov.uk/records/our-online-records.htm.

　　数字档案资源的长期保存,从方法上讲主要有在线保存和离线保存两种。在线保存是在我国档案集中式管理体制的指导下,各单位实现办公自动化、并同档案机构建立起无缝链接的背景下,各单位将本单位形成的数字档案通过网络直接传输到档案机构,或按归档要求加工后置入网络规定地址,数字档案的管理权也由此转移至档案机构手中。这是依托计算机和互联网技术开展的网络传输与在线存档,摆脱了地理和人力上的限制,传输速度也得到大大加快,数字档案的完整性与准确性空前提高。离线保存是将数字档案脱机拷贝到存储介质上保存的方式,从本质上看,这种方式与纸质档案的归档保存并没有根本区别。

　　数字档案资源的长期保存,一旦采取离线保存,就必须涉及保存的介质。目前,国内外广泛使用的存储介质主要有数据磁盘、光盘、磁盘阵列、数据磁带及云盘。闪存盘和存储卡体积小,携带方便,且具有一定的寿命,在日常办公过程中能够便利地拷贝、转移电子文件,但在档案馆数字资源建设的过程中并不能作为长期保存的介质。

　　(1)磁盘

　　以磁盘作为数字档案的存储介质,是利用磁记录技术在涂有磁记录介质的旋转圆盘上进行数据存储。磁盘的类型主要有软磁盘(简称软盘)和硬磁盘(简称硬盘)两类。软盘读取速度慢,容量小,且理化性质不稳定,不是理想的存储介质,硬盘的存储容量较大,数据传输率较高,且理化性质较为稳定,因此,档案机构多选其作为长期存储的设备。从当前的存储内容来看,档案机构硬磁盘中存储的有大量档案数据,也有读取这些信息所需要的支持软件或系统,因此,档案机构中的存储磁盘又进一步分为数据磁盘和系统磁盘。

　　(2)光盘

　　随着数字档案资源的激增,计算机技术在社会各个领域的应用,使得需要处理和保存的信息量飞速增多,因而迫切需要大容量的信息存储器。光盘是以光信息为存储物的载体,与磁盘相比,光盘在存储容量和可靠性方面有着更为突出的优势。首先,光盘上的记录道比磁盘上的磁道要紧密得多,因此光盘存储的信息量要比普通磁盘大得多;其次,光盘是以非接触方式读写信息,信息的写入与读取都是通过聚焦激光来完成,光头不接触表面,加之光盘表面的一层保护膜,使得光盘更不易划伤;最后,光盘受外磁场干扰较小,可靠性高,使用寿命长,加之其读写速度快,存储量大,使其单位存储量的成本远低于磁带、磁盘等的生产成本①。

光盘相关国家标准中就出现过,"对于大量的电子计算机辅助设计(CAD)、辅助制造(CAM)的产品,可存储在一次写式光盘上。对于办公自动化(OA)产生的电子档案也可选择只读式和一次写式光盘或磁带"②。

光盘保存电子文件的特点很多,包括记录密度高、存储容量大、数据传输率高、存取速度快、存储费用低等。从保管的角度来看,以下两个特点是有利的:

第一,光盘采取非接触方式写入和读取信息,不易损坏,因而使用寿命较长;

第二,光盘有保护层,所以盘片不易损坏,也有利于其寿命的延长。

从存档的角度考虑光盘的可存储性,国内外已经出现了相关的标准。例如,《信息技术、信息交换和存储用数字记录媒介:光学媒介档案寿命的评估实验方法》(ISO/IEC 10995)中提出,"档案级光盘推定寿命达到30年以上"。我国《电子文件归档光盘技术要求和应用规范》(DA/T 38—2008)中指出,"档案级光盘是耐久性达到特定要求的可记录光盘,其各项技术指标优于工业标准。档案级光盘的归档寿命大于20年"。尽管相关的标准中关于存档光盘的寿命等存在差异,但对档案级光盘采用专用开发材料、确保寿命在20年以上并有利于电子文件的长期保存已经达成了共识,且在光盘备份技术的开发方面做出了成绩,能够实现数据接收、数据库建设、自动控制、数据检测等150多种功能。

(3)磁盘阵列

磁盘阵列即RAID技术,是1998年后出现的一种数据存储和磁

①　张忠林,程雅琼.多媒体实用技术[M].北京:清华大学出版社,2012:12.

②　国家档案局.电子文件归档与电子档案管理概论[M].北京:中国档案出版社,1999:73.

盘管理的新技术。该技术旨在将两个或两个以上价格低廉的磁盘组合成一个远胜过单一磁盘的、高容量的磁盘阵列,通过牺牲磁盘阵列中的一部分容量来记录多余甚至是重复的资料,以确保磁盘的可靠性,使其成为一个容错的磁盘系统。随着数字档案数量的激增,单一磁盘的容量已不能满足日益增长的数字资源需求,将磁盘阵列应用于数字资源存储中,将极大地增加资源的存储容量,并为档案馆提供强大的硬件支持,在保证磁盘故障恢复的同时,也能提高数据的传输率,进而增加系统的可靠性和可用性。

(4)云盘

大英图书馆首席执行官 Dame Lynne Brindley 曾表示,大英图书馆到 2011 年只能将 880 万以".co"和".cn"为域名的网站的 1%进行存档,剩下的99%就处在陷入"数字黑洞"的危险之中①。近年来,随着互联网云技术的应用与推广,"云盘"这一专业的互联网存储工具应运而生,为解决数字档案资源的长期保存提供了新的途径。同传统的实体存储介质相比,云盘将众多机构、企业和个人从实体存储、实物保存、随时携带的传统模式中解脱出来,利用互联网为公众提供信息的储存、读取和下载等服务。国内目前较为知名的云盘服务商主要有 360 云盘、金山快盘、百度云盘等。国外也出现了 MyLifeBits Project、The Paradigm Project、The Digital Lives Project、Born Digital Collections、Digital Preservation Program 等项目②。利用云盘进行开放档案信息的存储与共享有着极大的优势,云盘所提供的密码与手机绑定、空间访问信息随时告知等服务,很大程度上保证了云盘中信息的安全;云盘为用户提供了超过 10TB 甚至更多的存储空间,单个文件大小不受限制,提取码的轻松分享也可以快速实现公众间档案信息的共享与传递,数字档案资源保存和共享的成本大大降低,公众多样化的信息需求也得到了最大限度的满足。国内外代表性个人云存储产品的详细情况见表 5-8。

---

① Poynder R.Preserving the Scholarly Record:Interview with Digital Preservation Specialist Neil Beagrie [EB/OL].[2013-10-20].http://www.richardpoynder.co.uk/Beagrie.pdf.

② 周耀林,赵跃.国外个人存档研究与实践进展[J].档案学通讯,2014(3):82.

表5-8 国内外代表性个人云存储产品比较①

产品 特性	Dropbox	Google Drive	SkyDrive	iCloud	百度云	金山快盘	华为网盘	360云盘
推出年份	2007	2012	2012	2011	2012	2010	2009	2012
初始免费空间	2GB	15GB	7GB	5GB	5GB	5GB	5GB	5GB
完成任务 免费扩容	√	×	×	×	√	√	√	√
付费扩容 （最低）	100GB 9.9美元/月	100GB 4.99美元/月	20GB 10美元/年	10GB 20美元/年	15GB 7.5元/月	×	10GB 28元/年	×
付费扩容 （最高）	500GB 49.99美元/月	1TB 49.99美元/月	100GB 50美元/年	50GB 100美元/年	100GB 50元/月	×	10TB 28 000元/年	×
文件大小限额	网页300MB 客户端 无限制	10GB	2GB	免费账户25MB 付费账户250M	4GB	网页300MB 客户端2GB	1GB	网页360M 客户端5GB
网页版	√	√	√	√	√	√	√	√
Windows客户端	√	√	√	√	√	√	√	√
Linux客户端	√	×	×	×	×	√	×	×

① 由本课题组成员赵跃统计，截止时间为2014年4月30日.

续表

产品＼特性	Dropbox	Google Drive	SkyDrive	iCloud	百度云	金山快盘	华为网盘	360 云盘
Android 客户端	√	√	√	×	√	√	√	√
iOS 客户端	√	√	√	√	√	√	√	√
BlackBerry 客户端	√	×	×	×	×	×	×	×
OSX 客户端	√	√	√	√	√	√	×	×
Windows Phone 客户端	×	×	√	×	√	√	×	×
QQ、微博等账号快捷登录	×	×	×	×	√	√	√	×
离线任务	×	√	√	×	√	×	×	√
好友共享	√	×	×	×	×	√	√	√
外链共享	√	×	√	×	√	√	√	√
共享目录	√	×	√	×	√	√	×	√
共享文件	√	√	√	√	√	√	√	√
搜索功能	√	√	√	√	√	√	√	√

综上所述,我国现有的数字档案资源保存的方法和形式,其使用和采纳均有一定的条件,并受到一定的限制。从保存方法来看,档案机构采用在线保存还是离线保存,取决于该部门的业务规模、计算机、网络等软硬件环境建设情况,以及档案机构自身资源的存储量。如果这个部门只配备了若干台微型计算机,并未设置内部局域网,只能采用离线保存;反之,如果档案机构已经建立了能与文件形成部门、文书处理部门无缝挂接的档案馆网,有着强大的后台支持,完善的技术保障,完全可以采用在线保存。但是,在线保存也不能单独使用,在线保存是一种实时保存,为了保证数字档案的安全,仍需要对其进行离线保存。这种在线保存与离线保存相结合的方式有两个方面的好处:一方面,在线保存有利于档案管理系统的开发,与办公自动化系统的对接,实现公众对档案资源的远程利用;另一方面,离线保存实现了档案资源由零散分布到集中保存的转变,便于档案资源的管理与建设。从离线保存的载体来看,磁盘阵列虽有较大的存储容量,但其体积庞大,造价高昂,很难在各级各类档案机构中普及;云盘作为一种新兴的存储形式,其推广和运用仍需一段时间,其面临的网络安全风险和信息原始性保证也有待档案机构在充分解决后才能使用。因此,光盘在当前及今后很长一段时间内,仍是主要的存储载体。为此,国家质量技术监督局于 1999 年颁布系列标准《GB/T 17678—1999 CAD 电子文件光盘存储、归档与档案管理要求》,将光盘作为电子文件的主要存储载体,并对其信息组织结构、管理维护措施作出具体规定。光盘有着不同的类型,其优先顺序依次为:只读光盘、一次写光盘、可擦写光盘。2012 年 9 月 5 日,国家档案局颁发的《电子档案移交与接收办法》第 10 条中,将移交的载体规定为光盘[①]。

5.5.2 数字档案资源长期保存的格式选择

传统档案资源的数字化,以及数字资源和网络资源的直接生成,极大地增加了档案资源体系中数字资源的数量与比重,为档案资源

---

① 电子档案移交与接收办法(国家档案局档发〔2012〕7 号)[Z].

的利用、共享和传递提供了很大的便利。但是,信息技术是在快速发展与进步,当我们还在为找到一种快捷、方便的方式存储和利用档案而庆幸时,因技术进步带来的软件升级、硬件设备更新等问题,却又使数字档案资源面临着信息读取和存储上的困境。较之于传统实体档案的受损与老化,这种困境将直接关系到数字档案信息的存续。为此,早在 20 世纪 80 年代,国外就已经提出了数字资源长期保存的口号,而 NDIIP、CEDARS、CAMILEON、NEDLIB 等项目也以应对和解决数字信息资源损失与长期保存为目标纷纷开展起来。这些项目的开展,其中重要的内容之一便是数字资源长期保存的格式。

5.5.2.1　数字档案资源保存格式的现状

在电子文件移交格式方面,英国公共档案馆可以接受的文件格式主要有 PostScript、TIFF、SGML、PDF 和其他界定文件格式,其基本思想是确保文件完整性,尽量减少格式类型,以免给档案馆的管理带来负担,从而提高归档电子文件的规范性。在我国,国家标准《电子文件归档与管理规范》中指出,文字型文件以 XML、RTF、TXT 为通用格式;扫描型文件以 PDF、TIFF 为通用格式。视频和多媒体文件以 MPEG、AVI 为通用格式;音频文件以 MP3 和 WAV 为通用格式。实际工作中,目前从文件信息的表现形式来看,进馆电子文件类型包括文本、图像、图形、数据、音频、视频等多种形式,覆盖了至少 22 种文件格式,其范围远大于《电子文件归档与管理规范》(GB/T 18894—2002)规定的通用格式,无形中给档案馆带来了工作负担,同时也不利于电子文件长期保存的完整性、可读性、安全性[①]。从世界范围看,各国在电子文件移交格式上存在着较大差异,不同国家有着自己的标准要求。但是,不论是采取何种格式移交,都需要将电子文件移交格式与保存格式、长期利用的格式有机地统一起来,从而有利于减少电子文件保管、利用过程中转换格式带来的麻烦。

针对数字资源存储格式多样化的问题,国内外档案管理部门及相关机构都在积极地从事研究和摸索,试图找出兼容性最强也最安

---

①　刘越男,杨程婕,等.我国省级、副省级档案馆电子文件移交进馆及管理情况调查分析[J].档案学通讯,2011(4):8.

全的存储格式,制成标准并加以推介,以加快实现数字档案资源存储的统一与规范化。而对标准的吸收和依赖,往往可以极大地提高数字档案资源建设的效率,确保数字资源存储、传递时的完整性和共享性,减少因频繁转换格式带来的庞大经济开支。

标准是数字信息资源长期保存系统建设过程中不可忽视的重要元素之一,是保证数字信息资源长期保存各环节互操作的基础,贯穿于数字资源生命周期的全过程。全面、清晰地梳理长期保存过程中涉及的标准,对于建设成果的数字信息资源长期保存系统具有至关重要的作用。标准在数字信息资源长期保存中的重要性得到了人们的广泛认可。然而,使用标准也使长期保存的相关问题变得更为复杂,如使用标准可以解决某一领域的保存问题,而一旦保存领域扩大或单位增加,就会产生不同标准之间的互操作问题。

涉及数字资源存储格式的标准,既有国际 ISO 标准,也有国家 GB 标准,以及国内档案行业 DA 标准。

国际 ISO 标准是由国际标准化组织(International Organization for Standardization,ISO)制定并颁布的,在各个国家和领域中拥有很高的权威。ISO/TC46/SC11 档案/文件管理分技术委员会也成为国际档案/文件管理标准的主要制定与颁布机构。2005 年 12 月,ISO 组织将 Adobe 公司制定的 PDF 标准转化为国际标准《ISO 19005-1:2005 文献管理 长期保存的电子文档文件格式 第 1 部分:PDF1.4(PDF/A-1)的使用》[Document Management—Electronic Document File Format for Long-Term Preservation—Part1:Use of PDF 1.4(PDF/A-1)],将 PDF1.4 版本作为第一个适合长期保存的电子文件格式在全世界范围内推广。随着 PDF 版本的更新,国际标准化组织不断修订和颁布新的标准,以适应其变化。2008 年 1 月,国际标准化组织技术委员会颁布了第一个全功能的关于 PDF 的 ISO 标准:ISO/DIS 32000—Document Management—Portable Document Format—PDF1.7。2011 年 7 月通过了《ISO/CD 32000-2 文献管理 便携文件格式 第 2 部分: PDF2.0》(Document Management—Portable Document For-mat—Part2:PDF2.0)。2011 年 7 月,ISO 组织发布标准《ISO19005-2:2011 文献管理 长期保存的电子文档文件格式 第 2 部分:

ISO32000-1（PDF/A-2）的使用》[Document Management—Electronic Document File Format for Long-Term Preservation—Part2：Use of ISO 32000-1（PDF/4-2）]，推出标准格式 PDF/A-2。与 PDF/A-1 相比，PDF/A-2 有着更多的变化，较 PDF/A-1 也更加地完善，目前，最新的 PDF 格式标准是 ISO 组织于 2012 年颁布的《ISO 19005-3：2012 文献管理　长期保存的电子文档文件格式　第 3 部分：含嵌入式文件支持的 ISO 32000-1 标准的应用（PDF/A-3）》[Document Management—Electronic Document File Format for Long-Term Preservation—Part 3：Use of ISO 32000-1 with Support for Embedded Files（PDF/A-3）][1]。

2005 年 12 月，《ISO 19005-1：2005　文献管理　长期保存的电子文档文件格式　第 1 部分：PDF1.4（PDF/A-1）的使用》作为电子文件管理中电子文件长期保存格式的最新标准出台。该标准主要适用于为长期保存电子文件而使用 PDF 格式，并规定了 A 级兼容和 B 级兼容两个兼容级别。该标准技术要求的内容主要包括：对 PDF 文件结构的技术要求、对 PDF 图形的技术要求、对 PDF 所使用的字体的技术要求、对 PDF 附注的技术要求、对元数据的技术要求、对逻辑结构的技术要求等。我国在应对该标准颁布的时候应当看到它的发展和应用潜力，注重研究、理解和吸收[2]。

国家标准方面，不同的国家，也存在不同的做法。

国外办公应用电子文档格式的国际标准是 ODF（Open Document Format）。2005 年 5 月，ODF 正式成为 OASIS（结构化信息标准促进组织）的标准，2006 年 5 月被 ISO 批准为国际标准 ISO/IEC 26300。它是基于 XML 的开源文件格式，用来存储和转换文本、电子数据表格、图表以及陈述文件，具有较强的文档还原能力，并且采用压缩的方式存储，文件体积甚至比 PDF 还小[3]。在它被确定为国际标准之

---

① 黄新荣,刘颖.从 ISO 32000 看电子文件长期保存格式标准的发展[J].档案学研究,2013(2):44.

② 刘国伟.电子文件管理的最新进展——电子文件长期保存格式(PDF)国际标准概述及应用[J].浙江档案,2006(10):59.

③ 阳嘉瑛,陈东宝.国内外电子文档格式标准研究的现状分析[J].陕西档案,2009(5):43.

后,许多国家的政府、企业选择了该格式作为基础来发展适合自身的政策、标准、软件等①。

　　有些国家档案馆主张接受的电子文件格式要尽量少,以免给档案馆的管理带来负担,提高归档电子文件的规范性。例如,英国公共档案馆可以接受的文件格式主要有 PostScript、TIFF、SGML、PDF 和界定文件格式。有些国家则对格式方面显得宽容,存在着不同的存档格式②。例如,加拿大国家图书与档案馆对电子文件移交的格式有细致的要求,它将信息类型分为 12 类,对每一类都给出推荐格式以及可被接受的格式,见表 5-9③。

表 5-9　　加拿大国家图书与档案馆的电子文件格式要求

信息类型	推荐格式	可被接受的移交格式
文本	·电子图书的 EPUB ·可扩展的超文本标记语言（XHTML） ·可扩展标记语言（XML） ·超文本标记语言（HTML） ·多用途 Internet 邮件扩展（MIME） ·开放文档格式（ODF） ·长期保存的 PDF 格式（PDF/A） ·富文本格式（RTF） ·标准通用标记语言（SGML） ·文本（纯文本）	·办公套件： 微软 Office 包括：Word 文档格式,Excel 电子表格格式,简报格式 WordPerfect 的套件包括：WordPerfect 文档格式,Quattro Pro 电子表格格式,Corel 简报格式 Lotus Smartsuite 包括：WordPro 文档格式,1-2-3 电子表格格式,自由图形格式 ·便携文件格式（PDF）

---

① 黄东霞.开放式电子文件格式的研究进展[J].中国档案,2008(11):46.

② Our Digital Colletion [EB/OL]. [2014-01-12]. http://www.nationalarchives.gov.uk/records/our-online-records.htm.

③ Digital Policies, Guidelines and Tools [EB/OL]. [2013-12-12]. http://www.collectionscanada.gc.ca/digital-initiatives/012018-2210-e.html#c.

信息类型	推荐格式	可被接受的移交格式
音频	·广播波形格式（BWF）（适用于最新的数字信息） ·波形音频格式（WAV）（迁移原本的数字音频信息）	·音频交换文件格式（AIFF） ·MPEG-1 的第三层，MEPG-2 的第 3 层（MP3） ·AAC ·乐器数字接口（MIDI） ·视窗媒体音频（WMA）
数字视频	·动态 JPEG2000	·音频视频交错格式（AVI） ·运动图像专家组 MPEG-2 ·运动图像专家组 MPEG-4 ·QuickTime（MOV） ·Windows 媒体视频（WMA）
静态图像	·联合图像专家组（JPEG） ·联合图像专家组 JPEG2000（JP2） ·标记图像文件格式（TIFF） ·TIFF-GeoTIFF	·医学数字成像和通信（DICOM V.3.0） ·EPS ·图形交换格式（GIF） ·便携式网络图形（PNG）
网页存档	·Internet 归档格式（ARC） ·Web 归档格式（WARC）	
结构化数据库	·关系型数据库 SIARD ·使用 DDL 分隔的平面文件	·dBASE 格式（DBF）
结构化数据统计和定量分析	·DDI 3.0 ·DexT ·SDMX ·分隔平面文件的数量说明	·SAS ·SPSS
结构化系统数据	·XML 容器	

信息类型	推荐格式	可被接受的移交格式
地理空间	·ISO 19115 地理信息-元数据（NAP-Metadata）（北美规格）	·加拿大测绘理事会交换格式CCOGIF ·数字高程模型（DEM） ·数字线性制图—level3（DIG-3） ·ESRI 输出格式（E00） ·ESRI 形成文件格式（SHP） ·IHO S-57 3.1 版
计算机辅助设计-制图	·绘图交换文件格式/数据交换格式（DXF 格式）	·计算机绘图图元文件（CGM）
计算机辅助设计-案例	·XML 元数据交换（XML）	
源代码和脚本	·XML	·纯文本

　　在我国，2002 年开始制定了具有自主知识产权的《中文办公软件文档格式规范》（中文简称"标文通"）（Unified Office Document Format，UOF），在 2007 年 4 月被正式确认为国家推荐性标准 GB/T 20916—2007，于 2007 年 9 月 1 日正式推广实施。UOF 也是一个基于 XML 的开放标准，使用 UOF 文档格式进行信息交换，用户可以真正掌握文档信息的控制权。但是由于 PDF 和 ODF 影响的深入，UOF 的推行比较艰难，不过国家正在积极寻求 UOF 与 ODF 的融合①。

　　我国数字（电子）档案管理标准主要有国家（GB）标准和行业（DA）标准。国家标准的颁布单位主要是国家标准化管理委员会，该机构隶属于国家质量监督检验检疫总局，是经国务院授权，履行行政管理职能，统一管理全国标准化工作的主管机构；归口单位以全国信

---

　　①　阳嘉瑛，陈东宝.国内外电子文档格式标准研究的现状分析[J].陕西档案，2009（5）：44.

息与文献标准化技术委员会为主,这是同国际标准化组织 ISO 下属的第 46 技术委员会/信息与文献工作(ISO/TC46 Information and Documentation)有着相同工作内容和范围的基础性标准化工作组织;电子文件管理标准的起草工作则主要由国家档案局联合地方档案机构共同完成。

在我国现有档案管理国家标准中,同样也对数字档案的存储格式作出了具体的规定。1999 年颁布的《GB/T 17678.2—1999 CAD 电子文件光盘存储、归档与档案管理要求 第二部分:光盘信息组织结构》(Requirements for Optical Disk Storage, Filing and Archival Management of CAD Electronic Records Part 2:Information Structure in an Optical Disk)规定,CAD 系统产生的图形交换文件可以 DXF 格式保存,图像文件以 TIF 格式保存,字符文本文件以 TXT 格式保存,文字处理软件产生的文本文件以 DOC 格式保存①。2002 年 12 月 4 日,我国第一项电子文件管理专门标准《GB/T 18894—2002 电子文件归档与管理规范》(Standards of Electronic Records Filing and Management)正式颁布实施,标准对电子文件的存储格式进行具体详细的规定,指出"文字型电子文件以 XML、RTF、TXT 为通用格式,扫描性电子文件以 JPEG、TIFF 为通用格式,视频和多媒体电子文件以 MPEG、AVI 为通用格式,音频电子文件以 WAV、MP3 为通用格式"②。2009 年,国家标准化管理委员采用国际标准 ISO 19005-1—2005,颁布标准《GB/T 23286.1—2009 文献管理 长期保存的电子文档文件格式 第 1 部分:PDF1.4(PDF/A-1)的使用》[Document Management—Electronic Document File Format for Long-Term Preservation—Part1:Use of PDF1.4(PDF/A-1)],标准规定了如何使用便携式文档格式(PDF1.4)进行电子文档的长期保存,进而指导对包含字符、光栅和

---

① 国家质量技术监督局.CAD 电子文件光盘存储、归档与档案管理要求 第二部分:光盘信息组织结构:GB/T 17678.2—1999[S].北京:中国标准出版社,1999.

② 国家档案局.电子文件归档与管理规范:GB/T 18894—2002[S].北京:中国标准出版社,2003.

向量数据的电子文档的管理①。音、视频电子文件有其特定的类型、特点以及归档要求,尤其是音频文件的脱机保存格式应以其原真性为优先考虑,建议采用国家标准推荐的 WAV 通用格式;提供网络利用的格式建议对广域网用户提供流式格式,对局域网用户提供 MP3 格式(国家标准推荐格式)②。视频文件的脱机归档保存格式建议使用 DVD(由 MPEG-2 刻录)、MPEG-2 和 H.264/MPEG-4 AVC 等高清晰格式,且用红光或蓝光 DVD 光盘,一般要求码率在 1.5Mbps 以上;近在线保存格式,主要存放不经常被访问的 DVD、MPEG-2 和 H.264/MPEG-4 AVC 格式;在线存储格式一般为流式格式③。

除了国家标准外,我国部分档案行业标准也对数字(电子)档案的存储格式作出了规定。国家档案局于 2005 年 4 月颁布的标准《纸质档案数字化技术规范》(DA/T 31—2005)规定:"采用黑白二值模式扫描的图像文件,一般采用 TIFF(G4)格式存储。采用灰度模式和彩色模式扫描的文件,一般采用 JPEG 格式存储。提供网络查询的扫描图像,也可存储为 CEB、PDF 或其他格式。"④2009 年,国家档案局颁布标准《DA/T 43—2009 缩微胶片档案数字化技术规范》(Technical Specification for Digitization of Microfilm),规定"采用黑白二值模式扫描的图像文件,一般采用 TIFF(G4)格式存储;采用灰度模式扫描的文件,一般采用 JPEG 格式存储;提供网上检索利用的图像文件,也可存储为 CEB、SEP、PDF 或其他格式"⑤。

总之,电子文件长期保存格式选择需要从技术发展的角度来考

---

① 中华人民共和国国家质量监督检验检疫总局,中国国家标准化管理委员会.文献管理 长期保存的电子文档文件格式 第 1 部分:PDF1.4(PDF/A-1 的使用:GB/T 23286.1—2009[S].北京:中国标准出版社,2009.

② 张照余,项文新.音频电子文件的归档格式研究[J].中国档案,2006(6):55.

③ 项文新,张照余.视频电子文件的归档格式研究[J].档案学研究,2006(4):56.

④ 国家档案局.纸质档案数字化技术规范:DA/T 31—2005[S].北京:中国标准出版社,2005.

⑤ 国家档案局.缩微胶片档案数字化技术规范:DA/T 43—2009[S].北京:中国标准出版社,2010.

虑,从电子文件的形成、流转到暂存,都需要选择相应的格式,并通过标准进行规范。

5.5.2.2　数字档案资源保存格式的比较

2010 年 6 月,中国人民大学信息资源管理学院开展了"全国省级、副省级档案馆电子文件移交进馆及管理情况调查"。调查结果显示,我国现有的数字档案资源,囊括了文本、图像、音频和视频等多种形式,其存储的格式也涉及 DOC、TXT、WPS、CZ 等多达 22 种[①]。这是一种令人担忧的现象,数字档案存储的繁杂混乱,将在很大程度上影响到数字档案资源的长久保存和利用。我们通过对国家档案局、湖北省档案局、安徽省档案局的进一步调查发现,现有的文本型档案资源,其存储格式主要有 XML 格式、RTF 格式、TXT 格式、DOC格式、PDF 格式、CAJ 格式和 CEB 格式等;图像型档案资源有 TIFF格式、JPEG 格式、BMP 格式、PNG 格式、DjVu 格式等;音频型档案资源有 WAV 格式、MP3 格式等;视频型档案资源有 AVI 格式、MPEG格式等。不同格式有着不同的特点,其优缺点也各不相同。

(1)文本型档案资源的存储格式

XML(Extensible Markup Language)格式即可扩展标记语言,是一种简单的数据存储语言,它以一系列简单的标记描述数据,易于掌握和使用。RTF(Rich Text Format)格式即多文本格式,是一种类似DOC 格式的文件,有着很好的兼容性,且易于编辑,能为多种软件所识别。TXT 格式是微软在操作系统上附带的一种文本格式,也是最常见的一种文件格式,体积小,存储简单方便,不易中毒。PDF(Portable Document Format)格式是 Adobe Systems 在 1993 年用于文件交换所发展出的文件格式,是一种非常流行的便携式文件格式。该格式能够保留文件的原有格式和开放标准,并能突破平台的限制,在任何系统下显示文件内容,因此是电子书籍、政府文书的主要存储格式。CAJ(China Academic Journals)格式是清华大学开发用于中国学术期刊全文数据库中文件的一种格式。该格式将文字、插图等内容

---

①　刘越男,杨程婕,等.我国省级、副省级档案馆电子文件移交进馆及管理情况调查分析[J].档案学通讯,2011(4):8.

融于同一文件中,并完整地保留源文件的信息,其输出效果与原版一致,并支持批注、标记等功能。CEB(Chinese E-paper Basic)格式是北大方正电子公司拥有自主知识产权的一种版式文件格式,目前在我国政府机关档案处理中应用广泛。它可以很好地保持源文件的样式色彩,并对文字或图像信息进行很好的压缩,支持色彩控制,具有较好的屏幕效果和输出效果。尤为可贵的是,CEB格式文件还具有数字签名、数据加密功能,一旦生成便不能随意篡改,保证了档案的安全、完整与保密,符合国家党政机关对档案格式的严格要求,也符合档案数字化的要求。但是,XML格式比二进制数据要占用更多的空间;RTF格式虽有通用的兼容性,但对于一些较大的文件,或Word等应用软件特有的格式都有可能无法保存;TXT格式只支持纯文字,不支持图像,且不能添加标签。上述格式中,CEB是最适合我国公文处理与档案管理的电子格式,从目前电子政务建设来看,CAJ与CEB格式更适合我国档案工作的实际情况;在实际中,CEB更多地用在了公文处理与保存方面,CAJ则关注学术期刊领域;PDF文件格式通常比原文件格式小,适合所有的字体、图形和图像,有独立的平台、操作系统和初始应用软件,而且PDF是国际电子文档分发的标准,很有可能在我国成为统一的标准电子文件格式①。

(2)图像型档案资源的存储格式

TIFF(Tagged Image File Format)格式是印刷行业中受到支持最广的图像文件格式,此格式复杂,存储内容多,且支持可选压缩。JPEG(Joint Photographic Experts Group)格式是最常用的图像文件格式,既具有调节图像质量的功能,也支持多种压缩级别,压缩比率通常在10∶1到40∶1之间。BMP(Bitmap)格式是Windows操作系统中的标准图像文件格式,可以用任何颜色深度(从黑白到24位颜色)存储单个光栅图像,并与现有Windows程序(尤其是较旧的程序)广泛兼容。PNG(Portable Network Graphic Format)格式是流式网络图形格式,可以存储任何颜色深度的单个光栅图像,支持高级别无

---

① 陈勇.关于电子文件管理相关技术的探讨[J].档案与建设,2008(10):19.

损耗压缩。DjVu 格式是 AT&T 实验室自 1996 年起开发的一种图像压缩技术,通过对图像中文字和背景的分层次压缩,最大限度保证图像质量,其生成的文件小,容量大,支持多种格式软件的转换,目前已在图书档案、古籍数字化等方面得到广泛应用。但是,TIFF 占用存储空间也较大,是相应 JPEG 图像的 10 倍,并不受 Web 浏览器的支持[1];JPEG 也是一种有损压缩格式,压缩比越大,造成图像数据损伤程度也越大,因此使用过高的压缩比率,将使最终解压后恢复的图像质量明显降低[2];BMP 格式不支持压缩,占用磁盘空间很大,且不受 Web 浏览器支持,故而多在单机上比较流行[3];PNG 格式提供的压缩量较少,且不受较旧的浏览器和程序的支持,一般应用于 JAVA 程序中。

(3)音频型档案资源的存储格式

WAV(Microsoft Windows Video)格式是微软公司开发的一种声音文件格式,它以简单的编/解码几乎可以直接存储模/数转换器的信号,文件质量极高且无损耗。MP3(MPEG Audio Layer 3)格式是利用 MP3 音频压缩技术将文件以 1∶10 甚至 1∶12 的压缩率,压缩成容量较小的 file,使得相同的空间内能够存储更多的音频信息,加之 MP3 全部为电子文件,不存在防震问题,可在任意情况下欣赏音乐。但是,WAV 文件体积极大,往往占有很大的音频存储空间;MP3 虽然节省了空间,但从严格意义上讲仍是一种失真压缩,其音质较 CD 和 WAV 仍显逊色。

(4)视频型档案资源的存储格式

AVI(Audio Video Interleaved)格式即音频视频交错格式,是将语音和影像同步组合在一起的文件格式,通过对视频文件的有损压缩而实现,但是,因为是有损压缩,AVI 格式画面质量并不理想。MPEG(Moving Picture Experts Group)格式则利用具有运动补偿的帧间压缩编码技术以减小时间冗余度,利用 DCT 技术以减小图像的空间冗

---

①　周拴龙.文献数字化理论与技术[M].北京:中华书局,2007:189.
②　周拴龙.文献数字化理论与技术[M].北京:中华书局,2007:188.
③　周拴龙.文献数字化理论与技术[M].北京:中华书局,2007:187.

余度,利用熵编码则在信息表示方面减小了统计冗余度,从而大大增强了压缩性能。

5.5.2.3　数字档案资源长期保存的格式转换

对于数字档案资源的长期保存格式,如果不符合相关的格式要求,就必须进行转换。

通过前文所述的国内外相关标准可以看出,我国对于数字(电子)档案的存储格式,分别以国家规范或行业规范的方式,依据不同的文件类别作出了规定,具体包括 XML 格式、RTF 格式、TXT 格式、JPEG 格式、TIFF 格式、MPEG 格式、WAV 格式等。而对国际标准化组织而言,真正为其接受、承认并向全世界推荐和普及的,目前只有 PDF 格式。从档案资源长期保存与利用的角度来说,档案存储格式的选择不在于多,还在于其是否适用于绝大多数的阅读环境,在当前及相当长一段时间内不会为技术所淘汰,并保证档案信息的安全,因此,将数字档案转换成标准规定的形式,是数字档案长期保存与利用最为稳妥的解决方案。

数字档案存储格式的转换需要依赖一定的技术或相关的转换软件,在此,本书以 DOC 格式转换为 PDF 格式为例,对格式转换的步骤和方法加以简述。

将 DOC 格式文件转换为 PDF 格式,既可以通过 Microsoft Word 中自带的"另存为"实现,也可通过下载格式转换器或经在线格式转换网站来实现。在 Word 2007 下以"另存为"方式实现转换时,只需单击左上角的 Office 按钮,选择"另存为",选择"PDF 或 XPS",在弹出的对话框中输入文件名等,单击"发布"即可完成。

通过格式转换器实现格式转换,则需首先寻找并下载合适的格式转换器,目前有相关类似功能的转换软件主要有:Adobe Acrobat Professional、迅捷 PDF 转换成 Word 转换器、好用 Word 转换成 PDF 转换器,以及 WPS 等。此外,类似的在线格式转换网站也很多,如转转大师 Word 转 PDF、PDF to Word 在线转换工具、ZAMZAR 在线转换工具、PDF to Word Converter 在线转换工具、Free—PDF to Word 在线转换工具、Online PDF to Word、Free PDF Convert 转换工具等,均可通过简单操作,在很短时间内实现 Word 与 PDF 的格式互转。需要提出的是,通过"另存为"转换得到的 PDF 文件,比使用转换器或在线转换得到的文件小,且转换速度更快。

PDF 文件除了能与 DOC 文件进行互转外,还能与 JPEG、PNG 等图片文件进行互转。例如,PDF 转成图片工具、JPG 转 PDF 转换器、Adobe Reader、PDF Image Extraction Wizard 等,均可达到互转的目的。

面向公众需求的数字档案资源建设,除了要及时加强数字档案资源存储载体的迁移和存储格式的转换外,还应探索档案资源长期保存的方式和途径,以最科学、最合理的方式最长久地保存数字档案信息资源。

第6章 面向公众需求的档案资源整合

　　依据诺兰模型(又称成长阶段模型,Stages of Growth Model),任何组织由手工信息系统向以计算机为基础的信息系统发展时,都将经历初始、普及、控制、集成、数据管理和成熟六个阶段。我国档案信息化建设始于20世纪末,发展至今也面临着如何由点到线、再由线到面的问题,即如何将分散独立的档案资源单元融合、类聚、重组成为一个有机整体,以满足新时期公众对档案资源的复合化、一体化利用需求。2001年,广东省顺德市先后将城建档案室和房地产档案室归入综合档案馆,率先尝试"三档合一"的档案资源整合模式。2002年11月,上海市浦东新区实行区档案局、区档案馆和城建档案信息管理中心"一套班子、三块牌子、统一管理"的创新管理模式。2004年6月,深圳市也将城建档案馆并入深圳市档案局。2004年9月,安徽省档案局发布《关于开展国家档案资源整合试点工作的通知》,将安徽和县作为试点进行档案资源整合。2009年12月18日,时任国家档案局局长杨冬权在全国档案局长馆长会议上明确提出要突破档案资源建设传统模式,从三个方面对档案实体或档案信息进行科学整合:整合同一地区内不同档案机构的档案资源,整合同一系统、不同地区档案机构的档案资源,整合不同系统、不同地区档案机构的档案资源①。2013年,国家档案局在《到2020年全面建成小康社会档案馆体系的目标与措施》中明确提出了"将数字化成果与全国开

----

　　① 杨冬权.2010年全国档案工作五项主要任务——国家档案局局长杨冬权在全国档案局长馆长会议上的讲话摘要[J].兰台世界,2010(1):1.

放档案与政府公开信息云平台建设相衔接"的要求,为我国的数字档案资源整合工作提出了目标。

6.1　面向公众需求的档案资源整合概述

　　档案资源整合是档案信息化建设由点到线、再由线到面的必然要求,也是近十年来学界方兴未艾的研究热点之一,不仅出现了一系列的论著,而且获得了高层次的科研立项①,从理论和实践层面进行了探讨。

6.1.1　档案资源整合的缘由

　　从数字档案建设的历史与现实考察,我国在档案信息化和数字化建设、电子文件管理等方面,都取得了很大的成绩(详见本书第2章),积累了大量的档案资源,例如婚姻登记档案、社员建房档案、知识青年上山下乡及工作安排档案、入退伍军人档案、改制企业档案、劳动保障档案、公证档案、居民动拆迁档案、农村宅基地置档案以及现行文件等,都是大量涉及人民群众需求的档案资源,已经发挥了较好的作用,但这些档案散落在不同档案全宗、不同的管理机构,并没有被有效地整合,形成了"信息孤岛"现象,影响了公众的档案利用,影响了"方便人民群众的档案利用体系"的建设。

　　"信息孤岛"是"一个个相对独立的不同类型不同学科的数字资源系统","各系统间相互封闭、无法进行正常的信息交流,犹如一个个分散、独立的岛屿"②。对档案信息孤岛,可以这样理解:一方面,从内容上看,与档案信息共享相对应,主要是指不同地区、级别、行业、部门的档案资源之间,因格式不一、数据异构、系统差别等而相互隔离成为一个个孤立单元的现象;另一方面,从范畴上看,一个档案

---

　　①　相关立项包括:国家社科基金重大项目"国家数字档案资源整合与服务机制研究"(13&ZD184)、教育部人文社会科学研究规划基金项目"档案网站信息资源普查与整合研究"(07JA870010)等.

　　②　李希明,等.浅谈信息孤岛的消除对策[J].情报杂志,2003(3):61.

机构的信息孤岛是相对于同级其他档案机构而言的,一个行业的档案信息孤岛是相对于其他各行业的档案资源而言的,一个地区的档案信息孤岛则是相对于全国档案资源而言的,而整个档案领域的信息孤岛则是相对于全社会的信息资源而言的。从档案实体建设而言,存在孤岛现象;从数字档案资源建设而言,孤岛现象更为突出。

随着信息技术的发展和应用,我国档案资源建设取得了长足发展,档案信息化程度越来越高。但是,在档案资源建设过程中,各级各类档案机构之间缺乏统筹规划,条块分割、各自为政、重复投入,自行开发档案信息管理系统,缺乏标准化、规范化和兼容性,使得档案资源较为分散,严重阻碍档案信息流的完整性,影响跨部门档案信息之间的实时交互,造成部分档案信息服务滞后或无法实现,由此逐渐形成了档案信息孤岛现象,成为制约和阻碍我国档案资源整合和共享的主要障碍和瓶颈之一。

档案信息孤岛的形成既有历史原因又有现实原因,既有客观因素又有主观因素,既是技术问题又是管理问题,既与传统观念有关也是现代技术应用的结果,为此,需要从多个角度剖析档案信息孤岛形成的深层原因。

(1)档案资源整合的意识淡薄

意识虽是主观因素,但它在档案资源建设中发挥的能动作用不可忽视。如果说由于格式不一致、系统不兼容等而无法实现档案资源整合是技术原因,那么档案机构没有通过现代通信技术、信息技术实现彼此之间的交流和协作则是意识问题。我国长期以来存在着社会对档案与档案事业的重视程度不够且档案领域内部的自我认识不够、自信心不足等问题,很多档案机构仅仅以内部需求为目标开展档案资源建设工作,对整合与共享等更全面、长远的目标的认识则不足,由此造成"大档案观"①难以在档案资源建设实践中充分体现和落实。

① 蓝晓娟.基于"大档案观"的档案资源整合及档案业务拓展研究[D].苏州:苏州大学,2011:6.

（2）档案资源具有较高分散性

我国长期以来实行"统一领导、分级管理"的档案工作原则,这可以在归属关系上实现档案资源的相对集中,但其重点在"合"而不在"整",档案资源集中保管于各级各类机关档案室或档案馆中,反而在一定程度上造成了档案资源在地域、行业和机构之间的分散性——广泛分布于国家综合档案馆、国家专门档案馆、部门档案馆、企业档案馆、文化事业单位档案馆、科技事业单位档案馆等各级各类档案保管机构,且各级各类档案机构之间缺乏有效的协商和交流,各个机构分别制定各自的档案资源建设方案、技术和措施,难以形成统一的标准、行动,造成了档案信息孤岛的产生。

（3）档案管理体制条块分割

在我国,科技档案和专业档案等长期实行条块分割的管理体制,即不同行业之间独立开展档案资源的收集、保管和利用等工作,各级专业主管机关独立负责本行业或部门的档案管理工作,仅在业务上接受各级档案行政管理部门的监督和指导①。例如,《城市建设档案管理规定》第3条明确指出:"县级以上地方人民政府建设行政主管部门负责本行政区域内的城建档案管理工作","业务上受同级档案机构的监督、指导"。再如,《城市房地产权属档案管理办法》第4条规定:"直辖市、市、县人民政府房地产行政主管部门负责本行政区域内的房地产权属档案的管理工作","业务上受同级城市建设档案管理部门的监督和指导"。这种条条框框的管理体制有助于提高管理效率,但也会在一定程度上增加档案资源整合工作的难度。

（4）档案资源建设缺乏统筹规划

要想使分散的档案资源单元集合成有机整体,需要对整个档案资源建设工作进行统筹规划,实现各级各类、各行各业档案保管机构之间的合作共建,并在档案资源整合问题上达成共识。然而,在档案资源建设的初期,由于宏观的、整体的规划不足,各级各类档案机构各行其是,自行制定数据采集方式、数据存储格式、信息编码规则、运

---

① 曹航,谢敏.条块分割、体制约束与机制创新——对档案信息资源整合的再思考[J].档案管理,2010(1):7.

行环境、数据库系统设计、业务流程设置等,自行建立档案资源体系,自行开发档案管理应用系统,相互之间缺乏深入的沟通和协作,不断进行着低水平重复投入,浪费大量人力、物力和财力,人为地将有着千丝万缕联系的档案资源隔离成为一个个的孤岛,大大限制了档案资源的整体开发和共享,进而影响档案信息化的进程。

(5)档案资源建设缺乏硬性标准

硬性标准是与统筹规划相辅相成的措施,是开展档案资源建设和实现档案资源整合的重要保障。然而在档案资源建设缺乏总体规划的情况下,尽管我国已经出台了一系列档案资源建设政策和文件,但是在实际开展工作时仍然缺乏可参照的硬性规定,地区之间、级别之间、行业之间、部门之间在档案资源的采集、存储、保管、利用以及档案管理应用系统的开发设计等方面标准不一、参差不齐,而且形成了大量的异构数据、异构系统、异构应用、异构平台等,数据不兼容、应用不交互的档案资源数据库、档案管理应用系统等,为档案资源在更广、更深层面上的融合与集成埋下隐患和障碍。

(6)档案资源建设缺乏权责利相结合的共建共享模式

在档案资源建设中构建权责利相结合的共建共享模式,是实现档案资源整合的主要条件。然而,长期以来的管理本制条块分割、统筹规划不足、硬性标准缺失等,使得我国档案资源建设逐渐形成了一盘散沙的模式和格局,各级各类档案保管机构之间缺乏明确的权责利划分,各自为政、自成体系,形成了一个个独立封闭的档案资源体,无法实现档案信息的顺畅流通和整合,成为阻碍档案资源整合的恶性循环模式。

解决信息孤岛问题是实现档案资源整合的基本前提和重要目的,只有充分认识到我国档案信息孤岛问题的严重性和危害性,才能更好地采取相应措施修正我国档案资源建设初期阶段的各种缺失,实现分散档案资源单元之间的无缝联结与整合。

6.1.2　档案资源整合的概念与内涵

目前,我国对"档案资源整合"的概念和内涵尚缺乏系统的探讨,与之相关的研究主要集中在对"档案信息资源整合"的界定上,出现了不少研究成果。

首先,从不同层面界定档案信息资源整合的观点主要有:一是国家层面的档案信息资源整合,称为"国家档案信息资源整合",即对过去和现在的国家机构、社会组织和个人在社会活动中形成的,对国家和社会有保存价值的全部档案的管理由分散到集中、由无序到有序的过程,主要是指在我国档案工作"统一领导、分级管理"的体制下,通过整理与组合,使之结构合理、配置优化,以适应经济全球化时代增强区域综合竞争力需要的社会系统工程①。二是地区或行业范围内的档案信息资源整合,是"对现有档案信息资源进行重组,在一定范围内形成档案信息跨区域、跨行业的有机联系,形成具有针对性服务的档案信息流"②。三是地方或部门层面的档案信息资源整合,是"将本行政区域内属国家所有、对国家和社会具有长久保存价值的包括政治、经济、科技、文化等领域的档案资源进行科学整合,实行集中统一管理,最大限度地优化配置国家档案资源"③。

其次,从不同角度界定档案资源整合的观点主要有:一是基于用户需求角度,认为档案信息资源整合是"依据一定的需要,对各个相对独立的信息系统中的档案信息资源、功能结构及其互动关系进行融合、类聚和重组,重新结合为一个新的有机整体,形成一个效能更好、效率更高的新的资源系统"④。二是基于专题服务角度,认为"档案信息资源整合是围绕特定的主题,对分散形成的档案进行信息资源集中,以集中反映某一实践领域或对象的基本情况,最终达到档案资源结构合理、配置优化的社会系统工程"⑤,"是从海量的档案信息中,就某一专题或某一方面提取出相关信息,提供信息服务,以有效

---

①　戴志强.国家档案资源整合的涵义及其运作机制探讨[J].档案学通讯,2003(2):4.

②　刘怡芳.对档案信息资源整合的思考[J].陕西档案,2008(5):25.

③　黄衢征.地方档案信息资源整合实施探讨[J].科技创新导报,2011(7):244.

④　仇壮丽,等.论电子政务环境下档案资源的整合[J].兰台世界,2005(11):16.

⑤　徐瑞鸿.档案信息资源整合研究[J].兰台世界,2006(9):21.

地实现信息资源的增值效益的工作"①。三是从企业图书、情报、档案一体化视角,认为"企业图书、情报、档案信息资源整合是指现代企业依据企业自身信息需求,根据系统论的原则,通过对图书、情报、档案相对独立系统中的数据对象、功能结构及其互动关系的融合、类聚和重组,最终形成一个效能更好的、效率更高的新的信息资源体系"②。

最后,从不同背景探讨档案信息资源整合概念的观点主要有:一是基于网络化背景,认为"档案信息资源整合是指在兼顾档案信息资源现有配置与管理状况的条件下,通过网络建立统一的信息交换与共享平台,对分散异构的档案信息资源系统进行优化组合与无缝联结,在此基础上强化档案信息资源的动态性、可控性、可获知性和可获取性以及与社会其他信息资源的融合集成性,从而实现档案信息资源的合理组织、优化配置和最大增值"③;二是基于信息化背景,档案信息资源整合是"以'统一领导,分级管理'的档案事业管理体制为前提,以网络技术、通信技术、信息技术、多媒体技术等现代化技术为手段,以信息相关法律法规及信息安全技术为保障,以系统思想为指导,以档案实体整合、信息整合、技术标准整合、系统整合、人才结构整合等为内容,以资源结构优化、系统功能完善、人才保障到位、信息资源共享为目标而进行的一项社会文化事业系统工程"④。三是基于云计算环境,"档案信息资源整合是指以档案用户服务为向导,对分散异构的档案信息资源进行优化配置和无缝联结,通过设计动态、可控的管理与服务机制,利用先进的信息技术手段,建立集成档案信息交换与共享平台,实现档案信息资源的合理配置,高效利用和保值增值"⑤。

---

① 徐佳.谈数字化条件下的档案信息整合[J].档案与建设,2005(6):22.

② 王羽佳.信息化背景下企业图书、情报、档案信息资源整合研究[D].哈尔滨:黑龙江大学,2008:8.

③ 何振,蒋冠.电子政务环境下政府核心信息资源整合与共享[M].湘潭:湘潭大学出版社,2007:207.

④ 杨红仙.信息化背景下档案信息资源的整合与共享[D].昆明:云南大学,2010:31.

⑤ 牛力,韩小汀.云计算环境下的档案信息资源整合与服务模式研究[J].档案学研究,2013(5):27.

　　和上述界定不同,档案信息资源的概念范畴有广义和狭义之分。狭义的档案信息资源主要是指"档案信息内容本身"①,"过去和现在的社会国家机构、社会组织和个人在社会活动中形成的,对国家和社会有保存和利用价值的档案的总和"②。广义的档案信息资源,"既包括档案信息本身,又包括有关提供档案信息的设施、设备、组织、人员、资金等其他资源"③,"是指人类社会活动中积累起来的以档案信息为核心的各类档案信息活动要素的集合"④。事实上,狭义档案信息资源是广义档案信息资源的核心体系和重要组成部分,对于新时期的档案信息资源整合而言,必须基于广义档案信息资源的概念,从"大文化""大资源"⑤的角度予以界定,即用"大档案"思维整合档案资源⑥。

　　综上所述,学者们对档案信息资源整合概念进行了分析,尽管视角不同,表述也存在着差别,但其核心理念都是为了实现档案信息资源的整体性、系统性和有序性,以充分挖掘和发挥档案信息资源的潜在价值和作用,最终实现档案信息资源的共建与共享。这些成果为本书界定"档案资源整合"奠定了基础。

　　我们认为,面向公众需求的档案资源整合是指:以满足公众的档案需求为目标,通过档案机构以及相关社会组织之间的协调与合作,利用一定的技术方法和管理手段,使分散管理的档案资源相互联结成为一个有序化、系统化、结构化的整体,实现档案资源的共建共享和充分利用。这个界定包含着如下内容:

　　(1)满足公众需求是档案资源整合的首要目标和基本要求

　　信息时代,公众对档案资源的需求已经从简单的查阅、凭证转变

---

　　①　潘连根.文件与档案研究[M].合肥:安徽大学出版社,2007:194.

　　②　戴志强.国家档案信息资源整合的涵义及其运作机制探讨[J].档案学通讯,2003(2):4.

　　③　潘连根.文件与档案研究[M].合肥:安徽大学出版社,2007:194.

　　④　江静梅.档案信息资源概念分析[J].兰台世界,2009(14):12.

　　⑤　梁绍红.新时期国家档案馆资源建设理念的创新和突破——《浙江省国家档案馆管理办法》解读之二[J].浙江档案,2007(2):26.

　　⑥　蓝晓娟.基于"大档案观"的档案资源整合及档案业务拓展研究[D].苏州:苏州大学,2011:1.

为数据分析、信息组织、知识管理、民生参考等更高级、更复杂的要求（详见本书第 2 章），这是档案事业发展的主要动力，因此最大限度地满足新时期公众对档案信息的需求是档案资源整合的首要目标，而不是仅仅满足档案机构内部的业务需要，而这同时也决定了档案资源整合的主要内容。

（2）档案资源整合包含着实体档案和数字档案两个层面的整合

因为档案资源内涵的规定，档案资源整合包含着实体档案的整合和数字档案的整合。有些学者明确了这个观点①。实践中，市县级档案机构中提及的档案资源整合，主要是实体档案资源的整合；对于档案数字化成果较多的单位，档案资源整合更多是强调数字档案的整合。

（3）档案资源整合需要技术方法和管理手段的结合

档案资源整合涉及基础设施、数据内容、应用系统、规范标准、人才队伍、保障体系等各项要素，包括形成归档、价值判断、收集积累、结构体系、资源整合等多个环节，是一项复杂艰巨的系统工程。档案资源整合的开展不仅需要借助信息整合相关技术，更需要采取覆盖全方位、全过程的管理手段，包括政策调节、法规建设等。

（4）"整体大于部分之和"是档案资源整合的核心理念和成果体现

档案资源整合的目的是实现基础设施、数据内容、应用系统、规范标准、人才队伍、保障体系等各项要素和各个模块之间的有机结合，而非机械堆积。因此，形成有序化、系统化、结构化的有机整体是档案资源整合遵守的原则，而能否形成这样一个有机整体更是衡量档案资源整合成效的基本依据。

（5）共享和充分利用是促进档案资源整合和良性循环的重要保障

从系统角度来看，档案资源整合是一个包含输入和输出的有机整体，输入是输出的基础，而输出则反过来决定再次的输入。因此，在花费大量人力、物力、财力实现独立的档案资源单元整合成为有机

---

① 余厚洪,管先海.2003 年—2011 年我国档案信息资源整合研究综述[J].档案管理,2012(1):63;杨红仙.信息化背景下档案信息资源的整合与共享[D].昆明:云南大学,2010:21.

整体之后,必须通过广泛共享和充分利用挖掘档案资源整合的潜在价值,为后续的档案资源整合提供源源不断的动力。

6.1.3　档案资源整合的主要内容

　　档案资源整合是一项系统化的复杂工程,这已经为实践所证实,也为学者所关注。档案资源整合的复杂性体现在多个方面。有人认为,档案信息资源整合的内容主要包括档案实体及其管理的整合、档案信息及其数据的整合、档案信息技术及其标准的整合、档案信息系统及其运行的整合、档案信息人才及其服务的整合①;有人认为,档案信息资源整合的内容主要包括档案实体整合、信息整合、技术标准整合、系统整合、人才结构整合②;还有人提出,网络环境下档案信息资源整合的内容包括系统整合、信息整合、管理整合、服务整合③,信息化背景下档案信息资源的整合包括信息机构整合、基础设施整合、信息数据的网络整合、人力资源整合以及信息服务整合④。

　　结合上述观点,笔者认为,关于档案资源整合的内容应该从宏观到微观、从纵向到横向多个方面和角度进行分析。宏观上看,档案资源整合包括国家、地区、行业、部门等不同层面的整合;微观上看,档案资源整合不是简单的档案资源集成,也不是单纯的技术操作问题,是从内容到技术、再到管理的全面整合。横向上看,档案资源整合可以包括不同载体、不同类别、不同领域档案资源之间的整合;纵向上看,档案资源整合可以包括不同时期、不同事件档案资源之间的整合。为利于后续研究工作的开展,本书选取微观层面对档案资源整

　　①　余厚洪,管先海.2003 年—2011 年我国档案信息资源整合研究综述[J].档案管理,2012(1):64.
　　②　杨红仙.信息化背景下档案信息资源的整合与共享[D].昆明:云南大学,2010:5.
　　③　蒋冠.网络环境下档案信息资源整合研究[D].湘潭:湘潭大学,2005:2;张予军.网络视阈下档案信息资源的整合模式[J].机电兵船档案,2011(1):50.
　　④　王羽佳.信息化背景下企业图书、情报、档案信息资源整合研究[D].哈尔滨:黑龙江大学,2008:13.

合的主要内容进行简要分析。

(1)档案实体的整合

上海市闵行区档案局(馆)探讨了档案实体整合,为了公众利用进行了档案实体的整合。该区区委、区政府两办联合下发《关于全区重要档案实行集中保管体制的意见》,将原来不进馆的规划、城建、房产、诉讼、税务、工商等民生档案纳入进馆范围。至 2011 年年底,接收征地养老、知青子女回沪审批、婚姻登记、公证、卫生专业管理、干部调配、拆除违章建筑、行政复议等民生档案 13 092 卷,909 件进馆保存,整合土地房产、城建、诉讼、财税、工商等民生档案 130 万卷进档案馆保管中心代保管①。这样的例子,在区县级档案机构屡见不鲜。

(2)档案信息的整合

作为信息资源的重要组成部分,档案资源所蕴含的政治、经济、科学、技术、文化、宗教等丰富的信息内容是其价值的直接来源。然而,档案产生于不同行业领域的不同社会活动之中,而又存储于不同领域或不同部门,使得原本在信息内容上有着密切联系的档案资源总体上处于一种无序、凌乱、分散的状态,并且存在着内容交叉、信息冗余、关联度降低等问题,因此,数字档案信息内容整合无疑是档案资源整合的首要内容。

(3)技术方法的整合

档案资源从制作生成到存储保管需要采用各种各样的技术和方法,这是确保档案资源价值的重要支撑条件。然而,在档案资源建设过程中,档案的记录技术、描述方式、存储载体、保管环境等缺乏硬性规定和标准,各部门之间重复投入、互不共享,造成档案资源以不同的数据形式存储于异构的数据库之中,难以自由交换和集中处理,因此技术方法整合也是档案资源整合的重要内容之一。

(4)管理系统的整合

为确保档案资源的有序化、系统化存储与利用,需要建立包含档

---

① 施惠刚.创新档案保管模式 加快民生档案实体整合[J].上海档案,2012(4):13.

案信息管理软件和硬件设施的管理系统,这也是档案信息化建设的重要内容。然而,在档案资源建设过程中,存在着"重技术、轻管理"的现象,不同单位和部门在构建档案管理系统时各自为政、独立开发、重复投入,软件选择和设备配置标准不一,致使档案管理系统类型各异、互不兼容,将档案资源隔离成孤立的"岛",因此管理系统整合也是档案资源整合的应有之义。

(5)业务流程的整合

档案资源整合仅仅依靠技术是不够的,还需要通过各档案保管单位之间的合作与协调实现管理手段与管理流程的整合。然而,各个单位和部门在档案资源建设过程中大多忽视了与外单位之间的业务整合问题,并未留设档案资源整合的环节或接口,而是形成了一个个封闭的档案管理业务流程,无形中为后期档案资源整合制造了障碍,因此不同单位或部门之间的业务流程整合势必也应纳入档案资源整合之中。

(6)服务体系的整合

使分散的档案资源转变成为便于开发、易于共享的社会资源,是档案资源整合的直接目的。然而,由于我国实行统一领导、分级管理的档案工作体制,各机关、团体、企事业单位等档案机构之间不存在明确的权利义务关系,彼此之间难以在档案服务方面相互结合、相互依赖,而已建成的数千个档案馆也被条块分割的管理体制划分成综合档案馆、专业档案馆、企业档案馆等,无法形成一体化、全方位和深层次的档案资源服务体系,阻碍档案资源的整体开发和广泛共享,因此服务体系整合也应该作为档案资源整合的重要内容之一。

档案资源整合的内容主要包括以上六个方面。档案资源整合的各个方面并不是彼此孤立、相互脱节、独立进行的,而是紧密结合、相辅相成、环环相扣地组成了一个有机整体,任何部分存在缺陷都将影响档案资源整合的整体效果。

6.2　面向公众需求的档案资源整合方式

"方式"是指说话做事所采取的方法和形式。档案资源整合的方式,简言之,是实现分散档案资源之间的有机整合的方法和形式。与档案资源整合模式相比,档案资源整合方式更加侧重于战术,而档案资源整合模式则更侧重于战略。

6.2.1 档案资源整合方式的选择与运用

在档案资源整合方式的探讨方面,出现了不少研究成果。针对档案网站信息资源整合,有中间件技术跨库整合、元数据库整合、实体仓库整合和信息抽取整合[1],有面向信息资源、面向过程、面向用户的整合方式[2]。针对数字档案资源整合,有人建议建立区域性数字档案信息资源总库或国家数字档案信息资源总库[3];有人建议以全国各级行政区划为准,多个数字档案馆联合组建省级、市级、县级等不同层次的区域性数据库[4]。针对综合档案馆信息资源整合,有人建议基于"大档案"思维采用实体整合与信息整合相结合的方式[5]。此外,还有针对信息化背景、数字化时代、网络环境、云计算环境等不同背景下档案信息资源整合方式的多种探讨[6]。

现阶段,面向公众需求的档案资源整合方式选择应该以"大档案观"为依据,以面向公众需求为总体导向,充分考虑"条块分割"档案管理体制的制约以及各地档案事业发展水平不均衡的现实情况,因地制宜地综合选择和灵活应用实体整合与信息整合、物理整合与

① 王斌,吴建华.档案网站信息资源整合方法与方案[J].档案学通讯,2010(1):61.

② 金凡.档案网站资源整合的含义、策略与模式探析[J].档案,2010(1):13.

③ 金波.论数字档案信息资源建设[J].档案学通讯,2013(5):48.

④ 唐艳芳.数字档案馆档案信息服务平台的构建[J].档案学研究,2006(5):46.

⑤ 王国振.省级综合档案馆整合档案资源的思考[J].中国档案,2010(9):54.

⑥ 杨红仙.信息化背景下档案信息资源的整合与共享[D].昆明:云南大学,2010:1;陈英英.浅析数字化时代的档案信息资源整合[J].科技档案,2009(2):8;蒋冠.网络环境下档案信息资源整合研究[D].湘潭:湘潭大学,2005:1;牛力,韩小汀.云计算环境下的档案信息资源整合与服务模式研究[J].档案学研究,2013(5):26.

逻辑整合等多种方式,实现档案资源整合方式由低层次、单一化向多层次、多元化转变。这是档案资源整合方式选择和运用所必须遵循的基本思想,也是扩大档案资源整合范围和深化档案资源内容整合的重要保障。

事实上,实体整合与内容整合、物理整合与逻辑整合两组整合方式存在着相似之处。其中,实体整合、内容整合侧重于传统档案资源,物理整合、逻辑整合侧重于数字档案资源。综合运用各种方式,才可以更好地实现面向公众需求的档案资源整合。

6.2.2 实体整合与内容整合相结合

从整合的依据和对象上看,档案资源整合主要可以分为实体整合和内容(信息)整合两种方式。这两种方式的比较和分析一直为学界所关注。但事实上,这两种方式都是档案资源整合所必须采取的有效方法,更应该探讨二者的利弊,趋利避害、相辅相成地综合运用与实施对策,只有这样才可以满足现阶段我国档案资源整合的需要。

6.2.2.1 档案资源的实体整合

(1)实体整合的含义

档案实体主要是指存储档案信息的各类载体,是档案客观而具体的存在形式。基于实体整合档案资源即是指依据"一站式服务"需求,将分散保管在不同部门的档案实体有序地归集保存于一个主导机构,并由该机构全面负责其各项业务管理工作的一种整合形式。其目标是打破空间界限,改变原有"条块分割"的档案管理体系,通过将不同类型档案实体融合于一个完整的存储和保管系统,实现档案资源在地理位置、所属机构和管理权限上的归一性,并保持原有各部分档案实体之间的有序性和连续性。因此,从实质上讲,档案资源的实体整合是通过改变原有档案管理体制实现对现有档案资源体系的再组织、再加工和再创造,是一种更为彻底的档案资源整合方式。

应当说,实体整合早已有之,我国档案工作中实行的"集中统一管理"原则本身即是对实体整合法的践行。根据《中华人民共和国档案法》的规定:建立各级各类档案保管机构,分别集中管理国家档

案;档案集中统一管理是分阶段、分层次进行的,各级机关单位形成
的档案,由本机关建立档案室(或称登记室)集中统一管理,不得由
承办单位和个人分散保存,其中需要永久保存的档案,在档案室保存
一定年限后向档案馆移交。可见,我国档案管理工作原本实行的就
是档案室、档案馆等层面的实体整合,只不过限于特定范围内的特定
档案类型,而非信息时代所要求的广泛意义上的实体整合。为此,实
体整合对国家综合档案馆而言是必要和有效的,凡是属于进馆范围
的、达到归档时限的,或一个全宗档案分散在不同地方保存的,或立
档单位无法保证档案安全的,或协商愿意移交的档案,都必须坚持档
案实体整合的模式①。

(2)实体整合的利弊分析

实体整合在一定范围内具有不可比拟的优势,有助于建立统一、
科学的档案工作制度,有助于推行档案工作的标准化、现代化管理,
有利于维护档案的完整安全,方便于社会各方面利用档案等。安徽
省和县2005年开始将县房管局、建设局、交通局、国土局等单位的各
类专业档案集中到县档案馆集中统一管理,通过实体整合彻底转变
了以往专业档案多头管理、分散保管的局面,实现了本县范围内各类
档案资源的高度整合②。和县档案馆的实体整合尝试是成功的,且
成效显著,在进行实体整合以前,其超过82%的馆藏是综合文书档
案,资源单一且利用率极低,2003年全年仅有123人次利用档案,平
均0.33人次/天;而进行实体整合以后,截至2007年年底,已有26
家职能局把档案移交到县档案馆,馆藏达到15万卷,是改革前的5
倍,且文书档案与专业档案数量比为1∶1.8,馆藏结构更为合理,利
用率也提高到30余人次/天,全年提供档案利用约1万人次、3.5万
余件,是改革前年利用量的近30倍③。

① 王国振.省级综合档案馆整合档案资源的思考[J].中国档案,2010(9):
55.

② 裴友泉,马仁杰,等.徽式探索的学术意义——社会转型期档案资源整
合问题研究[J].档案学通讯,2006(4):5.

③ 档案工作有为就有位[EB/OL].[2014-03-26].http://www.ahda.gov.cn/
DocHtml/1/2009/3/12/200903122221201101.html(2008-10-06).

但是,由于长期实行分级分块档案管理体制,全面意义上的实体整合在实际应用时将面临着制度阻碍、权责划分、利益冲突、工作量巨大、水平参差不齐以及人员不足等重重阻碍,并且这些问题之间交织牵连、相互影响,难以在短时间内尽数解决。因此,目前实践领域中开展的实体整合主要限于市、县等一定的范围之内,省级、国家级的档案资源实体整合尚不多见。事实上,即便是市县档案机构等局部范围内的实体整合,也会在实施过程中遇到一些问题,"有些档案只适合实行信息整合,不适合实体整合,否则不但会造成管理的不便,而且可能会侵犯档案形成部门的利益"①。如截至 2007 年 12 月31 日,安徽省共有 72 个市、县(区)档案局向安徽省档案局报送了档案资源整合方案,但是真正采取措施实施方案的只是一部分,甚至还有一些省直部门谴责档案实体整合"干扰"工作,并陈述"分割""分治"的法律依据②。可见,实体整合必然面临新旧管理理念、模式和体制之间的矛盾与冲突。

6.2.2.2 数字档案资源的内容整合

(1)内容整合的含义

档案内容是指档案所包含和表达的信息元素,是档案主观、抽象的存在形式。基于信息内容整合数字档案资源即是指依据"一揽子"的档案服务需求,将信息内容上具有密切联系却被划归为不同部门、不同类别、不同全宗中的数字档案资源,重新加工、组合和链接成为一个独立完整的档案信息数据库的整合方法。与实体整合不同,其目标不仅是打破空间限制,更多地是为了跨越时空界限,无需改变原有的档案管理体制和档案实体位置,而是在原有档案分级分类体系的基础上,依据档案信息内容之间的内在历史联系,寻找和建立被分割开来的数字档案资源之间的新连接点,依此构建凌驾于"条块分割"体制之上的新的数字档案资源体系。因此,内容整合的实质是通过改变原有档案管理观念,实现对数字档案资源体

---

① 杨润珍,傅电仁.国有档案资源整合机制与形式[J].北京档案,2009(6):27.

② 束维兵.档案管理模式改革的困境与出路[J].山西档案,2008(4):21.

系的再组织、再加工和再创造,是一种更易实行的数字档案资源整合方式。

应当看到,档案内容整合并不是信息技术发展的产物,档案分类法体系本身也是对信息内容整合法的践行。根据《中国档案分类法》的编制说明,我国档案分类体系的设置是“以不同历史时期的国家机构、社会组织从事社会实践活动的职能分工为基础,紧密结合档案内容记述和反映的事物属性关系,采取从总到分、从一般到具体的逻辑体系”进行分类排列的[①]。可见,我国档案分类体系的确是依据同一历史时期档案之间的联系和相互关系而设置的。为此,设置档案分类法的目的“不是为了对档案实体划分类目和逐份(逐卷)归类,而是档案信息分类”[②]。但是,在当前信息化不断发展的背景下,档案内容整合的内涵被扩展至更广的范围,其整合不再局限于档案分类法中设置的既定联系,而是涉及更多层面、更多角度的复杂联系。尤其是,通过技术方法的运用,传统的档案内容更多地通过数字化技术转化成数字档案,并借助计算机技术、信息技术、网络技术等,将数字档案所蕴含的信息内容整合成为一个完整的数字档案资源体系,并与接收的电子文件结合,通过建立档案目录中心、数字档案馆、现行文件中心、电子文件中心等实现。

(2) 内容整合的利弊

档案内容整合的作用和意义是毋庸置疑的,有助于确保国家档案资源的完整与安全,有助于数字档案资源的全面开放和利用,有助于推进档案信息化建设的开展。“十五”期间,国家档案局明确提出“加快现有档案的数字化进程,在北京、天津、辽宁、陕西、青岛等地开展档案工作应用数字化和网络化技术的试点”[③]。2002 年,《全国档案信息化建设实施纲要》再次强调要“积极推进档案数字化进

---

① 中国档案分类法编委会.中国档案分类法[M].中匡档案出版社,1997:1367.

② 邓绍兴.中国档案分类法产生的客观举出和特点[J].档案学通讯,1995(6):12.

③ 全国档案事业发展“十五”计划[N].中国档案报,2000-12-14(1).

程……分阶段、分步骤实施",并扩大了试点的范围①。"十一五"期间,国家档案局提出"根据'统一领导、标准先行、利用优先、分步实施'的原则有序推进传统载体档案数字化进程"的要求,并作出了"适时启动国家数字档案建设与服务工程('金档'工程)"的总体部署②。经过十余年的探索和实践,我国基于数字档案资源信息内容整合的实践已经取得了可喜的进展,以2001年下半年启动建设的青岛数字档案馆为例,2005年6月7日,"青岛市数字文件中心"项目通过验收并正式运行,共有67家单位加入,该中心依托青岛电子政务网——"金宏网"实现对各单位电子文件的整合与共享③。2009年10月,青岛市"电子公文和档案信息共享"工程顺利完成,实现了机关与机关之间、机关与档案馆之间、档案馆与档案馆之间、档案馆与社会公众之间的信息整合与共享服务,即"四个共享"④。

但是,随着电子文件和数字档案的普及以及社会档案需求的多元化、复杂化,从单一层面分析档案信息内容之间的联系已经无法满足新时期数字档案资源整合工作的需求。需要在《中华人民共和国档案分类表》设置的"中国共产党党务""国家政务总类""政法""军事""外交""政协、民主党派、群众团体""文化、教育、卫生、体育""科学研究"等19个大类的基础之上,建立一个新的数字档案资源存储仓库,将不同类型、不同载体、不同保管机构的数字档案资源存储在一起,并进行数据抽取、分类标引、建立索引等一系列信息有序化的过程和活动,实现多方位、多角度的组合和加工。

6.2.2.3　实体整合与内容整合综合运用策略

鉴于上述实体整合和内容整合的利弊,学术界展开了实体整合

---

① 本刊编辑.全国档案信息化建设实施纲要[J].中国档案,2003(3):36.

② 国家档案局中央档案馆关于印发《档案事业发展"十一五"规划》的通知(档发〔2006〕4号)[Z].

③ 关于启用青岛市数字文件中心的通知[EB/OL].[2014-01-21].http://www.qdda.gov.cn/front/yewugongzuo/preview.jsp?subjectid=12259374501091394001&ID=1807641.

④ 李云波.实施电子公文和档案信息共享工程[J].中国档案,2011(11):34.

与内容整合孰主孰次的讨论,有的建议兼而用之,有的主张分而治之,而有的则认为应该择其一而用之,形成了不同的观点。

(1)实体整合和内容整合兼有型

余厚洪、管先海认为,实体档案资源整合与虚拟档案信息资源整合相结合的复合型整合模式是当前和今后相当长时期内档案信息资源整合的最现实的选择模式①。滕霞认为,档案信息资源整合是用网络技术连接区域性综合档案馆保管基地,通过以区域内档案实体整合与数字档案信息整合两种方式来进行管理的模式②。黎杰、张永钊提出,以实体整合方式为主整合县(区)级档案资源,而市、省等更高级别的档案信息资源整合则宜采用信息整合方式③。

(2)内容整合主导型

余厚洪认为,档案实体整合是一个个相对独立的个体层面的整合,而档案虚拟整合却是一个错综复杂的群体层面整合,它既是对实体整合的有效补充,又能为其提供线索和基础,因此在网络环境下应采用"虚拟整合"模式④。李宝玲提出,在当前档案法律法规不完善、体制机制不顺畅的条件下,大范围的实体整合是不现实的,可以对保存在各立档单位的档案信息进行逻辑整合,将分散保存的信息有机关联⑤。程厚林则建议实行"档案实体分存、数字信息共享"的策略⑥。

学术界对档案资源整合之所以意见不一,一方面是因为当前对档案资源整合方式的探索尚未成熟,另一方面则是因为不同学者选

① 余厚洪,管先海.2003 年—2011 年我国档案信息资源整合研究综述[J].档案管理,2012(1):64.

② 滕霞.档案信息资源整合对策探寻[D].哈尔滨:黑龙江大学,2008:8.

③ 黎杰,张永钊.促进国家档案资源体系建设的重要途径——广东省国家档案资源整合创新实践[J].中国档案,2012(8):36.

④ 余厚洪.网络环境下档案信息资源整合探究[J].档案管理,2012(5):37.

⑤ 李宝玲.档案信息资源整合模式的实现路径[J].湖北档案,2010(6):17.

⑥ 程厚林.档案资源整合的思考——以厦门市国土房产测绘档案管理中心为例[C]//福建省土地学会 2012 年年会论文集,2012:367.

择的角度不同。因此,为更好地分析实体整合与内容整合相结合的实施策略,有必要采用SWOT分析法进行分析,见表6-1。

表6-1　　　**档案资源实体整合与内容整合的SWOT分析**

	S(优势)		W(劣势)	
	实体整合	内容整合	实体整合	内容整合
内部要素	1.充分利用原有基础 2.无需太多技术加工 3.投入成本相对较低	1.符合时代发展需要 2.跨时空档案利用 3.不打破原有体制	1.与原有"条块分割"的档案管理体制不符 2.不便于专业档案机构的管理和使用	1.成本投入较大 2.对人员技术水平要求高 3.工作量巨大
	T(障碍)		O(机会)	
	实体整合	内容整合	实体整合	内容整合
外部条件	1.协调、管理难度较大 2.难以大范围实现 3.地区发展不平衡	1.信息安全风险增加 2.知识产权问题增多 3.后期运营维护较难	1.政府体制与职能改革 2.新一轮档案馆建设	1.新时期用户需求转变 2.信息技术的发展 3.档案信息化建设

由表6-1可知,实体整合与内容整合在基础条件、技术难易、工作量大小、工作效率、实际效果等方面各有利弊、各具机会,难以对使用哪种方法一概而论,也难以硬性规定在哪种情况下使用哪种方法。因此,更为合理的策略是依据不同地区、不同级别、不同部门档案资源整合的实际情况,因地制宜地综合选择和使用实体整合与内容整合两种方式。依据轻重主次和先后次序,可以分为实体整合为主或优先、内容整合为辅或次之,实体整合与内容整合并重或同步进行,内容整合为主或优先、实体整合为辅或次之三种档案资源整合方式,见图6-1。

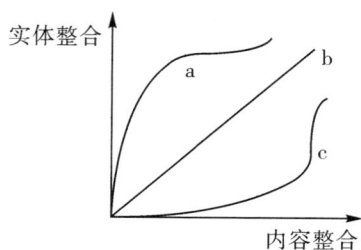

a：实体整合为主或优先、内容整合为辅或次之
b：实体整合与内容整合并重或同步进行
c：内容整合为主或优先、实体整合为辅或次之
图 6-1　档案资源实体整合与内容整合的综合运用策略

　　图 6-1 中，a 方案较适宜于县级以下档案机构的资源整合，这是因为与省级、国家级档案机构的资源相比，县级以下档案机构的档案实体数量相对较少，部门之间的体制改革更易协调和实行，实体整合后对专业档案机构的管理与服务工作造成的影响相对较小，而开展档案数字化的技术条件、人员能力和资金筹集等却相对有限，可待以后有条件时再开展内容整合。b 方案较适宜于省、市级档案机构的资源整合，这是因为省、市级档案机构的档案实体数量庞大，部门之间的体制改革难以也不能在短时间内改变，实体整合会给专业档案机构管理和服务造成一定的混乱，而省、市级档案机构在档案信息化建设中已经拥有了较好的技术基础和人员队伍，有利于开展内容整合，因此在现阶段宜实行实体整合与内容整合并重的策略，以快速实现各类档案资源的整合与共享。c 方案则较为适合地区级或国家层面的档案资源整合，这是因为较高层次的档案资源整合不仅需要跨越地域限制，还涉及如何协调不具有隶属关系的行政机构和行业部门的问题，实体整合的成本很高且不切合实际需要，而以不改变原有档案管理体制为特征的内容整合则可以充分发挥其作用，因此在这个层面的档案资源整合以内容整合为主才可以达到最佳效果。
　　事实上，实体整合与内容整合的综合运用策略并非限于此，可以从多种角度灵活组合和应用。对于未到移交进馆期限但某些信息可公开的永久类档案资源和已经接收进馆但是没有到开放期限的档案资源,可以实行"信息在前、实体在后的整合形式";对于法律凭证作用较大而参考价值较小的档案,适宜采用"信息与实体同时整合形式";对于机密性较强以及涉及个人隐私和知识产权的档案,适合采用"实体在前、信息在后的整合形式"①。

　　总之,通过对实体整合和内容整合的综合选择与灵活运用,可以解决当前我国档案资源整合层次多、方向复杂、水平不一等问题,以最大限度地提高我国档案资源整合的成效,满足档案信息化建设的需要。

6.2.3　物理整合与逻辑整合相结合

　　从整合的方法和需要采取的技术来看,档案资源整合可以分为物理整合和逻辑整合两种方式,这是一对援引自计算机学科的概念。随着电子文件和数字档案的出现和发展,关于这两种方式的比较和分析也成为学界关注的焦点。与实体整合和内容整合一样,这两种方式也都是面向公众需求的档案资源整合所必须采取的,在实际运用时也应该探寻其趋利避害、相辅相成的综合实施对策,只有这样才可以满足现阶段我国档案资源整合的需要。

6.2.3.1　档案资源的物理整合

　　物理整合又称为数据仓库集成,是通过对异构数据源中的数据进行抽取、分析、综合、转换和装载,以消除其间的差异性,由此将分散的、不一致的数据转换成集成的、统一的数据,实现本地查询和使用②。对档案资源而言,物理整合是通过对生成环境、存储方式、保管位置等不同的档案资源的再加工、再组织,将分属于不同机构或地区的档案信息统一集中到一个档案机构或档案管理系统进行整合存储和管理的方法。从本质上看,物理整合是对档案资源的数据对象

---

①　杨润珍,傅电仁.国有档案资源整合机制与形式[J].北京档案,2009(6):27.

②　马文峰,杜小宇.数字资源整合方式研究[J].图书情报工作,2005(5):68.

及其功能结构的深入整合,其结果是打破档案资源原有的分布式状态,通过统一的软硬件平台实现统一检索、利用。

目前,我国各地档案机构正积极探索和尝试档案资源的物理整合,但还没有形成规模,也缺乏经验的系统总结和理论的逐渐提升。较为典型的是基于联机检索的纵向物理整合,即具有垂直隶属关系的档案机构之间通过远程协同服务实现档案资源的整合和共享。例如,上海市档案局于2010年9月在市和区县国家综合档案馆之间推行的"就地查询,跨馆出证"远程协同服务机制,实现了市县档案机构之间的婚姻登记、计划生育、知青、知青子女、支内支边五类档案的联机查询及出证,市民在任何一家参加远程协同服务机制的档案馆,填写远程协同服务档案利用申请表和办理远程协同服务查档申请手续,就可以实行跨区域查阅,并由查阅地的档案馆开具相关档案证明,极大地促进了市和区县国家综合档案馆民生档案信息的共享①。

但是,物理整合"一般比较适合于一些垂直系统内部,如银行、税务、政府部门,对于无隶属关系的部门之间进行这种形式的信息整合,无论技术上还是管理上显然有较大的障碍"②。因此,一定范围内具有上下隶属关系的档案机构之间更加适宜采用物理整合的方式进行档案资源整合。

6.2.3.2 数字档案资源的逻辑整合

逻辑整合又称为虚拟数据库整合、系统平台整合、数据聚合、数据互操作,是将多个异构的数字资源系统集成为一个统一的数据视图③。对于实体档案资源而言,逻辑整合是通过相关技术和标准,把不同时期、不同记录载体、不同数据库、不同机构或部门以及不同地区的数字档案资源组合在一起,打破其间的特性差异和时空限制,为用户提供"一站式"的档案检索和利用服务的整合方法。从实现机

① 朱纪华.就地查询 跨馆出证 馆社联动 全市通办——上海市民生档案远程服务机制[N].中国档案报,2012-10-15(1).

② 赵建平.数字信息资源整合方式比较研究[J].情报科学,2008(12):1789.

③ 马文峰,杜小勇.数字资源整合方式研究[J].图书情报工作,2005(5):68.

理上看,逻辑整合是通过共同遵循统一的标准和建立一套索引系统,实现对数字档案资源逻辑上的描述、管理和控制,并未改变数字档案资源实体原来的分布式状态,因此其本质上是一种"集中式管理、分布式存储"的数字档案资源整合方式。

逻辑整合在图书馆领域已经有较为成熟的应用,通常包括导航整合和平台整合两种模式,这些方法在数字档案资源整合中也同样适用。其中,导航整合一般按数字资源名称的字顺或其所属主题提供检索入口,适合对于资源状况缺乏了解的新用户;平台整合则是检索界面的整合,即在统一的检索入口与检索方法下,为用户提供异构数字资源信息服务,而数字资源还是原来的分布状态存储,如 CNKI 源数据库跨库检索系统[1]。可见,逻辑整合一般比较适合于一些无隶属关系的档案机构之间的信息资源整合。

目前,数字档案资源整合实践中采用较多的是基于数据交换的跨行政区域整合方式,即不具有垂直隶属关系的档案机构之间通过签署协议和交换数据等方式实现数字档案资源的整合与共享。该方式的典型代表是广东省档案事业发展"十二五"规划中提出的"先实现珠中江、广佛肇、深莞惠三'城市圈'互查互认,最终实现九市档案共享"的整合方案。2011 年年底,珠海、中山、江门三地依托互联网开通"档案互查互认、就近服务利用平台",实现了三地开放档案目录的一站式查询。2012 年 3 月,广东省档案馆、广州市档案局和深圳市档案馆联合发布"广东(粤穗深)跨馆档案查阅利用系统",可直接调用广东省、广州市和深圳市三家档案馆的 80 多万条开放档案和 26 000 多条政府公开信息,跨馆调用档案至少 1 个小时、至多 3 天即可办理[2]。2013 年 6 月,"珠三角 9+1 个地级以上市"联合开通的广东档案跨馆查阅利用系统和广东省主动公开政府信息查阅系统手机版,实现了广东省及广州市、深圳市、珠海市、佛山市、惠州市、东莞

① 赵建平.数字信息资源整合方式比较研究[J].情报科学,2008(12):1789.

② 广东(粤穗深)开通跨馆档案查阅利用系统[N].中国档案报,2012-3-26:1.

市、中山市、肇庆市、江门市、云浮市、顺德市 12 家档案馆的跨地域、跨馆查阅和出证一条龙服务①。

尽管逻辑整合具有不改变数字档案资源原有分布式存储状态的优势,但由于它并未对数字档案资源本身进行整合,而是通过建立目录和索引等对经过加工得到的二次档案信息进行整合,因此,逻辑整合是一种消极、被动的整合方式,在实际应用时将存在着如下问题:通过目录和索引不能保证 100% 找到所需数字档案资源;只有在查询需要时才进行相应的数据集成;使用时数字档案资源会回到原始状态;不对集成的结果予以保留和维护;受网络环境状况的影响较大,容易出现不能访问或访问超时等现象。

6.2.3.3 物理整合与逻辑整合综合运用策略

关于档案资源物理整合与逻辑整合的利弊,学术界已有诸多探讨,但观点不一。为此,笔者从内涵、特点、组织形式以及适用范围等方面对二者进行比较,见表 6-2。在此基础上,借助 SWOT 分析法分析两种整合方式的优势、劣势以及实施的机会与障碍,见表 6-3。

表 6-2   **档案资源物理整合与逻辑整合比较**

项目	物理整合	逻辑整合
内涵	采用集中的录入系统和统一的利用平台,通过共享协作网络,面向异地用户提供共享服务	由多个档案资源站点分布组成,自主建设和分布储存,建立统一的检索平台,实现全面的检索、互方和定位
特点	资源集中、系统集中、管理集中	资源分布存储使用,资源目录统一集中
组织形式	在国家或地方财政的支持下,依托先进的设备与技术,面向全局性需求进行整合	在多方协商合作的情况下,保持档案资源原有的分布状态,在一定范围内实现整合
适用范围	具有一定的垂直隶属关系的系统内部	合作成员较为分散,组织关系结构多样

① 江门市档案局.广东省跨馆查阅利用和主动公开政府信息查阅系统(手机版)开通[EB/OL].[2013-12-14].http://daj.jiangmen.gov.cn/ShowNews.aspx？Flag=30&NewsId=458.

表 6-3　　　档案资源物理整合与逻辑整合的 **SWOT** 分析

	S(优势)		W(劣势)	
	物理整合	逻辑整合	物理整合	逻辑整合
内部要素	1.体系完整健全 2.积极主动进行整合 3.整合资源质量较高 4.服务响应速度较快 5.适合垂直系统内部	1.保持原有分布状态 2.体系构成较为简单 3.数据整合时效性高 4.整合速度较快 5.成本低	1.结构封闭影响共享度 2.数据整合有时滞性 3.存储空间大,成本高 4.不适合跨区域整合 5.不便于利用	1.各自为政,分散多头 2.消极被动 3.整合数据质量有限 4.服务响应速度较慢 5.技术水平要求较高
	T(障碍)		O(机会)	
	物理整合	逻辑整合	物理整合	逻辑整合
外部条件	1.资源过度集中 2.协调、管理难度较大 3.难以大范围实现 4.地区发展不平衡	1.信息安全风险较高 2.受网络环境影响较大 3.知识产权问题凸显 4.后期维护与运营较难 5.合作动机不稳定	1.政府体制改革 2.新一轮档案馆建设 3.人员、资金、设施和技术等保障能力较强	1.符合新时期用户的需要 2.信息技术的发展 3.档案信息化建设

　　由表 6-2 和表 6-3 可以看出,档案资源物理整合与逻辑整合在内涵、特点、组织方式、适用范围方面存在差异,各具优势和缺点,对使用哪种方法难以一概而论,也难以硬性规定哪种情况下使用哪种方法。加之档案资源整合是一个复杂的系统工程,涉及技术、管理等多方面问题,且受到地域面积、经济实力和馆藏水平等多方面因素的制约,因此单纯依赖物理整合或逻辑整合都无法有效实现其根本目的。因此,应该依据不同地区、不同级别、不同部门档案资源整合的

实际情况,灵活选择和使用物理整合与逻辑整合两种方式。

具体来讲,可以根据轻重主次分为物理整合为主或优先、逻辑整合为辅或次之,物理整合与逻辑整合并重或同步进行,逻辑整合为主或优先、物理整合为辅或次之三种组合方式,见图6-2。

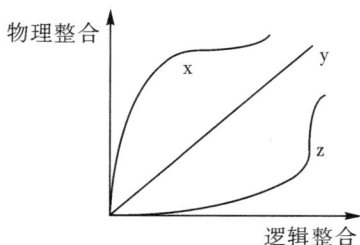

x:物理整合为主或优先、逻辑整合为辅或次之
y:物理整合与逻辑整合并重或同步进行
z:逻辑整合为主或优先、物理整合为辅或次之
图6-2　档案资源物理整合与逻辑整合的综合运用策略

图6-2中,x方案较适宜于具有隶属关系的系统内部不同类型档案资源的整合,这是因为不同类型档案资源存在着异构问题,通过物理整合不仅可以充分利用各类档案资源的原有整理基础,还可以借助自上而下的行政力量顺利推进,同时在物理整合之余适当开展逻辑整合,以提高档案资源整合的效率。y方案较适宜于横向和纵向交叉的档案资源整合,此种整合法介于x方案和z方案之间,既包含需要实现不同类型档案资源之间的同构整合,又需要解决不同系统档案资源之间的异构整合问题,因此在同时具备自上而下的行政力量和跨行政区域间协商一致的情况下更容易实行。z方案则较为适合无隶属关系的跨行政区域间的档案资源整合,这是因为在这种整合需求下,不仅需要跨越地域限制,还涉及如何协调不具有隶属关系的行政机构和行业部门的问题,物理整合的成本很高且不切合实际需要,唯有保持档案资源的原有分布状态才可以达到最佳效果。

同样,物理整合与逻辑整合的综合运用策略也并非限于此,可以根据实际需要灵活组合和设计,以解决当前我国档案资源整合层次多、方向复杂、水平不一等问题,以最大限度地提高我国档案资源整合的成效,满足档案信息化建设的需要。

6.3　面向公众需求的档案资源整合模式

档案资源整合的模式较之于方式更侧重策略,是档案资源整合实践开展的关键。

6.3.1　整合模式的选择与运用

从目前学术界的研究情况来看,关于档案资源整合模式尚未达成共识,不同的学者从不同角度进行了探讨和研究。如安小米等在总结诸多国家数字档案资源整合与服务实践的基础上,将国外数字档案资源整合与服务模式分为面向历史研究的数字档案资源整合与服务工作网络构建、面向电子政务绩效改进的数字档案资源整合与服务档案系统构建、面向政府公共服务部门能力可持续发展和全面提升的数字连续性计划、面向政府数字转型的嵌入式信息基础框架架构四种[①]。王国振则针对我国档案管理工作的实际情况,建议"以建立档案目录中心、已公开现行文件中心、电子文件中心探索跨区域、跨行业国家档案目录体系共建共享、专题档案库共建共享、信息资源共建共享模式等作为档案信息资源整合的重要形式"[②]。徐瑞鸿则认为,档案信息资源整合包括基础性整理与研究性整理,基础性整理是通过对档案的收集、整理、鉴定、编目建立检索体系,使档案材料转化为"有秩序、有效用、有价值"的信息资源;而研究性整理则侧重于档案信息的编研工作,去粗取精、去伪存真、由表及里、由此及彼的研究性整理,以新形式来实现相关档案信息的整合和增值[③]。

鉴于此,可以通过总结相对较为成熟的图书馆信息资源整合模

---

① 安小米,孙舒扬,等.21 世纪的数字档案资源整合与服务国外研究及借鉴[J].档案学通讯,2014(2):48.
② 王国振.省级综合档案馆整合档案资源的思考[J].中国档案,2010(9):54.
③ 徐瑞鸿.档案信息资源整合研究[J].兰台世界,2006(9):22.

式,从中寻找可资借鉴的经验。表 6-4 是国内外典型图书馆信息资源整合成果所采取的整合模式情况。

表 6-4　　　　国内外典型图书馆信息资源整合模式分析

地域	名称	整合模式	整合规模	整合特点	经费来源
国际	ICOLC(国际图书馆联盟)	协议联盟模式 1.董事会制 2.实体机构模式 3.公司制等	约 170 个图书馆联盟成员	1.基于地区、国家联盟而建立 2.虚实结合 3.非正式组织	政府、大学和研究机构资助,成员单位缴纳会费
	CERL(欧洲研究图书馆联盟)	垂直模式 1.行政管理部门 2.图书馆协会 3.重点图书馆 4.一般图书馆	以欧盟各国图书馆为主要成员	1.注重书目数据库建设 2.分工明确 3.突出重点图书馆的核心作用	政府、大学和研究机构资助,成员单位缴纳会费
	DLF(美国数字图书馆联盟)	协议联盟模式 1.常务理事会办公室 2.董事会 3.执行委员会 4.建议组 5.DLF Initiatives	拥有 40 个成员国,含 5 个联盟成员	1.注重数字化资源库建设 2.致力于开发分布式数字图书馆系统	战略合作伙伴会员费、DFL 投资基金
	NN/LM(美国国家医学图书馆网)	三级模式 1.一级网络中心 2.二级网络中心 3.三级成员馆 由美国国立医学图书馆主导,将图书馆资源按美国国土分为 8 大地区,每个地区都设有 1 个地区性管理中心	5 700 多家成员馆	1.鼓励免费加盟 2.面向大众,致力于医学专业人员的知识培养和公众健康意识的不断提升	大学、学院、医院、基金组织和地方机关的投资

续表

地域	名称	整合模式	整合规模	整合特点	经费来源
国内	NSTL（国家科技图书文献中心）	国家级文献信息资源共享工程由国务院批准、科技部牵头组织实施，以理、工、农、医等9家科技信息机构为主体	231个成员，含7个联盟	按照"统一采购、规范加工、联合上网、资源共享"的原则，采集、收藏和开发科技文献信息资源，建设开通网络服务系统	科技文献信息专项经费和平台建设专项经费
	CALIS（中国高等教育文献保障系统）	共享信息资源与环境平台1.全国中心2.地区中心3.成员馆	已有500余个成员馆	采取"整体规划、合理布局、相对集中、联合保障"的建设方针，采用独立开发与引用消化相结合的道路，形成了较为完整的文献信息服务网络	国家项目专项基金
	CLJ（吉林省图书馆联盟）	吉林省文献保障系统1.联盟理事会2.专家委员会	已有50余家成员单位	以"整体规划、统一标准、共建共享、共同发展"为宗旨，为地方社会发展和经济建设服务	吉林13家公共系统、高校系统、科研系统图书馆共同发起

由表6-4可以发现，图书馆信息资源整合是在自愿、平等、互惠的基础上，通过建立图书馆与图书馆之间以及图书馆与其他机构之间的各种合作、协作、相互协调关系实现的，其模式既有宏观整合也

有微观整合,既有横向整合也有纵向整合,并且注重各种整合模式之间的综合运用。以此为借鉴,面向公众需求的档案资源整合模式选择也应该从多个视角、多个维度、多个层次和多个方面,充分考虑不同地区、不同级别、不同部门档案资源整合的实际情况,在宏观整合与微观整合、横向整合与纵向整合等模式之间综合选择和灵活运用。

6.3.2 宏观整合与微观整合相结合

从整合层次和范围上看,档案资源整合可以分为档案机构间的整合和档案机构内部的整合两大类。其中,档案机构之间的整合以及由此延伸的更广范围内、更多层次的档案资源整合统称为宏观整合;而以档案馆(室)为主体的内部整合称为微观整合。完整的档案资源整合工程必须是宏观整合与微观整合共同开展。

6.3.2.1 档案资源的宏观整合模式

档案资源的宏观整合模式是指以独立分散的档案资源单元为对象,通过对归属于不同机构、不同地区、不同行业的档案资源进行整理、加工、分析、挖掘、控制、表达等一系列操作,实现较广范围内档案资源整合的过程及方法。其直接目的是自下而上、逐级逐层地实现档案资源的全面、深入整合,以确保较广范围内的档案资源之间的整合与共享。

宏观整合是档案资源整合的最终目标,也是微观整合的归宿和发展方向。根据实现整合的层级和范围,档案资源宏观整合又可以分为国家级、地区级、行业级、省级、市级、县级等多种模式。其中,地区级整合不仅可以按通常意义上的东部地区、中部地区、西部地区或者东北地区、华北地区、华中地区、华南地区、西北地区、西南地区、东南地区等地区划分方法实现,还可以指多个省之间、同一个省的多个市县之间及不同省的多个市县之间等的整合;而行业级整合也不仅指国家范围内全行业的整合,还可以指某个地区范围,一个或多个省、市、县范围内的复杂整合模式等,见图6-3。

从当前我国档案资源整合的实践来看,主要有以市县综合档案馆为主体的部门间整合模式、基于目录交换的跨行政区域整合模式、基于电子政务的档案机构与社会机关综合整合模式等。

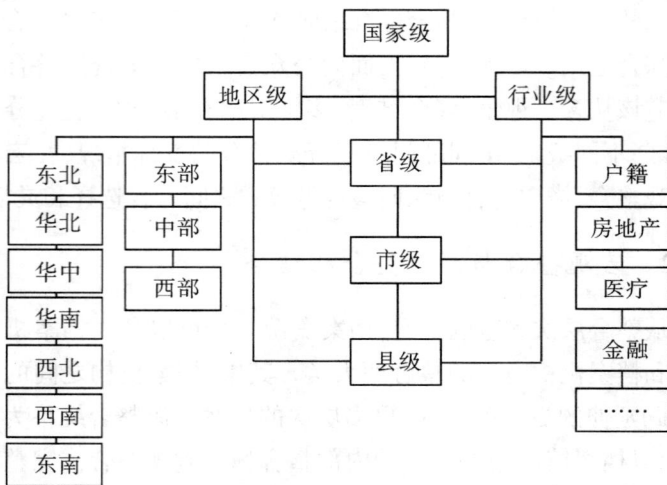

图 6-3　档案资源宏观整合模式

（1）以市县综合档案馆为主体的部门间整合模式

该模式的典型特点是在综合档案馆的主导下,通过与同级专业档案机构之间的协调与合作,突破综合档案与专业档案间原有的"条块分割"管理体制,建立综合档案馆与专业档案馆统一管理的新体制,以提供"一站式"的档案服务。其主要代表有广东顺德、上海浦东、深圳、广州、安徽和县等①。其中,广东顺德在 2002 年实行了城建档案、房地产档案和地方综合档案馆"三档合一";上海浦东于 2002 年实行区档案局、档案馆和城建档案信息管理中心"一套班子、三块牌子、统一管理";深圳市于 2004 年将城建档案馆并入深圳市档案局,实行城建档案馆与综合档案馆统一管理;广州市南沙区于 2005 年将城建档案、房地产档案和各机关档案集中到区档案馆统一管理;安徽和县于 2005 年将县房管局、建设局、交通局、国土局等单位的各类专业档案集中到了县档案馆。2005 年 8 月和 12 月,时任

---

① 祁华丽.整合档案资源 实现大档案管理——关于深圳、顺德档案馆实行"三档合一"新体制给我们的启示[J].档案学研究,2005(5):19;曹航,谢敏.条块分割、体制约束与机制创新——对档案信息资源整合的再思考[J].档案管理,2010(1):7;裴友全,马仁杰.徽式探索的法律意义——档案信息资源整合与管理机制改革问题研究[J].档案学通讯,2007(4):14.

中共中央办公厅主任的王刚先后充分肯定了深圳和安徽和县的档案资源整合经验,建议"各级档案机构要从实际出发借鉴这些经验"。

(2)基于目录交换的跨部门、跨区域档案馆整合模式

该模式的特点是不打破档案资源的原有分布式状态,通过中间件技术实现异构数字档案资源之间的统一检索和利用,代表性的例子有:深圳、东莞、惠州三市档案馆通过交换馆际档案目录实现跨行政区域的数字档案资源目录级的整合;珠海、中山、江门三地依托互联网开通"档案互查互认、就近服务利用平台",实现三地开放档案目录的一站式查询;"珠三角9+1个地级以上市"联合开通广东档案跨馆查阅利用系统和广东省主动公开政府信息查阅系统,实现12家档案馆的跨地域、跨馆查阅和出证一条龙服务等。这些都是广东省档案事业发展"十二五"规划中提出的"先实现珠中江、广佛肇、深莞惠三'城市圈'互查互认,最终实现九市档案共享"的整合方案(详见本书6.2.3.2节)。

(3)基于电子政务的档案机构与社会机关综合整合模式

该模式的特点是依托电子政务的整合平台,通过文档一体化管理实现电子文件的整合与共享,代表性的例子有:长沙市逐步撤销实体档案室,在市直机关和全市非政府立档单位全面建立"数字档案室一体化管理系统",各项工作由市、区、县档案馆负责指导和服务,并依托电子政务网络和市档案馆新馆建立全市档案管理中心平台①;青岛市建立"青岛市数字文件中心",依托青岛电子政务网——"金宏网"实现67家单位电子文件的整合与共享②;青岛市还通过"电子公文和档案信息共享"工程,实现机关与机关之间、机关与档案馆之间、档案馆与档案馆之间、档案馆与社会公众之间的信息整合与共享服务,即"四个共享"③。此外,还有与特定领域进行合作的交

---

① 汤才友.以档案信息化和管理模式改革为龙头 积极整合档案信息资源[J].档案时空,2008(12):41.

② 关于启用青岛市数字文件中心的通知[EB/OL].[2013-12-20].http://www.qdda.gov.cn/front/yewugongzuo/preview.jsp? subjectid = 12259374501091394001&ID=1807641.

③ 李云波.实施电子公文和档案信息共享工程[J].中国档案,2011(11):34.

叉整合模式,如天津泰达市图书馆与档案馆实现图书、情报、档案一体化管理模式。

6.3.2.2　档案资源的微观整合模式

　　档案资源的微观整合模式是指以档案信息资源自身为对象,通过对归属相同但类型不同、载体不同、存储方式不同的档案信息资源进行数据抽取、分类标引、建立索引等一系列信息有序化的过程和活动,实现特定范围内档案信息资源整合的过程及方法。其直接目的是构建管理一体化、资源数字化、服务网络化的档案信息资源管理系统,实现每个档案保管机构内部档案信息资源自身的完整、有序和统一,确保整合后的数据符合通用的标准和协议,并便于统一检索和利用①。

　　微观整合是所有档案信息资源整合活动的基础,是开展宏观整合的前提条件,其最终目的是实现宏观整合。为此,档案信息资源整合首先是档案机构现有馆藏的整合②,“立足本馆,充实档案信息资源”是档案信息资源整合的首要措施③。按照整合的范围和层次,微观整合又可以细分为国家级、地区级、行业级、省级、市级、县级等多级档案机构内部数字档案资源的整合。从当前我国数字档案资源整合的实践情况来看,不同级别数字档案资源微观整合的内容基本都包括三个方面,见图 6-4。

　　一是档案机构内部不同种类数字档案资源的整合,主要是指综合档案与基建、科技、人事、房产、婚姻等各种专业档案之间的整合,该部分整合随着数字档案资源建设的发展,尤其是民生档案建设的日渐深入,以及电子政务“一站式”服务建设等的开展,已取得了一定进展并具备良好的发展局势。

　　二是档案机构内部不同时期数字档案资源的整合,主要是指新时期形成的档案与以往各个历史阶段形成的档案之间的整合,该部分整合随着档案信息化建设的发展,尤其是档案目录数据库建设、档

---

① 蒋冠.网络环境下档案信息资源整合研究[D].湘潭:湘潭大学,2005:22.
② 梁晨.档案信息资源整合探析[D].北京:北京交通大学,2009:14.
③ 张艳菊.档案信息资源的整合[J].黑龙江科技信息,2011(2):130.

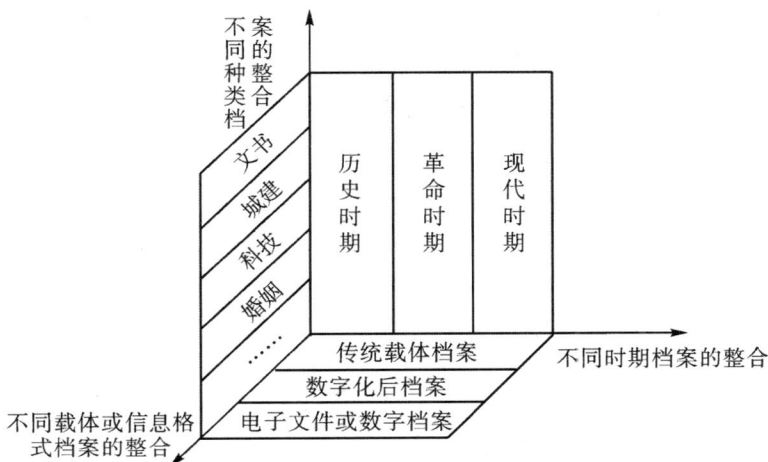

图 6-4　数字档案资源微观整合模式

案数字化等工作的开展,以及国家重点档案抢救工程等,也取得了一定进展,并得到了应有的重视。

三是档案机构内部不同存储载体或信息格式数字档案资源之间的整合,主要是指纸质档案、实物档案、照片档案等传统载体档案与电子文件等新型载体档案,及其数字化后的数字档案之间的整合,这部分整合目前仍然是数字档案资源微观整合的弱点之一,应该得到更多的重视,并采取更多的措施。

不同类型和不同时期档案资源之间的整合容易理解,但是基于不同存储载体或信息格式的档案资源之间的整合,目前尚未达成一致意见。这是因为在现有信息技术条件下,档案资源大体上分为三类:一是以纸质为主的传统载体档案,依然是档案资源的重要来源,但占馆藏比例正在逐渐减少;二是以磁性或光学载体为主的电子文件,虽未完全替代传统载体档案,但其所占馆藏比例正逐渐增加;三是传统载体档案数字化后形成的数字档案,它们是档案资源微观整合的重点和难点之一。

6.3.2.3　宏观与微观立体整合模式

微观整合是宏观整合的基础和前提,宏观整合是微观整合的目标和归宿。完整的档案资源整合工程需要在实现微观整合的基础上,进一步实现各种级别和层次的宏观整合。因此,在档案资源整合实践中,应当实行宏观整合与微观整合相结合的立体整合模式,实现档案资源宏观整合与微观整合并重与并行的策略,见图6-5。

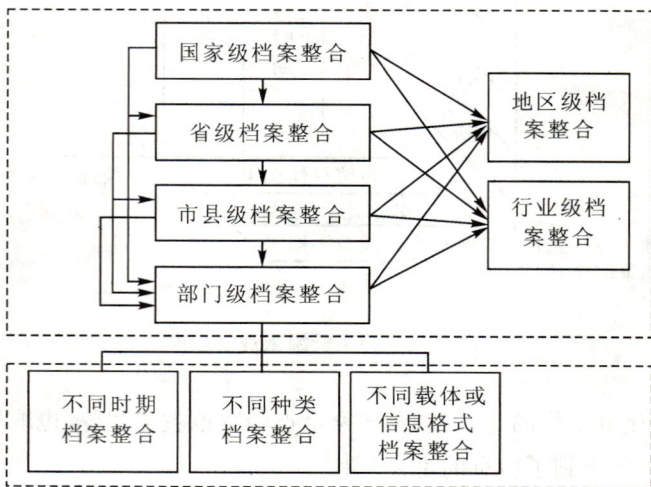

图6-5　档案资源宏观与微观立体整合模式

宏观与微观立体整合模式的目标是形成不同层级、不同范围的档案资源体系。其中,按层级分,主要包括部门档案资源体系、县级档案资源体系、市级档案资源体系、省级档案资源体系、国家级档案资源体系等;按照范围分,主要包括部门内档案资源体系、跨部门档案资源体系、行政区域内档案资源体系、跨行政区域档案资源体系、地区档案资源体系、跨地区档案资源体系、国家档案资源体系等。

这些不同层级、不同范围的档案资源体系之间的划分并不是绝对的,而是相对地按照规模由小到大、层级由低到高进行区分,如省级档案资源体系本身也是由所辖范围内的市县档案资源之间进行跨行政区域整合形成的,国家级档案资源体系本身也是各个地区档案资源之间进行跨地区整合形成的。因此,采用宏观与微观相结合的立体整合模式的最终结果是由不同层级、不同范围的档案资源体系相互交织成为一个庞大的档案资源网络。

6.3.3　横向整合与纵向整合相结合

从整合的方向和角度来看,档案资源整合可以分为横向整合与纵向整合,并且二者都包括宏观和微观两个层面的含义,见图 6-6。从宏观层面上看,档案资源横向整合通常是指跨部门或跨区域档案资源之间的整合,而纵向整合更倾向于上下层级档案资源之间的整合;从微观层面上看,档案资源横向整合通常是指不同类型、不同载体、不同信息格式档案资源之间的整合,而纵向整合更倾向于不同历史时期、不同阶段档案资源之间的整合。鉴于本章主要从系统工程角度探讨面向公众需求的档案资源整合问题,因此选取横向整合与纵向整合的宏观层面含义进行探讨。

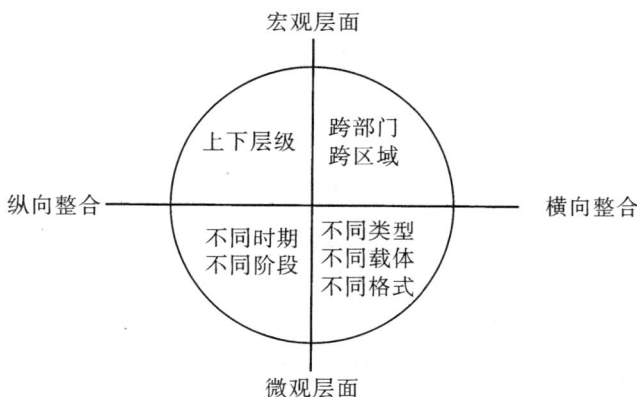

图 6-6　档案资源横向整合与纵向整合的宏观与微观含义

6.3.3.1　档案资源的横向整合模式

从宏观层面上看,档案资源横向整合是指无明显隶属关系的档案机构或相关部门之间,通过协商达成合作意见,建立统一的档案管理与协调机构、制定统一的档案管理制度和标准等,实现各自档案资源之间整合的过程及方法。前文所述的跨部门、跨地区的档案资源整合模式即属于横向整合,从中可以看出:横向整合的共同特点是档案资源整合由多方主体参与,且主体之间基本呈平等关系,彼此之间的合作主要凭借互惠互利的利益关系实现,因此主体参与度和积极性较高,合作形式较为灵活,但合作关系不够稳固,操作起来也会遇到很多阻碍。

　　根据整合的层级和范围,档案资源横向整合又可以分为跨部门、跨市县、跨省市、跨地区、跨行业等多种模式。从当前我国档案资源整合的实践来看,主要有两大类:一是各类档案机构间的横向整合模式,其典型特点是以市县综合档案馆为主体,突破原有综合档案与专业档案"条块分割"的档案管理体制,建立综合档案馆与专业档案馆统一管理的新体制,主要代表有广东顺德、上海浦东、深圳、广州、安徽和县等(详见 6.3.2.1 节)。二是基于目录交换的跨行政区域整合模式,其主要特点是不打破档案资源的原有分布式状态,通过中间件技术实现异构档案资源之间的统一检索和利用,代表性的例子有:深圳、东莞、惠州三市档案馆通过交换馆际档案目录实现跨行政区域的档案资源目录级的整合;珠海、中山、江门三地依托互联网开通"档案互查互认、就近服务利用平台",实现三地开放档案目录的一站式查询;"珠三角 9+1 个地级以上市"联合开通广东档案跨馆查阅利用系统、广东省主动公开政府信息查阅系统等(详见 6.2.3.2 节)。

6.3.3.2　档案资源的纵向整合模式

　　从宏观层面上看,档案资源纵向整合是指具有隶属关系的档案机构或相关部门之间,通过自上而下的行政力量制定统一的档案资源整合计划和方案,实现各自档案资源之间整合的过程及方法。前文所述的市县两级综合档案馆整合方式即是纵向整合的代表,其特点是档案资源整合由上级档案机构牵头和统一管理,由多个下级档案机构共同参与和执行,参与主体之间主要依靠固有的行政级别和职能大小关系实现合作,因此合作关系较为稳固,操作起来较为方便,但主体参与度和积极性相对较低、合作形式较为单一。

　　根据整合的层级和范围,档案资源纵向整合又可以分为市县两级、省市两级、省市县三级等多种模式。从当前我国档案资源整合的实践来看,已经实施且取得良好成效的是基于市县两级综合档案馆的纵向整合模式,其典型特点是突破原有各级档案机构之间自上而下"分级管理"的体制,建立不同级别档案机构之间共建共享的新体制,如 2010 年 9 月上海市档案局在市和区县国家综合档案馆之间推行的"就地查询,跨馆出证"远程协同服务机制,实现市县档案机构之间的婚姻登记、计划生育、知青、知青子女、支内支边五类档案的联机查询及出证;宁夏回族自治区档案馆与银川市档案馆的合建工程;绍兴市实行市县两级档案局的婚姻档案整合管理,将越城区法院受理的离婚诉讼都接收进馆等(详见 6.2.3.1 节)。

6.3.3.3 横向与纵向交叉整合模式

纵向整合是档案资源整合的基本要求,横向整合是档案资源整合的补充发展。要想顺利实现档案资源整合的目标,必须坚持横向整合与纵向整合并重,优势互补,即实行横向整合与纵向整合相结合的交叉整合模式,见图 6-7。

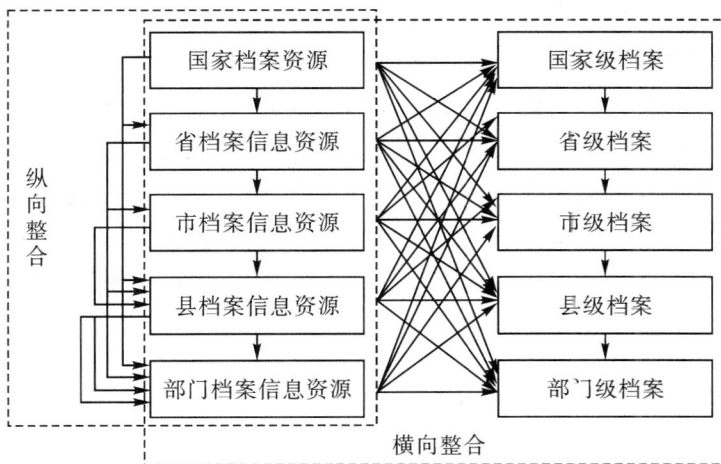

图 6-7 档案资源横向与纵向交叉整合模式

从当前我国档案资源整合实践来看,基于电子政务的档案资源整合基本属于纵横结合的交叉整合模式,该模式的持点是依托电子政务的整合平台,通过文档一体化管理实现电子文件的整合与共享,代表性的例子在本章 6.3.2.1 中有详细论述,此不赘述。

除上述模式外,还有学者引入"云计算"技术,设计了基于"支撑云""业务云""公共云"的档案"云服务"平台,提供三个不同层次的档案服务,并提出了一种档案资源整合与服务模式①。总之,面对档案管理体制"条块分割"、各地社会发展水平不均衡、档案资源状况各异、用户档案需求不同等问题,档案资源整合必须按照具体情况具体分析、因地制宜等原则,采取宏观整合与微观整合并重、横向整合与纵向整合相结合的交叉整合模式和立体整合模式,只有这样才可以确保档案资源整合工程有条不紊地进行。

6.4　面向公众需求的档案资源整合机制

　　档案资源整合是一项涉及诸多要素的复杂工程,必须以一定的机制作为保障,只有这样才可以实现其满足公众需求的总体目标。

　　档案资源整合机制是指以一定的运作方式把分散的档案资源及其各种相关要素联系起来,协调各个部分之间的关系并使档案资源充分发挥作用。它包括两个方面的内涵:一是相互分散、独立的档案资源及其各项要素的存在是档案资源整合机制存在的前提,二是协调相互分散、独立的档案资源及其各项要素之间的关系一定是以一种具体的运行方式。为此,对于档案资源整合机制的探讨应该从系统工程角度,从多个层次对其各项要素和整个过程进行探讨。

6.4.1　数字档案资源整合联盟制

　　基于上述分析,结合当前我国档案资源整合实践的现状,借鉴图书馆信息资源整合的先进经验,可以通过联盟制建立数字档案资源整合机制。

6.4.1.1　联盟制数字档案资源整合概述

　　联盟制数字档案资源整合是指在档案行政管理部门的统一部署下,通过协商与合作,由多个档案机构联合建立的,以一个或多个集

---

　　①　牛力,韩小汀.云计算环境下的档案信息资源整合与服务模式研究[J].档案学研究,2013(5):26.

中式大型数字档案资源中心为核心,以分布式信息资源共享系统为依托,以统一检索平台和服务平台为支撑的数字档案资源体系。其目标是建立以数字档案资源整合为目标、集档案管理与利用为一体的联盟档案馆共享统一平台,是一个面向用户的数字档案资源网络平台。

联盟制的特点是以集中型资源为主体,以分布式特色资源为补充,在数字档案资源整合中以点带面,采取联合编目、统一检索、统一标准、统一管理等措施,责权利相结合,实现数字档案资源整合。其实现机理是通过构建较为完备的体系结构和联合检索数据库,依托先进的科学技术和现代化的设备作保障,利用规范的信息标准和计算机网络技术,使各档案馆、档案机构和信息传递中心以地理和系统两种分类方式形成数字档案资源联盟,从而充分融合集中型和分布型的模式优点,避免了资源集中而形成的封闭性,使数字档案资源的利用效率提高、利用成本趋于下降,最终在全国建立起跨地区、无边界的数字档案资源网络,实现全国数字档案资源的整合,见表6-5。

表 6-5 联盟制数字档案资源整合机制

机制	子机制			目标
	导向	内涵	信息传递中心	
联盟制数字档案资源整合	地理区域导向	强调的是毗邻的地区进行数字档案资源共享	系统内的各信息机构受管理中心的管理和协调,各个机构又都有相对的自主权	在档案行政管理部门的介入下,通过不同层次、区域的组合,有助于建设一个分布式的、覆盖大多数档案信息机构的国家档案信息共建共享系统,以保障各种层次用户群的数字档案资源需求
	行业特色导向	强调以行业特色为支撑,形成同盟进行数字档案资源共享	用户需要档案信息,先向服务中心申请,由该中心依据联合检索的信息,将用户的申请转到符合要求的物理距离最近的档案馆,如果本区域不能满足用户的需要,中心就将用户的申请转到其他信息资源共享中心或其他档案解决	
	信息内容导向	以信息内容的完整性、系统性为导向,将广泛分散在不同档案馆(室)或其他文化事业机构的数字档案资源进行共享		

309

6.4.1.2　联盟制数字档案资源整合的组成要素

在联盟制数字档案资源整合中,档案系统内部的数字档案资源整合、档案系统与外部信息平台的信息交流是档案管理者和档案用户的共同对象,联盟中的各成员单位应以统一的网络保障平台为依据,根据自身在数字档案资源整合中的定位,分别拓展子平台。因此,数字档案资源联盟机制对数字档案资源的数量和质量的要求很高,需要从信息资源、组织制度、技术实现、服务系统等方面,构建配套的组织管理机制和政策法规体制。

(1)信息资源

国家档案局颁发的《我国档案信息化建设实施纲要》指出:"加强档案信息建库入网工作,争取将各地档案数据库作为重要信息资源库纳入当地电子政务、信息港建设的格局之内。"[1]联盟制数字档案资源共享模式依照上述《纲要》的要求,将构建电子档案数据库为重点内容,严格遵照国际、国家标准,依托网络平台充分发挥各级各类档案馆的优势资源,构建资源丰富、功能齐全的档案信息数据库。此外,在统筹规划、统一布局的前提下,依托电子档案数据库,以省级档案局为中心建设国家的数字档案馆网,利用互联网突破地域限制和行政上下级局限,构建省级数字档案馆之间及其与社会间的互联,同时还可构建与市级政府机构、事业单位和经济建设各部门间的横向信息交流通道,在省级数字档案馆网可按行政区划分布密集式建立下级的机关数字档案馆网络,并与各机构的办公自动化系统集成,实现机构内部的文档一体化管理和数字档案资源检索,从而构建一个布局合理的数字档案馆体系和数字档案利用平台。

(2)组织制度

就组织机构而言,联盟制数字档案资源共享模式应按照行政隶属关系,将各级档案行政管理部门作为数字档案资源共建共享系统的核心机构,构建档案信息网络的骨干结构,实现地方档案馆与骨干结构的互联互通,进一步实现中央与地方各级档案机构的数字档案

---

[1]　国家档案局.我国档案信息化建设实施纲要[EB/OL].[2013-04-22].http://www.saac.gov.cn/news/node_145.htm.

资源共建共享。就制度机制而言,联盟制数字档案资源共享模式应重点从修订现行《中华人民共和国档案法》的相关条款、制定和完善数字档案资源共建共享的相关法规、建立健全档案信息安全管理制度这三个方面着手,加快推进数字档案资源共建共享的法规建设。此外,还应加强数字档案资源共建共享的标准化建设和评估体系建设,具体包括以下五个方面:总体标准,即数字档案资源共建共享的总体框架、术语标准和其他综合标准;技术标准,即网络基础设施标准、数据库建设等标准;管理标准,即数字档案资源管理系统测试和评估,以及数字档案资源评价体系等;工作标准,即纳入系统的各个信息服务机构的日常工作与服务标准、规范、工作流程;评估体系,即采用效绩指标的方式对数字档案资源共享进行量化并形成提供社会评价的依据。

（3）技术实现

数字档案资源共建共享中的信息技术共享,是指能满足数字档案资源共建共享活动的网络环境、计算机应用软件和电子通信体系等的共享,旨在为数字档案资源共建共享提供运行舞台。为此,首先应制定硬件保障子机制,在对数字档案资源共建共享所需技术和设施建设进行充分调研和考察的基础上,从高效长远的角度购置设施设备,避免重复建设造成的资源浪费。其次,还应制定软件保障子机制,基于档案专业技术人才和信息技术专门人才的通力合作,开发数字档案资源专业管理软件,对种类繁多的数字档案资源进行高效管理,推动软件保障体系的标准化、普及化和最优化。最后,还应制定网络保障子机制,在实现机关办公自动化网和外部因特网链接的同时,建立一个具有链接导航功能的国家级档案中心网站,使不同地区、不同行业的主流网站,上下级能够贯通,站与站之间实现链接,建设一个"虚拟"的大档案信息网。

（4）服务系统

数字档案资源共建共享模式应用的最终目的是为社会公众提供实用的档案信息服务,档案机构必须逐步实现档案信息检索服务、提供网上主页服务、提供档案信息数字咨询服务等,实现服务方式的改革,满足社会公众对档案信息的需求。为此,首先应制定网站主页服务子机制,在因特网上建立自己的主页,为档案用户提供馆藏概况、服务项目、网络导航、馆藏目录、光盘数字档案资源、网上数字档案资源状况和数字档案资源的利用方法等。其次,还应制定信息检索服务子机制,该机制采用统一的检索形式,在一个科学、系统、全面、结构合理的档案信息检索网络中,实现全面揭示、详细介绍档案信息内容,方便快捷地为用户提供全方位、深层次、高质量的档案信息检索查询服务的目标。最后,还应制定数字咨询服务子机制,从数字咨询服务与档案馆主页的链接展现、多类型便捷化档案信息咨询服务、开放式针对性档案信息服务支持和多层次复合型数字服务解决方案四个方面开展数字咨询服务。

6.4.2　数字档案资源整合机制的实现

数字档案资源整合是一个复杂的社会大工程,既需要国家的总体规划、政策引导、体制构建等,建立数字档案资源整合的保障体系,又需要建立健全相应的法规标准和充分应用现代信息技术,实现数字档案资源间的充分融合。

（1）转变观念

思想决定行动,新时期数字档案资源整合必须更新传统以分级分类管理等观念为核心的档案管理思想。《中华人民共和国档案法》规定,档案管理实行"统一领导、分级管理"的原则。这在纸质档案时期是基本适宜和极其高效的,因为"各地区、各部门档案事业发展的差异性,决定了档案工作必须实行分级管理,赋予地方和部门必要的权力,使他们有因地制宜的灵活性,这样既有利于全国统一政令的执行,又体现了地方和部门的特殊性,有利于调动各方面的积极性,有利于档案事业的发展"①。但是,随着电子文件和数字档案的普及以及社会档案需求的多元化、复杂化,这种人为的分门别类和级别设置在一定程度上阻碍了档案信息价值的发挥,并且"统"和"分"之间的尺度把握也日益困难。为此,必须在"大档案观"思想

---

①　刘金霞,黄存勋.谈档案工作"统一领导"与"分级管理"的合理结合[J].山西档案,2005(6):25.

的基础上,重新认识和发展完善"统一领导、分级管理"原则,以信息时代的公众档案需求为导向,提高对数字档案资源整合重要性的认识,树立共建共享、互利共赢等意识,更新片面或过时的档案管理观念,增强彼此之间的合作,为数字档案资源整合系统工程的实施创造条件。

(2)创新体制

面向公众需求的数字档案资源整合必须突破传统"条块分割"档案管理体制的制约。我国长期以来实行综合档案与专业档案分而治之的管理体制,这在传统档案管理工作中也是基本适宜的,因为不同行业的档案资源具有明显特征,载体类型、信息内容、管理要求等存在着较大差异,分开管理有利于提高档案资源管理的效率和质量水平,并且可以满足特定需求。但是,随着社会公众档案需求的日益增加和复杂化,这样分散的管理体制势必阻碍档案信息管理机构间的沟通协作,难以实现统一的管理规划,无法满足用户对"一站式"档案服务的需求,并且在数字档案资源整合过程中难以确定一个主体,存在着"工作割裂""重复积累"等问题。为此,需要在充分利用原有数字档案资源建设成果的基础上,建立"一体化"的档案管理新体制,明确数字档案资源整合的主体,建立统一的管理与协调机构,对整个数字档案资源整合工程实施监管和控制。从宏观上建立由国家档案行政管理部门牵头,包括各有关职能部门和主要档案机构负责人参与的具有权威性的跨系统、跨地区的档案信息协调组织;从微观上采取总体规划,分步实施、分级控制的策略,本着广泛参与、渐进发展的思路,本着不断探索、不断充实、不断完善的可持续发展思想。既依靠政府以及职能部门的支持与督导,又依赖各基层档案馆的积极参与,坚持以效益为目标、以服务促发展的操作原则,渐进式地推进这一复杂系统工程的逐步实现。

(3)丰富资源

丰富全面的数字档案资源是实现整合的前提和基础,面向公众需求的数字档案资源整合必须尽可能地充实数字档案资源。但是,数字档案资源的积累、收集和保管与当地的政治、经济、文化发展息息相关,致使我国各地区数字档案资源分布不平衡,其中西北地区的数字档案资源建设处于全国较低水平,黄河中游与长江中游地区处于平均水平,东部沿海地区处于全国较高水平。因此,应该在统筹规划、统一布局的前提下,通过政策倾斜、财政支持等平衡和加强各个地区的数字档案资源建设,依托档案信息化建设的各项成果,做好各个地区的数字档案资源收集、整理与保护工作,实现各级各类档案机构之间的互联,并与各机构的办公自动化系统集成,实现机构内部的文档一体化管理和数字档案资源检索,从而构建一个布局合理、完整丰富的数字档案资源体系。档案馆是我国档案事业的主体,在传统档案管理模式中扮演集中保管数字档案资源的角色,在信息时代依然应充当数字档案资源整合的重要主体。具体而言,档案馆应该努力改变馆藏结构中文书档案多而专门档案少、政务档案多而企事业档案少、行政档案多而经济科技档案少等现象,将反映地方特色、具有典型意义和具有代表性的档案作为整合的重点。

(4) 完善法规

面向公众需求的数字档案资源整合还必须完善相关法规,现有的档案法律法规在一定程度上阻碍了数字档案资源整合工作的开展。一是现有法律法规尚未明确数字档案资源整合主体的权利,如相关法律法规赋予了专业档案行政主管部门行政处罚权,虽然在数字档案资源整合过程中,专业档案集中到综合档案馆中,但是相应的行政处罚权并没有被赋予相应的档案行政主管部门,对专业档案形成部门就不具有约束力,从而导致专业档案接收率下降问题的产生①。二是现有法律法规尚未明确数字档案资源整合主体的职责,如相关法律法规虽然规定了国家档案馆收集档案的权利,但并没有规定移交档案的具体责任主体,档案馆接收档案的范围及立档单位移交档案的要求模糊。三是现有法律法规尚未明确电子文件整合的主体,电子档案的特性使档案馆扩大档案规模和提前收集档案成为可能,但是电子文件提前进馆大多建立在与立档单位协商的基础上,

---

① 蓝晓娟.基于"大档案观"的档案资源整合及档案业务拓展研究[D].苏州:苏州大学,2011:14.

难免带有随意性、任意性。为此,需要通过完善现有档案法律法规,加强对数字档案资源整合相关问题的立法,明确数字档案资源整合工作各项具体行为的法律责任和义务,从而保障数字档案资源整合的顺利实施。

(5)健全标准

标准化建设是数字档案资源有效整合的前提。数字档案资源整合涉及面广、技术复杂,没有与之相配套的标准就失去了共同合作的基础。但是,从当前我国数字档案资源整合现状来看,标准问题没有得到足够重视,缺乏制定统一标准的机构。与数字档案资源整合密切相关的档案管理通用数据元标准、档案计算机管理系统通用需求规范、档案信息系统数据交换格式规范、电子文件归档管理规范、电子档案长期存储格式规范、音视频档案管理规范、电子档案移交接收进馆标准,以及档案数据库结构、信息存储和著录格式、软硬件配置、网络体系结构、信息处理界面等方面的标准尚待建立和完善,致使当前的数字档案资源整合工作存在着各自为政、盲目建设和"信息孤岛"等现象。为此,应该加强档案界与信息产业界以及特定行业的合作,兼顾与国际标准和通用规范的衔接,注重前瞻性、操作性和导向性,从管理、业务和技术等层面,针对统一配备服务软件、统一标准规范和统一管理服务三个方面,围绕档案信息的采集、组织、分类、保存、发布与使用等信息生命周期各环节,有组织、有计划地制定各项数字档案资源整合标准,实现数字档案资源技术平台的互联、互通、互享、互操的具体功能,建立科学、配套、适用的数字档案资源整合标准体系。

(6)发展技术

技术是实现数字档案资源整合的关键因素,主要包括档案组织与转换相关技术、档案存储与压缩技术、档案分类与检索技术、用户界面设计与系统集成技术、档案信息安全技术等。从当前我国数字档案资源整合实践来看,一方面,由于档案机构各自为政地开发应用系统软件,形成了大量异构数据库,使数字档案资源整合面临严重的技术障碍;另一方面,数字档案资源整合技术的选厔存在着缺乏科学性、前瞻性、统筹性、通用性等问题,存在着技术过时、难以升级更新等问题。为此,可以采用基于中间件的代理技术以及建立实际资源数据库与概念资源数据库的映射规则等,使各种类型的高质量的数据库和数字档案馆资源实现互联,解决数字档案资源数据库资源的异构问题,实现数字档案资源的集成和整合。

第7章　面向公众需求的档案资源建设与服务联动模型

　　档案资源建设与档案服务是档案工作永恒的话题,然而一直以来,档案资源建设与档案服务也是制约我国档案事业发展的"瓶颈",档案资源及其利用问题仍是综合档案馆的"短板"①。事实上,从档案资源建设与服务的角度来看,我国已经积累了大量的经验,然而也存在着档案资源建设与档案服务脱节的现象。一方面,各级档案机构通过档案资源建设,形成了丰富的馆藏;另一方面,在提供利用的过程中,又存在着利用率不高、无法提供档案服务的情况,两者之间存在着明显的矛盾。在面向社会的档案工作中,档案资源建设、档案服务以及社会公众之间本应是一种双句互动的动态关系。然而,在传统档案工作体制机制下,档案资源建设、档案服务以及社会公众之间呈现一种"藕断丝连"的畸形关系,虽没有完全断裂,但又无法形成良好的联动机制。一方面,档案机构对档案资源的把控能力有限、深度开发能力较弱,使得档案资源建设难成体系,制约了档案服务工作的开展;另一方面,档案机构服务意愿不强,造成档案服务平台搭建不够完善,加上服务平台运行机制的缺失使得档案机构主动服务的能力较低,导致档案资源建设成果难

---

　　① 蒋冠.国家综合档案馆馆藏资源建设策略探析[J].档案学研究,2011(5):37.

以被公众获取①。

　　近年来,档案界开始注意到档案资源建设、档案服务和社会公众三者之间的"联动"关系。研究成果中,蒋冠提出的基于"社会服务观"的馆藏资源建设策略强调,要根据社会需求以及档案服务的要求,定向开展馆藏资源建设②;吕元智提出的国家档案信息资源"云"共享服务模式③、牛力和韩小汀提出的档案信息资源"云服务"模型④同样强调了档案资源建设以及用户在档案服务中的重要作用。在实际工作中,湖北宜都⑤、江苏宜兴⑥、上海⑦等地纷纷以民生档案需求为切入点,推动民生档案资源建设与服务工作联动机制的建立。本章将在近年来档案界萌芽的面向公众需求的档案资源建设与服务联动思想的基础上,探索面向公众需求的档案资源建设与服务联动模型,以期对新形势下的档案工作有所启发。

7.1　档案资源建设与服务模型的分析

　　模型有"模式""样式"之意,即"事物的标准样式"⑧。模型方法

　　①　王运彬.政府建设档案信息资源体系的动力、效果及困境分析[J].档案学通讯,2014(1):61.
　　②　蒋冠.国家综合档案馆馆藏资源建设策略探析[J].档案学研究,2011(5):37.
　　③　吕元智.国家档案信息资源"云"共享服务模式研究[J].档案学研究,2011(4):61.
　　④　牛力,韩小汀.云计算环境下的档案信息资源整合与服务模式研究[J].档案学研究,2013(5):26.
　　⑤　袁作军.宜都现象——湖北省宜都市档案服务民生调查[J].中国档案,2014(3):36.
　　⑥　贲道红.丰富资源建设　创新档案服务——宜兴市档案工作调研报告[J].档案与建设,2011(8):61.
　　⑦　上海档案信息网.民有所呼,我有所应——上海民生档案工作远程服务创新纪实[EB/OL].[2015-05-10].http://www.archives.sh.cn/dalt/daggz/201504/t20150401_42072.html.
　　⑧　阮智富,郭忠新.现代汉语大词典·下册[M].上海:上海辞书出版社,2009:1399.

是信息资源管理研究领域常用的方法之一,旨在将研究对象的要素、特征、关系、状态、过程等进行描述,以便观察、模拟和分析。

从文献检索的情况来看,关于档案资源建设与服务模型已有一些相关文献出现。对这些成果进行全面的分析,将有助于了解已有的档案资源建设与服务模型的主要内容及其构建方法,便于阐释新建的模型。

7.1.1 档案资源建设模型

从检索文献来看,直接探讨档案资源建设"模型"的文章尚未见到,与此相关的分析档案资源建设"模式"的文献仅见 1 篇,不少文献与档案资源建设模式、模型相关,故本书将与档案资源建设模型相关的内容,包括方式、策略、机制等,在此列入"模式""模型"下一并进行总结。

总体来看,我国档案资源建设模式的探索历程主要经过了萌芽期、探索期、形成期三个时期。

7.1.1.1 档案资源建设模式萌芽期(2001—2005 年)

作为档案工作的一项内容,档案资源建设起源很早。可以说,有了档案,就有了档案的保管,也就有了档案资源建设。这当然是一种宽泛的理解。真正形成档案资源观、档案资源建设模式则是 21 世纪初的事情。2001 年,时任国家档案局副局长杨冬权在全国档案局馆长会议上明确指出"要加强国家档案资源建设",开启了我国档案资源建设研究的大门。从 2000 年到 2005 年的 6 年间,档案界抓住机遇,对档案资源建设涉及的相关概念,档案资源建设指导思想、范围、方式等问题进行了探讨,这是档案"资源观"形成的重要时期,为档案资源建设的相关研究和实践工作奠定了坚实的理论基础。

(1)国家档案资源建设的相关定义

2002 年,时任国家档案局局长毛福民指出,国家档案资源是指"过去和现在的国家机构、社会组织和个人在社会活动中形成的对国家和社会有保存价值的档案的总和"①。这一定义从"来源"和

---

① 毛福民.以"三个代表"为指导全面加强国家档案资源建设[J].中国档案,2002(2):5.

"价值取向"两个层面对国家档案资源进行了定义,具有代表性,成为学界普遍认同的观点。

关于国家档案资源建设,戴志强认为,其关键在于对档案信息资源有效地整合。而国家档案资源整合,不仅是指对过去和现在的国家机构、社会组织和个人在社会活动中形成的,对国家和社会有保存价值的全部档案的管理由分散到集中、由无序到有序的过程,而主要是指在我国档案工作"统一领导,分级管理"的体制下,通过整理与组合,使档案资源结构合理、配置优化,以适应经济全球化时代增强区域综合竞争力需要的社会系统工程①。"整合"的思想成为这一时期学者们研究档案资源建设问题的重要思路。

(2)国家档案资源建设的指导思想

关于国家档案资源建设的指导思想,傅华提出,国家档案资源建设的指导思想应该是在维护社会历史真实面貌的前提下,根据档案分级管理的原则,加强对具有国家和社会保存价值的档案的管理,建立一个流向合理、数量丰富、质量优良,能满足社会各方面当前与长远需要的国家档案资源体系②。此外,戴志强认为,加强国家档案资源建设的关键在于有效地整合对国家和社会具有永久保存价值的档案信息资源③。

(3)国家档案资源建设的范围与方式

关于国家档案资源建设的范围,毛福民指出,"以各级各类档案室为基础,各级国家档案馆为主体,其他档案所有者为补充,是国家档案资源建设的基本构成"④。黄存勋认为,国家档案资源建设是涵盖整个国家范围,超越时间界限的。其中,所谓"涵盖整个国家范围",是指国家档案资源是整个国家范围内一切达到价值标准的档

---

①　戴志强.关于国家档案资源整合的若干思考[J].中国档案,2002(8):45.

②　傅华.国家档案资源建设研究[J].档案学通讯,2005(5):43.

③　戴志强.关于国家档案资源整合的若干思考[J].中国档案,2002(8):45.

④　毛福民.以"三个代表"为指导全面加强国家档案资源建设[J].中国档案,2002(2):6.

案的总和,也就是在国家档案资源建设中,必须有全局意识和整体观念,必须着眼于整个国家和社会诸方面档案资源的合理配置和系统优化,而不能只局限于本单位、本档案馆或本地区档案资源而自成一体;所谓"超越时间界限",是指国家档案资源建设既要立足于过去和现在已有的档案,又应着眼于正在形成和将要形成的档案,着眼于未来,动态地、发展地规划和处理问题①。

此后,何振、蒋冠提出,电子政务环境下的档案资源整合与共享的实现形式,就是建立基于网络环境的管理一体化、资源数字化、服务网络化的档案资源管理系统②。2005 年,黄项飞从"理论创新:对国家档案全宗理论的扬弃""政策创新:完善国家档案资源建设的相关法规""组织创新:实现档案馆网结构的合理布局""体制创新:档案行政管理部门的变革"四个方面对国家档案资源建设的创新问题进行了探讨③。熊志云从网络时代的基本特征入手,简单分析了我国档案信息资源的整合趋势,同时对整合档案信息资源的前提条件、基础工作、技术手段等进行了阐述④。

7.1.1.2　档案资源建设模式探索期(2006—2008 年)

2006 年,青岛市档案局和中国档案杂志社联合举办了"国家综合档案馆档案资源建设"论坛,参加论坛的 20 多位专家学者分享了档案资源建设中的经验与教训,对档案资源建设的理论与实践成果进行了总结和展望。在实践方面,安徽省通过模式改革强化档案资源建设,浙江省通过政策和法律保障档案资源建设,北京市利用信息技术突破档案资源建设的瓶颈……在理论方面,赵爱国提出要关注档案馆信息资源整合和档案馆藏建设的方向与导向性问题,即以社会利用为核心的导向是档案馆信息资源整合的关键,以知识管理为

---

① 黄存勋.论国家档案资源建设的理念与体制创新[J].档案学通讯,2004 (2):77-78.

② 何振,蒋冠.试论电子政务环境下档案资源整合与共享的实现形式[J].档案学研究,2004(4):40.

③ 黄项飞.国家档案资源建设的创新思维[J].档案时空,2005(6):8.

④ 熊志云.档案信息资源的整合趋势及整合措施浅议[J].档案学研究, 2005(1):29.

导向是档案馆信息资源建设的条件,以一定程度的信息文化产业化为导向是档案馆提升效益的重要途径,以人力资源建设为中心的导向是档案馆可持续发展的重要基础,同时还必须积极地以共享、效率为导向,加强成本—效益分析。潘积仁提出国家档案资源建设的原则,即"公共需求"原则①。这次论坛的举办是我国档案资源建设探索阶段中一个重要转折点。

2006 年至 2008 年 3 年时间内,我国档案资源建设的模式开始在摸索中成形。这是档案资源建设模式的探索期,通过前阶段大量学者的理论研究以及档案资源建设工作的实践,档案资源建设研究和实践的思路逐渐开阔,无论是档案学者还是档案工作者都在不断探索新的资源建设路径。在此阶段,学者们对前期的理论进行了总结和开拓,主要表现为:

(1)档案资源建设方式的再议

2006 年,徐瑞鸿提出要从宏观和微观的层面对档案信息资源进行整合,微观整合一般是通过基础性整理与研究性整理来实现的,也就是说对档案信息资源本身进行整理和组合;宏观层面上,档案信息资源的整合将重点放在了档案行政管理机构和档案资源合理配置上,关键要研究的是完善我国集中统一的档案管理体制②。徐欣指出档案馆档案资源的建设关键在于自身的创造性工作,这是档案馆唯一的选择③。2007 年,任永欣提出加强档案资源建设要控制源头,要整合档案资源加强档案的移交进馆工作,要加大对重大活动、重要会议、重点建设项目档案工作的监管力度,要大力推进机关档案信息化建设的步伐,要重视征集散失在社会上的珍贵历史档案资料④。

(2)研究视野的拓展

2007 年,王英玮对专门档案在综合档案馆档案资源建设中的地

① 王天泉.为了记忆不再缺失——专家学者研讨国家档案资源建设[J].中国档案,2006(12):41.

② 徐瑞鸿.档案信息资源整合研究[J].兰台世界,2006(9):22.

③ 徐欣.浅谈档案馆档案资源的建设[J].档案学通讯,2006(1):82.

④ 任永欣.对加强档案资源建设几个问题的思考[J].陕西档案,2007(1):15.

位与作用问题进行了多角度的探讨,并提出了综合档案馆在专门档案馆馆藏建设中应当采取的基本策略①。2008 年,姜萍提出高校档案资源建设可持续发展的思路:一是从思想认识上增强档案资源建设意识;二是从建立制度上规范档案资源建设管理;三是从收集范围上拓宽档案资源建设渠道;四是从拓展功能上改进档案资源建设模式②。

7.1.1.3　档案资源建设模式形成期(2009 年至今)

在 2008 年年底召开的全国档案工作者年会上,时任国家档案局局长杨冬权介绍了建立"两个体系"的背景,提出了推动"两个体系"建立的方法③。如何突破传统的档案资源建设模式,建立一种新的,符合我国档案事业发展道路的档案资源建设模式,成为档案界研究的重点,也引起了档案界的广泛关注和讨论。2009 年至今,围绕实现"两个体系"的方向,我国档案资源建设的模式探索已进入"深水区",实现新时期的档案资源建设目标,引领我国档案工作发展的方向,成为档案界的共同愿望。

2010 年,胡振荣率先提出要构建档案资源建设的"新模式"。他认为,档案资源建设新模式要按照档案资源生成与管理的时间维度展开,具体划分为"三个时态":一是将来时,对将要生成的档案资源,工作模式是前端控制;二是进行时,对正在生成的档案资源,工作模式是全程监管;三是过去时,对过去历史事件的档案资源,工作模式是深度挖掘④。

2011 年,陈姝对国家档案资源建设的主要途径——前端控制、档案接收、档案征集、主动记录、全面采集、资源整合、资源监控进行

———————
①　王英玮.关于专门档案在综合档案馆档案资源建设中的地位与作用的思考[J].档案学研究,2007(2):6.
②　姜萍.论可持续发展下的高校档案资源建设[C]//贵州省档案学会2008 年年会论文集,2008:13.
③　杨冬权.档案部门怎样进一步贯彻以人为本 建立"两个体系"——在2008 年档案工作者年会上的讲话[J].档案学研究,2008(6):4.
④　胡振荣.前端控制全程监管深度挖掘——关于创新档案资源建设模式的思考[J].档案时空,2010(12):14.

了综合分析,指出了档案资源建设总体上存在的共性问题和各实施途径存在的具体问题,并分别从宏观和微观方面制定了解决共性问题和具体问题的策略①。蒋冠分析了"社会档案观""社会服务观"与"社会记忆观"的内涵,并在此基础上提出了国家综合档案馆馆藏资源建设的策略。其中,基于"社会档案观"的馆藏资源建设策略是:拓宽馆藏资源的广度,扩大档案形成主体与反映对象的范围;拓展馆藏资源的深度,加强特色馆藏与微观馆藏建设。基于"社会记忆观"的馆藏资源建设策略是:树立"大收藏"意识,丰富馆藏资源的种类与形式;转变馆藏资源建设方式,直接采集与生成档案资源。基于"社会服务观"的馆藏资源建设策略是:紧扣社会需求,加强档案资源的整合;开发档案产品,定向开展馆藏资源建设②。同年年底,杨冬权签署了国家档案局第 9 号令,公布了《各级各类国家档案馆收集档案范围的规定》,这标志着我国各级国家档案馆档案资源建设正式步入了新的发展阶段③。

　2013 年,毕建新、郑建明将目前常见的档案信息资源建设机制概括为三类:以"技术为中心"的建设机制、以"资源为导向"的建设机制和以"需求为导向"的建设机制。其中,以"技术为中心"的建设机制是以档案信息资源获取、存储、组织、检索、发布等方面的技术创新和开发为主要目标的资源建设机制;以"资源为导向"的建设机制是为了适应档案信息管理,围绕档案收集、鉴定、整理、编研、保护、提供利用等传统工作职能,借助一定的技术手段提供档案信息资源浏览与检索的建设机制;以"需求为导向"的建设机制是以主动、适时地为用户提供满意的档案信息服务为中心,根据档案信息资源和用户信息需求两个方面来组织档案信息资源建设流程。在分析前两种机制的局限之后,作者从资源建设的安全保障与质量控制机制、用户

---

①　陈姝.国家档案资源建设的途径、问题与策略[J].北京档案,2011(6):13.

②　蒋冠.国家综合档案馆馆藏资源建设策略探析[J].档案学研究,2011(5):37.

③　李忱.构建档案资源体系的又一重大举措——深入学习贯彻国家档案局 9 号令[J].中国档案,2012(2):30.

信息需求跟踪机制、档案信息资源的优化与整合机制、档案信息资源共建共享机制四个方面重点分析了基于用户需求的档案信息资源建设机制①。

不难看到，在档案资源建设模式的探索道路上，档案实践工作者以及档案学者起到了很重要的作用，他们的研究成果对我国档案资源建设模式的形成起到了重要的推动作用。从进入21世纪开始，档案资源建设模式经历了从萌芽到发展的变化，促使档案界努力突破传统档案资源建设和利用的观念，在档案资源建设模型的探索道路上取得了不俗的成果。不仅明确了档案资源建设的内涵、范围和建设机制等基本问题，提出了在档案资源建设中应该重视的问题和解决方法，并且开始认识到档案资源建设的目标必须是面向公众，为公众提供档案服务，基于社会公众的需求进行档案资源建设。尽管截至目前，关于档案资源建设的模型尚未出台，模式的探索已经开始，笔者相信，在不久的将来，随着档案资源建设实践的开展，档案资源建设模型必将出现且不断成熟。

7.1.2 档案服务模型

与档案资源建设模型的研究相比，档案服务模型的研究很多，内容非常丰富，形成了很多有益的参考模型。尤其是进入21世纪后，新的服务理念不断产生，并在图书、情报与档案管理领域引起了广泛的关注。将这些理念引入我国档案服务，形成了多种对档案服务模型的探索，满足了当前档案工作的理论需要，并引导了档案服务的发展。以"主题＝档案服务＋（模式 or 模型）"在 CNKI 进行检索（检索时间为 2016 年 1 月 18 日），共得到 200 篇文献，其中核心期刊论文117 篇、硕博士学位论文 62 篇，会议论文 21 篇。

通过对文献的进一步阅读发现，档案服务模型研究的主题主要分布在档案资源及资源建设、档案服务环境、服务理念与创新、服务模式与机制等方面，分布特点如下：第一，档案服务不仅是综合档案

---

① 毕建新,郑建明.基于用户需求的档案信息资源建设机制研究[J].档案与建设,2013(2):10.

馆要考虑的范畴,还是企业、高校以及城建档案部门关注的主题。另外,近年来,民生档案、电子医疗档案等类型的档案服务问题也引起了学界的关注。第二,档案资源建设是档案服务的基础,因此,在档案服务模型的研究中,档案信息化建设、档案资源的整合与开发等问题也受到关注。第三,档案服务的内外部环境,如档案网站、Web 2.0以及近年来出现的云计算、大数据、新媒体,甚至档案用户都是影响档案服务模型研究的重要因素。第四,在信息管理领域研究理念的影响下,档案界将知识服务、增值服务、个性化服务等理念引进档案服务模型研究当中,提出了基于不同理念的档案服务模型(模式、体系),并阐述其实现的机制、平台等。总结起来,学界提出的档案服务模型(模式)主要有以下几种:

7.1.2.1　基于“集成服务”理念的模式

集成服务是20世纪末21世纪初兴起于信息资源管理领域的一种重要理念,它强调对资源、服务和系统进行有效集成,并通过综合集成的服务系统平台向用户提供服务,实现“一站式”的服务。2002年,原中国人民大学档案学院与中国城市科学研究会城建档案信息专业委员会、浙江大学信息资源管理研究所、英国利物浦大学档案研究中心等机构合作申请了国家自然科学基金项目“城市建设文件、档案信息的集成管理与集成服务研究”,围绕这一课题的开展分别于2003年和2004年召开了“全国城建档案信息化建设研讨会”和以“证据、信息与记忆——城建文件和档案集成管理与集成服务研究”为主题的国际学术研讨会。该课题的研究以“城建档案”为基点,开启了我国档案集成服务研究的大门。随着研究的深入,集成服务涉及的对象已经延伸到电子文件、数字档案馆、科技档案等内容。

2005年,金更达、何嘉荪指出,电子文件的集成管理包括三个层面,即系统集成、数据集成和服务集成。“系统集成”指的是形成、运行、管理、储存和输出电子文件的系统平台相互之间的集成。“数据集成”指的是电子文件,包括元数据以及其他信息资源在内的集成。集成服务则是在集成管理的基础上进行的。集成服务有两层意思,一是将所有的服务(包括服务内容、服务方式)集成在一起,通过一个具有交互功能的公共服务平台(或可称为门户),为用户提供满意的、高效的服务;二是通过系统集成和数据集成,为用户提供一个统一的信息服务入口(如搜索引擎),来实现信息的检索、定位等功能。在此思想的指导下,构建了基于元数据的电子文件集成管理与服务模型,如图 7-1 所示。该模型由三个部分组成:元数据集成、管理系统集成和分布式存储。它的主要特点是:一方面将电子文件管理所涉及的业务流程集成在一个系统内,以便有效地捕获、管理和利用电子文件;另一方面通过构建元数据仓库,在集中管理元数据以保障电子文件真实性、完整性、一致性和有效性的同时,对分布于外部异构系统中的电子文件实行分布式管理,并提供一体亿的检索和对外服务①。

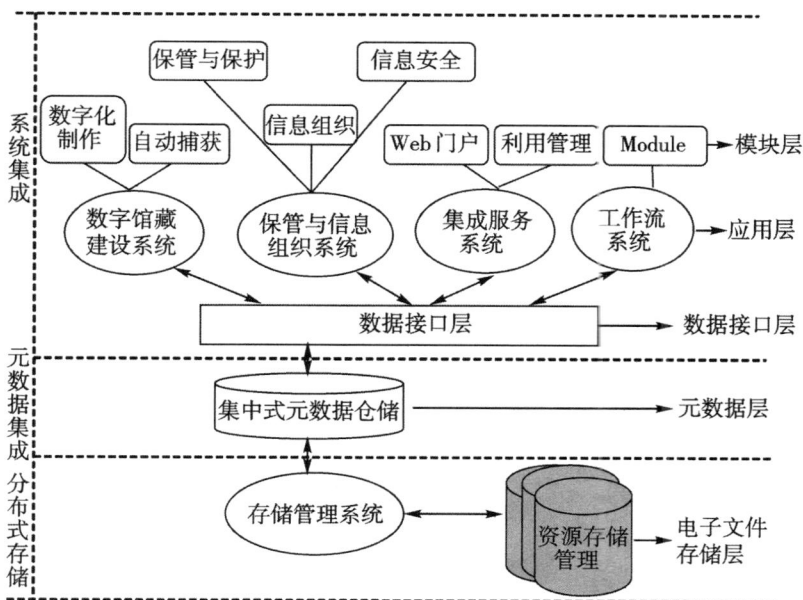

图 7-1　基于元数据的电子文件集成管理与服务模型

2009 年,梁孟华从个人数字档案馆集成服务模式、档案信息集

---

① 金更达,何嘉苏.数字档案馆模式探索——基于元数据的电子文件集成管理与服务研究之二[J].档案学通讯,2005(5):54.

成检索服务模式、基于智能代理的档案信息集成服务模式三个方面阐释了"面向用户"的档案信息集成服务模式①；2011 年,他将"全面质量管理"的思想和方法引入档案信息集成服务质量改进研究当中,强调从管理制度和流程上规范档案信息服务,并构建了基于全面质量管理的档案信息集成服务组织变革模型,见图 7-2。该模型通过各种形式的交流,以及在全面质量战略计划的"牵引力"、提高组织中的人所产生的"执行力"、整合组织中的物所带来的"运营力"、提升组织文化所形成的"支撑力"的作用下,使三大功能模块之间建立了顺畅的信息传递和反馈机制,保证档案信息集成服务全过程中全面质量管理的顺利进行,最终实现异构档案信息资源的共享以及面向用户的一站式档案集成服务②。

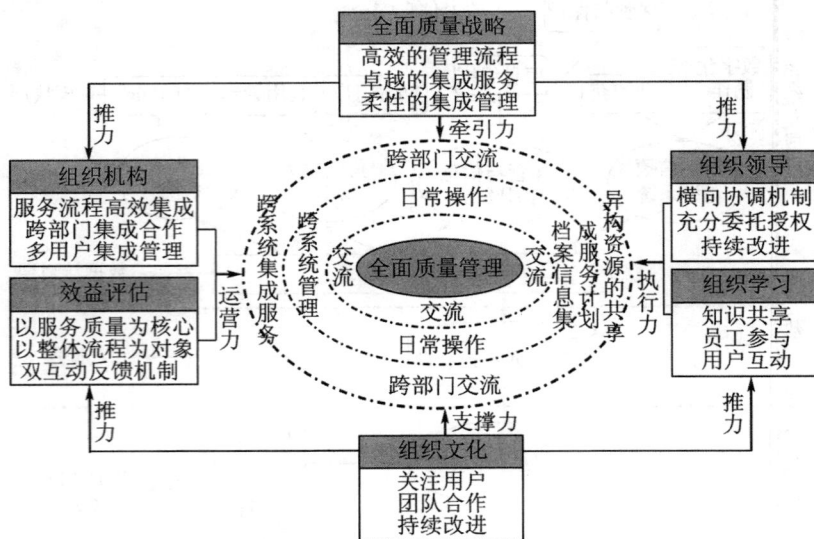

图 7-2 基于全面质量管理的档案信息集成服务组织变革模型

---

① 梁孟华.面向用户的档案信息集成服务模式研究[J].档案学研究,2009(2):47.

② 梁孟华.基于全面质量管理的档案信息集成服务研究[J].档案学通讯,2011(1):94.

2010年,薛四新、张利提出了一种基于集成管理思想的服务型数字档案馆集成平台架构,见图7-3。集约化服务型数字档案馆运行模式(OSDA)要求建设统一的集成数字档案服务平台,实现集成化的档案信息服务①。

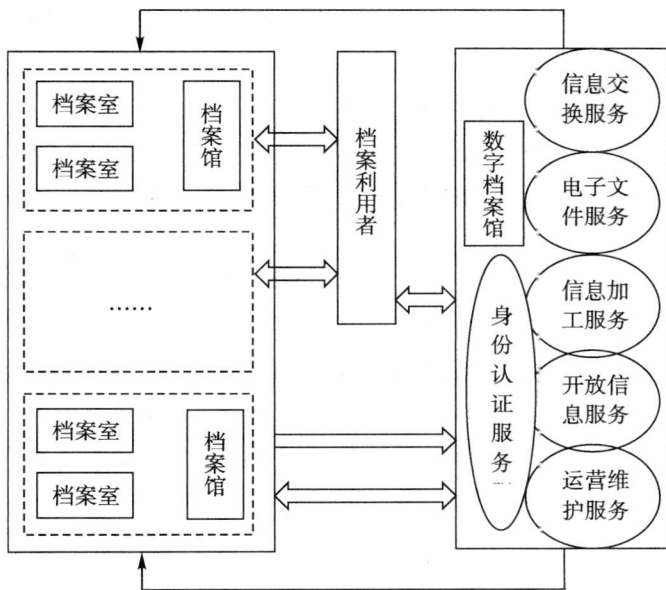

图7-3   IT集约化服务型数字档案馆运行模式(OSDA)

在档案信息化建设背景下,集成服务理念对档案服务的影响颇深。在研究当中,除了上面提到的面向用户的档案信息集成服务模式、基于集成管理思想的服务型数字档案馆集成平台架构,还有学者提出了科技档案信息资源集成服务模式②以及企业档案信息集成的组织联盟型运营模式、互为客户型运营模式、垂直水平

①   薛四新,张利.基于集成管理思想的服务型数字档案馆研究[J].档案学通讯,2010(2):60.

②   肖秋会,赵文艳.科技档案信息资源集成服务研究[J].档案与建设,2014(1):14

329

型运营模式等①。此外,对于集成服务模式的实现,除了梁孟华引入"全面质量管理"的方法,强调从管理制度和流程上进行规范之外②,王兰成提出要构建大数据环境下档案与图书情报信息集成服务机制③;屠跃明引入"融汇"技术方法,提出运用档案信息融汇服务的理念创建档案信息集成融汇的网络服务平台④;吕元智还研究了实现数字档案集成服务的基础,也就是数字档案资源跨媒体语义关联聚合实现策略⑤。

7.1.2.2　基于"区域共享"理念的服务模式

受图书馆领域"区域共享"服务理念的启发,如何突破档案服务的区域限制,引起了档案界的关注,并从理论和实践两个层面进行了探索。

在实践方面,区域共享主要体现为"地区之间""城乡之间"的共享。当前,在上海、广东、浙江、山东、四川等省市的部分地区,一种基于民生档案服务的"就地查询(异地查档)、跨馆出证、馆社联动、全市通办"模式已经形成。如 2008 年,上海浦东新区档案局开始了"浦东新区档案区域协同分级管理系统"项目的建设,在区域性档案信息资源管理与利用方面获得了较好的效果。2009 年,广东省档案局开始了"广东省区域性档案目录中心"的建设,为广东省档案信息资源共享工作迈出了实质性的一步。

在理论研究方面,2010 年,郑玲玲以东莞市数字城建档案管理平台为例,提出建立一个集区域之间、城乡之间、行政管理部门之间一体化管理的城建档案集成管理平台,为全国城建档案信息资源的

---

①　何振,易臣何.企业档案信息集成的几个运营模式探讨与设计[J].档案学通讯,2013(4):57.

②　梁孟华.基于全面质量管理的档案信息集成服务研究[J].档案学通讯,2011(1):94.

③　王兰成.大数据环境下档案与图书情报信息集成服务机制的构建[J].档案与建设,2014(12):4.

④　屠跃明.数字档案信息融汇服务系统的研究与实践[J].档案学研究,2014(4):65.

⑤　吕元智.数字档案资源跨媒体语义关联聚合实现策略研究[J].档案学研究,2015(5):60.

共享与开发利用提供了新的思路与模式①。2011 年,王卫国、陈辉针对民生档案查阅服务指出,加强档案馆之间的横向联合,打破区域界限,发挥各个综合档案馆的馆藏的综合优势和互补效应,以整体的形式向社会提供服务,在短期内无法构建网络平台并实现共享目标的情况下,可通过协议建立横向服务平台,建立"就近受理、协同出证"的服务模式②。2012 年,吕元智探讨了档案信息资源区域共享服务的内涵及其意义,并从顶层设计、管理与协调机制构建以及信息系统开发等层面分析了档案信息资源区域共享服务实现的基础③。

7.1.2.3 基于"个性化"理念的服务模式

"个性化服务"的理念兴起于 20 世纪末 21 世纪初,对它的研究主要集中在图书馆领域。个性化服务强调"以用户为中心",从服务方式、内容等方面满足用户的个性化需求。随着网络技术的发展,特别是在 Web 2.0 以及新媒体环境下,个性化服务的方式更加多样。2002 年,张淑霞首次提到档案馆通过网络提供档案信息,应充分支持个性化服务④。2003 年,黄夏基基于对信息时代背景下档案信息服务个性化的认识,详细论述了开展个性化服务的问题与建议⑤。随着"个性化服务"向理念的引入,档案学界对新时期档案个性化服务模式进行了大量的研究。2006 年,黄萃、陈永生从 Agent 技术与功能和个性化信息服务特性的角度出发,构建了基于 Agent 的数字档案信息的个性化服务体系模型,如图 7-4、图 7-5 所示。

---

① 郑玲玲.基于城乡与区域一体的城建档案数据集成管理应用研究——以东莞市数字城建档案管理平台为例[J].档案学通讯,2010(5):91.

② 王卫国,陈辉.民生档案查阅"就近受理,协同出证"服务机制新探[J].上海档案,2011(3):28.

③ 吕元智.档案信息资源区域共享服务研究[J].档案学研究,2012(5):35.

④ 张淑霞.档案网站定位及功能研究[J].档案学通讯,2002(2):50.

⑤ 黄夏基.建立在信息化基础上的档案利用服务个性化[J].档案学通讯,2003(4):88.

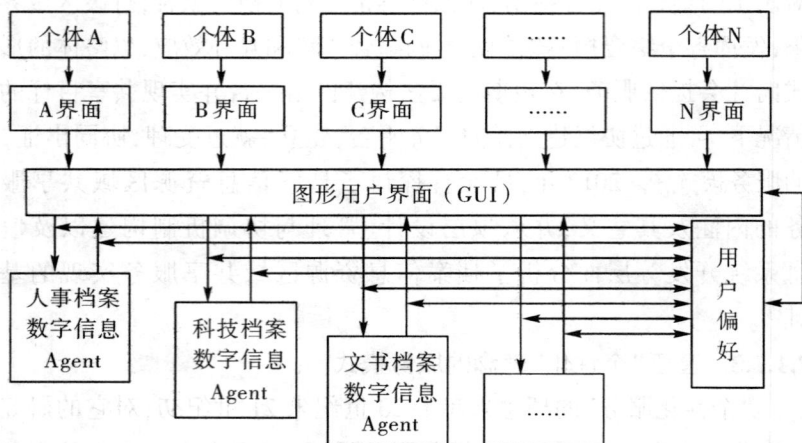

图 7-4　客户端 Agent 模型示意图

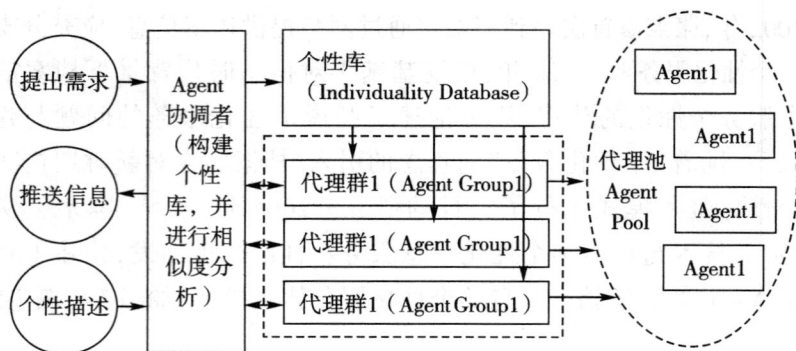

图 7-5　Agent Server 服务器端模型示意图

　　上述模型运行机制如下：客户端 Agent 收集需求，捕获个体的评价，并将这些个性信息提交给 Agent 协调者，Agent 协调者维护个性库，建立个性库的个体个性信息结构。该结构是对当前信息需求、可能信息需求及可能的个性发展需求的映射。Agent 协调者根据个性库中若干个体的个性结构，计算个性结构相似度，通过分类聚类算法将个体一定的功能需求分配到一定的代理群中，代理群中的每个

Agent 会被赋予特定的任务,所有代理群中 Agent 完成的信息返回组合在一起就是符合个性库个性结构的总的信息返回。代理群中每个 Agent 并不要亲自同数字图书馆接口打交道,它们会从"特定任务代理池"中挑选出合适的一个或几个查询代理,把特定性质的任务交给它们,等待返回的结果。代理群中的 Agent 分析返回的结果,如果不能满足它所被给予的任务要求,就会调整分配算法,重新挑选代理池中的若干查询代理执行,直到 Agent 协调者通过比较个性库要求的任务和 Agent 提交的结果,认为 Agent 已经完成了被赋予的任务为止;代理群中的 Agent 还必须跟踪资源的具体位置,有没有移动,有没有被删除,并将跟踪信息及时反映给 Agent 协调者。之后协调者 Agent 将把某个个体的多个功能需求(结合个性库)合并,通过网络提交该信息集合给某个客户端 Agent,客户端 Agent 中的特定功能信息服务 Agent(如"科技档案数字信息 Agent")再结合"用户偏好"个性化地显示返回信息给个体。个体对显示的信息进行操作及评价,各信息服务 Agent 收集这些评价,根据一定算法进行量化,这些收集的个性信息会反映到"个性类库"及个性库的推理算法上。这样就完成了一次闭环循环①。

2006 年,金凡研究了网络环境下档案信息个性化服务,给出了网络环境下档案信息个性化服务系统的一般模型。和前述模型相比,该模型比较简洁,但能够描述网络环境下一般的档案信息个性化服务流程,见图 7-6②。

2007 年,张卫东、王萍通过对现代档案用户行为的分析,构建了用户需求驱动的个性化服务模式,如图 7-7 所示。用户需求的个性化服务解决方案,是基于对用户兴趣、角色、背景等因素的高度关注,根据用户个性化的需求提供特色服务而构建的。同时,他们还构建了基于数字档案馆的个性化服务模式,见图 7-8。该模式工作流程

---

① 黄莘,陈永生.基于 Agent 的数字档案个性化服务体系研究[J].档案学通讯,2006(5):56.

② 金凡.试析网络环境档案信息个性化服务[J].档案与建设,2006(S1):22.

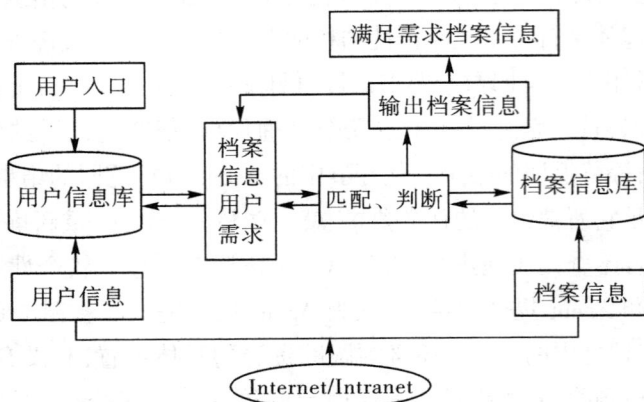

图 7-6　网络环境下档案信息个性化服务系统的一般模型

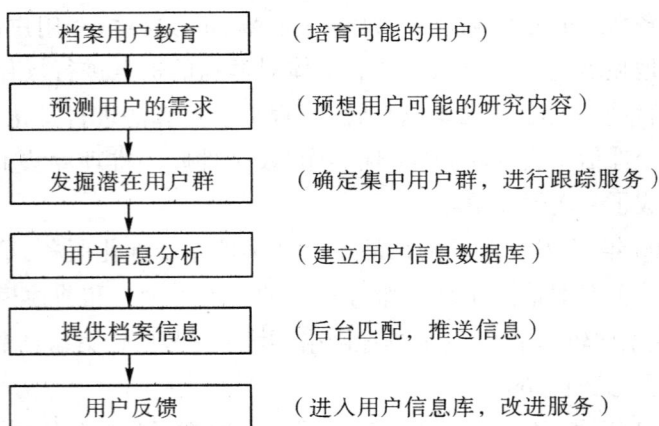

图 7-7　用户需求驱动的个性化服务解决方案流程图

为:用户访问数字档案馆,登录用户界面,填写相应的注册信息(新用户),向系统提交需求,用户的需求进入推送服务器,推送服务器根据用户的检索命令在档案信息资源数据库中进行初次匹配查找,此时查找出来的档案信息还不能提供给用户。推送服务器同时进入用户数据库查找该用户的历史文件,将用户的描述性信息送入用户模型进行用户兴趣的分析和筛查。最后将用户的兴趣与初次查找的档案信息进行比较和抽取,确定最后的检索内容,推送给用户。同时,用户本次的使用情况会存储到用户数据库。推送服务器还会定期地查找符合用户基本兴趣的、最新的档案信息,通过电子邮件等方式,不定期地进行档案信息目录的推送,促使用户再一次访问数字档案馆①。

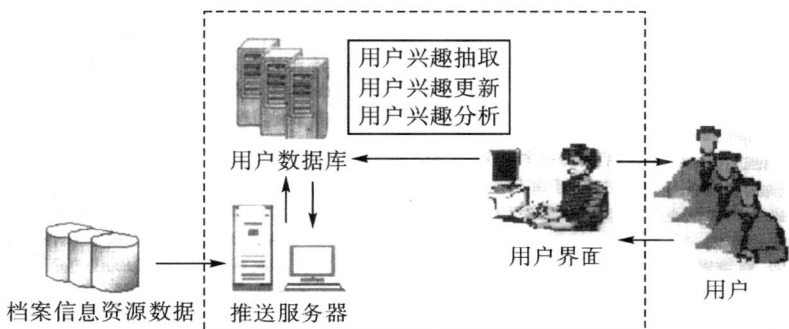

图 7-8 基于数字档案馆的个性化服务模式

2013 年,连志英提出了一种基于用户需求的个性化数字档案信息服务模式,见图 7-9。该模式基于对数字档案信息用户需求、用户

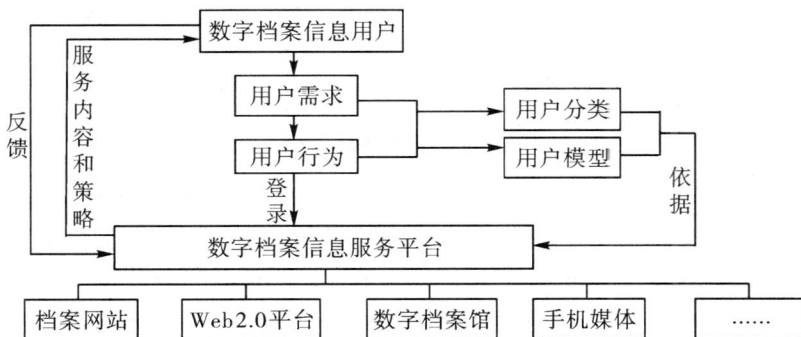

图 7-9 基于用户需求的个性化数字档案信息服务模式

① 张卫东,王萍.档案用户需求驱动的个性化服务模式[J].档案学通讯,2007(2):82.

行为的分析,对数字档案信息用户进行分类及构建数字档案信息用户模型,同时根据用户需求和用户行为建设数字档案信息资源及数字档案信息服务平台,运用这些平台针对这些不同用户的数字档案信息需求,提供相应的个性化数字档案信息服务①。

尽管 Web 2.0 的出现为个性化服务提供了机遇,但是从实践中看,档案个性化服务进展缓慢,其中原因不仅与档案资源有关,与档案用户需求的关系更加密切,因此,档案馆能否推动个性化服务的实现和可持续发展,仍需结合我国档案工作实际深入探索。

7.1.2.4　基于“知识服务”理念的服务模式

20 世纪 90 年代末,“知识经济”的概念正式提出。“知识管理”的概念逐渐从企业管理引入到图书馆以及档案馆等文化机构的知识管理当中。如何发挥文献资源的优势,挖掘蕴藏在图书及档案文献资源中的知识内容,对其进行有效的知识组织并向广大用户提供知识服务,成为图书馆学界和档案学界关注的热点。在 1996 年召开的第十三届国际档案大会上,加拿大档案学家特里·库克阐述了未来档案管理的“后保管模式”,而其中就包含了“知识服务”的思想。“知识服务”的理念由此引入我国档案学研究当中,成为影响我国档案服务模式探索的重要理念。知识服务模式代表着数字档案信息服务的发展趋势,是未来数字档案服务的主流模式。但是,目前无论是从理论还是实践来看,我国档案资源的知识服务模式还处在起步阶段。

2009 年,郑惠萍研究了数字档案馆的知识服务模式。她认为,数字档案馆要注重知识的挖掘、组织和开发,并从知识型参考咨询服务、虚拟型知识服务、合作式知识服务、个性化知识服务四个方面阐释了数字档案馆的知识服务模式②。2010 年,杨力、姚乐野提出了数字档案馆服务应涵盖的内容,构建了数字档案馆的知识服务体系:以知识服务为中心,以业务服务和基础服务为两个基本点和以增值服务为突破点的“一个中心、两个基本点、一个突破点”的体系结构。

---

① 连志英.基于用户需求的个性化数字档案信息服务模式构建[J].档案学通讯,2013(5):49.

② 郑惠萍.数字档案馆知识服务模式探究[J].兰台内外,2009(2):19.

知识服务是较高层次的数字档案馆服务,也是基于知识管理的数字档案馆的核心模块,包括特色专题服务、参考咨询服务①。2013年,李建忠分析了档案信息资源知识组织的方法,从分层参考咨询服务模式、个性化定制服务模式、追踪服务模式、自助服务模式四个层面阐释了档案信息资源的知识服务模式②。

总结起来,学界提出的档案知识服务模式包括:个性化知识服务、参考咨询服务、虚拟型知识服务、合作式知识服务、追踪服务、自助服务、团队化服务、随需应变式服务、特色专题服务等。而对于知识服务的实现,除去技术因素,徐拥军指出要从服务理念、服务目的、服务主体、服务方式、服务手段、服务策略、服务过程等方面实现对传统档案服务的超越③;李明提出要通过建立智能化的用户需求分析手段、有效整合知识资源、建立主动的服务方式来构建企业科技档案知识服务体系④;牛力等人构建了"档案强国"背景下面向政府决策的档案知识服务模型,提出云平台应以知识库为支撑,为政府决策提供集成化、主动化和个性化的档案知识服务⑤。

总之,目前来看,大多数企业档案部门、国家综合档案馆开展知识服务仍是一个"远大目标",也就是说在实践当中,知识服务仍然没有形成固有的模式,特别是在国土规划、城建档案、科技档案等领域,如何挖掘档案中蕴藏的知识资源,进行有效的组织和开发,并实现其为领导决策、为社会服务的价值,有待去探索⑥。

---

① 杨力,姚乐野.基于知识管理的数字档案馆服务体系构建[J].档案学通讯,2010(1):59.
② 李建忠.试论档案信息资源的知识组织与服务模式[J].档案管理,2013(1):49.
③ 徐拥军.企业档案知识服务的理论依据与实践方法[J].档案学研究,2010(5):55.
④ 李明.建立企业科技档案知识服务体系的研究与实践[J].北京档案,2015(11):32.
⑤ 牛力,王为久,韩小汀."档案强国"背景下的档案知识服务"云决策平台"构建研究[J].档案学研究,2015(5):74.
⑥ 赵跃,周耀林.知识管理视阈下的档案信息资源合作开发模式探析[J].档案学研究,2015(5):66.

7.1.2.5 基于"数字档案馆(室)"理念的服务模式

1996 年在北京召开的第十三届国际档案大会,给我国档案界带来了很多"新鲜"的理念。除了上述的"知识服务"理念,美国档案学者戴维·比尔曼(David Bearman)提出的"虚拟档案馆"概念也引起了广泛的关注。21 世纪初,我国档案界已掀起了一股"数字档案馆"研究的热潮。冯惠玲、何家荪、傅荣校等众多国内档案学家都涉足该领域的研究,勾画了未来数字档案馆的美好愿景。而"开展档案服务"作为数字档案馆建设的重要内容之一,受到重点关注,学者们从不同的角度对数字档案馆的服务模式进行了探讨。

2007 年,梁萍提出了要构建新型的数字档案馆用户服务模式,对复合型分布式分层次的服务模式、集成信息服务模式、个性化信息服务模式三种模式进行了阐述①。同年,刘明探讨了数字档案馆信息服务的三种模式——基于档案馆业务工作的"馆员中心"模式、基于数字档案信息资源开发和提供利用的"资源中心"模式和基于数字档案信息服务集成的"用户中心"模式,并就这三种模式进行了系统的比较。基于档案馆业务工作的"馆员中心"服务模式是一种从档案馆工作人员出发,围绕档案收集、鉴定、整编、编研、保护、提供利用等传统工作职能,提供档案咨询、查询、借阅、复印、代管等服务,并以馆员为主体地位的信息服务模式,如图 7-10 所示。"资源中心"服务模式是以档案信息服务的客体——信息资源为核心的服务模式,它突出信息资源在档案信息管理和服务中的主导作用。在这一模式下,档案馆工作人员非常注重馆藏档案的数字转化和电子文件归档工作,向用户提供的不再是档案物理实体,而是数字档案信息。档案信息服务也不再以面对面方式为主,而是以构建档案馆工作自动化为核心内容,数字档案馆初始阶段采用的就是这种服务模式,如图 7-11 所示。"用户中心"服务模式是指档案馆的一切信息服务工作以档案用户为中心,并以满足档案用户需求为目标的信息服务模式。它突出档案信息服务对象的客观性与主体性,彰显的文化思想是

---

① 梁萍.基于多种模式数字档案馆服务的实现[J].安徽农业科学,2007(27):8720-8721.

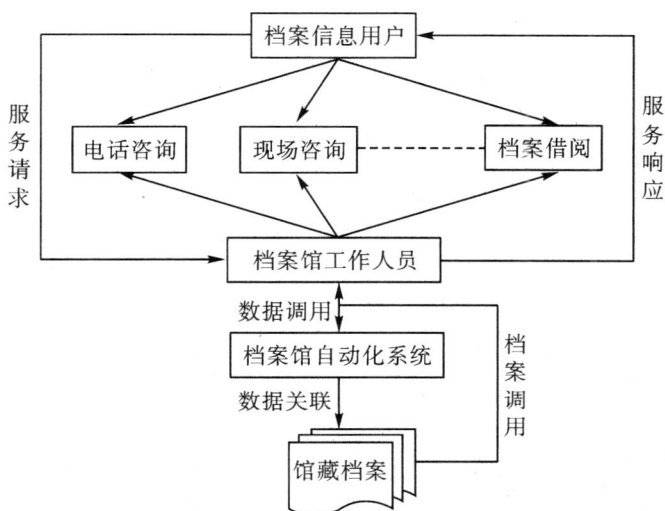

图 7-10 基于档案馆业务工作的"馆员中心"模式

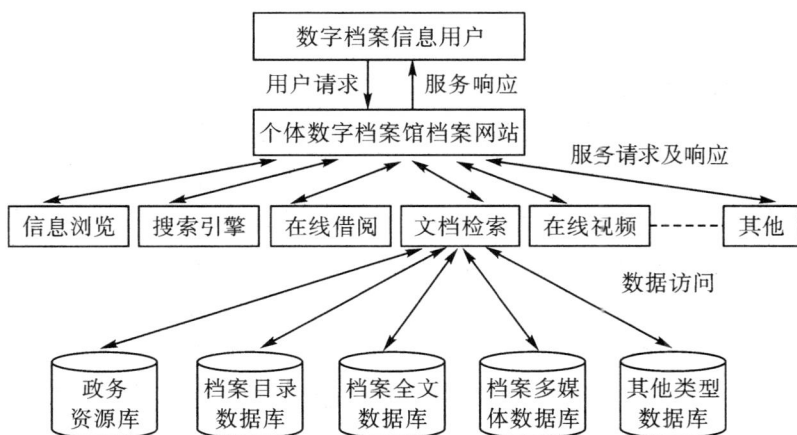

图 7-11 基于数字档案信息资源开发和提供利用的"资源中心"模式

"以人为本,用户至上",强调了档案用户的作用和档案馆信息服务的目的。联合数字档案馆通过信息门户构建档案信息服务平台,它打破了馆际界限和信息分割,集成各类档案信息资源,协同各数字档案馆间的业务处理,实行统一认证、统一浏览和统一检索,为用户提供一体化的档案信息服务,见图 7-12①。

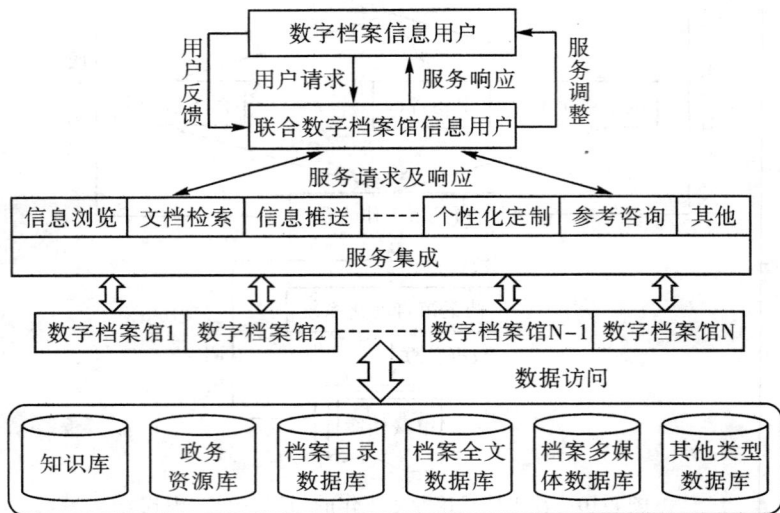

图 7-12　基于数字档案信息服务集成的"用户中心"模式

2009 年,王俊琦提出了数字档案馆综合信息服务模型,如图 7-13 所示。该模型中,档案馆员与档案用户之间的交互是整个咨询服务流程的主体因素,唯有参考馆员与用户有效利用数字资源并熟练掌握网络操作手段,才能实现整个数字档案馆综合信息服务的效益最大化。数字档案馆综合信息服务平台能够协同学科专家服务机制、学科咨询、特色分馆服务等,达到帮助用户使用现有资源、挖掘潜在资源、集成组织特色服务、协助进行深层次服务的目的②。

但就目前而言,数字档案馆(室)功能建设仍存在"重管轻用"的现象,在服务功能建设当中,也更加注重"局域网"和"政务网"的服务,对于"公众网"服务能力仍然较差。因此,如何利用数字档案馆(室)平台开展服务,是需要进一步探索的话题。

① 刘明.数字档案馆信息服务模式研究[J].档案学通讯,2007(5):13.

② 王俊琦.数字档案馆综合信息服务模型构建研究[J].档案,2009(2):13.

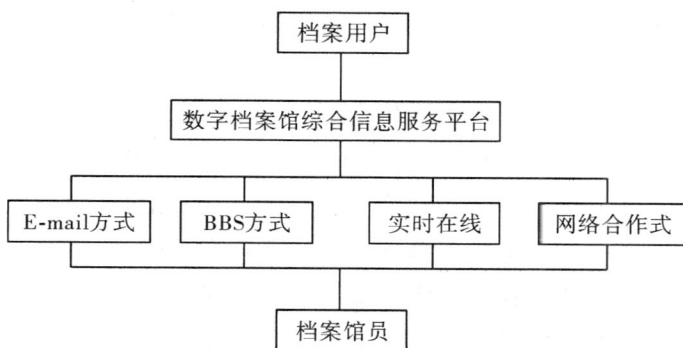

图 7-13 数字档案馆综合信息服务模型图

7.1.2.6 基于"面向用户"理念的服务模式

随着我国档案工作观念的转变,特别是在"以人为本,服务民生"政策的引导下,档案服务工作"面向用户,以用户需求为导向"成为档案服务模式探索过程中的重要指导思想。

2006 年,陈霞将客户满意度(Customer Satisfaction,CS)这一概念引入档案信息服务模式当中,提出网络环境下的档案馆应构建传统与数字兼而有之的现代信息服务模式①。该模式强调,一方面要以传统服务为基础搭建网络服务平台,包括建立档案宿网上主页服务、开展档案信息检索服务业务、开展电子商务服务、开展个性化信息服务;另一方面要开展网上导航服务,建立多层次服务模式。同年,梁孟华从面向用户的档案信息资源的特殊性入手,指出狭义上的档案信息资源市场就是档案信息资源产品的交易场所,而建立档案信息资源市场服务模式,主要是指利用已经开发出来的档案信息资源,通过各种渠道为社会提供服务。如利用自身优势开展有偿智力型服务,建立科技档案信息中心和网络服务体系,建立以国家网络中心为依托的档案信息交易所,通过互助联营网推销档案信息产品,利用政务平台举办档案信息发布,举办档案信息产品展交会和拍卖会,开展

---

① 陈霞.导入 CS 管理构建档案信息服务新模式[J].兰台世界,2006(1):54.

档案信息利用代理业务等①。

2007 年,吕元智站在不同层次用户需求的角度,通过对基于载体的实体化服务模式和基于内容的虚拟化服务模式的分析,提出在我国构建档案信息资源复合动态服务模式,如图 7-14 所示。由于社会信息化发展不平衡和用户个人偏好等因素的影响,建立在档案信息资源需求基础上的用户,既有传统利用方式的用户,也有网络利用方式的用户。一般而言,传统利用方式用户在利用档案信息资源时往往会选择基于载体的实体化服务模式,而网络利用方式用户则会选择基于内容的虚拟化服务模式。同时,还要注意用户利用模式的选择并不是固定不变的,在一定条件下这两种不同类型的用户有可能会出现服务模式选择的转化。复合动态服务模式是社会档案信息资源需求与档案信息提供利用服务条件等因素相互作用的结果,也是目前我国开展档案信息资源利用服务工作较为理想的选择。构建档案信息资源复合动态服务模式,需要树立科学的服务理念,准确掌握社会需求情况,构建合理的档案信息资源体系,做好用户培育工作②。

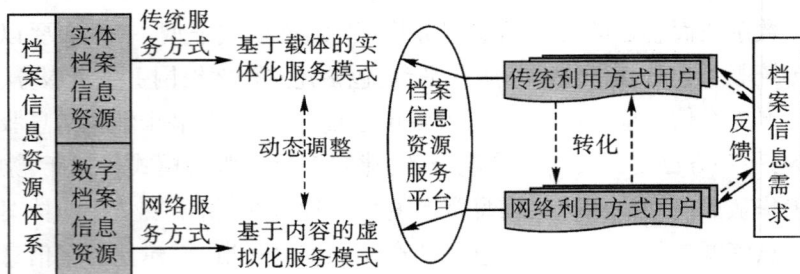

图 7-14　档案信息资源的复合动态服务模式

2013 年,梁孟华提出,面向用户的交互式数字档案服务应该包

---

① 梁孟华.面向用户的档案信息资源的市场服务模式[J].档案学通讯,2006(4):76.

② 吕元智.论现阶段我国档案信息资源复合动态服务模式构建[J].档案学通讯,2007(2):39.

含两层含义：①交互式服务是以用户为中心，通过与用户之间的交互行为，了解用户在不同时期的不同档案需求，根据用户的需要使档案资源动态地聚合和优化重构，将分布的资源和分散的服务按照一定的知识管理规则和服务目的有机地链接成一个整体，从而向用户提供一体化的个性化档案服务；②Web 2.0 形态下的档案交互服务包括用户与用户之间的交互、用户与档案信息系统之间的交互以及用户与交互服务内容（资源、环境）之间的交互。在此基础上，他构建了面向用户的交互式数字档案服务模型，见图 7-15。该模型由参与交互服务的用户、交互系统、交互内容和交互评价系统四个模块组成，实现了用户、交互系统和档案资源在 Web 2.0 环境下的耦合。但交互式的数字档案服务给档案机构的业务发展带来机遇的同时，也带来了巨大的挑战①。

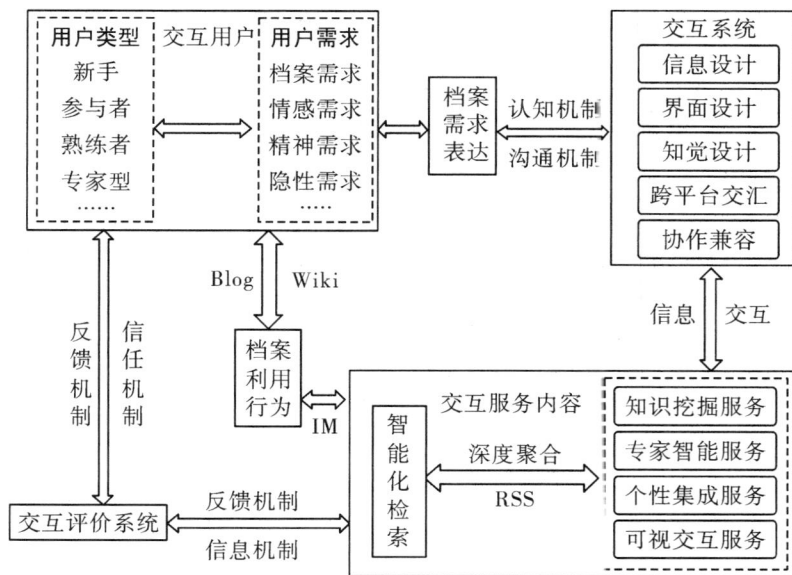

图 7-15　基于用户交互的数字档案服务模型图

①　梁孟华.Web 2.0 形态下面向用户的交互式数字档案服务研究[J].档案学通讯,2013(6):66.

　　2013 年,赵雪芹针对档案数字资源检索中存在的问题和档案数字资源的特点,引入了图书馆领域较为成熟的检索服务模式——发现服务。在深入分析了发现服务技术原理的基础上,构建了档案数字资源发现服务体系模型,见图 7-16。该模型的实现可以分数据存储、资源揭示与用户获取服务三个层次展开,并且档案数字资源服务体系建设涉及不同的档案管理机构,为了保障服务体系的顺利实施,需要从管理制度和组织协调方面进行协调推进①。

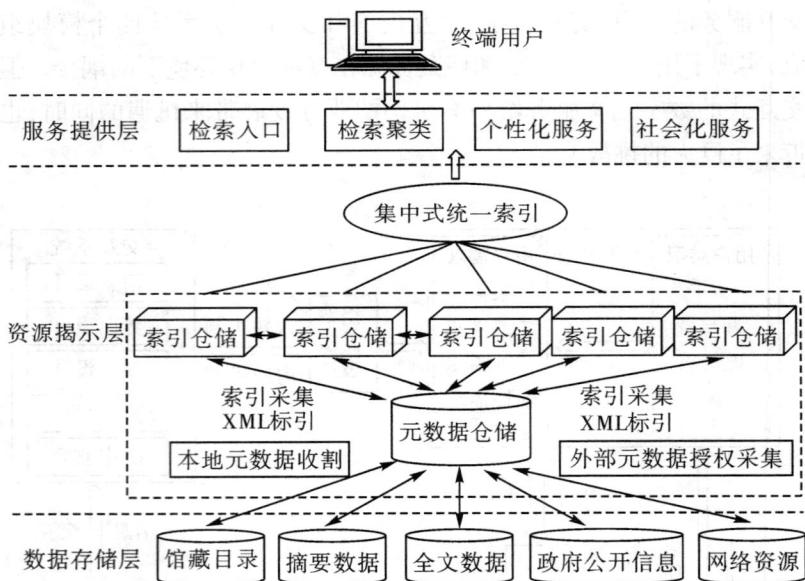

图 7-16　档案数字资源发现服务体系模型

　　2013 年,张东华、黄晓勤引入"用户体验"的研究视角,在阐释用户体验对档案公共服务影响的基础上,分析用户体验视野下档案公共服务面临的服务理念、服务资源、服务结构、组织管理等方面的挑战,提出完善档案公共服务要创造吸引用户体验的环境、优化资源配

---

　　①　赵雪芹.档案数字资源发现服务研究[J].档案学通讯,2013(1):44.

置、构建综合服务平台、推进档案机构自身的组织建设等①。总之，在面向用户的模式构建当中，必须重视用户需求变化，关注用户的满意度，注重用户在档案资源建设与档案服务中的"联动"效应。

7.1.2.7　基于"增值服务"理念的服务模式

20 世纪末，"增值服务"的理念被引入信息管理领域，图书情报界对信息增值服务的研究较多。2004 年，徐达指出信息增值服务是未来图书馆工作的核心，他认为图书馆信息增值服务的重心应该放在参考咨询、商业情报、专业代理信息检索、网上 ISP 和 ICP 服务、网络信息的整合、信息资源开发等方面②。虽然集中讨论档案信息增值服务的文献并不多，但是增值服务作为一种思想对未来档案服务模式的形成有一定的影响。传统的档案信息服务为用户提供的是传统的、单一的、初级的信息服务，而信息增值服务则是主动地向用户提供直接接入解决问题的全过程、针对具体问题的增值信息或解决方案。杨力、姚乐野认为数字档案馆增值服务就是指为更好利用档案资源潜在价值而进行的收集整理、分析利用等活动，主要包括业务增值服务和知识增值服务③。

2009 年，田佳丽对档案馆增值服务模式做了研究，提出增值服务模式按其服务资源类型划分为馆藏文献信息增值、数据库信息增值、网络信息增值、信息咨询分析增值等。基于这些内容构建的服务模式有：集成增值服务模式、个性化全称的增值服务模式、复合型分布式分层次的增值服务模式④。

2010 年，倪佳指出，现代社会信息量的剧增使得信息活动的重点和瓶颈正从信息的获取转变为知识发现，人们不再满足于低级的、简单的文献传递服务，而希望获得增值的信息服务。信息增值服务

---

① 张东华，黄晓勤.用户体验视野下档案公共服务探析[J].档案学通讯，2013(3):97.

② 徐达.未来图书馆事业发展的两条主线：信息增值服务与人本服务[J].中国图书馆学报，2004(3):72.

③ 杨力，姚乐野.基于知识管理的数字档案馆服务体系构建[J].档案学通讯，2010(1):59.

④ 田佳丽.档案馆信息增值服务模式研究[J].兰台世界，2009(8):14.

模式就是要满足用户的这种需求,提供增值信息产品[①];杨力、姚乐野研究了数字档案馆的信息增值服务模式,认为"数字档案馆增值服务指为更好利用档案资源潜在价值而进行的收集整理、分析利用等活动,主要包括业务增值服务和知识增值服务"[②]。

　　总之,档案工作在经济社会发展中的重要性,决定了档案增值服务的可行性,当前,档案部门亟须在国家社会经济和文化大发展的道路上,找准档案工作的定位,探索增值服务的新路径。

7.1.2.8　基于"云服务"理念的服务模式

　　"云计算"概念的提出,为信息资源的共享研究带来了机遇。杨智勇认为,云计算的应用真正实现了区域数字档案资源的全面共享[③]。学者们以云计算技术为基础,在"云服务"的理念下,提出了一种新的信息服务模式——信息资源即服务(Information Resource as a Service,IaaS)。2011年,吕元智指出国家档案信息资源"云"共享服务模式是指以云计算理论为指导,将分散的国家档案信息资源(包括档案信息、档案服务设施、设备、档案服务人员等)通过云服务平台组织起来,形成一个个档案信息资源服务"云",并借助这些"云"平台超强的计算能力和低成本、高安全性等特征来提高国家档案信息资源共享效率的一种档案信息资源服务模式[④],见图7-17。

　　2013年,牛力、韩小汀针对档案信息资源整合问题,从管理与内容两个方面展开论述。在档案管理整合层面上,提出了基于四层(基础设施层、数据整合处理层、业务应用层、公共服务层)的档案信息资源管理模型,从不同层次上对档案管理方式进行整合;在资源内容整合层面上,引入"云计算"平台,以服务为主线,通过"支撑云"

---

①　倪佳.数字档案馆环境下的档案信息服务模式研究[J].黑龙江档案,2010(2):12.

②　杨力,姚乐野.基于知识管理的数字档案馆服务体系构建[J].档案学通讯,2010(1):58.

③　杨智勇.云计算对集成式数字档案室的影响探析[J].上海档案,2012(5):10.

④　吕元智.国家档案信息资源"云"共享服务模式研究[J].档案学研究,2011(4):61.

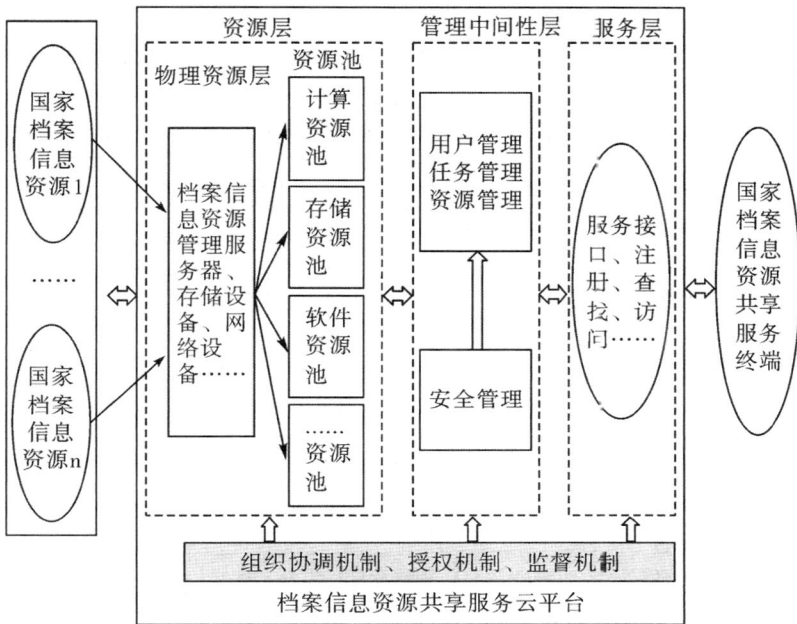

图 7-17 国家档案信息资源"云"共享服务模式示意图

"业务云"和"公共云"平台提供不同级别的档案内容与资源服务,如图 7-18 所示。该模型中基础设施即服务(IaaS)模式主要对应档案管理模式中的基础设施层,将档案管理服务中的网络资源、存储资源和服务器资源等基础设施作为一种服务资源向外发布。平台即服务(PaaS)模式主要对应档案管理模式中的基础设施层的平台资源部分。该服务为档案应用系统提供运行所必需的软件平台资源,包括操作系统平台、软件开发环境、各类数据存储环境等,档案应用可以基于平台服务所提供的服务接口,直接在该平台上进行开发或部署档案应用。软件即服务(SaaS)模式主要对应档案管理模式中的数据整合处理层、业务应用层和公共服务层。该服务模式通过对档案应用进行整合,按照最优化和通用化原则,按照以用户为中心的原则,以服务的形式向用户发布各种档案应用。档案"云服务"平台所设计的三种层次的服务模式,有效整合了档案管理口的基础资源、平

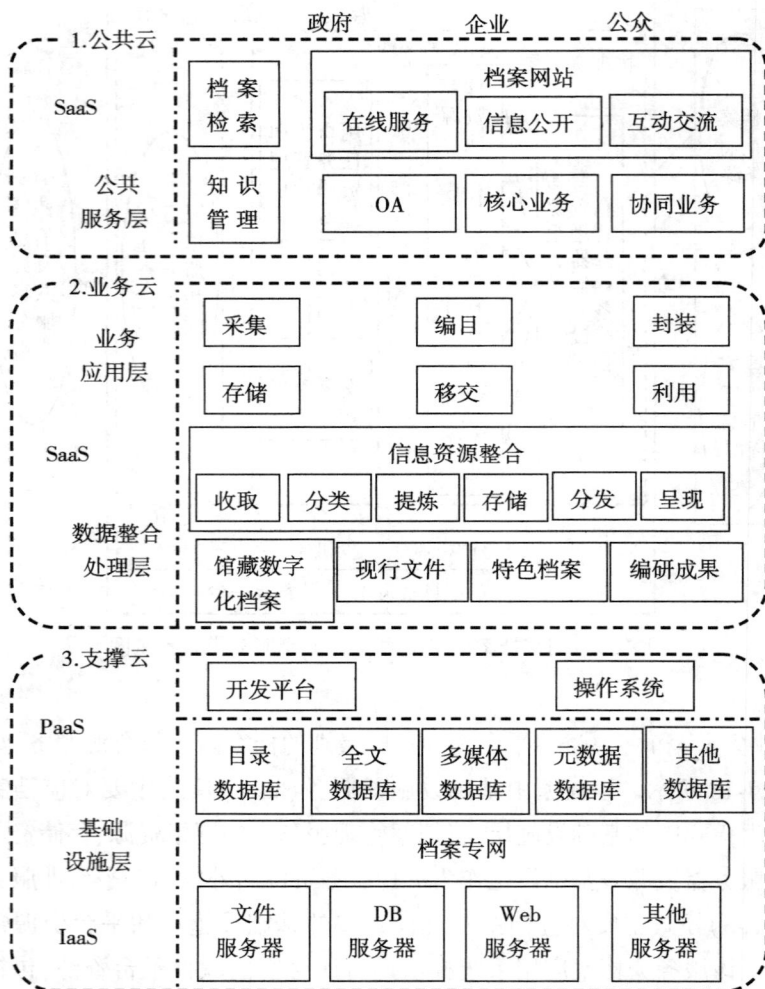

图 7-18 档案信息资源"云服务"模型

台资源和应用资源,按照服务的形式对外发布,最大限度地满足政府、企业和公众等不同层级用户的使用需要,极大地提高了档案资源的使用效率和使用便捷性,从而为档案资源的进一步共享和服务提供保证。档案信息资源"云服务"平台的构建,有助于提升档案信息资源应用与服务水平,有助于促进信息技术在档案资源的整合利用,有助于推进档案各部门的协同工作能力①。

当然，还有人提出基于云计算的档案信息资源共享模式②，档案馆利用云计算的"公共云模式""私有云模式"和"混合云模式"③。此外，程结晶提出云计算技术中数字档案资源共建共享的新思路，构建了数字档案资源云服务平台的框架体系④。在数字档案海量增长的背景下，将云计算技术应用于数字档案馆（室）建设，已成为实现数字档案有效存储与服务的路径之一。

总体来看，档案服务模式不是固定不变的，它会随着档案服务的变化而变化，且日趋完善。例如，近年来随着微博、微信以及移动App应用的兴起，档案界已经被"卷入"基于新媒体而开展起来的服务以及"移动服务"的潮流当中。关于基于新媒体（社交媒体）的服务模式⑤、手机档案馆服务模式⑥、移动数字档案馆服务体系⑦等的研究层出不穷。

当前，档案工作应面向社会、服务民生已成共识。传统的"实体服务"模式将重点关注民生档案服务模式的构建，而面对广大社会

---

① 牛力,韩小汀.云计算环境下的档案信息资源整合与服务模式研究[J].档案学研究,2013(5):26.

② 祝庆轩,桑毓域,方昀.基于云计算的档案信息资源共享模式研究[J].兰台世界,2011(7):8.

③ 刘伟谦,李华莹.云计算在档案馆中的应用模式初探[J].湖北档案,2011(9):10.

④ 程结晶.云技术中数字档案资源共享与管理体系的构建[J].中国档案,2013(1):66.

⑤ 周耀林,路江曼.论社交媒体下档案服务的创新[J].档案学通讯,2014(6):45;李茂茂,王玉斌.国内档案馆领域微信应用现状的调查与思考[J].档案学研究,2015(6):62;张小兰.新媒体时代档案馆微信公众服务平台构建及运营研究[J].浙江档案,2015(12):20.

⑥ 谭必勇.基于STOF框架的手机档案馆服务模式研究[J].档案学通讯,2012(6):72;李梦飞,桑毓域.基于APP的公共档案馆可提供的手机移动服务构想[J].档案学研究,2015(3):51.

⑦ 刘婧,周耀林.移动数字档案馆服务体系建设研究[J].档案学通讯,2015(1):55;蒋莹.档案馆移动应用程序服务研究[D].南宁:广西民族大学,2015;郑路.我国移动档案馆信息服务体系构建研究[D].武汉:华中师范大学,2015.

公众多样性的档案需求,"信息服务"和新兴的"知识服务"将成为未来档案服务的主流。同时,随着新技术、新媒体、新理念的不断出现,档案服务模式也将不断更新,以微博、微信以及档案馆 App 等新媒体所带来的服务潮流将成为档案服务的新趋势。在实践当中,面对档案服务工作的新形势,坚持传统模式与现代多种模式的共存与互补,将是档案馆服务工作的出路。

当然,我们也需要看到,档案资源建设与服务模式的建立对于档案工作的重要意义。档案学界针对该问题进行了广泛的研究,积累了许多有意义的理论成果。对当前研究成果进行总结与分析,明确我国档案资源建设与服务模式的方向以及存在的问题,对下一阶段的研究具有重要的参考价值。如何顺应新时期档案工作发展的趋势,借鉴当前研究的经验,构建适合我国国情的档案资源建设与服务模型,是本研究的出发点。通过前文对我国档案资源建设模式与档案服务模式的系统总结,可以发现我国档案资源建设与服务模式的研究成果具有以下几个主要特点:

①从研究的主体来看,来源广泛,缺乏中心的研究主体。

首先,研究主体来源广泛。通过对该主题研究作者和机构的简单统计发现,研究主体集中于高校,档案馆等实践部门的研究较少。这种情况具有合理性,毕竟高校是档案科研的主体。高校为主、实践部门参与较少的情形,导致形成的各种模型往往抽象性强、理论性强,反映实践则不够。

其次,研究主体的成果不够集中。文献调查表明,相关文献中,仅有梁孟华、吕元智和张卫东三人的研究论文超过 1 篇,大部分研究者关于该方面的研究成果仅限于 1 篇,反映出作者们对于该主题的持续性深入研究较少,研究成果集中度不高。

②从研究的内容分布来看,"两极分化"现象严重,缺乏对两极之间关联性的研究。

第一,档案资源建设与档案服务在研究和实际工作中都处于同等重要的地位。后文图 7-19(见本书 7.2.1.1 节)尽管只是一个模型,但从中可以窥探我国档案界"重服务""轻建设"的明显趋向。这反映出档案学界单方面注重以"服务"带动"建设"的心理,忽视了通过"建设"促进"服务"的一面。

第二,档案资源建设过程中,前文述及的模拟档案数字化、电子文件管理等,都是当前档案资源建设的重点,也是"十五"规划以来各个档案馆工作的中心。然而,从网站或数字档案馆以及各种新媒体的服务来看,档案资源建设的实践走到了理论研究的前面,反映这种档案资源建设的理论成果尚不多见。

第三,随着"面向用户"在档案工作中得到重视,学者们研究了基于用户需求的档案信息资源建设机制,同时对基于"面向用户"理念的档案服务模式进行了大量研究,却忽视了档案资源建设与档案服务的关系,而在实际工作中,这种只看到一面的"单独的"研究,会造成档案资源建设与档案服务的脱离,影响服务工作的展开。

第四,研究内容涉及面广,但多为理论研究,缺乏实证分析。如图7-19(见7.2.1.1)所示,"档案服务模式"主题下的研究涉及知识管理、云计算、数字档案馆等多个方面,但是这些研究成果多注重"设计",忽视"运用",过于偏向理论性研究,缺少对档案实践工作中的运行模式的调研分析。与此同时,理论研究成果显得零散并且研究的深度不够,还未形成具有广泛影响力的理论体系。

第五,研究内容相对封闭,缺少对国外理论与实践成果的关注。

③从研究的数量上看,档案资源建设研究与档案服务研究存在严重的不平衡现象,反映了实际工作中两者的失衡。

单从成果来看,关于档案资源建设模式的研究偏少,而关于档案服务的研究偏多,存在着严重的不平衡现象。这反映了学界关于档案资源建设研究、档案服务研究的偏颇,映衬了实践中档案资源建设与服务的脱节。一方面,大部分档案馆的档案资源建设单方面注重对档案实体的收集与优化,忽视对档案实体中"信息"和"知识"的挖掘与开发,造成档案服务模式单一、被动,档案资源建设与服务缺乏动力;另一方面,从理论研究来看,从图7-19(见7.2.1.1)可以看到,资源建设模式与服务模式的研究大多是单独的,各自为政的。虽然大多数学者都阐述了资源建设与服务之间的关系,清楚地认识到资源建设的服务导向性,但对于如何构建资源建设与服务的"联动型"模式较少涉及。

　　此外,这种现象也反映在档案馆内各部门之间以及档案馆与其他机构(组织)的脱节。一方面,现代档案资源建设与服务必须要打破部门之间隐形的"隔墙",形成良好的跨部门交流合作机制,然而这也正是我国目前档案管理体制的不足之处;另一方面,单个档案馆的资源有一定的局限性,有的资源分散在不同的档案馆或其他机构之中,这种地区和机构的"距离"阻碍了档案资源共建共享的实现。

　　④从研究的发展来看,阶段性特征比较明显,"面向公众"问题缺乏总结。

　　前文所述各种模型,尤其档案服务模型,都具有鲜明的时代特征,尤其是受到图书情报领域研究成果的影响。近年来,档案机构服务意识的改变、新技术的出现、用户需求的变化、新观念的提出、国家政策的导向等都会对档案资源建设与服务模式的研究产生影响,使得不同的研究阶段具有不同的特点。通过这些特点,可以看到档案学界在档案资源建设与服务方面逐渐形成了三个重要共识,表现在:

　　第一,国家档案资源需要面向公众。表现在:从"开放历史档案"到决定建设"覆盖人民群众的档案资源体系和服务人民群众的档案利用体系";从"面向机构"的封闭式服务到"面向公众"的开放式服务;从坐等利用者上门的"被动服务"到主动开发档案资源、吸引利用者的"主动服务"。

　　第二,要注重档案中"知识"的挖掘。在信息时代的冲击下,更加注重挖掘和开发埋藏在实体档案资源中的信息资源和知识成分,为公众提供满足其需求的服务,是档案工作的重要指引方向。新时期,传统的"实体服务"模式已不再是重点,"信息服务"和新兴的"知识服务"将成为未来档案服务的主流。

　　第三,"云服务"与"集成服务"是档案资源建设与服务发展的重要方向。随着新技术的不断出现,档案服务模式也将不断更新与完善,因此,要更加注重搭建资源建设与服务的"集成平台"和"云计算平台",允许传统模式与现代多种模式的共存与互补。

　　显然,现阶段对上述共识尚缺乏系统的总结,缺乏理论的提炼,无法为实际工作提供参考。

　　⑤从研究倾向上看,偏重理论研究,理论与实践脱节。

　　档案资源建设与服务的问题既带有很强的理论性,同时又与实际工作紧密相连。档案资源建设与服务模式的理论研究与实践的开展必须相互促进,才能发挥各自的作用。理论研究为实践的开展提供借鉴;而实践的开展既是检验理论成果可行性的试金石,又是推动理论研究向前发展的动力。然而,从我国当前情况来看,理论与实践脱节现象严重。一方面,在新的理念、政策与技术的驱动下,档案学界对档案资源建设与服务模式,特别是档案服务的模式进行了广泛的探索,提出了不同层次的模式;另一方面,受资金、技术以及管理体制等方面因素的制约,实践中的档案资源建设与服务模式的探索进展缓慢,大多数档案馆现阶段还处在馆藏档案数字化的阶段,档案工作还没有完全打破"依靠惯性在积累、依靠经验在整理、依靠感觉在利用"的模式。

　　⑥从研究的创新性来看,借鉴图书情报领域的研究成果突出,"借鉴式"成果大于"自主式"成果。

　　固然,有些图书情报学领域的理论对档案学也"兼容",但是那些缺乏论证的"生搬硬套"式的研究,往往会造成自主式创新的缺乏,造成研究的"虚假繁荣"。例如,在档案服务模式中,研究最多的要属基于"个性化服务"理念的服务模式。1999年,美国图书馆与信息技术协会指出的信息技术应用于图书馆的七大发展趋势中,个性化服务被列为第一大趋势。国内外图书馆学界对于图书馆的个性化服务进行了理论与实践上的探索。从理论来看,图书馆个性化服务主要是指图书馆在数字信息环境下,主要利用网络和信息技术,获取并分析各个用户的信息使用习惯、偏好、背景和要求,从而为用户提供充分满足其个体信息需要的一种集成性信息服务①。从该定义可以看出,个性化服务需要在"网络和信息技术"条件下实现。从实践来看,图书馆主要的个性化服务方式包括个性化推荐、个性化检索、个性化网站等,主要的个性化服务模式为 My Library,这在图书馆已经得到了广泛的应用。

---

　　① 曹树金,罗春荣,等.论图书馆个性化服务的几个基本问题[J].大学图书馆学报,2005(6):33.

综观档案馆个性化服务模式研究,尽管在档案馆或数字档案馆个性化服务的内涵、实现条件、实现方式等方面取得了不少成果,但尚没有形成有代表性的、系统化的理论。在实践中,尽管我国已经建设了大量的档案网站,并大力建设数字档案馆,但是目前无论是通过档案网站还是数字档案馆系统,实现个性化服务都存在严重不足。因此,对于档案资源建设与服务模式的研究,在借鉴其他学科领域的"理念"的同时,必须落脚于档案研究与实践的特殊性当中。

有鉴于此,如何在现有的基础上,构建基于档案工作服务需求、符合当前档案工作实践需求、引领未来档案工作发展的模型,是一个需要进一步研究的问题。

7.2 面向公众需求的档案资源建设与服务联动模型的构建

何为"联动"?"联动"是指"若干个相关联的事物,一个运动或变化时,其他的也会跟着运动或变化"[1]。"联动"一词在实践与研究中被广泛运用在生产、管理、系统开发等领域,不同研究视阈下联动被赋予不同的内涵。

对经济管理来说,联动通常是指一个工业部门通过投入(原料)和产出(半成品或成品)的互相依赖作用而带动其他工业部门的建立和发展的能力[2],例如"市场联动""城乡联动""制造业与物流业的联动"等,具有某种"跟着变化"的相互影响的联动关系,能够产生联动效应或区域联动性。

对公共安全管理来说,联动更多是"联合行动"之意,例如"城市应急联动""区域警务联动"等。《中国消防辞典》对"联动"的解释为:"在有线火警调度台中,触发一次联动启动按键后,几种执行机

---

① 中国社会科学院语言研究所词典编辑室.现代汉语词典[M].北京:商务印书馆,2012:805.

② 《21世纪汉英经济实用词典》编写组.21世纪汉英经济实用词典[M].北京:中国对外翻译出版公司,2005.

构均进入工作状态。工作时,只要调度员触发联动启动一次按键,与消防有关的执行机构如警铃、警灯、扩音、录音、开启车库大门、开启无线电话机等同时工作。联动主要由联动启动、联动清除、执行、显示等电路组成。其作用是,尽量减少调度员在接警时操作次数,缩短报警和调度出动的时间,提高灭火效率。"①

对信息技术来说,作为计算机术语的联动主要是指应用程序用户界面上的控件之间发生互相关联的变化,这些控件包括下拉框、文本框、标签、菜单等②。在系统设计中的联动思想和联动技术,体现系统的整体性以及优势互补的思想,如"应急联动系统""防火墙与入侵检测系统联动""监管系统联动"等。在监管系统中,通过硬件检测系统检测各个端口的信息,然后将报警的信息传送到各个客户端,通过客户端预先设置好的联动信息,对门禁(关门)、监控(启动相关监控系统)、采集规定时间的录像数据、录音(在押人员报告系统开始录音)等进行操作③。

对图书情报来说,联动主要体现为一种跨部门、跨机构的协同响应、协作共建共享的思想,如"联动型政府应急情报系统""图书馆之间的信息资源联动与共享机制""图书馆与企业联动机制""图书馆与学习型社会的联动"等。数字图书馆建设中,图书馆与区域社会发展之间、图书情报机构之间、图书馆与其他信息机构之间、图书馆与读者之间存在着交互促动或彼此制约的联动关系④。数字图书馆强化联动功能,首先要做到一馆之内加强联动。读者有任一信息需求,即可连环链接迅速解决,不必在馆内往返奔波。其次,馆际之间应实行联动。这样可以对各馆读者的不同需求,做到有求必应。最后,馆社之间应联动。信息时代的数字图书馆应与譬如政府机构、企

①　宋辉.中国消防辞典[M].沈阳:辽宁人民出版社,1992.

②　联动[EB/OL].[2014-02-20].http://baike.baidu.com/link?url=DTb8oQKBURG2j7DHIEEnjmZay3r85hcqdUVY_TaYSg3H41XørWSLuB7Tw7nhfhsl.

③　李玮,鲍虹,等.信息集成在监管系统中的应用[J].河北省科学院学报,2005(4):73.

④　许磊,张曙光.数字图书馆联动分析及质量控制[J].兰台世界,2008(22):75.

事业单位、出版社等社会各系统、各部门之间建立信息联动、实行服务联动①。

通过以上对"联动"概念的理解,我们认为,联动是两个或两个以上事物产生的关联性变化;发生联动的关联事物之间需要有一个共同的"联结点",通过该联结点的作用,才能更好地促成关联事物间联动效应的产生。鉴于档案资源建设与服务之间的紧密关系,鉴于当前档案资源建设与服务之间存在的问题,促使两者之间发生联动已经是当代档案工作发展的必然要求,而档案资源建设与服务之间发生联动的联结点就是"公众需求"。基于这种考虑,本章将通过对我国档案资源建设与服务模式的综合总结与分析,考察"面向公众需求"环境下,档案资源建设、档案服务、社会公众三者之间的动态联动关系,构建面向公众需求的档案资源建设与服务联动模型,并深入探讨其实现的机制,促进档案资源建设、档案服务与社会档案需求之间的良性循环,以实现资源的最大利用与增值。

7.2.1　档案资源建设与服务联动模型的雏形

7.2.1.1　理论研究中档案资源建设与服务联动思想的出现

前文全面地分析了档案资源建设与档案服务的模型,正如我们所分析的,大多数模型仍囿于对两者的独立探讨,导致理论研究与实践工作的"两极分化"。然而,仔细地分析前面述及的模型,发现有的模型已经开始对两者的关系进行梳理,并流露出档案资源建设模型与服务模型需要"联动"的思想,见图 7-19 虚线箭头所指。

具体而言,图 7-19 中的模型(模式)中,表现出档案资源建设模型与服务模型联动思想的分别是:

①蒋冠提出的基于"社会服务观"的馆藏资源建设策略,强调要根据社会需求以及档案服务的要求,整合档案资源,开发档案产品,定向开展馆藏资源建设②。

---

①　黄珠赛.数字图书馆建设中若干问题的探讨[J].内蒙古科技与经济,2003(6):124.

②　蒋冠.国家综合档案馆馆藏资源建设策略探析[J].档案学研究,2011(5):37.

档案资源建设模式

前端控制、全程监管、深度挖掘

基于"社会档案观"的馆藏资源建设策略

基于"社会记忆观"的馆藏资源建设策略

基于"社会服务观"的馆藏资源建设策略

技术为中心的建设机制

资源为导向的建设机制

基于用户需求的档案信息资源建设机制

基于元数据的电子文件集成管理与服务模型

基于全面质量管理的档案信息集成服务组织变革模型

档案信息资源区域共享服务模式

IT集约化服务型数字档案馆运行模式（OSDA）

基于Agent的数字档案信息的个性化服务体系

网络环境下档案信息个性化服务系统的一般模型

用户需求驱动的个性化服务解决方案

基于数字档案馆的个性化服务模式

基于用户需求的个性化数字档案信息服务模式

档案服务模式

基于"集成服务"理念的服务模式

基于"个性化服务"理念的服务模式

基于"知识服务"理念的服务模式

基于"数字档案馆"理念的服务模式

基于"面向用户"理念的服务模式

基于"增值服务"理念的服务模式

基于"云服务"理念的服务模式

分层参考咨询服务模式

个性化定制服务模式

追踪服务模式

自助服务模式

基于档案馆业务工作的"馆员中心"模式

基于数字档案信息资源开发和提供利用的"资源中心"模式

基于数字档案信息服务集成的"用户中心"模式

数字档案馆综合信息服务模型

基于CS管理的档案信息服务模式

面向用户的档案信息资源的市场服务模式

档案信息资源的复合动态服务模式

基于用户交互的数字档案服务模型

档案数字资源发现服务体系模型

档案馆/数字档案馆增值服务模式

国家档案信息资源"云"共享服务模式

档案信息资源"云服务"模型

联动

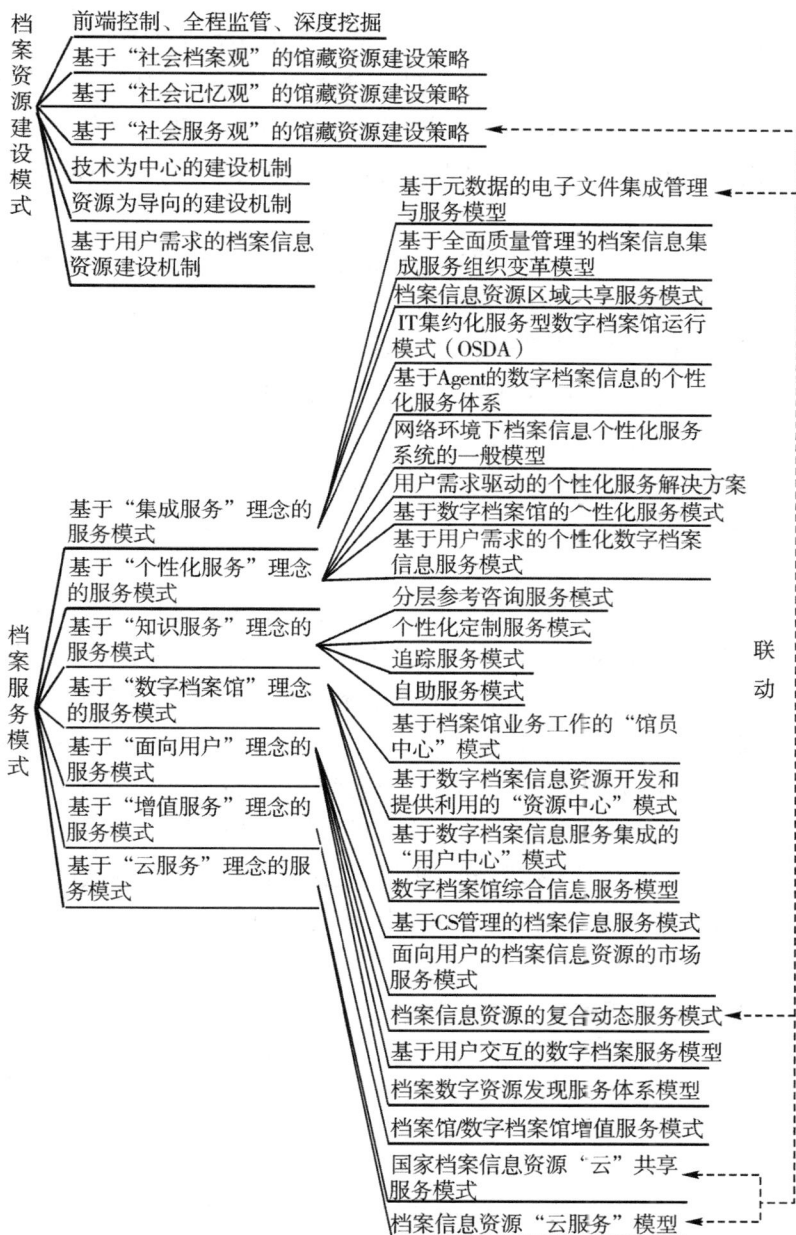

图 7-19　我国档案资源建设与服务模型(模式)"联动"概览图

357

②金更达、何嘉荪提出的基于元数据的电子文件集成管理与服务模型突出系统、数据和服务的集成。一方面将所有的服务(包括服务内容、服务方式)集成在一起,通过一个具有交互功能的公共服务平台为用户提供服务;另一方面通过系统集成和数据集成,为用户提供一个统一的信息服务入口(如搜索引擎),来实现信息的检索、定位等功能①。

③牛力、韩小汀提出的国家档案信息资源"云"共享服务模式,强调国家档案信息资源的"完整"和"优化配置",让服务部门有更多时间从事档案内容开发等深层次的工作,让"国家档案信息资源共享服务终端"成为面向用户的应用平台和用户反馈意见的窗口②。

④吕元智提出的档案信息资源"云服务"模型,强调部门的协同,在资源内容整合层面上,引入"云计算"平台,以服务为主线,通过"支撑云""业务云"和"公共云"平台提供不同级别的档案内容与资源服务③。

显然,上述联动模型(模式)仅仅是一种思想的开始或者萌芽,尚未开始成长,难以为现实的档案资源建设与档案服务工作提供指导。实际上,档案资源建设与档案服务之间为何联动、如何联动等问题都未得到解决。为此,探索当前我国档案资源建设服务模式存在的问题,尝试构建面向公众需求的档案资源建设与服务联动模型,并阐释档案资源建设模型与档案服务模型构建的理论、方法,从而充分调动各方面积极性,实现新时期档案资源建设与服务的有效联动,最终实现国家档案局倡导的"两个体系",是目前需要着眼解决的问题。

7.2.1.2　实践工作中档案资源建设与服务联动机制的萌芽

2007年以来,"两个体系"建设成为我国档案工作发展的新趋

---

①　金更达,何嘉荪.数字档案馆模式探索——基于元数据的电子文件集成管理与服务研究之二[J].档案学通讯,2005(5):54.

②　牛力,韩小汀.云计算环境下的档案信息资源整合与服务模式研究[J].档案学研究,2013(5):26.

③　吕元智.国家档案信息资源"云"共享服务模式研究[J].档案学研究,2011(4):61.

势。改革和创新档案工作体制和运行机制已成为各级档案部门落实"两个体系"建设的重要举措。在档案工作中,面向公众需求的档案资源建设与服务联动正在形成。近年来,湖北省宜都市以"档案服务民生"为联结点,注重民生档案资源建设和开发,不断健全工作机制,依托档案馆(室)平台以及宜都政府门户网、档案信息网和农村党员远程教育网等网络平台提供民生档案服务,形成了档案资源建设与服务的联动模式①。

首先,根据社会公众的民生档案需求,宜都市档案馆不断优化馆藏结构,丰富馆藏资源,并加大了户籍房产、婚姻登记、计划生育、招工就业、企业改革、农村改革、干部人事制度改革等民生档案接收进馆的力度,在馆藏的 21 万卷档案中,民生档案达到 13 万卷册,占61.9%。

其次,作为民生档案服务的中心平台,宜都市档案馆开辟了专门的"文件超市"服务窗口,最大限度地发挥档案馆在服务民生中的主体作用。2011—2013 年,宜都市档案馆接待群众查阅 18 836 人次,调阅档案 38 728 卷(件)次,提供档案证明 5 633 份。同时,全市所有乡镇办事处、市直部门档案室初步建立起民生档案工作资源体系,民生档案资源在各门类档案中的比重达到 50% 以上。2011—2013 年,乡镇、部门档案室接待利用者 2.8 万多人次,调阅民生档案 66 000 卷(件),为 1.8 万多人提供了档案优质服务。在民生档案资源开发方面,宜都市充分利用本部门、行业和辖区民生档案资源优势,开展档案编研、利用等惠及民生的工作,先后编辑了惠民政策汇编、新农村建设档案工作汇编等资料 21种,免费发给市民。

此外,在网络服务平台的搭建上,宜都市依托中国宜都政府门户网、宜都档案信息网和农村党员远程教育网,将已公开的现行文件和馆藏开放档案目录通过数字化处理后,开辟"惠民政策""三农档案"

---

① 袁作军.宜都现象——湖北省宜都市档案服务民生调查[J].中国档案,2014(3):37.

等专题栏目及时发布。截至 2014 年年初,全市已经上传 60 余万条开放档案目录和 3 万多份已公开现行文件。

总之,面向公众需求的档案资源建设与服务联动模型在理论与实践工作中均开始出现。在我国档案系统中已产生了很多典型案例,除了湖北宜都,还包括江苏宜兴、上海等地。本章将综合考察这些案例的成功经验,探索面向公众需求的档案资源建设与服务联动模型的理论支撑和实现路径。

7.2.2　档案资源建设与服务联动模型构建的思路

7.2.2.1　档案资源建设与服务联动模型构建的原型

面向公众需求的档案资源建设与档案服务是一个完整且复杂的系统工程,要厘清各个部门间的复杂关系,需要构建两者的联动模型。这种模型的构建可以从古代筒车的原理得到启迪。

筒车作为中国传统灌溉器械在古代农业发展中发挥了重要的作用。它的工作原理是利用水力冲击立轮上的多块木板,木板受力会带动整个筒车的运动,筒车的转动会使竹筒周而复始地吃水上升,再灌溉入农田当中①。在这个简单但高效的工作流程中,立轮作为整个流程的平台既是动力机械,又是工作机,而水既是资源又是动力,当然还需要根据农田中作物对水量的需求,通过控制筒车上木板或竹板的数量或者通过调整筒车的位置来调节能量的大小(见图7-20)。受筒车工作原理的启发,本书认为,面向公众需求的档案资源建设与服务工作同样是一个"平台—资源—动力"型系统,即"档案服务平台—档案资源—公众需求动力"型系统,目标是依据公众的需求,让档案资源建设驱动档案服务平台的运作,或者以档案服务驱动档案资源建设的开展,最终让公众的需求得到满足。在这种思想的引导下,综合参考我国档案资源建设与服务模式已有研究成果,尤其是档案资源建设与服务联动模型的雏形,本书构建了面向公众需求的档案资源建设与服务联动模型。

---

① 方立松.中国传统水车研究[D].南京:南京农业大学,2010:11.

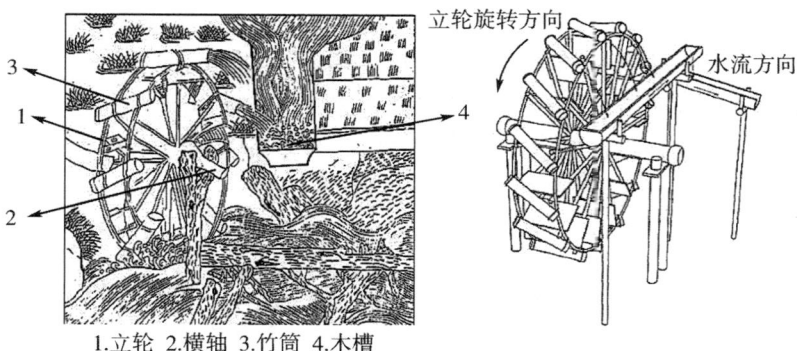

1.立轮 2.横轴 3.竹筒 4.木槽

图 7-20　中国古代筒车及其工作原理示意图①

7.2.2.2　档案资源建设与服务联动模型确立的基点

档案价值的实现是有条件的。档案形成之后,不仅需要通过资源建设的系统化和科学化处理,还要依靠一定的服务平台提供给具有特定档案需求的用户,通过公众的利用,才能最终实现其价值。社会需求在很大程度上决定了档案服务的内容和方式,进一步影响着档案资源建设的内容、重点及建设机制②。然而,就当前我国大部分档案馆而言,档案资源建设、档案服务与社会公众之间仍体现为一种单向的、静态的关系(见图 7-21),档案资源建设成果通过档案服务平

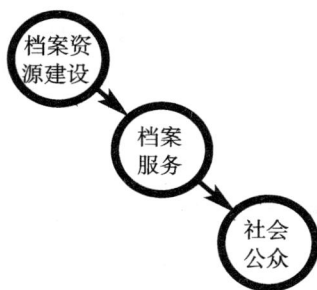

图 7-21　档案资源建设、档案服务与社会公众的一般关系

---

① 方立松.中国传统水车研究[D].南京:南京农业大学,2010:13.

② 毕建新,郑建明.基于用户需求的档案信息资源建设机制研究[J].档案与建设,2013(2):11.

台提供给社会公众利用。在这种状态下,不仅社会公众的档案需求无法对档案服务和档案资源建设产生影响,而且一旦档案资源建设与档案服务脱节,社会公众的档案需求将很难得到满足。因此,正确认识并处理档案资源建设、档案服务、社会公众三者之间的关系(见图7-22)是建立联动模型的基本出发点。

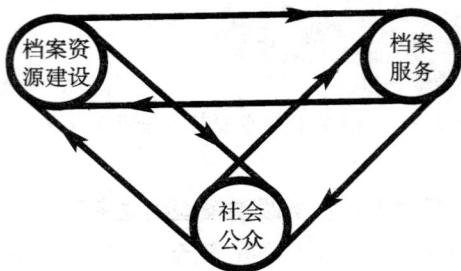

图 7-22　档案资源建设、档案服务与社会公众的联动关系

（1）档案资源建设与档案服务

档案资源建设与档案服务之间是一种双向联动的关系。一方面,档案资源建设是档案服务开展的强力支撑。档案资源建设为档案服务的开展输送大量优质的"档案产品"。另一方面,通过档案服务的开展,广大档案用户的需求得到满足,这对于构建良好的档案利用体系具有重要的导向作用,也为档案事业的可持续发展创造了良好的用户环境,从而反过来再促进档案资源的建设。这样,档案服务就能为档案资源建设提供不竭的动力。

（2）档案资源建设与社会公众

档案资源整合、编研与开发的主要目的就是为了满足社会的档案需求。当前,面向社会公众开展档案资源建设已经成为落实"建立健全覆盖人民群众的档案资源体系"的指导思想。随着社会档案意识的提高,档案用户群体呈现出多元化的特征,而不同用户群体的需求也各不相同,因此,根据馆藏利用情况的统计,科学地把握档案用户需求的变化趋势,将公众需求作为开展档案资源建设的一个参考指标,具有重要意义。此外,档案资源建设中需要重点收集哪一方面、哪一类型的档案资源,需要重点开发加工什么样的档案信息资源,也要考虑社会的需求。

(3)档案服务与社会公众

社会公众作为档案服务工作的直接对象,与档案服务的联动关系主要表现在:一方面,档案服务促使公众需求得到满足,满足社会公众的档案需求是档案服务工作的出发点和落脚点;另一方面,公众需求驱动档案服务模式的构建。随着信息时代的到来,社会公众档案需求呈现出网络化、层次化、深度化、多样化等特点,同时,公众需求的满足越来越多地要求信息内容的多样化和精确化、实现技术的集成化和智能化、实现方式的便利化和社会化①,这些要求都直接成为档案机构变更或优化服务模式的驱动力量。

7.2.3 档案资源建设与服务联动模型构建的原则

档案资源建设、档案服务与社会公众之间是一个有机联系的整体,并且随着社会需求的变化,档案资源建设与档案服务也会不断变化发展。因此,构建档案资源建设与服务联动模型就必须遵循整体性、科学性、动态性和需求优先的原则。

(1)整体性原则

从档案资源建设到档案服务、再到档案用户的系统中,涉及三者之间的多重复杂关系。构建档案资源建设与服务联动模型,需要从整体上把握三者之间的关系。首先,档案馆亟须打破传统观念、统一思想,对档案资源建设与档案服务进行统一规划,突破传统的部门观念、体制观念,建立跨部门、跨机构的合作交流平台。其次,档案资源建设、档案服务与档案用户三者之间需要改变相互封闭、零散的状态,以面向公众需求为出发点、联结点和终结点,从档案资源建设与服务的整体性视域出发,完整地、系统地研究与开展档案资源建设与服务工作。

(2)科学性原则

科学性原则是科学研究中的基本原则,也是面向公众需求的档

---

① 吕元智.电子政务环境下档案信息资源用户需求实现分析[J].图书情报知识,2006(4):93.

案资源建设与服务联动模型构建中必须遵循的。首先,以理论研究带动实践发展为出发点。在档案资源建设与服务的研究当中,必须考察我国档案资源建设与服务工作的现状,通过理论研究推动实践的开展,充分发挥档案理论的指导作用。其次,档案资源建设与档案服务的理论研究与实践工作要紧密结合。随着社会的发展,公民档案意识的增强,面向公众需求的档案资源建设与服务工作显得更加重要,这不仅需要理论的指导,还需要将实践与理论研究成果紧密结合。最后,档案资源建设与档案服务联动模型的构建需要符合时代发展的趋势,包括当前档案资源建设与服务的统一规划、分步实施(参见本书第 4、5 章),档案资源建设与服务的新技术的应用等。重视资源建设、服务与用户的联动,是信息资源建设与服务道路发展的必然趋势,只有主动顺应这种趋势,才是档案机构的正确选择。

(3)动态性原则

档案资源建设、档案服务以及社会公众需求都是动态变化的,因此需要树立动态发展的思想,根据需求的变化进行调整和完善。这种动态发展的根本在于,公众对于档案的需求是随着其工作、生活等条件的变化而变化的,由此产生了不同时间、不同空间的需求。由此,档案资源建设过程中,凡是涉及公众需求的档案,一是对于已经进馆的档案,加强整合和优化,二是对尚未进馆的档案,加大接收和监管力度,为档案服务做好基础准备。

(4)需求优先原则

目前,很多档案馆在当前工作与长远工作之间存在矛盾。以档案数字化为例,不同档案馆存在不同的做法,例如,公众调用频率高的档案优先数字化,公众正在调用的档案提前数字化,而有些档案馆则仍然固守既定工作计划,将公众的当下利用情况与数字化工作相隔离,导致了工作的重复进行和效率的降低。再如,档案资源建设过程中,针对公众需求较大的民生档案,档案机构可选择提前介入、及时介入和需求积累到一定程度(量)后再介入。而从满足公众需求出发,档案机构需提前介入或及时介入,绝不能事后介入。因此,树立需求优先的原则,必然会带动档案资源建设的开展,从而使档案资源建设与档案服务工作进行有效的对接,这是落实档案工作最终目标的必然要求。

7.2.4 档案资源建设与服务联动模型阐释

如本章第 2 节开头所述,"联动"的本义是"若干个相关联的事物,一个运动或变化时,其他的也会跟着运动或变化"。当前,联动思想已在生产、管理、系统开发等领域得到广泛运用,但不同视域下联动被赋予不同的内涵。对信息管理领域来说,联动主要体现为一种跨部门、跨机构的协同响应、协作共建共享的思想。站在档案工作的角度,我们将"联动"理解为:两个或两个以上事物产生的关联性变化,发生联动的关联事物之间需要有一个共同的"联结点",通过该联结点的作用,才能更好地促成关联事物间联动效应的产生。而档案资源建设与服务之间发生联动的联结点就是"公众需求"。

基于上述认识,借鉴筒车工作原理,借助"档案服务平台—档案资源—公众需求动力"型系统,以厘清档案资源建设、档案服务以及档案用户三者的联动关系为基点,在遵循整体性原则、科学性原则、动态性原则和需求优先原则的基础下,本课题组构建了面向公众需求的档案资源建设与服务联动模型,见图 7-23。

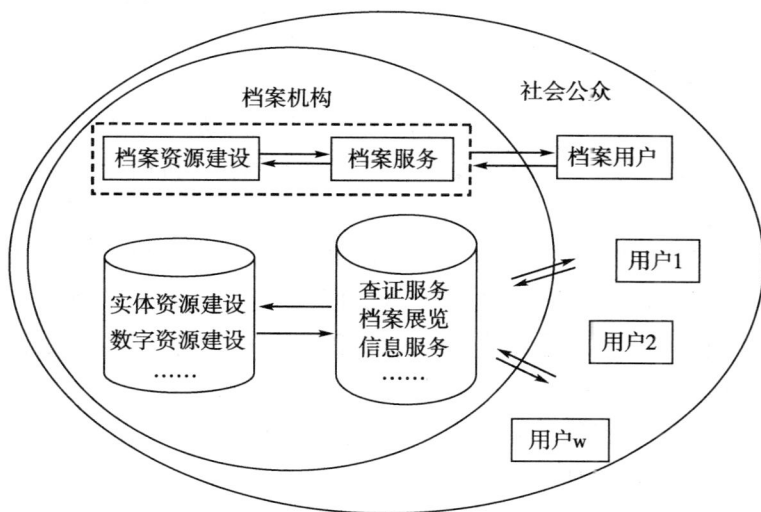

图 7-23 面向公众的档案资源建设与服务联动模型

　　档案资源建设与服务联动模型是指档案机构在开展档案工作的过程中,以社会公众为中心,建立的动态的档案资源建设与档案服务的联动机制。在注重档案资源建设与档案服务的同时,更加注重公众需求对两者"联动性"的影响。使公众、档案机构、档案资源构成一个有机联系体,减少或避免档案资源建设与服务工作中的孤立化、片面化现象,构建一个和谐的档案工作生态环境。具体来说,该模型包括如下特征:

　　①公众、档案资源建设与档案服务之间是多向关系,而不是简单的单向关系。面向公众需求的档案资源建设与服务和传统的档案资源建设、档案服务相比具有明显的差异,它将档案资源建设、档案服务及档案用户看成一个相互联系的整体,强调从以往的"档案资源建设→档案服务→档案用户"的单向模式,转变为双向互动的模式。

　　②公众、档案资源建设与档案服务之间是动态关系,而不是一种静态的关系。面向公众需求的档案资源建设与服务要求以满足公众需求为目的,以公众需求为导向。而公众的需求并不是静止,而是动态的、变化的,从到馆查档到远程查档,从工作时间内查档到全天候查档,从孤立的单份档案到多个案卷或全宗,从档案形式到档案内容,都体现了动态的变化。档案资源建设与服务的联动模式就是要以公众需求为导向,根据用户利用的倾向以及公众需求的特点,对资源建设的重点、方向以及档案服务的内容和方式进行动态调整。

　　③公众、档案资源建设与档案服务之间是更加密切的联动关系,而不是各自孤立地运行。以往,用户只能利用档案机构提供的产品,而不能参与产品的制作、形成与服务提供的过程。当今,随着民生工程的开展、用户档案意识的提升与需求的增加,用户参与了档案服务的过程,并对档案服务提出了要求。同时,网络环境下,有些用户甚至参与了档案资源建设的过程,包括利用社交媒体提供档案来源等。正是因为需求的驱动,用户参与档案资源建设、档案服务的积极性比以往任何时候都高。也正是因为技术的驱动,用户参与档案资源建设、档案服务才得以实现。

　　④公众、档案资源建设与档案服务之间是个人、机构与社会的关系,而不仅仅是个人与机构的关系。档案资源建设、档案服务必然涉

及机构和个人,但由于机构的普遍存在,个人也来自不同的机构、行业,甚至不同的国家和地区,因此,面向公众需求的档案资源建设与服务,往往涉及个人与档案机构、档案机构与档案利用机构、档案机构与社会之间的更加复杂的关系。正是因为这种多元关系的存在,实现档案资源建设与服务联动模型会受到一定的制约和影响。

7.3　档案资源建设与服务联动模型的实现

实现面向公众需求的档案资源建设与服务联动模型,是有条件的。初步分析,这些条件包括:

①社会环境。

"社会环境是指人类生存及活动范围内的社会物质、精神条件的总和。广义包括整个社会经济文化体系,狭义仅指人类生活的直接环境。"①对社会环境的区分,不同学者持有不同的态度,但往往包括社会政治环境、经济环境、法制环境、科技环境、文化环境等宏观因素。以文化环境为例,教育、科技、文艺、道德、宗教、价值观念、风俗习惯等方面的差异,会导致人们在档案利用方面的差异,包括档案内容的选择。概括起来,稳定的社会环境在有利于档案资源建设和档案服务的同时,也有利于面向公众需求的档案资源建设与服务联动模型的形成。

②机构环境。

机构环境主要是档案机构的环境,是档案事业发展的内部环境,例如档案工作制度、档案资源建设与服务的组织、档案标准的制定等,构成了档案资源建设与服务的直接环境。机构环境是实现面向公众需求的档案资源建设与服务联动模型的具体环境,直接影响到模型的应用与实现,必须慎重对待。一旦这种环境尚未建立,或建立后遭到破坏,档案资源建设与服务工作就会无法开展。例如,数字档

---

①　社会环境[EB/OL].[2013-11-11].http://baike.baidu.com/view/875906.htm? fr=aladdin.

案资源建设过程中,一旦缺乏标准,包括收集标准、存储标准等,其利用工作就难以开展。由此看来,关于档案资源建设与服务的组织、标准的制定等都起着非常重要的作用,是满足公众需求的支撑。然而,基于用户的角度,这些方面都是用户看不到的。与用户密切相关的是档案管理机构构建的各种平台,平台建设更为公众所关心,是关系到面向公众需求的档案资源建设与服务联动模型实现的关键。

③用户环境。

用户环境主要是档案用户的信息素养、知识水平、档案意识以及对档案的需求层次等。面向公众需求的档案资源建设与服务联动模型要实现,与社会档案用户环境的好坏息息相关。数字时代背景下,档案资源建设与服务都呈现出数字化、网络化等特点,这给档案资源的利用带来便捷的同时,也给档案用户适应数字化和网络化背景下的档案服务带来挑战。因此,构造良好的用户环境,必须关注档案用户的信息素养、知识水平等,同时还要努力提升社会档案意识,挖掘档案用户的需求。

7.3.1　搭建"三个"联动的平台

档案资源建设与服务联动模型的实现需要搭建资源建设、服务以及用户管理的联动平台。三个平台间有一定的逻辑关系,是相互关联的,其最终目的是满足公众需求,实现档案资源建设、档案服务与档案用户的动态联动(见图7-24)。总体上看,平台的动态联动机制表现为:资源通过入口进入到档案资源建设平台,通过对档案资源的优化、对档案信息资源的整合与开发以及对档案"知识"的深度挖掘,形成完整的档案资源体系和高质量的档案产品。资源建设成果通过服务平台提供给公众,满足社会档案需求的同时刺激更广泛的公众群体需求的产生。通过档案用户管理平台将用户的反馈以及公众需求,传达给服务平台和资源建设平台,最后服务平台根据这些用户的反馈和公众的需求对平台进行改进,资源建设平台则对档案资源建设的重点和方向进行调整。

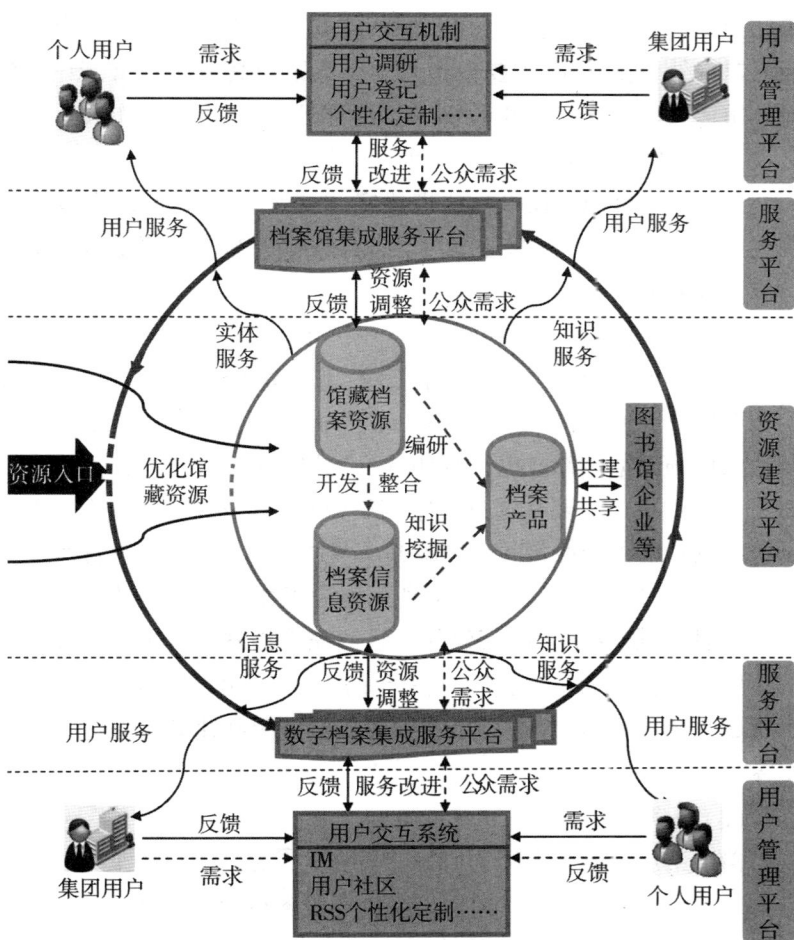

图 7-24 面向公众需求的档案资源建设与服务联动平台及其运行机制

(1)档案资源建设平台的搭建

档案资源建设平台包括两个板块:①馆内档案资源建设;②馆内外合作共建。馆内档案资源建设主要分成三个阶段:第一阶段是通过收集工作来优化馆藏资源的结构,这一阶段积累的实体档案资源和数字档案资源是档案资源开发利用的基础;第二阶段是对馆藏档案信息资源的整合与开发,建立目录、全文、元数据、多媒体等各类档案信息资源数据库,开展档案编研工作;第三阶段是对档案信息资源中知识内容的深度挖掘,通过一定的方式加工成为档案知识服务产品。馆内外合作共建,主要包括某个档案馆与其他档案馆、图书馆、博物馆以及其他企事业单位、个人或组织通过一定的合作共建共享协议,开发特定的档案产品。这种合作往往都基于某种共同的利益而展开。档案资源建设平台的搭建应该以社会需求为导向,以提供档案服务为目的,让资源建设在动态过程中成为驱动档案服务平台运作的源泉和动力。

(2)档案服务平台的搭建

档案服务平台同样包括两个板块:①档案馆集成服务平台;②数字档案集成服务平台。首先,档案馆集成服务平台主要向用户提供基本的现场阅览、借阅、提供复印件、出具档案证明等服务。数字档案集成服务平台主要是通过数字档案馆和档案网站,向用户提供信息服务以及各种个性化的定制服务。两种平台之间是一种优势互补的关系,也是目前我国开展档案利用服务工作较为理想的选择。当前,我国档案服务平台的搭建除了继续完善档案馆内集成服务平台的建设外,还需要加快数据集成平台的建设,紧紧围绕数字档案馆系统集成平台建设,依靠国家相关开放档案资源共建共享系统平台的支撑。

(3)档案用户管理平台的搭建

档案用户主要分为两类:①个人用户;②集团用户。个人用户就是指以满足个人需求为目的而接受档案服务行为的个体。集团用户就是指以满足集体需求为目的而接受档案服务行为的企事业单位、社会团体。档案用户管理平台主要是通过档案馆建立用户交互机制,对个人或集体用户的需求进行调研,分析用户利用的反馈,并将公众需求、反馈信息传达到档案服务平台以及档案资源建设平台;通过数字档案馆或者档案网站的用户交互系统接口,为公众提供交流与互动的空间,实现对档案资源的查找、分析、利用与评价,满足用户的个性化服务需求。通过与用户之间的交互行为,了解用户在不同时期的不同档案需求,根据用户的需要,使档案资源动态地聚合和优化重构,对档案服务方式和内容进行改进,将分布资源和分散服务按照一定的知识管理规则和服务目的有机地连接成一个整体,从而向公众提供一体化、个性化的档案服务。

7.3.2 创新档案资源建设机制

档案资源建设的最终目标是实现档案资源的价值,而得到社会的利用才是实现档案资源价值的根本途径。因此,必须建立以用户需求为导向,以提供档案服务为目的的档案资源建设机制,让档案资源建设在动态流动的过程中成为驱动档案服务平台运作的源泉和动力。要建立面向公众需求的档案资源建设机制,必须从以下几个方面着手:

(1)控制资源入口,优化馆藏结构

长期以来,受"国家档案观"的影响,我国各级综合档案馆主要收藏党政机关形成的文书档案,轻视基层企事业单位形成的档案,尤其是轻视普通民众形成的档案[①]。所以,目前我国各级国家档案馆馆藏结构不合理的现象普遍存在。另外,在档案信息化建设的浪潮下,全国各级档案馆争先开展档案数字化工作,这在一定程度上为将来的数字档案服务奠定了基础,但部分档案馆缺乏科学的规划,不分主次地盲目开展数字化工作,造成信息化建设进展缓慢。这些因素都对现阶段的档案资源建设与服务工作造成了不利影响。鉴于此,各综合档案馆首先应立足已有馆藏档案资源,注重对有"特色"、有"价值"的档案资源进行开发。其次,要了解社会档案需求,收集公众对档案资源利用的反馈信息,并根据社会公众档案需求的变化趋势决定档案资源建设的方向和内容,对档案资源的"入口"进行控制,有针对性地开展档案收集工作。

2012年国家档案局第9号令提出要加强对重大活动、重要人物、重点建设、地方特色"三重一特"档案资源的建设工作[②]。以"三

① 蒋冠.国家综合档案馆馆藏资源建设策略探析[J].档案学研究,2011(5):37.

② 国家档案局.国家档案局第9号令[EB/OL].[2015-05-10].http://www.tianmen.gov.cn/root10/szbm/0036/201204/t20120425_207940.html.

重—特""档案服务民生""档案文化建设"等新的需求为导向的档案
资源建设正在形成。如 2012 年杭州市上城区档案局与有关单位建
立合作关系,以"传承文化记忆,品味杭言之美"为主题,以"开发、整
理、研究与宣传杭州方言,记录和传承杭州话的地道腔音"为载体,
构建了体系完备的杭州方言语音档案资料库①。从 2013 年起,湖北
省各级档案馆新增馆藏 100 万卷,总量已经达到 2 000 万卷,其中民
生档案 1 100 万卷②。

(2)跨越机构鸿沟,注重协同开发

公众需求是推动档案资源建设的强大动力。只要整个社会的发
展不停止,社会对档案的需求就不会停止。且无论在内容还是形式
上,都会不断有新的、更高的要求被提出③。因此,档案机构亟须创
新工作机制,跨越机构鸿沟,注重协同开发,以满足多样性的公众需
求。

①"资源+资源"型共建共享。

受某些因素的影响,同一主题下的档案资源可能分散保存在不
同的机构或地区,"各有其主"。对这类档案资源应进行跨机构、跨
区域的共建。然而,共建过程涉及资源拥有主体与开发主体间的利
益博弈。资源拥有主体往往不愿与其他机构共享自己的"果实",特
别是对于有重要价值的特色资源。因此,各主体的共享意愿和意识
决定着资源共建的实现。要突破这种主观的制约,各主体要走向联
合,共同开发,共享成果。实践中,此类合作已十分普遍,如中国第二
历史档案馆与广州市档案馆合作开发"民国广州档案"史料④,以及
中国第一历史档案馆与广州市荔湾区档案馆合作开发"清代广州十

① 黄志锋.服务大众:档案工作的使命——2012 年度全省档案系统创新
破难典型案例比较分析[J].浙江档案,2013(4):32.
② 中国档案编辑部.新起点 新开端—— 2013 年部分省份档案工作创新
点[J].中国档案,2013(4):23.
③ 冯绍霆.编研工作的创新和规范化[J].档案学通讯,2000(4):13.
④ 广州市档案局.资源整合,创新利用——中国第二历史档案馆与广州市
档案局(馆)合作开发"民国广州档案"史料[EB/OL].[2014-06-09].http://
www.gzdaj.gov.cn/gzdt/200708/t20070816_798.htm.

三行"系列档案①。

②"资源+媒体"型协同开发。

计算机与网络技术的发展,使人们获取信息的媒介愈加丰富。开发满足公众需求的档案产品,并通过通俗易懂的形式主动呈现给广大公众,是新时期档案资源建设与服务的重要方向。档案机构,一方面要立足馆藏优势资源,打造精品;另一方面要拓展开发渠道,寻求与社会媒体的协同开发机制,力求实现档案品牌开发的常态化。档案机构主动与社会媒体进行协同开发,不仅可以通过报纸、杂志等平面媒体展示传统编研产品,还要更加注重利用电视、网络、社交媒体等展示各种专题片、纪录片、电视剧、电影等电子音像产品。近年来,这类合作在实践中已很普遍,如:2009 年开播的北京电视台《档案》栏目;外交部档案馆与中央电视台、凤凰卫视、上海电视台等媒体合作,利用开放档案制作的大量专题纪录片②。

7.3.3 完善档案集成服务机制

(1)数据集成平台建设

在现代信息技术的推动下,各个行业和部门都渴望实现在网络上分布式业务数据和跨系统的数据信息共享,但大量的数据往往以不同的格式保存在不同的系统环境中,阻碍了共享的实现。针对这一问题,计算机科学领域的学者进行了大量的研究,探讨了基于XML、组件、适配器、BizTalk 等技术的数据集成平台的设计与实现,以解决企业大量分布的异构数据造成的"数据孤岛"现象。因此,数据集成就是要将不同来源和格式的分布式异构数据集成到一起。异构数据集成就是指对已经存在的多个异构的数据库,在尽量少地影响其自治性的基础上,构造具有用户所需要的某种透明性的分布数据库,用来支持在物理空间上分布的多个数据库的全局访问和数据

---

① 李国荣,覃波.档案信息资源的开发利用[EB/OL].[2014-06-09].ht-tp://www.idangan.com/Achievement_info.asp? id=271.

② 李国荣,覃波.档案信息资源的开发利用[EB/OL].[2014-06-09].ht-tp://www.idangan.com/Achievement_info.asp? id=271.

库间的互操作性①。

随着我国档案信息化建设和数字档案馆建设的不断深入,形成了大量的数字档案信息资源数据库。但在实际工作中,由于缺乏统一的标准和规范,使得这些数字资源当中也包含了众多的异构数据源。因此,要实现数字档案信息服务,就需要加快数据集成平台的建设。1993 年创立的 Informatica 是全球领先的独立企业数据集成软件提供商,自 2005 年正式进入中国之后,很快就在包括金融、电信、制造、政府、保险、公众服务等多个领域获得突破,并帮助众多企业构架随时随地呈现正确而重要信息的数据整合平台。面对日益增加的数字档案信息,档案机构引入类似 Informatica 的专业数据集成软件进行档案数据集成平台的搭建,是完全有必要的。面对海量的异构档案大数据,档案部门除了标准和规范的引导,还应加快数据集成平台的建设,以实现数据的集成服务。例如,近年来,上海档案部门建立了覆盖全市 208 个社区事务受理中心的上海民生档案工作远程服务系统平台以及开放档案资源集成平台,实现了婚姻登记、计划生育、知青上山下乡、知青返城和知青子女回沪五类档案的“就地查询、跨馆出证、馆社联动、全市通办”,同时实现了全市各综合档案馆开放档案一站式查询②。

(2) 系统集成平台建设

21 世纪初,我国档案界对数字档案馆的建设远景进行了构想,对其无障碍的跨库资源共享的强大功能寄予了厚望。例如,何嘉荪认为:“数字档案馆不仅仅是馆藏得到数字化以及管理工作实现了信息化的档案馆和档案馆群体;它实质上是一个通过计算机互联网网络有序处理和集成管理在结构各异的多种信息平台上产生的多样的电子文件、档案以及其他信息,确保这些数字信息资源的真实性、完整性和持久有效性,并实现上述信息资源跨库共享的超大规模、分

---

① 李文阔.基于 Web Services 的数字图书馆异构数据集成平台研究[D].大连:辽宁师范大学,2012:2.

② 上海档案信息网.民有所呼,我有所应——上海民生档案工作远程服务创新纪实[EB/OL].[2015-05-10].http://www.archives.sh.cn/dalt/daggz/201504/t20150401_42072.html.

布式和可扩展的数字信息系统。"①冯惠玲认为,"数字档案馆是采用现代高新技术所支持的数字档案信息系统,是档案信息组织模式,代表的是一种信息环境和基础设施构建,是超大规模的,便于使用的、没有时空限制的知识信息中心"②。傅荣校认为,"数字档案馆是一个电子化信息的仓库,能够存储大量各种形式的信息,用户可以通过网络方便地访问它,以获得这些信息,并且其信息存储和用户访问不受地域限制,它能把包括多媒体在内的各种信息的数字化、存储管理、查询和发布集成在一起,使这些信息得以在网络上传播,从而最大限度地利用这些信息"③。李国庆认为,数字档案馆的含义有广义和狭义之分:广义的数字档案馆是指存储和利用档案信息资源的信息空间,是一个由众多档案资源库群、档案信息资源处理中心、档案用户群构成的数字档案馆群体,是一个以有序的信息空间和开放的信息环境为特征,面向对象的分布式网状结构模式;狭义的数字档案馆指其中的个体档案馆,其功能包括信息采集、整理、存储、检索、传递、保管、保护、利用、鉴定和统计等全过程,代表的是一种信息环境和信息基础设施④。这些学者的定义大多倾向于将数字档案馆界构想成一种"信息系统"或"信息空间",实质上是将所有类型的档案信息囊括其中的、基于数字化存储和网络化存取的信息空间。这种认识基本把握了数字档案馆的本质,同时也表达出人们对于数字档案馆能够最广泛、最大限度地实现档案信息资源共享的美好愿望⑤。

2010 年,国家档案局发布了《数字档案馆建设指南》。该指南指出:"数字档案馆是指各级各类档案馆为适应信息社会日益增长的对档案信息资源管理、利用需求,运用现代信息技术对数字档案信息

① 何嘉荪.保存电子文件背景信息的重要手段——再论全宗、案卷形态的异化[J].档案学通讯,2001(5):43.

② 肖秋惠.我国数字档案馆与电子文件中心建设述评[J].档案学通讯,2008(6):11.

③ 傅荣校.关于数字档案馆的思考[J].档案学通讯,2001(5):26.

④ 李国庆.数字档案馆概论[M].北京:中国档案出版社,2003:10,28.

⑤ 肖秋惠.我国数字档案馆与电子文件中心建设述评[J].档案学通讯,2008(6):12.

进行采集、加工、存储、管理,并通过各种网络平台提供公共档案信息服务和共享利用的档案信息集成管理系统。"数字档案馆建设的目标是:紧紧依靠国家和当地信息化基础设施建设环境,充分利用各种政务网平台、公众网平台以及各类网络资源,以先进的信息技术为手段,集成建设适应本部门本单位一定时期内数字档案管理需要的网络平台,开发应用符合功能要求的管理系统,推动馆藏档案资源数字化、增量档案电子化,逐步实现对数字档案信息资源的网络化管理,以及分层次、多渠道提供档案信息资源利用和社会共享服务。这一指南的发布,为我国数字档案馆的建设指明了方向。

当前,我国数字档案馆基础设施建设已经不断加强,并形成系统集成平台为公众提供利用。全国副省级市以上档案馆基本完成"三网一库"(机关内部办公网、办公业务资源网络、公共管理与服务网络和电子政务信息资源库)基础设施建设,部分档案馆(室)还进行了文档一体化、电子文件归档管理、电子档案管理、电子档案移交接收、电子文件中心、中心机房等系统和软硬件建设。例如,北京市65%的市属单位办公自动化系统具有电子文件归档管理功能,77%的市属单位使用电子档案管理系统。天津市档案馆改建了"三网一库",基于互联网的全市档案信息共享平台满足了人民群众"在家看档案"的要求,基于政务网的电子档案接收报送平台也建成使用。吉林省档案馆建成以局域网、公务网、互联网为平台,以电子文件归档管理系统为核心,以档案目录中心、文档管理系统、档案网站信息发布为支撑的基本体系。江西省档案馆建设了"三网"网络综合布线系统、软硬件与安全集成项目、电子档案接收管理系统、声像电子文件(档案)采编系统。辽宁省档案馆开发了省直机关电子文件接收与归档平台,并在 70 家省直机关试点单位进行推广,30 家单位的电子文件顺利完成在线归档。四川 21 个市(州)档案馆中,多数具备了数字档案馆所必需的基础设备和网络平台。云南各新建馆普遍规划和建设 100 平方米以上的标准化中心机房,设置电子文件中心、电子档案查阅场所,布设标准规范物理隔离网络①。

---

① 杨冬权.在全国数字档案馆(室)建设推进会上的讲话[J].中国档案,2013(11):17.

  系统集成平台建设的一个重要目标就是要实现档案资源共享。经过十多年的发展,我国档案信息化建设成果显著,这些都为我国档案信息资源的共建共享准备了条件。在此基础上,部分地区的档案机构已经开始了档案信息资源共享的实践。例如,2012 年 3 月,广东省档案馆、广州市档案馆和深圳市档案馆三个馆的信息资源已经实现了互联互通。2012 年,国家档案局主持的课题"基于云计算的国家公共档案信息资源共享服务平台研究及实践"研究展开,并同时在浙江省、辽宁省、天津市、青海省、长春市档案局等单位进行试点。2012 年 12 月 25 日召开的全国档案局(馆)长会议上提出,今后要按照党的十八大关于"新四化"的要求,在新的起点上进一步推进档案信息化。要树立"内容为王"的观念,从过去以技术为主导转向以服务为主导,从注重应用信息技术向注重档案内容信息化转变,建设以服务为主导的档案信息化体系。从 2013 年开始搭建全国开放档案和政府公开信息资源共享平台;主要路径是由国家档案局建立统一平台,各地档案机构建立区域性平台,实现上下联通、资源共享;同时,省档案局可以统领全省各地,建立区域性平台,让地级市参与进来;或者由地级市建立平台,让县参与进来,就这样一级一级参与进来,最后整合形成一个系统的平台①。

  2013 年,国家档案局档案科学技术研究所已正式启动了"国家开放档案信息资源管理与共享利用综合系统建设项目"。该项目将分三期进行。一期将搭建云服务平台,初步建成国家开放档案信息资源管理与共享利用综合系统,整合全国 50 家国家综合档案馆(31 家省、自治区、直辖市档案馆,5 家计划单列市档案馆、10 家副省级市档案馆、新疆生产建设兵团档案馆,以及 3 家中央级档案馆)的开放档案信息资源,目录及原文数据达 100 万条,并建立部分热点档案专题库,于 2013 年 12 月提供互联网查询利用服务,从而初步形成标准规范体系架构,起草部分标准及管理制度。二期开始继续深化本项目系统建设,扩充对更多档案类型的支持,实现全文检索等基础服务

---

  ① 周峰林.全国开放档案和政府公开信息资源共享平台建设——专访国家档案局巡视员王良城[J].浙江档案,2013(1):13.

377

功能,启动分中心建设工作,实现数据资源总量翻番;进一步完善标准体系建设,并启动地市县级档案馆的"平台"接入工作;同时探索依托"平台",为经济欠发达或技术力量薄弱地区档案馆建设档案信息综合管理系统,并提供异地备份服务。三期计划在 2015 年完成,三期全部建成后,即全面完成国家开放档案信息资源管理与共享利用综合系统建设。探索开展专业档案馆的"平台"接入工作,建立科学合理的标准规范体系和安全保障体系;力争完成全国所有国家综合档案馆的接入工作,进入"平台"全面运行阶段,保证支撑每年 100 万条档案目录及原文增量数据的正常运行。当前,国家开放档案信息资源共享利用系统已经集成了包括中央档案馆,中国第一、二历史档案馆以及各地方档案馆在内的 50 家档案馆所提供的历史人物、历史事件、珍品档案、新中国成立后档案、革命历史档案以及民国档案六个类别的开放档案资源。

7.3.4　构建档案用户管理机制

信息用户是信息服务的对象,对于信息管理工作的开展具有重要的意义。凡具有一定社会需求和与社会信息交互作用条件的一切社会成员(包括个体和团体)皆属于信息用户的范畴①。而档案用户就是指档案资源的利用者,即具有利用档案信息资源条件的一切社会成员。面向用户的信息服务通常注重对用户信息需求、用户信息心理等问题进行分析,注重与用户进行信息交流与沟通,通过对信息用户的系统研究来促进信息服务的发展。然而,长期以来,档案机构却忽视了对档案用户的调查与研究。进入 21 世纪,随着"面向公众需求"的档案服务理念的形成,档案界开始关注用户研究与档案管理的关系,对档案用户的类型、用户需求、影响用户需求的因素以及用户的心理特征等内容进行研究。新时期,档案用户已经成为档案资源建设与服务的重要联结点,注重档案用户的培育是实现面向公众需求的档案资源建设与服务联动的重要步骤。有效的档案资源建设与档案服务工作不仅仅是适应和满足现有社会需求,更为重要的

---

① 　胡昌平.信息服务与用户[M].武汉:武汉大学出版社,2008:4.

是创造和引领新的社会需求①。

（1）开展用户交互

注重与档案用户的交互是档案资源建设与服务工作的重要方面。档案工作开展用户交互，不仅要在档案机构建立一定的用户利用登记与反馈制度，随着档案网站的建立，特别是数字档案馆的建设，这些系统平台的设计还要更加注重用户交互设计。为用户提供一定的空间，便于用户的信息反馈以及与用户的交流。在 Web 2.0 时代，档案机构要善于利用即时通信（IM）、博客（Blog）、维基（Wiki）、微博、微信、移动 App 等应用技术平台，让用户与用户之间以及档案机构与用户之间建立良好的交互环境（详见本书第 8 章）。据调查，我国当前已有超过 162 家档案机构建立起官方微博平台，45 个档案机构建立起官方微信平台②，在档案知识和文化的传播、用户交互方面发挥着重要的作用。以美国国家档案网站为例，在其旧版网站中设有专门的用户反馈邮箱和站点统计工具。用户反馈邮箱是网民给网站建言献策的重点通道，站点统计工具则是网站技术人员了解各栏目、页面受欢迎程度的主要方式。通过反馈邮箱收集到的用户建议和站点统计工具中统计出的页面点击率，网站工作人员可以分析出用户的意愿和喜好。2010 年，在网站改版过程中，网站工作人员通过广泛的数据调查和分析来掌握用户需求，并通过联网卡片分类以及公众投票的方式来获取公众对网站建设的意见，很好地体现了以用户为中心的理念③。

（2）做好用户培育

信息时代，用户获取信息的媒介越来越多，设备越来越智能化。档案机构要善于利用现代化的传播手段主动"影响"用户、"发现"用户，为档案资源建设与服务工作创造更多机会。要实现这种良性循

---

① 吕元智.论现阶段我国档案信息资源复合动态服务模式构建［J］.档案学通讯,2007(2):42.

② 施瑞婷.国家综合档案馆"官微"传播行为分析——基于新浪微博和微信平台的实证研究［J］.档案学研究,2015(2):81.

③ 档案网站建设,谁主沉浮？——美国国家档案网站改版中的公众意愿［N］.中国档案报,2015-04-20(3).

环,档案机构必须做好用户培育工作。首先,要通过多渠道培养公众的档案意识和素养,增强其利用档案信息资源的主动性。其次,要采取措施刺激和引导社会公众的档案需求,如:①通过采用"用户—吸引"模式、智力型服务模式等主动服务方式,把档案信息资源推送到用户面前,改变档案信息服务工作的被动局面,培育用户对档案信息资源的需求;②通过深度加工档案信息资源,全方位、多层次地开发档案文化精品,努力打造档案文化品牌,扩大档案信息资源的社会影响,并有策略地选择相配套的服务方式,引导社会公众对档案信息资源进行消费①。

(3)关注公众满意度评测

公众满意度,即用户满意度或顾客满意度(Customer Satisfaction),是顾客对所购买的产品和服务的满意程度,以及能够期望他们未来继续购买的可能性②。本课题组认为,公众满意度也可以应用到档案资源建设与服务方面,它是指以公众为核心,以公众主观感受为标准,对档案资源及其相关的服务的满意程度。公众在利用档案资源以及接受档案服务的过程中,会将自身的心理预期与资源可用度、对服务的满意程度进行相应的内心感受比较,继而形成不同程度的主观评价,这种主观评价就反映出公众的满意度,从而映射出面向公众需求的档案资源建设与服务的水平(详见本书第9章)。

显然,实现档案资源建设与服务互动模型需要一定的保障机制,包括政策引导、标准规范、组织优化等。此互动模型的保障机制属于档案资源建设与服务保障机制的一部分,在此不再赘述,可以参见本书第10章。

---

① 吕元智.论现阶段我国档案信息资源复合动态服务模式构建[J].档案学通讯,2007(2):43.
② 余玲,邓敏,等.基于用户满意度的图书馆整体电子资源使用评价模型[J].现代情报,2007(7):58.

第8章　新媒体下面向公众需求的档案服务的拓展

　　传统的档案服务已经无法满足当下公众对于档案信息的需求。网络环境下,档案信息资源利用服务主要包括在线检索服务、电子邮件在线交互服务、信息服务机构提供的网上联合服务、信息产品服务等①。20世纪90年代末期开始,社交媒体(Social Media)开始发展,对档案服务工作起到了巨大的推动作用。NARA紧紧抓住这一契机,通过Twitter、YouTube、Facebook和Flickr等社交媒体开展了多种创新性档案服务,使用社交媒体的数量已经超过20种,而我国国家档案馆尚未使用任何社交媒体②。LAC(加拿大图书档案馆)现场接待量在每月2000人次左右,且呈现出明显的递减趋势,远程访问量正在迅速而持续的增长,点击量则在每月50万人次左右③。

　　新媒体是近年来才广泛兴起的,它是一个相对于传统媒体的概念。当前,我国部分地方档案管理部门已经意识到新媒体在档案服务中的潜力,并开始了尝试。例如,上海、山西、浙江、福建、河南等省的综合档案馆开通了博客或微博,力行"织博为民";十堰市档案局

---

　　①　庄晨晖.档案信息资源开发与利用问题探讨[J].四川档案,2009(6):28.

　　②　刘晓菲.论社交媒体在档案馆中的应用[J].北京档案,2014(2):16.

　　③　丁枫.加拿大国家图书馆与档案馆转变服务模式[EB/OL].[2013-11-30].http://www.saac.gov.cn/news/2012-2013/15/content_6342.htm.

(馆)推出手机微信查询开放档案和现行文件的服务。但是,新媒体
在我国档案服务中毕竟还没有引起足够的重视。学界针对新媒体下
的档案服务的研究也处于初步探索阶段。本章将从宏观层面,对新
媒体(以社交媒体为核心)下档案服务的拓展进行初步探索。

8.1　新媒体概述

随着我国互联网络普及率的逐年攀升,对微博、微信等新媒体的
应用,不仅深刻地影响着我国的网络文化建设,也极大地推动着国家
公共服务的改革创新,对档案服务提出了新的要求。因此,系统地了
解新媒体,分析其特性及类型,对于档案服务的应用具有重要的意
义。

8.1.1　新媒体的概念与内涵

在信息技术迅速发展的时代背景下,一种新型的媒体形态应运
而生并席卷全球,逐步渗透到社会生活的各个领域,并对人类生活产
生日益广泛而深刻的影响,这种新型的媒体形态被称为"新媒体"。
自"新媒体"一词出现以来,国内外学者纷纷尝试对其进行定义,虽
未形成一个明确的定义,但学者们对"新媒体"都有了较为一致的认
识。

1967 年,美国哥伦比亚广播电视网(CBS)技术研究所所长戈尔
德马克(P.Goldmark)在一份商品开发计划中,首次提出了"新媒体"
(New Media)一词①。1969 年,美国传播政策总统特别委员会主席
E.罗斯托(E.Rostow)在向总统尼克松提交的研究报告中,也多处使
用了"New Media"一词②。此后,"新媒体"一词被广泛使用。联合
国教科文组织认为,"新媒体就是网络媒体"。1998 年,联合国教科
文组织把网络列为报纸、广播、电视之后的"第四媒体"。

美国的新媒体艺术家列维·曼诺维奇(Lev Manovich)认为,"新

---

① 匡文波.“新媒体”概念辨析[J].国际新闻界,2008(6):66-69.
② 匡文波.“新媒体”概念辨析[J].国际新闻界,2008(6):66-69.

媒体将不再是任何一种特殊意义的媒体,而不过是与传统媒体形式相关的一组数字信息,但这些信息可以根据需要以相应的媒体形式展现出来"①。美国杂志对新媒体的定义为:"所有人对所有人进行的传播。"这一定义,强调了新媒体的互动性,这也是新媒体区别于传统媒体的重要特点②。资深媒体分析师 Vin Crosbie 将新媒体定义为"能对大众同时提供个性化内容的媒体,使传播者和接受者融会成对等的交流者、而无数的交流者相互间可以同时进行个性化交流的媒体"。传统的交流模式多为"一对一"或"一对多",而新媒体实现了"多对多"的交流,它不仅使交流者拥有平等的参与权,而且使交流者享有充分的言论自由权③。

　　清华大学熊澄宇认为:"所谓新媒体是一个相对的概念,'新'相对于'旧'而言。从媒体发生和发展的过程当中,我们可以看到新媒体是伴随着媒体发生和发展在不断变化。广播相对报纸是新媒体,电视相对广播是新媒体,网络相对电视是新媒体。今天我们所说的新媒体通常是指在计算机信息处理技术基础之上出现和影响的媒体形态。这里有两个概念,一个是出现,是指以前没有出现的;一个是影响,所谓影响就是受计算机信息技术影响而产生变化的,这两种媒体形态是我们现在说的新媒体。"④该定义从时间维度阐述了新媒体的含义,认为新媒体不仅要具有破旧立新的新形式,还要具有前所未有的新技术。

　　中国人民大学匡文波认为,新媒体是"借助计算机或具有计算机本质特征的数字设备传播信息的载体"。他将新媒体分为网络媒体、手机媒体和未来的交互式数字电视,其中网络媒体包括搜索引擎、网络报纸期刊、博客、各类网站等,手机网络包括手机图书、手机

---

　　①　刘军.试论影像媒体语言的流变[J].广播电视与教育,2003(2).

　　②　方兴东,胡泳.媒体变革的经济学与社会学——论博客与新媒体的逻辑[J].现代传播,2003(6):80.

　　③　景东,苏宝华.新媒体定义新论[J].新闻界,2008(3):57.

　　④　熊澄宇.中国媒体走向跨界融合[EB/OL].[2015-05-10].http://www.china.com.cn/chinese/OP-c/386927.htm.

报纸、手机微博、手机电视等①。该定义从外延维度定义了新媒体，并区分了新媒体的具体形式。

国务院发展研究中心局长岳颂东提出："新媒体是采用当代最新科技手段，将信息传播给受众的载体，从而对受众产生预期效应的介质。"新媒体从传播学的角度被当作一种介质，突出强调其传播功能以及对受众的影响②。该定义更加侧重新媒体的传播影响力及其介质功能。

上海交通大学的蒋宏和徐剑则认为，就内涵而言，新媒体是社会信息传播领域出现的建立在数字技术的基础上，使传播信息大大扩展、传播速度大大加快、传播方式大大丰富的新型媒体总和。就外延而言，新媒体包括了光纤电缆通信网、有线电视网、图文电视、电子计算机通信网、大型电脑数据库系统、卫星直播电视系统、互联网、手机短信、多媒体信息的互动平台、多媒体技术广播网等③。该定义将新媒体的传播功效和外延部分紧密结合，对新媒体的组成要素进行了广泛阐述。

2011 年 7 月，《中国新媒体发展报告（2011）》发布。中国社会科学院李慎明指出，从某种意义上说，新媒体的性质已发生了根本性的改变，不仅远远超越了传统媒体的属性，而且大大突破了互联网和手机的传媒和通信工具角色，成为与人类社会深度融合，并促使国家社会发生全面变革的社会化媒体。该内涵探索的意义已经超出了新媒体作为介质的传播功能，深入到性质本身，更加关注新媒体与人类社会的交融。

综上所述，新媒体的概念应有广义和狭义之分，广义上的新媒体是"利用数字技术、网络技术和移动通信技术为依托，通过互联网、宽带局域网、无限通信网和卫星等渠道，以电视、电脑和手机为主要输出端，向用户提供视频、音频和语音数据服务、连线游戏、远程教育

---

① 匡文波."新媒体"概念辨析[J].国际新闻界，2008（6）：66.

② 杨安.新媒体视域下中国共产党密切党群关系研究[D].兰州：兰州大学，2014.

③ 蒋宏，徐剑.新媒体导论[M].上海：上海交通大学出版社，2006.

等集成信息和娱乐服务的所有传播手段或传播形式的总称"①。狭
义上的新媒体是以改变传播为诉求,以新的传播技术为依托,强调内
容生产的分散和个性化,重视互动和体验②。本书采用广义上的新
媒体。而在当前的社会背景下,又主要体现为以计算机和手机为信
息载体的新媒体。

8.1.2　新媒体的类型与特征

8.1.2.1　新媒体的类型

相比于报刊、广播、电视等传统媒体,新媒体突破了"一对一"
"一对多"的传统沟通方式,提供了更为个性化的交流渠道,具有显
著的互动性和开放性特征,传播内容丰富,媒体类型多样。如何对新
媒体的类型进行科学而合理的划分,对人们认识、研究和应用新媒体
至关重要。依据新媒体的传播载体,一般将其划分为新电视媒体、网
络媒体和手机媒体三种类型。

(1)新电视媒体

电视作为传播媒体,早在 20 世纪就已出现,但随着信息技术和
互联网技术的迅速发展,电视媒体得以不断更新、发展,呈现出新特
点。第一,交互网络电视(IPTV),即以互联网为基础,传播电视节目
的交流沟通方式。交互网络电视的接受者具有较强的主动性,可以
根据自己的兴趣爱好有选择地观看电视节目,最大限度地满足自身
的需求。交互网络电视把网络交互优势与电视节目传统优势结合起
来,实现了网络技术与电视媒体的高度融合,使其不仅具有传统电视
媒体的内容,还增加了网页浏览、网络游戏、电子商务、远程教育等增
值业务,发展成为传播公共知识和沟通信息的重要工具。第二,移动
电视,即一切可以通过移动的方式接受无线信号收看电视节目的技
术或应用,尤其是指在公共交通工具上播放电视节目的技术或应用。
移动电视是移动通信技术和广播电视技术相融合的产物,它具有移

---

① 宫承波.新媒体概论[M].北京:中国广播电视出版社,2012:4.

② 张弛.新媒体背景下中国公民政治参与问题研究[D].长春:吉林大学,
2015.

动性强、覆盖面广、时间便捷等特点,不仅可以向电视用户传递数据、视频、文本、音频等媒体服务,还可以向社会发布各种有用信息,如地铁移动电视、公交移动电视等①。

（2）手机媒体

手机媒体是指以网络为数据平台,以手机为视听终端的信息传播载体。手机媒体的最大优势就是携带方便、使用灵活、高效便捷,被公认为继报刊、广播、电视、互联网之后的"第五媒体"。与其他传播媒体相比,手机新媒体具有即时性、互动性和私密性特征。用户通过手机不仅可以通话交流,还可以游戏娱乐、购买服务、阅读新闻等。尤其是随着智能手机的大量涌现,以智能手机为互联网数据终端,融合了报纸、广播、电视的信息交流和传播,成为信息交流和聚合的新平台②。

（3）网络媒体

网络媒体是以计算机和互联网为传播载体,能够有效传播文字、图像、音频、视频等信息的新媒介,它是真正意义上的数字化媒体。与其他媒体比较,网络媒体具有传播范围广、保留时间长、信息数据大、开放性强、交互性强、成本低、效率高等优势。网络媒体的特点主要体现在以下三个方面:第一,迅捷性,网络媒体传播速度快捷,信息来源广泛,制作发布信息简便,具有实时传播的特征。尤其是在报道突发性事件和持续发展的新闻事件上,网络媒体的"信息刷新"相比于传播媒体的"滚动播出"则更胜一筹。第二,多媒体化,网络媒体整合了报纸、广播、电视三大媒介的优势,实现了文字、图片、声音、图像等传播符号和手段的有机结合。第三,交互性,网络媒体使得公众与媒介的传受地位发生了重大变化,实现了传受双方双向互动的传播效果。信息的传播不再局限于传播媒体的"推送",转而变成公众在网络信息市场中的主动获取,公

---

① 张弛.新媒体背景下中国公民政治参与问题研究[D].长春:吉林大学,2015.

② 张弛.新媒体背景下中国公民政治参与问题研究[D].长春:吉林大学,2015.

众可按自己的意愿各取所需①。

8.1.2.2 新媒体的特征

与传统媒体相比,新媒体在传播方式、传播范围、传播内容、传播对象等方面存在明显差异,具有以下几点显著特征:

(1)交互性与即时性

新媒体在交互性和即时性方面具有传统媒体不可比拟的优点②。传统媒体的信息传输方式局限于"一对一"或"一对多"的形式,信息受众只能接收信息,而缺乏相应的信息反馈途径。相比而言,新媒体实现了信息传播与信息接收的互动,任何个体或组织都有可能同时成为信息的传播者和接收者,任何一个传输点都有可能成为信息的新源点,因此,交互性是新媒体传播的本质特征③。新媒体极大地缩短了信息传播的时间,缩小了信息传播的空间,不仅实现了信息传播在时间上的对等性和同一性,促使人们及时交流,也使得信息交流者得以跨越空间障碍进行互动。

(2)海量性与共享性

新媒体时代,信息发布呈现出低技术要求、低门槛和多层次等特征,信息主题呈现多领域、随意性和生活化等特征;不管是媒体信息,还是用户群体,都表现出海量的特征。与此同时,国内外信息渠道的畅通,满足了人们多样化的需求。不同于传统媒体的"信息垄断"和"渠道单一",新媒体带来的大数据浪潮,使得信息达到了空前的共享性,任何人只要具有信息设备和信息获取能力,都能接收和发布信息,真正实现信息共享。

(3)趋真性与失真性

新媒体的类型多样和操作简单,使得它更能够贴近人们的真实生活世界,反映人们生活世界的真实现象。在一定意义上,新媒体可

① 百度百科.互联网媒体[EB/OL].[2015-05-10].http://baike.baidu.com/view/1998103.htm.

② 杨安.新媒体视域下中国共产党密切党群关系研究[D].兰州:兰州大学,2014.

③ 何迪,郑翠翠.新媒体的特征及对传播过程的改变——以 MOOC 平台的传播为例[J].科教导刊(中旬刊),2014(12):170-171.

以做到对生活世界的趋真,它把更多的目光投向普通人的世界,投向以前传统媒体难以进入的领域,不仅关注国家发展的局势,也关注现实社会中存在的各种危机和矛盾,在某种程度上有效地化解了社会信息流通堵塞所引起的危机。但由于新媒体主体的良莠不齐,新媒体传播又呈现出失真性的一面,信息发布者常常不能在传播信息时做到客观、公正、全面,接受者往往缺乏对事件的真实了解,往往带有浓重的主观情绪,这时的信息传播呈现出失真性。虽然新媒体传播趋真性和失真性相伴,但总体而言,新媒体还是更多地趋近了现实生活。

(4)跨时空性与多样性

传统媒体的受众群体接受服务时,不仅受到时间、空间、地域等的各种限制,还受到传统媒体信息更新慢等方面的限制;新媒体克服了时空局限,受众群体可以随时随地获取自己需要的信息,传播范围广泛,甚至可以扩展到全世界。新媒体的服务方式更加多样化,传统媒体以纸媒传播为主,新媒体更加注重数字化的视听效果,从交互式的数字电视到微博、博客、网站、论坛、视频为主的网络媒体,再到微信、短信彩信、手机电视、手机报为主的手机媒体,无不体现了其服务方式的多样性,受众群体可以根据自身喜好选择适合的信息服务途径。

(5)自由性与虚拟性

新媒体的自由性主要表现在两个方面:一方面是信息传播的自由性,新媒体改变了传统大众媒体传播、宣传信息的限定性,信息的传播、扩散更加自由;另一方面是公众获取信息服务的自由性,网络系统的超链接、搜索引擎让受众的浏览不受限制,可以不受指定分类和浏览路线的限制,提高了用户浏览的自由度①。新媒体虚拟化的传播方式和传播环境改变了受众获取信息的方式,也对其生活、学习和工作方式产生了深远的影响,受众可以在虚拟的网络空间自由寻找所需,不再受实体累赘的影响。

---

① 杨升.信息时代下新媒体的特征分析[J].大众文艺,2015(11):159.

(6)广泛性与时代性

新媒体的广泛性主要体现在传播范围的广泛性和受众群体的广泛性。传播范围不再受地域限制,网络遍及的地方,新媒体都有存在的条件和市场;新媒体的服务对象,不再受年龄阶层、文化程度、习俗差异的限制,所有人都可以享受其方便快捷的人性化、个性化服务。新媒体的时代性是指其传播媒介、传播路径、传播方式、传播内容在特定的时期,具有明显的时代印记。尤其是从传播内容的某个专题、热点来看,时代性体现得淋漓尽致。

(7)碎片化与细分化

新媒体的传播内容显现出碎片化的特征,这也使得网络媒体的用户开始在海量信息当中逐渐找到适合自己的定位①。尤其是随着大数据时代的到来,海量信息广泛分散存储于不同的网络体系结构和媒体平台中,媒体信息的分散性和碎片化,不仅影响受众群体获取信息的途径,还影响用户群体的信息行为。因此,要想使得受众群体从分布分散、内容碎片化的信息中获取有效信息,需要选取合适的媒体工具。细分化具有与碎片化相同的分散性质,不同的是细分化更加侧重信息的局部传播,使得用户能够按需索取碎片化则从整体上说明媒体内容的表现特点。

(8)个性化与社群化

传统媒体的传播主体往往局限于掌握信息的少部分用户,而新媒体的传播主体多种多样,任何人都可以成为传播主体,尤其是社交媒体的广泛使用,使得每个人都可以成为信息发布者,在新媒体平台上进行讨论与交流。一方面,由于每个信息用户的兴趣、经历、想法和观点都不尽相同,发布的信息和对信息的反应也各不相同,从而呈现出个性化色彩;另一方面,新媒体也可以使人们的社会关系网络得到保持和延伸,即使是陌生人之间,也可能由于某种信息互动而产生联系,呈现出社群化特征。

(9)网络化与数字化

新媒体的传播内容、传播方式、传播路径以数字技术和信息技术

---

①　何迪,郑翠翠.新媒体的特征及对传播过程的改变——以 MOOC 平台的传播为例[J].科教导刊(中旬刊),2014(12):170-171.

为基础,完全依托新技术实现信息的快速、自由传播①。网络技术、数字技术、计算机技术的发展,给人们之间的交流带来了极大的便利,缩短了人与人之间的距离,极大地提高了工作效率,促进社会快速发展。互联网的发展使得新媒体具有海量的数字化媒体信息、便利的人机交互、优化的媒体信息共享机制等优势,互联网已经成为新媒体的重要依托和传播媒介。

8.1.3 新媒体的发展历程

新媒体是公民进行交往沟通、传播信息的重要平台,其发展历程主要分为三个阶段:以浏览信息为主的 Web 1.0 时代,以分享信息为主的 Web 2.0 时代,以聚合信息为主的 Web 3.0 时代②。

(1) 以浏览信息为主的 Web 1.0 时代

Web 1.0 时代,网络用户单纯借助网络浏览器浏览门户网站来获取有用信息,用户接收信息的主要模式是读。在 Web 1.0 的构成中,网页是其主要构成单位,客户端和服务器是其体系结构,互联网浏览器是其浏览工具。Web 1.0 时代以数据为核心,所有资源可以通过互联网在一个网页上直观具体地表现出来,依靠技术创新主导模式,通过海量的数据、先进的搜索技术吸引众多用户。用户可以通过网络,不受时间和地点的限制浏览各类网站,满足自己的信息需求。这个时期,信息传播呈现出金字塔型结构,信息传播模式以"网站—受众"为主,用户被动地接受新媒体信息,而不能"分享"信息。Web 1.0 不仅是网站的代名词,而且是功能丰富、扩展性强的运用程序,为新媒体的发展奠定了坚实的技术基础。

(2) 以分享信息为主的 Web 2.0 时代

Web 2.0 时代是 Web 1.0 的发展和延续。相较于之前,Web 2.0 改变了各类网站各行其道的现实,实现了网站之间的互通,网站的内

---

① 孙勇.新媒体的特征、影响以及传统媒体未来发展战略分析[J].新闻研究导刊,2013(7):68.

② 张弛.新媒体背景下中国公民政治参与问题研究[D].长春:吉林大学,2015.

容更丰富,网站之间的联系性更强。在 Web 2.0 时代,新媒体的信息交流呈现交互性特征,用户可以看到更多可自由选择的信息。在这一时期,信息的分享、交互机制初步形成,用户通过新媒体实现了多向度的交流。数据不再和网站紧密联系在一起,而是成为相对独立的一块,用户可以自由组合网站的内容。用户既是网络信息的浏览者,也是网络内容的制造者。用户不再被动地接收信息,而是信息接收的主动者,用户逐渐成为信息传播的主体。"去中心化"是 Web 2.0 的核心概念,指"由高度集中控制向分布集中控制转变,而百花齐放、百家争鸣则是去中心化的表现"①。在 Web 2.0 时代,新媒体不断应运而生,主要运用程序有博客、社交网络、即时通信等。

（3）以聚合信息为主的 Web 3.0 时代

Web 3.0 时代,新媒体技术迅速发展,呈现出信息自由组合、业务极度聚集的特点。在 Web 3.0 时代,用户可以直接对各个网站的信息进行交互与融合,并通过第三方信息平台进行使用;用户可以在互联网平台上掌握自己的数据,并可以对这些数据进行加工和改造,然后在不同的网络平台上使用。Web 3.0 将是云计算、物联网、大数据等多种新技术的融合和发展,通过构建人工智能、关联数据和语义网络,形成人和网络之间的沟通,同时在搜索引擎优化的支撑下,提高人与人沟通的便利性,真正实现互联网与人类生活的大融合。

8.1.4 社交媒体的发展

在新媒体概念兴起之前,档案界曾热衷于探索社交媒体给档案机构所带来的机遇,以及在面对机遇时,档案机构如何转变服务理念,探索社交媒体环境下如何创新档案服务模式②,积累了大量的研究成果。其中有阐述了社交媒体对档案工作的影响的③,有专门介

① 严三久.新媒体概论[M].北京:化学工业出版社,2011:17.
② 周耀林,路江曼.论社交媒体下档案服务的创新[J].档案学通讯,2014(6):45.
③ 王亚肖.浅谈社交媒体对档案工作的影响[J].档案学研究,2014(2):47.

绍美国档案工作中利用社交媒体经验启示的①,也有结合我国实际,进一步探索社交媒体在我国档案部门的应用的②。可以说,作为新媒体成员中的一类的社交媒体,已经在我国档案界产生了较大影响,因此,有必要单独对社交媒体的发展情况进行简述。

"社交媒体"的概念肇始于 20 世纪 90 年代末期,但它的萌芽可以追溯到 20 世纪 70 年代,甚至是 20 世纪 50 年代③。进入 20 世纪 90 年代后,随着计算机和互联网的发展,社交媒体才得到广泛的发展和应用。到 20 世纪 90 年代末,博客已经具有一定的影响力。特别是 2004 年以后,Web 2.0 兴起,社交服务网站开始蓬勃发展,社交媒体由此成为一类不可忽视的媒体力量④。此后至今,社交媒体作为一种崭新的信息服务方式,受到了公众的广泛青睐。

8.1.4.1 国外社交媒体的发展

社交媒体的发展历史可以追溯到 20 世纪 70 年代产生的 Usenet、ARPANET 和 BBS 系统。但直到 20 世纪 90 年代,随着计算机和互联网的发展,社交媒体才广泛发展起来。1991 年,伯纳斯·李(Tim Berners-Lee)经过多年实践和改进,创办了以"超链接"为特征的万维网(WWW)。1994 年,世界上第一个个人博客建立。之后,

---

① 秦蓁珍,胡明浩.NARA 利用社交媒体开展档案宣传的启示[J].中国档案,2014(12):64;黄霄羽,孔冠男.应用社交媒体创新档案服务——NASA 应用 Flickr 公布阿波罗计划照片档案[J].中国档案,2016(1):80;张一帆.社交媒体实现档案馆公共服务新跨越——以美国国家档案馆公民档案工作者板块为例[J].山西档案,2014(4):48;赵淑梅,邱扬凡.美国档案工作应对社交媒体的策略[J].档案学通讯,2013(5):89;张江珊.美国档案信息公开社交媒体策略研究[J].档案学研究,2014(4):86.

② 刘晓菲.论社交媒体在档案馆中的应用[J].北京档案,2014(2):14;陈祖芬.档案部门在社交媒体时代文化传承功能的发挥[J].档案管理,2015(3):8;周文泓.社交媒体环境中的参与式档案管理模式探析[J].图书情报工作,2014(15):116;郝伟斌.社交媒体背景下的档案网站信息服务研究[J].北京档案,2015(12):36.

③ Brett Borders.A Brief History Of Social Media[EB/OL].[2013-10-11].http://copybrighter.com/history-of-social-media.

④ 曹博林.社交媒体:概念、发展历程、特征与未来——兼谈当下对社交媒体认识的模糊之处[J].湖南广播电视大学学报.2011(3):66.

社交媒体的形态每年都在增加,其发展速度之快、势头之猛,可见一斑。特别是在 2004 年以后,Web 2.0 运动兴起。FaceBook、Flickr、You-Tube、Twitter 等社交媒体服务网站开始蓬勃发展,社交媒体由此成为一类不可忽视的媒体力量①。

近年来,人们公认互联网已全面进入 Web 2.0 时代。Facebook、Twitter 虽未进入中国,但在 2007 年以来,与两者特点相似的互联网技术如开心网、微博等相继在中国本土孕育,并得到了快速发展。纵览全球,2010 年被视为社交媒体发展极具标志性意义的一年。Facebook 在世界品牌 500 强排名中首次超过微软,居世界第一,访问量首次超越谷歌成为美国访问量最大的网站。在 12 岁以上的美国人中,Facebook、Twitter 的认知度分别达到 88%、87%,Facebook、Twitter "成为美国社交媒体的主体与基础应用"②,见表 8-1。

表 8-1   **社交媒体发展历史③**

诞生时间	社交媒体形态	说明
20 世纪 50 年代	电话	电话入侵时代(Phone Phreaking Era)
1971 年	电子邮件	ARPA 项目的科学家发出世界第一封电子邮件,使用"@"区分用户名与地址
1980 年	Usenet	新闻组(Usenet)诞生,其成员阅读并传播电子公告板上的内容,组成数千个"群"在公告板上讨论科学、音乐、文学和体育
1991 年	World Wide Web (万维网)	伯纳斯·李经过多年实践和改进,创办了以"超链接"为特征的万维网(WWW)

---

① 曹博林.社交媒体:概念,发展历程,特征与未来——兼谈当下对社交媒体认识的模糊之处[J].湖南广播电视大学学报,2011(3):66.

② 陈雅望.Web 2.0 时代的企业公共关系管理策略研究[D].上海:上海外国语大学,2012:17.

③ 社交媒体 40 年发展史[EB/OL].[2014-04-12].http://www.199it.com/archives/74594.html.

续表

诞生时间	社交媒体形态	说明
1994 年	个人博客	斯沃斯莫尔学院(Swarthmore College)学生 Justin Hall 建立自己的个人站点"Justin's Links from the Underground",与外部网络开始互联。Justin Hall 把这个站点更新了 11 年,因为被称为"个人博客元勋"(Founding Father)
1995 年	Classmates.com	Classmates.com 成立,旨在帮助曾经的幼儿园同学、小学同学、初中同学、高中同学、大学同学重新取得联系;Classmates.com 在 2008 年的时候还拥有 5 000 万会员,到 2010 年才跌出社交网站 TOP 10
1996 年	Ask.com	早期搜索引擎 Ask.com 上线,它允许人们用自然语言提问,而非关键词(例如"今天上映什么电影",而不是"10 月 23 日 电影 上映")
1997 年	AIM	美国在线实时交流工具 AIM 上线;在这一年,一位名为 Jorn Barger 的先锋博客作者创造了"Weblog"一词
1998 年	Open Diary	在线日记社区 Open Diary 上线,它允许人们即使不懂 HTML 知识也可以发布公开或私密日记。更重要的是,它首次实现人们可以在别人的日志里进行评论回复
1999 年	Live Journal/Blogger	博客工具 Blogger 和 LiveJournal 出现;后来 Blogger 在 2003 年被 Google 收购,但该产品目前仍然存在——全球科技公司之间的专利站。捧红的 FOSS Patent 就是用 Blogger 建的网站
2000 年	Wikipedia	Jimmy Wales 和 Larry Sanger 共同成立 Wikipedia(维基百科),这是全球首个开源、在线、协作而成的百科全书,完全不同于《大英百科全书》的编撰方式。Wiki 的用户在第一年就贡献了 20000 个在线词条。目前维基百科仍然坚持以募捐的方式筹措运营资金,2011 年年底募集 2000 万美元来维持 2012 年的运营

续表

诞生时间	社交媒体形态	说明
2001 年	Meetpu.com	Meetup.com 网站成立,专注于线下交友。网站的创建者是 Scott Heiferman,2001 年"9·11"事件以后,他成立了 Meetup.com 来帮助人们互相联系——而且不只是线上的。Meetup.com 是一个兴趣交友网站,它鼓励人们走出各自孤立的家门,去与志趣相投者交友、聊天。现在它每月会有 34 万个群组在当地社区进行聚会,一起吃喝玩乐、聊天、社交甚至学习
2002 年	Friendster.com	Friendster 上线,这是首家用户规模达到 100 万的社交网络。Friendster 开创了通过个人主页进行交友的先河,在它两年之后,Facebook 正式在哈佛大学寝室上线
2003 年	My Space	面向青少年和青年群体的 My Space 上线,它再一次刷新了社交网络的成长速度:一个月注册量突破 100 万
	Word Press	它由全球各地的几百名网友通过在线协作创建,目前在全球已经拥有数千万用户——截至 2011 年 12 月,发布一年的 Word Press 3.0 获得了 6 500 万次下载
	LinkedIn	职场社交网站,成立于 2003 年,目前在全球 200 多个国家和地区拥有 1.75 亿注册用户;股价呈上升趋势,市值 113 亿美元
2004 年	Facebook	Facebook 成立,根据 2012 年 7 月 Facebook 上市后的首份财报,Facebook 目前每月有 9.55 亿活跃用户(MAU),每月移动平台活跃用户数有 5.43 亿个
	Flickr	图片分享网站,2005 年被雅虎公司收购
2005 年	YouTube	YouTube 成立,它在成立后迅速被 Google 相中,2006 年从 Google 那里得到的收购价是 16.5 亿美元

续表

诞生时间	社交媒体形态	说明
2006 年	Twitter	Twitter 成立,由于它的内容限制在 140 字以内,它迅速成为方便的交流工具和强大的自媒体平台
	Spotify	Spotify(声破天)是由 uTorrent 创始人 Ludvig Strigeus 参与开发的 p2p 音乐播放软件,上面的音乐都获得了包括百代等唱片公司的合法授权
2007 年	Tumblr	Tumblr(汤博乐)是一种介于传统博客和微博之间的全新媒体形态,既注重表达,又注重社交,而且注重个性化设置,成为当前最受年轻人欢迎的社交网站之一。雅虎公司董事会 2013 年 5 月 19 日决定,以 11 亿美元收购 Tumblr
2008 年	Groupon	Groupon 是一个团购网站,团购是美国近年来比较流行的购物新模式之一。Groupon 为 coupon 的谐音,意为优惠券。2011 年 2 月 12 日,长城会联合总裁宋炜向外界表示,Groupon 中国的中文名为"高朋"网
2009 年	Foursquare	Foursquare 上线,以"签到"(check-in)组建基于地理位置的社交网络。Foursquare 成立于纽约市,每年 4 月 16 日在纽约拥有一个独特的"4sq 日"
2010 年	Google Buzz	Google 围绕最成功的产品 Gmail 推出微博客和沟通工具 Google Buzz 上线,2011 年 12 月 15 日被 Google 终结
2011 年	Google+	Google Buzz 的继承者 Google+ 上线。Google+ 是一个 SNS 社交网站,可通过个人 Gmail 账户登录,在这个社交网站上和不同兴趣的好友分享信息
2012 年	Pinterest	Pinterest 采用的是瀑布流的形式展现图片内容,无需用户翻页,新的图片不断自动加载在页面底端,让用户不断地发现新的图片。截至 2013 年 9 月,该软件已进入全球最热门社交网站前 10 名
……	……	……

国外互联网研究机构 Global Web Index 曾于 2010 年在全球范围内对互联网使用者展开调查,调查结果显示社交媒体已经广泛渗透到网民的生活中。截至 2010 年 9 月,除日本外,调查国家的社交媒体使用率均高于 50%,印度和巴西的使用率较高,已达到 80%,俄罗斯的使用率高于 70%,中国、美国、加拿大和英国的使用率基本达到 70%,墨西哥、意大利和澳大利亚的使用率为 60%～70%,韩国的使用率达到 60%,德国的使用率为 50%～60%,法国、西班牙、荷兰基本达到 50%①。

到了 2014 年年初,以各国最大活跃度社交网络中的活跃用户为基础进行统计,北美社交网络使用率最高,占 56%;中亚地区最低,仅占 5%,见表 8-2②。

表 8-2　　　　　　　全球各地区社交网络普及率

（2014 年 1 月统计）

地区	北美	西欧	大洋洲	南美	东亚	中美洲	中东欧	东南亚	中东	非洲	南亚	中亚	世界平均值
占比	56%	44%	44%	44%	43%	34%	33%	26%	24%	7%	7%	5%	26%

如果分国家进行进一步统计,仍以各国最大活跃度社交网络中的活跃用户为基础,截至 2014 年 1 月,阿拉伯联合酋长国的社交网络使用率为 80%,居全球首位,其次是新加坡、澳大利亚和英国,见表 8-3③。2014 年 1 月统计显示,各社交媒体平台活跃用户也存在很大的差异,Facebook 稳居第一,高于信息和聊天 App（Messenger/Chat App）,见表 8-4④。

---

①　陈雅望.Web 2.0 时代的企业公共关系管理策略研究［D］.上海:上海外国语大学,2012:16.

②　Kemp S.Social, Digital & Mobile Worldwide in 2014［EB/OL］.［2014-04-12］.http://wearesocial.net/blog/2014/01/social-digital-mobile-worldwide-2014/.

③　Kemp S.Social, Digital & Mobile Worldwide in 2014［EB/OL］.［2014-04-12］.http://wearesocial.net/blog/2014/01/social-digital-mobile-worldwide-2014/.

④　Kemp S.Social, Digital & Mobile Worldwide in 2014［EB/OL］.［2014-04-12］.http://wearesocial.net/blog/2014/01/social-digital-mobile-worldwide-2014/.

表 8-3　　　　　　　　**部分国家社交网络普及率**

(2014 年 1 月统计)

国家	百分比
阿拉伯联合酋长国	80%
新加坡	59%
澳大利亚	57%
英国	57%
阿根廷	56%
美国	56%
加拿大	55%
中国	46%
土耳其	45%
墨西哥	43%
巴西	43%
法国	42%
意大利	42%
泰国	36%
德国	35%
俄罗斯	33%
波兰	31%
沙特阿拉伯	28%
韩国	27%
印度尼西亚	25%
南非	20%
日本	17%
印度	7%
尼日利亚	6%
世界均值	26%

表 8-4 **各社交媒体平台活跃用户统计表**
（2014 年 1 月统计）

社交媒体类型	流量
Facebook	1184M
QQ★	816M
Qzone	632M
WhatsApp★	400M
Google+	300M
Wechat★	272M
Linkedin	259M
Twitter	232M
Tumblr	230M
TencentWeibo	220M
注：★为 Messenger/Chat App；其余为 Social Network	

8.1.4.2 国内社交媒体的发展

中国的社交媒体发端于 1994 年 BBS 的诞生。这是我国的第一个论坛，从 1994 年开始到 2003 年间，论坛、即时通信工具和点评性质的网站充斥着中国网民的生活，直到 2004 年风靡国外的博客开始来到中国，随后在线视频、SNS、问答百科、微博、LBS、团购等新鲜事物相继在中国互联网的土地上生根发芽，中国的社交媒体格局开始变得复杂①。

2007 年 5 月正式上线的"饭否"是中国第一家引入美国微博

---

① 庞胜楠.电视媒体与社交媒体互动研究[D].济南：山东师范大学，2013：13.

概念的网站,被认为是最像 Twitter 的中文微博客网站。2008年,中国仿 Twitter 网站进入第一轮高峰期。前迅龙科技的创始人李松投资创立的嘀咕网,优酷网前首席科学家李卓恒创立的叽歪网,以及做啥、忙否等专业微博客网站纷纷出现。但是这些独立微博网站还只是小众产品,只在一些圈内人士和学生、年轻白领等人群中间传播,并不能和主流媒体抗衡。2010年,各门户网站纷纷推出自己的微博产品,如腾讯推出腾讯微博并与 QQ 用户绑定,搜狐、网易也都在内测自己的微博产品,媒体网站也相继推出自己的微博产品。微博作为一种沟通方式和社交形式,渐渐成为用户群横跨大学生、传媒界、白领、娱乐圈及企业界的第一社交媒介①。

从中国社交媒体格局分布来看,当前处于“核心网络”的社交媒体主要包括:微博、社交网站、即时通信、视频和音乐网站、移动社交等。不同类型的网络平台也存在着明显的差异。从访问情况来看,视频网站在用户访问时长和用户覆盖方面较微博和社交网站而言占据优势;而微博平台较其他平台的优势在于较高的访问频率。从用户属性来看,腾讯微博的用户年龄层与人人网更接近,而新浪微博的用户年龄层则相对高一些。值得注意的是,随着手机网民的逐年增加,移动社交应用(如微信)也迎来了发展高峰,成为社交媒体的核心网络之一②。

2014—2015 年中国网民对各类网络应用的使用率表明,网民对于社交应用的使用呈增长趋势,见表 8-5③。

① 陈雅望.Web 2.0 时代的企业公共关系管理策略研究[D].上海:上海外国语大学,2012:16.

② CIC:中国社会化媒体格局图正式发布 2013[EB/OL].[2014-01-05].http://www.ciccorporate.com/index.php? option = com _ content&view = article&id = 1079&catid = 84:archives-2013&Itemid = 194&lang = zh.

③ 中国互联网络信息中心.第 37 次中国互联网络发展状况统计报告[R/OL].[2016-02-12]. http://www. cnnic. cn/hlwfzyj/hlwxzbg/hlwtjbg/201601/P020160122444930951954.pdf.

表 8-5   **2014—2015 年中国网民各类互联网应用的使用率**

	2015 年		2014 年		
应用	用户规模 （万）	网民使 用率	用户规模 （万）	网民使 用率	年增长率
即时通信	62 408	90.7%	58 776	90.6%	6.2%
搜索引擎	56 623	82.3%	52 223	80.5%	8.4%
网络新闻	56 440	82.0%	51 894	80.0%	8.8%
网络视频	50 391	73.2%	43 298	66.7%	16.4%
网络音乐	50 137	72.8%	47 807	73.7%	4.9%
网上支付	41 618	60.5%	30 431	46.9%	36.8%
网络购物	41 325	60.0%	36 142	55.7%	14.3%
网络游戏	39 148	56.9%	36 585	56.4%	7.0%
网上银行	33 639	48.9%	28 214	43.5%	19.2%
网络文学	29 674	43.1%	29 385	45.3%	1.0%
旅行预订	25 955	37.7%	22 173	34.2%	17.1%
电子邮件	25 847	37.6%	25 178	38.8%	2.7%
团购	18 022	26.2%	17 267	26.6%	4.4%
论坛/BBS	11 901	17.3%	12 908	19.9%	−7.8%
互联网理财	9 026	13.1%	7 849	12.1%	15.0%
网上炒股或炒基金	5 894	8.6%	3 819	5.9%	54.3%
社交应用①	53 001	77.0%			
在线教育	11 014	16.0%			
互联网医疗	15 211	22.1%			

8.1.5 社交媒体的定义和特点

"社交媒体"一词尽管被广泛使用,然而到目前为止还没有一个确切的定义。从字面意思上看,"社交"即社会上人与人之间的交际

———————

① 本报告中的社交应用仅包括社交网站、微博以及各垂直社交应用,即时通信工具用户规模较大,作为典型应用单独呈现,不包含在社交应用里。

往来,"媒体"即传播信息的媒介、平台。"社交媒体"就是供社会上人与人之间交流信息的媒介,用来方便人们沟通、共享信息。

最早的"社交媒体"定义出现在 2006 年。安东尼·梅菲尔德(Antony Mayfield)提出,社交媒体是一种给予用户极大参与空间的新型在线互动式媒体,具有参与、公开、交流、对话、社区化、连通性的特点①。此后,不同学者对社交媒体(也称社会化媒体)的内涵进行了界定。国外学者的界定如下:

①社交媒体是一系列建立在 Web 2.0 的技术和意识形态基础上的网络应用,它允许用户进行自己生产内容(UGC)的创造和交流②。

②社交媒体的定义应遵循一些基础规则:以对话的形式沟通,而不是独白;参与者是个人,而不是组织;诚实与透明是核心价值;引导人们主动获取,而不是推给他们;分布式结构,而不是集中式③。

③社交媒体是各种形式的用户生成内容(User Generated Content,UGC),以及使人们在线交流和分享的网站或应用程序的集合④。

④社交媒体本质上是这样一个类比的在线媒体:人们在这一类在线媒体上谈话、参与、分享、交际和标记⑤。

⑤社交媒体是一种促进沟通的在线媒体,这一点正与传统媒体相反,传统媒体提供内容,但是不允许读者/观众/听众参与内容的创建和发展⑥。

⑥社交媒体是"一个组合,这个组合是由建立在 Web 2.0 的思

① Mayfield A. What is Social Media[EB/OL]. [2013-10-23]. icrossing. co. uk /ebooks.

② Kaplan A M, Haenlein M. Users of the World, Unite! The Challenges and Opportunities of Social Media[J]. Business Horizons, 2010(1):59.

③ Hinchcliffe D. Social Media Goes Mainstream[EB/OL]. [2014-04-12]. http://dionhinchcliffe.com/2007/01/29/social-media-goes-mainstream/.

④ Scocco D[EB/OL]. [2013-12-05]. http://www.dailyblogtips.com/.

⑤ Jones R. Search Engine Watch [EB/OL]. [2014-04-12]. http://emda. wi. gov/docview.asp? docid = 19700.

⑥ Ward S. Social Media Definition [EB/OL]. [2014-04-12]. http://sbinfocanada.about.com/od/socialmedia/g/socialmedia.htm.

想和技术的基础上的,允许创建和交流用户生成内容的基于互联网的应用程序所组成的"①。

除了上述界定外,一些网站也有类似的界定。例如:

①维基百科对社交媒体的定义为:社交媒体通过基于网络和移动互联网技术的使用把沟通变成互动的对话。社交媒体是使用高度开放的且扩展性强的发布技术的人所创造的信息内容。其基本意义是人们发现、阅读和分享新闻信息以及内容的方式的改变。它是社会学与科技的融合,是信息的传播方式由独白(一对多)向对话(多对多)的转变,是信息的民主化,是人们从内容的阅读者向信息发布者的改变。从维基百科的定义中我们看到,互动对话、交互是 Social Media 的核心。

②百度百科对社交媒体的定义为:指允许人们撰写、分享、评价、讨论、相互沟通的网站和技术。应该是大批网民自发贡献,提取,创造新闻资讯,然后传播的过程。

国内也有一些学者在探讨社交媒体的内涵。例如:

①熊忠辉认为,社交媒体是一个极大地超越了正常社交沟通的社交互动媒体,通过使用普遍性强和可扩展性强的通信技术,社交媒体的组织、社区和个体交流已经发生了实质性的改变②。

②闵大洪提出,社交媒体能够给予用户极大的参与空间,不仅能够满足网民个人基础资料存放的需求,更重要的是能够满足用户"被人发现"和"受到崇拜"的心理感受需求,能够满足用户"关系建立"和"发挥影响"的需求③。

③彭兰认为,社交媒体是用户社会交往和信息分享的平台④。

④魏武挥认为,社会化媒体是一个近来出现的概念,大致上指的

① Kaplan A M, Haenlein M. Users of the World, Unite The Challenges and Opportunities of Social Media[J]. Business Horizons, 2010(1):59.

② 熊忠辉. 中国省级卫视发展研究[D]. 上海:复旦大学,2005:13.

③ 闵大洪. 传统媒体的网络社会化媒体使用[EB/OL]. [2014-01-05]. htp://www.news.xinhuanet.com/newmedia/2009-06/24/content_11594715.htm.

④ 彭兰. 社会化媒体,移动终端,大数据:影响新闻生产的新技术因素[J]. 新闻界,2012(16):3.

是"能互动的"媒体,或者说,如果缺乏用户的有效参与,平台基本上就毫无内容的媒体。通过总结 Wikipedia 的内容可以看到,社会化媒体改变以往媒体一对多的传播方式为多对多的"对话"。在社会化媒体领域有两个关键词:UGC(用户生成内容)和 CGM(消费者自主的媒体)①。

⑤王晓光、郭淑娟从信息科学、情报学和传播学的视角对社会化媒体进行了总结:在信息科学领域,研究者使用该概念对由社会性网络服务带来的新型网络信息交流空间进行集合性表述;从情报学视角来看,是个体信息空间与公共信息空间互涉的产物;在传播学领域,则始于对博客这种"自媒体"现象的观察与思考②。

⑥庞胜楠认为,社交媒体的范畴非常广泛,既可以将其理解为进行信息的获取、传播、交流的过程,也可以将其理解为人们创造、分享、讨论、沟通信息的平台,还可以将其理解为一种信息交流的新型技术等③。

综合上述观点可以发现,到目前为止,对社交媒体的表述并不统一,还没有一个被广泛认可的界定。尽管如此,透过学者们的界定,可以总结出对社交媒体内涵的几个共识:第一,社交媒体是建立在互联网技术,特别是 Web 2.0 技术的基础上的网络应用;第二,相较于传统媒体,社交媒体最大的特点是允许用户自己生产内容;第三,社交媒体具有很强的互动性,鼓励人们评论、分享、反馈信息,能够激发用户的参与热情。据此,我们认为,社交媒体是建立在互联网技术,特别是 Web 2.0 技术基础上的,允许用户自己生产内容,方便人与人之间进行互动、交流的网络应用平台。

根据上述探讨,结合广泛使用的社交媒体应用现实,社交媒体的特点得以逐渐明晰。社交媒体提供了一种基于社交关系的复杂的网

---

① 魏武挥.社会化媒体的营销运作[EB/OL].[2014-04-12].http://weiwu-hui.com/2414.html.

② 王晓光,郭淑娟.社会性媒体初论[EB/OL].[2013-11-10].http://news.163.com/08/1217/14/4TCEO1DH000131UN.html.

③ 庞胜楠.电视媒体与社交媒体互动研究[D].济南:山东师范大学,2013:5.

络信息传播方式。从理论上说,社交媒体的信息传播模式仍属于大众传播的范畴,其主要特征表现为参与性、交流性、连通性、公开性、社区化和多平台等①。社交媒体的最大特点就是用户生成内容(UGC),即赋予每个人创造并传播内容的能力②。

①参与性。对社交媒体敏感的人,可以对它的发展提供自己的意见,使得受众和媒体之间的距离被缩短。

②交流性。社交媒体和传统媒体的最大不同就是传播的形式。传统媒体是单一地向外输送信息,而社交媒体是双方面地输送交流信息,使得对象多面化。

③连通性。很多媒体之间可以通过社交媒体进行连接,使得彼此加强了交流。

④公开性。在所有社交媒体上均可自由参与,可以获取别人的信息,也可以与别人交流信息,这一过程中少有障碍。

⑤社区化。用户可以因为兴趣等方面的共同特点在社交媒体之中组成一个小的团体,可以称为社区来交流彼此的信息。

⑥多平台。社交媒体是建立在网络而非现实之中,而网络不受具体空间的限制,也就导致了社交媒体平台的多样化③。

8.1.6　社交媒体的类型

随着信息技术和互联网应用的发展,社交媒体的内容日益丰富,国内外学者对社交媒体的类型划分也提出了不同的见解。

美国著名媒介理论家保罗·莱文森将媒体分为三类:传统媒体(Old Media)、新媒体(New Media)和新新媒体(New New Media)④。其中,新新媒体(New New Media)主要包括博客网、优视网(Youtube)、维基网(Wiki)、掘客网(Dig)、聚友网(Myspace)、Facebook以及 Twitter 等。其界定性特征和原理为:其消费者即生产者;其生产

---

① 于萧.社交媒体时代品牌传播策略分析[J].新闻界,2011(4):122.
② Scocco D[EB/OL].[2013-12-05].http://www.dailyblogtips.com/.
③ 洪彬.基于社交媒体的企业沟通管理研究[D].上海:上海交通大学,2013:15.
④ Levinson P.NEW NEW MEDIA[M].沈阳:辽宁人民出版社,2009:1.

者多半是非专业人士;个人能选择适合自己才能和兴趣的新新媒介去表达和出版;新新媒体一般免费;新新媒体之间是既相互竞争又相互促进的关系;新新媒体的服务功能远胜过搜索引擎和电子邮件;新新媒体没有自上而下的控制;新新媒体使人成为出版人、制作人和促销人①。虽然莱文森并没有将 Facebook、Youtube、Wiki 等社交类网站定义为"社交媒体",而称为"新新媒体",但二者之间的内涵和具体形态却是极为相似的,可以为我们对社交媒体的概念界定提供参照。

　　早在 2007 年,Antony Mayfield 就提出将社交媒体分为社交网络、内容社区、论坛、维基、播客、博客和微博七个类别②。依据媒介丰富度(Media Riches)、社会临场感(Social Presence)以及社会过程等理论,Kaplan 和 Haenlein 将已存在的社交媒体分为博客、社交网络、虚拟社交世界、协作项目、内容社区、虚拟游戏世界六类,见表 8-6③。

表 8-6　　　　　　基于"社会临场感/媒介丰富度"以及
"自我展示/自我披露"的社交媒体的分类

		社会临场感/媒介丰富度		
		高	中	低
自我展示/ 自我披露	高	博客	社交网络 (如 Facebook)	虚拟社交世界 (如 Second Life)
	低	协作项目 (如维基百科)	内容社区 (如 YouTube)	虚拟游戏世界 (如魔兽世界)

　　2012 年,通过对我国 100 余家社会化媒体网站的统计分析,尼

----

① ［美］保罗·莱文森.新新媒介[M].何道宽,译.上海:复旦大学出版社,2011:26.

② Ward S. Social Media Definition [EB/OL]. [2013-11-12]. http://sbinfo-canada.about.com/od/socialmedia/g/socialmedia.htm.

③ Kaplan A M, Haenlein M. Users of the World, Unite! The Challenges and Opportunities of Social Media[J]. Business Horizons, 2010(1):59.

尔森在线研究将我国的社交媒体细分为 20 个类别:微博、问答网站、电子商务、相亲网站、即时通信、社交游戏、商务社交、音乐分享、图片分享、签到、博客、社交网站、团购网站、社会化书签、RSS 订阅、百科网站、消费点评、轻博客、视频分享及论坛①。

与此同时,国内学者们也提出了自己的观点。庞胜楠提出,可将社交媒体分为维基类、博客类、播客类、论坛类、社交网站和内容社区六大类②。唐兴通认为社交媒体应分为社会关系网络、商务关系网络、视频分享网络、合作词条网络、照片分享网络、内容推选媒体、新闻共享网络、社会化书签八类③。王晓光、郭淑娟依据社交媒体的特性,将其分为创作发表型、资源共享型、协同编辑型、社交服务型和C2C 商务型五大类,见表 8-7④。上述学者对于社交媒体的应用,对于档案机构认识和选用何种形式的社交媒体提供了帮助。

表 8-7 社交媒体形式格局

社交媒体类型	细分	国外典型代表	国内典型代表
创作发表型	微博	Twitter	新浪微博、腾讯微博、网易微博、搜狐微博
	博客	Blogger	新浪博客、网易博客、搜狐博客
	论坛	Big Boards	猫扑、百度贴吧
资源共享型	视频分享	YouTube	优酷、土豆
	音乐/图片分享	Flickr	虾米网
	消费点评	Yelp	大众点评、饭统网

① 中国社会化媒体全景图:百余家网站 20 大类型[EB/OL].[2013-12-11].http://tech.sina.com.cn/i/2012-04-09/18356930258.shtml.
② 庞胜楠.电视媒体与社交媒体互动研究[D].济南:山东师范大学,2013:14.
③ 邵培仁.媒介理论前沿[M].杭州:浙江大学出版社,2009:1.
④ 晓光,郭淑娟.社会性媒体初论[EB/OL].[2013-11-10].http://news.163.com/08/1217/14/4TCEO1DH000131UN.html.

续表

社交媒体类型	细分	国外典型代表	国内典型代表
协同编辑型	百科	Wiki	百度知道、互动百科
	问答	Answers	知乎、天涯问答
社交服务型	商务社交网络	LinkedIn	优士网、若邻网
	社交网络	Facebook	开心网、人人网
	即时通讯	MSN	QQ
	社会化书签	Delicious	QQ 书签
C2C 商务型	社会化电子商务	Groupon	美团网、拉上网
	签到/位置服务	Foursquare	街旁

8.2　新媒体对档案服务的影响

　　社交媒体的出现引起了档案领域的关注。NARA 对社交媒体的应用,到当下国内蓬勃发展的微博、微信等,都引起了学者的关注,出现了一系列的研究成果。

　　在中国知网上以主题为检索项,"档案服务"为检索词,在档案及博物馆学科领域进行检索(精确查找),共获得 5 912 篇相关文献。而选择检索方式为"(新媒体 and 档案服务)or(社交媒体 and 档案服务)or(社会化媒体 and 档案服务)(模糊查找)",只获得 16 篇相关文献;如果以"(社交媒体 and 档案服务)or(社会化媒体 and 档案服务)or(微博 and 档案服务)or(微信 and 档案服务)or(app and 档案服务)or(博客 and 档案服务)or(维基 and 档案服务)or(网络社区 and 档案服务)or(社交网络 and 档案服务)or(web2.0 and 档案服务)"的方式来查找,可获得 71 篇相关文献。

　　检索方式为"(新媒体 and 档案)or(社交媒体 and 档案)or(社会化媒体 and 档案)or(微博 and 档案)or(微信 and 档案)or(app and 档案)or(博客 and 档案)or(维基 and 档案)or(网络社区 and 档案)or(社交网络 and 档案)or(Web 2.0 and 档案)",共得相关文献信息

1 063 条,见表 8-8①。

表 8-8   **档案领域新媒体研究的分布**

媒体形态	新媒体	社交媒体	社会化媒体	微博	微信	App	博客	维基	网络社区	社交网络	Web 2.0
成果数量	157	123	32	203	131	61	191	29	10	75	51

    由表 8-8 可知,研究微博、博客与档案的关系的文献较多。对微博和博客的研究之所以得到学者的青睐,主要是由于微博与博客的使用人数众多,信息传播力较强,其内容有着重要的档案价值。另外,从表 8-8 还可以看出新媒体、微信、社交媒体同样引起了学者们的关注。

    上述成果中,部分作者探讨了新媒体对于档案、档案工作及档案事业的影响。例如,赵淑梅等认为社交媒体扩大了传统意义上的档案信息资源的范围②,李映天指出"从档案网站到社交媒体网站的这一跳转,使档案文化的传播速度和影响力得到极大提升"③,王宇指出"社交媒体的出现拓展了档案存在的领域,丰富了档案的内涵,推动了档案及档案工作的社会化"④,王静等将网络博客看作档案学术发展的助推器⑤。实践工作的部门也提出了自己的看法。例如,江苏省档案局蔡红认为,档案微博能够改变档案信息传播形态,加强档案文化传播功能⑥;北京市海淀区档案局尹哲指出,"微博能够宣传

---

①   注:统计时间截至 2014 年 4 月 26 日。

②   赵淑梅,邱扬凡.美国档案工作应对社交媒体的策略[J].档案学通讯,2013(5):90.

③   李映天.美国国家档案馆:用社交媒体打造档案文化传播的新平台[J].兰台世界,2013(5):107.

④   王宇.浅谈社交媒体对档案工作的影响[J].知识经济,2013(4):56.

⑤   王静,边文婧.网络博客——档案领域研究和发展的助推器[J].兰台世界,2013(6):20.

⑥   蔡红.档案微博传播效果分析与研究[J].档案与建设,2014(2):33.

档案知识、提高民众的档案意识、促进档案事业的更快发展"①。由此可见,社交媒体拓宽了档案存在的领域和档案信息资源的范围,加强了档案文化传播功能,增强了民众的档案意识,促进了档案学术的发展,推动了档案、档案工作及档案事业的社会化。

　　面对新媒体,作为社会公益事业单位的档案机构,也面临着前所未有的发展机遇和挑战。以社交媒体为主的新媒体的广泛使用,既在很大程度上推动着我国档案资源社会化服务的进程,又为档案服务的制度和工作提出了更为严峻的挑战。总之,新媒体的出现促使档案服务发生了变革。

8.2.1　新媒体对档案机构的影响

　　(1)扩大了档案机构的社会影响

　　档案馆在早期乃至近代常常被认为是神秘的。新媒体拓宽了档案服务渠道,扩大了档案机构的社会影响力。

　　新媒体环境下,档案机构能够主动利用各种新媒体工具和平台传播档案信息。例如,档案行政管理部门通过微博发布微博公文,推行政务信息公开,自觉接受舆论监督,并且可以通过媒体平台与用户互动,有利于树立档案机构的"亲民"形象。再如,档案机构将真实记录社会实践活动的档案进行影像化处理,制作成微型视频档案(即微视档),在网络、微博、手机等新媒体平台上传播,供用户自行点播、下载②,有利于传播档案文化。相较于在传统纸媒、电视媒体传播档案信息的方式,利用社交媒体传播档案信息拓展了档案服务的渠道,使档案服务变得更具主动性,增强了档案机构的影响力。

　　(2)提升了档案机构的服务能力

　　新媒体丰富了档案服务方式,提升了档案机构的服务能力。

　　档案馆通过微信、QQ等即时通信软件开展档案信息咨询服务,

---

　　①　尹哲.浅谈微博给档案机构带来的机遇和挑战[J].北京档案,2012(5):20.

　　②　俞丽琴.浙江宁海县档案局启动"微视档"建设[N].中国档案报,2012-07-20(2).

而不必让用户亲自到馆咨询;通过 RSS 订阅有针对地向特定用户推送档案信息,以代替传统的"全面撒网",提高档案的传播效率;利用 Wiki 组织用户进行协作式编研,代替档案人员"孤军奋战",发挥群体智慧……丰富多样的服务方式给了用户更多的选择途径,能够满足用户的个性化需求,有利于提升档案机构的服务能力。

(3)推动了档案服务方式的智能化

传统的档案服务方式较为单一,包括馆内服务、电话咨询和邮件服务等,其中以馆内服务为主。新媒体则以智能化的方式,推动了档案工作的发展。

近年来,部分档案馆开始使用微博、微信进行档案工作宣传,开展档案服务。由于新媒体符合当下公众的信息利用习惯,同时又具有交流性、参与性、社区化和多平台等特点,使得档案的服务工作得到很大程度上的推进,具体体现在以下三点:

①促进档案服务方式的综合化。传统的档案服务基本是依托馆内服务,电话和邮件咨询仅仅是馆内服务的延伸。然而,在新媒体平台上,用户可以同时选择多种服务方式获得所需档案信息,且相互之间并不排斥,反而是共生存在的。不同的新媒体应用提供的服务也有不同的特点,如:微博主要提供面向大众的档案资源展示服务和工作宣传;微信、QQ 等即时通信应用可以提供针对个体的个性化服务;社交网络则可以帮助公众参与档案资源建设,学习和系统了解档案资源。

②推动档案服务方式的便捷化。由于馆内服务往往需要在特定的时间、特定的地点,通过特定的查阅手续才可以进行档案利用,为广大用户带来了众多不便。即使在档案网站上,用户仍然只能进行基本的咨询,无法利用所需的档案资源。新媒体的出现,正好搭建起了网络服务和馆内服务连接的桥梁。用户可以随时随地利用不同新媒体应用与档案工作人员进行沟通,档案服务也不再受到时间、馆藏地点等客观因素的制约,为档案用户提供了极大的便利。

③帮助挖掘档案用户的潜在需求,提升档案服务质量。在新媒体平台进行的档案服务可以及时通过各类统计分析软件,对用户的利用行为进行深度分析,了解用户的档案利用需求和利用习惯,从而

进一步挖掘用户的潜在需求,主动对用户普遍的档案资源需求进行整合、编研和展览。

8.2.2　新媒体对档案工作人员的影响

（1）提升信息素养

档案工作人员的信息素养直接决定了档案服务水平的高低,也影响着用户对利用档案资源的态度。新媒体是一个开放式的自由沟通平台,任何人都可以在新媒体上自由发表言论。随着新媒体在档案工作中的运用,对档案工作人员的技术培训和规范教育也显得格外迫切。

在国外,相关机构已经出台了规范员工行为的社交媒体使用政策。2012 年 12 月,澳大利亚国家图书馆制定并实施了《社交媒体政策》（Social Media Policy）,该政策对员工使用社交媒体持开放和鼓励态度,它的主要内容包括政策目标、使用范围、使用控制、使用不当、违反政策、风险和记录保存,其中使用控制规定了员工在官方使用、专业使用和私人使用时需要注意的事项。该政策的制定目的在于规范员工使用社交媒体的活动和行为,以维护图书馆的社会声誉和利益[①]。

在借鉴国外成功经验的基础上,我国的档案机构也应针对新媒体的使用,加强对工作人员的培训。这主要包括两个层次:第一,新媒体的使用。由于目前档案机构的大部分工作人员对新媒体了解甚少,档案机构有必要组织员工进行学习培训,重点掌握常用新媒体的使用方法,了解信息的发布、回复、统计和分析等。第二,新媒体的控制。档案工作人员对外代表着档案机构的社会形象,在开放的新媒体平台上,档案机构需要针对员工的言论和行为进行规范,在国家政策的指导下制定符合本单位的新媒体使用规范,并组织员工进行学习。

（2）转变服务理念

传统的档案服务往往是以档案机构自身为中心,以馆藏资源为

---

① 颜运梅.澳大利亚国家图书馆社交媒体的应用与政策解读[J].图书馆建设,2013(8):78.

基础,提供利用服务,较少考虑到档案用户的利用需求和利用习惯。随着档案服务的社会化发展,档案资源的服务理念也由传统的"以机构为中心"转为"以用户为中心",这就要求档案工作人员在提供档案服务时要以便于用户使用为原则,以满足用户需求为目标,不仅要在文件形成之初考虑到档案利用问题,同时也要做好档案的编研工作,全面挖掘档案价值。档案工作人员应当树立提供主动服务、超前服务、高效服务的目标,才能真正实现"以用户为中心"的档案服务。

①主动服务。

主动服务是相对于传统档案工作中的被动服务而言的,它要求档案机构不断提升档案服务质量,进一步优化档案服务环境,深度挖掘馆藏档案资源,及时与档案用户进行沟通交流。档案机构应主动向档案用户提供知识服务,基于对馆藏档案资源的知识化加工,档案工作人员可利用微博、微信或社交网络向用户展示档案资源。

②超前服务。

档案机构应主动向档案用户提供超前服务,档案工作人员可以利用社交媒体应用的分析软件对档案用户的利用需求和利用习惯进行分析,主动推送用户感兴趣或者关注的档案资源。需要注意的是,这类档案资源不是知识片段,而是系统化的档案知识。

③高效服务。

高效服务强调档案服务的及时性和有效性,即要求档案工作人员在档案用户提出利用需求后及时提供令用户满意的服务。要做到高效服务,档案工作人员首先应当认清档案服务的工作性质,它是一项面向全社会的公益服务工作,用户满意度是档案服务工作的主要衡量标准。社交媒体下的高效服务,要求档案机构设立专人管理面向公众的社交媒体应用,及时对用户提出的利用需求、服务咨询和工作建议等进行反馈。如果社交媒体应用上出现信息不更新、咨询不回复等现象,会严重影响公众对档案机构的信任度,影响档案机构的社会公众形象,不利于档案工作的开展。

(3)优化档案服务方式

依托新媒体的众多应用平台,档案机构可以在传统服务的基础上进行完善和提升,坚持与时俱进,做到"用户至上"。一方面,要对现有的和即将开发的服务渠道进行整合,通过对各类服务方式的特点、优势的分析,进一步优化档案服务,促进服务方式的综合化;另一方面,以便于用户利用为原则,以用户利用习惯为参考,以最大化提升用户满意度为导向,建立档案资源"一站式"服务,缩短用户查档时间,提高档案服务质量。

促进档案服务方式的综合化。档案机构可以开设微信、微博账户,展示馆藏资源,公布工作动态,主动向公众提供信息服务;可以开通 QQ 账号或微信账户,以供档案用户进行在线咨询,定向发送关于档案资源的推送信息,提供即时信息服务;也可以建立专题社区,系统展示馆藏档案资源,尤其是档案编研产品,与档案用户进行社区内的沟通交流。档案工作人员可以在本机构的档案网站主页上分别设置各类社交媒体应用的链接,以供用户选择。

建立档案资源"一站式"智能化服务。第一,要简化用户的查档利用手续,缩短用户的等待时间。第二,在新年媒体平台上开通查档预约,以便用户能在约定的时间查到所需信息;同时,档案工作人员也可以提前将已预约查询的档案调出,做好服务前的准备。第三,在档案网站首页建立一个档案服务导航,将档案机构使用的新媒体应用或者关联网站的链接纳入其中,并依据这些链接的不同服务内容进行划分,以便用户进行档案资源利用和咨询。

(4)加强档案资源的信息组织

档案资源是开展档案服务的工作基础,如何开发档案资源、挖掘档案信息是档案机构的重要工作任务。新媒体时代下的档案资源开发既要做好馆藏档案资源的编研,还要对新媒体平台上共享的档案资源进行知识化挖掘。

①馆藏档案资源的编研。

档案编研,是以馆藏档案为主要对象,以满足社会利用需要为目的,在研究档案内容的基础上,汇编档案文献史料和编制综合参考资料的一项工作。它是按照一定的题目对档案文献进行收集、挑选、加工、编排和评价,以出版的方式(公开或内部)输出档案信息为社会服务的工作。一般来说,它包括编辑档案文献汇编和编写综合参考资料两个方面①。

新媒体时代下的档案编研工作应重点做好档案数字资源的编研。在馆藏档案数字化的基础上,对已经数字化的档案信息进行主题关联和专题整合。即依据横向上的主题关联和纵向上的主题发展等规律,整合档案数字信息,建立起不同主题的档案生命周期知识库。同时,对馆内特色档案资源做进一步的专题整合,在此基础上,举办档案专题展览。需要说明的是,关于档案主题知识库和档案专题展览,需要建立线上和线下两个服务专区,满足不同用户的利用需求。

②共享的档案资源知识化。

新媒体不仅搭建了档案工作人员与档案用户的沟通桥梁,同时,也方便了不同档案机构之间的联系交流,便于相关档案机构建立起档案资源共享平台。因而,对于共享平台上的档案资源,各档案机构的工作人员需要相互协作完成档案编研,实现数字资源的知识化。主要包括以下三个层次:

第一,档案本身的内容汇编。即在各机构馆藏档案汇编的基础上,对机构之间的关联档案进行二次编研。尤其注意同一主题或关联密切的档案的整合,从而形成各专题性的知识档案。

第二,编制数字档案目录和数字档案指南。即对共享范围内的各个机构的档案资源做一个编目,包括档案自身的基本信息(档号、载体形式、大小)、保存地点、所属单位、公开范围等。用户可在社交媒体平台上,利用共享的数字档案目录,了解自己所需的档案资源状况,以及自己可能需要的相关档案。

第三,相关档案知识的扩展。即档案编研人员根据馆藏档案的特点,对与档案内容相关的图书、文物等方面的知识作进一步编研。从而,形成一个以馆藏档案为基础的知识库,使得用户通过检索档案就可以满足对相关知识的利用需求,优化用户体验,全面提升档案的知识服务水平。

---

① 刘国能,等.档案利用学[M].北京:中国档案出版社,1996:113.

8.2.3 新媒体对用户的影响

（1）催生了越来越广泛的档案服务对象

档案资源的服务对象即档案资源的利用者,是指在人类社会各项活动中,为了某种目的而利用档案的群体和个人。从宏观来看,档案利用者表现为具有一定特征的各种类型群体;从微观来看,档案利用者表现为具体的个人①。

古代社会时期,档案是统治者维护国家政权的统治工具,所以档案的利用者仅仅局限于帝王本人和统治集团中的少数分子,普通公民并没有利用档案的权利,也缺少主动利用档案的意识。只有在战乱时期,档案流落民间,才会被个人所保管,从而也出现私家修史的现象。近代社会时期,统治政府虽然颁布了档案汇编公布的法律条文,但由于处于战乱时期,利用者也是十分稀少,并未为广大民众所知晓。现代社会时期,随着国家档案馆网的建成,档案整理工作有序进行,档案也实现了部分利用。直到1986年,《关于开放历史档案的暂行规定》颁布实施,档案才得以开放,公众也真正获得了利用档案、获得档案服务的权利。尽管如此,由于地域、馆藏资源、利用手续等多方面的约束,实际上档案并未在社会上得到广泛利用。

当前,随着信息技术和网络技术的高速发展,公众获取信息资源的需求日益提升,参与社会建设的意识更为强烈。档案作为珍贵的社会历史资源,是公众信息利用的重要内容之一,因而,公众对档案资源的共享和开放的意愿也随之增强。

新媒体的应用则进一步推动着档案服务对象的广泛化。主要表现在:

其一,从服务对象的属性来看,档案服务对象的年龄跨度更大,职业和学历分布更广。在当前互联网高速发展和社交媒体广泛运用的社会背景下,公众眼中的档案馆已不再是"保密机构",转而成为与自己的社会经济生活密切相关的公益服务机构,档案的利用需求

---

① 刘国能,孙纲.档案利用学[M].北京:中国档案出版社,1996:43.

也从"普遍利用"逐步走向"休闲利用"①。

其二,从服务空间来看,档案资源的服务对象不再局限于本单位或本地区,而是面向所有拥有政治权利的社会公众。社交媒体的传播模式打破了档案服务范围的局限性,帮助实现档案资源的在线整合和在线服务。

其三,从服务时间来看,档案服务可以随时接受公众的信息需求,并在最短时间内向公众提供信息服务。公众利用档案资源不再受时间的约束,可以随时通过新媒体工具向档案馆藏机构提出信息利用的诉求。

总而言之,新媒体既为公众利用档案提供了极大的便利,也为档案机构开展档案服务提供了更为便利而有效的渠道和方式。

(2)形成了立体化的档案用户利用需求

信息消费的过程包括信息需求、信息获取占有、信息吸收处理和信息创造四个阶段。信息消费始于信息需求,信息需求是引发信息消费的原动力,是信息消费者的必备要素②。档案用户的利用需求源于档案用户的社会实践活动,是产生档案利用行为的根本动力。

按利用目的来分,档案用户的利用需求可以分为学术利用、实际利用、普遍利用和休闲利用四类③。学术利用是指研究者直接利用档案进行学术研究;实际利用是指用户从在档案中查找可直接用于做出决定的资料;普遍利用是指档案馆向普通公民开展的一种主动档案服务行为;休闲利用是指用户利用自由时间去档案馆查询档案以满足个人的兴趣和爱好,达到休息、消遣的目的,并且使自己的素质得到提高的活动④。总的来说,档案利用需求包括宏观上的群体

---

① 傅荣校,郭佩素.从普遍利用到休闲利用——对档案馆与社会公众关系的考察[J].档案管理,2006(6):13.

② 信息需求[EB/OL].[2014-01-02].http://baike.baidu.com/view/4869770.htm? fr=aladdin.

③ 韩玉梅.外国现代档案管理教程[M].北京:中国人民大学出版社,1995:43.

④ 傅荣校,郭佩素.从普遍利用到休闲利用——对档案馆与社会公众关系的考察[J].档案管理,2006(6):13.

利用需求和微观上的个体利用需求。群体利用需求是指具有普遍性和典型性的档案利用需求;个体利用需求是指具有针对性和具体性的档案利用需求①。

在新媒体应用的推动下,档案用户利用需求的立体化特点更为突出:

第一,休闲利用需求突出。相比于传统的学术利用、实际利用和普遍利用,在互联网和新媒体平台上,档案利用更为便捷,档案服务更为优化,档案从一种知识记录和文化传播的工具转变为一种产品和服务,用户的利用行为逐渐由被动查询转变为主动探索。档案用户的休闲利用需求日益突出。

第二,群体利用需求更具典型性。传统的馆内服务接受的档案用户有限,利用需求也较为单一,集中在与实际生活工作密切相关的档案资源。而新媒体平台上的档案服务面向的用户更为广泛,用户需求更为复杂。因此,档案工作人员更易从中发现典型的、普遍的利用需求,从而进一步指导档案机构的编研、展览等信息服务。

第三,个体利用需求更为强烈。个性化服务是当今各类新媒体应用的重要特点之一,也是用户选择特定新媒体应用的重要原因。一直以来,传统档案服务多表现为被动服务,而社交媒体平台对档案服务提出了更高的要求,需要档案工作人员对用户行为进行分析,进而为不同用户的不同需求提供相应的个性化服务。

第四,新媒体扩大了档案用户的范围,增强了档案用户黏性。社交媒体中的个人都有自己的社交圈,遵从"六度分隔理论",每个个体的社交圈不断放大,最后会成为一个大型的社会化网络(SNS)②。社交媒体上的"关注"和"好友推荐"等功能能够将分布于全国乃至世界各地的档案机构、档案工作者、档案学者、档案用户联系起来,构成一个纵横交错的人际网络。通过对社交媒体上的用户行为进行分

① 潘玉明.论电子时代档案信息资源利用的新特点——利用者的视角[J].上海大学学报(社会科学版),2009(3):113.

② 徐悦.论 Web 2.0 环境下档案馆网站个性化服务[J].云南档案,2012(6):46.

析,档案机构便于获取用户需求,吸引潜在用户,从而增强档案用户黏性,维持"粉丝"的稳定性。

总之,在用户需求日益多样化和差异化的今天,新媒体的出现对档案服务的渠道、方式产生了巨大的影响,带给档案用户更多期待,同时,也搭建了一个良好的平台,为档案机构进行服务创新提供了可能。

(3)满足了公众"求证"与"求知"的双重要求

新媒体应用不仅促进了档案用户利用需求的立体化,同时也对档案服务内容提出了更高的要求。档案用户希望得到的不再是一份档案证明,而是一个包含丰富档案资源的服务产品。档案服务需要从传统的馆内服务转向现代化的知识服务。

传统档案服务的目的是为用户提供档案,提供解决问题所需的信息。它关注的焦点和最终评价标准是"我是否提供了您需要的档案信息"。知识服务的目的是为用户提供知识,提供解决问题的具体方案。它关注的焦点和最终评价标准是"是否通过我的服务解决了您的问题"。传统档案服务为用户提供初级的信息产品,而知识服务为用户提供高级的知识产品。前者实现了档案的价值,后者则增加了档案的价值①。传统档案服务是基于馆藏资源,所能提供的信息和知识有限,难以满足用户的知识需求,而知识服务则强调对全部知识信息的集成和整合,可以为用户提供较为系统的知识服务。

一般来说,用户选择通过网络开展档案利用行为,多是学习和了解档案资源。而正是这种以学习为目的的档案利用行为,要求档案机构提供相应的知识服务。新媒体平台上的档案资源利用的知识化主要表现在两个方面:一是用户对档案资源内容的知识化需求,用户希望得到的是经过整理的、系统化的档案知识产品,从而迅速地获得所需信息;二是用户对档案服务的全程化要求,由于用户对档案资源知识化的需求,在服务过程中,用户更希望得到档案工作人员的持续服务,直至完成用户本次档案资源利用需求。

① 徐拥军,陈玉萍.传统档案服务向知识服务过渡研究[J].北京档案,2009(4):16.

8.3　新媒体下档案服务创新理念

新媒体下,用户不仅要求档案机构满足其档案利用需求,更注重服务过程中的用户体验(User Experience,UE),即用户在获得档案服务的过程中建立起来的一种纯主观感受,譬如情感需求和精神慰藉。因此,根据档案用户的特征及需求,探索新媒体下档案服务创新的理念,改善用户体验,不断提升用户满意度,是优化档案服务的立足点。

8.3.1　个性化服务理念

档案用户来自社会生活的各个领域,具有不同的年龄层次、生活环境、职业背景和文化程度,不同的用户有其独特的档案信息需求,这种独特的信息需求亦即用户需求的个性化特征[1]。传统的档案宣传工作主要通过报纸杂志、广播电视等主流媒体开展,辅以室内展览,受众面广但缺乏针对性,很难满足不同用户的个性化需求。

新媒体环境下,人的思维方式发生了很大变化,大众信息意识提升,更加追求个性的表达[2]。用户希望档案机构能够提供个性化服务,包括服务时空个性化、服务方式个性化和服务内容个性化。其中,服务时空个性化,即针对用户的档案信息需求时间上零散化、空间上移动化的特点,档案机构能够打破时空限制,使用户能够随时随地获得档案服务;服务方式个性化,即档案机构允许用户根据自己的实际情况和兴趣爱好选择喜欢的服务方式,如到馆服务、电话服务、传真服务、微博服务、电子邮件服务等;服务内容个性化,即档案机构允许用户根据自己的需求选择特定内容的档案服务,如专家、学者更加关注与自己研究领域相关的档案信息,普通用户则更关注与自己生活息息相关的婚姻、房产、个人健康等民生档案信息。档案用户的

---

[1]　毕建新,郑建明.基于用户需求的档案资源建设机制研究[J].档案与建设,2013(2):8.

[2]　赵屹,宋晓颖.网络环境下档案信息利用服务创新研究[J].档案与建设,2013(7):10.

个性化需求要求档案机构树立个性化服务理念,对用户信息进行数据分析和数据挖掘,研究用户档案信息需求的内容与目的,为不同需求的小众群体提供灵活的差异化服务。

8.3.2 "去中心化"理念

"去中心化"概念是由瑞士哲学家皮亚杰提出的,最初应用在儿童心理学领域,他认为"从前运算阶段到具体运算阶段,儿童经历着一个过渡时期,即从各个领域中儿童的自我中心向脱离自我中心过渡,这就是去中心化"①。Web 2.0 兴起后,去中心化渐渐成为互联网领域的一个重要理念,它是相对于"中心化"而言的一种新型网络内容生产过程。Wikipedia、Flickr、Blogger 等网络服务商所提供的服务都是去中心化的,任何参与者均可提交内容,网民共同进行内容协同创作或贡献。在档案领域,传统的档案服务是以档案机构为中心展开的,是典型的中心化服务模式。这种中心化模式下,档案机构在服务中占绝对的主导地位,有很高的权威性,用户只能被动地接受档案机构提供的信息服务,缺乏话语权,在利用的过程中还要受到严格的限制。

新媒体推动档案服务迈入"去中心化"时代。一方面,新媒体激发了公众更积极地参与社会事务,档案用户不仅是档案信息的利用者,还能参与档案信息的创建、加工和提供等工作,成为档案资源的创造者与管理者,"公民档案员"应运而生②。另一方面,新媒体促使第三方平台介入档案管理,多方合作共同完成档案管理工作③。"去中心化"打破了传统的以档案机构为中心的服务模式,允许多方共建平台的介入,给了用户更多个性化表达的机会,使得用户能够权级平等地参与到档案服务过程中来。"去中心化"的目的在于鼓励用户参与档案信息资源的建设和管理,积极主动地与第三方平台协作,

---

① 李鹏程,邹广文,罗红光,李红,等.当代西方文化研究新词典[M].长春:吉林人民出版社,2003:2.

② 王宇.浅谈社交媒体对档案工作的影响[J].知识经济,2013(4):56.

③ 王宇.浅谈社交媒体对档案工作的影响[J].知识经济,2013(4):56.

通过搭建新的平台收集档案信息,发掘档案知识,共建档案信息。

当然,"去中心化"并不意味着档案机构在档案服务中的中心地位将被取代或消失,而是表明了档案服务由高度集中控制型向分散集中控制型的转变,目的是推动档案服务更加扁平化和多元化,有利于更好地为大众提供档案信息服务。

8.3.3 交互性理念

交互是一种使对象之间相互作用而促使彼此发生积极改变的过程①。交互性是 Web 2.0 的根本特性,它强调用户在参与中交流。任何使用者在 Web 2.0 环境下都享有自主组织信息、整理信息的权利,可以根据自己的喜好设置阅览的内容,设置首页的页面风格,方便地和其他人进行在线交流,对他人发表的信息内容发表意见和进行评论,不断得到反馈和提高②。现有的档案服务是传统的服务方式,是档案信息的单向传播过程,即档案机构提供什么,用户就只能被动地接受什么,二者之间缺乏必要的交流与沟通。

基于 Web 2.0 的社交媒体是一个开放、自由的平台,在该平台上,人们可以在法律允许的范围内畅所欲言。以博客(Blog)、维基(Wiki)、信息聚合(RSS)、社会网络(SNS)等为代表的社交媒体给档案馆工作者与用户之间、用户与用户之间、工作者与工作者之间的交互提供了新的渠道和空间③。通过档案机构与用户之间的交互,档案机构可以了解不同时期、不同用户的需求,继而应用先进的信息技术和网络技术,根据用户的动态需求适时调整服务。通过用户之间的交互,可以促进档案信息在用户之间的学习与创新,使档案信息在用户之间得到更快更好的共享和传播。档案工作人员之间的交互,有利于档案工作者分享彼此在新的网络环境下开展档案服务的经

---

① 梁孟华.Web 2.0 形态下面向用户的交互式数字档案服务研究[J].档案学通讯,2013(6):65.

② 董坚峰,肖丽艳.基于 Web 2.0 的图书馆信息服务交互与服务模式创新研究[J].图书馆学研究,2011(3):83.

③ 董坚峰,肖丽艳.基于 Web 2.0 的图书馆信息服务交互与服务模式创新研究[J].图书馆学研究,2011(3):85.

验、教训和方法,从而提高档案服务质量。

总之,新媒体环境下,档案机构开展的服务不再仅仅是服务主体单方面的行为,而是主体与用户、用户与用户以及主体与主体之间的多向交互行为。因此,应重视档案服务过程中的交互性,树立交互性服务理念,鼓励广大用户及档案工作者参与档案服务工作,以改善用户体验,提升用户的满意度。

8.4 新媒体下档案服务创新路径

社交媒体下,档案服务创新的理念还需要一定的路径加以落实。笔者认为,从树立社交媒体意识着眼,以档案资源建设为基础,通过大众化服务与个性化服务的结合,才能真正做到档案服务的创新。具体来说,这种路径的完成主要体现在以下几个方面。

8.4.1 树立新媒体意识,面向档案用户,实现新媒体在档案服务中的制度化

首先应当树立新媒体意识。奥巴马非常注重对社交媒体的应用,他凭借对社交媒体的深刻理解和大力投入,大大提高了自身的政治影响力。在奥巴马政府的带动下,NARA 提出基于合作(Collaboration)、领导力(Leadership)、主创性(Initiative)、多元化(Diversity)、社区化(Community)、开放性(Openness)六个核心价值观的社交媒体战略①,推动着 NARA 社交媒体的应用处于世界领先地位。现阶段,我国档案机构的新媒体意识还不强,对新媒体的应用尚未引起足够的重视。因此,我国档案机构亟须提高新媒体意识,相关部门应尽快建立应用新媒体的制度规范,促进档案机构应用新媒体制度化,通过制度化带动档案机构新媒体意识的形成与固化。

同时,不管是在传统环境下,还是在新媒体环境下,档案服务都是面向档案用户的。特别是进入 Web 2.0 时代,微博、微信、人人、豆

---

① 美国档案与文件署网站[EB/OL].[2014-01-12].http://www.archives.gov/social-media/strategies/.

瓣等一系列社交平台体现了平等、互动、参与、交流、用户至上等思想,给人们带来了巨大的理念冲击,以用户为中心、以人为本越来越得到重视。NARA 一直坚持用户至上原则,根据用户的职业、背景、查询目的、偏好和要求,从多层次、多角度提供满足其个性化信息需求的服务①。我国档案机构应当增强以用户为中心的服务理念,努力了解用户需求,不断探索如何利用新技术更好地适应变化了的环境和用户需求,提供让用户满意的优质服务。

8.4.2 利用群体智慧,提升档案资源建设能力,增强新媒体下档案服务的基础

优质的档案服务必定要有丰富的档案资源作支撑。在传统的档案工作中,档案资源建设是以档案工作人员为主。由于人员有限,档案资源建设力量相对薄弱,档案资源无法得到很好的开发。档案数字化开展以来,不少单位引入了合作、外包机制,但也需要花费较高的资源建设成本,同时,只有很少的数据库能够通过网络环境得以开发,尚未见档案服务的第三方平台,大大影响了档案的利用。从这个角度来看,拓展档案资源建设能力,是档案服务的必经之路。

新媒体为档案资源建设提供了一种全新的路径。在 Web 2.0 这个推崇群体智慧的环境下,每个人都是一个知识库。利用新媒体可以使我们从前所忽视或是无法调动的那些非专职工作人员的智慧得以发挥。除了档案工作人员外,档案学者、档案专业在校学生、档案爱好者、普通公众都可以成为档案开发工作者,就自己所熟悉的档案资料进行加工整合,与他人共享②。2011 年,NARA 在其官方网站上开辟了名为"公民档案工作者"的新板块。任何一个美国公民都可以为档案馆网站上发布的档案信息或图片信息添加标签(用于制作分类和主题索引,便于搜索)、注释和说明,甚至还可以就任一历史事件上传相关文字、图像、影像资料,或通过网站的社交媒体平台撰

---

① 祝洁.NARA 信息服务的现状及启示[J].浙江档案,2013(6):17.

② 左宏嫄.基于 Web 2.0 的档案利用服务研究[D].苏州:苏州大学,2012:21.

写文章表达自己的看法①。这种做法对我国档案界有很好的启示。以当前广泛开展的"城市记忆工程"为例,该工程是一个需要众多学科和部门共同关注的庞大工程②。档案机构可以通过 Wiki 调动群体智慧,让用户将自己收藏的有关城市形成、变迁和发展中具有保存价值的历史记录共享,与广大用户共同完成"城市记忆工程"的资源建设。

这种协作式的档案资源建设方式不再局限于档案机构的"独创",而是档案机构与广大用户"共同创造",这样生产出来的档案资源更加丰富多样,为档案服务提供了坚实的资源基础。

8.4.3　构建新媒体平台,拓展档案信息传播渠道,服务社会大众

目前,我国数字档案信息服务平台主要包括档案网站、Web 2.0工具、手机媒体、数字档案馆等,通过这些平台可为用户提供个性化数字档案信息服务③。无论是国内还是国外,对利用新媒体这一平台获取资源的需求正在逐年递增。如前所述,NARA 在 Twitter、You-Tube、Facebook 和 Flickr 等众多社交媒体上都建立了站点,积极利用各种社交媒体渠道传播档案信息。我国档案机构在创新档案服务平台方面,应主动向其学习,结合我国档案事业发展的实际,取其精华,去其糟粕。

首先,档案工作人员应从机构内部的档案工作中走出来,将档案工作融入公众,融入社会生活中,并通过各种媒体(尤其是新媒体)拉近档案与公众的距离,做好档案宣传,让公众了解到档案是社会共同财富,从而增强公众对档案的重视程度,培养用户自觉利用档案的意识。同时,档案工作人员可以通过社交媒体与公众进行互动沟通,

---

① 赵淑梅,邱扬凡.美国档案工作应对社交媒体的策略[J].档案学通讯,2013(5):91.

② 吴建华,等.城市记忆工程背景下城市数字档案中心建设研究[J].档案学研究,2009(6):25.

③ 连志英.基于用户需求的个性化数字档案信息服务模式构建[J].档案学通讯,2013(5):52.

改善各项档案工作,对公众普遍感兴趣的档案资源进行深度的知识化加工。

其次,档案机构需要在多种新媒体平台上建立账户,走"合作共赢"之道。例如,在微博、人人平台开设账户,与用户互动交流;与优酷等社交视频网站建立合作关系,开设档案视频专区,吸引用户;通过百度百科、维基百科,协作开发档案信息资源;开设即时通信平台,及时获取用户反馈等。更重要的是,档案机构需要自主研发平台,开发档案服务软件。如 NARA 就将网站上一个名为"历史上的今日档案"的栏目做成 App 程序,可供苹果和安卓系统用户下载,收到了良好的效果①。

再次,积极打造移动新媒体平台。随着高速无线网络的覆盖,智能手机、平板等移动终端产品已经成为互联网的延伸,它们以携带方便、使用便捷的特点,成为几乎人手必备的移动传播终端。新媒体在移动平台上的应用,使得档案服务更加便捷。只要有网络,用户便可不受时间和空间的限制享受档案服务。

最后,档案机构需要充分挖掘新媒体平台功能。例如新浪微博,除了支持 140 字以内的简短文字外,还支持@、评论、图片、视频、话题等功能。在该平台发布档案信息时,可以充分利用这些功能,采用多样化的信息表达方式,不仅能增强表达效果,还能提高传播效率。

8.4.4 采取灵活方式,开展个性化服务,满足小众需求

新媒体在给人们带来丰富多彩的信息的同时,也带来了严重的"信息过载"问题,而开展个性化档案信息服务是缓解"信息过载"最有效的方法之一②。个性化档案服务也是满足档案小众服务的方式,因此,需要采取灵活的方式,充分利用社交媒体时间上零散化、空间上移动化的特点,进行档案信息服务。

相对于社会化服务而言,个性化服务则强调满足每个档案用户

---

① 赵淑梅,邱扬凡.美国档案工作应对社交媒体的策略[J].档案学通讯,2013(5):91.

② 黄立威,李德毅.社交媒体中的信息推荐[J].智能系统学报,2012(1):1.

的利用需求,以求提高用户的利用满意度。个性化服务是社交媒体时代档案服务的重要创新,也是档案知识服务的重要特征之一,档案服务的个性化主要体现在服务环境、服务内容和服务方式三个方面。服务环境的个性化,要求档案机构本着人性化服务的原则进一步优化档案服务环境,如:档案机构的选址和室内结构适当体现文化、休闲、亲和的特点,为档案用户营造一个安静舒适的查档、学习环境;同时,档案机构还应注意其在社交媒体应用的界面设置和美化,既要方便用户使用,也要吸引更多公众利用档案资源。服务内容的个性化,要求档案工作人员对用户需求进行深度挖掘,了解用户的现实需求和潜在需求,通过社交媒体应用定期向不同用户推送定制档案服务。服务方式的个性化,即要求档案工作人员应当了解用户的不同利用习惯,展开一对一的针对性服务,例如:对于微博比较活跃的用户,可以通过微博发送个性化的服务内容;对于习惯使用微信的用户,可以通过微信的公共平台推送档案资源。目前,个性化档案服务主要包括档案信息定制服务、档案信息推送服务和档案信息推荐服务。

　　档案信息定制服务,即用户向档案机构提出信息需求,档案机构根据用户的定制条件将其所需资源反馈给用户的一种服务方式,这是针对用户的特定档案信息需求而提供的服务。现在,百度、谷歌、雅虎等网站已允许用户定制个性化主页,很多图书馆也开展了个性化定制服务,并取得了很好的效果,这为档案机构提供了借鉴。档案机构可以将档案信息进行分类并集成到统一的管理平台上,供用户选择和定制自己感兴趣的档案信息。NARA网站就依据不同用户群体定制相应信息并在主页突出显示,围绕这一群体特征主动推送相关信息①。江苏省档案局通过"RSS订阅"功能让用户可以从订阅列表中选择感兴趣的内容板块,添加到自己的RSS阅读器中。个性化档案信息定制服务基于用户对档案信息的利用全过程,主动地对档案信息资源进行组合,打破原有的档案信息的组织体系结构,与用户的档案利用需求保持动态性的适应,随着用户的需求聚合档案信息

---

　　①　马仁杰,谢诗艺,等.美国NARA网站的小众化服务特色解析及其启示[J].档案,2013(5):42.

资源来提供更为优质的服务①。

　　档案信息推送服务,即档案机构根据用户定制的信息定期将有关内容推送给档案用户的一种主动服务方式,它依赖的是信息推送技术。利用信息推送技术,档案机构可以及时、准确地将不同用户定制的档案资源分类推送给档案用户。同时,也可以将本馆的基本介绍、最新工作动态、用户查档的基本知识、与当前的热门话题相关的档案史料等信息主动推送给用户,保持信息的及时性。推送的地点可由用户指定,如电子邮箱、RSS 阅读终端等。档案信息推送服务大大提高了档案机构的主动服务意识,使得档案信息传播更为精准有效。

　　档案信息推荐服务,即不需要用户定制内容,而是根据用户的专业特征、研究兴趣的职能分析,了解用户的需求和兴趣,主动向用户推送相关档案信息的一种深层次的、主动的服务方式,它依赖的是数据挖掘技术。一方面,档案机构可通过数据挖掘技术,根据用户的互联网行为轨迹来关注档案用户的咨询偏好,向用户推荐感兴趣的内容。另一方面,由于关联的用户之间更可能有相同或相似的兴趣,用户容易被自己信任的朋友所影响②,而新媒体是一个人际关系交错纵横的大平台,人们在该平台拥有自己的朋友圈、同事圈、同学圈。因此,通过用户在社交媒体上的人际关系开展档案信息推荐服务,会产生意想不到的效果。

---

　　①　傅永珍.面向用户需求的个性化档案信息服务探讨[J].北京档案,2013(3):41.

　　②　黄立威,李德毅.社交媒体中的信息推荐[J].智能系统学报,2012(1):1.

第9章 面向公众需求的档案资源建设与服务的评估

    2007年年底,国家档案局印发《关于加强民生档案工作的意见》,提出要建立"覆盖人民群众的档案资源体系和服务人民群众的档案利用体系"。新时期,社会档案观、社会记忆观和社会服务观促进档案工作发生根本性的变化,面向公众需求的档案资源建设与服务局面正在形成。近年来,档案信息化、网络化发展迅速,档案网站和数字档案馆建设成效初现,档案资源建设途径与服务平台得到拓展,这些变化也促进了公众档案需求和行为的变化。

    "十一五"期间,全国各级各类档案馆馆藏档案39 264万卷(件),共接待利用者3 000万人次,提供利用档案、资料8 100万卷(件、册),利用率接近21%①。2013年,上海浦东新区平时工作日日均接待约210人次、利用档案约175卷次、复印约1 100页;周六接待约96人次,利用档案约60卷、复印约380页,见表9-1。民生档案利用仍然是档案利用的主体,产证档案和婚姻档案两项合计利用占比超过55%,社员建房、独生子女、土地档案、知青子女回沪等民生档案利用率随利用总数增长而稳定增加,这六类档案利用占比

---

① 国家档案局.国家档案局中央档案馆关于印发《全国档案事业发展"十二五"规划》的通知[EB/OL].[2014-03-20].http://www.saac.gov.cn/zt/2011-01/14/content_12721.htm.

达到 85%①。

表 9-1　　上海浦东新区档案馆 2013 年档案接待利用数据

工作内容		接待人次	利用卷数	复印页数	图纸打印张数
窗口接待	接待总量	55 865	45 144	284 281	11 836
	平时接待量	51 603	42 506	267 347	11 836
	周六接待量	4 262	2 638	16 934	0
	其中 跨馆查询	553	539	1 903	0
	其中 档案预约查阅	88	537	41	10
	其中 大批量档案查询	66	2 678	9 225	1 618
	其中 外借档案	36	39	0	1 387
社区利用		2 630	2 630	6 554	0
接待电话咨询、查档		8 870	0	0	0
总计接待量		67 365	47 774	290 835	11 836

　　本书第 2 章对档案用户的调查发现,从进馆(室)查档的情况来看,100% 的用户是有明确目的的。其中,为了工作参考占 87%,46% 的用户是通过档案机构取证。从档案馆网站的情况来看,仅仅是为了浏览网页、寻找有趣的内容的用户占 56.62%,真正有目的地查找档案目录的用户比例不足 40%。公众利用档案主要是靠实地查询和网站查询两种方式。其中,到馆实地利用是主要途径,占 87.27%。网站利用以年龄较轻的群体为主,40 岁以下的用户里,86.14% 的用户是先从相关机构的网站查找,再做进一步的利用打算。而据江苏省的一项调查统计,仅 5.7% 的受访者表示"经常需要"档案信息,

————————

　　①　丁红勇.浦东新区档案馆 2013 年档案利用分析[J].中国档案,2014(5):61.

25.3%的人"有时需要",31.7%的人"偶尔需要",37.3%的人"不需要",且对档案信息的需求多为工作引发,而非用户主动产生①。从以上的调查数据可以看出,公众利用档案的目的比较单一,利用档案的类型和方式也有较大的局限性,说明我国社会公众对档案资源的需求层次还属于较低水平,因此,档案部门要主动激发全社会的档案需求,挖掘社会公众的潜在需求。

社会公众是档案资源利用的主体,也是档案馆服务的主要对象,因此,在档案馆档案资源建设与服务质量评价方面最公正的主体应当是社会公众,即广大档案用户②。社会公众的档案需求是促进档案资源建设与服务工作开展的重要动力和方向,公众档案需求的满足在实现档案价值的同时,也体现出档案馆存在的介值。早在21世纪初,就有学者将质量管理的概念引入档案管理当中。钱元吉指出,"档案工作对质量的要求是广义的,既指档案工作的质量,也包括文书处理工作的质量。只有保证和提高文书处理工作的质量,才能确保归档档案的质量与档案工作的顺利开展"③;徐静也指出,"在新形势下要加强档案工作的质量意识,在每一个工作环节实施质量控制,积极提供利用,建立起高质量的文书档案工作体系,提高档案工作的水平"④;高磊认为,"对文书档案进行全面质量管理,就是要求企业参与文书档案产生、整理、保存和使用的各部门领寻和具体工作人员,能够运用专业技术和科学管理的方法,建立起一整套文书档案形成全过程的质量保证体系。文书档案质量是档案的生命线,文书档案质量的好坏直接影响其效用"⑤;黄磊提出要构建档案质量管理体系,即"以档案质量为中心、以满足利用者为目的,综合利用各种质

① 毕建新,郑建明.区域性档案信息资源的有效利用[J].中国档案,2014(5):58.
② 梁绍鹏.模糊数学与档案馆综合评价方法——兼评曲靖地区档案馆[J].云南档案,1996(1):21.
③ 钱元吉.全面质量管理与档案工作[J].档案与建设,2001(2):46.
④ 徐静.新形势下档案工作中的质量管理与利用服务[J].档案与建设,2002(6):25.
⑤ 高磊.对文书档案实行全面质量管理的探讨[J].科技情报开发与经济,2004(10):59.

量管理方法,持续改进档案信息资源和服务质量的系统"①。前期的研究对档案馆的质量界定多从档案馆内部管理流程入手,包括树立质量意识,领导重视,对档案工作的各个流程进行质量控制等,忽视了对档案用户需求的考虑。2011年,梁孟华探讨了全面质量管理在档案信息集成服务中的应用过程、组织变革及其主要内容等问题,并从计划制定、新质量观培养、控制体系构建等方面给出了实施对策②。档案资源作为一种公共的社会文化资源,决定了新时期档案资源建设和服务工作的方向是满足广大社会公众的需求,因此只有深入研究公众对档案资源建设和服务的需求和满意度,才能充分发挥档案资源的价值,才能重新定位档案馆在社会公众心中的地位,得到用户的肯定与支持,为此,在充分总结参考现有理论及实践经验的基础上,进行基于公众需求的档案馆公众满意实证研究,从社会公众(档案用户)对档案资源、档案服务、档案网站的质量需求的角度出发,研究公众对档案馆档案资源建设与服务的满意度,以期促进档案馆在档案资源建设与服务工作中质量管理的实现。

9.1 档案馆档案资源建设与服务的公众质量需求概述

国际标准化组织在 ISO 9000 中确定的 8 项质量管理原则中,首先是"以顾客为关注焦点",组织依存于其顾客,因此,组织应理解顾客当前和未来的需求,满足顾客并争取超越顾客的期望③。在 ISO 9004 中直接将质量定义为"产品或者服务满足用户明确或者隐含需求的特征和特征的总和"④。对于档案馆而言,产品即档案资源

---

①　黄磊.档案质量管理体系的构建研究——以山东电力工程咨询院为例[D].济南:山东大学,2010:20.

②　梁孟华.基于全面质量管理的档案信息集成服务研究[J].档案学通讯,2011(1):94.

③　王建宇.高校档案工作中引入质量管理模式的探讨[J].科技情报开发与经济,2009(11):172.

④　唐少清.项目评估与管理[M].北京:清华大学出版社,北京交通大学出版社,2005:331.

建设的成果,包括实体档案资源、档案信息资源以及经过开发加工的各类档案产品;服务即档案服务,包括档案馆提供的查阅利用、复制、展览等服务,以及通过档案网站和数字档案馆提供的各类服务。但是,从当前数字档案馆建设的实际情况来看,虽然档案数字化取得了不错的成绩,但是真正建成并投入使用的数字档案馆只有少数,因此,本课题决定不将公众对数字档案馆服务质量需求纳入本次研究当中。最后,结合档案馆"产品"及"服务"质量、公众档案需求与档案馆公众满意度之间的关系,我们从档案资源质量需求、档案馆服务质量需求、档案网站质量需求、档案馆公众满意度四个方面来阐释档案馆档案资源建设与服务的公众质量需求。

9.1.1　档案馆的公众档案资源质量需求

档案资源的范围很广。当前,它不仅包括实体档案资源,而且包括电子文件和档案数字化后形成的数字档案资源,以及网络信息资源归档形成的档案资源等。从社会公众的角度而言,档案资源中既有作为凭证和具有查考价值的实体档案资源,也有作为情报价值的档案信息和知识资源,具有原生性、多样性、稀缺性、知识性等特点。档案资源建设不仅包括实体档案和数字档案的积累与组织,还包括对其中蕴含的信息、知识价值的挖掘和开发。档案资源建设的好坏直接影响社会公众对档案资源质量的需求与感知。

王小云、王运彬及祝劲使用有用性、实时性、适量性、独特性来评价档案信息效用质量。其中,有用性指档案信息与用户期望的信息内容的差距;实时性指档案信息有一定的时间限制,超出这一时间限制的档案信息可能会失去价值;适量性指档案信息量应该尽可能适当,不管是何类型的档案用户,其需要的档案信息量都不是无限的;独特性指档案信息是否有自己的特色,是否存在别人在别处无法获得的档案信息①。

杨霞从利用者本位的视角出发,提出了一种社会公众参与的档

---

① 王小云,王运彬.档案信息质量评价之指标体系构建[J].档案管理,2008(4):55;祝劲.档案信息质量评价研究[J].湖北档案,2008(1):51.

案利用服务质量评价的指标体系和评价量表,使用系统性、完整性、开放度和可用性四个指标来获知利用者在利用服务中对馆藏档案资源的评估情况。其中,系统性反映馆藏档案资源结构是否合理,档案是否丰富,查阅紧密联系的档案是否方便等;完整性反映档案信息内容和形式有无缺损等;开放度反映档案资源公开和开放的程度、可自由获取的档案范围是否适当等;可用性反映馆藏资源可否向公众提供利用,资源获取是否简便易行等①。

聂勇浩、苏玉鹏在构建档案馆公共服务评价指标体系时,指出用户维度的公共服务有效性可以体现为三个指标:一是利用者表达需求后档案馆能否准确找到所需的档案,这能体现用户对查档服务最基本、最直观的反馈和评价;二是档案馆出具的证明是否可以解决利用者的实际问题,这不仅影响本次查档的质量,也会对下次利用以及档案机构的口碑产生重大影响;三是档案馆所提供材料和证据的有效性与可靠性,这是档案凭证效用最根本的两大属性,与用户能否通过档案实现实际效用密切相关②。

董德民等在构建基于公众感知的国家档案馆公共服务质量评价模型的时候,使用"提供的档案、资料准确有效""提供的档案、资料全面可靠"两个指标来评价档案资源质量③。

信息资源的特点以及用户对信息资源的质量需求对于图书馆、档案馆等公共的信息资源的提供机构来说具有较大的相似性。Shi等在研究图书馆用户满意的影响因素时,使用正确性、精确性、相关性、详尽性、适当性来衡量图书馆信息资源的质量④。曹树金等从相

① 杨霞.社会公众参与的档案利用服务质量评价初探[J].档案学通讯,2012(4):43.

② 聂勇浩,苏玉鹏.档案馆公共服务评价的指标体系建构——基于平衡记分卡和层次分析法的分析[J].档案学研究,2013(2):23.

③ 董德民,赵立,严青云.基于公众感知的国家档案馆公共服务质量评价模型研究[J].浙江档案,2013(12):20.

④ Shi X,Holahan J P,Jurkat P M.Satisfaction Formation Processes in Library Users:Understanding Multisource Effects[J].The Journal of Academic Librarianship,2004(2):122-131.

关性、丰富性、完整性、权威性、新颖性、可获取性、经济性等方面去测量图书馆用户信息资源质量需求及感知[1]。

在参考图书馆和档案馆相关研究成果的基础上,本课题组从完整性、有效性、有用性、权威性、知识性、易获取性这几个方面来测量档案馆公众档案资源质量需求和感知,如表9-2所示。

表9-2　　档案馆的公众档案资源质量需求和感知量表

构面	观测变量代号	衡量问项
完整性	x1	档案馆提供的档案资源是完整、全面的
有效性	x2	档案馆提供的档案资源是真实、准确有效的
有用性	x3	档案馆提供的档案资源是我所需的,对我很有用
权威性	x4	档案馆提供的档案资源是可靠的,权威的
知识性	x5	档案馆提供的档案资源包含大量知识创新的成分,让我获取了新的知识
易获取性	x6	档案馆提供的档案资源很容易获取

9.1.2　档案馆的公众服务质量需求

梁绍鹏在对档案馆工作水平进行综合评价的研究当中,使用服务水平和效益两个因素来评价档案馆的服务。其中服务水平包括档案馆提供档案服务的方式、方法和质量;效益就是档案馆在发挥职能的活动中,直接或间接地服务于社会所产生的社会效益和经济效益之和[2]。

聂勇浩、苏玉鹏指出,站在用户的角度,档案利用是否方便、收费

① 曹树金,陈忆金,杨涛.基于用户需求的图书馆用户满意实证研究[J].中国图书馆学报,2013(5):61.
② 梁绍鹏.模糊数学与档案馆综合评价方法——兼评曲靖地区档案馆[J].云南档案,1996(1):22.

是否合理显然是他们最关心的问题,也是衡量档案馆公共服务是否能满足利用者需要的关键性业务流程指标。基于此,他们提出档案馆公共服务评价的内部流程维度可以识别出五个指标:一是查档流程的便捷度;二是查询档案的收费;三是主管部门和领导对档案利用服务的量化要求;四是利用者能否利用电脑直接查阅档案;五是利用者能否通过电话或者网络获得咨询服务①。

　　董德民等从服务能力、信任保证性、准确可靠性、便利性、响应性和移情性六个维度构建基于公众感知的国家档案馆公共服务质量评价模型②,见表9-3。

表 9-3　基于公众感知的国家档案馆公共服务质量评价初始模型

序号	问项指标	简称
1	**服务能力**	
1.1	有丰富和合理的馆藏资源	丰富馆藏
1.2	有现代化的服务设施进行档案、资料查阅	现代设施
1.3	有现场、来电来函、网络等多种服务手段	多种手段
1.4	有完善的服务管理制度和服务指南	服务管理
1.5	有训练有素的服务人员	服务人员
2	**信任保证性**	
2.1	服务人员是值得信赖的,使用户感到放心	信任放心
2.2	服务人员得到档案馆支持,能提供好的服务	支持服务
2.3	服务人员能依据政策法规提供服务	法规服务
2.4	服务过程和结果是公平公正的	过程公平

　　① 聂勇浩,苏玉鹏.档案馆公共服务评价的指标体系建构——基于平衡记分卡和层次分析法的分析[J].档案学研究,2013(2):24.
　　② 董德民,赵立,严青云.基于公众感知的国家档案馆公共服务质量评价模型研究[J].浙江档案,2013(12):20.

序号	问项指标	简称
3	**准确可靠性**	
3.1	能准时提供服务	准时服务
3.2	提供的档案、资料准确有效	准确有效
3.3	提供的档案、资料全面可靠	全面可靠
3.4	用户遇到困难时,能表现出关心并提供帮助	关心帮助
4	**便利性**	
4.1	可方便找到档案馆和服务人员	方便找到
4.2	可方便了解到服务程序和服务要求	方便了解
4.3	设计的服务表格易于填写	表格易填
4.4	服务程序方便快捷	方便快捷
5	**响应性**	
5.1	能告诉用户提供服务的准确时间	提供时间
5.2	能及时提供服务,找到相关档案资料等	及时服务
5.3	服务主动热情、态度和蔼,能耐心帮助用户	热情帮助
5.4	投诉或留言能得到及时解决或答复	及时答复
6	**移情性**	
6.1	会针对不同的用户提供个性化服务	用户个性
6.2	会主动了解用户的需求	主动了解
6.3	服务时间和空间能满足用户的个性化需求	时空个性

　　杨霞从服务设施、服务过程、服务结果和档案资源四个维度构建社会公众参与的档案利用服务质量评价的指标体系。其中,从服务设施维度来看,齐全性反映与档案服务相关的物理设施条件是否完备等;安全性反映服务平台是否存在物理故障和安全隐患等;易用性反映公众是否能方便地获得学习指引,服务设施是否容易使用等;舒适性反映出服务设施选用是否以人为本,服务环境是否优美雅致、令

人愉悦等。从服务过程的维度来看,沟通性反映出服务人员与利用者互动中的沟通能力;及时性反映出服务人员对公众查档请求的收受处理行为是否快捷高效等;规范性体现出服务制度、程序、标准以及服务人员的服务行为等是否规范合法;回应性反映出对公众利用需求的回馈和反应是否积极主动、真诚服务等。从服务结果的维度来看,满意度反映出馆藏档案利用服务过程中所获得的认可满意的程度,是利用者接受一个服务周期后的感知值与此次服务周期前的预期值的比率;满足率反映了档案利用者实际获得的所需档案信息占请求获得的全部所需档案信息的比率,反映了档案馆档案资源系统的服务水平和完善程度;经济性反映了利用服务中投入产出是否平衡,综合档案馆以及利用者查档投入的资源(人、财、物和时间等)越少,获得的产出成果越多,利用者就会认为经济划算,反之则认为不经济;公平性反映了利用者对服务过程中是否得到公平对待的感觉和认识①。关于档案资源及其质量前文已有论述(详见本书 1.3、9.1.1 节),在此不再赘述。

在图书馆服务质量评价方面,1999 年美国研究图书馆协会在 ServQUAL 的基础上提出了针对高校图书馆和研究型图书馆设计的服务质量评价模型 LibQUAL+。该量表目前包括服务影响、图书馆实体环境和信息控制三个维度,共 22 个核心问题②。曹树金等从有形性、响应性、保证性、关怀性等方面测量图书馆用户信息服务质量需求及感知③。

在参考以上研究成果的基础上,本书从服务场所和设施的现代化、服务管理制度化、服务人员的响应性、服务人员的正规化、服务人员的专业化、服务的及时性、服务的关怀性、服务的主动性、服务程序简捷性、服务的个性化这几个方面来测量档案馆公众服务质量需求

---

① 杨霞.社会公众参与的档案利用服务质量评价初探[J].档案学通讯,2012(4):43.

② 林钰雯.从 LibQUAL+™探讨我国大学图书馆服务品质评量[D].台湾:中兴大学,2006.

③ 曹树金,陈忆金,杨涛.基于用户需求的图书馆用户满意实证研究[J].中国图书馆学报,2013(5):62.

及感知,见表9-4。

表9-4　　　　　档案馆的公众服务质量需求及感知量表

构面	观测变量代号	衡量问项
服务场所和设施的现代化	x7	提供现代化的档案查询利用场所和完善的配套设施
服务管理制度化	x8	有完善的服务管理制度和服务指南、馆藏介绍、使用说明等
服务人员的响应性	x9	能够快速反应,理解用户的需求
服务人员的正规化	x10	言行举止职业、规范,态度和蔼,能耐心帮助用户
服务人员的专业化	x11	具备解答用户问题的知识和技能
服务的及时性	x12	能及时提供服务,帮助找到相关档案资料等
服务的关怀性	x13	及时处理和反馈用户的意见和建议
服务的主动性	x14	主动了解用户的需求
服务程序简捷性	x15	服务程序方便快捷
服务的个性化	x16	针对不同的用户群体提供个性化服务

9.1.3　档案网站的公众质量需求

正如本书第2章调查结果所显示的那样,档案馆在线信息服务越来越受到欢迎。档案馆在线信息服务是指在网络环境下档案馆利用计算机、通信网络等现代技术从事档案信息采集、处理、存储、传递和提供利用等一系列活动,以达到为档案信息用户提供所需数字档案信息产品和服务、满足档案信息用户解决现实问题的需求的目的①。

----

① 管先海,刘伟,等.对数字档案馆信息服务的思考[J].档案管理,2005(5):21.

档案馆在线信息服务主要通过档案网站及数字档案馆实现。然而当前我国数字档案建设仍处于初级阶段,真正投入使用的数字档案馆较少,因此,本课题组只研究档案网站的公众质量需求。档案网站是档案信息化建设的重要组成部分,是信息时代档案事业发展的需要,是国家各级档案馆在互联网上发布公开档案信息资源的重要窗口和提供在线服务的综合平台①。然而,当前我国各级档案馆的档案网站虽然广泛建立起来,但是地区之间发展水平差距较大,网站内容缺乏、网站功能无法满足用户需求、资金投入不足等问题普遍存在②。因此,档案网站的资源建设和功能建设的好坏直接影响到公众对档案网站的质量需求与感知。

中国人民大学信息资源管理学院档案网站调查和测评项目组在对我国省级档案网站进行测评时,认为档案网站应该定位为资源型网站,其最重要的功能是提供各类型文件、档案资源供社会公众查询和利用,充分体现档案信息作为人类社会具有唯一性的原始信息源的价值。因此,他们设计的指标体系当中,资源型服务指标所占权重最大。资源型服务指标包括档案资源介绍、在线档案查询、现行文件服务、网上展览、网上预约等二级指标。另外,在网站设计指标方面,设置了网上交互和可访问性等二级指标③。

童庄慧在构建政府档案网站评价指标体系的时候,从档案信息内容和种类的全面性、网站内容的可靠性、档案信息研究和利用的学术性、网站更新的时效性、网站内容形式的多样性五个方面构建了政府档案网站评价的内容指标;从网站保障的安全性、网站内容链接的检索性、网站信息服务的快捷性、网站访问的易用性、符合用户审美的美观性五个方面构建了政府档案网站评价的技术指标④。

---

① 中国人民大学信息资源管理学院档案网站调查和测评项目组.我国省级档案网站测评项目综述[J].档案学通讯,2007(4):4.

② 中国人民大学信息资源管理学院档案网站调查和测评项目组.我国省级档案网站测评项目综述[J].档案学通讯,2007(4):9.

③ 中国人民大学信息资源管理学院档案网站调查和测评项目组.我国省级档案网站测评项目综述[J].档案学通讯,2007(4):4-5.

④ 童庄慧.政府档案网站评价问题研究[D].湘潭:湘潭大学,2007:22-28.

赵屹、陈雪强构建的档案网站评价体系中,档案网站内容评价指标由信息资源、信息组织、信息建设三个方面构成;档案网站服务评价指标由交流服务、站内信息查找定位服务、辅助信息服务三个方面构成;档案网站设计评价指标由名称和定位设计、页面设计两个方面构成①。

对于社会公众而言,档案网站服务主要包括档案资源的查询检索服务、档案专题展览服务、交互服务以及个性化服务。而档案网站的资源建设、档案网站的可访问性设计、档案网站的功能设计都会直接影响社会公众对档案网站服务的质量需求与感知。因此,本书在综合参考以上研究成果的基础上,从档案网站的可访问性、档案资源的多样性、网站检索的可用性、网站交互的可用性以及网站服务的个性化五个方面,来测量社会公众对档案网站的质量需求与感知,如表9-5所示。

表 9-5 **档案网站的公众质量需求与感知量表**

构面	观测变量代号	衡量问项
档案网站的可访问性	x17	档案网站各个相关网页总是能够顺利地打开
	x18	档案网站的标识和导航设计清晰明了,能够快速找到想要访问的板块
档案资源的多样性	x19	档案网站不仅有数字化的档案目录、全文,还有各类公众感兴趣的专题展览
	x20	档案网站提供图片、音频和视频等多媒体资源
网站检索的可用性	x21	档案网站的检索方式多样,不仅有浏览式检索,还有专业检索工具
	x22	档案网站在明显的位置设有站内检索以及档案检索工具
	x23	档案网站的检索工具包括了简单检索和高级检索的功能
	x24	网站检索工具查全率和查准率较高,检索结果比较理想

① 赵屹,陈雪强.档案网站评价体系的研究与构建[J].档案学研究,2010(6):79.

续表

构面	观测变量代号	衡量问项
网站交互的可用性	x25	档案网站具有较好的交互功能
	x26	能够通过档案网站进行档案的预约查询
	x27	能够通过档案网站反馈意见和建议,并得到及时回复和处理
网站服务的个性化	x28	档案网站开展了很多具有地方特色和个性化的服务
	x29	档案网站充分依靠各类社交媒体开展个性化服务

9.1.4　档案馆公众满意度

公众满意度、用户满意度的概念由顾客满意度(Customer Satisfaction,CS)的概念衍生而来。2006年,陈霞将顾客满意的概念引入档案信息服务模式当中。她指出,就档案馆而言,顾客满意管理就是"用户满意"战略,其基本思想就是档案馆工作要以用户为中心,从用户的角度、观点来分析考虑其需求,要使"用户至上"的理念深入人心,把档案馆的工作重心由收集保存实体档案转移到开发利用满足用户需求的档案信息上来,档案馆要做好用户需求的调研和预测分析工作,调整档案馆的各个业务环节,主动为用户提供信息服务,保证档案馆在市场经济中求得生存和发展[①]。2007年,王中克、赵巍锃针对当前我国档案馆绩效评估中顾客导向视域下存在的问题,提出了顾客导向视域下的档案馆绩效评估观。他们认为,顾客导向视域下档案馆的绩效评估就是在档案馆的绩效评估中坚持以顾客即档案馆所面对的服务对象为本,绩效评估的重点围绕服务对象的满意度展开,并且在绩效评估的过程中提供给服

---

①　陈霞.导入CS管理构建档案信息服务新模式[J].兰台世界,2006(1):54.

务对象参与评估的机会①。

用户满意度是管理学中的重要概念,指用户在购买商家提供的商品及服务时是否达到或者超出预期程度的一种心理状态。通过测试用户对产品和服务的满意度,得出产品和服务质量的评价数值,以此来反映产品和服务的质量状况。刘金霞认为,就档案馆而言,用户满意度是用户对档案馆的期望与档案馆所实际提供的服务进行比较后得出的对档案馆的内心感受和主观评价,是实际感知与期望之间的差距大小程度。实际感知与期望这两种因素,是产生满意度的基础。以用户满意度作为标准来评价档案馆各项工作,是档案馆评价的一个重要内容②。本书认为,随着面向公众需求的档案资源建设与服务的形成,档案馆用户满意度在一定程度上等同于档案馆公众满意度,它是指社会公众认为档案馆档案资源建设与服务的质量是否已经达到或超过他们预期的一种心理感受,包括对档案馆所提供的档案资源质量、档案服务质量、档案网站服务质量作出的主观评判。

2010年,刘金霞采用定量分析方法,分析了某档案馆2002—2006年用户满意度情况,指出导致用户满意度偏低的主要原因是馆藏资源结构缺陷、开放鉴定工作滞后、检索工具落后和用户个人能力参差不齐③。2013年,张瑞菊指出档案用户满意度除了受用户自身因素的影响,还会受到档案馆服务硬件环境、服务软环境和档案信息因素的影响④。

在图书馆学领域,关于满意度的研究主要分为两个方面:一是利用期望确认理论研究用户满意度,二是研究用户满意度的

① 王中克,赵巍锃.顾客导向视域下的档案馆绩效评估[J].科技情报开发与经济,2007(5):94.
② 刘金霞.档案馆用户满意度定量分析[J].档案学研究,2010(1):53.
③ 刘金霞.档案馆用户满意度定量分析[J].档案学研究,2010(1):52.
④ 张瑞菊.档案馆用户满意度的影响因素及其提高途径分析[J].辽宁经济管理干部学院、辽宁经济职业技术学院学报,2013(1):31.

影响因素①。Shi 等人研究了不一致理论(Disconfirmation Theory)是否能够解释图书馆用户满意的形成过程。研究结果指出,图书馆用户的满意是用户对信息产品的满意和对用于获取信息产品的信息系统和服务的满意两个方面作用的结果,并且这两方面相互独立;用户的需求和期望都可作为不一致标准,用于预测对信息产品的满意度;与期望不一致相比,需求不一致能够更好地预测对信息系统/服务的满意度②。Andaleeb 和 Simmonds 的研究发现,图书馆的资源和图书馆员的行为及能力对用户满意产生了很大的影响;图书馆员的响应度对用户满意不存在影响;图书馆的设施对用户满意会有影响,但是相对较小③。Martensen 和 Grønholdt 用结构方程模型对图书馆用户满意度及其影响因素进行研究,发现用户满意是纸本资源、电子资源、图书馆环境、技术设施、图书馆员服务和用户价值这六种因素相互作用的结果,没有发现其他因素对用户满意的直接影响④。曹树金等从信息资源满意、信息服务满意、信息系统满意、图书馆整体满意四个层面构造图书馆用户满意量表⑤。

在充分考虑影响档案馆档案资源建设与服务公众满意度的因素的基础上,借鉴图书馆用户满意度研究的相关成果,本书从档案资源满意、档案馆服务满意、档案网站满意以及档案馆整体满意四个方面来构造档案馆公众满意量表,如表9-6所示。

①　胡昌平,胡媛,等.高校数字图书馆服务的用户满意度实证研究[J].国家图书馆学刊,2013(6):23.

②　Shi X,Holahan J P,Jurkat P M.Satisfaction Formation Processes in Library Users:Understanding Multisource Effects[J].The Journal of Academic Librarianship,2004(2):122-131.

③　Andaleeb S S,Simmonds P L.Explaining User Satisfaction with Academic Libraries:Strategic Implications[J].Colleg & Research Libraries,1998(2):156.

④　Martensen A,Grønholdt L.Improving Library Users' Perceived Quality,Satisfaction and Loyalty:An Integrated Measurement and Management System[J].The Journal of Academic Librarianship ,2003(3):140-147.

⑤　曹树金,陈忆金,杨涛.基于用户需求的图书馆用户满意实证研究[J].中国图书馆学报,2013(5):64.

表9-6 档案馆公众满意量表

量表	观测指标代号	衡量问项
档案资源满意	y1	我对档案馆提供的档案资源感到满意
	y2	档案馆提供的档案资源可以解决我的问题
	y3	档案馆提供的档案资源对我帮助很大
档案馆服务满意	y4	我对档案馆提供的服务感到满意
	y5	档案馆提供的服务让我觉得很愉快
档案网站满意	y6	我对档案网站的资源感到满意
	y7	我对档案网站的服务感到满意
	y8	档案网站的服务对我帮助很大
档案馆整体满意	y9	总的来说,我对档案馆档案资源建设与服务工作感到满意
	y10	我使用档案馆的决定是明智的
	y11	我使用档案馆的过程是愉快的

9.2 理论基础与研究假设

9.2.1 理论基础

图书馆、档案馆等机构的用户行为研究涉及的理论主要来自信息技术采纳(IT Adoption Study)研究领域,包括信息系统成功模型以及期望一致理论等。

(1)信息系统成功模型

信息系统成功模型(Information System Success Model)是 DeLone 和 McLean 于 1992 年提出的,该模型包括六个构面:系统质量、信息质量、系统使用、用户满意、个人的影响、组织的影响。系统质量是对信息系统本身的评估,信息质量是对信息系统输出信息的评估,系统使用是信息系统的使用情形,用户满意是用户对信息系统的满意度,个人的影响是信息系统对个人产生的影响,组织的影响是信息系统对组织产生的影响。他们认为信息系统成功是一个过程的概念,具有时间和因果关系,信息质量和系统质量对信息系统的使用和用户满意存在影响①。在此模型提出 11 年后的 2003 年,DeLone 和McLean 在总结过去十年信息系统成功模型研究成果的基础上,加入了服务质量(Service Quality)这一构面。用户通过使用系统感受到信息系统的特性(信息质量、系统质量、服务质量),并得到是否对信息系统满意的判断,见图 9-1。该更新的模型中,系统质量是指对信息处理系统本身的评估,是技术上的成功,包含系统有用性、可用性、可靠性、可适性和反应时间;信息质量指衡量信息系统产出内容的品质,包括个性化、容易理解、安全、准确性、完整性、相关性、时效性;服务质量方面,借鉴服务品质评估模型 ServQUAL,用以测量消费者所感知的服务水平与所期望的服务水平之间的差别程度,主要包含反应性、保证性、体贴性等;使用意愿是指使用者对信息系统产出的消耗使用;用户满意是指对于使用信息系统产生的反应;净效益是将原来的个人影响与组织影响合并为"净效益",并建议由各专业领域拟订具体的效益评估指标②。

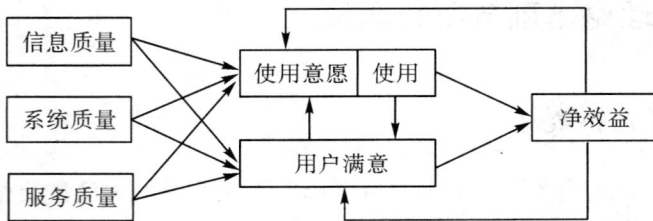

图 9-1 更新后的信息系统成功模型(2003)

① DeLone H W,McLean R E.Information Systems Success:The Quest for the Dependent Variable[J].Information Systems Research,1992(1):60.

② DeLone W H,McLean E R.The DeLone and McLean Model of Information Systems Success:A Ten-Year Update[J].Journal of Management Information Systems,2003(4):9-30.

（2）期望一致理论

期望一致理论（Expectation Confirmation Theory，ECT）也称期望不一致理论（Expectation Disconfirmation Theory，EDT）或者期望确认理论，是 Olive 于 1980 年提出的关于消费者满意度研究的基本理论，期望一致模型见图 9-2。该理论认为，消费者以购前期望与购后感知绩效表现的比较结果作为参考，来判断是否对产品或服务满意，而满意度进而影响消费者的下次再购买意愿。当效用感知正好达到了预期水平时，会产生"完全一致"的心理状态；超过了预期水平，会产生"正向不一致"的心理状态；低于预期水平时，产生"负向不一致"的心理状态。这种由预期水平同实际感知相互作用而产生的一致/不一致心理状态，会直接影响顾客对产品或服务的满意度。负向不一致会导致顾客不满意，正向不一致则会使顾客感到超出满意的惊喜，完全一致则顾客会基本满意。其中期望是消费者在购买和使用产品或服务之前对产品或服务将要出现情况的预测，期望建立在消费者之前的购买经验、亲朋好友的转述或营销人员提供的信息与承诺事项的基础上[①]。

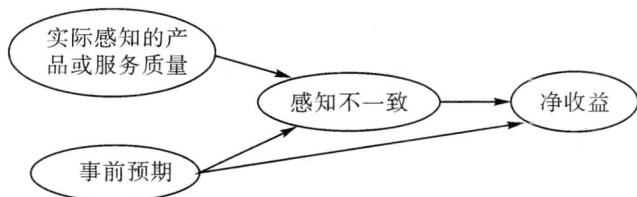

图 9-2 期望一致理论模型

Tse 和 Wilton 基于该理论，将顾客满意定义为：顾客在消费行为发生前对产品或服务质量的期望与消费后的实际质量感知之间所存在差距的评价[②]。Boshoff 基于该理论，将顾客满意定义为：顾客发生

---

① Oliver L R.A Cognitive Model of the Antecedents and Consequences of Satisfaction Decisions[J].Journal of Marketing Research，1980(6) 460-469.

② Tse D K，Wilton C.Models of Consumer Satisfaction：An Extension[J].Journal of Marketing Research，1988(25)：201-212.

消费行为后的实际质量感知与消费前的期望水平比较后所形成的愉悦或失望的感觉①。Churchill 和 Surprenant 研究发现,感知绩效与满意度的直接关联性解释了 88% 的满意度变异程度,一致或不一致的感觉产生于感知绩效和期望之间的差异,即是由感知绩效和期望所共同决定的②。Oliver 在总结消费者满意文献的基础上指出,满意度是用户满足状态的体现,是用户对产品或服务特征的判断,是与消费相关的满足状态,而这种满足状态需要用相关的标准来加以比较,判断的标准包括期望、需求、公平性等③。

信息系统成功模型以及期望一致理论常常结合起来研究用户满意度问题。如 Mckinney 等人在 2002 年就综合这两个理论构建了网站消费者的满意度模型④。严安、严亚兰于 2013 年在这两个理论的基础上构建了高校图书馆电子资源持续使用研究模型⑤。曹树金等于 2013 年在这两个理论的基础上构建了图书馆用户满意度模型⑥。

9.2.2　研究假设

社会档案意识的提高,特别是面向公众需求的档案资源建设与服务工作的不断开展,使公众的档案需求不断被激发。另外,在信息化浪潮下,整个社会的信息文化逐渐形成,社会公众的信息素养不断提升,对档案资源以及档案服务的质量预期也会增高。中国互联网

---

① Boshoff C. Recovsat：An instrument to Measure Satisfaction with Transaction-Specific Service Recovery[J].Journal of Service Research,1999(3):236-249.

② Churchill Jr G A,Surprenant C. An Investigation into the Determinants of Customer Satisfaction[J].Journal of Marketing Research,1982(4):491-504.

③ Oliver L R,Swan E J. Consumer Perceptions of Interpersonal Equity and Satisfaction in Transactions：A field Survey Approach[J].The Journal of Marketing,1989(2):21-35.

④ Mckinney V,Yoon K,Zahedi F.The Measurement of Web-Customer Satisfaction：An Expectation and Disconfirmation Approach[J].Information Systems Research,2002(3):296-315.

⑤ 严安,严亚兰.高校图书馆电子资源持续使用意愿影响因素实证研究[J].图书馆论坛,2013(3):43.

⑥ 曹树金,陈忆金,杨涛.基于用户需求的图书馆用户满意实证研究[J].中国图书馆学报,2013(5):60.

络信息中心(CNNIC)于 2014 年 1 月发布的《第 33 次中国互联网络发展状况统计报告》显示,截至 2013 年 12 月,中国网民规模达 6.18亿,互联网普及率为 45.8%,手机网民规模达到 5 亿,年增长率为19.1%①。互联网的普及,在影响社会公众个人工作、生活、休闲娱乐方式的同时,也对档案资源建设与服务方式带来了巨大影响。档案馆或者档案网站对于社会公众最直接的意义在于直接或间接获取档案资源,在"数字阅读"日益普及的情况下,档案馆必须有能力提供充足的、高质量的数字资源外,否则可能使原本就不甚熟知档案馆的利用者更加渐行渐远②。除了提供档案资源外,还必须转变提供资源的方式,也就是档案服务的方式。无论是档案网站还是数字档案馆,都将成为档案服务提供的主阵地。

马仁杰等认为,档案用户在使用档案网站前一般具有一定的期望值,进入网站后开始寻求所需的档案服务,并将服务过程中的实际感知价值与期望值作对比,形成对获取服务的结果归因并反射影响其整体情感,从而判定出其对档案服务的满意度。倘若档案用户认为服务结果对自己有利,符合期望值或高于期望值,就会产生积极的心理暗示,对此档案网站及档案馆产生较好的印象,并可能会再次利用其档案网站,为档案做有利的口头宣传。倘若档案用户认为档案网站不能满足其服务需求,无法为其便利地提供服务,甚至毫无帮助,就会产生消极的心理暗示,对档案网站的服务功能产生质疑,并阻碍其再次利用档案网站,使其回避此档案网站,转向其他类别寻求服务帮助③。

综合前文的研究可以发现:第一,若社会公众对档案资源质量、档案馆服务质量、档案网站质量的实际感知与需求之间是相等的或

---

① CNNIC.第 33 次中国互联网络发展状况统计报告[R/OL].[2014-03-20]. http://www.cnnic.net.cn/hlwfzyj/hlwxzbg/hlwtjbg/201403/P020140305346585959798.pdf.

② 冯惠玲.档案记忆观、资源观与"中国记忆"数字资源建设[J].档案学通讯,2012(3):7.

③ 马仁杰,彭清清,等.档案用户视角下档案网站建设之探析[J].北京档案,2013(6):15.

者实际感知高于需求,说明档案馆提供的档案资源、档案服务以及档案网站的资源和服务质量符合或者超过用户的需求,这样公众的满意程度就比较高。正向的差异越大,用户的满意程度就越高,而只要是负向差异,不论大小,都会导致用户的满意程度较低。第二,档案馆的档案资源、档案服务以及档案网站的资源与服务都会影响到社会公众对档案馆的整体满意的感知。第三,档案馆的档案资源、档案服务及档案网站三者之间是相互关联、相互影响的,社会公众对它们的质量感知也会彼此影响。

基于以上的论述,在综合考虑档案馆档案资源建设与服务实际情况的基础上,本课题组提出以下假设:

H1 社会公众的档案资源满意会受到档案资源质量感知—需求差异的正向影响;

H2 社会公众的档案服务满意会受到档案服务质量感知—需求差异的正向影响;

H3 社会公众的档案网站满意会受到档案网站质量感知—需求差异的正向影响;

H4 社会公众对档案馆的整体满意会受到公众对档案资源满意的正向影响;

H5 社会公众对档案馆的整体满意会受到公众对档案服务满意的正向影响;

H6 社会公众对档案馆的整体满意会受到公众对档案网站满意的正向影响;

H7 社会公众的档案资源满意会受到公众的档案服务满意的正向影响;

H8 社会公众的档案服务满意会受到公众的档案网站满意的正向影响;

H9 社会公众的档案网站满意会受到公众的档案资源满意的正向影响。

根据信息系统成功模型,基于以上假设,本书形成了档案馆公众满意概念模型,见图 9-3。

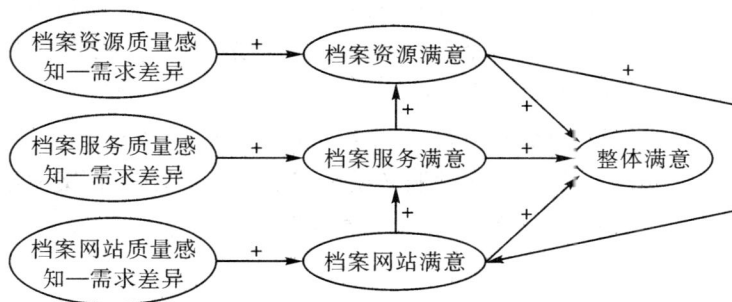

图 9-3 档案馆公众满意概念模型

9.3 研究方法

基于公众需求的档案资源建设与服务公众满意实证研究所涉及的研究方法包括量表设计、数据收集、数据分析和模型验证四个部分。

9.3.1 量表设计方法

在问卷的设计过程中,一个心理变量往往对应于一组、而不是单一的语义。这样的心理变量叫作一个理论构件或构件(Construct)。这些相关的细化的语义往往被叫做这个心理变量的概念空间(Concept Space)。用多个问题来测量这个概念,就是要从这个概念空间中选择合适的表达方式,使这些表达方式作为一个整体可以更好地反映一个不可以直接测量的心理变量。这些被使用的问题又叫做测度项(Measurement Item)。相应地,它们的记分标准叫做刻度(Scale)。心理计量学中有两种常见的刻度:立克氏刻度(Likert Scale)与语义对比刻度(Semantic Differential Scale)。前者往往用"同意/不同意"来表示对一个测度项的认可程度,而后者则让调查对象在一组反义词中选择合适的位置①。本书从社会公众档案资源

---

① 徐云杰.社会调查研究方法[EB/OL].[2014-03-20].http://www.comp. nus.edu.sg/~xuyj.

质量需求与感知、档案馆服务质量需求与感知、档案网站质量需求与感知、档案馆公众满意四个方面来设计量表,采用李克特7等级量表进行测度。根据前文表9-2、表9-4、表9-5、表9-6,我们设计了本次实证研究的问卷。该问卷包括五个组成部分,即:社会公众档案资源质量需求—感知量表、档案馆服务质量需求—感知量表、档案网站质量需求—感知量表、档案馆公众满意量表、个人基本信息,详见本书附录3。

9.3.2　数据收集方法

常见的问卷数据收集方法包括网络调查数据和实地调查数据的收集。针对档案馆用户的特殊性,本次问卷调查主要是对档案馆用户的实地调查,问卷的发放也主要采取纸质问卷的方式。

9.3.3　数据分析方法

针对回收的数据,本课题组选取SPSS21.0对问卷的人口统计特征、信度和效度、缺失值等进行分析和处理。

9.3.4　模型验证方法

结构方程建模(Structural Equation Modelling, SEM)是一种非常通用的线性统计建模技术,是计量经济学、计量社会学与计量心理学等领域的统计分析方法的综合。结构方程模型包括两个部分:一个是外部模型(测量模型),描述可测变量与其潜在变量之间的关系;另一个是内部模型(结构模型),描述各潜在变量之间的关系。运用AMOS21.0来评估提出的结构模型,同时通过计算变量间的相关系数和路径系数来检验所提出的研究假设。

9.4　数据分析

9.4.1　样本特征

在问卷调查过程中,有很多因素会造成问卷的"失效",因此,在问卷回收之后,必须对无效的问卷进行识别和处理。本课题组将出现以下情况的问卷判定为无效问卷:①漏答超过必答问题 1/3 及以上;②对所有问题都选择单一选项的;③问题的回答存在逻辑矛盾的①。我们从 2013 年 7 月到 2014 年 2 月共发放纸质问卷 300 份,收回 289 份,其中有效问卷共 264 份。

(1)样本的人口统计特征

对人口统计特征的调查主要包括性别、年龄、受教育程度以及职业四个方面,如表 9-7 所示。从性别上看,男女比例分别为 42.8% 和 57.2%,女性较多。从年龄分布来看,46~55 岁以及 55 岁以上的人居多,各占 24.4% 和 24.0%;其次是 26~35 岁,占 19.8%。从受教育程度来看,"本科"人数最多,占 51.5%,其次为"专科及以下",占 29.5%。从职业分布来看,"其他"职业的人数最多,占 30.3%;其次是事业单位工作人员和国企员工,各占 22.7% 和 22.3%。

表 9-7 样本的人口统计特征

统计量		频率	百分比（%）	有效百分比（%）	累积百分比（%）
性别	男	110	41.7	42.8	42.8
	女	147	55.7	57.2	100.0
	合计	257	97.3	100.0	
年龄	18 岁以下	7	2.7	2.7	2.7
	18~25 岁	36	13.6	14.0	16.7
	26~35 岁	51	19.3	19.8	36.4
	36~45 岁	39	14.8	15.1	51.6
	46~55 岁	63	23.9	24.4	76.0
	55 岁以上	62	23.5	24.0	100.0
	合计	258	97.7	100.0	

① 曹树金,陈忆金,杨涛.基于用户需求的图书馆用户满意实证研究[J].中国图书馆学报,2013(5):66.

续表

统计量		频率	百分比（%）	有效百分比（%）	累积百分比（%）
受教育程度	专科及以下	78	29.5	29.5	29.5
	本科	136	51.5	51.5	81.0
	硕士研究生	42	15.9	15.9	96.9
	博士研究生及以上	8	3.0	3.0	100.0
	合计	264	100.0	100.0	
职业	国家机关公务员	43	16.3	16.3	16.3
	事业单位工作人员	60	22.7	22.7	39.0
	国企员工	59	22.3	22.3	61.4
	私企及外资企业员工	22	8.3	8.3	69.7
	其他（退休、无业、下岗等）	80	30.3	30.3	100.0
	合计	264	100.0	100.0	

（2）利用频率统计

从利用档案馆和档案网站的频率来看,51.1%的人表示"有需要才去"档案馆,40.5%的人表示"有需要才用"档案网站,总体来看,档案馆和档案网站的利用频率较低,详见表9-8。

表9-8　　　　　档案馆和档案网站利用频率统计

统计量		频率	百分比（%）	有效百分比（%）	累积百分比（%）
利用档案馆频率	几乎不去	93	35.2	35.2	35.2
	半年1次	30	11.4	11.4	46.6
	三个月1次	4	1.5	1.5	48.1
	经常去	2	0.8	0.8	48.9
	有需要才去	135	51.1	51.1	100.0
	合计	264	100.0	100.0	

统计量		频率	百分比（%）	有效百分比（%）	累积百分比（%）
利用档案网站频率	几乎不用	68	25.8	25.8	25.8
	每半年 1 次	28	10.6	10.6	36.4
	每月 1 次	25	9.5	9.5	45.8
	经常去	36	13.6	13.6	59.5
	有需要才用	107	40.5	40.5	100.0
合计		264	100.0	100.0	

9.4.2　问卷的可靠性检验

问卷的检验主要就是检测问卷设计的合理性以及问卷的可靠性和稳定性。要确定问卷调查能否得到令人信服的结果,就需要对问卷进行信度和效度的分析。

（1）信度分析

调查问卷的信度是指问卷调查结果所具有的一致性和稳定性的程度[1]。本书利用克朗巴哈 α 信度系数法（Cronbach's Alpha）进行量表的信度分析。一般来讲,Cronbach's Alpha 值大于等于 0.7 时属于高信度,大于等于 0.35、小于 0.7 时属于尚可,小于 0.35 则为低信度[2]。利用 SPSS 软件对问卷的度量项目进行信度分析,得到 39 个可测变量的 Cronbach's Alpha 值为 0.825,超过 0.7,说明本次调查问卷的信度是理想的。

（2）效度分析

调查问卷的有效度一般可以分为三类:内容有效度（Content Validity）、效标关联有效度（Criterion-Related Validity）以及架构有效度

---

① 曹树金,陈忆金,等.基于用户需求的图书馆用户满意实证研究[J].中国图书馆学报,2013(5):68.

② 曾五一,黄炳艺.调查问卷的可信度和有效度分析[J].统计与信息论坛,2005(6):13.

（Construct Validity）。

内容有效度是指调查问卷的内容切合研究主题的程度。考察内容有效度旨在系统地检查测量内容的适当性，并根据对所研究概念的了解去鉴别测量内容是否反映了这一概念的基本内容。它主要包括：①抽样有效度（Sampling Validity），用来确定问卷所包含的项目是否为所要测量内容的代表性取样。内容有效度的高低很大程度上取决于抽样效应的大小。②表面有效度（Face Validity），是指问卷在项目和形式上给人的主观印象，如果问卷从表面上来看似乎确实可适当地测量到研究者想了解的问题，便称它具有表面有效度。

效标关联有效度是指问卷测量结果和有效度标准（被假设或定义为有效的某种外在标准）之间的一致程度。根据有效度标准获取的时间可分为：①同时有效度（Concurrent Validity），即同时在研究对象中进行问卷和有效度标准测量得到的结果之间的相关程度，其有效度系数通常较低，多为 0.2~0.6，很少超过 0.7，一般以 0.4~0.8 比较理想。②预测有效度（Predictive Validity），它是指问卷测量结果经过一段时间后与未来实际结果相比较，两者之间的吻合程度。同时有效度和预测有效度的大小直接反映了问卷效标关联有效度的高低。分析效标关联有效度的通常做法是对问卷测量结果与有效度标准进行相关分析，相关系数越大表示问卷的效标关联有效度越好，一般认为相关系数为 0.4~0.8 比较理想。

架构有效度是指问卷所能衡量到理论上期望的特征的程度，即问卷所要测量的概念能显示出科学的意义并符合理论上的设想，它是通过与理论假设相比较来检验的，因此也被称为理论有效度。分析评价调查问卷架构有效度，常用的统计方法是因子分析，其目的是了解属于相同概念的不同问卷项目是否如理论预测那样集中在同一公共因子里。其中因子负荷反映了问卷项目对该概念的贡献，因子负荷值越大说明与该概念的关系越密切。以下三个标准可以用来判断问卷的架构有效度：①公共因子应与问卷设计时理论假设的概念组成相符，且公共因子的累积方差贡献率至少 50% 以上；②每个问卷项目都应在其中一个公共因子上有较高负荷值（大于 0.4），而对其他公共因子的负荷值则较低。如果一个问卷项目在所有的因子上负荷值均较低,说明其反映的意义不明确,应予以改变或删除①。

本书利用SPSS21.0软件,采用主成分因子分析的方法对问卷的效度进行分析。结果表明,KMO值为0.826,大于0.6,比较理想(KMO值大于0.6即适合做因子分析,越接近1越适合)。Bartlett的检验的显著性sig.值为0.000(sig.值小于0.05代表具有显著水平,适合做因子分析),适合进行分子分析,见表9-9。

表 9-9   **KMO 和 Bartlett 的检验**

取样足够度的 Kaiser—Meyer—Olkin 度量		.826
Bartlett 的球形度检验	近似卡方	2677.063
	df	780
	Sig.	.000

每一个公因子的解释变异量的比例均超过0.5,如表9-10所示。同时,所提取的特征值大于1的14个公因子累积方差贡献率达到62.591%,见表9-11,较为理想,说明各测量项目能较好地测量出对应的潜在变量。

表 9-10   **公因子方差**

成分	初始	提取	成分	初始	提取	成分	初始	提取
x1	1.000	.687	x8	1.000	.579	x15	1.000	.572
x2	1.000	.636	x9	1.000	.625	x16	1.000	.718
x3	1.000	.563	x10	1.000	.564	x17	1.000	.591
x4	1.000	.666	x11	1.000	.763	x18	1.000	.540
x5	1.000	.554	x12	1.000	.619	x19	1.000	.572
x6	1.000	.661	x13	1.000	.680	x20	1.000	.625
x7	1.000	.696	x14	1.000	.607	x21	1.000	.655

---

① 曾五一,黄炳艺.调查问卷的可信度和有效度分析[J].统计与信息论坛,2005(6):14-15.

续表

成分	初始	提取	成分	初始	提取	成分	初始	提取
x22	1.000	.843	x29	1.000	.656	y7	1.000	.607
x23	1.000	.522	y1	1.000	.731	y8	1.000	.565
x24	1.000	.628	y2	1.000	.592	y9	1.000	.585
x25	1.000	.571	y3	1.000	.588	y10	1.000	.587
x26	1.000	.751	y4	1.000	.655	y11	1.000	.585
x27	1.000	.577	y5	1.000	.676			
x28	1.000	.634	y6	1.000	.640			
提取方法:主成分分析								

表 9-11 **解释的总方差**

成分	初始特征值			提取平方和载入		
	合计	方差的百分比(%)	累积百分比(%)	合计	方差的百分比(%)	累积百分比(%)
1	7.303	18.257	18.257	7.303	18.257	18.257
2	2.216	5.539	23.797	2.216	5.539	23.797
3	1.772	4.430	28.226	1.772	4.430	28.226
4	1.671	4.177	32.404	1.671	4.177	32.404
5	1.372	3.429	35.833	1.372	3.429	35.833
6	1.332	3.330	39.164	1.332	3.330	39.164
7	1.307	3.267	42.431	1.307	3.267	42.431
8	1.273	3.183	45.614	1.273	3.183	45.614
9	1.254	3.135	48.748	1.254	3.135	48.748
10	1.178	2.945	51.693	1.178	2.945	51.693
11	1.138	2.845	54.538	1.138	2.845	54.538
12	1.103	2.758	57.296	1.103	2.758	57.296
13	1.070	2.675	59.970	1.070	2.675	59.970
14	1.048	2.620	62.591	1.048	2.620	62.591

成分	初始特征值			提取平方和载入		
	合计	方差的百分比(%)	累积百分比(%)	合计	方差的百分比(%)	累积百分比(%)
15	.965	2.413	65.003			
16	.925	2.312	67.316			
17	.897	2.241	69.557			
18	.865	2.162	71.719			
19	.853	2.132	73.851			
20	.789	1.971	75.823			
21	.760	1.900	77.723			
22	.742	1.855	79.578			
23	.713	1.781	81.359			
24	.673	1.682	83.041			
25	.666	1.666	84.707			
26	.613	1.534	86.240			
27	.574	1.435	87.676			
28	.526	1.315	88.990			
29	.510	1.274	90.264			
30	.491	1.228	91.492			
31	.479	1.197	92.689			
32	.455	1.139	93.827			
33	.414	1.035	94.862			
34	.407	1.017	95.879			
35	.356	.891	96.770			
36	.319	.798	97.569			
37	.305	.764	98.332			
38	.275	.688	99.020			
39	.245	.612	99.633			
40	.147	.367	100.000			

提取方法:主成分分析

9.5　模型假设检验与研究结论

要验证前文概念模型中所提出的假设,需要运用 AMOS 软件进行验证性因子分析,对结构模型进行检验,确认假设关系是否成立。本书运用 AMOS21.0 对该结构模型进行检验,计算出模型的拟合度参数,如表 9-12 所示。可以看出,模型拟合实际值都满足参考值的要求,基本可以得出观测样本数据和结构模型有较好的拟合关系,说明本研究的样本数据在总体上支持假设模型。

表 9-12　　　　　　　　　模型拟合度参数

	Chi^2/df	RMR	RMSEA	GFI	AGFI	NFI	CFI	IFI	PNFI	PGFI
实际值	2.03	0.014	0.022	0.903	0.918	0.945	0.987	0.991	0.657	0.598
参考值	<5	<0.05	<0.05	>0.9	>0.9	>0.9	>0.9	>0.9	>0.5	>0.5

运用 AMOS 对模型的各个路径系数进行标准化参数估计,得到如图 9-4 所示的档案馆公众满意度标准化路径系数图。图中带箭头实线条表示的路径显示构面之间存在显著的影响关系,线条旁的数字为路径系数,表示影响关系的强弱。＊＊＊表示显著性水平为0.01。通过结构模型的检验,可以得出,模型所提出的假设 H1～H9均成立。

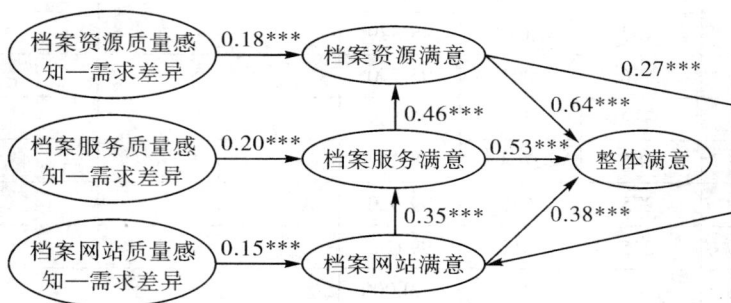

图 9-4　档案馆公众满意度标准化路径系数

　　基于公众需求的档案资源建设与服务公众满意实证研究,通过参考国内外用户满意度研究领域的相关理论模型与实证研究成果,将期望不一致理论以及信息系统成功模型引入档案馆公众满意的研究当中,旨在探寻社会公众对档案馆满意度的影响因素以及各个因素之间的相互影响关系。

　　根据期望不一致理论,结合档案馆资源建设与服务的实际情况,本书将档案馆公众满意分为档案资源满意、档案服务满意以及档案网站满意三个部分。然后根据社会公众对档案资源、档案服务和档案网站的需求与感知来测量其满意程度。从模型拟合的结果可以看出,社会公众对档案资源、档案服务以及档案网站三者的满意都会正向影响其对档案馆的总体满意程度。而社会公众档案资源的满意程度对档案馆整体满意程度影响最大,可见档案资源建设在档案工作中的地位之重要。另外,随着数字时代和网络时代的到来,人们对档案服务以及档案网站建设质量的要求也更高,档案服务工作的开展以及档案网站建设的质量也是影响社会公众对档案馆整体满意度的重要因素,因此,档案服务和档案网站建设不容忽视。

　　本书研究公众对档案馆档案资源建设与服务的满意,基点不在于期望不一致,而是需求与感知的不一致。需求指向用户所需要的资源、服务以及档案网站是什么,而期望指向的是用户对档案资源、档案服务和档案网站的期待。一般来讲,档案用户大多带着需求和一定的目的而前去档案馆或者利用档案网站。需求能否都得到满足,利用目的能否实现,直接影响其满意程度。档案馆以及档案网站是否具备公众所需的档案资源和档案产品,档案馆服务以及档案网站的服务能否为公众获取资源提供有效的帮助和指引,都会影响到公众档案需求的满足,也会间接影响公众对档案馆的满意程度。因此,档案馆质量管理在注重资源和服务质量的同时,必须考虑对社会公众需求的研究。

　　提升档案馆用户的满意度是近年来学者们关注的问题。刘金霞指出,档案馆是向社会各界提供档案信息服务的专门机构,千方百计地确保用户满意是档案馆利用服务工作的出发点和落脚点,是档案馆生存与发展的前提。提升档案馆用户满意度的基本思路是实现

"两个转变",建立"两个体系";具体措施在于修订法规、扩大开放、整合资源①。张瑞菊认为,要提高档案用户的满意度,就要加强档案信息资源建设、强化档案工作人员的业务能力、增强档案人员对用户的情感关怀、改善档案馆硬服务环境②。随着"两个体系"战略的推进,在面向公众需求的档案资源建设与服务工作中,对社会公众需求和公众满意度的研究显得更加重要。因此,本书的相关研究具有重要意义。

档案是国家机关、社会组织及公民个人在实践活动中形成并保存下来的,以备查考利用的有价值的历史记录。档案资源蕴含了大量的信息和知识,具有重大的凭证价值和参考价值。档案资源作为一种公共的社会文化资源,决定了档案资源建设和服务工作的方向是满足广大社会公众的需求,因此只有深入研究公众对档案资源建设和服务的需求和满意度,才能充分发挥档案资源的价值,为国民经济和社会发展服务。为此,在充分总结现有理论及实践经验的基础上,进行基于公众满意度的档案资源建设和服务研究,提出科学、合理的档案资源建设和服务的方式、理念、模式,可以为档案资源的建设提供理论指导,优化档案资源服务模式、提高服务质量、构建核心竞争力,同时培育社会档案意识。

档案资源建设的最终目的是为用户提供有效的服务,实现档案的价值。而对公众满意度的研究则为档案资源的建设和服务提供了方向。从这个意义上说,基于公众需求的档案资源建设与服务公众满意实证研究无疑具有重要意义,具体体现在:

①为制定档案资源开发利用的政策提供依据。根据公众满意状况,对档案资源建设和服务的方式、方法、制度不断地调整,有助于国家针对公众需求的情况规定对档案信息事业的管理体制和组织建设原则,有助于制定档案信息交流、实现利用者共享信息资源的政策和措施,使档案资源能够得到充分的开发利用。

---

① 刘金霞.档案馆用户满意度定量分析[J].档案学研究,2010(1):52,55.

② 张瑞菊.档案馆用户满意度的影响因素及其提高途径分析[J].辽宁经济管理干部学院、辽宁经济职业技术学院学报,2013(1):32.

②有利于挖掘档案资源的社会价值和经济价值。在当今信息化社会,档案资源是国家重要的无形资产,包含着大量的有价值的信息和知识。而在公众满意度的指导下,档案资源建设和服务的方式、方法和模式将会更有针对性,有助于档案资源的充分利用,最大限度地实现档案资源的经济价值和社会价值。

③有助于提升档案资源利用的效率和效果。档案资源建设和服务的最终目的是实现档案资源的最大程度的开发利用。而依据公众满意度情况,及时掌握社会公众对档案资源的需求,有助于有针对性地建设档案资源,并确定服务的方式、方法,提升档案资源利用的效率和效果。

④有益于为档案馆建立新的服务模式提供依据。"以人为本"的服务理念已经得到档案界的认同,档案工作的基本原则就是便于社会各方面的利用。公众满意度是档案馆建设档案资源和优化服务的重要依据,是改进档案馆服务的导航器。在建立面向社会公众的档案信息部门或系统时,需要尽量多地掌握档案用户需求和档案利用情况,发现潜在用户等。只有明确了服务对象和他们的真实需求,才能使档案信息服务系统更具有针对性、可靠性和有效性。

第 10 章　面向公众需求的档案资源建设与服务的保障

2010 年以来,全国档案工作由建设"两个体系",即"覆盖人民群众的档案资源体系"和"方便人民群众的档案利用体系"拓展到建设"三个体系",即在前两个体系的基础上增加"确保档案安全保密的档案安全体系"。2014 年,"三个体系"进一步在中共中央办公厅、国务院办公厅《关于加强和改进新形势下档案工作的意见》中得到了肯定,"三个体系"建设已被上升为一种国家战略、顶层设计。在"三个体系"当中,三者同等重要,不可偏废。

在档案安全体系建设当中,2014 年发布的中共中央办公厅、国务院办公厅《关于加强和改进新形势下档案工作的意见》从加大安全保密执法检查力度、建立完善档案安全应急管理制度、切实改善档案保管保密条件、对重要档案实行异地异质备份保管、保障档案信息安全五个方面阐述了建立健全确保档案安全保密的档案安全体系的内容,提到要"建立健全人防、物防、技防三位一体的档案安全防范体系"①。2015 年年底,国家档案局局长李明华在"全国档案工作暨表彰先进会议上的讲话"中,指出"十三五"时期全国档案事业发展的主要任务,其中第五个方面就是要"强化档案安全保障,从档案实

---

① 中共中央办公厅、国务院办公厅印发《关于加强和改进新形势下档案工作的意见》[N].中国档案报,2014-05-05(1).

体安全和信息安全两个维度入手,大幅改善档案安全基本条件,建立健全档案安全防范体制机制,实现档案安全高效化"①。此外,他还指出了 2016 年全国档案工作的主要任务,其中第六个方面是"强化档案安全管理,全力确保档案绝对安全"。具体包括以下三个层面的内容:

第一,要健全档案安全防范体系。确保档案安全是档案工作的第一要务,要把防风险放在重要位置,从人防、物防、技防各个方面把档案安全防范体系建设落在实处。要坚持加强档案安全警示教育,强化红线意识、树立底线思维,使档案安全成为档案工作不能触碰的红线;要坚持"以防为主、防治结合"的基本原则,日常安全工作和应急灾备机制两手都要抓、两手都要硬;要坚持安全检查与制度建设相结合的工作方式,以安全检查带动制度建设,以制度落实确保检查效果;要坚持发挥科技创新的支撑作用,为档案安全工作提供技术保障。2016 年,国家档案局出台《档案馆安全风险评估指标体系》,进一步从整体上评估、控制档案馆安全风险。

第二,要继续加强档案实体安全。"十二五"期间,各地新建了一批档案馆(室),特别是随着中西部地区县级综合档案馆建设项目的实施,档案安全基础条件有了很大改善。但是我们从最近的执法检查和专项稽查中发现,安全问题仍然是最大的问题。除了一些老旧的档案馆(室)存在比较大的安全隐患外,一些新建的档案馆(室)在安全方面也存在突出问题。例如一些档案馆(室)的建设本身就不符合档案安全规范,还有一些档案馆(室)没有配齐必要的安全设施设备。这些问题必须得到高度关注并及时改正。2016 年,一批新的档案馆(室)建设项目上马,中西部地区县级综合档案馆建设项目继续实施,各级档案部门务必扭转重建设轻管理、先建设后管理、顾眼前轻长远的观念,做到管理与建设同步,建筑安全与档案安全并重,确保档案馆(室)投入使用之日,就是档案安全措施到位之时。

第三,要高度重视档案信息安全。要始终把档案信息安全放在

———————
① 国家档案局局长李明华在全国档案工作暨表彰先进会议上的讲话(2015 年 12 月 28 日)[N].中国档案报,2016-01-11(1).

与档案实体安全同等重要的位置。2016 年,国家档案局将着手制修订有关档案划分控制使用范围的规定、档案解密管理办法,在实现档案依法公开的同时确保安全。将继续开展档案数字化外包安全检查工作,启动档案行业内网站和信息系统安全检查,建立统一的监控、评估机制。要完善电子档案管理相关标准规范,加强对相关技术的应用与研究,尽早确定电子档案长久保存的格式与载体。要总结档案备份的经验,制定档案备份的标准和流程。另外,还将进一步健全档案行业网络与信息安全通报机制,指导督促各地建立通报机制。开展软硬件系统安全信息管理工作,建立档案行业信息系统软硬件产品安全信息库,研究探索行业关键信息基础设施安全可靠的替代方案。

中国档案学会档案保护技术委员会发布的《档案安全保障现状与发展的研究报告》提出,"档案安全问题的解决不仅仅是技术问题,更重要的是要有对安全保障各环节的管理和组织,形成目标明确、技术措施有效、组织管理有力的档案安全保障体系"。为此,他们指出要建设以技术为主导,"技术、管理与法规标准三位一体的档案安全保障体系"[1]。

站在"三个体系"建设的整体视域来审视面向公众需求的档案资源建设与服务的保障,除了上述的"档案安全体系"中所涉及的内容,也要考虑组织管理、政策法规、标准、技术等层面的内容。正如中共中央办公厅、国务院办公厅《关于加强和改进新形势下档案工作的意见》所指出的,要"加大对档案工作的支持保障力度",加强对档案工作的领导,完善档案事业投入机制,加强档案干部队伍建设,加强档案宣传工作等[2]。

"保障"一词有三种含义:一是保护(权利、生命、财产等),使不受侵害;二是确保,保证做到;三是起保障作用的事物[3]。在管理学

---

① 周耀林,等.档案安全保障现状与发展的研究报告[C]// 中国档案学会.回顾与展望——中国档案事业发展研究报告, 2010.

② 中共中央办公厅、国务院办公厅印发《关于加强和改进新形势下档案工作的意见》[N].中国档案报,2014-05-05(1).

③ 保障[EB/OL].[2014-04-13].http://www.zdic.net/c/d/8/12506.htm.

科相关研究中,"保障"常常是从政策、法规、技术、人才、资源、环境等方面去促进或维护某个项目或业务的开展和实施。据此,"面向公众需求的档案资源建设与服务的保障"是通过对面向公众需求的档案资源建设与服务的各个方面进行保护,确保公众的档案需求得到满足而采取的各种措施。概述起来,满足公众需求的档案资源建设与服务涉及四个方面:第一,客体,即档案资源,包括档案资源的质量、数量、类型、范围等;第二,环境,即档案资源建设与服务的环境,包括政治环境、社会环境、文化环境、技术环境等;第三,主体,即公众,所有利用档案的人,他们的心理、需求、动因、满意度等直接影响到档案资源建设与服务的实现;第四,将公众与档案资源建设和服务联系起来的组织,即档案馆(室),它们承担档案资源建设与服务的政策制定、组织实施等。上述各个方面的关系见图 10-1。

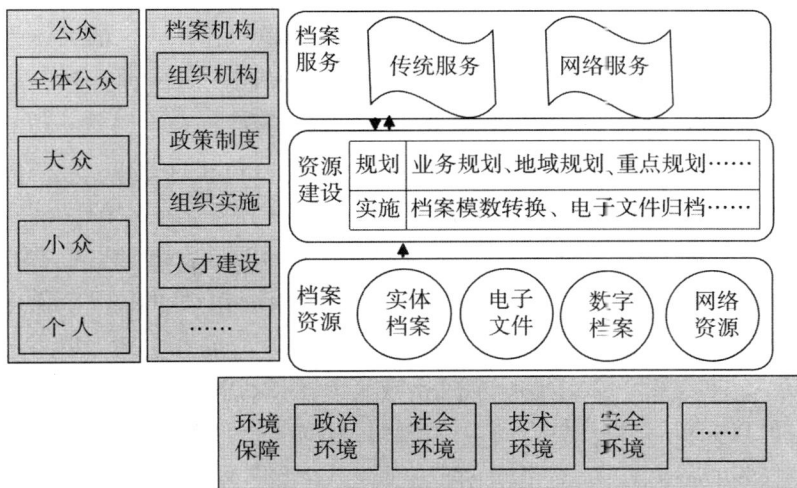

公众	档案机构	档案服务	传统服务	网络服务		
全体公众	组织机构					
大众	政策制度	资源建设	规划	业务规划、地域规划、重点规划……		
	组织实施		实施	档案模数转换、电子文件归档……		
小众	人才建设	档案资源	实体档案	电子文件	数字档案	网络资源
个人	……					
		环境保障	政治环境	社会环境	技术环境	安全环境 ……

图 10-1　面向公众需求的档案资源建设与服务保障结构图

从图 10-1 可以看出,针对面向公众需求的档案资源建设与服务的保障,内容是非常丰富的,其最终目标是构建一种内涵丰富、目标科学、体系多元、手段多样的支持机制和维护力量,以保障档案资源建设与服务能够满足公众的需求,也就是通过建立保障机制,可以保证档案资源的丰富性、档案资源建设的合理性和服务于公众需求的有效性。

　　针对当下我国档案资源建设和保障的现状,尤其是档案资源建设中存在的障碍和问题、档案资源配置上的优化及资源共享问题、档案用户不够满意的问题等(详见本书第 2、9 章),各种保障中,组织保障、制度保障、标准保障、技术保障、安全保障显得尤其重要。为此,本章对这五个方面进行重点论述,其目的在于,通过对当前档案资源建设与服务中亟须解决的问题建立保障,形成一种比较完整的档案资源建设与服务保障体系,实现档案资源利用最优化、服务效益最大化和达到用户最佳满意度。

10.1　面向公众需求的档案资源建设与服务的组织保障

　　"组织"的含义是:"安排分散的人或事物使具有一定的系统性或整体性。"①在管理学领域,组织一般有两种含义:一种是作为动词,就是有目的、有系统地集合起来,如组织群众,这种组织是管理的一种职能;另一种是作为名词,指按照一定的宗旨和目标建立起来的集体,如工厂、机关、学校、医院,各级政府部门、各个层次的经济实体、各个党派和政治团体等,这些都是组织。切斯特·巴纳德认为,正式组织是有意识地协调两个以上的人的活动与力量的体系。而作为名词的组织也有广义和狭义之分:广义上,组织是指由诸多要素按照一定方式相互联系起来的系统;狭义上,组织就是指人们为实现一定的目标,互相协作结合而成的集体或团体②。弗里蒙特·E. 卡斯特(Fremont E.Kast)对组织的定义是:一个属于更广泛环境的分系统,并包括怀有目的并为目标奋斗的人们;一个技术分系统——人们使用的知识、技术、装备和设施;一个结构分系统——人们在一起进行整体活动;一个社会心理分系统——处于社会关系中的人们;一个

---

　　① 中国社会科学院语言研究所词典编辑室.现代汉语词典[M].北京:商务印书馆,2012:1739.

　　② 蒋永忠,张颖.管理学基础[M].大连:东北财经大学出版社,2006:69.

管理分系统——负责协调各分系统,并计划与控制全面的活动①。本书所研究的组织就是狭义的组织。

正如本书第 2 章的调查与分析所显示的,目前我国档案资源建设与服务存在着一定的组织,即从全国来看,档案信息化、档案数字化、"三个体系"建设等,都形成了全国一盘棋,以保障公众需要的满足。宏观地考察,档案资源建设与服务工作在全国范围内有组织、有计划地推进。微观地分析,档案资源建设与服务在每个机构的组织方式存在着差异,导致各个机构档案资源建设与服务的能力存在差异。因此,从组织层面上加强档案资源建设与服务,是丰富档案资源、完善馆藏结构、服务经济社会发展、满足广大人民群众利用需求的根本途径,是档案工作可持续发展的关键与基础。所以,实现档案事业的发展,就要抓好档案资源建设与服务工作;而抓好档案资源建设与服务工作,就应加强组织保障机制②。

为了保障档案资源建设与服务的顺利推进,需要从宏观、中观、微观三个层面上进行组织重构。

10.1.1　宏观的组织

当代中国档案事业的发展,得益于与之相适应的档案事业组织机构的保障。"统一领导、分级管理"的档案工作系统的形成,使当代中国档案事业的发展得到了相应的组织机构保障③。新中国档案事业创建之初,"我们在档案工作方面既没有什么经验,又没有统一的领导机构,全国的档案工作只是分散地各自摸索着进行的"④。1959 年,中共中央《关于统一管理党、政档案工作的通知》规定"在档案工作统一管理之后,各级档案管理机构既是党的机构,又是政府机构",此后,具有中国特色的统一规模的国家档案事业格局开始形成⑤。1987

---

① 曾旗,何继新.管理学[M].北京:北京大学出版社、中国农业大学出版社,2008:339.

② 师立华.档案资源建设应从源头抓起[J].山东档案,2013(3):57.

③ 黄夏基.当代中国档案事业发展的组织保障[J].档案学通讯,2007(6):7.

④ 《档案工作》编委会."档案工作"的新阶段[J].档案工作,1955(1):2.

⑤ 向全福.党政档案统一管理的内涵[J].档案,1994(5):46.

年颁发的《中华人民共和国档案法》以法律的形式进一步明确规定：
"档案工作实行统一领导、分级管理的原则，维护档案的完整与安
全，便于社会各方面的利用。"①档案资源建设与服务工作落实是否
到位、管理的效果如何，很大程度上与领导的重视程度有关。而档案
资源建设和服务涉及方方面面，各项工作的组织和实施单靠档案机
构自身的力量是远远不够的，需要各级各部门领导的重视和支持，并
且建立健全领导机构和组织协调机制。只有政府领导、各部门领导
和档案机构领导对档案资源建设和服务高度重视，密切配合和协作，
才能有效推动档案资源建设和服务的顺利开展。

　　集中式的管理体制下，档案事业无论从规模、发展速度，还是从
档案信息资源的开发利用来看，都显示了相应的优越性。"第一，能
够保证档案法规在全国范围内贯彻执行；第二，可以使各个档案机构
之间较容易地建立起横向的业务联系或协作关系；第三，可以使各个
档案馆避免馆藏档案的重复，从而保证馆藏档案的优化；第四，有利
于保护档案财富和更加充分有效地开发利用档案信息资源；第五，有
利于有领导有计划地实现档案的现代化管理"②。实践已经证明并
将继续证明，当代中国实行的党政档案工作的集中统一管理，还"有
利于加强对国家档案事业的统一领导、统一制度、统一规划；有利于
加强各级党委（组）和人民政府对档案事业的领导，保证党和国家档
案的完整与安全；有利于对档案信息资源的综合管理和开发利用；同
时也有利于维护党、政档案的历史的有机联系"③。总之，在新时期，
必须始终把握"统一领导，分级管理"的原则，才能保障面向公众需
求的档案资源建设与服务工作的顺利开展。

　　2008 年，杨冬权提出要"建立覆盖人民群众的档案资源体系，建
立方便人民群众的档案利用体系"。要建立这"两个体系"，国家档
案馆必须承担重任。因为，以国家综合档案馆为核心来建立"两个

---

　　①　中华人民共和国档案法[Z].1996.

　　②　韩玉梅.外国现代档案管理教程[M].北京：中国人民大学出版社，
1995：218.

　　③　陈智为，等.档案行政概论[M].北京：中国人民大学出版社，1996：39.

体系",有利于克服目前在民生档案利用中存在的一些问题,更有利于档案的安全保管和有效利用①。另外,2012 年 12 月 25 日召开的全国档案局(馆)长会议指出,今后要按照党的"十八大"关于"新四化"的要求,在新的起点上进一步推进档案信息化。要树立"内容为王"的观念,从过去以技术为主导转向以服务为主寻,从注重应用信息技术向注重档案内容信息化转变,建设以服务为主导的档案信息化体系,提出从 2013 年开始搭建"全国开放档案和政府公开信息资源共享平台"。主要路径是由国家档案局建立统一平台,各地档案机构建立区域性平台,实现上下联通、资源共享。同时,省档案局可以统领全省各地,建立区域性平台,让地级市参与进来;或者由地级市建立平台,让县参与进来,就这样一级一级参与进来,最后整合形成一个系统的平台②。2014 年 2 月,国家档案局还成立了"国家档案局数字档案馆(室)建设领导小组",负责全面领导数字档案馆(室)建设,协调、监督局属各部门在开展这项工作上的分工,统筹规划指导数字档案馆(室)建设相关工作;负责贯彻中央信息化建设和电子文件管理工作的方针政策,审定数字档案馆(室)建设相关法规、标准、管理办法;负责审定数字档案馆(室)建设发展规划和分阶段实施方案,并负责监督、检查规划和方案的落实情况;研究解决数字档案馆(室)建设中重大共性问题和难题;协调中央有关部门对数字档案馆(室)在政策、资金上的支持,建立激励机制。

10.1.2　中观的组织

　　在面向公众需求的档案资源建设与服务的组织保障体系当中,除了以国家综合档案馆为核心的宏观组织保障,还有基于行业或系统的高校档案馆、专门档案馆等,全国性和地区性的档案学会以及区域性的档案合作组织或项目等,可以称之为"中观的组织"。

---

　　①　严永官.建立覆盖人民群众的档案资源体系之我见[J].浙江档案,2009(2):46.

　　②　周峰林.全国开放档案和政府公开信息资源共享平台建设——专访国家档案局巡视员王良城[J].浙江档案,2013(1):14.

首先,无论是教育系统的高校档案馆,还是城建系统的城建档案馆以及其他系统的专门档案馆,都拥有丰富的、有特色的档案资源。这些系统内的档案馆具有业务方面和用户方面的相似性。通过一定的共建共享机制建立纵向或者横向的高校档案馆联盟、城建档案馆联盟等,共同开发利用档案资源,促进全国或者地区性档案资源共享环境的形成。

其次,全国档案学会以及各省市档案分会和专业委员会等社会组织的广泛建立,有利于集中力量开展理论研究,为面向公众需求的档案资源建设与服务工作的开展提供强有力的理论支撑。档案学会是我国档案工作者的学术性群众团体,自 1981 年成立至今,对我国档案事业的发展产生了重要的推动作用。除了全国性的档案学会,大部分省市都已建立地方性档案学会。中国档案学会共有 7 个专业委员会,分别为:档案学基础理论学术委员会、档案文献编纂学术委员会、档案整理鉴定学术委员会、档案信息化技术委员会、文献影像技术委员会、档案保护技术委员会、企业档案学术委员会。

此外,区域性合作组织在面向公众需求的档案资源建设与服务工作推进过程中起着重要的作用。在图书馆领域,国内外已经形成了较成熟的区域信息资源共享模式,见本书第 6 章第 3 节。

在我国,图书馆、档案馆尽管分属于不同的系统进行管理,但都是文化事业机构,其根本目的是为社会提供文化产品,促进社会主义文化的繁荣和发展。因此,它们的目标是完全一致的。从这个意义上看,图书馆信息资源共享的经验对于区域档案信息资源共享具有重要的借鉴价值。

冯惠玲等提出了建立电子文件管理的国家战略,"建立馆际互联共享体系","由国家档案局牵头,采取联盟、联席会议等方式,联合地方档案馆的力量,加强和政府信息资源元数据标准制定与推广部门的联系和交流,统一文件信息组织、指引、发现、保存的标准,发展馆际电子文件信息互联共享的模式"[①]。目前,我国区域档案信息

---

① 冯惠玲,赵国俊,等.电子文件管理国家战略刍议[J].档案学通讯,2006 (3):7.

资源共享已经开始起步。其中,两个典型的例子是:上海市档案馆及其郊县(区)档案馆的联网档案检索,深圳、广东、珠海三地档案资源的共同检索门户的出现,表明了区域性档案信息资源共享已经形成。

上海市档案馆开展了"就地查询,跨馆出证"服务,究其实质,是一个区域服务的例子。2010 年 9 月,为贯彻落实国家档案局民生档案建设要求,促进市和区县国家综合档案馆民生档案信息共享,方便市民利用民生档案,更好地为民服务,上海市档案馆在市和区县国家综合档案馆开启"就地查询,跨馆出证"远程协同服务机制。目前,该远程协同服务机制的服务内容涉及婚姻登记、计划生育、知青、知青子女、支内支边五类档案的查询及出证。需要查阅上述五类档案的市民在任何一家参加远程协同服务机制的档案馆,填写远程协同服务档案利用申请表,办理远程协同服务查档申请手续,就可利用相关档案公共服务系统进行跨区域的查阅,并由查阅地的档案馆开具相关证明,免去了来回奔波的麻烦。再如,粤、穗、深的跨馆查询,是全国首个开通跨市查询档案服务的系统,随着"广东档案跨馆查阅利用系统"的开通,广深两地率先实现档案互查。这不仅是一个技术的提升,更重要的是档案公共服务水平的提升,也是中观组织重构的一个范例。目前,该系统整合了粤、穗、深三馆的开放档案目录数据达 80 多万条,政府信息公开文件目录 26 000 多条。

10.1.3 微观的组织

在面向公众需求的档案资源建设与服务的组织保障体系中,微观的组织即各个档案馆(室)。它们承担着具体的档案业务工作,是档案组织机构中最基层的组织,同时也是档案资源建设与服务工作得以开展的最主要力量。在微观组织中,各级国家综合档案馆起着关键性作用。"以国家综合档案馆为核心来'建立覆盖人民群众的档案资源体系'",也正是档案利用工作逐步走上一门式服务的基础①。

———————————

① 严永官."建立覆盖人民群众的档案资源体系"之浅见[J].浙江档案,2009(2):47.

以国家综合档案馆为核心来建立"覆盖人民群众的档案资源体系",有利于克服目前在民生档案利用中存在的一些问题。现在由于档案形成者和保管者两位一体,所以在提供利用时往往为了尽可能维护自身权益而出现了几种情况:一是以《中华人民共和国档案法》没有对机关档案室提出开放档案的要求、本部门所保存的档案不属于开放档案为由,给利用者设置诸多门槛;二是以维护本部门的利益为底线,有限制地提供利用;三是有的档案机构在矛盾明显时干脆就以没有为由拒绝提供利用。档案形成者是一级行政管理机关,本身处于强势地位,又占据了保存档案的主动权,只要存在本位主义的指导思想,就会给利用者带来很多不便。利用者本就处于弱势地位,在受到档案保管单位为难时就无法了解实情。

以国家综合档案馆为核心来建立"覆盖人民群众的档案资源体系",更有利于档案的安全保管和有效利用。这些档案在形成机关保存一定时间后即向综合档案馆移交,形成单位与保管单位相分离,在档案形成者和档案利用者之间由档案馆作为第三方来集中保存,代行国家所有权,这样就会在保护人民群众的根本权益上产生很好的效果,可以防止档案形成单位在利用中自行抬高价格、甚至在涉及纠纷时无条件维护本已属于强势的行政机关的利益。

档案馆作为长期为党和国家保存档案信息资源的部门,形成了一套完整的保管和利用制度。档案集中到档案馆保存,既有利于民生档案的安全有效保管,又能在依法开放后为人民群众提供及时便捷的利用服务。现在各级政府为打造"服务政府",都在实行政府办事一门式服务,这种方式给人民群众带来的实惠已经得到了充分的体现。"以国家综合档案馆为核心来'建立覆盖人民群众的档案资源体系'",也正是档案利用工作逐步走上一门式服务的基础。

要促使"微观组织"作用的最大限度发挥,首先要实现各相关部门领导的通力合作。要实现各级各部门领导的重视和支持,一方面,需要将档案资源建设和服务工作纳入国民经济和社会发展的总体规划,列入重要议事日程,以有利于各相关部门领导共同关心支持档案工作,使得分管领导能切实履行职责,认真帮助解决档案资源建设和服务中存在的困难和问题,做到领导到位、履行职责到位、解决难题到位。另一方面,档案机构相关领导要高度重视档案资源建设和服务工作,因为档案资源是档案工作的立身之本,只有建立优质的档案资源体系,才能全面、深入地推进档案工作的发展;档案服务是档案工作的动力之源,只有提高档案服务质量,满足社会和公众的利用需求,才能充分发挥档案的价值,提升档案工作的影响力,获得国家、政府和社会各界对档案工作的重视和支持。因此,要成立以档案局(馆)长为组长,相关部门的负责人为成员的档案工作领导小组来加强档案资源建设和服务,将工作的重心放在制定档案资源建设规划和构建档案服务体系上来,通过各个部门分工协作,形成一个素质高、战斗力强和效率高的档案工作队伍,从而更快、更好地完成档案资源建设和服务工作。

其次,要在统一领导下分工合作。档案资源的建设和服务是一个系统、持久、庞大的工程,需要有计划、有步骤、有策略地安排与实施。在档案资源建设和服务方面,档案机构可以依据其现行的行政管理体制,自上而下进行顶层设计。可由国家档案行政管理部门统一部署全国档案资源的建设和服务发展规划,对各地方档案资源建设和服务进行领导和调度,着眼于全国,避免盲目建设、重复建设和信息孤岛的存在。地方档案机构在国家的统一领导下,依据地方的实际情况,实现集中规划下独立实施。换句话说,地方档案行政管理部门在国家统一领导下,制定本地档案资源建设和服务的策略和具体步骤,加强与该地区其他信息资源机构的交流与合作,促进资源的整合,满足国家和地方的档案利用需求。地方档案机构要处理好"集中统一"与"地方特色"的矛盾关系,既协调统一,又不失特点;既服务于国家,又满足本地需求。

此外,要建设优质档案资源体系和为公众提供高质量的档案服务,必须坚持以人为本,始终把培养人才、建设队伍、提高人的素质放在组织建设的第一位。需要逐渐打破以实体保管为主的档案人才队伍分配模式,根据档案资源的建设需要和服务公众的利用需要,逐渐形成和构建不同层次、结构合理、内外结合的人才梯队。

10.2　面向公众需求的档案资源建设与服务的制度保障

　　制度是"在一定历史条件下形成的政治、经济、文化等方面的体系"①。制度是国家机关、社会团体、企事业单位,为了维护正常的工作、劳动、学习、生活的秩序,保证国家各项政策的顺利执行和各项工作的正常开展,依照法律、法令、政策而制定的具有法规性或指导性与约束力的应用文,是各种行政法规、章程、制度、公约的总称。从制度的应用来看,其适用范围极其广泛,大至国家机关、社会团体、各行业、各系统,小至单位、部门、班组。它是国家法律、法令、政策的具体化,是人们行动的准则和依据,因此,规章制度对社会经济、科学技术、文化教育事业的发展,对社会公共秩序的维护,有着十分重要的作用。

　　面向公众需求的档案资源建设与服务的制度,是指为保证档案工作的顺利开展和档案资源的有效利用,满足社会公众对档案资源及其相关服务的迫切需求,从整体建设和内容服务的角度提出的具有指导性和约束力的格式文本。据此,本书认为,在我国纸质档案制度已相对成熟、现代档案服务又日益依赖信息技术的前提下,现阶段我国面向公众需求的档案资源建设与服务的相关制度,主要体现在电子文件管理、档案数字化和网络数字资源建设三个方面。

10.2.1　面向公众需求的档案资源建设与服务制度建设现状

　　面向公众需求的档案资源建设与服务制度主要体现在档案资源建设、档案服务两大方面,涉及档案数字化建设制度、电子文件管理制度、网络档案资源管理制度、档案服务制度等各个方面。概述起来,上述制度建设方面取得了不少成绩,兹罗列如下:

10.2.1.1　电子文件管理部际联席会议制度

　　2009 年 12 月,中共中央办公厅、国务院办公厅颁布的《电子文

---

　　①　中国社会科学院语言研究所词典编辑室.现代汉语词典[M].北京:商务印书馆,2012:1678.

件管理暂行办法》第二章第 4 条规定:"建立国家电子文件管理部际
联席会议制度,由中共中央办公厅牵头,国务院办公厅、国家发展和
改革委员会、工业和信息化部、财政部、国家档案局、国家保密局、国
家密码管理局、国家标准化管理委员会等相关部门为成员单位,负责
组织协调全国电子文件管理工作。"①国家电子文件管理部际联席会
议的职责主要有五项:一是负责统筹规划和组织协调全国电子文件
管理工作;二是研究制定电子文件管理方针政策;三是审定电子文件
管理规章制度、重要规划、重大项目方案;四是组织起草相关标准;五
是研究解决全国电子文件管理中的其他重大问题。国家电子文件管
理部际联席会议日常工作由中共中央办公厅承担。同时,根据该
《办法》的要求,县级以上党委、政府要结合实际,明确负责电子文件
管理的部门,承担本地区电子文件管理工作的组织协调和监督检查。

国家电子文件管理部际联席会议制度的确立,标志着我国电子
文件管理国家战略顶层设计的初步完成,为我国电子文件收集整理
工作的统筹规划、组织协调、政策制定等提供了强有力的组织保障,
为规范电子文件收集整理从而促进国家历史记忆传承、促进信息资
源开发利用、推动国家信息化建设健康发展,奠定了坚实的基础。

10.2.1.2　电子文件中心制度

2007 年 4 月,"全国电子文件中心建设经验交流会"提出要求,
在各级国家档案馆建立电子文件中心或者备份中心。2010 年 10
月,国家档案局在沈阳召开的"档案馆电子文件备份中心建设现场
会",将"电子文件中心"调整为"电子文件备份中心",进而将这一做
法作为电子文件收集整理的一项基本制度确立下来。

在各级国家档案馆建立电子文件中心,可以消除现行档案移交
年限规定的制度障碍,有利于各级国家档案馆提前介入从而发挥档
案馆的综合优势和促进规范化管理,有利于各级国家档案馆更好地
履行资源整合职能,有利于《政府信息公开条例》赋予的、各级国家
档案馆作为"政府信息公开场所"的贯彻落实,也是面向公众需求的
档案资源建设实现的基础。

---

① 电子文件管理暂行办法(中办国办厅字〔2009〕39 号)〔Z〕.

10.2.1.3　档案资源保存制度

基于我国纸质档案与数字档案并存的现实局面,国内档案学界的众多学者,以及实际档案管理部门都在探讨和总结科学、合理的保存形式和管理制度,主要包括双轨制、单轨制和三套制等。

(1)双轨制保存制度

双轨制是指以数字形式和纸质形式共同保存档案资源的形式,这一形式在我国乃至世界绝大多数国家中都得到不同程度的施行。

如前所述,我国现有的档案资源中,既有纸质档案,也有数字档案。纸质档案内容与载体上的原始性,使其成为被广泛认可的真实可靠的法律证据;纸张与字迹特有的稳定性,使人类可以放心地赋予其承载社会记忆的重任。但是,纸质档案保护、利用、传输上的局限性,又使其需要进行数字化转换。而数字档案有着纸质档案无法比拟的高效、便捷及立体直观的特点,数字档案的产生与保存,是档案管理现代化的标志。然而,数字档案的不稳定性、易更改性,又使其在长期、永久保存时存在着风险。为了避免这种风险,数字档案资源仍需转换为纸质档案。当然,实行双轨制的一个重要原因是,包括电子文件在内的数字资源的法律效力及其凭证作用没有得到全面的认可。作为法律上的证据保存,出于维护国家及机构自身的利益的需要,数字档案资源也必须转换成现有法律认可的文件形式,而纸质文件及模拟记录的文件已经具备完全的法律效力,这就是电子文件双轨制的法律成因。从这个意义上看,数字档案代表的是档案资源建设的未来与方向,而纸质档案则体现出档案机构对历史的尊重与呵护。在我国现有的管理水平和技术条件下,尚不能够完全丢弃纸质档案,专门保存数字档案,因此,双轨制作为过渡保存的形式,能够很好地兼顾纸质档案与数字档案的完整与安全。

现实工作中,有些部门并未完全做到双轨制。其中一个做法是,对于重要的文件,采取双轨制管理;对于一般文件,则仅归档电子文件。因此,对于双轨制的实施,要提出保管的具体要求,哪些电子文件做双套、怎样做双套、谁来做双套、何时做双套等要具体明确、便于实施及操作,并要做好电子文件及其硬拷贝之间的对应关联。

（2）单轨制保存制度

双轨制的施行有利于最大限度地保存和维护档案信息,但是,数字档案和纸质档案同时保存无疑加重了档案管理的负担。在档案资源建设开展初期,为减小建设的震动与阻力,双轨制是最为稳妥的做法,但是,为了保证资源建设能够快速地开展,双轨制最终还是要走向单轨制,否则,数字档案资源的建设与保存将无法深入下去。

目前,我国部分机构和部门,已经以先行试点的方式开展起档案资源的单轨制保存与维护。2012 年年初,国家电子文件管理部级联席会议办公室明确将国家电网公司列为国家首批电子文件管理试点单位,经过一年的努力,2013 年 1 月 31 日,国家电网公司电子文件管理系统成功上线试运行,初步建立了企业电子文件管理机制体制,形成了统一的电子文件管控中心,实现了国家电网公司有关业务信息资源的有机融合和高效利用[1]。

（3）三套制保存制度

早在 1999 年颁布的国家标准《CAD 电子文件光盘存储、归档与档案管理要求 第一部分:电子文件归档与档案管理》中,就要求对归档 CAD 电子文件"必要时,复制第三套,异地保存"[2]。

我国档案资源的长期保存,除了双轨和单轨的异质备份外,为了保障档案的安全,防止意外丢失和损失,还应该实行多套备份,这一思想已在我国档案机构颁布的档案归档相关标准中作出了规定。《归档文件整理规则》(DA/T 22-2015)要求对档案进行鉴定、分类、编制档号,同时将已归档的电子文件集中,拷贝至耐久性好的载体上,一式三套:一套封存保管,一套供查阅使用,一套异地保存。因此,一般情况下,在档案机构管理下的电子文件会被保存在三套脱机载体上,两套移交单位移交的载体和一套档案机构迁移的载体,其中一套供平时使用,两套用于封存保管。

---

① 国家电网-国网中兴有限公司[EB/OL].[2014-02-24].http://www.zxpower.sgcc.com.cn/html/main/col8/2013-05/15/20130515141335812949462_1.html.

② 国家质量技术监督局.CAD 电子文件光盘存储、归档与档案管理要求 第一部分:电子文件归档与档案管理:GB/T 17678.1—1999[S].北京:中国标准出版社,1999.

（4）异地备份制度

异地备份是指将档案信息资源的载体放置至外地（通常在几百公里以外）进行备份。这种备份主要立足于灾备，当系统所在地发生水灾、火灾、地震等自然灾害或者战争时，这种备份方式可确保电子文件的安全。2010 年 5 月，全国档案安全体系建设工作会议要求：“原则上，无论是档案馆，还是档案室，所有应归档保存的电子文件都应至少有一套异地备份。”[①]

异地备份起因于 2008 年汶川大地震，在此之后，国家档案局审时度势，要求各级国家档案馆通过建立异地备份库等形式，对本级重要档案及电子文件实行异地备份，对重要的电子文件实行异质备份，并要求副省级市以上档案馆争取在 2012 年年底前完成这项工作。截至目前，已经建成的省级档案馆结对实施异地备份的情况见表 10-1[②]。

表 10-1　　我国省级档案馆结对实施档案异地备份情况

互备档案馆	签署时间	协议名称	备份
湖南省档案馆 江苏省档案馆	2011-05-16	《互为档案数据备份中心协议》	每年脱机互备
广东省档案馆 福建省档案馆	2011-10-31	《档案数据异地备份协议》	定期脱机互备
广东省档案馆 浙江省档案馆	2011-11-20	《档案数据异地备份合作协议》	定期脱机互备
浙江省档案馆 新疆维吾尔自治区档案馆	2011-10-18	《重要档案数据异地备份协议》	定期脱机互备
河南省档案馆 山西省档案馆	2010-05-02	《馆藏重要档案异地备份签署协议》	定期封装脱机备份

---

① 杨冬权在全国档案安全体系建设工作会议上的讲话[EB/OL].[2013-11-10].http://www.danganj.com/article/html/yejie/guonei/201005/4297_2.html.

② 李姗姗.档案容灾体系架构与实现研究[D].武汉:武汉大学,2012:130.

续表

互备档案馆	签署时间	协议名称	备份
海南省档案馆 江西省档案馆	2010-07-28	《档案异地备份协议》	定期封装脱机备份
黑龙江省档案馆 河北省档案馆	2011-04-09	《互为档案异地备份基地协议》	脱机互备
四川省档案馆 甘肃省档案馆	2010-07-09	《互存重要档案备份协议》	脱机互备
四川省档案馆 西藏自治区档案馆	2010-11-30	《互存重要档案备份协议》	光盘脱机互备
湖北省档案馆 青海省档案馆	2010-09	《电子档案异地备份合作协议》	脱机互备
贵州省档案馆 云南省档案馆	2010-03-15	《重要档案数据异地备份协议》	脱机互备
辽宁省档案馆 广西壮族自治区档案馆	2010-07-07	《互为备份基地协议》	光盘脱机备份
辽宁省档案馆 宁夏回族自治区档案馆	2010-10-13	《重要档案异地备份保管协议》	DVD 光盘脱机备份
吉林省档案馆 内蒙古自治区档案馆	2010-08	《档案数据异地备份协议》	—
陕西省档案馆 北京市档案馆	2009-12	达成初步意向	待陕西新馆搬迁后实行
上海市档案馆 重庆市档案馆	2010-09-25	《电子档案数据备份异地保管协议》	脱机互备
天津市档案馆 广州市档案馆	2009-10	《电子档案异地备份协议》	脱机互备
安徽省档案馆	—	—	—

此外,一些市级档案馆或专业档案馆也纷纷开展电子文件异地备份的尝试。例如,2008 年 12 月 19 日开通运行的山东省泰安市数字档案异地备份中心①、2008 年 12 月初步建立的焦作市全市电子文件异地备份中心、2011 年 4 月 19 日获准开建的绍兴市电子文件和数字档案登记备份中心等。

上述异地备份方案中,广东省档案馆、湖北省档案馆、浙江省档案馆、成都市档案馆、长春市档案馆、哈尔滨市档案馆和厦门市档案馆还实行了双套异地备份。

(5)异质备份制度

异质备份就是在备份过程中,采用不同的两种介质进行备份。例如,同一内容的档案资源,采用光盘和数据磁带备份,就是异质备份。异质备份强调的是用两种不同质地的载体进行备份,而不是某一种载体的两次或多次备份。

2008 年 12 月,时任国家档案局局长杨冬权在全国档案局长馆长会议上指出:“……有条件的地方,还应逐步将电子文件转换成其他载体保存,实现异质备份,以防止若干年后电子文件因阅读设备不配套而无法读取。”②因此,异质备份已成为数字档案资源长期保存的重要途径。

在异地备份、异质备份的发展过程中,有些档案馆将两者进行了有机的结合,形成异质异地备份。例如,辽宁省电子档案备份中心在全国率先采用了异质异地备份方式,以保障电子文件(档案)的容灾,带动了全国范围内电子文件(档案)异质异地备份工作的开展。从现有实践来看,电子文件异质异地备份既要防止硬件损坏、系统崩溃、病毒入侵、保管不力等微环境对电子文件的损害,更主要是防止地震、洪水、战争、群体性事件等较大范围宏观因素对电子文件的损害,从而有助于电子文件的长期安全保管。

---

① 王明明,车文翔.山东省首家数字档案异地备份中心建成[N].中国档案报,2008-12-29(1).

② 国家档案局中央档案馆关于印发全国档案局长馆长会议文件的通知(档发[2008]9 号)[Z].

　　总体上,从备份制度的建立来看,我国的档案资源建设备份制度取得了可喜的成绩,尤其是在电子文件(档案)异地备份、异质备份工作方面。目前主要方式有:①利用已有的后方战备档案库和新建专门备份库自我异地备份;②上下级相互备份,在同一行政管理体系内,利用已有的专门设施,上级与下级单位相互委托存放与保管电子文件备份件;③友邻相互备份,按照远程异地备份的安全要求,选择不在同一地震带、同一江河流域、同一电网体系,级别规模相当的档案馆,互结对子,相互委托存放和保管电子文件的备份件。然而,从备份的等级、安全性考虑,我国电子文件异地备份的总体水平还有待提高。大多数档案馆是采用磁盘形式,直接将馆藏已接受电子文件或档案数字化成果,通过物理交通运输的方式送递至异地档案馆。这种档案容灾的初级模式在现阶段是合适的,但从长远来说,存在着诸多隐患,有待进一步深化和发展①。

　　(6)数模转换制度

　　将传统纸质档案转换为数字档案(详见本书第5章第2节),提高了档案流转速度,改进了工作效率,加快了档案信息的共享与利用。但是,数字档案自身的局限性,决定了其在保存和利用过程中面临着很多安全隐患,数字档案的真实性、完整性和有效性无法得到很好的保持,因此,从长期保存的角度来看,数字化存储很难成为档案信息的最终归宿。因此,近年来,实践部门开始探讨将数字档案信息转换为模拟信息长期保存的"数模转换"。例如,在耶鲁大学"开书计划"②的研究基础上,美国康奈尔大学于1994—1996年发起了"开书计划"的对比计划——"数字化转换为缩微胶片计划(Digital to Microfilm Conversion Project)"的研究工作,探索将数字影像输出转化为缩微胶片长期保存的方法③。我国国家档案局文件(档发〔2009〕4号)中,公布了行业标准《数字档案信息输出到缩微胶片上

---

① 李姗姗.档案容灾体系架构与实现研究[D].武汉:武汉大学,2012:133.

② Open Yale Courses[EB/OL].[2013-12-18].http://oyc.yale.edu/.

③ 刘江霞.CIM 与 COM 的应用与发展研究[J].数字与缩微影像,2009(4):39.

的技术规范》,指导和推荐数字档案转换为缩微胶片保存的方式和方法,即数字档案的数模转换。数模转化就是将数字档案上的信息转换成模拟信号输出到缩微胶片上的过程①,采取这种做法是基于胶片载体的长期保存效果。

10.2.1.4　馆室联动制度

国家档案行政管理部门在地方层面推进电子文件中心建设的同时,在中央和国家机关层面,推行纸质档案及其相应的电子数据同步进馆的做法,或可称为"同步进馆制度"或"馆室联动制度"。2011年3月,"中央和国家机关档案工作会议"进一步要求:"各单位移交档案前首先要进行数字化,在移交档案时一并移交一套数字化数据,是今后档案移交工作的一项硬性指标","档案数字化数据要符合《中央档案馆电子版档案数据接收规范及要求》"②。

馆室联动制度方便了档案移交后本单位档案的利用,也极大地提高了中央档案馆接收进馆档案的质量,优化了馆藏结构,有效地减少了重复劳动,降低了档案信息化建设成本。该项制度设计实际上是对档案收集整理机制的一项带有根本性质的调整。传统收集整理机制下,档案实体的移交和接收是档案管理责任的分水岭;在现行收集整理制度设计下,尽管档案实体管理权限随着移交而转移,但事权并未完全转移,各机关仍然保存有完整的电子形态的档案信息,因而档案安全责任并没有随着档案实体的移交而完全让渡,馆、室双方今后都将是档案信息的长期保管者和守护者,在档案信息安全保障方面双方都负有同等重要的责任和义务。

10.2.1.5　统一支撑平台制度

为了减少重复开发,提高规范化程度,国家档案局自 2009 年启动了"国家电子文件支撑平台系统"建设项目,组织力量研制开发统一的电子文件管理支撑平台,以形成符合我国国情的、具有自主创新

---

① 数模转换[EB/OL].[2012-03-12].http://baike.baidu.com/view/873549.htm.

② 国家档案局中央档案馆关于印发中央和国家机关档案工作会议文件的通知(档发[2011]4 号)[Z].

性与示范意义的、能够被社会所认可的、公开标准的、不断修改完善并可持续发展的国家电子文件支撑平台系统,初步实现我国对电子文件系统按统一标准规划、设计、建设、应用与管理,推动我国电子文件归档工作的标准化、国产化进程。

2012年12月,该项目已完成三期工程,第三期项目在第一期、第二期研究成果的基础上,进一步完善了电子文件管理业务需求,修改了部分项目标准规范,拓展了系统原型,新增了软件功能,创新实现了在自主可控环境下的系统研发和系统集成。随着该项目的最终完成和试点示范工作的推进,有望为各地档案机构提供一个规范化的、可模块化选择使用的、完全开放的电子文件管理系统,促进我国各级档案机构电子文件管理水平的大幅度提升。

在更大的平台上建立统一的制度,例如,与其他文化事业机构共同推广的相关标准,包括标文通(UOF)的使用等,在很大程度上需要制度的推动。

总而言之,尽管我国在档案资源建设与服务方面制定了不少政策,但从现实工作来看(参见本书第2章),制度方面仍存在覆盖面欠广泛、制度落实不够等问题,因此,推进面向公众需求的档案资源建设与服务势在必行。

10.2.2 面向公众需求的档案资源建设与服务制度的推进

10.2.2.1 完善相关制度

完善相关制度主要是从业务层面上考察,尤其是在档案资源建设与服务的各个业务层面,包括电子文件管理制度、档案数字化制度、网络资源归档制度、档案服务制度等方面。

(1)档案资源建设制度的完善

档案资源制度建设需要完善的方面主要体现在:

在电子文件管理方面,相关制度的完善主要集中在电子文件管理制度,最终落实在电子文件管理的主体(管理者)、客体(电子文件本身)、方法(电子文件全程管理的方法)上,需要围绕上述三个层面进行制度建设,包括电子文件管理系统设计的参与制度、引进制度,电子文件收集、整理、保管、保存、利用及其流转过程中的保密制度等。

在传统档案数字化建设方面,相关制度的完善主要体现在国家档案局相关标准、规范中,需要在国家、行业、机构、档案工作人员、社会公众各个层面上进行制度化建设,保障档案数字化的实施,尤其是在单个机构档案数字化过程中,档案著作权、档案信息保密与隐私保障制度,多个机构档案信息资源建设与利用合作制度,参与档案数字化企业的职能认定与职业道德建设制度,数字档案资源管理的格式、技术和规程的认证制度,数字档案产品法律效力的认定制度等。

网络资源归档制度建设方面,针对当前国际国内存在的不足(详见本书 5.4 节),需要从网络资源归档的类型、范围、时限等方面进行制度规约。

上述三个方面是我国档案资源建设的主要方面,从相关制度建设和完善的角度,档案资源建设制度主要朝着以下四个方向推进:

第一,档案资源建设的功能性制度。世界各国档案馆档案现代化管理的共同途径是档案管理自动化,从档案目录管理数字化起步,走上档案工作环节电子化,走入档案工作流程自动化,走向电子文件管理系统、档案管理系统与文档生成事务管理系统集成化和网络化管理。因此,档案资源建设的制度建设,需要从档案资源建设(包括服务)的功能演变及其要求着手,包括安全性要求、依法进行档案资源建设等,完善相关的制度。

第二,档案资源建设的集成性制度。根据档案资源建设,尤其是数字档案资源建设的需求,需要从整合档案资源的角度,形成相关的制度,包括主题式、区域化、行业性的档案资源集成制度,包括档案资源评估制度、档案资源建设绩效评估制度等,从而保证档案资源建设的顺利实施。

第三,档案资源建设的国际性制度。采用国际标准和国际规范已成为国家档案馆、地方档案馆和专业档案馆档案管理现代化、自动化、网络化共同的发展方向,成为各级各类档案管理机构实施档案资源建设的共同趋势。因此,需要借鉴国家相关组织,包括国际标准化组织(ISO)、国际档案理事会(ICA)等的相关规定,作为我国档案资源建设的制度导向。

第四,档案资源建设的合作性制度。档案资源建设的过程中,如何形成馆际或机构间优势互补的合作方式,充分挖掘各合作机构的馆藏特色,建立地域和专题的数字资源共享服务网络,并利用制度充分保证档案资源建设各方的利益,也是档案资源建设制度完善的一个重要方面。

(2)档案服务制度的完善

面向公众需求的档案服务制度的完善首先需要制定档案服务制度的框架。结合当前我国档案服务制度的现实,档案服务制度框架应遵循横向和纵向两条主线进行构建。其中,纵向指的是从国家层面、行业层面、组织机构层面和用户层面进行制度构建;横向则是指制度的构建应考虑制度内容即条款在网络计算机生态环境中的适用性和切合度,如制度在计算机应用系统中的自动化嵌入与实现,需要与应用实现的系统功能要求相结合。从制度性质的角度来看,制度可以大致划分为法律法规、政策指南、标准规范和操作规程四大类,每一类都可能贯穿宏观、中观和微观的内容条款。

宏观层对应国家层面的法律法规、政策和强制性的国家标准。在法律法规层面上,需要对档案保管方、档案利用方和技术支持方的责权分配、责任认定等内容进行说明。就数字化档案服务制度而言,现阶段亟待建设的内容见表 10-2。

表 10-2   数字化档案服务制度的宏观建设内容

板块	内容	内涵
数字化档案服务制度建设指南	定义与定位	在相关法规中明确定位数字化档案服务制度与传统档案服务之间的关系,并要求根据需要配置相应的岗位,赋予相应的责权,配备相关的专、兼职工作人员
	责任与义务	需要明确传统档案服务、数字化档案服务、第三方技术服务商的责权与职能分配,如档案的所有权、控制权、处置权、归属权等
	组织关系	明确数字化档案服务的组织关系,包括行政隶属关系、内部组织结构和岗位设置等,同时结合先进技术,如云计算、元数据等,作出一些方向性的规定和说明

续表

板块	内容	内涵
数字化档案服务制度的规范性文件	服务商规范	第三方技术服务商的资质说明、技术要求、对档案操作的权利、安全服务的责任和义务,以及应达到的信息技术服务等级
	员工工作标准	安全管理和操作的责任和义务、等级操作权限(不含具体操作规程)。此外,除具备传统档案服务的基本能力外,应从档案数字化和计算机技术应用的工作角度,对工作给予明确的要求和考核
	用户协议	对用户安全使用数字化档案服务的责任和义务进行明确要求

　　由于面向公众的档案服务制度建设涉及多方机构,建设和发展数字档案馆需要有针对性的政策支持,对建立相关服务制度的目的和意义进行明确,争取各方的支持,同时还应在档案系统内部贯彻和渗透各项理念、思想、方法和要求等,这是档案服务制度建设的观念基础,也是未来能够持续发展的意识保障,其内容包括:其一,建设档案服务制度的必要性和有效性;其二,建设档案服务制度的定位,集中管理和长期保存档案数字资源的目标;其三,档案服务制度及其实施主体所承担的职能,如集中管理数字档案资源,承担其长期任务,提供开展电子档案接收、处置和利用的服务平台,档案服务方式的创新,档案协同服务制度等。

　　中观层主要包括行业标准和规范。面向公众需求的档案服务制度建设主要着眼于数字档案资源管理信息系统实现的业务环节,针对每个业务环节及其对技术支撑的要求进行持续的完善,这是战术层面的制度要求,因此,应针对我国现行的各类档案资源服务(或管理)标准的要求,对面向公众需求的档案服务制度进行具体完善(相关标准及其完善详见本书的 10.3 节)。

　　微观层对应组织机构层面的具体约束档案实践业务的管理制度、行为规范,以及面向用户的操作指南和手册等,包括档案服务制度的创新。

　　面向公众需求的档案服务制度的完善要落到实处,需要自上而下的指导和循序渐进的贯彻执行,根据上述的内容框架,依照戴明环的"PDCA"原则①,档案服务制度完善的方法见图 10-2。

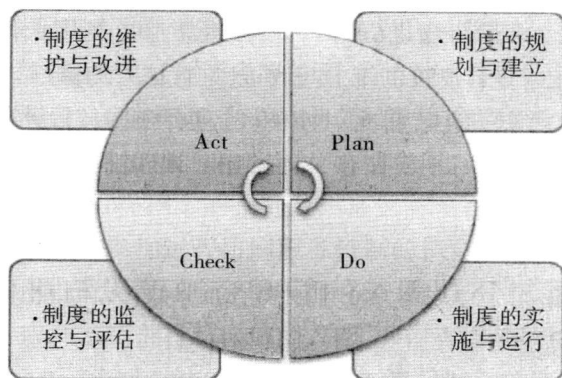

图 10-2　面向公众需求的档案服务制度的完善

　　第一步,规划与建立(Plan)。建立制度体系的实施规划方案,确定管理主体、实施主体、监管主体,确定制度框架和内容结构等。该阶段,为充分实现面向公众需求的档案服务制度的目标,分别配备制度实施和系统设计的接口责任人,对制度系统的事务进行沟通,将与档案管理业务流程相关的制度尽可能细化,与系统设计功能要求进行匹配,提炼出制度条款。

　　第二步,实施与运行(Do)。实施和运行面向公众需求的档案服务制度,包括制度编写、制度论证与评审、制度颁布、制度培训与宣传,以及制度的系统化嵌入与自动执行等。该阶段,将制度条款转化为管理行为和操作行为,使档案的格式规范、服务方式、服务对象等要素受到制度的自动约束,制度设计完成后进入试运行阶段,发现问题并不断完善。

---

　　① PDCA 管理过程[EB/OL].[2013-12-21].http://www.itgov.org.cn/Item/3213.aspx.

第三步,监控与评估(Check)。通过对运行中档案服务制度的条款执行程度进行检查,对实践工作的效果进行监控和评估,记录出现的问题和不合理情况。该阶段,由于制度的运行和实践工作需要长期的磨合,在很长一段时间内都需要对制度的运行进行监控和评估,记录问题并分析引发问题的原因。

第四步,维护与改进(Act)。根据档案服务制度长期运行的效果和评估记录进行制度的维护与改进,进行适时的修订与完善,持续改进制度的系统化运作体系。该阶段,主要根据运行评估记录和相关问题,对制度进行不断完善,持续维护和继续改进,使制度的系统化执行更加顺畅。

10.3　面向公众需求的档案资源建设与服务的标准保障

标准是"通过标准化活动,按照规定的程序经协商一致制定,为各种活动或结果提供规则、指南或特性,供共同使用和重复使用的文件"①。经过几十年的努力,我国已经制定了一系列与档案资源建设和服务相关的国家标准和行业标准,还有大量的地方性标准和业务规范,覆盖了纸质档案、照片档案、电子文件等多种载体类型档案资源的内容要求、格式要求、技术要求等诸多方面,初步构筑起档案资源建设和服务的标准体系,为优质档案资源体系的建设和满足用户的档案需求提供了基本保障。但是,随着信息社会的深入发展,数字档案资源大量产生,过去侧重于实体档案资源的标准体系难以满足新时期数字档案资源建设和服务的发展需要。此外,我国在数字档案资源的建设和服务方面还处于不断探索阶段,在实践过程中所采用的业务规范、技术标准和管理规则大多各行其是,缺乏统一明确的权威性标准。因此,构建数字档案资源建设和服务的标准体系就显

---

①　中华人民共和国国家质量监督检验检疫总局,中国国家标准化管理委员会.标准化工作指南　第 1 部分:标准化和相关活动的通用术语:GB/T 20000.1—2014[S].北京:中国标准出版社,2015.

得尤为重要,它是建设高质量的数字档案资源的坚实基础。

10.3.1　数字档案资源建设与服务标准体系构建的原则

标准问题是一个复杂而重要的问题,尤其对于业务繁杂且技术性要求较高的数字档案资源建设和服务而言。对于具体标准体系的制定,要做到"急用先行、成熟先上、科学先进、切实可行",以尽可能与我国数字档案资源建设和信息服务相适应。在数字档案资源建设和服务标准体系的构建过程中,尤其需要遵循的原则包括:

(1)科学性原则

在数字档案资源建设和服务标准体系的构建过程中,各种业务标准、技术标准、管理标准的设置和选择应该充分考虑数字档案资源建设和服务的实际状况。要考虑到数字档案资源发展的不平衡性和服务方式的个性化,制定过程应综合考虑、切合实际、便于操作,并坚持科学的原则。

(2)系统性原则

构建数字档案资源建设和服务标准体系是一个系统工程,涉及内容广、制定环节多、影响因素杂。要建立标准体系就需按照系统论观点,把相关标准制定纳入整体,处理好局部与整本、具体标准与总体目标之间的关系,并综合分析各标准要素之间的关系,形成一个具有全局意义的标准体系。在各项标准构成的体系中,既要确保每一项标准的内容前后协调一致,又要保证各项相关标准之间在内容与技术方面的协调一致,只有这样才能有效地维护数字档案资源建设和服务标准在整体上的系统性及与其他相关标准间的一致性。

(3)先进性原则

数字档案资源建设和服务是一个循序渐进、不断发展的过程,这一过程是不断优化、不断追求先进的过程,因此数字档案资源建设和服务标准体系中的每一项具体标准,都应该反映优化了的技术、工作程序与组织程序,要能够体现目前先进而成熟的技术手段和设备情况,能够反映先进而高效实用的系统软件、应用软件及管理方法,使整个标准体系具有领先性和一定的超前性。

（4）稳定性与动态性相结合的原则

我国《标准化法》规定,有关标准的主管部门应定期对所制定的标准进行复审,复审周期一般不超过五年,数字档案资源建设和服务标准体系中的各项标准也应按此规定执行,保证标准能在一定时空范围内保持相对的稳定性,能够付诸实践。另外,数字档案资源建设和服务是随着社会环境和信息环境不断变化的,因此其标准也应适时做出调整,在保证稳定性的前提下随着数字档案资源建设的实际变化而修订,从而起到提高数字档案资源建设水平和服务效果的作用。

（5）兼容性原则

数字档案资源不仅仅是馆藏档案的数字化,也不只是停留在整个档案工作业务流程的计算机化,而是代表了网络环境下档案信息资源的整体处理模式,涉及多方面内容,是一个与软件工程、网络工程、计算机工程、信息组织工程等有着密切联系的系统工程。因此,数字档案资源建设与服务标准体系不仅要注意和档案管理领域原有标准的兼容,注意和国际、国内相关行业标准规范的兼容,还要注意和其他相关技术方案、重要项目的兼容①。

10.3.2　数字档案资源建设与服务标准体系的完善

标准体系的划分方法,例如管理标准和业务标准,国际标准、国家标准和行业标准等。其中,国际标准,例如以 PDF 作为归档和保存文件的国际标准格式（ISO/DIS 19005-1:2005）;国家标准,例如《电子文件归档与管理规范》（GB/T 18894—2002）;行业标准,例如《文书类电子文件元数据方案》（DA/T 46—2009）。中国核工、石油、航天、航空、银行、电信、电力、钢铁等重要行业的一些大中型企业也制定了一些与电子文件管理有关的企业标准,例如,中国石油天然气集团公司制定了本企业的《电子文件元数据规范》《档案数字化技术规范》《归档电子文件格式规范》等。

---

① 杨安莲.关于数字档案馆标准体系的思考[J].档案学通讯,2006（6）:59.

　　数字档案资源建设和服务要经历档案信息的采集、整理、加工到著录、存储、保管,再到检索、服务的整个流程,构建完备的标准体系就要贯穿整个过程,保障各个环节的工作都能做到标准化。此处重点从数字档案采集标准、管理标准、存储标准和利用服务标准四个关键方面进行论述。

10.3.2.1　数字档案信息采集标准的完善

　　数字档案信息采集主要涉及数字档案信息的数据格式、结构、内容和背景信息。目前,与数字档案信息采集相关的标准有数据格式标准、格式转换标准和元数据相关标准。数据格式标准是指文本、图像、音频、视频等数据内容的格式规定,主要有:PDF、PS、HTML、XT-ML 或 XML 文本格式;BMP、XBM、PCX、GIF、JPEG、TIFF 以及适应 Internet 的图像格式 PNG 等图像格式;MP3、DAT、MIDI、WAV、AIFF、Apple QuickTime、MS Real Video、Flic、Microsoft AVI、Microsoft ASF、RealMedia、DV、DVCam、DVCPro、DigiBeta 等视频格式标准①。格式转换标准有《纸质档案数字化技术规范》(DA/T 31—2005)、《缩微胶片数字化技术规范》(DA/T 43—2009)。元数据相关标准有《数据字典—静态数字图像技术元数据》(NISO Z39.87:2006)、《文书类电子文件元数据方案》(DA/T 46—2009)、《信息与文献 文件管理过程文件元数据 第 1 部分:原则》(GB/T 26163.1—2010)等。

　　尽管数字档案信息采集已有一些标准规范予以参考,但随着外部信息环境的不断变化和档案信息化的深入发展,还需要从以下几个方面继续完善相关标准。

　　(1) 纸质档案内容的数字化

　　纸质档案内容的数字化,是进一步改变其馆藏档案结构的需要,同时更是利用网络技术和虚拟技术实现档案信息资源共享的关键性环节。现阶段,信息资源数字化的主导方式包括键盘录入和光学字符识别扫描两种。由于档案信息是海量的,因此档案信息数字化加工系统要采用高速扫描仪,快速地将档案信息数字化,并能根据档案

---

　　① 肖希明.数字信息资源建设与服务研究[M].武汉:武汉大学出版社,2008:432

馆和用户的要求实现进一步的信息加工,以解决纸质档案难以保存、流通和查阅的问题。这方面需要制定和完善《纸质档案数字化标准》《声像档案信息数字化标准》等。

(2)数字档案信息的收集

数字档案信息的收集主要是对其背景信息、内容信息和元数据的收集。所谓"背景信息"是指描述文件形成的背景信息,文件形成和被利用期间的功能与活动,明显影响文件的形成和维护的历史环境等。所谓"元数据"是关于数据的数据,对电子文件而言,就是与电子文件的制作形成、运转、处理存储、检索、传输和利用有关的数据。它是在上述过程中自动随机、在人的帮助下产生的,可以独立于文件之外记录、积累、保存和利用的信息。人们可以通过它来帮助记录电子文件形成时的背景信息和软件硬件环境,记录文件的结构以及形成、处理和存储、检索利用的全过程。因而它是管理和利用电子文件的工具。依靠这些数据才有可能保证电子文件的可读性和可理解性,同时确保并且证明电子文件的原始性、真实性和证据价值。可以说背景信息和元数据是电子文件不可缺少的"生命线"①。这方面需要制定和完善《电子文件元数据标准》《电子文件鉴定标准》《电子文件归档标准》《电子文件移交标准》等。

(3)网络档案资源的采集

网络是最主要的信息载体之一,是全球最大的信息资源库,网络信息资源是人类不可或缺的重要文化遗产,而网络档案资源也是信息时代丰富数字档案资源建设和提供公众利用的重要部分。网络档案资源的采集是对网络档案资源进行长期保存和有效利用的起点,决定着保存和利用的内容、质量和可用性。网络档案资源的采集包括采集内容的确定、网络资源版权的评价和许可、采集模式的选择、网络资源质量的考量等方面。采集内容的确定涉及网络资源的完整性、特色性和准确性,这就需要相应的网络信息格式标准;采集网络信息要受到版权法的制约,所以在采集前要采取不同的授权许可措

---

① 胡红霞.论数字档案馆的建设——数字档案馆档案信息采集的研究[J].高等教育研究,2005(6):26.

施以避免可能引发的纠纷,这就需要相应的呈缴制度予以保障;采集模式分为自动采集、选择采集和综合采集模式,其中自动采集主要利用机器人(robot)、爬虫(crawler)等网络搜索工具采自动进行,这方面涉及一定的技术标准,选择采集主要根据网络信息的价值有选择性地收集,这方面涉及网络资源的选择标准;网络资源质量的考量涉及完整性、功能性和冗余性等指标,这就需要相应的评价标准进行参考①。

10.3.2.2　数字档案信息管理标准的完善

　　档案著录是档案信息管理和开发利用的基础性、工具性工作,它是对档案信息进行分析、加工、组织,使之转换为适合于计算机加工处理统一规范数据形式的过程,是对数字档案信息标准化的一般处理。制订档案信息著录标准,是为了建立和健全我国统一的档案检索体系,便于档案信息的检索利用。目前,该类标准主要有《档案著录规则》(DA/T 18—1999)。

　　在网络环境下对档案数据的前处理也需要统一的规范,当前在网络环境下档案著录的流行标准是 EAD(Encoded Archival Description),即档案编码著录(或称档案置标著录)。EAD 的研究开始于美国加州大学伯克利分校图书馆(The University of California,Berkeley,Library)1993 年的一个研究项目,是国际标准通用标识语言 SGML 在档案领域的应用,是以 SGML 为标准建构的 EAD DTD(档案置标著录文档类型定义语言)为基础的网络环境下的档案著录标准。该标准制定的目的是为了缓解档案信息资源的分散性与用户对档案信息资源利用的统一性之间的矛盾,是为实现计算机网络的联机检索而设置的著录标准②。

　　除了上述档案著录相关标准外,数字档案信息管理的相关标准还有:《档案主题标引规则》(DA/T 19—1999)、《文献叙词标引规

　　①　李丹.网络信息资源长期保存的采集模式和程序[J].档案,2010(2):43.

　　②　于进川,姚乐野.EAD 标准及其改进设计——网络环境下档案著录标准研究[J].情报杂志,2003(10):110.

则》(GB/T 3860—1995)、《档案分类标引规则》(GB/T 15418—1994)、《CAD 电子文件光盘存储、归档与档案管理要求》(GB/T 17678—1999)、《电子文件归档与管理规范》(GB/T 18894—2002)、《基于 XML 的电子文件封装规范》(DA/T 48—2009)等。

要保障数字档案资源建设和管理的质量,还要继续完善数字档案信息管理标准,构建数字档案信息管理标准体系,形成对电子文件、数字档案信息资源进行管理的一整套规则。主要加强《计算机安全法规与标准》《电子文件传输标准》《数字档案信息资源真实性的维护标准》《数字档案信息安全管理标准》《数字档案馆用户及设备管理规范》等标准规范的制定和完善。只有这样,才能保障数字档案信息管理各流程的科学、合理、有序、受控,从而满足社会公众对档案信息的安全、规范利用的需求。

10.3.2.3　数字档案信息存储标准的完善

数字档案信息的存储介质主要有磁带、硬盘、光盘和缩微胶片等。与之相关的标准有:

(1)《磁性载体档案管理与保护规范》(DA/T 15—95)

该标准规范规定了磁性载体档案的定义,主要类型(如计算机磁带、软磁盘、录像带、录音带),指出了磁性载体文件的储存要求(包括储存的磁带性能要求、物理环境要求和防护技术要求等),并引用了相关标准(GB 1989—80 信息处理交换用七位编码字符集在 9 磁道 12.7mm 磁带上的表示方法;GB 7309—87 盒式录音磁带总技术条件;GB 7574—87 信息处理—信息交换用的磁带标号和文卷结构;GB 8566—88 计算机软件开发规范;GB 8567—88 计算机软件产品开发文件编制指南;GB 9385—88 计算机软件需求说明编制指南;GB 9386—88 计算机软件测试文件编制规范;GB 9416.1—88 信息处理数据交换用 130mm 改进调频制记录的位密度为 7 958 磁道翻转/弧度、道密度为 1.9 道/毫米的双面软磁盘第一部分:尺寸、物理性能和磁性能;GB 11956—89 高速复制录音磁带;GB/T 14306—93 VHS 盒式录像磁带;GB 14307—93 录像磁带性能测量方法)。

(2)《档案缩微品制作记录格式和要求》(DA/T 29—2002)

该标准规定了档案缩微品制作记录的定义,制作缩微品的设备名称、种类、型号以及技术状况、参数选择、调节设定等情况,以及制作缩微品的依据和技术标准(GB/T 6159.1 缩微摄影技术词汇 第一部分:一般术语[GB/T 6159.1—1985,neq ISO 6196-1:1980];GB/T 17292 缩微摄影技术 第一代银-明胶型缩微品的质量要求;DA/T 21 档案缩微品保管规范)。

(3)纸质档案数字化技术规范(DA/T 31—2005)

该标准规定了纸质档案数字化的主要技术要求和存储格式要求(采用黑白二值模式扫描的图像文件,一般采用 TIFF[G4]格式存储,采用灰度模式和彩色模式扫描的文件,一般采用 JPEG 格式存储,提供网络查询的扫描图像,也可存储为 CEB、PDF 或其他格式;目录建库应选择通用的数据格式,所选定的数据格式应能直接或间接通过 XML 文档进行数据交换),并规范性引用相关技术标准(GB/T 17235.1—1998 信息技术 连续色调静态图像的数字压缩及编码 第 1 部分:要求和指南;GB/T 17235.2—1998 信息技术 连续色调静态图像的数字压缩及编码 第 2 部分:一致性测试;GB/T 18894—2002 电子文件归档与管理规范)。

(4)CAD 电子文件光盘存储、归档与档案管理要求 第二部分:光盘信息组织结构(GB/T 17678.2—1999)

该标准规定了 CAD 电子文件在光盘中的组织结构,对光盘信息、类目表和著录文件进行了定义,规定了说明文件、数据字段和 CAD 电子文件的标准格式,并引用了相关技术标准(GB/T 1988—1989 信息处理交换用七位编码字符集[eqv ISO 646:1983];GB 2312—1980 信息交换用汉字编码字符集 基本集;GB 13000.1—1993 信息技术 通用多八位编码字符集[UCS]第一部分:体系结构与基本多文种平面[idt ISO/IEC 10646.1—1993])。

(5)CAD 电子文件光盘存储归档一致性测试(GB/T 17679—1999)

该标准规定了 CAD 电子文件光盘存储归档一致性测试的基本框架和测试方法。适用于 CAD 电子文件光盘存储格式的一致性测试,也适用于 CAD 电子文件光盘存储、归档与档案管理系统的一致性测试。本标准不涉及 CAD 电子文件以外的光盘存储和归档管理测试。

今后,数字档案信息存储需要加强三个方面的标准:一是格式规范,电子文件的发展对电子文件的格式、元数据的封装及其管理提出了很高的要求,而要实现档案信息的长期保存和可读就需要规范电子文件或数字档案信息的存储格式,具体可以制定《电子文件存储和压缩格式标准》《数字档案信息长期保存格式规范》等;二是存储期限,数字档案信息也将按照数字档案的价值状况进行鉴定和保存,这就需要针对电子文件的特点制定《电子文件保管期限表》;三是长期保存,长期维护电子文件作为数字信息资源的有用性,在尽可能长的时间内确保其真实性、可靠性、完整性,将会有效保障数字档案信息的长期利用,这方面可参考《开放档案信息系统参考模型(OAIS)》(ISO 14721:2002)制定《数字档案信息长期保存标准》。

10.3.2.4　数字档案信息服务标准的完善

数字档案信息服务标准主要体现在信息检索、信息开放存取、信息利用等方面,目前与之相关的标准主要有 Z39.50 协议和开放文档先导协议 OAI。Z39.50 协议是一个基于客户机/服务器的信息检索标准,它规定了一些过程和格式,支持计算机使用一种标准的、相互可理解的方式进行通信,并支持不同数据结构、内容、格式的系统之间的数据传输,实现跨平台异构系统之间的互联与数据库查询[①]。开放文档先导协议 OAI 是一种独立于应用的、能够扩大 Web 上资源共享范围、提高 Web 上资源共享能力的互操作协议标准,该协议标准目前已应用于图书馆、档案馆服务等领域。

数字档案信息资源建设要充分满足公众需求,除了要扩大档案服务内容和提升档案服务能力外,也要在馆舍建设、服务资源、服务质量和服务效率等方面制定和推行标准来保障其实现。

档案馆舍建筑方面,可以依据《档案馆建设标准》(建标 103—2008)、《档案馆建筑设计规范》(JGJ 25—2000)、《数字档案馆建设指南》等标准规范,设置布局合理、安全节能的档案利用服务功能

---

① 刘少雄,刘修国,等.Z39.50 协议及应用研究[J].微机发展,2003(5):84.

区,加强服务功能区的环境建设,为用户提供人性化的服务。

在服务资源方面,可以依照《中华人民共和国档案法》《各级国家档案馆开放档案办法》《各级国家档案馆馆藏档案解密和划分控制范围的暂行规定》等制定相应的鉴定标准和开放办法,如《档案网络信息检索标准》《开放档案信息系统国际标准》《档案信息提供利用标准》《档案检索系统建立标准》等,将可以向社会开放的档案及时解密开放,完善配套的开放检索工具,保证用户对数字档案资源的利用[①]。

在服务质量和服务效率等与公众满意度相关的方面,可以根据国家的相关规章制度制定《档案网络资源提供利用标准》《综合档案馆绩效评估指标体系》《数字档案馆服务效果评价指标》等,通过服务设施的改进和评价机制的激励,全面提升档案资源满足公众需求的服务质量和服务效率。

上述仅仅是对现有的档案资源建设与服务的标准进行了评析,事实上,完善面向公众需求的档案资源建设与服务的标准,还需要从如下方面着手:

第一,需要建立面向公众需求的档案资源建设与服务标准体系,形成覆盖面向公众需求、档案资源建设、档案服务三个层面的标准体系。

第二,完善现有标准的内容,实现现有标准的科学化。

第三,与本领域的国际标准、国外先进标准以及国内相关行业标准进行有效衔接,形成切实可行、具有前瞻性的标准体系。

总之,我国档案资源建设和服务的标准体系制定和推行需要建立统一的领导和组织机制,实行统一的宏观掌控和协调,使标准体系的研究和制定更加集中化,更具有连续性和系统性。可以说,只有我国档案资源建设和服务的标准体系建设实现系统化和有序化,才能在更大程度上保障我国档案资源的建设进程,才能更好地满足公众的各种需求。

---

① 吴加琪,周林兴,等.推进国家档案馆服务规范建设的思考[J].档案与建设.2012(11):14.

10.4 面向公众需求的档案资源建设与服务的技术保障

面向公众的档案资源建设与服务越来越依赖于数字档案、电子文件以及网络档案资源,这些资源均以数字代码的形式存在,依赖现代信息技术进行存取。简言之,数字档案信息资源建设与服务具有很强的技术依赖性,形成、收集、整理、传输、存储和利用的任何一个环节都必须在一定的技术环境下进行。技术的先进与否,直接关系到档案信息资源开发和利用的程度和效果。因此,要确保档案资源建设与服务的顺利开展,关键在于构建档案信息技术结构体系,具体包括:信息获取技术、信息存储和保存技术、信息检索技术和利用服务技术。它是档案资源建设和服务在网络和计算机技术上的具体实现,是未来信息社会化处理、存储和利用数字化档案信息的基本技术框架。

10.4.1 档案信息获取技术

档案信息获取技术是指能够对档案信息进行测量、转换、存储、感知和采集的技术,特别是直接获取重要信息的技术。档案信息获取技术主要涉及数字转换技术和信息资源采集技术。

(1)数字转换技术

数字转换技术是指通过数字化扫描技术、图文编辑、图像格式和图像储存技术、数据压缩技术、影像刻录技术等手段,将各种载体的档案文献数字化,建设数字化资源库,为提供数字档案信息服务创造条件。主要包括:纸质档案数字化、缩微胶片档案数字化(照片档案数字化)和多媒体档案数字化。

纸质档案数字化是采用扫描仪或数码相机等数码设备对纸质档案进行数字化加工,将其转化为存储在磁带、磁盘、光盘等载体上,并能被计算机识别的数字图像或数字文本的处理过程[①]。这个过程主

---

① 国家档案局.纸质档案数字化技术规范:DA/T 31—2005[S].北京:中国标准出版社,2005.

要应用光学字符识别技术(简称 OCR 技术)和图像处理技术。OCR 技术是将文字转化为图像信息,再利用文字识别技术将图像信息转化为可以使用的计算机输入技术,该技术主要用于档案标引信息识别和全文信息识别,为数字档案信息查询提供了技术支持①。图像处理技术是用计算机对图像进行处理和分析,以达到所需结果的技术。其在档案图像处理过程中主要涉及图像压缩,图像增强和复原,图像编码,图像匹配、描述和识别等内容。

缩微胶片档案数字化是采用缩微胶片扫描仪等设备将缩微胶片上的影像转换为存储在磁盘、磁带、光盘等载体上并能被计算机识别的数字图像或数字文本的处理过程②。缩微胶片档案数字化技术主要包括缩微胶片档案扫描、图像处理、图像存储、目录建库、数据挂接、数据验收、数据备份等内容。

照片档案数字化主要采用数字图像技术,对不同介质的照片档案,如缩微胶片、照片底片、照片进行数字化处理。数字图像技术是将照片、图片、底片等通过输入设备(数码相机、扫描仪、电脑摄像头以及数字摄像机等)所获得的并以数字格式存储的图像,在电脑上利用各种图像处理软件,对图像进行各种处理的技术。数字图像技术主要包括电荷耦合器(CCD 技术)、色彩管理技术、色彩校正技术、动态色彩校正技术和三色同步扫描技术等输入技术,色彩增强技术、增强图形技术、位增强技术和图像处理软件等处理技术,以及图像压缩、检索查询等技术③。

多媒体档案数字化是将录音、录像等各种形式的多媒体原文资料通过音频、视频转换设备进行转换、识别,压缩,生成标准格式的电子文件,并编目以及建立标引信息的过程。音频档案数字化是通过计算机、录音机和声卡等设备将音频档案中的模拟音频信号转化为计算机可识别的数字音频信号并加以存储的过程,其中涉及声音转

---

① 金淑红.数字化技术与档案存储解决方案[J].信息技术,2014(6):54.

② 国家档案局.缩微胶片档案数字化技术规范:DA/T 43—2009[S].北京:中国标准出版社,2010.

③ 马淑桂.照片档案数字化技术点滴[J].中国档案,2001(6):47.

换技术、去噪声技术、声音采样技术、声音处理和控制技术等。视频档案数字化是利用计算机、放像设备及视频采集卡将录像带中的视频信号(可同时包含音频信号)转化为计算机可识别的数字信号,其中涉及视频采集技术、视频转换技术、图像声音处理技术和视频剪辑技术等。

需要注意的是,近年来,除了传统档案数字化外,数字档案也正在转移到相对可靠的介质上,即"数模转化",其主要依据是《数字档案信息输出到缩微胶片上的技术规范》[①](详见本书 5.2 节)。为此,除了转换过程中的法律凭证问题需要相关的法规保障外,也需要建立相关的标准进行规范。

(2)信息资源采集技术

网络信息资源是档案信息资源采集的主要对象,其以数量大、格式多样、内容丰富、共享程度高等特点越来越受到人们的重视。面对急剧膨胀的信息资源,如何快速、准确地采集到所需要的档案信息,是档案信息资源建设中最困难的问题。基于信息挖掘、抽取、过滤等方面的技术,为档案信息资源的获取提供了保障。

信息挖掘技术是指在主题样本的基础上,得到数据间的内在特征,并以此为依据在网络资源中挖掘与用户需求一致的信息的技术。它是数据挖掘技术在网络中的应用,整合了全文检索、人工智能、模式识别、神经网络等技术。网络档案信息挖掘可以根据档案部门资源建设的主题需求,提取主题特征信息,根据主题特征自动在网络中挖掘档案信息,然后对挖掘到的档案信息进行整理,导入档案信息数据库,以备过滤之用。

信息抽取技术是指从网络自然语言文本中抽取更符合采集主题的信息,并形成结构化数据输出的技术。它是在机器学习、模式挖掘、自然语言处理等技术的基础之上发展起来的一项新技术。信息抽取技术主要包括:命名实体识别技术,即对现实世界中的具体的或抽象的实体信息进行识别;句法分析技术,即通过句法分析得到输入

---

① 国家档案局.数字档案信息输出到缩微胶片上的技术规范:DA/T 44—2009[S].北京:中国标准出版社,2010.

的某种结构表示,便于计算机理解自然语言;篇章分析与推理技术,该技术能够识别文本中的共指现象,进行必要的推理,以合并描述同一事件或实体的信息片段;知识获取技术,即主要以知识库的形式为信息抽取技术提供支撑①。

信息过滤技术是为了克服网络信息飞速增长所带来的"信息过载"和"信息迷向"等问题,减轻信息采集者在采集过程中的负担,向用户提供符合要求的信息的技术。它根据过滤规则,运用一定的工具,从动态变化的网络信息中提取用户需要的信息或剔除用户不需要的信息。信息过滤技术主要有认知过滤(基于内容的过滤)、协同过滤(基于社会的过滤)和混合过滤三种。

10.4.2 档案信息存储和保存技术

数字档案信息的大量产生和数字化档案信息的不断增加带来的一个重要问题就是信息资源的存储和长期保存问题。存储技术在空间维度保障了数字档案资源的存储容量,以及档案数据的读取速度、完整性和可用性等。长期保存技术则在时间维度保障了数字档案资源的持续稳定和长期有效利用。

(1)信息存储技术

信息存储技术是利用各种设备和存储器来存储信息的技术。信息存储技术主要包括磁存储技术、缩微存储技术、光盘存储技术、自动存储技术和云存储技术五大方面。

磁存储技术主要指利用磁表面存储器存储信息的技术。磁表面存储器是用非磁性金属或塑料做基体,在其表面涂敷、电镀、沉积或溅射一层很薄的高磁导率、硬矩磁材料的磁面,用磁层的两种剩磁状态记录信息"0"和"1"。目前,档案信息存储常用的磁存储介质有磁带(磁带机、磁带库)、磁盘(软盘、硬盘)、磁卡、磁盘阵列等②。

---

① 李保利,陈玉忠,等.信息抽取研究综述[J].计算机工程与应用,2003(10):4-5

② 张美芳.信息记录与存储技术[M].北京:中国人民大学出版社,2007:227.

缩微存储技术是用缩微摄影机采用感光摄影原理,将文件资料缩小拍摄在胶片上,经加工处理后作为信息载体保存起来,供以后拷贝、发行、检索和阅读之用。缩微存储技术的特点是:缩微品的信息存储量大,存储密度高;缩微品体积小、重量轻,可以节省大量的存储空间,需要的存储设备较少;缩微品成本低,价格便宜;缩微品保存时间长,在常温下可以保存 50 年,在适当的温度下可以保存 100 年以上;缩微品忠实于原件不易出差错;采用缩微技术储存信息,可以将非统一规格的原始文件规格化、标准化,便于管理,便于计算机检索。

光盘存储技术是用激光束在光记录介质上写入与读出信息的高密度数据存储技术,它既可以存储文本信息,又可以存储音频信息,还可以存储视频(图像、色彩、字幕、动画等)信息。光盘存储技术的主要特点包括存储容量大、存储成本低、存储信息类型多元、存储寿命长、数据传输率高、寻址时间短、便于信息的自动化处理、数据更新难易程度可控、多途径检索等,其适用于对档案中的文字、数据、图像、色彩、声音和影像进行存储和管理,有利于实现档案信息的全文存储、多媒体存储、自动化处理及快速检索,是目前数字档案资源存储的主要方式之一。

自动存储技术是利用软件技术来自动控制并保存信息资源的技术,它能够提高信息存储的安全性、高效性、可靠性、可管理性以及快速恢复能力。目前,主要的自动存储技术有五类:直接连接存储(DAS)技术、网络连接存储(NAS)技术、存储区域网络(SAN)技术、ISCSI 技术和内容寻址存储(CAS)技术。这些自动存储技术可以实现存储容量的可扩展性,能改善档案信息的可用性及网络性能,并能对网络中分散的信息资源进行集成和筛选,这样就有助于提高对网络档案资源的收集和存储效率。

云存储技术是通过集群应用、网格技术、分布式文件系统、多存储服务器数据组织等技术将网络中大量不同类型的存储设备通过应用软件集合起来进行协同工作,共同对用户提供数据存储和访问服务的技术①。云存储实质上是一个以数据存储和管理为核心的云计

①　郑枢祺.云存储技术在电子文件中心建设中的运用研究[J].档案与建设,2013(3):17.

算系统。云存储技术在数字档案资源存储方面逐渐推广应用,它无需档案保管部门了解网络中存储设备类型、接口、传输协议和链接拓扑等技术细节,它有利于扩展数字档案资源的存储容量和提高存取速度,有利于实现档案资源共享,有利于简化公众的检索操作;但在保障档案资源安全和存取权限控制方面还有待进一步研究和提高。

（2）信息长期保存技术

信息长期保存的技术就是长久保持数字资源的信息内容和功能形式的可存取性的一系列技术策略和手段。目前我国档案行业主要采用的信息长期保存技术有更新、数字迁移、仿真、管理工具和再生保护技术等。

更新技术是指在原来的技术环境下实时重写数据,将数据流从旧存储介质转移到新存储介质上,防止由于存储介质理化性能变化而引起的信息丢失。例如将原始的录像带、磁盘、录音带等拷贝到电脑的硬盘或光盘上。而对于网络档案信息资源,要保证其中重要的数字信息长期有效可存取,可采用更新技术,不断地通过复制将旧存储媒体上的数字信息转移到新的媒体上。我国国家档案局在《办公自动化电子文件归档与电子档案管理方法》中规定电子文件应"拷贝至耐久的载体",禁止用磁盘来保管电子文件,并分先后次序对载体进行了推荐:只读式光盘、一次写入光盘、可擦式光盘、磁带。对于网络信息资源量比较大的情况,主要适合用 SATA 磁盘阵列、DVD-RAM 光盘塔、光盘库和数据流磁带等载体进行保存。

数字迁移技术是根据软、硬件的发展将数字资源迁移到不同的软件或硬件中以便被识别、使用和检索,它有利于保护数字资源,但在每一次迁移过程中有可能丢失一定的结构、版式、链接、交互关系等信息。但就目前而言,数字迁移技术仍是广泛使用的一种数字资源长期保存的方法,西方发达国家数字档案馆大量的成功实践表明,数字迁移技术是维护档案信息长期存取的有效方法①。

仿真技术主要是在新的系统环境下重新建立一个兼容原始数

---

① 秦珂.数字信息长期保存的技术方法分析[J].档案与建设,2006(3):19.

据、设备及其相应系统的信息利用环境。它是通过建立一个持久耐
用的仿真器,来模拟保存、访问数据的硬件和软件,有时只模拟硬件
和软件的一部分功能,预期重现数字对象的原始操作环境,从而对数
字信息资源,尤其是多媒体资源、数据库以及 PDF 格式文件等实现
长期利用。从技术实现手段来看,仿真技术的实现分为三个层次:应
用程序仿真、操作系统仿真、硬件平台仿真。具体的实现方法则是通
过构造相应的仿真器,即编写程序,在目标平台和主机平台之间构建
一个新的层,以实现期望的目标①。

再生保护技术是指将技术过时的数字档案信息适时地转移到缩
微品或纸上的方式。这种方式为长期保存数字档案信息提供了方
便,并避免了计算机软硬件技术过时所带来的任何麻烦,但它对于多
媒体信息则无能为力。

10.4.3 档案信息检索技术

信息检索技术是指信息按一定的方式组织起来,并根据信息用
户的需要找出有关的信息的过程和技术。目前,档案信息化或数字
档案馆中涉及的信息检索技术主要有:全文检索技术、基于内容的信
息检索技术和智能信息检索技术。

(1)档案全文检索技术

全文检索技术是以原始档案记录中的检索词、字间的特定位置
为对象进行运算,提供存取档案全文的文本空间技术。简言之,全文
检索技术就是以数据,诸如文字、声音、图像等为主要内容,以检索档
案文献资料的内容而不是外表特征的一种检索技术。全文检索的显
著特点是:它能够以文中任何一个有检索意义的词作为检索入口,而
且取得的检索结果是原始文献,而不是文献线索。

全文检索主要有三种实现方法②:

---

① 赵永超.基于仿真的数字资源长期保存策略[J].情报探索,2009(1):
89.

② 莫祖英.数字图书馆信息检索技术研究综述[J].情报探索,2010(10):
97.

①自由文本查询。这是用自己指定的关键词、字符串直接与全文文本进行一次数据高速对照来进行检索,它的查询结果是一个按序列值排列的文件列表。

②对文本内容中的每个词进行位置扫描,然后排序。最后建立以每个词(字)的离散码为标目的倒排文件。

③采用基于 HTML 语言的超文本模型建立全文数据库,使用户便捷地看到查询结果。

当前,全文检索技术正全面应用于我国新型公共档案馆和数字档案馆,它为档案馆实现服务利用方式的转变、全面提升档案管理的信息化水平,以及更好地满足公众需求等提供了有效保障。

(2)基于档案内容的信息检索技术

基于内容的信息检索技术主要是利用媒体对象的语义、模式识别、计算机视觉、图像理解等学科中的一些方法作为部分基础技术,直接对图像、音频、视频内容进行分析,抽取特征和语义,利用这些内容特征建立索引并进行检索,是多种技术的合成,具有广泛的应用前景①。

根据检索媒体对象的不同,基于内容的信息检索主要分为基于内容的图像检索、基于内容的视频检索和基于内容的音频检索。

①基于内容的图像检索。它是通过软件对输入的图像进行综合分析,自动抽取图像的颜色、形状或纹理等特征,并在把输入图像存入图像库的同时将其相应的特征向量存入与图像库相连的特征库。在进行图像检索时,对每一幅给定的示例图进行分析,并提取图像特征向量。将该图像的特征向量和特征库中的特征向量进行匹配,根据匹配的结果就可以在图像库中找到相应的图像②。该技术在照片档案检索、工程图纸检索、医学图像检索、历史图片检索等方面逐渐得到应用。

②基于内容的视频检索。它是根据媒体与媒体对象的语义内容

① 翟中文.数字图书馆基于内容的多媒体信息检索技术[J].科技情报开发与经济,2005(4):45.
② 李玉兰.基于内容的图像档案检索[J].华章,2011(2):233.

和上下文联系进行检索,它需要从媒体数据中提取指定的特征(如颜色、纹理、形状等),然后再根据这些特征从媒体数据库中检索出具有相似特征的图像或者视频内容。该技术是大规模网络化信息检索和服务的关键之一,它涉及视频处理、计算机网络、模式识别、人工智能、数据库等多个学科领域,该检索技术对于数字影像档案的开放和开发,实现影像档案信息满足公众需求将大有帮助①。

　　③基于内容的音频检索。它主要研究如何利用音频的幅度、频谱等物理特征,响度、音高、音色等听觉特征,词字、旋律等语义特征,实现与音频内容信息相关的检索。基于内容的音频检索主要分为三大部分:音频内容的获取、音频内容的描述(音频特征提取)、特征相似度匹配。该技术主要应用于对录音档案、音频档案、音乐档案等的检索。

　　(3)智能档案信息检索技术

　　智能信息检索技术主要是人工智能技术应用于信息检索方面,涉及本体论、神经网络、遗传算法、自然语言理解、ID3 算法等。该技术使检索智能化成为可能,使各类信息、知识与技术的学习、集成和创新成为可能,从而有利于避免与离散物理世界打交道的许多困难,为实现分布式信息资源的智能化管理开拓了新的途径。

　　智能信息检索技术在档案信息服务方面的应用主要体现在"个性化"和"智能化"两个方面。要实现"个性化"和"智能化",就必须能在语义层次上对文档内容进行理解和索引组织,归纳并学习用户的兴趣爱好,准确完整地理解用户的查询意图,进而给出用户满意的结果②。所以,智能信息检索在档案信息满足公众需求方面应该实现:

　　①提供友好的用户接口界面,用户接口使用自然语言理解与分析;

　　①　郑富中,等.基于内容的检索技术在影像档案管理中的应用[J].数字与缩微影像,2007(1):21.
　　②　王继成,等.Web 信息检索研究进展[J].计算机研究与发展,2001(2):187.

②系统自动监测用户行为,收集用户浏览习惯的信息,熟悉用户的兴趣爱好,建立一定的用户描述,主动去搜集相关信息,向用户提供个性化的档案信息;

③针对用户查询请求自动向用户提供相关档案信息,不需用户重复发现知识;

④检索速度快,能够快速地返回查询结果;

⑤高精确度和召回率。

10.4.4 档案利用服务技术

随着信息技术、网络技术、智能技术的发展以及大数据理念的推广和应用,档案信息利用服务模式逐渐从传统的被动接受信息向主动创造信息转变,在技术上更强调主动性的挖掘、分析、推送和体验。

(1)档案数据挖掘技术

数据挖掘就是从大量的数据集(可能是不完全、有噪声的、模糊的、随机的、各种存储形式的)中,发现隐含在其中的、规律性的、人们事先不知道的,但又是潜在有用的并且最终可被理解的信息和知识的非平凡过程①。数据挖掘是一种能够智能地、自动地把数据转换成有用信息和知识的技术和工具,也是一种决策支持过程。数据挖掘技术基于人工智能、机器学习、模式识别、统计学、数据库、决策树、规则归纳、最邻近技术和可视化技术等多种技术的综合运用②。

数据挖掘技术对开发利用档案资源、挖掘用户资源、分析用户利用等的特点有着重要的保障作用。具体表现在:一方面,可以对用户在档案资源利用过程中发现的资源问题,提出的要求、意见和评价,以及查询中被拒绝的情况来进行关联分析,挖掘发现相关用户的兴趣点所在和相关领域的档案信息资源建设情况,通过挖掘的结果扩大档案信息资源的收集范围,并优化馆藏结构与质量,满足用户受众不同的档案需求。另一方面,还可以通过收集用户的背景资料、服务

---

① 薛微.基于信息技术的统计信息系统[M].北京:中国人民大学出版社,2007:7.

② 马费成.信息资源开发与管理[M].北京:电子工业出版社,2004:279.

509

数据和网络数据,以及用户的档案查询内容、搜索方式和浏览习惯,进行交叉对比,挖掘出有相似的查询内容及爱好的用户,建立用户兴趣模型;同时,对用户查考内容进行聚类和分类,按用户兴趣大小有次序地排列,并给出用户查找问题的相关内容以及用户感兴趣的文件,根据排列内容为用户推送量身定制的个性化服务和高质量的档案资源,让用户能够便利、高效地享受档案部门的高质量服务①。

（2）档案信息推送技术

信息推送技术是一种主动性和个性化较强的信息服务技术,它是以用户为中心,按照一定的技术标准或协议,根据用户的信息需求将对应的信息发送到用户终端,便于用户随时查看的信息技术。信息推送技术是通过一定的技术标准或协议,把采集到的信息通过网络定期传送给用户,来减少"信息延时"的一项新技术。

信息推送技术对档案利用服务的个性化实现有着重要作用。它是利用网络时代的信息组织管理技术和计算机通信技术将档案馆最新的动态、开发的档案资源、服务方式的变化、检索的结果等推送给档案利用者,是信息环境下个性化档案信息服务的重要途径。

信息推送技术类型主要有基于网格的信息推送技术、基于Agent 的信息推送技术、RSS 信息推送技术三种②。信息推送技术可以实现将推送的档案信息按一定顺序进行组织、排序、类聚后,依据时间段限、主题类型、内容相关度以及被链接次数等特点,以档案利用者喜欢的方式(涉及格式、背景、颜色、图像等),通过 E-mail、网络、电话、短信、个人网页等信息传递渠道有效地传递给档案利用者,达到个性化档案信息服务的目的。

（3）智能代理技术

智能代理技术是分布式人工智能研究的一种软件单元,具有高度智能性和自主学习性,可以根据用户定义的准则,主动地通过智能

---

① 吴震.数据挖掘技术在电子文件管理中的应用研究［D］.南宁:广西民族大学,2001:13.

② 肖祥云.网络信息采集技术探析［J］.华中师范大学研究生学报,2011（3）:158.

化代理服务器为用户搜集最感兴趣的信息,然后利用代理通信协议把加工过的信息按时推送给用户,并能推测出用户的意图,自主制订、调整和执行工作计划。① 智能代理技术的特点是:智能性、学习性、移动性和协作性。RSS 是当前流行的智能代理技术,它以 XML 为技术标准,使不同站点可以共享彼此的内容,进而使网上的众多信息按用户的需求和定制汇集到单一界面的技术平台。

智能代理技术在档案利用服务中充当档案利用者的"代理机构",当档案利用者的检索要求暂时无法满足时,交由代理来处理,条件满足时再及时反馈给档案利用者。同时,智能代理通过跟踪档案利用者在信息空间中的活动,自动捕捉档案利用者的兴趣爱好,搜寻各种形态的人与系统请求交互中的各种信息,让档案利用者根据面临的问题与系统进行交互,这样静态的系统就会变成有效的、由档案利用者驱动的动态档案信息资源②。

(4)档案信息集成服务

信息集成服务是利用最新的信息技术,将信息资源、相关管理系统和技术平台等要素有效地集成起来,实现异构信息系统之间的互联互通,保证不同信息系统之间的数据共享,以信息资源的开发和利用为目的,最终提供"一站式"的信息服务。

档案信息集成服务是信息资源优化组合的一种存在状态,它依据一定的需求,对相对独立的信息系统中的资源、功能结构及其互动关系进行融合、类聚和重组,重新结合为一个新的有机整体,形成一个效能更好、效率更高的新的资源系统和"一步到位"的便捷服务体系。档案信息集成服务是对档案信息的服务功能、服务手段、服务方式、服务对象等方面的综合服务能力实行集约化、多元化、专业化和个性化的集成,它有利于为资源支持系统及其他利用者提供统一服务平台、一次性用户认证、"一站式"的服务。档案信息利用者不需要关注后台资源链接情况,只需要通过统一的用户界面和共同的检

---

① 梁启娟,张雪飞.浅谈智能代理技术[J].硅谷,2009(2):46.

② 王桂芝.网络环境下个性化档案信息服务的若干思考[J].黑龙江档案,2013(3):39.

索方法,利用后台整体优化的集成式档案信息资源保障体系,从而实现"在任何时刻、任何地点,都可以获取所需要的档案信息"。

(5)档案云计算服务

云计算服务主要是指基于云计算的各项服务。云计算服务是一种网络服务方式,它正在被广泛运用到 IT 服务的各个领域。这种基于网络的以按需、易扩展方式获得所需服务的信息交付及使用模式,可以大大节约 IT 资源,实现信息资源共享。

云计算服务按照服务类型通常可以分为三类:基础设施即服务(IaaS)、平台即服务(PaaS)和软件即服务(SaaS)。其中,基础设施即服务(IaaS)是将硬件设备等基础设施封装成服务供用户使用;平台即服务(PaaS)是指平台供应商把开发环境、应用程序运行环境以及数据库环境等作为一种平台,以服务方式提供给用户,由用户在该环境中开发和部署自己的应用程序,再通过互联网提供服务;软件即服务(SaaS)是将某些特定应用软件功能封装成服务。

云计算的三类服务方式在档案信息资源建设和服务过程中都能起到很大的推动作用。基础设施即服务(IaaS)有利于档案信息处理设施和存储设备的封装和共享;平台即服务(PaaS)有利于构建档案行业的业务工作平台和数字档案馆管理平台;软件即服务(SaaS)有利于针对档案部门不同的利用需求提供专门的软件服务。目前,鉴于档案信息资源的保密性和安全性等特点,云计算服务的应用还处于理论探讨和初步实践阶段。

10.5　面向公众需求的档案资源建设与服务的安全保障

实现档案资源建设与服务面临两个方面的挑战:一方面是档案资源保密与开放之间的"博弈",档案开放处于弱势的地位;另一方面是档案资源在存储、管理和利用上的安全保障,这是档案资源满足公众需求的重要保障。前者的形成既缘于档案机构自身对档案信息开发利用的认识不深入,又反映出档案管理体制和机制方面暴露出来的问题;后者是档案资源面对信息服务不得不做的准备工作。两个方面是相互关联、相互保障的整体。解决好档案资源保密与开放之间的关系问题,既有利于保障机密档案资源的安全保护,也有利于实现可开放档案资源的充分利用;而解决好档案资源在存储、管理和利用上的安全保障问题,既为档案资源保密解决了"后顾之忧",也为档案资源开放赢得这场"博弈"添加了"砝码"。而实现档案资源的长期保存和高效服务,则是这两方面的共同目标。

10.5.1 建立档案资源保密与开放平衡的安全保障机制

全面建构档案资源保密与开放平衡的安全保障机制,就是为了打破档案资源"保密过度""限制过严""担心过度"而"开放不足""利用不足"的现状,采取"防""治"结合、既"保"又"用"的措施,最大限度地实现档案资源的开放共享,以推动我国档案资源合理建设和开发利用工作,促进档案事业健康、持续、快速地发展。

建构档案资源保密与开放平衡的安全保障机制,就是利用相关的技术手段和管理方法,在实现档案资源的保密性、完整性、可用性、真实性和可控性的前提下,实现档案资源保密与开放的平衡。在档案资源保密与开放平衡的安全保障机制中,要正确处理三对关系:一是保密与开放的关系,二是前二者与安全的关系,三是技术、管理、人才之间的平衡关系。要处理好保密与开放的关系,首先要健全相关管理制度,在严格遵守已有规章制度对档案保密和开放的规定的基础上,结合实际档案资源状况和时代特点,完善和细化相关管理制度;其次要完善鉴定机制,即加强对新进档案保密期限的界定,保密期满档案鉴定的组织领导、流程管理和结果审核等工作,保证鉴定工作的按时性、规范性和有效性,保证该开放的及时、彻底地开放,不该开放的绝不开放,做到既积极提供利用,又不给党和国家造成损失。要处理好保密、开放与安全的关系,首先就要通过一定的宣传制度和培训制度加强安全意识,既要强化档案保密的安全意识,也要强化档案开放利用中的安全意识;其次要加强安全管理,无论是保密管理还是利用管理的过程中,都要通过一定的安全管理制度、安全管理规范、安全管理手段和技术等保障档案的保存和利用;最后要加强技术应用,即利用各种安全保护技术有效保障各种档案资源的保存和利用。要实现技术、管理、人才之间的平衡关系,关键在于人才的培养,即通过专业人才、技术人才、管理人才的引进和培养,实现在档案保密和开放的保护过程、鉴定过程、利用过程中,有效地将技术应用和管理手段结合起来,切实把握好档案保密和开放的度。

　　总之,建构与实现档案资源保密与开放平衡的安全保障机制,是档案机构提高档案资源质量的必要举措,势在必行,同时也是档案机构更好地服务于社会的重要机会。

10.5.2　建立档案安全保障体系

　　建立确保档案资源在存储、管理和利用上的安全保障体系,是全面提升档案机构的安全保障能力,在信息时代建立覆盖广大人民群众的档案资源体系,满足广大人民群众日益增长的多元化档案信息需求的重要保障。档案安全保障体系是一个涉及多个层面的系统工程,必须全面、协调地应用多种技术,并实行严格的管理,才能达到有效保护的目的。倘若在整个安全体系的任意一个环节出现漏洞,那么整个档案资源体系的信息资源安全就会受到攻击和破坏。为此,必须制定和实施完整、科学、有效的安全保障体系。具体内容可概括为四个方面:保管环境安全、安全保障技术、网络运行安全和安全保密管理。

10.5.2.1　保管环境安全

　　档案保管环境安全强调保障档案的"物理寿命"和"信息寿命",其内容主要是指档案信息载体的安全和外部保管环境的安全。按档案信息载体划分档案,可以分为实体档案和电子档案,应当对其实行不同的安全保障措施:

　　(1)纸质档案保管环境

　　随着时间的推移和整理、利用过程的磨损,纸张会经历氧化、发黄、变脆、破损等过程,进而影响档案信息安全。所以,纸的质量决定了档案信息安全的周期,而造纸植物纤维原料的质量、化学成分的性质以及纸张的生产过程等因素都影响着纸张的耐久性。根据纸张质量,按等级划分,可分为 U、A、B、C、D 级纸张。倘若要永久保存档案,最好选用 U 级书写纸或"耐久书写纸"为档案用纸;对于用来长期保存的档案,应选择 A 级或 U 级书写纸,而用于短期保存的档案,则可以选择 B 级书写纸。此外,档案的字迹安全是纸质档案安全保障的重点。字迹耐久性主要和字迹的色素成分、结合方式有关,一般排序是墨、墨水、打印字迹、铅笔字迹等。与此同时,字迹耐久性还和外界因素有关,主要有湿度、光、温度、氧化剂、酸碱等,适宜的温度是 14℃~24℃,适宜的相对湿度是 45%~60%。

（2）胶片、磁带档案保管环境

保存在磁、光介质上的档案对环境的要求较为苛刻,恒温恒湿的环境适宜其保存:保存底片适宜的相对湿度是 35%~45%,温度是 13℃~15℃;保存录音带、录像带适宜的相对湿度是 35%~45%,温度是 13℃~20℃(最适宜的是 18℃);且每天湿度变化范围不超过 ±5%,温度变化不超过 ±2℃[①];同时,还应保持洁净,避免有害气体的侵蚀。另外,为避免光盘、磁盘等数字声像档案保存介质消磁现象的产生,应使其远离磁场。

（3）光盘档案保管环境

光盘档案的安全受内在因素与外在因素的制约,内在因素取决于光盘物理成分的结构类型等,而外在因素主要是指保存环境和光盘的写读方式、功率等。因此,光盘档案的安全保障措施包括:调控库房空气温湿度(相对湿度是 35%~45%,适宜的温度是 17℃~20℃);防治空气污染物;选取质量好的光盘和刻录机,减少其读写次数,改变利用方式,保持光盘的清洁和防止磁道损伤等。

（4）电子档案保管环境

电子档案的安全受硬件和软件的影响。硬件方面,计算机与网络设备只有在良好的物理环境下才能安全运行,这也是保证电子档案信息安全的基础。各个级别的计算机对环境都有一定的要求,如 A 级要求开机时温度是在 18℃~24℃,相对湿度为 45%~60%,温度变化率小于 5℃/h,并且不能凝露。计算机所处环境对洁净度也有要求,如 A 级要求尘埃粒度大于或等于 0.5μm 的个数应小于或等于

---

① 郭莉珠、张美芳、张建华.档案保护技术学教程[M].北京:中国人民大学出版社,2008.

18000 粒/dm^3。除此之外,对于噪声、电磁干扰、静电等均有要求①。软件涉及两个方面:一是系统软件安全配置,即为了保证电子档案信息在开放利用过程中的安全,利用不同权限与身份认证等手段(密码设置、权限设置、开启审核与密码策略、关闭不必要的服务及端口等)将系统软件的安全设置分为初级、中级和高级三类等级,进而从软件角度保证档案信息安全;二是通过多种网络安全技术手段的综合应用,开发具有自主知识产权的系统软件和网络专用软件。

(5)外部保管环境

外部保管环境包含两个部分的内容:库房本身建设与库房物理环境。库房本身建设除了严格遵循相关档案行政管理机构制定的《档案馆建筑设计规范》及《档案馆建设标准》的相关要求,综合衡量地理位置、气象条件、近地表层空气状况等各类因素,使档案库房抵抗各类灾害的能力高于一般性建筑等,还要在建筑结构、建筑材料、建筑设施配备等方面加强防火、防水、抗震、防盗等安全保障。此外,档案库房还需配备消防报警系统、防盗监控设备、气体灭火和细水雾自动灭火装置、火灾自动报警及联动控制系统、库房高压二氧化碳气体灭火系统、消毒杀虫用的冷冻库、除湿机、空调设备、温湿度仪等②。在库房物理环境方面,档案库房周围应加强绿化,在做到美化库房外部环境的同时,也可以净化空气,从而减少污染物对档案的影响,使得档案的寿命得到延长。对于不慎进入库房的有害气体要定时进行净化,主要有两种方法净化有害气体:一是利用特殊物质(如活性炭、活性氧化铝、浸渍活性炭等)的吸附性吸除掉有害气体;二是利用碱性液体吸收掉有害气体。

10.5.2.2　安全保障技术

安全保障技术是指利用现代技术对与档案资源相关的载体、软硬件、数据等进行有效保护,使之不因偶然或恶意的原因而遭到破

---

①　张艳欣,魏红英,贾慧娟.高校数字声像档案信息安全保障研究[J].数字与缩微影像,2010(3):4.

②　付世英.论档案安全保障体系建设[C]//2011年甘肃省档案工作者年会论文集,2011:32.

坏、更改、泄露,从而保证档案信息内容的可靠、可用、不泄密、不被非法更改等。目前,根据保护目标的不同,可以将档案信息安全保障的技术分为实体档案信息安全保障技术和数字档案信息安全保障技术。

(1)实体档案信息安全保障技术

实体档案信息安全保障技术:①装帧保护法。顾名思义就是对档案实体进行装具、装帧保存,采取装帧法可以使档案既美观而又使用方便,同时也可以防止过多的机械磨损,以及害虫的侵入,为档案的信息安全增添了屏障。②驱虫保护法。在古代,我国档案管理者总结了染纸防蠹法、曝晒驱虫法、药物防蛀法等有效保护方法。主要是在档案染纸过程中加入刺激性物质,使得害虫无法寄生;在保存过程中利用阳光曝晒杀灭害虫;在保存环境中放置驱虫药剂、化学性驱虫剂等,从源头上避免了有害微生物侵蚀档案。③实体档案修复技术。档案在保管、利用的过程中由于受到内、外力的作用,会出现胶片老化褪色、磁盘损坏等问题,也会出现机械磨损、纸张老化、字迹不清等损伤,因此需要实体档案修复技术来恢复其原貌。其中纸质档案修复技术包括去污技术、去酸技术、修裱技术、加固技术等;照片档案修复技术主要是通过图像处理技术对图像进行修复;而磁盘、光盘等主要通过载体转化予以修复①。

(2)数字档案信息安全保障技术

要保障数字档案信息安全,可采用多种安全保护技术和措施,具体包括:

①身份鉴别,亦称"身份认证"。由于信息资源的众多用户具有不同的身份,且分布于各地,是不可见的,所以在提供敏感信息之前,必须确认用户身份的合法性。身份鉴别通常有三种方法验证主体身份:一是只有该用户了解的秘密,如口令、密钥等;二是用户携带的能证明用户身份的物品,如身份证、智能卡;三是只有该用户具有的独一无二的特征或能力,如指纹、声音、视网膜等。

---

① 刘俊玲.档案开放利用的信息安全保障研究[D].合肥:安徽大学,2012:31.

②访问控制。是对用户进行操作权的限制,包括功能权限制和利用权限制,主要防范用户的越权访问,禁止未被授权的用户访问有关资源。具体措施可根据信息密级和重要性划分安全域,在安全域与安全域之间用安全保密设备进行隔离和访问控制;同一安全域中根据信息的密级和重要性进行分割和访问控制。

③信息加密。包括信息传输和信息存储加密。信息传输加密用来防止通信线路上的窃听、泄露、篡改和破坏。其方式通常有链路加密、网络层加密、应用层加密等。信息存储加密的主要方式有传统加密(为保险箱设置密码)和现代加密(利用私钥、公钥等方式加密)。

④信息安全技术。包括病毒防治技术,如病毒检测技术、病毒发现技术、病毒清除技术、病毒免疫技术等;漏洞扫描技术,如基于主机的漏洞扫描技术和基于网络的漏洞扫描技术;防电磁泄漏技术,如干扰技术、屏蔽技术、Tempest 技术和微波吸收技术等。

⑤安全审计。有助于对入侵进行评估,是提高安全性的重要工具。通过对安全事件的不断收集、积累并加以分析,可以为发现可能的破坏性行为提供有力的证据。安全审计可以利用数据库、操作系统、安全保密产品和应用软件的审计功能。

⑥档案数据容灾备份。即在异地建立和维护一个档案备份存储系统,其目的是为了在档案信息系统崩溃,人为无意或有意地篡改数据、增删等情况下快速恢复档案数据。

⑦入侵监控。它通过监视计算机网络或计算机系统的运行,从中发现网络或系统中是否有违反安全策略的行为和被攻击的迹象。一旦发现攻击,能够发出报警并采取相应的措施,如阻断、跟踪和反击等。同时记录受到攻击的过程,为网络或系统的恢复和追查攻击的来源提供基本数据。

⑧操作系统和数据库安全。操作系统安全是计算机信息系统安全保密的基础,不允许出现漏洞和"后门"。维护数据库安全,则要选用经国家主管部门批准使用的安全数据库。

此外,为了维护数字档案资源的合法权益,在发布图片、文档等资料时,可通过加入徽标和数字水印等方式进行版权保护,以防止他人非法盗用。为了对用户的操作进行监控,防止用户的非法操作,遇到故障时可根据日志信息恢复部分操作,应加强日志管理①。

10.5.2.3 网络运行安全

档案资源的建设和利用主要依赖的是运行在网络上的信息系统和网络平台,要保障其安全就是要保持系统软硬件的稳定性、可靠性、可控性。为保证网络运行的安全性,需要采用防火墙、网络隔离、系统备份以及电磁兼容等技术。其中,防火墙是一类防范措施的总称,在广域网上通过它来隔断风险区域与安全区域的连接,但不影响对风险区域的访问。网络隔离系统是一个以物理隔绝为基础的网络环境,它利用物理隔离环境的特殊性实现内部网络的安全,同时将外网资源转移到内部网络中,也可以将内部资源重新组建成一个可以供外部用户访问的网站。系统备份则是根据系统的运行环境和存储环境,对设备、软件、通信介质进行备份或容错,从而保证系统长期、稳定地运行。电磁兼容技术须满足国家标准《信息技术设备的无线电骚扰限值和测量方法》(GB 9254—2008),并确保网络传输的数据经过高强度的加密。

10.5.2.4 安全保密管理

安全保密管理在档案资源建设和服务中占有非常重要的地位,即使有了较完善的安全保密技术措施,如果管理的力度不够,仍然会造成很大的安全隐患。因此必须设置安全保密管理机构,制定并执行一套科学、严密的管理制度,采用适当的安全保密管理技术,加强对涉密人员的管理,从每一个环节堵塞漏洞,维护档案资源的安全保密。

①建立安全保密管理部门,其职能是对实体安全、身份鉴别、访问控制、密钥、安全审计等进行管理;根据国家有关法规制定的防灾救灾应急预案,明确受损档案及设施抢救程序中涉及的技术方法、安全运转、备用库房预案、紧急救灾设备及物资等;开展安全保密教育和培训。

②制定安全保密管理制度,如《档案库房管理制度》《档案保管保密制度》《档案查阅利用制度》《档案管理人员岗位职责》等,认真

---

① 王晖.数字档案的安全保存和利用[J].数字与缩微影像,2006(12):29.

做好保管、保密工作,对档案进行规范化管理,明确责任分工和考核标准,保持良好的利用秩序,切实加强利用过程的档案安全管理。同时,要制定切实可行的网络系统管理制度,如《电子文件归档和管理制度》《档案信息系统安全管理制度》《电子文件异地备份制度》等,确保数字档案信息的安全。

③采用安全保密管理技术,主要涉及仿真技术、拷贝技术、迁移技术、再生性保护技术、数据加密技术、反病毒技术、身份认证技术、访问控制技术、审计与监控技术等多种现代信息安全技术,以防止数据窃听、电磁泄漏、电力中断、载体损坏、自然灾害、非法访问、计算机病毒、黑客攻击、系统超负载、假冒身份、权限扩散、数据篡改、操作失误等危险。

④加强对涉密人员的管理,具体包括人员审查、岗位人员选拔、人员培训、人员考核、签订保密协议和人员调离等①。

近年来,国家档案局提倡对档案安全建设指标体系进行评价,有助于推动机构的档案安全体系建设。

10.5.3　建立档案信息安全突发事件应急预案

受各种主客观因素的影响,档案资源在管理和利用过程中难免出现突发事件,特别是信息时代各种档案信息管理系统在运行管理、业务处理、内部控制、信息利用的过程中易产生较大的风险,造成档案资源的破坏、丢失、泄密、篡改等信息安全风险。因此,建立档案信息安全突发事件应急机制、制定档案信息安全突发事件应急响应预案,有助于防范突发事件的发生、提升应急处理能力、减小危害与损失,及时处置档案信息安全事件,确保档案信息的安全保管和利用。

（1）科学合理编制档案信息突发事件应急预案

依据《中华人民共和国突发事件应对法》《中华人民共和国计算机信息系统安全保护条例》《信息安全技术 信息安全事件分类分级指南》等信息系统管理法律、法规、规章和信息安全标准,档案机构应结合具体实际,编制应急预案。

---

①　李国庆.数字档案馆概论[M].北京:中国档案出版社,2003.

本着"业务工作谁主管、安全工作谁负责"的工作原则,档案机构将档案信息安全工作落实到责任人,确保应急预案和安全机制得以有力的实施。遵循《信息安全技术 信息安全事件分类分级指南》,根据安全事件的影响程度,档案信息突发事件安全级别从低到高分为:预警预报事件（Ⅳ级）、一般突发事件（Ⅲ级）、重大突发事件（Ⅱ级）、特别重大突发事件（Ⅰ级）。目前信息安全预防的主要技术手段有:硬件配套设施齐全完备,配备正版的防病毒软件、操作系统、应用软件,内外网的物理隔离,数据异质异地备份,等等。

（2）定期检查排除安全隐患、开展应急仿真演练

档案机构应该做到"防患于未然",在日常工作中大力宣传对档案信息资源的安全意识,让这种认识深入人心。同时,定期检查工作,排除安全隐患,是杜绝安全事故发生的重要环节。领导应充分重视,大家积极配合工作,定期开展应急仿真演练活动。

应急仿真演练是以三维模拟场景替代传统场景,以开放式演习的方式替代传统表演性演习的方式,通过对各类灾害数值模拟、重大事故模拟和人员行为数值模拟的仿真,在虚拟空间中最大程度模拟真实情况的发生、发展过程,以及人们在灾害环境中可以做出的各种反应。应急仿真演练可以训练各级决策与指挥人员、事故处置人员,发现应急处置过程中存在的问题,检验和评估应急预案的可操作性和实用性,加强各部门的协调能力和应急能力,使应急演练科学化、智能化。档案人员积累了经验,就能够正确处理此类事故。

突发事件过后,档案机构应该对突发事件涉及的损失程度进行调查和评估,做好各项恢复工作,总结经验教训,避免再出现类似情况。同时,应对在突发事件应急处理工作中表现突出的部门和个人,按有关规定给予表扬;对失职失责的部门和个人,按有关规定追究责任。

附录1 面向公众需求的档案资源建设
与服务问卷调查(公众适用)

您好！感谢您抽出时间填写这份问卷！

本项调研旨在了解当前我国广大公众利用档案资源建设及服务的情况。调研结果仅用于学术研究,不用于任何商业活动,请您如实填写,您反馈的信息将对我们的调查很有帮助。

"面向公众需求的档案资源建设与服务研究"课题组

2012 年 10 月 10 日

1.您的性别:

A.男 　　　　　　　　 B.女

2.您的年龄:

A.20 岁以下 　　　　　 B.21~30 岁 　　　　 C.31~40 岁

D.41~50 岁 　　　　　 E.51~60 岁 　　　　 F.60 岁以上

3.您进馆查档有明确的目的吗？如果有,是什么?

A.我没有明确的目的 　　 B.工作需要

C.取证需要 　　　　　　 D.其他目的

4.您会通过档案网站查询档案吗？您通过档案网站查档有明确的目的吗?

A.不通过档案网站查询档案

B.通过网站查询档案,有明确的目的

C.通过网站查询档案,但没有明确的目的,仅仅是浏览网页、寻找感兴趣的问题

5.当您有查档需求时,您更倾向于去哪种类型的档案馆(室)查档?(可多选)

A.综合性档案馆　　　　B.本机关档案馆(室)

C.地方政务中心　　　　D.市民中心

6.您主要通过哪种方式查询档案?(可多选)

A.到档案馆实地查询　　B.通过档案网站查询

C.其他方式

7.您希望通过何种途径利用档案?(可多选)

A.到馆服务　　　　　　B.电话服务　　　　C.传真服务

D.电子邮件服务　　　　E.其他

8.您主要利用哪种类型的档案?

A.纸质档案　　　　　　B.电子档案

9.您利用电子档案时,主要是利用以下哪种?

A.电子档案目录　　　　B.电子档案全文　　C.其他类型

10.您主要是查找哪些档案内容?(可多选)

A.政策性文件(档案)　　B.工作参考

C.民生档案　　　　　　D.学籍与毕业证明

E.婚姻档案　　　　　　F.其他(编研、学术研究、专业档案等)

11.您的查档要求是否能够得到满足?如果不能,主要原因是什么?

A.能　　　　　　　　　B.不能(原因是:_____)

12.在您利用实体档案的过程中,您认为档案服务到位吗?

A.到位　　　　　　　　B.比较到位　　　　C.不到位

13.从查证的角度来看,您认为档案馆收藏的档案能否满足您的需求?

A.能　　　　　　　　　B.不能

14.在您利用档案网站查找档案时,其服务是否让您满意?若不满意,请指出原因。

A.很满意　　　　　　　B.满意　　　　　　C.基本满意

D.不满意(原因是:_____)

15.您认为档案网站上提供的档案资源能否很好地满足您的需求?

A.能　　　　　　　　　B.不能(原因是:_____)

16.需要说明的其他问题:

_____

附录2 面向公众需求的档案资源建设与服务问卷调查(机构适用)

您好！感谢您抽出时间填写这份问卷！

本项调研旨在了解当前我国档案部门开展档案资源建设与服务的情况。调研结果仅用于学术研究,不用于任何商业活动。请您如实填写,您反馈的信息将对我们的调查很有帮助。

"面向公众需求的档案资源建设与服务研究"课题组

2012 年 10 月 10 日

机构名称:_____ 填写时间:_____

1.贵单位属于:

A.政府机关　　　　　　B.企业单位

C.事业单位　　　　　　D.其他_____

2.贵单位人员情况:

总人数_____人;大专以下学历____人,大专学历____人,本科学历____人,研究生学历____人。

年龄结构:30 岁以下____人,31~40 岁____人,41~50 岁____人,51~60 岁____人,60 岁以上____人。

3.从载体形式上看,贵单位馆藏构成包括哪几类? (可多选)

A.甲骨档案　　　　　　B.金石档案　　　　　　C.简牍档案

D.缣帛档案　　　　　　E.纸质档案　　　　　　F.缩微档案

G.声像档案　　　　　　H.电子档案　　　I.机读档案

J.实物档案　　　　　　K.图书资料

L.其他档案(请填写具体类型:_____)

4.从档案内容属性上看,贵单位馆藏构成包括哪几类? (可多选)

A.文书档案　　　　　　B.财会档案　　　C.人事档案

D.科技档案　　　　　　E.法律档案　　　F.艺术档案

G.教学档案　　　　　　H.勘测档案　　　I.城建档案

J.书稿档案　　　　　　K.非档案类的图书、方志、报刊等

L.实物　　　　　　　　M.其他

其中,数量最多的三类是_____。

5.从档案资源形式上看,贵单位馆藏构成情况怎样?

A.纸质档案　　　　　　B.纸质文件为主、电子文件为辅

C.电子文件为主、纸质文件为辅

D.电子档案(含电子文件、电子公文)

6.贵单位的档案数字化程度如何?

A.未曾开展数字化工作

B.已经开展档案数字化、文件数字化(比例是:_____)

7.贵单位如何进行档案数字化工作?

A.自行数字化　　　　　B.外包数字化

8.如果是档案数字化外包,具体方式是什么?

A.外包给机构外的公司

B.外包给档案馆机构　　C.其他

9.贵单位档案信息资源都包含哪些种类? (可多选)

A.档案目录信息　　　　B.全文数据库　　C.多媒体数据库

D.特色数据库　　　　　E.网络数据库　　F.其他

10.贵单位归档管理的电子文件主要是哪些内容?

A.行政事务　　　　　　B.业务往来

C.技术性工作　　　　　D.其他

11.贵单位的电子文件一般保管在哪个部门?

A.档案部门　　　　　　B.一般办公室　　C.业务部门

D.技术部门　　　　　　　E.其他

12.贵单位是否使用了电子档案(电子文件)管理系统?

A.使用　　　　　　　B.未使用

13.如果使用了电子档案(电子文件)管理系统,是购买的还是自行开发的?

A.购买使用　　　　　　B.自行开发

14.贵单位会将电子文件移交到档案机构中吗?

A.会　　　　　　　　B.不会

15.贵单位所管理的电子文件的格式有哪些?

文本文件		图像		视频		音频	
格式	请"√"	格式	请"√"	格式	请"√"	格式	请"√"
TXT		TIF		MPEG		MP3	
DOC		JPEG		RMVB		WMA	
WPS		BMP		AVI		MIDI	
RTF		GIF		MOV		APE	
XML		其他		3GP		其他	
XLS				FLV			
PDF				其他			
UOF							
其他							

16.贵单位在电子文件归档时采用哪种形式?

A.仅纸质文件归档　　　　B.仅电子文件进项归档

C.纸质、电子文件双套制归档

17.贵单位是否有电子文件备份制度?

A.有　　　　　　　　B.无

18.贵单位进行电子文件移交的方式有哪些?

A.逻辑移交　　　　　　B.物理移交　　　　C.介质移交

19.贵单位电子文件的移交时间是怎样规定的?

A.一年一次　　　　　　　　B.半年一次

C.一季度一次　　　　　　　D.没有明确规定

20.贵单位在电子文件的移交过程中加密吗?

A.加密　　　　　　　　　　B.不加密

21.贵单位是否有自己的档案网站?

A.有　　　　　　　　　　　B.无

22.贵单位主要通过何种途径利用电子文件?

A.在单位保管部门借阅　B.通过局域网网络查询

C.通过因特网网络查询　D.其他

23.目前贵单位是否提供数字档案的利用? 若没有,是否有提供数字档案的打算?

A.有　　　　　　　　　　　B.没有(有打算)

C.没有(无打算)

24.贵单位拥有何种类型的数据库? (可多选)

A.目录数据库　　　　　　　B.全文数据库

C.特色数据库　　　　　　　D.其他

25.贵单位通过网站提供的信息服务方式有哪些?

A.馆藏目录　　　　　B.信息咨询　　　　C.信息打包

D.信息镜像　　　　　E.信息推送　　　　F.信息代理

26.贵单位目前是否提供现行文件和开放档案全文网上查询服务?

A.是　　　　　　　　　　　B.否

27.贵单位主要的档案服务方式有哪些? (可多选)

A.借阅　　　　　　　B.查阅　　　　　　C.复制

D.编辑文件汇集　　　E.档案证明　　　　F.提供咨询服务

G.编写参考资料　　　H.举办档案展览　　I.其他

28.贵单位的特藏档案开放情况如何?

A.全部自由对社会公众开放

B.多数资源对社会公众开放

C.少数资源对社会公众开放

D.仅对特定利用者开放

E.不开放

29.贵单位在去年一年内提供的档案服务人次是多少?

_____

30.贵单位提供服务的档案的数量是多少?占馆藏全部档案的比例是多少?

_____

31.贵单位公众利用的档案占提供利用的比例是多少?

_____

32.来贵单位查档的用户主要利用的档案服务内容有哪些?

A.人事信息　　　　　　B.历史档案　　　　C.经济信息

D.技术信息　　　　　　E.其他

33.贵单位提供的档案信息产品类型主要有哪些?

A.原文　　　　　　　　B.文摘　　　　　　C.目录

D.专题汇编　　　　　　E.咨询报告　　　　F.大事记

G.珍贵资料复印　　　　H.影音资料　　　　I.其他

34.贵单位利用档案是否收费?

A.收费　　　　　　　　B.不收费

35.贵单位的收费项目包括哪些?

A.复制费　　　　　　　B.证明费

C.咨询费　　　　　　　D.其他

36.贵单位的收费方式是什么?

A.按页收费　　　　　　B.按件收费

C.按次收费　　　　　　D.其他方式

37.贵单位是参照什么制定收费标准?

A.参照相关政策　　　　B.自行制定

C.参考其他相关机构　　D.其他

38.贵单位进行档案开发利用和服务的资金来源包括以下哪些?

A.国家经费调拨　　　　B.地方业务经费

C.自筹经费　　　　　　D.其他

39.贵单位与档案用户是通过什么方式进行沟通的?

A.利用效果反馈表　　　B.电子邮件　　　　C.在线服务

D.留言板　　　　　　　E.联系电话　　　　F.传真

G.信件、信函　　　　　H.社交平台

40.贵单位目前是否开展网上档案展览?

A.是　　　　　　　　　B.否

41.贵单位是否有档案信息推送服务(诸如信息打包、信息镜像、信息推送、信息代理等和移动终端挂钩等信息服务)?

A.是　　　　　　　　　B.否

42.贵单位是否制定了相关的档案服务制度?

A.是　　　　　　　　　B.否

43.需要说明的其他问题:

_____

附录3 面向公众需求的档案资源建设与服务满意度问卷调查

您好！感谢您抽时间填写这份问卷！

本问卷旨在了解社会公众对我国档案资源建设与服务的满意度。本调查不是测验，答案没有对错优劣之分，根据自己的实际情况或真实感受选择最接近的答案即可。

本调查只用于科学研究，不涉及任何商业用途，同时也保证不会涉及个人隐私，请放心填写。

"面向公众需求的档案资源建设与服务研究"课题组

2012 年 10 月 10 日

第一部分 个人信息

1.您的性别是什么？

A.男   B.女

2.您的年龄是怎样的？

A.20 岁以下   B.21~30 岁   C 31~40 岁

D.41~50 岁   E.51~60 岁   F.60 岁以上

3.您的教育程度是怎样的？

A.专科及以下   B.本科

C.研究生   D.其他

4.您的职业是什么?

A.国家机关公务员　　　　B.事业单位工作人员

C.国企员工　　　　　　　D.私企及外资企业员工

E.其他(退休、无业、下岗等)

5.您利用档案馆查找利用资料的频率是怎样的?

A.几乎不用　　　　　　　B.半年一次　　　C.三个月一次

D.经常　　　　　　　　　E.有需要时

6.您利用档案网站查找资料的频率是怎样的?

A.几乎不用　　　　　　　B.每半年一次　　C.每月一次

D.经常　　　　　　　　　E.有需要时

对以下问题,请根据您的理解或真实感受进行判断,并在问题下面的相应数字(1、2、3、4、5、6、7)上选择。您的回答反映您的判断,不存在正误之分。如果您对某个问题难以作出完全准确的判断,请选择最接近真实感觉的一项,谢谢。

第二部分　社会公众档案资源质量需求—感知量表

(注意:1—强烈不同意　2—不同意　3—有些不同意　4—中立　5—有些同意　6—同意　7—强烈同意)

栏目	1	2	3	4	5	6	7
7.1 档案馆提供的档案资源是完整、全面的							
7.2 对档案馆所能提供的档案信息资源的期望程度高							
7.3 档案馆提供的档案资源是真实、准确、有效的							
7.4 档案馆提供的档案资源是我所需的,对我很有用							
7.5 档案馆提供的档案资源是可靠的、权威的							

续表

栏目	1	2	3	4	5	6	7
7.6 档案馆提供的档案资源包含大量知识创新的成分,让我获取了新的知识							
7.7 档案馆提供的档案资源很容易获取							

第三部分　社会公众档案服务质量需求—感知量表

（注意:1—强烈不同意　2—不同意　3—有些不同意　4—中立　5—有些同意　6—同意　7—强烈同意)

栏目	1	2	3	4	5	6	7
8.1 档案馆提供现代化的档案查询利用场所和完善的配套设施							
8.2 档案馆有完善的服务管理制度和服务指南、馆藏介绍、使用说明等							
8.3 档案服务人员能够快速反应,理解用户的需求							
8.4 档案服务人员言行举止职业、规范,态度和蔼,能耐心帮助用户							
8.5 档案服务人员具备解答用户问题的知识和技能							
8.6 档案馆提供的档案信息资源具有权威性							
8.7 档案馆能及时提供服务,找到相关的档案资料等							
8.8 档案馆能及时处理和反馈用户的意见和建议							
8.9 档案馆能够主动了解用户的需求							
8.10 档案馆的服务程序方便快捷							
8.11 档案馆能针对不同的用户群体提供个性化服务							

第四部分　社会公众档案网站质量需求—感知量表

（注意：1—强烈不同意　2—不同意　3—有些不同意　4—中立　5—有些同意　6—同意　7—强烈同意）

栏目	1	2	3	4	5	6	7
9.1 档案网站各个相关网页能够顺利地打开							
9.2 档案网站的标识和导航设计清晰明了，能够快速找到想要访问的板块							
9.3 档案网站不仅有数字化的档案目录、全文，还有各类用户感兴趣的专题展览							
9.4 档案网站提供图片、音频和视频等多媒体资源							
9.5 档案网站的检索方式多样，不仅有浏览式检索，还有专业检索工具							
9.6 档案网站在明显的位置设有站内检索以及档案检索工具							
9.7 档案网站的检索工具包括了简单检索和高级检索的功能							
9.8 网站检索工具查全率和查准率较高，检索结果比较理想							
9.9 档案网站具有较好的交互功能							
9.10 能够通过档案网站进行档案的预约查询							
9.11 能够通过档案网站反馈意见和建议，并得到及时的回复和处理							
9.12 档案网站开展了很多具有地方特色和个性化的服务							
9.13 档案网站充分依靠各类社交媒体开展个性化服务							

第五部分 档案馆公众满意感知量表

（注意：1—强烈不同意 2—不同意 3—有些不同意 4—中立 5—有些同意 6—同意 7—强烈同意）

栏目	1	2	3	4	5	6	7
10.1 我对档案馆提供的档案资源感到满意							
10.2 档案馆提供的档案资源可以解决我的问题							
10.3 档案馆提供的档案资源对我帮助很大							
10.4 我对档案馆提供的服务感到满意							
10.5 档案馆提供的服务让我觉得很愉快							
10.6 我对档案网站的资源感到满意							
10.7 我对档案网站的服务感到满意							
10.8 档案网站的服务对我帮助很大							
10.9 总的来说，我对档案馆档案资源建设与服务工作感到满意							
10.10 我使用档案馆的决定是明智的							
10.11 我使用档案馆的过程是愉快的							

参 考 文 献

一、著作和论文集

[1] 黄夏基.政府信息公开环境下广西档案开放利用研究[M].武汉:武汉大学出版社,2015.

[2] 陶庆萍.档案信息管理[M].南京:东南大学出版社,2015.

[3] 赵屹,汪艳.新媒体环境下的档案信息服务[M].上海:世界图书出版公司,2015.

[4] 马淑桂.新形势下档案资源管理服务[M].北京:中国文史出版社,2014.

[5] 宋小红.档案社会化服务研究[M].武汉:华中师范大学出版社,2014.

[6] 王萍,李巍,刘萍.档案管理与信息化视角[M].北京:现代出版社,2014.

[7] 王新才,江善东.基于业务规则的档案信息资源管理[M].武汉:武汉大学出版社,2014.

[8] 谢波.江苏省数字档案馆建设理论与实践[M].南京:河海大学出版社,2014.

[9] 赵屹.数字时代的文件与档案管理[M].北京/西安:世界图书出版公司,2014.

[10] 曹玉兰.档案管理实务[M].西安:西北大学出版社,2013.

[11] 吴建华,曾娜.档案网站信息资源组织与利用研究[M].北京:

科学出版社,2013.

[12] 周耀林,戴旸,程齐凯.非物质文化遗产档案管理理论与实践[M].武汉:武汉大学出版社,2013.

[13] 林巧敏.档案应用服务[M].台北:文化图书馆管理,2012.

[14] 孟炜.区域性建设档案管理工作实务[M].武汉:武汉出版社,2012.

[15] 杨霞.国家档案馆利用服务研究[M].北京:学苑出版社,2012.

[16] 周进生,张凤麟.国外地质资料社会化服务研究[M].北京:中国大地出版社,2011.

[17] 冯惠玲,刘越男.电子文件管理国家战略[M].北京:中国人民大学出版社,2011.

[18] 肖念,孙崇正.高校教育教学改革的理论思考与实践探索[M].北京:人民出版社,2010.

[19] 刘耿生.档案开发与利用教程(第二版)[M].北京:中国人民大学出版社,2010.

[20] 韩秋黎.学校档案管理理论与实务[M].上海:上海交通大学出版社,2010.

[21] 陈丽.档案信息检索[M].成都:四川出版集团四川人民出版社,2010.

[22] 华林.档案管理学新论[M].北京:中国社会科学出版社,2010.

[23] 冯惠玲,赵国俊.中国电子文件管理:问题与对策[M].北京:中国人民大学出版社,2009.

[24] 阮智富,郭忠新.现代汉语大词典·下册[M].上海:上海辞书出版社,2009.

[25] 亢世勇,刘海润.现代汉语新词语词典[M].上海:上海辞书出版社,2009.

[26] 顾基发,张玲玲.知识管理[M].北京:科学出版社,2009.

[27] 郭莉珠,张美芳.档案保护技术学教程[M].北京:中国人民大学出版社,2008.

[28] 陈智为,邓绍兴,刘越男.档案学管理[M].北京:中国人民大学出版社,2008.

[29] 彭洁,赵辉,齐娜.信息资源整合技术[M].北京:科技文献出版社,2008.

[30] 颜海.政府信息公开理论与实践[M].武汉:武汉大学出版社,2008.

[31] 冯惠玲.电子文件风险管理[M].北京:中国人民大学出版社,2008.

[32] 张照余.档案信息化理论与实践[M].北京:中国档案出版社,2008.

[33] 胡昌平.信息服务与用户[M].武汉:武汉大学出版社,2008.

[34] 范巧燕.企业档案管理[M].北京:经济管理出版社,2008.

[35] 何振,蒋冠.电子政务环境下政府核心信息资源整合与共享[M].湘潭:湘潭大学出版社,2007.

[36] [美] Jiawei Han,[美] Micheline Kamber.数据挖掘概念与技术[M].范明,孟小峰,译.北京:机械工业出版社,2007.

[37] 范玉顺,胡耀光.企业信息化战略规划方法与实践[M].北京:北京大学出版社,2007.

[38] 胡昌平.面向用户的信息资源整合与服务[M].武汉:武汉大学出版社,2007.

[39] 中国艺术研究院.中国非物质文化遗产普查手册[M].北京:文化艺术出版社,2007.

[40] 朱玉媛,周耀林,肖秋惠.档案学研究进展[M].武汉:武汉大学出版社,2007.

[41] 丁海斌,赵淑梅.电子文件管理基础[M].北京:中国档案出版社,2007.

[42] 蒋平,杨莉莉.电子证据[M].北京:中国人民公安大学出版社,2007.

[43] 张照余.档案信息化理论与实践[M].北京:中国档案出版社,2007.

[44] 金波,丁华东.电子文件管理学[M].上海:上海大学出版社,2007.

[45] 姜之茂.档案人员上岗必读[M].北京:中国档案出版社,2007.

［46］安小米,郑向阳.集成管理与集成服务——21世纪城市建设文件档案信息管理的优化与创新［M］.北京:中国建筑工业出版社,2006.

［47］王红玲,张齐增,孙孝诗.网络环境下图书馆信息资源的整合开发［M］.北京:北京图书馆出版社,2006.

［48］郭毅,侯丽敏,威海峰,肖丽.基于关系视角的营销理论［M］.上海:华东理工大学出版社,2006.

［49］薛四新,彭荣,陈永生.档案信息化应用系统建设［M］.北京:机械工业出版社,2006.

［50］马长林,宗培岭.档案馆信息化建设探论［M］.上海:上海社会科学院出版社,2006.

［51］张创新.中国当代政府管理模式与方法研究［M］.长春:吉林人民出版社,2006.

［52］薛四新.档案信息化应用系统建设［M］.北京:机械工业出版社,2006.

［53］冯惠玲,张辑哲.档案学概论［M］.北京:中国人民大学出版社,2006.

［54］王文章.非物质文化遗产概论［M］.北京:文化艺术出版社,2006.

［55］朱玉媛.档案学研究进展［M］.武汉:武汉大学出版社,2006.

［56］《21世纪汉英经济实用词典》编写组.21世纪汉英经济实用词典［M］.北京:中国对外翻译出版公司,2005.

［57］崔岩.国土资源标准化基础与实践［M］.北京:中国大地出版社,2005.

［58］郑金月.信息陷阱［M］.北京:新华出版社,2005.

［59］［美］约翰·费斯克,等.关键概念:传播与文化研究辞典［M］.李彬,译注.北京:新华出版社,2004.

［60］周晓英,王英玮.政务信息管理［M］.北京:中国人民大学出版社,2004.

［61］冯惠玲.政府电子文件管理［M］.北京:中国人民大学出版社,2004.

[62] 颜海.档案信息资源开发利用[M].武汉:武汉大学出版社,2004.

[63] 谭永智,李淑玲.企业信用管理实务[M].北京:中国方正出版社,2004.

[64] 刘品新.美国电子证据规则[M].北京:中国检察出版社,2004.

[65] 赵国俊.电子政务教程[M].北京:中国人民大学出版社,2004.

[66] 张正强.电子文件管理[M].北京:解放军出版社,2004.

[67] 刘家真.电子文件管理理论与实践[M].北京:科学出版社,2003.

[68] 杨公之.档案信息化建设实务[M].北京:中国档案出版社,2003.

[69] 刘家真.电子文件管理理论与实践[M].北京:科学出版社,2003.

[70] 赵屹.档案信息网络化建设[M].北京:北京图书馆出版社,2003.

[71] 杨公之.档案信息化建设实务[M].北京:中国档案出版社,2003.

[72] 李国庆.数字档案馆概论[M].北京:中国档案出版社,2003.

[73] 王健.电子时代机构核心信息资源管理——OA环境中的文件、档案一体化管理战略[M].北京:中国档案出版社,2002.

[74] 国家档案局.第十四届国际档案大会论文集[C].北京:中国档案出版社,2002.

[75] 傅西路.新时期中国档案建设与管理(上卷)[M].北京:人民日报出版社,2002.

[76] 毕强.网络信息资源开发与利用[M].北京:科学出版社,2002.

[77] 傅荣校.档案管理现代化[M].杭州:浙江大学出版社,2002.

[78] 黄恒学.公共经济学[M].北京:北京大学出版社,2002.

[79] 何家弘.电子证据法研究[M].北京:法律出版社,2002.

[80] 中国首届档案学博士论坛论文集编委会.21世纪的社会记忆——中国档案学博士论坛论文集[C].北京:中国人民大学出版社,2001.

［81］王刚.在第十四届国际档案大会致词［M］// 毛福民.永恒的事业——中国与世纪之交的国际档案事业.北京:中国档案出版社,2001.

［82］［英］阿诺·克蓝斯朵夫.组织记忆与知识管理［M］.台北:商周出版社,2001.

［83］冯惠玲,张辑哲.档案学概论［M］.北京:中国人民大学出版社,2001.

［84］董永昌,何嘉荪.电子文件与档案管理［M］.上海:百家出版社,2001.

［85］冯惠玲.电子文件管理教程［M］.北京:中国人民大学出版社,2001.

［86］杨公之.档案信息化建设导论［M］.北京:中国档案出版社,2001.

［87］宋玲.信息化水平测度的理论与方法［M］.北京:经济科学出版社,2001.

［88］霍国庆.企业战略信息管理［M］.北京:科学出版社,2001.

［89］［美］戴维·比尔曼.电子证据——当代机构文件管理战略［M］.王健,等,译.北京:中国人民大学出版社,2000.

［90］张应杭.中国传统文化概论［M］.上海:上海人民出版社,2000.

［91］周晓英.档案信息论［M］.北京:中国人民大学出版社,2000.

［92］何家弘.新编证据法学［M］.北京:法律出版社,2000.

［93］宫承波.新媒体概论［M］.北京:中国广播电视出版社,2012.

二、学位论文

［1］赵红颖.图书档案资源数字化融合服务实现研究［D］.长春:吉林大学,2015.

［2］吴思思.数字化时代背景下档案馆公共服务延伸研究［D］.泉州:华侨大学,2015.

［3］高彩燕.中外公共档案馆在线信息服务的比较研究［D］.太原:山西大学,2015.

［4］余恺辛.政府信息公开环境下档案开放程度研究［D］.杭州:浙

江大学,2015.

[5] 何卓立. 公共文化服务体系建设中档案馆文化发展研究[D].南昌:南昌大学,2015.

[6] 郑路. 我国移动档案馆信息服务体系构建研究[D].武汉:华中师范大学,2015.

[7] 张弛.新媒体背景下中国公民政治参与问题研究[D].长春:吉林大学,2015.

[8] 陈艺丹. 基于云计算的数字档案馆建设研究[D].南宁:广西民族大学,2015.

[9] 路思. 我国档案资源整合困境与解决对策研究[D].合肥:安徽大学,2015.

[10] 郭冰洁. 档案学视角下网站信息资源保存问题研究[D].保定:河北大学,2015.

[11] 张恒. 档案服务社会化创新研究[D].南京:南京大学,2014.

[12] 王岩."云计算+智能终端"的档案管理及个性化服务研究[D].太原:山西大学,2014.

[13] 郅乐娟. 电子政府数字档案集中管理制度研究[D].西安:陕西师范大学,2014.

[14] 汪陈婷."赛博空间"中的档案利用者利用传播研究[D].上海:上海大学,2014.

[15] 张倩男. 微信在档案信息服务中的应用研究[D].南宁:广西民族大学,2014.

[16] 黄晓勤. 用户体验视野下档案信息服务研究[D].南昌:南昌大学,2014.

[17] 张永强. 数字档案馆、室一体化与馆际一体化研究[D].杭州:浙江大学,2014.

[18] 王琳. 关于完善公共文化服务体系中档案服务的思考[D].石家庄:河北师范大学,2014.

[19] 郭静. 中美档案馆服务工作比较研究[D].郑州:郑州大学,2014.

[20] 杨安.新媒体视域下中国共产党密切党群关系研究[D].兰州:

兰州大学, 2014.

[21] 王旭东. 论档案文化资源的开发利用[D]昆明:云南大学, 2013.

[22] 张会娟. 向公共档案馆转型的探索研究[D].天津:天津师范大学,2013.

[23] 周华青. 高校档案馆公共服务问题研究[D].宁波:宁波大学, 2013.

[24] 高丽华. 卫生信息化背景下医保档案开发利用问题研究[D]. 保定:河北大学,2013.

[25] 史星辰. 我国非物质文化遗产档案管理研究[D].合肥:安徽大学,2013.

[26] 曲晶瑶. 政府信息公开背景下的公民档案利用权利保障研究[D].哈尔滨:黑龙江大学,2013.

[27] 翟婉彤. 纸质档案信息资源与数字档案信息资源开发方法比较研究[D].哈尔滨:黑龙江大学,2013.

[28] 李欣佳. 社会信息化视阈下档案管理转型研究[D].哈尔滨:黑龙江大学,2013.

[29] 容浒熙. 我国综合档案馆信息化建设研究[D].南宁:广西民族大学,2013.

[30] 谢军. 基于微博的档案信息服务研究[D].南宁:广西民族大学,2013.

[31] 赵莉娟.基于 SOA 架构的高校数字档案信息资源整合的研究与设计[D].武汉:武汉理工大学,2012.

[32] 陈飞.中国中部六省市级档案网站评估指标体系的构建及评估结果分析[D].郑州:郑州大学,2012.

[33] 彭望龙.基于 J2EE 的移动存储设备电子文件安全管理系统的设计与实现[D].南京:南京理工大学,2012.

[34] 李文阔.基于 Web services 的数字图书馆异构数据集成平台研究[D].大连:辽宁师范大学,2012.

[35] 蓝晓娟.基于"大档案观"的档案资源整合及档案业务拓展研究[D].苏州:苏州大学,2012.

[36] 赵生辉.中国少数民族语言电子文件集成管理的体系架构研究[D].武汉:武汉大学,2012.

[37] 苏艳平.国家档案馆电子文件中心建设的理论与实践研究[D].郑州:郑州大学,2012.

[38] 郑新兴.档案馆档案信息公共服务体系构建问题研究[D].福州:福建师范大学,2012.

[39] 赵鹏.新制度经济学视角下的我国档案信息利用服务研究[D].郑州:郑州大学,2012.

[40] 陈选.我国政府档案网站建设的现状、问题及对策研究[D].合肥:安徽大学,2012.

[41] 吴震.数据挖掘技术在电子文件管理中的应用研究[D].南宁:广西民族大学,2012.

[42] 于明珠.基于SOA的电子文档管理系统的设计与开发[D].上海:复旦大学,2012.

[43] 林琳.数字档案馆中的电子文件中心设计与实现[D].青岛:中国海洋大学,2012.

[44] 果越.我国电子文件管理法规建设的现状及对策研究[D].苏州:苏州大学,2012.

[45] 申乐.基于OAIS框架的某市电子文件中心设计与实现[D].上海:复旦大学,2012.

[46] 蔡宪智.中国企业认证电子文件的组成与管理策略研究[D].沈阳:辽宁大学,2012.

[47] 张浩.档案信息资源开发利用中的利益平衡机制研究[D].合肥:安徽大学,2012.

[48] 桑瑞霞.综合性档案馆馆藏资源建设与开发利用研究[D].济南:山东大学,2012.

[49] 赵局建.云南石林彝族口述档案资源数据库建设研究[D].昆明:云南大学,2012.

[50] 夏晓平.区县档案管理的社会化服务网络研究[D].上海:上海交通大学,2012.

[51] 李铮.基于Web 2.0背景下的档案网站建设研究[D].南宁:广

西民族大学,2012.

［52］赵德美.云南少数民族历史档案数字化建设研究［D］.昆明:云南大学,2012.

［53］刘名福.基于流程管理的档案信息资源建设研究［D］.南昌:南昌大学,2012.

［54］张薇.中美两国档案馆信息服务模式比较研究［D］.哈尔滨:黑龙江大学,2012.

［55］王婷婷.网络环境下的档案馆用户服务模式研究［D］.南昌:南昌大学,2012.

［56］张微.中美两国档案馆信息服务模式比较研究［D］.哈尔滨:黑龙江大学,2012.

［57］吴艺博.面向服务的高校档案信息资源建设研究［D］.郑州:郑州大学,2012.

［58］刘雯雯.区域性档案信息资源共享平台建设研究［D］.昆明:云南大学,2012.

［59］范宁.关于政府对电子文件安全管理措施的研究［D］.沈阳:辽宁大学,2012.

［60］周佳.基于OAIS电子文件管理系统的设计与实现［D］.上海:复旦大学,2012.

［61］李春阳.电子文件凭证价值保障问题研究［D］.南宁:广西民族大学,2012.

［62］姚金利.面向公众的档案利用理论与实践研究［D］.苏州:苏州大学,2012.

［63］李镜园.档案网站信息资源整合模式探析［D］.南宁:广西民族大学,2012.

［64］廖先富.基于SOA的电子文档管理系统开发［D］.上海:复旦大学,2012.

［65］左宏嫄.基于Web 2.0的档案利用服务研究［D］.苏州:苏州大学,2012.

［66］张帅.科技档案信息资源集成化服务研究［D］长春:吉林大学,2012.

[67] 刘俊玲.档案开放利用的信息安全保障研究[D].合肥:安徽大学,2012.

[68] 张金凤.高校教学档案信息化管理研究[D].南宁:广西民族大学,2012.

[69] 王小军.档案信息传播中的信息生态研究[D].南昌:南昌大学,2012.

[70] 和梦吉.企业档案信息化建设对策研究[D].济南:山东大学,2012.

[71] 冯建周.档案信息化标准体系建设研究[D].郑州:郑州大学,2012.

[72] 吕金苹.中职院校档案信息化研究[D].武汉:华中师范大学,2012.

[73] 邢华洁.档案信息资源共享机制研究[D].昆明:云南大学,2012.

[74] 田佳丽.民生档案信息资源整合研究[D].南昌:南昌大学,2012.

[75] 陈健.论我国档案服务能力的建设[D].合肥:安徽大学,2012.

[76] 张寅玮.甘肃省电子档案管理研究[D].兰州:兰州大学,2012.

[77] 崔洁.山西省档案利用服务研究[D].太原:山西大学,2012.

[78] 储牧原.电子文件中心建设研究[D].济南:山东大学,2012.

[79] 张志广.用于重要电子文件保护的数字水印和数字指纹算法研究[D].武汉:华中科技大学,2011.

[80] 张海霞.当前我国档案信息资源开放利用存在问题及其对策研究[D].呼和浩特:内蒙古大学,2011.

[81] 李媛.公共服务体系建设中的档案信息传播服务模式构建[D].南昌:南昌大学,2011.

[82] 谷悦.1980年以来我国档案服务研究的文献计量分析[D].天津:天津师范大学,2011.

[83] 贾东月.基于我国档案网站绩效评估的档案信息传播研究[D].保定:河北大学,2011.

[84] 王珊.政府信息公开视阈下档案信息化建设问题研究[D].保

定：河北大学,2011.

[85] 杨红仙.信息化背景下档案信息资源的整合与共享[D].昆明：云南大学,2011.

[86] 刘志佳.政府信息公开背景下的档案服务研究[D].哈尔滨：黑龙江大学,2011.

[87] 吴艺博.面向服务的高校档案信息资源建设研究[D].郑州：郑州大学,2011.

[88] 刘志佳.政府信息公开背景下的档案服务研究[D].哈尔滨：黑龙江大学,2011.

[89] 王波.昆明市电子文件归档管理系统分析与设计[D].昆明：云南大学,2011.

[90] 方燕平."中国档案网站普查系统"开发研究[D].南京：南京大学,2011.

[91] 温献英.数字档案馆信息资源国家控制力研究[D].湘潭：湘潭大学,2011.

[92] 赵春庄.网络环境下档案信息传播机制研究[D].保定：河北大学,2011.

[93] 张宁.基于知识管理的企业档案信息服务研究[D].保定：河北大学,2011.

[94] 李肖军.档案信息化安全体系建设研究[D].保定：河北大学,2011.

[95] 杨杰.我国电子文件立法保护研究[D].哈尔滨：黑龙江大学,2011.

[96] 韩东.档案信息化建设若干问题研究[D].长春：吉林大学,2011.

[97] 张海敏.企业档案信息增值服务研究[D].苏州：苏州大学,2011.

[98] 李佳妍.企业档案信息化探究[D].昆明：云南大学,2011.

[99] 陈思.电子档案安全体系构建[D].长春：吉林大学,2011.

[100] 李佳妍.企业档案信息化探究[D].昆明：云南大学,2011.

[101] 颜亭亭.客户关系管理理念下的市级国家综合档案馆信息服

务问题研究[D].长沙:国防科学技术大学,2010.

[102] 欧阳华锋.人才流动环境下我国人事档案信息服务网络构想[D].南宁:广西民族大学,2010.

[103] 魏虹雨.基于 MVC 架构的电子文件管理系统的研究与实现[D].北京:北京邮电大学,2010.

[104] 柴方君.基于社会化服务的综合档案馆馆藏资源建设探析[D].哈尔滨:黑龙江大学,2010.

[105] 冯晓红.基于信息生态理论的公共档案馆服务系统研究[D].天津:天津师范大学,2010.

[106] 邸家琴.信息化背景下高校档案馆信息服务策略研究[D].哈尔滨:黑龙江大学,2010.

[107] 王华玉.基于知识管理的企业档案信息化建设研究[D].北京:北京交通大学,2010.

[108] 刘名福.基于流程管理的档案信息资源建设研究[D].南昌:南昌大学,2010.

[109] 许晓雷.数字档案馆门户网站建设策略研究[D].哈尔滨:黑龙江大学,2010.

[110] 周莉.我国档案网站建设的问题与对策研究[D].合肥:安徽大学,2010.

[111] 欧清.济南市区县档案网站优化策略研究[D].济南:山东大学,2010.

[112] 李肖军.档案信息化安全体系建设研究[D].保定:河北大学,2010.

[113] 樊玲.民生视域下社区档案服务体系研究[D].长春:吉林大学,2010.

[114] 徐超.综合档案馆电子文件管理体制研究[D].沈阳:辽宁大学,2010.

[115] 魏佳丽.中外档案在线服务比较研究[D].杭州:浙江大学,2010.

[116] 王银露.政府网站现行文件管理研究[D].长春:吉林大学,2010.

[117] 梁晨.档案信息资源整合探析[D].北京:北京交通大学,2010.

[118] 方立松.中国传统水车研究[D].南京:南京农业大学,2010.

[119] 蒋莹.档案馆移动应用程序服务研究[D].南宁:广西民族大学,2015.

[120] 郑路.我国移动档案馆信息服务体系构建研究[D].武汉:华中师范大学,2015.

三、报刊及会议论文

[1] 黄霄羽,孔冠男.应用社交媒体创新档案服务——NASA应用Flickr公布阿波罗计划照片档案[J].中国档案,2016(1):80-82.

[2] 安小米,加小双,宋懿.信息惠民视角下的地方民生档案资源整合与服务现状调查[J].档案学通讯,2016(1):50-54.

[3] 李茂茂,王玉斌.国内档案馆领域微信应用现状的调查与思考[J].档案学研究,2015(6):62-68.

[4] 张小兰.新媒体时代档案馆微信公众服务平台构建及运营研究[J].浙江档案,2015(12):20-21.

[5] 李明.建立企业科技档案知识服务体系的研究与实践[J].北京档案,2015(11):32-33.

[6] 牛力,王为久,韩小汀."档案强国"背景下的档案知识服务"云决策平台"构建研究[J].档案学研究,2015(5):74-77.

[7] 赵跃,周耀林.知识管理视阈下的档案信息资源合作开发模式探析[J].档案学研究,2015(5):66-73.

[8] 李梦飞,桑毓域.基于APP的公共档案馆可提供的手机移动服务构想[J].档案学研究,2015(3):51-54.

[9] 陈祖芬.档案部门在社交媒体时代文化传承功能的发挥[J].档案管理,2015(3):8-10.

[10] 郝伟斌.社交媒体背景下的档案网站信息服务研究[J].北京档案,2015(12):36-37.

[11] 刘婧,周耀林.移动数字档案馆服务体系建设研究[J].档案学通讯,2015(1):55-60.

[12] 杨升.信息时代下新媒体的特征分析[J].大众文艺,2015(11):159.

[13] 吕元智.数字档案资源跨媒体语义关联聚合实现策略研究[J].档案学研究,2015(5):60-65.

[14] 袁作军.宜都现象——湖北省宜都市档案服务民生调查[J].中国档案,2014(3):36-37.

[15] 何迪,郑翠翠.新媒体的特征及对传播过程的改变——以MOOC平台的传播为例[J].科教导刊(中旬刊),2014(12):170-171.

[16] 国家档案局关于印发《国家基本专业档案目录(第二批)》的通知[EB/OL].[2015-05-20].http://www.saac.gov.cn/xxgk/2011-11/07/content_14220.htm.

[17] 杨冬权.做好新形势下档案工作、建设档案强国的纲领性指导文献——学习《关于加强和改进新形势下档案工作的意见》体会[J].中国档案,2014(5):17-22.

[18] 张江珊.美国档案信息公开社交媒体策略研究[J].档案学研究,2014(4):86-89.

[19] 周文泓.社交媒体环境中的参与式档案管理模式探析[J].图书情报工作,2014(15):116-122.

[20] 刘晓菲.论社交媒体在档案馆中的应用[J].北京档案,2014(2):14-18.

[21] 周耀林,路江曼.论社交媒体下档案服务的创新[J].档案学通讯,2014(6):45-49.

[22] 王兰成.大数据环境下档案与图书情报信息集成服务机制的构建[J].档案与建设,2014(12):4-7.

[23] 屠跃明.数字档案信息融汇服务系统的研究与实践[J].档案学研究,2014(4):65-70.

[24] 王运彬.政府建设档案信息资源体系的动力、效果及困境分析[J].档案学通讯,2014(1):60-65.

[25] 王亚肖.浅谈社交媒体对档案工作的影响[J].档案学研究,2014(2):47-50.

[26] 秦蓁珍, 胡明浩.NARA 利用社交媒体开展档案宣传的启示[J].中国档案, 2014(12):64-65.

[27] 张一帆.社交媒体实现档案馆公共服务新跨越——以美国国家档案馆公民档案工作者板块为例[J].山西档案, 2014(4):48-50.

[28] 安小米.21 世纪的数字档案资源整合与服务国外研究及借鉴[J].档案学通讯,2014(2):47-51.

[29] 肖秋会,赵文艳.科技档案信息资源集成服务研究[J].档案与建设,2014(1):14-17.

[30] 肖秋会, 张欣.基层档案馆民生档案工作:现状、问题与对策研究[J].档案学通讯,2014(2):96-100.

[31] 牛力,韩小汀.云计算环境下的档案信息资源整合与服务模式研究[J].档案学研究,2013(5):26-29.

[32] 程结晶.云技术中数字档案资源共享与管理体系的构建[J].中国档案,2013(1):38-41.

[33] 何振,易臣何.企业档案信息集成的几个运营模式探讨与设计[J].档案学通讯,2013(4):57-61.

[34] 孙勇.新媒体的特征、影响以及传统媒体未来发展战略分析[J].新闻研究导刊,2013(7):68-71.

[35] 赵淑梅, 邱扬凡.美国档案工作应对社交媒体的策略[J].档案学通讯, 2013(5):89-92.

[36] 高建祥,高建珍,何志伟.紧抓重点促发展 顺势而为谱新篇——在推进落实州市四项重点任务暨数字档案馆建设培训会上的交流摘要[J].云南档案,2013(5):7-11.

[37] 彭砚.浅谈商业性档案服务机构与档案行政管理机构的比较[C]//中国档案学会.档案事业改革与创新——2013 年全国青年档案工作者研讨会论文集.北京:中国文史出版社,2013:125-130.

[38] 孙立群,罗婷.推进档案资源建设 实现档案强国梦——国家档案局第 8 号令、9 号令、10 号令学习体会[J].湖北档案,2013(10):20-21.

[39] 黄凡珏.基于临床医学专业认证的民族医学院校教学档案资源建设——以右江民族医学院为例[J].山西档案,2013(6):59-61.

[40] 杨婧.浅议档案信息化中标准的重要性[C]//中共沈阳市委员会,沈阳市人民政府,中国科学院沈阳分院.第十届沈阳科学学术年会论文集(经济管理与人文科学分册),2013(9).

[41] 周峰林."资源为王":21世纪档案事业发展的主题——专访青岛市档案局局长潘积仁[J].浙江档案,2013(5):12-13.

[42] 周峰林.全国开放档案和政府公开信息资源共享平台建设——专访国家档案局巡视员王良城[J].浙江档案,2013(1):13-14.

[43] 刘颖.从"非转农"现象谈高职院校档案服务的面向社会趋势[J].办公室业务,2013(23):215-216.

[44] 梁孟华.Web2.0形态下面向用户的交互式数字档案服务研究[J].档案学通讯,2013(6):65-69.

[45] 佟林杰,孟卫东.基于物联网技术的档案服务创新体系构建[J].云南档案,2013(5):41-43.

[46] 张芳.档案服务机构品牌创建的SWOT分析及策略[J].新西部(理论版),2013(21):115-116.

[47] 陈子飞.OA系统环境下高校电子文件管理中存在的问题及对策研究[J].学理论,2013(21):236-237.

[48] 薛四新,朝乐门,田雷.云计算环境下电子文件管理的关键技术研究[J].北京档案,2013(1):22-24.

[49] 马仁杰,彭清清,理文.档案用户视角下档案网站建设之探析[J].北京档案,2013(6):14-17.

[50] 浙江省档案局调研组.金华市民生档案资源建设路径选择及相关建议[J].浙江档案,2013(11):46-48.

[51] 牛力,韩小汀.云计算环境下的档案信息资源整合与服务模式研究[J].档案学研究,2013(5):26-29.

[52] 付航,吴明明.电子文件管理区域整合模型构建与策略分析[J].云南档案,2013(2):21-23.

[53] 李媛.加强高职院校档案资源建设工作的思考[J].科技情报开

发与经济 ,2013(19):138-139.

[54] 轩景明.物联网时代档案服务模式研究[C]//中共沈阳市委员
会,沈阳市人民政府,中国科学院沈阳分院.第十届沈阳科学学
术年会论文集,2013:1-6.

[55] 陈忠海,孙洋洋,徐晓莎,杨启.中原经济区部分地市档案网站
建设的评估与分析[J].档案管理,2013(4):51-63.

[56] 傅荣校,陈珲夏,肖丹卉.关于电子文件管理的几个核心概念探
讨[J].档案管理,2013(3):14-17.

[57] 张立军,周晓,施永利,姬广鹏,季雪岗.档案信息化规划方法论
浅析[J].中国档案,2013(5):73-75.

[58] 周林兴,周振国.面向社会的档案信息资源规划实现机制研
究[J].档案学通讯,2013(5):11-15.

[59] 连志英.基于用户需求的个性化数字档案信息服务模式构
建[J].档案学通讯,2013(5):49-53.

[60] 强飚,曹兴华,唐明,王颢.基于用户需求的高校档案资源建设
研究[J].兰台世界,2013(17):103-104.

[61] 毕建新,郑建明.基于用户需求的档案信息资源建设机制研
究[J].档案与建设,2013(2):8-13.

[62] 梁孟华.Web2.0 形态下面向用户的交互式数字档案服务研
究[J].档案学通讯,2013(6):65-69.

[63] 杨冬权.在全国数字档案馆(室)建设推进会上的讲话[J].中国
档案,2013(11):16-21.

[64] 张战争.论军队档案资源建设中工具理性与价值理性的统
一[J].档案,2013(3):20-23.

[65] 王萍.基于文化认同视角的体制外档案资源建设思考[J].档案
学通讯,2013(1):24-26.

[66] 陈庆党,韩生玉.巴州:铺就民族地区档案资源建设之路[J].中
国档案,2013(10):38-39.

[67] 谢兰玉.数字档案资源建设背景下信息化标准体系的建构[J].
湖北档案,2013(1):18-21.

[68] 鲁德武.国家基本公共服务体系建设中的档案服务体系建

设[J].档案管理,2013(6):94.

[69] 陈敏.档案资源体系建设存在"六不到位"及对策[J].兰台世界,2013(29):111-112.

[70] 张东华,黄晓勤.用户体验视野下档案公共服务探析[J].档案学通讯,2013(3):97-100.

[71] 金灿灿.论校史文化研究与档案资源建设的互动发展[J].兰台世界,2013(17):91-92.

[72] 李财富,刘东红.略论档案服务社会化的基本原则[J].档案与建设,2013(11):4-7.

[73] 郭登权.档案信息化建设及档案服务工作问题概述[J].兰台世界,2013(17):82-83.

[74] 付航.基于全球战略的电子文件管理合作路径探析[J].山西档案,2013(6):68-71.

[75] 薛四新.云计算环境下电子文件管理的实现机理[J].档案学通讯,2013(3):65-66.

[76] 朱立涛,李阳,刘洪.论电子文件管理软件的市场准入[J].兰台世界,2013(11):7-8.

[77] 刘斌.从档案网站建设实践谈档案网站建设之原则[J].兰台世界,2013(23):27-28.

[78] 赵屹.机遇与风险:云计算环境下的电子文件管理[J].档案与建设,2013(10):4-6.

[79] 李建忠.试论档案信息资源的知识组织与服务模式[J].档案管理,2013(1):49-50.

[80] 齐立国,苏建功.档案馆资源建设的现状及对策[J].山西档案,2013(1):220-226.

[81] 樊如霞.影响民间档案资源建设的因素及思考[J].档案学通讯,2013(3):71-74.

[82] 陈晓晖,赵屹.我国电子文件管理亟待完善的措施[J].中国档案,2013(1):42-44.

[83] 李财富,杨静.中外档案服务社会化的比较研究[J].档案学研究,2013(1):76-81.

[84] 赵淑红.浅谈档案信息化人才培养模式的建设[J].兰台世界,2013(5):130-131.

[85] 李立明.改进国有企业档案资源建设的新思路[J].档案学研究,2013(4):31-33.

[86] 郭子亮.档案信息化安全体系建设研究[J]产业与科技论坛,2013(13):211-212.

[87] 张茜.国内外电子文件管理元数据需求体系研究[J].浙江档案,2013(3):18-21.

[88] 赵传玉.英国地质档案资料服务及对我国的启示[J].中国档案,2013(12):38-40.

[89] 陈子丹,魏容.云南少数民族档案资源建设探索[J].档案管理,2013(2):23-24.

[90] 饶露.我国档案馆档案资源建设发展历程探析[J].兰台世界,2013(5):85-86.

[91] 李宗春,宋刚.加强资源建设、创新利用服务[J].湖北档案,2013(9):23-24.

[92] 蓝晓霞.全省档案资源建设现场推进会在宜兴召开[J].档案与建设,2013(12):13.

[93] 姜南.档案网站信息资源整合与共享现状分析[J].黑龙江史志,2013(17):87.

[94] 陈晓晖,赵屹.我国档案网站建设情况综述[J].档案学研究,2013(4):55-63.

[95] 胡燕.我国档案资源体系建设多元化探析[J].档案学通讯,2013(5):67-69.

[96] 程子彧.论新时期高校档案服务品牌之建立[J].兰台世界,2013(32):56-57.

[97] 严雪林.军地档案信息资源共建共享探讨[J].档案与建设,2013(11):20-23.

[98] 丁雪琴.论新时期档案资源体系建设的规则[J].兰台世界,2013(35):15-16.

[99] 黄梦华.网络环境下档案信息化建设初探[J].黑龙江史志,

2013(10):70-71.

[100] 肖春红.电子文件管理理论整合思想透析[J].档案学研究,2013(3):16-20.

[101] 曹丽辉.档案资源整合的影响因素及对策探讨[J].兰台内外,2013(2):56.

[102] 贲道红.对江苏省档案资源建设的思考[J].档案与建设,2013(7):16-18.

[103] 海显勋.论信息时代高校档案的有效服务[J].兰台世界,2013(5):58-59.

[104] 吴丽华.数字化档案利用网站建设的思考[J].兰台世界,2013(35):33-34.

[105] 赵雪芹.档案数字资源发现服务研究[J].档案学通讯,2013(1):43-47.

[106] 杨安莲.试论电子文件管理理论体系[J].档案学通讯,2013(3):20-24.

[107] 刘迎秋,庞红.论高校档案网站的建设[J].科技视界,2013(6):93-94.

[108] 林虎.中国档案服务社会化历程探微[J].山东档案,2013(1):11-13.

[109] 金波.论数字档案信息资源建设[J].档案学通讯,2013(5):46-47.

[110] 黄霄羽.档案社会化服务的概念解读[J].档案学研究,2013(3):4-7.

[111] 艾迎东,季健.如何改进档案服务工作[J].黑龙江档案,2013(3):55.

[112] 章燕华.电子文件管理监控研究[J].档案学通讯,2013(6):75-81.

[113] 毕建新,郑建明.基于用户需求的档案信息资源建设机制研究[J].档案与建设,2013(2):8-10.

[114] 黄志锋.服务大众:档案工作的使命——2012年度全省档案系统创新破难典型案例比较分析[J].浙江档案,2013(4):32-

33.

[115] 中国档案编辑部.新起点 新开端—— 2013 年部分省份档案工作创新点[J].中国档案,2013(4):20-25.

[116] 王世元.统一认识 改革创新 探索全国宗地统一代码电子文件管理新模式——在全国宗地统一代码电子文件管理试点工程项目启动会上的讲话[J].国土资源信息化,2012(5):3-9.

[117] 杨晓红.推进云档案馆建设提升档案服务能力[C]//中国档案学会.档案与文化建设:2012 年全国档案工作者年会论文集(下).北京:中国文史出版社,2012:168-173.

[118] 赵文海.浅谈档案工作在信息化建设中面临的问题与探索[C]//中国档案学会.档案与文化建设:2012 年全国档案工作者年会论文集(中).北京:中国文史出版社,2012:429-432.

[119] 马丽.高校数字档案信息资源建设初探——以云南大学档案馆数字档案信息资源建设为例[C]//中国档案学会.档案与文化建设:2012 年全国档案工作者年会论文集(下).北京:中国文史出版社,2012:212-219.

[120] 孙晓东."城市记忆工程"对档案资源建设的影响[C]//中国档案学会.档案与文化建设:2012 年全国档案工作者年会论文集(上).北京:中国文史出版社,2012:7.

[121] 贾文丽,曲绍燕.高校档案馆声像档案资源建设的探索与实践[J].兰台世界,2012(35):109-110.

[122] 吴艺博,周晓林,陆江.对我国档案信息资源建设研究的综述[J].机电兵船档案,2012(4):8-10.

[123] 孙艳丽.高校档案信息化建设的影响因素分析与对策研究[J].情报科学,2012(2):254-258.

[124] 吴加琪,周林兴,苏君华.推进国家档案馆服务规范建设的思考[J].档案与建设,2012(11):14-16.

[125] 李忱.构建档案资源体系的又一重大举措——深入学习贯彻国家档案局 9 号令[J].中国档案,2012(2):29-29.

[126] 安小米,张维,孙舒扬.电子文件管理的国际进展、发展趋势与

未来方向[J].档案学研究,2012(3):82-86.

[127] 李文佳,熊瑶.2000—2011 年我国电子文件管理元数据研究综述[J].北京档案,2012(7):14-17.

[128] 罗滦,傅荣校.电子文件管理机制与传统档案管理机制比较研究[J].浙江档案,2012(9):14-16.

[129] 于英香,肖春红.电子文件管理"区域性"与"国家化"冲突剖析[J].情报杂志,2012(5):161-165.

[130] 龙丽旭,童庄慧.高校档案网站建设的问题与对策——基于湖南省 13 所本科院校档案网站的调研[J].档案学研究,2012(1):67-71.

[131] 郭娟,陈水湖,赵跃.档案网站信息资源整合与共享现状分析——以武汉市 13 个区级档案馆网站为例[J].办公室业务,2012(11):58-59.

[132] 张战争,李滨.军队档案资源建设研究[C]//中国档案学会.档案与文化建设:2012 年全国档案工作者年会论文集(上).北京:中国文史出版社,2012:54-60.

[133] 余厚洪,管先海.2003 年—2011 年我国档案信息资源整合研究综述[J].档案管理,2012(1):63-65.

[134] 陈忠海,陈飞.中部六省市级档案网站评估指标体系的构建及评估结果分析[J].档案管理,2012(2):30-34.

[135] 马仁杰,谢诗艺,李小刚.美国 NARA 网站的小众化服务特色解析及其启示[J].档案,2012(5):40-43.

[136] 潘玉民.认识与行动:再论口述历史档案资源建设[J].档案学通讯,2012(1):101-104.

[137] 张卫东,张帅,刘梦莹.科技档案资源集成化服务研究[J].档案学通讯,2012(6):45-48.

[138] 张雅君.OAIS 研究及对我国电子文件管理的启示[J].图书情报工作,2012(2):149-152.

[139] 于英香."区域—国家"电子文件管理整合研究构想[J].档案学研究,2012(3):65-69.

[140] 马仁杰,褚巍伟.中英两国档案网站建设对比分析及其启

示[J].档案,2012(3):15-18.

[141] 赵凯.关于档案服务工作的现状及发展趋势探究[J].办公室业务,2012(5):151-152.

[142] 汪旭青.试论加强馆藏档案资源建设的途径和对策[J].城建档案,2012(8):77-78.

[143] 闫华.新时期综合档案馆档案资源建设创新与思考[J].黑龙江档案,2012(2):56.

[144] 蒲春红.加强区级档案馆档案资源建设的几点思考[J].黑龙江档案,2012(3):58.

[145] 徐礼祥.企业档案信息化建设存在问题及对策[J].机电兵船档案,2012(1):59-60.

[146] 颜海,曹莉皎.基于公众需求的档案服务机制创新[J].湖北档案,2012(9):18-21.

[147] 陈艳玲.谈现阶段我国档案服务能力的建设[J].科技创新与应用,2012(17):276.

[148] 朱莉,刘越男.中国地方电子文件标准规范研究[J].电子政务,2012(1):32-40.

[149] 廖龙,仲杰.以市场化思路推进国家档案资源体系建设[J].兰台世界,2012(32):1-4.

[150] 郭亚军.电子文件非线性管理特征与实施研究[J].北京档案,2012(7):17-19.

[151] 吕元智.档案信息资源区域共享服务研究[J].档案学研究,2012(5):35-38.

[152] 李青.档案馆资源建设与整合研究现状综述[J].兰台世界,2012(11):63-64.

[153] 孟静.谈谈面向公众需求的档案服务绩效评估[J].兰台世界,2012(2):160.

[154] 黄宝春.高数字档案服务水平的几点思考[J].黑龙江史志,2012(12):62-64.

[155] 吴秀云.浅谈电子文件管理系统的评价指标[J].云南档案,2012(10):56-58.

[156] 李香仙.试谈档案信息化安全体系应用策略[J].黑龙江档案,
    2012(3):85.

[157] 王秋华.浅析中小城市城建档案信息化建设[J].兰台世界,
    2012(17):63-64.

[158] 高冰.浅议高校档案社会服务层次与路向[J].档案与建设,
    2012(11):70-71.

[159] 潘玉民,王艳.加快建设口述历史档案资源[J].中国档案,
    2012(5):39-41.

[160] 孙丽炜,黎卫.高校口述档案资源建设探略[J].兰台世界,
    2012(3):41-42.

[161] 李泽锋.基于OAIS的电子文件精细化管理[J].档案与建设,
    2012(8):4-7.

[162] 王良城.我国电子文件管理基本制度述略[J].中国档案,2012
    (3):65-67.

[163] 张正强.国际电子文件管理前沿进展[J].档案学研究,2012
    (5):68-74.

[164] 谭必勇.基于STOF框架的手机档案馆服务模式研究[J].档
    案学通讯,2012(6):72-75.

[165] 杨智勇.云计算对集成式数字档案室的影响探析[J].上海档
    案,2012(5):10-12.

[166] 祝庆轩,桑毓域,方昀.基于云计算的档案信息资源共享模式
    研究[J].兰台世界,2011(7):8-9.

[167] 梁孟华.基于全面质量管理的档案信息集成服务研究[J].档
    案学通讯,2011(1):94-98.

[168] 蒋冠.国家综合档案馆馆藏资源建设策略探析[J].档案学研
    究,2011(5):37-41.

[169] 南京市档案局联合课题组.民生档案资源管理与利用对策思
    考[J].档案与建设,2011(5):64-66.

[170] 王卫国,陈辉.民生档案查阅"就近受理,协同出证"服务机制
    新探[J].上海档案,2011(3):28-29.

[171] 朱玉媛,牟凯旋.面向公众需求的档案服务绩效评估——基于

绩效棱柱的评估模型构建与运行[J].档案管理,2011(4):4-7.

[172] Morley O,王熹.管好档案功在千秋——英国国家档案馆 2011—2015 年度战略计划(上)[N].中国档案报,2011-05-16:3.

[173] 尹雪梅,丁华东.论"城市记忆工程"对我国档案资源体系建设的推进[J].浙江档案,2011(3):14-17.

[174] 戴旸,周耀林.论非物质文化遗产档案信息亿建设的原则与方法[J].图书情报知识,2011(5):69-75.

[175] 黄寅桓.社保经办机构档案管理信息化建设现状、趋势及对策[J].现代商业,2011(36):117-119.

[176] 付世英.论档案安全保障体系建设[C]//档案安全与档案服务——2011 年甘肃省档案工作者年会论文集,2011(8):1-9.

[177] 梁孟华.基于全面质量管理的档案信息集成服务研究[J].档案学通讯,2011(1):94-98.

[178] 杨晓晴,李财富.2005—2010 年我国档案服务社会化研究综述[J].档案学通讯,2011(2):8-11.

[179] 王萍.论当前加强档案资源建设的有效措施[J].江西教育学院学报,2011(5):180-181.

[180] 吕元智.国家档案信息资源"云"共享服务模式研究[J].档案学研究,2011(4):61-64.

[181] 蒋冠.国家综合档案馆馆藏资源建设策略探析[J].档案学研究,2011(5):37-41.

[182] 陈姝.国家档案资源建设的途径、问题与策略[J].北京档案,2011(6):13-16.

[183] 顾成昕.高校档案信息化建设的思考[J].中国教育信息化,2011(21):25-27.

[184] 张宁.2011 年我国省级档案网站综合测评与分析[J].档案学研究,2011(5):68-71.

[185] 韩春梅.谈"用户中心"档案网站模式的构建[J].黑龙江档案,2011(2):21.

[186] 许翠花.档案网站调查报告的现状分析与建议[J].档案与建

设,2011(4):24-28.

[187] 李春秋.微博在档案开放利用中应用的探讨[J].兰台世界,
      2011(21):55-56.

[188] 丁兆华.关于档案信息化安全本系建设的思考[J].黑龙江档
      案,2011(5):65.

[189] 陈姝.国家档案资源建设的途径、问题与策略[J].北京档案,
      2011(6):13-16.

[190] 秦飞.区县档案资源建设及开发利用探析[J].档案学研究,
      2011(1):47-50.

[191] 田东.县级综合档案馆资源建设策略[J].黑龙江档案,2011
      (3):148.

[192] 郝伟斌.我国档案网站的顶层设计[J].档案学研究,2011(3):
      59-62.

[193] 杨娅民.企业档案信息化的战略实施[J].城建档案,2011(6):
      73-74.

[194] 吕芳.名人名居档案资源建设构想[J].城建档案,2011(4):
      20-21.

[195] 南京市档案局联合课题组.民生档案资源管理与利用对策思
      考[J].档案与建设,2011(5):64-66.

[196] 胡家文,吴海琰.民生档案种类及特点浅析[J].北京档案,
      2011(8):23-24.

[197] 吕元智.国家档案信息资源"云"共享服务模式研究[J].档案
      学研究,2011(4):61-64.

[198] 潘永平.民生档案的建设与利用[J].中国档案,2010(8):35-
      35.

[199] Berendse M,李文栋.一名档案工作者应是首先想到未来的
      人——国际档案理事会主席马丁·博伦斯就职演说[N].中
      国档案报,2010-12-16:3.

[200] 胡振荣.前端控制 全程监管 深度挖掘——关于创新档案资源
      建设模式的思考[J].档案时空,2010(12):14-18.

[201] 张艳欣,魏红英,贾慧娟.高校数字声像档案信息安全保障研

究[J].数字与缩微影像,2010(3):4-7.

[202] 曹航,谢敏.条块分割、体制约束与机制创新——对档案信息资源整合的再思考[J].档案管理,2010(1):7-10.

[203] 王斌,吴建华.档案网站信息资源整合方法与方案——"档案网站信息资源普查与整合研究"系列论文之二[J].档案学通讯,2010(1):61-67.

[204] 陈姝.国家档案资源建设的途径、问题与策略[C]//中国档案学会.回顾与展望:2010年全国档案工作者年会论文集(上).北京:中国档案出版社,2010:151-159.

[205] 韩萌.非公经济组织档案资源建设探讨[C]//中国档案学会.档案事业发展与青年档案工作者的责任:2010年全国青年档案工作者研讨会论文集.北京:中国档案出版社,2010:190-194.

[206] 曾金.重庆市加强档案资源建设的实践与思考[C]//中国档案学会.回顾与展望:2010年全国档案工作者年会论文集(上).北京:中国档案出版社,2010:170-175.

[207] 黄凤平.全面深入贯彻科学发展观 提高档案事业科学发展能力 推动全省档案事业取得新成绩——在全省档案局馆长会议上的讲话[J].云南档案,2010(2):7-17.

[208] 张林华.民生档案资源建设及利用研究——以对上海地区市、区两级档案馆调研分析为例[C]//中国档案学会.回顾与展望:2010年全国档案工作者年会论文集(上).北京:中国档案出版社,2010:143-150.

[209] 马振犊,杨斌,孙武,陆军,陈晓敏.全国档案资源建设与整理鉴定的研究报告[C]//中国档案学会.回顾与展望:中国档案事业发展研究报告,2010:46-82.

[210] 孙聚兴,赵玉娇.新型顾客满意度指数模型探析——基于SCSB、ACSI、ECSI模型[J].商业研究,2010(5):105-106.

[211] 郑玲玲.基于城乡与区域一体的城建档案数据集成管理应用研究——以东莞市数字城建档案管理平台为例[J].档案学通讯,2010(5):91-94.

[212] 黄凤平.解放思想 开拓创新 着力加强档案资源建设 全面提升档案安全保障能力 推进全省档案事业科学发展[J].云南档案,2010(10):6-11.

[213] 李红.我国档案信息化建设与发展趋势[C]//2010年全国档案工作者年会论文集(广西卷),2010:25-28.

[214] 胡振荣.前端控制全程监管深度挖掘——关于创新档案资源建设模式的思考[J].档案时空,2010(12):14-18.

[215] 罗宝勇,乔健.哈佛档案网站的特色及其对我国高校档案网站建设的启示[J].档案学通讯,2010(5):65-67.

[216] 杨力,姚乐野.基于知识管理的数字档案馆服务体系构建[J].档案学通讯,2010(1):58-60.

[217] 杨霞.综合档案馆档案利用与公布中的问题及对策分析[J].档案学研究,2010(5):50-54.

[218] 孙展红.档案资源配置:新时期档案馆资源建设的宏观管理[J].黑龙江档案,2010(6):46.

[219] 张秀丽.基于电子证据认证视角下的电子文件管理[J].中国档案,2010(8):32-34.

[220] 倪佳.数字档案馆环境下的档案信息服务模式研究[J].黑龙江档案,2010(2):12-13.

[221] 唐臻,马勇.烟台市档案馆开展档案资源建设工作经验谈[J].山东档案,2010(3):45-47.

[222] 陈忠海,梁艳萍.近十年国家档案资源建设研究综述[J].四川档案,2010(6):28-31.

[223] 温晓云.论高校海洋特色档案资源建设[J].云南档案,2010(3):20-22.

[224] 李财富,杨晓晴.档案服务社会化的伦理解读[J].档案学通讯,2010(1):4-7.

[225] 张宁.我国市级档案网站综合测评与分析[J].档案学研究,2010(2):49-54.

[226] 杨冬权.在全国档案局长馆长会议上的讲话[J].中国档案,2010(1):14-20.

[227] 潘玉民,吕芳.口述档案资源建设探略[J].图书情报研究, 2010(1):13-15.

[228] 姜萍.高校档案资源建设的思考[J].中国档案,2010(10):50- 51.

[229] 张卫东.论档案服务的大众化与小众化[J]档案学通讯,2010 (2):29-33.

[230] 刘淑红.加强国家档案资源建设新思考[J].兰台世界,2010 (2):16-17.

[231] 龙正义.我国档案信息化评估体系述评[J].档案管理,2010 (5):51-55.

[232] 罗宝勇.美国高校档案网站建设研究[J].兰台世界,2010 (10):13-14.

[233] 徐拥军.企业档案知识服务的理论依据与实践方法[J].档案 学研究,2010(5):55-59.

[234] Hu PJ, Hsu F, Hu H, Chen H. Agency Satisfaction with Electronic Records Management System: A Large-Scale Survey [J]. Journal of the American Society for Information Science and Technology, 2010(12):2550-2574.

[235] Mokhtar U A, Yusof Z M. Electronic Records Management in the Malaysian Public Sector: The Existence of Policy [J]. Records Management Journal, 2009(3):231-244.

[236] Jeong K. Seamless Flow of the Public Records Spread of the Electronic Records Management System of Korea [J]. Archivar, 2009(3):255-259.

[237] Lee K R, Lee K-S. The Korean Government's Electronic Record Management Reform: The Promise and Perils of Digital Democratization[J]. Government Information Quarterly, 2009(3):525- 535.

[238] Kulcu O. Evolution of E-Records Management Practices in E-Government: A Turkish Perspective[J].The Electronic Library, 2009(6):999-1009.

[239] Grbbs R. Archives and Their Allies: Recordkeeping for Good Governance[C] // The 16th ICA Congress, Kuala Lumpur, Malaysia, 21-27 July 2008.

[240] Pearson D. Archives, Auditors and Accountability: Strategic Alliances[C] // The 16th ICA Congress, Kuala Lumpur, Malaysia, 21-27 July 2008.

[241] Wilson I. The Recordkeeping Regime in the Government of Canada[C] // The 16th ICA Congress, Kuala Lumpur, Malaysia, 21-27 July 2008.

[242] Ceeney N. The Paradigm Shift for Archives in the Information Society: From Keeper to Information Manager[C] // The 16th ICA Congress, Kuala Lumpur, Malaysia, 21-27 July 2008.

[243] Xu Z S.A Note on Iinguistic Hybrid Arithmetic Averaging Operator in Multiple Attribute Group Decision Making with Iinguistic Information[J].Group Decision and Negotiation, 2007(2): 59-61.

[244] Grahne G,Kiricenko V. Towards an Algebraic Theory of Information Integration[J]. Information and Computation, 2004(2):79-100.

[245] Rousset M-C,Reynaud C I. Knowledge Representation for Information Integration[J]. Information Systems, 2004(1):3-22.

[246] Haddad P.Integrating Digital Resources into the Library Information Infrastructure [J]. 14th National Cataloguing Conference, Geelong Waterfront Campus,Deakin University,2001(11):7-9.

[247] Pearce J, Cathro W and Boston T.The Challenge of Integrated Access:The Hybrid Library System of the Future[J].National Library of Australia Staff Papens,2009.

[248] Higgins S.Draft DCC Curation Lifecycle Model[J]. The International Journal of Digital Curation,2007(12).

[249] Cunningham A, Phillips M. Accountability and Accessibility: Ensuring the Evidence of E-Governance in Australia? [C] //

Aslib Proceedings, 2005.

[250] Swan K, Cunningham A and Robertson A. Establishing a High Standard for Electronic Records Management Within the Australian Public Sector[J]. Records Management Journal, 2002.

[251] Theofanos M F, Pfleeger S L. Wavefront: A Goal-Driven Requirements Process Model[J]. Information and Software Technology, 1996.

四、网络资源

[1] 国家档案局网站. http://www.saac.gov.cn/index.htm.

[2] 美国国家档案与文件署(NARA)网站.http://www.archives.gov/.

[3] 加拿大国家图书与档案馆(LAC)网站. http://www.bac-lac.gc.ca/eng/Pages/home.aspx.

[4] 英国国家档案馆(TNA)网站. http://www.nationalarchives.gov.uk/.

[5] 日本国立公文书馆网站. https://www.digital.archives.go.jp/.

[6] 国际档案理事会(ICA)网站. http://www.ica.org/.

[7] 中国档案学术网. http://www.idangan.com/.

[8] 档案界论坛. http://www.danganj.net/bbs/.

[9] 中国档案资讯网.http://www.zgdazxw.com.cn/.

[10] 中国中小企业档案信息网. http://www.sme.gov.cn/ index.htm.

[11] Machinery of Government Changes: Guidance on Transfer of Records, Information and Knowledge [EB/OL]. [2015-11-13]. http://www.nationalarchives.gov.uk/documents/Machinery of government.pdf.

[12] Information Matters: Building Government's Capability in Managing Knowledge and Information [EB/OL]. (2008) [2015-11-13]. http://www.nationalarchives.gov.uk/documents/information-matters-strategy.pdf.

[13] Davis S. Looking Back to the Future: 30 Years of Keeping Electronic Records in the National Archives of Australia [EB/OL].

［2015-11-13］. http：//ourhistory. naa. gov. au/ library/ looking_back_to_future.html.

［14］ Managing Electronic Records：A Shared Responsibility，Australian Archives（Now National Archives of Australia），Managing Electronic Records：A Shared Responsibility，1995，Reprinted with New Appendixes，1997［EB/OL］.［2015-11-13］. http：//www. naa.gov.au/recordkeeping/er/manage_er/contents.html.

［15］ Public Record Office. Management，Appraisal and Preservation of Electronic Records Vol 2：Procedures［EB/OL］.［2015-11-13］. http：//collections. europarchive. org/tna/20080108103210/www. nationalarchives.gov.uk/documents/procedures.pdf.

［16］ Transferring Records to the Archives［EB/OL］.［2015-11-13］. http：// www. naa. gov. au/records-management/keep-destroy-transfer/to-archives/index.aspx.

［17］ PROS 97/004. Transfer of Records to the Public Record Office Victoria Specification 2. Transferring Electronic Records to PROV ［EB/OL］.［2015-11-13］. http：//www. prov. vic. gov. au/records/ standards.asp#Storage.

五、法律法规和标准规范

［1］ 国家档案局.电子档案管理基本术语:DA/T 58—2014[S].北京: 中国标准出版社,2015.

［2］ 档案数字化外包安全管理规范(档办发〔2014〕7 号)[Z].

［3］ 数字档案室建设指南(国家档案局 2014 年发布)[Z].

［4］ 电子档案移交与接收办法(国家档案局档发〔2012〕7 号)[Z].

［5］ 国家基本专业档案目录(第二批)(档函〔2011〕273 号)[Z].

［6］ 国家基本专业档案目录(第一批)(档函〔2011〕261 号)[Z].

［7］ 数字档案馆建设指南(档办〔2010〕116 号)[Z].

［8］ 中华人民共和国国家质量监督检验检疫总局,中国国家标准化管理委员会.信息与文献 文件管理 第 1 部分:通则:GB/T 26162.1—2010[S].北京:中国标准出版社,2011.

[9] 中华人民共和国国家质量监督检验检疫总局,中国国家标准化管理委员会.信息与文献 文件管理过程 文件元数据 第 1 部分:原则:GB/T 26163.1—2010[S].北京:中国标准出版社,2011.

[10] 国家档案局.缩微胶片档案数字化技术规范:DA/T 43—2009[S].北京:中国标准出版社,2010.

[11] 国家档案局.电子文件归档光盘技术要求和应用规范:DA/T 38—2008[S].北京:中国标准出版社,2008.

[12] 国家档案局.纸质档案数字化技术规范:DA/T 31—2005[S].北京:中国标准出版社,2005.

[13] Information and Documentation-Records Management Process-Metadata for Records-Principles:ISO/TS 23081-1:2004[S].

[14] 澳大利亚维多利亚州电子文件管理元数据标准(澳大利亚维多利亚州文件管理署 2003 年发布)[S].

[15] 中华人民共和国国家质量监督检验检疫总局,中国国家标准化管理委员会.标准化工作指南 第 1 部分:标准化和相关活动的通用术语:GB/T 20000.1—2014[S].北京:中国标准出版社,2015.

[16] 中华人民共和国国家质量监督检验检疫总局,中国国家标准化管理委员会.电子文件归档与管理规范:GB/T 18894—2002[S].北京:中国标准出版社,2003.

[17] Information and Documentation—Records Management—Part 1:General:ISO 15489-1:2001[S].

[18] 澳大利亚联邦机构电子文件元数据标准(澳大利亚国家档案局 1999 年发布)[S].

[19] 中华人民共和国档案法实施办法(1999 年修订)[Z].

[20] 电子文件管理指南(国际档案理事会电子文件委员会 1997 年发布)[Z].

[21] 中华人民共和国档案法(1996 年修订)[Z].

[22] 中华人民共和国国家质量监督检验检疫总局,中国国家标准化管理委员会.缩微摄影技术 在 16mm 和 35mm 银-明胶型缩微胶片上拍摄文献的操作程序:GB/T 16573—2008[S].北京:中

国标准出版社,2008.

[23] Requirements for Electronic Records Management Systems.Public Record Office,The National Archives, 2002 Revision:Final Version.

[24] Committee on Electronic Records. Guide for Managing Electronic Records from an Archival Perspective,1997.